AUGUSTE ANGELLIER

DOCTEUR ÈS-LETTRES,
PROFESSEUR A L'UNIVERSITÉ DE LILLE.

ROBERT BURNS

II

LES ŒUVRES

PARIS. HACHETTE & CIE. 1893.

INTRODUCTION.

On s'étonnera peut-être de ne trouver, dans les pages qui suivent, aucun aperçu sur la formation du génie de Burns, aucun essai pour montrer de quels éléments il se compose, quelle part en revient à la race, au climat, aux habitudes de vie. C'est de parti-pris que nous nous sommes interdit toute tentative de ce genre. Nous concevons une étude aussi précise et aussi poussée qu'il est possible de la faire des caractères, des limites, de la force d'un génie, ou, pour mieux dire, de ses manifestations extérieures. Nous concevons aussi qu'on essaye de déterminer les conditions dans lesquelles le génie s'est exercé. Quant au génie lui-même, à sa formation et à ses causes profondes, nous croyons que vouloir l'expliquer est une tentative au-delà de nos pouvoirs d'analyse. Ce n'est pas qu'on ne puisse supposer avec vraisemblance que la race ait une part dans la formation du génie, et que le milieu, et le moment, si l'on veut, aient une part dans la forme de ses œuvres. C'est là un axiome philosophique qu'on ne peut guère discuter. Mais dès qu'on sort de cette affirmation générale, on est dans d'inextricables difficultés. Qui dira, en effet, ce qui revient à la race, si tant est qu'il y ait des races dans nos mondes mélangés et que les races aient un génie? Qui dira, chose peut-être plus importante, ce qui revient à une alliance unique de tempéraments, rapprochés à un moment unique, et produisant de leur union une combinaison supérieure à eux? Qui dira ce qui revient à des impressions d'enfance, innombrables, imperceptibles, ignorées, à des accidents de conversation, à l'harmonie de l'entourage ou aux réactions contre un entourage impropice? Qui dira les milliers d'influences dont l'énumération, si elle était possible, n'éluciderait encore rien, mais dont la rencontre, le nœud, en des proportions inappréciables, ont contribué à former un esprit? Ce sont là d'indéchiffrables problèmes dont la complexité est effrayante et décourageante.

Cette étude, si elle pouvait être faite, au lieu d'être une généralisation et l'application d'une formule, serait la plus particulière, la plus minutieuse qu'on puisse imaginer. Ce serait d'abord la possession indiscutable de tous les éléments ethniques qui sont entrés dans la composition d'un homme, et ce serait ensuite le relevé, jour par jour, des impressions, fournies par la nature, les livres et la vie, qui ont pu agir sur lui. Ce serait une suite de monographies individuelles, travaillées avec la dernière exactitude et poussées dans les derniers détails. Mais vouloir expliquer ces élaborations obscures et incalculables au moyen de quelques affirmations simples, non contrôlées, c'est recommencer, pour les choses mystérieuses de l'âme, les explications enfantines et sommaires que les sauvages donnent des phénomènes physiques. C'est l'état d'esprit le plus inscientifique qu'on puisse imaginer. C'est, à la face des choses, un exercice vain, incertain et stérile.

Il n'y a pas d'étude où il faille plus soigneusement se garder de cette tendance périlleuse que celle de la littérature anglaise. Un vigoureux esprit, qui semble avoir été toute sa vie prisonnier d'une de ces solutions trop simples qu'on accepte dans la jeunesse, l'a pendant longtemps dominée. Nous désirons parler de lui avec toute la déférence due à son mérite et à son labeur. A ce respect s'ajoute pour nous un sentiment de gratitude, car c'est lui qui, par l'éclat de ses pages, nous a conduit vers l'étude de la littérature anglaise. Sans doute, la même reconnaissance lui est due par plus d'un homme de notre génération. Son livre a été comme une fanfare, un drapeau déployé, qui ont tourné de ce côté les regards, excité les enthousiasmes et les zèles. Mais, en face de ce grand service, il est impossible de ne pas reconnaître qu'il a faussé et, pour ainsi dire, obstrué, écrasé l'étude des œuvres littéraires anglaises. Car, s'il est difficile de résister d'abord à l'assurance de ses jugements et à l'autorité de son nom, on ne tarde pas, en y regardant de plus près, et lorsque l'habitude a engendré la familiarité, à voir apparaître les uns après les autres les faiblesses de son œuvre et les dangers de son système.

Il est inutile d'insister sur les inexactitudes matérielles qui ont fourni les matériaux de tout l'édifice. La conception historique du mélange des différentes races de la Grande-Bretagne est de fond en comble incomplète et fausse. Ce mélange est beaucoup plus compliqué qu'on ne semble le penser ; la Grande-Bretagne est une cuve où ont été brassés ensemble et amalgamés vingt peuples dont quelques-uns restent mystérieux [1]. La

---

[1] Sur la survivance de certains types qu'on ne sait à quelle branche rattacher, voir le chapitre VI, dans le remarquable ouvrage de Charles. I. Eldon, *Origins of English History* « Que les Fir Bolgs de la tradition irlandaise puissent ou non être rattachés aux tribus pré-celtiques, il est clair que dans maintes parties de l'Irlande se trouvent les

destruction de l'élément celtique n'est plus admise. On est disposé au contraire à en reconnaître la persistance et l'importance [1]. En tous cas, la Cornouailles, le Pays de Galles, l'Écosse et l'Irlande sont des réservoirs assez riches de sang gaulois pour avoir fourni une longue infiltration, et des districts assez pauvres pour que ce courant se soit établi par l'attrait des régions plus riches et des villes. Aussi M. Matthew Arnold a pu soutenir, avec autrement de preuves et de vraisemblance, que la partie

---

restes d'une race petite et noire de cheveux, dont les noms de tribus sont souvent empruntés aux mots qui désignent les Ténèbres et le Brouillard, et dont l'apparence physique est tout à fait différente des Celtes hauts et blonds. La même chose a été observée dans les Hautes-Terres d'Écosse et dans les îles de l'Ouest, où les habitants ont « un singulier air étranger » et « ont la peau brune, les cheveux bruns, les yeux bruns et la stature courte ». Et c'est un fait avec lequel tout le monde est familier que, dans maintes parties de l'Angleterre et du pays de Galles, les gens sont aussi courts et basanés, avec des cheveux et des yeux noirs, et des têtes d'une forme longue et étroite. Il se trouve que tel est le cas non seulement dans l'ancienne Siluria (comprenant les comtés modernes de Glamorgan, Brecknock, Monmouth, Radnor et Hereford) mais dans plusieurs districts des pays marécageux de l'est et dans les comtés sud-ouest de la Cornouaille et du Devon, avec des parties du Gloucestershire, Wilts et Somerset. Le même fait a été relevé dans les comtés du centre, dans les districts autour de Derby, Stamford, Leicester et Loughborough, où on pourrait s'attendre à ne trouver qu'une population avec des cheveux et des yeux clairs et où « les noms des villes et des villages montrent que les conquérants Saxons et Danois occupaient la région en nombres écrasants ».

Ces faits rendent extrêmement probable qu'une partie de la population néolithique a survécu jusqu'à nos jours, sans doute avec une amélioration constante provenant de son croisement et de son mélange avec les nombreuses autres races qui ont successivement envahi la Grande-Bretagne » (*Origins of English History*, p. 186-188).

[1] Sur ce point capital, il suffit de lire les travaux qui sont autre chose que des histoires à prétendues tendances patriotiques pour savoir à quoi s'en tenir. On peut lire *The Pedigree of the English People* de Thomas Nicholas. L'auteur indique ainsi l'objet de son travail : « L'objet de cet ouvrage est de suivre, pas à pas, le processus d'*amalgamation de race*, dont le résultat a été un peuple composé appelé Anglais, en tenant toujours compte de la proportion dans laquelle ce peuple descend des habitants celtiques de la Grande-Bretagne, généralement appelés les Anciens-Bretons ». Plus loin : « On a fait usage des recherches des écrivains modernes Allemands, Français et Anglais, en Ethnologie, Philologie et Physiologie, et on pense qu'il en résulte que le caractère mélangé et largement *celtique* de la nation anglaise est démontré au point de vue des travaux les plus récents de la science et au moyen de leur témoignage ». On lira surtout la Partie III : *The argument for Admixture of Race. The question « To what Extent is the English Nation of celtic origin ? » discussed.*

M. Elton dit en parlant des tribus celtiques de l'intérieur : « L'histoire de ces peuples celtiques nous touche de plus près que les maigres traditions des Pictes et des Siluriens, ou même l'histoire plus complète que nous possédons des colons gaulois civilisés. Les Gaulois vivaient surtout dans la partie sud-est de l'Angleterre et leur postérité doit avoir été chassée ou détruite, avec comparativement peu d'exceptions, dans les dernières guerres de massacre. On peut être sûr que les Anglais expulsèrent leurs ennemis « aussi complètement que cela a jamais été possible pour des envahisseurs ». Mais certains des naturels ont dû demeurer dans les cités et places fortifiées, qui restèrent longtemps respectées ; quelques-uns des plus puissants chefs peuvent avoir acheté la tranquillité de leur peuple « surtout dans les districts qui étaient occupés par les plus faibles bandes d'aventuriers », et des multitudes de femmes celtiques durent être gardées en mariage ou en servitude. Mais on admet que jusqu'au nord du Trent et dans tous les comtés de l'ouest, le caractère de la population ne subit pas de changement considérable. Les signes de l'élément celtique sont apparents dans le ton et même dans l'idiome de quelques-uns des dialectes provinciaux, dans les noms de notre géographie rurale et dans les mots de vie quotidienne employés pour les choses communes et domestiques ; et quelques-uns ont même distingué la présence dans notre littérature d'un coloris brillant et d'une note

idéale et légère de la poésie anglaise est due à l'esprit gaulois. La représentation du milieu physique est inexacte. C'est un exercice littéraire, l'amplification d'une phrase de géographe ancien qui se représenterait, par ouï-dire, une île fabuleuse, je ne sais quelle vague et lointaine Cassitéride, perdue au loin quelque part, aux confins du monde, dans des brumes et des nuées. Mais l'Angleterre n'est pas un roc morose enveloppé d'un éternel brouillard. C'est une contrée fertile, grasse, heureuse et plantureuse autant que les Flandres ou la Normandie, et plus variée. Les terrains, cet élément si important d'un paysage, d'où dépend tout à fait sa nuance et en partie sa température, y sont divers. Elle a ses sites gais, légers de lignes, clairs de couleurs, tournés au soleil et réjouis par lui. L'idée d'un milieu commun est une pure abstraction. Dans une étendue un peu vaste de pays, surtout dans nos latitudes tempérées, il n'y a pas un milieu, il y en a des centaines qui diffèrent à quelques lieues de distance. Un revers d'une chaîne de collines n'est pas le même milieu que le revers opposé. Or, pour étudier l'influence d'un pays sur un homme, il ne faut pas faire une moyenne météorologique entre des limites d'une pure expression géographique, il faut connaître intimement les dix lieues carrées où il a vécu. De même il n'y a pas un milieu moral, il y en a à l'infini. Tel enfant est élevé dans une ville de province comme il y a cent ans; tel autre dans un village de montagne ou de côte comme il y a

---

romanesque qu'ils attribuent à une influence celtique persistante (*Origins of English History*, p. 226-27.).

Enfin rien ne peut être plus décisif et plus lumineux sur ce point que le travail de Huxley : *On Some Fixed Points of British Ethnology*. Il dit dans une de ses conclusions : « En Gaule, le dialecte Teutonique fut complètement vaincu par le Latin plus ou moins modifié qu'il trouva en possession du pays, et ce qui peut rester de sang Teutonique dans les Français modernes n'est pas adéquatement représenté dans leur langage. En Grande-Bretagne, au contraire, les dialectes Teutoniques ont écrasé les formes de langage qui existaient avant eux et le peuple est beaucoup moins « teutonique », que son langage. Quelles que soient les proportions dans lesquelles la population qui parlait celtique a été accablée, expulsée et supplantée par des Saxons et des Danois, à langue teutonique, il est tout à fait certain qu'aucun déplacement considérable des races à langue celtique n'a eu lieu dans la Cornouailles, dans le Pays de Galles et dans les Hautes-Terres Écossaises, et qu'il ne s'est produit ni dans le Devonshire, ni dans le Somersetshire ou en général dans la moitié ouest de l'Angleterre rien qui approchât de la destruction de cette race. Il n'en est pas moins vrai que la langue anglaise, foncièrement langue teutonique, est parlée maintenant dans toute la Grande-Bretagne, sauf par une fraction insignifiante de la population du Pays de Galles et des Hautes-Terres de l'Ouest. Mais il est clair que ce fait ne justifie en rien la pratique commune de parler des habitants actuels de la Grande-Bretagne comme d'un peuple « anglo-saxon ». Cela est en réalité aussi absurde que l'habitude de parler des Français comme d'un peuple « latin », parce qu'ils parlent un langage qui est, en gros, dérivé du latin. Et cette absurdité devient plus palpable encore lorsque ceux qui n'hésitent pas à nommer « Anglo-Saxon » un homme du Devonshire ou de la Cornouailles, trouveraient ridicule d'appeler du même titre un homme de Typperary, encore que lui et ses ancêtres aient parlé anglais aussi longtemps que l'homme de la Cornouaille (*Critiques and Adresses*). — Cet essai est à lire tout entier; il remet les choses à leur vrai point scientifique et il montre bien la futilité de ces termes de race dont on se sert sans savoir le plus souvent ce qu'ils signifient. Il balaye ces vocables et déblaie le terrain. — On peut lire encore autour de ce sujet, les *Origines Celticæ* du D. Guest et *Celtic Britain* du Professeur Rhys.

trois cents ans; tel autre, abandonné, mène, dans les bas fonds des grandes villes, une existence de rapines comme en vie sauvage. Les états de civilisation où grandissent ces jeunes êtres sont séparés par des centaines d'années; ils ne sont pas contemporains. Là encore chaque cas est à étudier à part. Enfin il est inutile de relever, dans le détail, tant de négligences et de distorsions de faits, au moyen desquelles, en omettant ici ce qui est important, en grossissant là ce qui ne l'est pas, en établissant des points de comparaison également défigurés et déformés, on obtient une apparence de logique.

On dira peut-être que ce ne sont là que des erreurs matérielles qui ruinent l'application du système sur un point donné. Il se pourrait que les cadres en restassent solides et que, mieux remplis, ils fussent capables de vérité. Mais ce qu'il y a de plus grave, c'est que, dans quelques conditions qu'il fût appliqué, ce système était condamné à l'avance, parce que la conception même en est radicalement défectueuse.

L'idée de race pure, sur laquelle repose tout l'édifice, est flottante, peu solide et controversée. Mais alors même qu'elle aurait quelque chose d'exact pour le physique, elle ne peut avoir aucune solidité pour le moral. Et cela pour deux raisons. D'abord parce que rien ne prouve que quelques différences dans les caractères corporels, si faibles d'ailleurs et si superficielles, la courbe d'un nez, la couleur des yeux ou des cheveux, entraînent des différences et des différences capitales dans le régime intellectuel. Ensuite, parce que la psychologie des races est encore plus problématique. Il ne suffit pas d'appliquer quelques adjectifs vagues à quelques dénominations ethnologiques pour obtenir l'âme d'une fraction de l'humanité. Cette psychologie semble d'ailleurs impossible à établir. Il n'y a pas de commune mesure dans les jugements moraux réciproques des races les unes sur les autres. Le jugement tombe autant sur celui qui juge que sur celui qui est jugé. L'excès que je trouve à quelque chose peut n'être qu'une déclaration de mon insuffisance sur ce point-là. Le trop et le trop peu, qui sont au fond de toute appréciation, peuvent être un verdict sur moi plus que sur celui que je vise. Il n'y a pour de pareilles sentences aucune échelle, et à ce conflit aucun arbitrage. De telles décisions peuvent alimenter des habitudes, des satisfactions d'esprit; elles alimentent des préjugés, le plus souvent. C'est un système qui détruit son application; car, si tout homme est le résultat d'un ensemble, le critique qui prétend l'apprécier est un résultat pareil. Ses appréciations manifestent avant tout son état d'âme. La façon dont il voit les autres ne donne en réalité de renseignements que sur luimême. Il définit par ses avis sa manière de comprendre. Nous ne nous dissimulons pas que cette difficulté atteint toute espèce de critique, mais avec des effets divers. Elle passe sans la blesser à travers la critique qui sait et avoue qu'elle n'est qu'une prédilection mobile, ondoyante, un système de préférences individuelles, groupées autour de certaines facultés et sans cesse modifiées par les changements que l'âge apporte. En revanche elle anéantit toute critique qui prétend être scientifique. Elle désorganise la critique qui s'ingénie à trouver des contrastes, des dissemblances, à marquer des limites, à noter les nuances de goût, ce que nous appellerions volontiers la critique différentielle. Dans les appréciations d'œuvres étrangères, ce genre de critique conduit à des écarts monstrueux et à des conclusions qui n'ont pas de sens. C'est pourquoi, dans la vie comme dans la lecture, notre effort doit se porter à comprendre le fonds commun. Jusqu'où va notre admiration, notre intelligence et, pour ainsi parler, notre coïncidence avec un esprit, jusque-là nous pouvons aller : au-delà, il n'y a plus qu'obscurité, contre-sens et paroles en l'air.

Enfin n'est-il pas apparent qu'il y a une contradiction entre toute formule générale et l'idée du génie ? La science n'a encore expliqué, ni par la race, ni par le milieu, ni par le moment, les individus d'une extraordinaire puissance musculaire. Encore moins est-elle capable de le faire pour ceux d'une extraordinaire capacité cérébrale. Ce qui constitue le génie est la part d'exception et de phénomène. Il y a, dans ces hommes rares ou uniques, une anomalie, une monstruosité qui dépasse les conditions ordinaires ou en dévie. L'étude des génies, au lieu de fournir une loi générale, donnerait bien plutôt matière à une sorte de tératologie intellectuelle. Elle serait une série de cas particuliers. Cette étude serait pour chaque cas, très minutieuse, et comme nous le disions plus haut, elle serait l'enregistrement de tous les résultats, de toutes les influences de la vie de la nature et de cette vie universelle et séculaire conservée dans les livres. Réussît-on à les noter toutes, on n'aurait encore que le dénombrement mort et le sec catalogue des éléments qui ont formé un esprit, mais nullement leur action. Car c'est de leur rencontre qu'il est sorti, et de leur rencontre à l'instant où elles étaient en certaines proportions et en certaine activité chacune vis-à-vis de toutes, en un certain équilibre qui n'a existé qu'une fois. Si on demandait à un savant de rendre compte des causes qui ont donné à un grain de blé sa forme particulière, sa grosseur, son poids, sa physionomie propre, entre des millions de grains de blé, ne lui imposerait-on pas un problème insoluble ? Les plus belles généralisations ne peuvent donner que des moyennes ; or, expliquer un objet qui marque l'extrémité d'une moyenne, par la moyenne même qu'il sert à former, c'est un cercle vicieux.

En outre, n'est-ce pas méconnaître l'agent le plus puissant peut-être de formation des âmes que d'ignorer tout ce travail, purement accidentel, différent pour chaque homme, de fécondation intellectuelle, qui se fait par la lecture ou la conversation. Il y a, dans le transport des idées, des fécondations pareilles à celles dont les insectes sont les ouvriers lorsqu'ils déposent le pollen de certaines fleurs sur d'autres fleurs et causent des croisements. On a mal expliqué par quelle secrète affinité une peuplade germanique s'est nourrie, jusqu'à en faire la moelle de ses os, des rêves d'une tribu sémitique, en sorte que beaucoup d'âmes anglaises actuelles sont un mélange d'âme saxonne et d'âme hébraïque. Mais de pareils échanges sont incalculables pour les individus. Tel enfant qui, dans un grenier obscur, sous un ciel brumeux, aura émerveillé sa jeune âme des *Mille et une Nuits*, échappe à ce qui l'entoure. Il vit en réalité dans le monde imaginaire qui a été déposé en lui. Bien plus, ces alentours maussades peuvent être une raison pour qu'il s'enfonce et s'enferme davantage dans ce milieu intérieur. En tous cas, les objets qui l'enveloppent seront irrémédiablement déformés et peut-être n'en prendra-t-il que ce qui peut s'adapter à la vision qu'il a en lui. En réalité, l'intelligence de cet enfant aura été fécondée par une intelligence orientale. L'âme de Keats, qui peut-être était elle-même le produit d'un mélange de sangs et semble n'avoir été nullement saxonne, ne s'est-elle pas enivrée de beauté grecque et ne fut-elle point païenne? Il y a ainsi de continuels phénomènes de croisements intellectuels, dont les conditions, le travail et les résultats nous sont ignorés; ces semences peuvent venir de lieux divers et opposés, se superposer, fermenter, agir ensemble, se combiner en un produit à chaque fois unique. Elles sont innombrables; leurs combinaisons avec des âmes infinies d'origine et d'essences infiniment diverses multiplient cet incalculable par un autre incalculable. Quelle généralisation peut s'aventurer dans ce mystère? Et quel aveuglement de prétendre le résoudre pour des esprits de jadis quand nous ignorons l'histoire intérieure des esprits avec lesquels nous vivons, les plus proches de nous, de ceux même qui nous sont le plus chers!

Il convient d'ajouter, du reste, que cette structure porte la marque d'un état d'esprit déjà disparu : la foi aux solutions simplement mécaniques du matérialisme conçu sous sa forme la plus pauvre. Elle date d'un moment où il semble qu'on ait plutôt employé les termes que compris les procédés de la science. C'est le même genre de science dont un romancier contemporain a cru faire usage. Cet état d'esprit est maintenant abandonné, non seulement parce qu'on estime que certaines questions ne sont pas encore atteintes par la science, bien qu'elles puissent l'être un jour, mais encore et surtout parce qu'on a une idée plus exacte des exigences de la science elle-même.

Il ne pouvait donc y avoir rien de scientifique dans cet essai. Il pouvait s'y trouver tout au plus une reconstitution de certaines âmes ou de certaines époques, appuyée sur la connaissance des débris laissés par les temps disparus, qui sont les éléments de toute reconstruction matérielle; interprétée par l'expérience de la vie, qui est le soutien de toute reconstruction morale ; nourrie par la conviction d'une ressemblance de certains sentiments communs à travers des siècles, qui est la seule source où nous puisions, par analogie, la sympathie et l'intelligence des hommes anéantis. La preuve en est que les pages qui ont conservé leur valeur, dans le remarquable ouvrage auquel nous faisons allusion, sont des pages de reconstitution pittoresque ou morale, pittoresque le plus souvent. C'est simplement la mise en œuvre de renseignements complétés par des conjectures personnelles ou par la logique admise de certaines passions, travail purement dramatique et artistique, travail de tout point semblable à celui d'un peintre qui achève une mosaïque dont il relie les fragments. En d'autres termes, ce sont des tableaux, des descriptions et des commentaires. Encore ces pages seraient-elles plus vraies, plus dignes de foi, plus complètes et surtout plus humaines, si, au lieu d'être tordues et étirées par une arrière-pensée, elles s'étaient simplement modelées sur la réalité et n'avaient eu d'autre prétention que d'être descriptives. En fin de compte, le système a abouti à quelques passages de critique littéraire qui eussent mieux été écrits sans lui.

Et ceci est hors de doute, car, même à ce point de vue plus étroit, cette méthode est pleine d'inconvénients. Elle appauvrit la critique, et pour deux raisons bien manifestes. Elle laisse dans l'ombre les caractères largement humains, catholiques, des œuvres d'art ; elle oublie le fonds de passions communes, liées à l'indestructible permanence des instincts : amour, jalousie, dévoûment maternel, haine, ambition, qui sont la matière des littératures, pour ne retenir que les modes locaux dans lesquels elles se manifestent, et quelquefois les moyens d'action. Un Français qui, par jalousie, tue une femme, à coups de revolver, dans un faubourg de Paris, est à peu près dans le même état d'âme qu'un Arabe qui en tue une, à coups de poignard, dans une ruelle de Biskra. Il importe peu que l'un ait un veston et l'autre un burnous. L'orage intérieur a été le même ; s'ils pouvaient expliquer ce qu'ils ont éprouvé, les tracés de leurs mouvements passionnels seraient sensiblement les mêmes et peut-être l'expression n'en serait-elle pas très différente. Il existe des Othellos de toute nuance de cheveux. Il y a plus de ressemblances entre deux hommes de races différentes et de même tempérament qu'entre deux hommes de même race et de tempéraments différents. Et si cette méthode manque de largeur d'un côté, elle manque de précision à l'autre extrémité. Elle perd le détail, les nuances, l'accent personnel, l'originalité individuelle qui est la marque et pour ainsi dire la découverte d'un génie. Elle laisse de côté ce quelque chose de spécial qui le constitue. Dans l'étude d'un homme exceptionnel, il faut démêler, détacher et déterminer le *quid proprium*. Encore nos pouvoirs d'analyse et nos ressources de notation nous trahissent-ils bien avant que nous arrivions à cette essence. C'est pourquoi nos jugements sur les esprits sont toujours insuffisants, misérablement flottants, comme nos efforts pour rendre dans des mots le charme particulier d'une phrase musicale ou l'arome d'un vin.

Qu'est-ce donc si, au lieu de chercher à pénétrer ce qui distingue un esprit, nous nous contentons de faire ressortir ce par quoi il est semblable à d'autres? Nous ne possédons plus qu'une sorte de représentation émoussée, vague, pareille à ces faces obtenues par des photographies superposées où les traits individuels ont été effacés. Cela peut fournir quelques renseignements à d'autres sciences ; mais en art, l'individualité est tout. C'est justement ce qui est arrivé au distingué critique dont nous parlons. En voulant trouver à beaucoup d'esprits divers quelques caractères communs, en voulant les réduire à une même ressemblance, il a mutilé les uns, et il en est d'autres qu'il a presque supprimés ou ignorés. Son système a faussé et étréci l'image de la littérature anglaise. Il a fait comme le bûcheron qui équarrit des arbres : à la condition d'élaguer les rameaux et de faire tomber une partie des feuilles et des fleurs, il leur donne une indiscutable ressemblance et un air de famille évident. Mais où sont le port, la physionomie de chaque arbre, les racines innombrables, l'expansion du feuillage vers les quatre coins du ciel, les fines branches aériennes, celles qui frémissaient aux brises et sur lesquelles était l'oiseau chanteur? Il est sorti de cette critique à coups de hache une littérature anglaise monotone, alourdie, à plans peu nombreux et grossiers, sans variété et sans mouvement, trop à l'écart des autres pensées humaines, trop dépouillée des passions permanentes et générales, manquant à la fois d'ampleur et de précision.

L'échec, de plus en plus manifeste, du robuste ouvrier, si bien bâti et si bien outillé pour la besogne qu'il avait entreprise, est une leçon de prudence. Il est temps de débarrasser l'étude des œuvres littéraires anglaises de tant d'explications qui n'en sont point, de la phraséologie anglo-saxonne qui ne prouve rien, de cette superstition de caractères communs. Il est temps de rendre aux caractères nationaux leur vraie place : ce sont des accidents dans les sujets qu'ont traités les auteurs et non des causes qui ont produit leur génie. Il est temps de rendre aux choses leur complexité immense, leur confusion inexplicable et leurs apparentes contradictions. Il est temps d'examiner sans parti-pris la production toujours déconcertante de génies toujours inattendus. Si jamais, ce qui est peu probable, car les races et les milieux et les influences vont se mélangeant et se pénétrant de plus en plus, on peut établir des généralisations, ce ne sera qu'après une suite d'études désintéressées, minutieuses, vérifiées, devant lesquelles les généralisations hâtives et les affirmations sans contrôle ne sont que des obstacles et des barrières.

Rien ne peut rendre plus sensibles les impossibilités et les trous de ce système que d'essayer d'en faire une application précise. Prenons, par exemple, l'homme qui fait le sujet de cette étude. A chaque pas nous allons rencontrer des difficultés. Et d'abord nous ne savons pas ce que c'est que le génie de la race écossaise, ni même très clairement ce que c'est que la race écossaise, si l'on entend par ces mots autre chose qu'un certain groupe d'hommes, fort dissemblables entre eux, qui, depuis un certain temps, ont vécu entre certaines limites, parlé le même langage, et partagé des destinées communes, encore que celles-ci soient nées le plus souvent de conflits, de luttes mortelles, de divergences dans les intérêts, les croyances, les souvenirs, les espérances, les conceptions politiques. Les peuples sont parfois pareils à l'équipage d'un vaisseau qui se querelle et s'égorge; ils sont entraînés tous dans la même dérive qui n'est que le résultat de leurs dissidences et discordes. Nous avons rencontré en Écosse des hommes blonds et des bruns, des gais et des mélancoliques, des lents et des vifs, des sensibles et d'autres durs; chez les uns les idées procédaient par raisonnement, ce qui est, paraît-il, le privilège des races latines; chez d'autres elles s'unissaient par bonds rapides et analogies imprévues; les uns étaient sceptiques, les autres absolus; toutes les variétés de l'esprit humain y étaient. Ceux mêmes qu'on eût pu grouper par les traits physiques étaient différents d'intelligence, et souvent des esprits de même famille et de mêmes habitudes se rencontraient dans des corps qu'on eût rattachés à des types distincts. Où est le génie de la race, où est la race dans cette diversité infinie de corps et de pensées? Nous savons bien qu'on peut toujours extraire de la masse des écrivains d'un peuple quelques écrivains d'où l'on extrait quelques points de ressemblance qu'on réunit entre eux. C'est là un jeu pareil à celui qui consiste, sur un fond où se mêlent et s'embrouillent une multitude de lignes, à former un dessin en en isolant et en en reliant quelques-unes; on peut de cette façon en former à l'infini et chacun d'eux ne sera jamais qu'un amusement de l'œil. C'est ainsi que les petits garçonnets façonnent un bateau, un chapeau ou un berceau, en tirant en sens divers quelques ficelles entrecroisées tendues entre leurs doigts.

A cela s'ajoute que nous ignorons de quelle race était Burns. Ceux qui l'ont connu disent qu'il avait les cheveux et les yeux noirs, le teint brun et basané. A lire leur portrait on le prendrait pour un méridional. On a mesuré son crâne et trouvé qu'il était un peu au-dessus de la moyenne. Tout cela n'a rien de scientifique, ne mène à rien. Nous ignorons encore plus ce qu'étaient son père et sa mère. Celle-ci avait, dit-on, les yeux noirs et elle était née dans un canton où l'on prétend qu'il subsiste du sang celtique. Nous ne savons rien de son père, sauf quelques traits exceptionnels de caractère. Nous sommes dans les ténèbres en ce qui concerne les ascendants des deux parents et les mille ramifications des aïeux. Quand nous aurions encore tous ces renseignements, nous ignorons si la transmission des caractères physiques coïncide avec celle des caractères intellectuels ou moraux, si tous ceux-ci se transmettent intégralement d'un côté ou d'un autre ; et dans le cas où ils se transmettent partiellement, c'est-à-dire si un enfant tient certains traits moraux de sa mère et certains de son père, nous ignorons ce que peuvent produire d'inattendu et de nouveau ces mélanges de caractères. La chimie des reproductions n'existe pas. Nous ignorons enfin quelles peuvent être les sautes d'hérédité avec leurs emprunts divers, leurs combinaisons illimitées. En somme, nous ne savons pas scientifiquement ce qu'on appelle un Écossais, ni si Burns était un Écossais, ni si son père et sa mère en étaient, ni s'il leur ressemblait et à quel degré. Car il ne faut pas oublier que les hypothèses de filiation qu'on rencontre dans sa biographie relèvent du hâtif et grossier empirisme qui nous sert, dans la vie, à nous faire, par à peu près, une idée sur les gens. Elles comportent tout ce qu'il y a de problématique et d'aventureux dans nos appréciations morales et dans nos explications des caractères. Ce sont des expédients et des conjectures de romancier et non des procédés et des assurances de savant. Que serait-ce donc pour des hommes sur lesquels on n'a absolument aucun détail, pour Chaucer ou Shakspeare par exemple ? Mais, à y bien réfléchir, cela n'a pas tant d'importance. Si, pendant qu'ils sont vivants, les membres de l'Académie française voulaient fixer à quelle race ils appartiennent, afin de fournir des renseignements aux critiques futurs, ils ne le pourraient pas, même avec l'aide de leurs confrères anthropologistes de l'Académie des Sciences.

Allons plus loin. Nous connaissons exactement, il est vrai, le paysage dans lequel a vécu Burns et aussi, partiellement, la société dans laquelle il a grandi. En cela, nous avons un très grand avantage, car ce sont des renseignements que nous ne possédons pas sur la plupart des grands hommes. Mais, en réalité, en quoi cela contribue-t-il à la moindre explication de son génie ? Tout cela n'est que le monde dont il a pris possession, où il s'est promené. Cela n'explique pas ce quelque chose d'insaisissable, d'intransmissible qui s'est emparé de ce milieu, l'a modifié et transfiguré ; la manière particulière dont un esprit saisit ce qui l'entoure. On accepte pour des explications ce qui n'est que l'énumération et la description des conditions dans lesquelles le génie s'est exercé ; ou peut-être moins encore : les sujets, les occasions et le cadre de son œuvre simplement. Cela semble clair ici. Le climat est âpre et sombre, le pays dur et ingrat, la vie était pauvre et malheureuse, la société morose et austère ; dans ces circonstances se forme et s'épanouit un des plus joyeux, sinon le plus joyeux, des poètes modernes, celui qui a le rire le plus franc et le plus abondant. Et n'est-ce pas une chose digne de remarque que l'autre livre de grande gaîté que ces derniers cent ans ont produit, *Pickwick*, est né également sous un ciel qui ne peut, paraît-il, couvrir que de la tristesse ? Tant il est vrai que le luxe du climat n'est pas indispensable, pas plus que celui de la vie ou des vêtements. Dès que les besoins essentiels sont sauvegardés, dès que l'homme ne souffre pas, cela suffit pour sa gaîté ; c'est assez que le ciel ne l'écrase pas sous une calotte de glace ou de flamme, soit assez modéré pour permettre des réactions. Il faut encore ne pas oublier que, malgré les renseignements que nous possédons, nous ne connaissons que les gros reliefs de la vie de Burns, que bien des détails, et peut-être des plus importants, nous échappent. Et là encore il faut se garder de prendre pour des causes qui forment l'âme des crises qui modifient la vie et ne sont elles-mêmes que des résultats et des manifestations.

En réalité, nous ne savons rien de la mystérieuse genèse du génie de Burns. Sa véritable formation est probablement un hasard mystérieux par lequel des qualités éparses dans plusieurs races ou plusieurs générations se réunissent en un seul homme, se rencontrent ; un confluent impénétrable de mille hérédités, transmises parfois d'une façon latente, qui se fondent en un don, nourri et éveillé ou plutôt exercé par mille faits d'enfance, inaperçus de l'enfant lui-même : premières émotions de nature éprouvées sans être perçues, premières agitations du cœur, travaux, misères elles-mêmes, tout cela se combinant en des proportions indéchiffrables. Et, à vrai dire, ce génie lui-même, cette âme nous ne pénétrons pas en elle, nous ne la suivons que de loin, par de grossiers contours. Même dans les rapports intimes avec ceux qui nous entourent, nous ne percevons les uns des autres que des apparences enveloppées et lourdes. Nul doute que le mécanisme, le jeu intérieur des âmes ne soient inimaginablement plus complexes, plus riches, plus nuancés que les actes et les paroles qui nous les révèlent. Nous ne possédons de Burns que certains moments de lui qui sont ses œuvres. Elles sont loin de nous livrer son être entier. Les origines et la formation de la force qui les a créées nous restent inaccessibles ; de cette force elle-même nous ne connaissons que les empreintes ; nous pouvons les étudier avec autant de soin que nous le voulons, nous ne les dépasserons pas.

Nous faisons donc franchement et uniquement ce qu'on a appelé de la critique esthétique. La pauvreté des résultats et, chose plus grave, la fausseté des méthodes des critiques qui se disent nouvelles et supérieures, nous garderont de nous y aventurer. Bien que pratiquées par des esprits ingénieux, nourris, et assez forts pour passer à travers ou assez souples pour glisser entre les faits, elles aboutissent, par des voies arbitraires, à des conclusions insoutenables ou tellement dépouillées qu'elles perdent toute signification. En outre, elles ont, pour être ce qu'elles prétendent, ce vice radical qu'elles reposent entièrement sur la critique esthétique, tout en la déclarant insuffisante ou démodée. Les généralisations et les jugements qu'on s'efforce de tirer des œuvres littéraires ou artistiques doivent, pour exister, passer par une appréciation esthétique ou morale. Ils ont là leur racine. Or, pour la plupart des auteurs, cette critique n'est pas faite ; pour beaucoup d'autres elle a besoin d'être refaite. Bien plus, il est à craindre qu'elle ne soit jamais terminée. Comme la critique n'est que l'exposé de ce qu'un homme ou, à mettre les choses au plus large, une génération a compris et senti d'un auteur, c'est un travail double dont l'un des termes se modifie et se renouvelle sans trêve. Le point de base de ces échafaudages est dans des terrains en mouvement. Et, à vrai dire, ces critiques usurpent un nom qui ne leur revient pas. Elles sont, elles seront peut-être, des branches de l'histoire, de l'anthropologie, de la psychologie historique, extrayant des renseignements de la critique proprement dite. Elles tendent à des généralisations très vagues, tandis que le terme de la critique est l'homme et l'œuvre dans leur complexité unique et irréductible.

Le défaut de l'ancienne critique, dont l'insuffisance semble avoir contribué à faire naître les nouvelles, n'était pas d'être trop peu générale, comme on semble le dire, de ne pas avoir de portée ; c'était, au contraire, de ne pas être assez étroite, de ne pas assez étreindre l'individualité des passages ou des auteurs. Elle n'avait pas de contact assez direct ou de commerce assez prolongé avec eux. Tantôt elle se plaçait à côté du sujet et prenait les œuvres d'art comme des prétextes pour des considérations morales développées sur un mode oratoire. Tantôt elle les considérait en quelque sorte comme des productions abstraites, des représentants de genres ; elle les jugeait d'après des canons et des règles en soi, avec des formes d'admiration convenues et une allure didactique. En réalité, elle cherchait des lois et l'absolu. Elle laissait échapper précisément ce quelque chose de particulier qui fait une œuvre d'art. Par là, elle était, au fond, dans la même voie que les critiques généralisées, à longue portée, dont on nous parle. Les écrivains récents qui les ont lancées ne voient pas qu'ils vont justement, avec d'autres préoccupations et sous d'autres vocables, vers cette atténuation, cette dilution, cette évaporation de l'âme individuelle des chefs-d'œuvre. Ils sont tourmentés par le même besoin de l'universel où le beau disparaît. Leurs jugements sont flottants et lâches. En critique, il faut toujours avoir le tournevis en main et serrer sans cesse. Certaines pages de Ruskin ou quelques-uns des exquis passages de Fromentin sont des modèles d'examens qui entrent dans la personnalité d'un tableau. La critique de Sainte-Beuve doit son grand mérite et sa durable valeur à la reconstitution minutieuse des personnalités. Rien ne peut être plus contraire à l'esprit de ces études que l'isolement et le grossissement d'une faculté dominante, si tant est que ce mot ait un sens. La critique doit s'efforcer de suivre jusqu'au bout la création, laquelle aboutit toujours à l'individu, autrement elle n'est que l'avant-projet et comme le rêve confus d'un dieu impuissant.

Assurément, les résultats de la critique telle qu'elle est entendue ici n'ont, à aucun degré, la prétention d'être scientifiques. Ceci est un terme dont on abuse et qu'on paraît confondre avec le mot plus modeste d'exactitude. Il n'y a de science possible que là où il y a des lois permanentes ; il n'y a de science poursuivie que là où il y a recherche de ces lois ; il n'y a de science réelle qu'à partir du moment où les faits se noient dans ces lois et où l'amas des observations fait place à une formule. Or, une œuvre d'art considérée dans ce qui la constitue, c'est-à-dire dans ce qui la différencie, est un phénomène à chaque fois unique, irréductible comme l'expression du visage de celui qui l'a écrite. A cause de cela, il n'y a pas, il ne saurait y avoir de critique scientifique, au moins en ce qui regarde la fleur du génie, la saveur propre d'une œuvre. Ce qu'on retirera de scientifique de l'examen des productions d'art ne sera jamais qu'un fonds commun, normal et impersonnel, insipide pour l'admiration. Je suppose qu'un savant découvre la loi des ondulations des vagues sur tel rivage, à certaines hauteurs de marée, il aura fait acte de science ; mais l'art n'est pas là ; il est dans l'apparence de telle ou telle vague, tel jour, avec telle forme et telle nuance, sous telle caresse ou tel choc de vent ou de lumière, avec telle broderie de cristal ou d'argent, telle volute d'or, tel plissement d'acier, tel déroulement azuré, ou glauque, ou plombé, tel frisson qui n'a duré qu'une seconde ; c'est cette physionomie particulière qui est le domaine de l'admiration parce que c'est la personnalité de la vague. De même pour l'ensemble de cette tribu de flots qui chante ou rugit sur le rivage et doit toute sa beauté à son émotion du moment. Le reste ne nous regarde pas. C'est affaire d'hydrographie, de statistiques, de moyennes, de colonnes chiffrées et de lignes de courbes. Les généralisations, qui sont la couronne de la science, ne représentent que ce qui n'existe pas en réalité ; l'art exige des réalités ; il demeurera toujours incoercible à la science.

D'autre part on peut affirmer que cette critique esthétique, c'est-à-dire chargée du sentiment d'admiration sans lequel l'art n'a plus de sens et les œuvres d'art plus de raison d'être, est une des nécessités, une des conditions, nous ne disons pas de l'existence intellectuelle, mais de l'existence elle-même. Celle-ci, en effet, qu'est-elle donc à chaque instant sinon une combinaison fugitive, sans cesse écoulée, de pensées, souvenirs ou prévisions, emprunts au passé ou prélèvements sur l'avenir, ces derniers n'étant que des conjectures formées avec du passé et pour ainsi dire du passé jeté devant nous. Nous ressemblons à ces navires perdus sur des mers phosphorescentes, dont la route est éclairée par le sillage. En cela notre vie consiste. Le bonheur d'un homme, dès que son corps n'est pas en état de détresse, dépend de la nature de ces combinaisons dont le jeu est lui. Le sens du beau est, avec les élans moraux et l'aspiration vers le vrai, un des levains de la pensée et par conséquent un des facteurs de la vie humaine.

Il la pénètre même plus profondément parce qu'il est mêlé à ses plaisirs ou désirs subalternes. On ne conçoit pas ce que serait un esprit sans lui. Ceux mêmes qui en nient l'importance, en raillent la poursuite et en proscriraient l'enseignement, verraient leur routine quotidienne s'écrouler, disloquée et détruite, si on l'en retirait. Le bien-être le plus matériel se décomposerait. Car que sont la richesse, le luxe, peut-être même l'ivresse, sans les jouissances esthétiques qu'elles évoquent sous une forme inférieure. On n'imagine pas la dévastation que causerait dans un peuple l'anéantissement de ce rayon. Il ne lui resterait plus de raison de vivre que le sentiment religieux qui aspire à la mort.

Dès lors, c'est un reproche sans prise de dire que cette critique est changeante et variable. Elle repose sur le sable mouvant de l'esprit humain, non sur un roc. Mais si elle n'est pas absolue, elle est nécessaire. Elle est un aliment. Elle se modifie comme le blé qui nous nourrit, l'air que nous respirons, les fleurs dont la fragilité nous enchante et l'astre souverain qui nourrit tout cela et nous-mêmes. Ne vivons-nous pas au milieu de choses mobiles? Au moyen d'elles, n'atteignons-nous pas la plénitude de notre être, et quelques-uns des hommes n'accomplissent-ils pas la beauté suprême dont la race est actuellement capable? Le vrai lui-même ne dérive-t-il pas? Il nous semble stable parce que nous sommes très brefs dans une de ces longues habitudes de la nature que nous prenons pour l'éternité. Encore qu'il en puisse coûter à certains esprits de reconnaître que nos jugements d'art n'ont rien de définitif, que cela ne les empêche pas de saisir le plaisir et, j'oserai dire, de remplir le devoir d'admiration. Les montagnes et les fleuves que nous contemplons, entre les contemplations de nos ancêtres et celles de nos fils, changent, nous le savons. Ces sommets s'abaissent, désagrégés par les gels, les pluies et les soleils, et de leur effritement les cours d'eau lentement sont comblés; ces grandioses objets de nos enthousiasmes s'amoindrissent et disparaîtront. Cependant ils se modifient avec assez de lenteur pour que leur culte ait, vis-à-vis de nos rapides passages, une sorte d'immutabilité. Notre devoir est, tandis que nous vivons, d'aspirer l'air pur de ces pics et de ces plages, afin que nos corps soient sains et que ceux qui seront issus de nos reins forment une race robuste. Ainsi des choses de l'esprit. Quelle que soit leur nuance, elles durent assez pour que nous y puisions de quoi faire nos âmes plus fortes, plus délicates, ou moins grossières, afin que les esprits nés de nous et formés par nous aient un point de départ plus élevé. Nous avons besoin d'une admiration nourricière et active. Il faut vivre !

Les critiques, à quelque branche de l'art qu'ils se consacrent, ne sont que les pétrisseurs de ce levain et les distributeurs du pain sacré. Leur tâche est de découvrir le beau, de le fractionner, de le mettre à la portée de celui qui, jeté dans l'action ou appréhendé par le labeur, n'a point le temps de le rechercher, et pourtant le réclame, pour donner à ses ambitions ou à ses besognes leur éclat et leur cadre ou leur refuge et leur consolation. C'est d'eux que le goût du beau, par une série de chutes, descend, déformé souvent et parfois perverti, jusqu'aux couches inférieures de l'humanité, vient y mourir en admirations obscures et rudimentaires, et amène des instants de joie ou de distraction, de repos ou d'idéal, tels quels, aux plus basses existences. Oui ! cela est vrai à la lettre. Le haut enseignement artistique, qu'il s'épanche par le livre ou la parole, est comme un fleuve qui emporte des paillettes d'or ; il passe à travers des cribles successifs, de plus en plus appauvri et limoneux ; et cependant, grâce à lui, le dernier misérable se réjouit de trouver une parcelle brillante. Sans lui, la romance du café-concert qui est la poésie de l'ouvrier et l'image d'Épinal qui amuse le petit enfant pauvre n'existeraient pas. Il est le plus utile quand il a une vertu de propagande et une contagion d'enthousiasme. Il remplit une véritable fonction sociale. Ces services suffisent pour protéger la critique esthétique. Elle est changeante mais indestructible, parce qu'elle est nécessaire d'une nécessité sans cesse renouvelée. Elle subsistera en dehors des tentatives de généralisations scientifiques qui ne se meuvent plus sur le terrain de l'art. C'est cette critique et cette critique seule que nous entendons faire, à un niveau aussi modeste qu'on voudra le juger.

LES ŒUVRES.

CHAPITRE I.

LES ORIGINES LITTÉRAIRES DE BURNS. LA POÉSIE POPULAIRE DE L'ECOSSE.

On a pu voir, dans l'étude biographique de ce livre, que la vie littéraire de Burns se divise nettement en deux parties. Elles sont séparées l'une de l'autre par le séjour à Edimbourg. Dans la première période, sa production, en dehors des poésies nées de ses aventures personnelles, se compose presque uniquement d'épîtres familières et de petits poèmes descriptifs. Ces pièces sortent toutes de la vieille tradition écossaise ; elles ont un vif goût de terroir ; elles sont toutes inspirées par des faits réels : on peut mettre, à côté de chacun des morceaux du volume de Kilmarnock, l'incident qui l'a provoqué. Elles sont, en outre, de beaucoup les plus longues de ses œuvres. Dans la seconde période, en laissant toujours en dehors un certain nombre de pièces personnelles, la production consiste presque exclusivement en chansons. Elle est d'une inspiration toute différente de la première ; elle porte, non plus sur des faits particuliers, mais sur des sentiments généraux et simples. Elle ne compte que des efforts très brefs. Cependant la vie d'un homme ne se casse pas comme une branche morte ; elle se rompt plutôt à la façon d'un rameau vert : les fibres du passé pénètrent dans le présent, et celles du présent tiennent encore au passé ; il y a des instants où l'on redevient l'ancien homme. C'est dans une de ces heures que Burns composa *Tam de Shanter*, qui appartient tout à fait à sa première manière, par le sujet, la familiarité, et la puissance comique, en même temps que par les dimensions. C'est un poème de la première période, égaré dans la seconde ; mais c'est une exception unique. De sorte que Burns est le premier peintre de mœurs de son pays, par ce qu'il a écrit avant son séjour à Edimbourg ; et qu'il en est le premier chansonnier et l'un des premiers chansonniers de tous les pays, par ce qu'il a produit après.

A ce qui a été fourni par la deuxième partie de sa vie, il faut ajouter une série de pièces où l'on sent l'influence de la littérature anglaise.

Elles sont imitées de la poésie de l'époque, ou plutôt de l'époque immédiatement antérieure ; elles sont plus abstraites ; elles sont écrites en anglais pur [1]. Elles sentent plus ou moins l'exercice littéraire. Bien que quelques-unes d'entre elles, comme l'*Elégie sur la Mort de Glencairn*, celle *sur James Hunter Blair*, soient très belles, on peut considérer toute cette portion de son œuvre comme adventice. Si on la retranchait, on perdrait assurément quelques remarquables morceaux, mais Burns n'en resterait pas moins ce qu'il est. C'est, en lui, un détail et une curiosité.

Il a été poète écossais, formé par la littérature de son pays. Cependant, là encore, il convient d'examiner les choses de près, et de bien marquer quelles parties de la poésie nationale ont agi sur la sienne.

Si on laisse de côté certains vieux poèmes nationaux, qu'on appelle poèmes épiques, et qui sont plutôt des chroniques rimées, comme le *Bruce*, de John Barbour (1316 ?-1395), ou le *Wallace*, de Henry le Ménestrel, connu aussi sous le nom d'Henry l'Aveugle (1420 ?-1493 ?), la poésie écossaise, par quelques-unes de ses plus hautes branches, se mêle et se confond avec la littérature anglaise. Quelques différences de vocabulaire, quelques tours ou quelques termes spéciaux, quelques traits indigènes, ne suffisent pas à mettre même une mince haie entre les deux poésies. Le *Carnet du Roi*, de Jacques I (1394-1437) est une imitation de Chaucer ; le *Testament de Cressida*, de Robert Henryson (1425 ?-1498 ?) est la continuation du *Troïlus et Cressida*, du même vieux poète anglais. William Dunbar (1450 ?-1520 ?) « sans hésitation le plus grand des poètes anciens de l'Ecosse »[2], continua ces poèmes dans le goût du moyen-âge : *le Chardon et la Rose*, composé en l'honneur de Jacques IV et de Margaret Tudor, fille aînée de Henri VII d'Angleterre, et le *Bouclier d'Or*, destiné à « montrer l'influence graduelle et imperceptible de l'amour sur la raison, quand on s'y livre sans réserve [3] », sont des allégories toujours dans le genre de Chaucer. Le *Bouclier d'Or* est « imprégné, dit Warton, de la moralité et des images du *Roman de la Rose* et *de la Fleur et la Feuille*, de Chaucer. [4] » C'étaient des allégories en retard. On continuait à en écrire en Ecosse, après qu'elles étaient tombées en désuétude en Angle-

---

[1] Il suffit de citer au hasard : *Lines at Taymouth ; on Scaring some Water-Fowl in Loch Turit ; To Miss Cruikshank ; Lines written in Friar's Carse Hermitage ; The Hermit ; Elegy on Miss Burnet of Monboddo ; Elegy on the Death of Sir James Hunter Blair ; Lament of Mary Queen of Scots ; Sketch of a Character ; Prologue for Mʳ Sutherland ; Prologue, on New Year's Day Evening ; Prologue spoken by Mʳ Wood ; Sketch to C.-J. Fox ; To the Owl ; Verses on an evening view of the Ruins of Lincluden Abbey ; The vowels ; Poetical Address to Mʳ William Tytler ; Epistle from Esopus to Maria ; First and third Epistles to Robert Graham of Fintry*, etc.

[2] *The Book of Scottish Poems*, by J. J. Ross, p. 171.

[3] Th. Warton. *History of English Poetry*, section xxx, p. 496.

[4] Id. p. 496.

terre [1]. Gavin Douglas, évêque de Dunkeld, (1474-1522), donna une traduction de l'*Enéide*. C'était la première translation en vers d'un ouvrage classique, sauf les *Consolations de la Philosophie*, de Boece, « qui mérite à peine ce titre »[2]. Surrey lui a emprunté plus d'un passage, dans sa traduction des IIe et IVe livres de l'*Enéide* [3]. Les œuvres de Sir David Lindsay (1490?-1555), *le Songe, la Plainte de l'Ecosse*, où il expose les malheurs de son pays, sont de longs poèmes satiriques et politiques, mélangés de visions et d'allégories, un peu dans le genre des *Tragiques* de notre grand Agrippa d'Aubigné, sans sa puissance de vision et de colère. Sa *Satyre des Trois-Etats*, si curieuse en tant qu'elle est le premier spécimen du drame en Écosse [4], est une moralité qui contient un mélange de caractères réels et allégoriques [5], et reste dans les intentions générales de ces œuvres. Les petites pièces lyriques amoureuses d'Alexander Scott, (vers 1562) ; le poème d'Alexander Montgomery (1535?-1605?), la *Cerise et la Prunelle*, qui « commence comme une allégorie d'amour et se termine en honnête morale [6] », sont dans le ton de leur époque. Les sonnets du comte d'Ancram, ceux du comte de Stirling, sont dans le goût des sonnets de Surrey et Sidney. Tous deux vécurent d'ailleurs à la cour de Londres, avec Jacques I et Charles I. Drummond de Hawthornden (1585-1649), l'ami de Ben Jonson, à qui celui-ci alla rendre visite, à pied, de Londres à Edimbourg [7], est un poète d'éducation classique et d'inspiration cosmopolite, comme beaucoup des hommes de la Renaissance. Au XVIIIe siècle, le mélange des deux poésies est encore plus parfait. Des poèmes comme les *Saisons*, de Thomson, la *Tombe*, de Blair, le *Ménestrel*, de Beattie, sont purement anglais. La poésie anglaise a provigné dans un autre sol, et produit des rejetons qui, avec un léger goût de terroir, tiennent à elle. Ce n'est pas dans cette partie de la poésie écossaise qu'il faut chercher les influences qui ont agi sur Burns. Il ne connaissait guère les plus anciens de ces poètes, et ceux, plus récents, qu'il a admirés, comme Thomson, n'ont pas laissé de traces sensibles dans ses œuvres.

Mais au-dessous de cette poésie de lettrés, il existait une poésie populaire, très abondante, très drue, très savoureuse, très originale. Elle était sortie du sol ; elle traitait des sujets indigènes dans le langage indigène, c'est-à-dire dans la variété dialectique anglaise « qui régnait

---

[1] Th. Warton. *History of English Poetry*, section XXX, p. 491.
[2] Id. section XXXI, p. 506.
[3] David Irving, *History of Scotish Poetry*, p. 285.
[4] Id. p. 363.
[5] Id. p. 372.
[6] *The Book of Scottish Poems*, by J. J. Ross, p. 324.
[7] Voir, sur ce curieux voyage de Ben Jonson, le chapitre VI, dans le très intéressant livre de David Masson : *Drummond of Hawthornden*.

autrefois de l'embouchure de l'Humber jusque dans le Nord, et que parlaient également les indigènes du Yorkshire et de l'Aberdeenshire.[1] » C'est le dialecte qui se parle dans les Basses-Terres d'Écosse. Cette forme septentrionale de l'anglais avait été la langue littéraire de l'Écosse jusqu'à l'époque de Jacques I d'Angleterre. « L'anglais pur était devenu alors le moyen d'expression des littérateurs écossais, quand ils n'employaient pas le latin, et le vieux dialecte du Nord, modifié par le temps et les circonstances, était resté en usage dans la masse du peuple, et était même employé par les classes cultivées jusqu'au commencement de ce siècle. C'est ce dialecte qui a été au cœur de l'Écosse. Les ballades, les chansons et d'autres œuvres populaires ont été écrites en lui, et ainsi s'éleva une littérature populaire écossaise, tout à fait distincte de la littérature anglaise, et jusqu'à un certain point inintelligible aux personnes qui parlent l'anglais pur.[2] » En dehors du mouvement continuel qui avait rapproché les hautes productions littéraires écossaises des modèles anglais, et avait entraîné la langue écossaise dans le progrès et, pour ainsi parler, le dépouillement de l'anglais, ce vieux langage, fidèle au sol, était resté ce qu'il était. « En réalité l'écossais est, pour la grande partie, du vieil anglais. — Le temps a remplacé l'anglo-teutonique par l'anglais moderne, mais a épargné le scoto-teutonique, qui est encore une langue vivante.[3] » Mais son domaine et ses fonctions étaient diminués, et il était réduit à n'être plus que « ce dialecte de la conversation et de productions distinctement nationales.[4] » La littérature populaire qu'il servait à exprimer était encore bien vivante au XVIIIe siècle, car elle avait encore ce grand signe de vitalité d'être en partie orale, de parler vraiment au peuple. Il était naturel que Burns, avec son éducation et ses circonstances de production, lui prît ses modèles et ses formes de poésie. C'est en effet ce qui arriva, et c'est de ce côté qu'il faut chercher ses origines littéraires. Pour comprendre d'où il est sorti et quels matériaux il avait sous la main, c'est cette poésie populaire qu'il faut connaître. Nous l'exposerons avec quelque détail, parce que c'est un coin d'histoire littéraire peu connu, et qu'on y rencontre d'ailleurs de jolies choses et intéressantes. Elle se composait de trois éléments principaux :

Les anciennes ballades ;

Les chansons ;

Une suite de petits poèmes populaires comiques, tout à fait particuliers à l'Ecosse.

---

[1] *Edinburgh Review*, N° 324, October 1883. *The Scottish Language.* — Voir aussi *A dissertation on the origin of the Scottish Language*, en tête de l'*Etymological Dictionary of the Scottish Language* de Jamieson — et les *Editorial Remarks on the Scottish Language* par Hately Waddell, dans son édition de Burns.

[2] *Edinburgh Review*, N° 324. *The Scottish Language.*

[3] Charles Mackay. *Poetry and Humour of the Scottish Language*, p. 1.

[4] *Edinburgh Review*, N° 324. *The Scottish Language.*

En les examinant successivement, nous verrons dans quelles proportions Burns a puisé à chacune de ces trois sources. Ce qu'il a négligé de prendre nous renseignera peut-être autant, sur les préférences de son esprit, que ce qu'il a emprunté.

I.

LES VIEILLES BALLADES [1].

Les ballades sont de courts récits rhythmés, généralement divisés en strophes, et relatant un fait historique, fabuleux ou romanesque, qui, par l'héroïsme ou les malheurs des personnages, l'étrangeté ou le dramatique des circonstances, et souvent par un mélange de surnaturel, sort des conditions ordinaires de la vie. Leur trait caractéristique est d'être

---

[1] Veitch a retracé le mouvement qui a retiré de l'oubli l'ancienne littérature populaire : « James Watson, dans sa *Collection of Scots Poems Ancient and Modern*, publiée en trois parties, de 1706 à 1711, avait attiré l'attention sur quelques-unes de ces chansons et de ces ballades qui flottaient au hasard. L'*Evergreen* et le *Tea Table Miscellany* d'Allan Ramsay, publiés tous deux en 1724, attirèrent encore l'intérêt vers cette portion de la littérature. Elle fut ensuite cultivée avec zèle par d'autres collectionneurs. Les *Reliques* de Percy, qui portaient sur les deux cotés des Borders, ouvrirent, en 1765, le plus vaste champ qui eût encore été défriché dans la littérature des Ballades. Percy fut suivi par David Herd, avec ses *Ancient and Modern Scottish Songs*, en 1769. Puis vinrent Evans avec ses *Old Ballads*, 1777 ; Pinkerton avec ses *Scottish Tragic Ballads*, 1781, et ses *Select Scottish Ballads*, 1783. Ritson commença à publier des recueils de chansons en 1783, et continua jusqu'à 1795. James Johnson, dans *The Scots' Musical Museum*, 1787, contribua beaucoup à cette œuvre ; Burns lui fournissant des chansons nouvelles. J.-G. Dalzell, en 1801, donna ses *Scottish Poems of the Sixteenth Century*. Walter Scott, en 1802, donna les deux premiers volumes de la *Minstrelsy of the Scottish Border* ; le troisième volume parut en 1803. Ceci est un ouvrage qui ne le cède en importance et en influence immédiate qu'à celui de Percy lui-même. En 1806, Robert Jamieson donna ses *Popular Ballads and Songs*, et mit en lumière le fort élément scandinave qui se trouve dans notre littérature des Ballades. Depuis nous trouvons sur la liste des collectionneurs et des éditeurs, Finlay, David Laing, C.-K. Sharpe, Maidment, Utterson, Buchan, Allan Cunningham, Kinloch, Motherwell, R. Chambers, Peter Cunningham, Aytoun, Chappel, Child, etc. (*History and Poetry of the Scottish Border*, chap. XIII). — On trouvera, à la page XXVIII de l'Introduction du recueil *The Ballad Minstrelsy of Scotland*, en note, une liste très complète des publications de Ballades. Elle ne comprend pas moins de cinquante et quelques noms, et forme plus de cent volumes.

Dans ces recueils de littérature populaire, les chansons et les ballades proprement dites sont le plus souvent mélangées. Il nous a été impossible, avec nos seules ressources, de nous procurer l'ensemble de ces collections, qui forme une bibliothèque entière. Nous regrettons particulièrement de n'avoir pu nous procurer le magistral ouvrage du Professeur Child, publié à Philadelphie. Nous avons eu entre les mains les recueils d'Allan Ramsay, celui de Percy, ceux de Herd et de Ritson ; les recueils de Chambers, *Popular Rhymes of Scotland*, *Scottish songs prior to Burns* ; celui de Buchan. Nous avons lu et relu la *Minstrelsy* de Walter Scott, avec son introduction et ses notes. Nous avons trouvé l'ensemble des ballades, dans deux collections qui ont profité du travail des premiers éditeurs : *The Book of Scottish Ballads* d'Alexander Whitelaw ; et surtout *The Ballad Minstrelsy of Scotland*, éditée par Maurice Ogle, Glasgow. Les notes de ce dernier ouvrage sont excellentes, elles indiquent très soigneusement le recueil ou les recueils primitifs auxquels chaque ballade est empruntée.

surtout un récit, de présenter le sujet qu'elles traitent sous forme de narration. Ce sont des complaintes romanesques et héroïques [1].

Dans un pays si longtemps agité par la guerre étrangère et déchiré par les guerres civiles, où les rivalités des clans et les pillages réciproques couvraient la campagne de combats et ensanglantaient les moindres ruisseaux, il n'est pas étonnant que ces complaintes aient surgi de toutes parts. Les Borders surtout, avec leurs luttes incessantes, leur état de guerre continuelle, leurs surprises, leurs razzias, en ont fourni le plus grand nombre. Mais d'autres grands faits historiques s'y retrouvent conservés. Les invasions des Norvégiens [2], la résistance des outlaws réfugiés dans les bois [3], les luttes entre les gens des Basses-Terres et les Highlanders [4], les croisades [5], les luttes de l'indépendance contre les Anglais [6], les aventures de Marie Stuart [7], ont laissé des échos lointains, et donné naissance à un certain nombre de ballades.

Quand on ouvre un recueil de ces récits, on entre dans un monde de violence et de force, où la vie humaine est soumise à une perpétuelle hécatombe. Presque tous sont dramatiques ; un grand nombre tragiques ; quelques-uns atroces. Les sujets favoris sont des combats, des enlèvements, des vengeances, des apparitions de spectres, des crimes commis, découverts, et châtiés par de terribles représailles. Ce sont des batailles sur la frontière entre Écossais et Anglais, plutôt entre troupes de grands chefs locaux qu'entre armées royales, avec des défis à la façon des héros homériques, des mêlées furieuses et acharnées, où les flèches volent et s'enfoncent dans les poitrines jusqu'aux plumes, où les lances éclatent, où les blessés, les jambes coupées, combattent sur leurs genoux [8]. Ce sont des excursions de *freebooters*, qui vont piller en Angleterre, enlever des troupeaux [9].

Ils volèrent la vache noire et blanche et le bœuf rouge [10].

---

[1] Voir Shairp. *Aspects of Poetry*, p. 202. — Veitch. *History and Poetry of the Scottish Border*, p. 331-32. — J. Clark Murray. *The Ballads and Songs of Scotland*, p. XV. — Voir aussi la définition de Ritson, dans son *Historical Essay on National song*, citée dans l'Introduction de la *Ballad Minstrelsy of Scotland*, publiée par Maurice Ogle.

[2] *Hardyknute*.

[3] *Young Hastings; Hynde Etin; Tamlane; Kospatrick; Song of the outlaw Murray; Johnnie of Breadislee*.

[4] *The Battle of Harlaw*.

[5] *Lord Beichan and Susie Pye; Young Bekie; Child Ether; John Thomson and the Turk*.

[6] *Auld Maitland; Sir William Wallace; Gude Wallace; The Battle of Roslin*.

[7] *Glenlogie; The Queen's Mary*.

[8] Voir la version écossaise de *The Battle of Otterbourne*. La ballade de *Chevy Chase*, bien qu'anglaise, reproduit énergiquement une de ces rencontres, et avec impartialité.

[9] Les ballades sur ce sujet favori sont très nombreuses. Voir parmi les plus caractéristiques *the Lochmaben Harper*, et surtout celle de *Jamie Telfer of the Fair Dodhead*, qui contient tous les renseignements sur la façon dont les choses se passaient.

[10] *The Lads of Wamphray*.

Ce sont des exécutions de ces bandits, pendus soit par les Anglais, soit même par le roi d'Écosse, et à qui la sympathie du peuple ne manque pas [1]. Ce sont des *feuds*, des haines entre clans, pareilles aux vendettas des familles corses [2]. Ce sont de hardis coups de main, exécutés en ferrant les chevaux à l'envers, pour aller délivrer des camarades dans les forteresses de Berwick ou de Carlisle [3] : on arrive la nuit, on escalade la muraille, on tue le gardien, on enlève le prisonnier chargé de ses fers, on pique des deux ; les cloches sonnent, c'est l'alarme ; on est poursuivi ; on arrive à une rivière grossie ; on la traverse, et, quand on est sur l'autre bord, on invite les Anglais à en faire autant.

> Traverse, traverse, lieutenant Gordon,
> Traverse, viens boire le vin avec moi,
> Car il y a un cabaret auprès d'ici,
> Et il ne t'en coûtera pas un penny [4].

Dans quelques-unes de ces ballades, le drame va jusqu'à l'atroce. Dans *Edom de Gordon*, le chef, qui a donné son nom à la ballade, se présente avec cinquante hommes devant le château de Towie, où la châtelaine est enfermée avec ses trois enfants. Il la somme de se rendre.

> Descendez vers moi, belle dame,
> Descendez vers moi, descendez vers moi ;
> Cette nuit vous reposerez dans mes bras,
> Le matin, vous serez ma fiancée [5],

La mère refuse. Il fait mettre le feu au château. La flamme monte ; la fumée étouffe les enfants qui se lamentent les uns après les autres ; puis viennent les réponses désespérées de la mère. C'est là que se trouve cette scène à la fois touchante et affreuse.

> Oh, alors parla sa fille chérie,
> Elle était frêle et mignonne :
> « Oh ! roulez-moi dans une paire de draps,
> » Et descendez-moi par-dessus la muraille ».
>
> Ils la roulèrent dans une paire de draps,
> Et la descendirent par-dessus la muraille,
> Mais, sur la pointe de la lance de Gordon,
> Elle fit une chute mortelle.
>
> Oh ! jolie, jolie était sa bouche,
> Et rouges étaient ses joues,
> Et claire, claire était sa chevelure,
> Sur laquelle le sang rouge coule.

---

[1] *Johnnie Armstrang* ; *Hobbie Noble* ; *Hughie the Græme* ; *Gilderoy*.
[2] *Lord Maxwell's Good night*.
[3] *Jock o' the Side* ; *Archie of Ca'field* ; *Kinmont Willie*.
[4] *Archie of Ca'field*.
[5] *Edom o' Gordon*.

> Alors, avec sa lance il la retourna ;
> Oh ! que la face de l'enfant était pâle !
> Il dit : « Tu es la première que jamais
> » J'aie souhaité voir revivre ».
>
> Il la tourna et la retourna,
> Oh ! que la peau de l'enfant était blanche !
> « J'aurais pu épargner cette douce face
> Pour devenir les délices d'un homme.
>
> Alerte, partons, mes joyeux compagnons,
> Je pressens un triste destin.
> Je ne puis regarder cette douce figure
> Qui est là gisante dans l'herbe [1] ».

La flamme gagne la mère qui meurt en embrassant ses bébés. Son mari arrive, se met à la poursuite d'Edom de Gordon, et le massacre avec toute son escorte. Puis, revenant vers les masses brûlantes où est enseveli tout ce qu'il aime, il s'y précipite. Il ne reste dans cette scène de carnage que la jeune fille étendue sur l'herbe. Une autre ballade sur un sujet analogue, l'*Incendie de Frendraught*, est peut-être pire encore. Une troupe d'hommes, à qui on a donné l'hospitalité après une fausse réconciliation, est enfermée dans une tour à laquelle le feu est mis. Il y a un passage où un d'entre eux crie, à travers les barreaux de fer de la fenêtre, ses dernières recommandations, tandis que son corps est consumé, qui est une chose horrible.

> Je ne puis pas sauter, je ne puis pas sortir,
> Je ne puis arriver à toi,
> Ma tête est prise dans les barreaux de la fenêtre,
> Mes pieds brûlés se détachent de moi.
>
> Mes yeux bouillent dans ma tête,
> Ma chair aussi est rôtie,
> Mes entrailles bouillent avec mon sang,
> N'est-ce pas une horrible angoisse ?
>
> Prends les bagues de mes doigts blancs,
> Qui sont si longs et étroits,
> Et donne-les à ma belle Dame,
> Là où elle est assise dans son château.
>
> Je ne puis pas sauter, je ne puis pas sortir,
> Je ne puis pas sauter vers toi,
> Ma partie terrestre est toute consumée,
> Ce n'est plus que mon âme qui te parle [2].

Ces atrocités justifient le jugement de Prescott : « Bien que les scènes des plus vieilles ballades soient empruntées au XIVe siècle, les mœurs

---

[1] *Edom o' Gordon.*
[2] *The Fire of Frendraught.*

qu'elles accusent ne sont pas supérieures à celles de nos sauvages de l'Amérique du Sud.[1] »

A ces tueries d'armées ou de clans, à ces forfaits de bandes de brigands, s'ajoutent des drames de famille. Une marâtre empoisonne sa belle-fille[2]. Une femme tue son mari parce qu'il l'a insultée[3]. Un frère tue sa sœur parce qu'on ne lui a pas demandé son consentement pour son mariage[4]. Une fille d'Ecosse est devenue enceinte d'un seigneur anglais ; son père furieux la fait mettre sur un bûcher[5]. Une mère empoisonne son fils parce qu'il a épousé une femme contre son gré[6]. L'amour surtout, exaspérant ces vies violentes, les lance dans des aventures plus violentes encore. Les femmes ont l'énergie, les emportements de sentiments et d'actes, des mâles. Elles n'hésitent devant rien, ni devant les fatigues, ni devant les périls. Les enlèvements sont fréquents. Les amants s'enfuient à cheval ; le père et les frères les poursuivent, les rattrapent ; on s'arrête, on tire les épées, on se bat sur la bruyère.

> Les épées furent tirées des fourreaux,
> Et ils se précipitèrent au combat,
> Et rouge et rose était le sang
> Qui coula sur le talus semé de lis[7].

Parfois l'amant triomphe laissant les frères étendus sur le sol.

> Il appuya son dos contre un chêne,
> Et assura ses pieds sur une pierre ;
> Et il a combattu contre ces quinze hommes,
> Et il les a tués tous hormis un seul ;
> Mais il a épargné le chevalier âgé
> Pour rapporter les nouvelles au château.
>
> Quand il eut rejoint sa belle dame,
> Je pense qu'il l'embrassa tendrement :
> « Tu es mon amour, je t'ai gagnée,
> Et nous parcourrons librement la forêt verte. »[8]

Il arrive aussi que l'amant s'éloigne blessé mortellement. C'est le sujet de la plus célèbre et de la plus touchante de ces ballades, *the Douglas Tragedy*.

---

[1] Prescott. *Essais de Biographie et de Critique* ; l'article intitulé *Les Chants de l'Ecosse*.
[2] *Lady Isabel*.
[3] *The Lord of Waristoun*.
[4] *The Cruel Brother*.
[5] *Lady Maisry*.
[6] *Prince Robert*.
[7] *Katherine Janfarie*.
[8] *Erlinton, the Bent sae Brown*.

Il la mit sur un cheval blanc comme lait,
Et lui-même sur un cheval gris pommelé ;
Un cor de chasse pendait à son côté,
Et ils s'éloignèrent, chevauchant légèrement.

Lord William regardait par-dessus son épaule gauche,
Il regardait pour voir ce qu'il pouvait voir ;
Et il aperçut le père et les frères hardis de sa bien-aimée,
Qui accouraient à cheval sur la plaine.

« Descends, descends, lady Margaret, dit-il,
Et tiens mon cheval de ta main,
Pendant que contre tes sept frères hardis
Et ton père, je ferai tête ».

Elle tint son cheval de sa main blanche comme le lait,
Elle ne parla point, ne versa pas une larme,
Jusqu'à ce qu'elle vit ses sept frères tomber,
Et le sang de son père très cher.

« Oh, retiens ta main, lord William, dit-elle,
Car tes coups sont merveilleusement terribles ;
Je puis trouver un autre amant fidèle,
Mais un père, je n'en puis trouver un autre ».

Oh ! elle a défait son mouchoir de son col ;
Il était de toile de Hollande fine ;
Et elle a essuyé les blessures de son père,
Qui étaient plus rouges que le vin.

« Oh choisis, oh choisis, lady Margaret, lui dit lord William
Oh ! veux-tu venir ou rester ? »
« Je te suis, je te suis, lord William, dit-elle,
Tu ne m'as pas laissé d'autre guide ».

Il la mit sur le cheval blanc comme lait,
Et lui-même sur le cheval gris pommelé ;
Un cor de chasse pendait à son côté,
Et ils s'éloignèrent, chevauchant lentement.

Oh, ils chevauchèrent lentement et tristement,
Sous la lueur de la lune ;
Ils chevauchèrent, et arrivèrent à cette rivière pâle,
Et là ils descendirent de cheval.

Ils descendirent pour boire de l'eau
A la rivière qui coulait si claire,
Et dans le courant tomba le meilleur sang de son cœur,
Et lady Margaret fut effrayée.

« Redresse-toi, redresse-toi, lord William, dit-elle,
Car je crains que tu ne sois blessé à mort ».
« Ce n'est que l'ombre de mon manteau rouge
Qui brille si nettement dans l'eau ».

Oh, ils chevauchèrent lentement et tristement,
Sous la lueur de la lune,
Jusqu'à ce qu'ils arrivèrent à la porte du château de sa mère,
Et là ils descendirent de cheval.

« Oh ! fais mon lit, madame ma mère, dit-il,
Oh ! fais mon lit large et profond !
Et mets lady Margaret près de moi ;
Nous allons dormir tous deux profondément ».

Lord William était mort longtemps avant minuit,
Lady Margaret était morte longtemps avant l'aurore.
Que tous les vrais amants qui s'en vont ensemble
Puissent avoir meilleure fortune qu'eux [1].

Ailleurs, ce sont des vengeances : deux frères épris de la même fiancée se battent et s'égorgent [2], des femmes jalouses ou trahies empoisonnent ou poignardent leurs rivales, comme dans cette ballade où une fiancée, abandonnée devant l'autel, tue celle qui lui est préférée.

La fiancée tira un long poignard,
De sa coiffure brillante,
Et frappa au cœur la belle Annie,
Qui ne dit jamais plus une parole.

Le doux William vit la belle Annie pâlir,
Et s'étonna de ce que cela était ;
Mais quand il vit le cher sang de son cœur,
Il devint courroucé furieusement.

Il tira sa dague qui était si aiguë,
Qui était si aiguë et perçante,
Et la plongea dans la fiancée aux cheveux châtains,
Qui tomba à ses pieds morte.

« Attends-moi, chère Annie, dit-il,
Attend-moi, ma chérie », s'écria-t-il,
Puis se mit la dague dans le cœur,
Et tomba mort à ses côtés [3].

Parfois ces éperdues s'en prennent à celui qui les trahit. La maîtresse de lord William lui demande une dernière entrevue.

« Si votre amour est changé, dit-elle,
Et si les choses sont ainsi,
Du moins, venez, pour l'amour du passé,
Venez goûter le vin avec moi ».

---

[1] *The Douglas Tragedy.*
[2] *Lord Ingram and Child Vyet.*
[3] *Sweet William and Fair Annie.*

« Je ne resterai pas, je ne puis pas rester,
Pour boire le vin avec toi ;
Une dame que j'aime bien plus
M'attend en ce moment ».

Il se baissa sur son arçon,
Pour l'embrasser avant de se séparer ;
Et, avec un poignard aigu et mince,
Elle lui perça le cœur.

« Chevauche, maintenant, lord William, chevauche,
Aussi vite que tu peux chevaucher ;
Ta nouvelle amoureuse, près du puits de St-Brannan,
S'étonnera que tu sois en retard ». [1]

Tout ce monde vit, prêt à tuer ou à mourir, constamment. Ces hommes rentrent avec du sang à leur épée ou sur leurs mains.

« Pourquoi votre épée dégoutte-t-elle de sang,
Edward, Edward !
Pourquoi votre épée dégoutte-t-elle de sang,
Et pourquoi allez-vous si triste, O ? »

« Oh, j'ai tué mon faucon si brave !
Ma mère, ma mère !
Oh, j'ai tué mon faucon si brave,
Et je n'avais que celui-là ».

« Le sang de votre faucon n'était pas si rouge,
Edward ! Edward !
Le sang de votre faucon n'était pas si rouge,
Mon cher fils, je te le dis, O [2] »

Ou encore cette scène :

Il est allé à la chambre de Margerie,
Et il a frappé à la porte, O ;
« Oh, ouvre, ouvre, lady Margerie,
Ouvre et laisse-moi entrer, O ».

Avec ses pieds aussi blancs que la grêle,
Elle marcha à l'intérieur, O,
Et avec ses doigts longs et effilés,
Elle laissa entrer le doux Willie, O.

Elle se baissa vers ses pieds,
Pour dénouer les souliers du doux Willie, O ;
Les boucles étaient roides de sang,
Qui avait découlé largement sur elles.

« Quelle vue horrible est ceci, mon amour,
Est ceci que j'aperçois, O ?

---

[1] *Lord William.*
[2] *Edward, Edward.*

> Quel est ce sang dont vous êtes couvert ?
> Je vous prie, dites-le moi, O ».
>
> « Comme je venais par les bois, cette nuit,
> Un loup m'a attaqué, O ;
> Oh ! devais-je tuer le loup, Margerie ?
> Ou devait-il m'attaquer, O ? »
>
> « O Willie, ô Willie, je crains
> Que tu ne m'aies engendré peine et chagrin ;
> L'acte que tu as commis cette nuit
> Sera connu demain matin ». [1]

Presque toutes ces aventures se terminent tragiquement. Il y a toujours du sang dans les dernières strophes de ces ballades. Ce sont des chants dont la muse est la mort. Quand on lit ces recueils, on ne rencontre que des cadavres. Au-dessus de toute cette poésie plane la joie lugubre des deux corbeaux de la terrible ballade.

> Il y avait deux corbeaux perchés sur un arbre,
> Gros et noirs, aussi noirs qu'il est possible ;
> Et l'un commence à dire à l'autre :
> « Où irons-nous dîner aujourd'hui ?
> Dînerons-nous près de la vaste mer salée ?
> Dînerons-nous sous l'arbre au feuillage vert » ?
>
> « Viens, je te montrerai un spectacle très doux,
> Une glen solitaire et un chevalier fraîchement tué ;
> Son sang est encore tiède sur l'herbe,
> Son épée à demi tirée, ses flèches dans le carquois,
> Et personne ne sait qu'il est étendu là,
> Sinon son faucon, son chien et sa maîtresse.
>
> « Nous nous poserons sur sa clavicule,
> Nous arracherons ses jolis yeux bleus,
> Nous ferons une tresse de ses cheveux dorés,
> Pour garnir notre nid quand il se dénudera,
> Et le duvet d'or sur son jeune menton,
> Nous en envelopperons nos petits.
>
> Oh ! froid et nu sera son lit,
> Quand les orages d'hiver chanteront dans les arbres ;
> A sa tête le gazon, à ses pieds une pierre ;
> Il dormira, il n'entendra plus les plaintes de la jeune fille ;
> Par dessus ses os blanchis, les oiseaux voleront,
> Les daims sauvages bondiront, les renards glapiront. [2]

Les imaginations romanesques, les rêveries poétiques, les superstitions païennes ou chrétiennes du moyen-âge, se mélangent à ces événements,

---

[1] *Sweet Willie and lady Margerie.*
[2] *The Twa Corbies.*

et en accroissent encore l'étrangeté. Les jeunes filles montent au sommet de leur tour quand arrive le chevalier qu'elles aiment [1]. Des amants se réfugient dans les profondeurs vertes des forêts, et y mènent une vie qui fait penser aux exilés de *Comme il vous plaira* [2]. D'autres fois des outlaws ravissent des jeunes filles, et les entraînent dans leurs retraites [3]. Des oiseaux se chargent des messages entre les amants [4]. Lorsqu'un crime est commis, il est miraculeusement révélé. Une maîtresse assassine son amant et jette son corps dans la Clyde. Mais un papegai perché sur un arbre a tout vu.

>Ainsi parla le papegai,
>En voltigeant au-dessus de sa tête :
>« Dame, garde bien ta robe verte,
>Garde-la bien de ce sang si rouge ».
>
>« Oh, je garderai ma robe verte,
>Je la garderai de ce sang si rouge,
>Mieux que tu ne peux garder ta langue
>Qui bavarde dans ta tête.
>
>Mais descends, ô bel oiseau,
>Ne voltige plus d'arbre en arbre,
>Je te donnerai une cage d'or,
>Et de pain blanc te nourrirai ».
>
>« Gardez votre cage d'or, dame,
>Et je garderai mon arbre ;
>Car, comme vous avez fait à lord William,
>Ainsi me feriez-vous. » [5]

Et plus tard il dénonce la coupable. Une sœur, jalouse de sa jeune sœur, la noie. Un joueur de harpe fait, avec la clavicule de la morte, une harpe qu'il tend de trois boucles de sa chevelure dorée; la harpe joue seule et prononce le nom de la méchante sœur [6]. Pendant une veillée mortuaire, une lykewake, auprès du corps d'une jeune fille assassinée, le corps parle pour nommer l'assassin.

>Avec les portes entr'ouvertes, et des chandelles allumées,
>Et des torches qui brûlaient clair,
>Le corps fut étendu ; jusqu'au calme minuit,
>Ils veillèrent, mais rien n'entendirent.

---

[1] *Lord William.*
[2] *The Earl of Douglas and Dame Oliphant; Rose the red and white Lily.*
[3] *Hynde Etin ; The bonnie Banks of Fordie; the Duke of Perth's three daughters.*
[4] *The Gay Gos-Hawk.*
[5] *Lord William.*
[6] *Binnorie.*

> Vers le milieu de la nuit,
> Les coqs commencèrent à chanter ;
> Et à l'heure sombre de la nuit,
> Le corps commença à bouger.

> « Oh, qui t'a fait mal, sœur,
> Et a osé ce péché odieux ?
> Qui a été assez hardi et n'a pas crain
> De te jeter dans la cascade ? »

> « Le jeune Benjie a été le premier homme
> A qui j'aie donné mon cœur ;
> Il était si hardi et hautain de cœur ;
> Il m'a jeté dans la cascade ». [1]

La fille du ministre de Newarke accouche en secret et tue ses deux enfants. En rentrant elle rencontre deux enfants qui jouent à la balle ; elle leur parle. Ils lui reprochent qu'elles les a tués, et lui disent qu'elle ira en enfer [2]. Les fantômes de ceux qui ont été tués reparaissent [3]. Parfois ce sont de véritables contes de fées. Ce sont des batailles de chevaliers contre des géants ou des monstres [4]. Ce sont des anneaux enchantés. L'amante donne à l'amant, ou l'amant à l'amante, une bague dont les diamants se terniront, si celui ou celle qui l'a donnée est infidèle ou meurt ; et un jour la bague s'éteint [5]. Ce sont des jeunes filles enfermées par un sortilège sous la forme d'une bête hideuse, et qui ne seront délivrées que si un chevalier consent à les embrasser [6]. La reine des Fées s'éprend de Thomas le Rimeur, et le garde pendant sept ans, dans des vergers merveilleux ; il se réveille un jour au pied de l'arbre où il s'était endormi [7]. Un chevalier ressuscite son amie en lui mettant sur les yeux deux gouttes du sang de St Paul [8].

Que ce soit à cause de l'héroïsme, de la superstition ou de la cruauté, lorsqu'on lit un recueil de ces ballades, on est violemment transporté dans une autre vie, qui sans doute a existé, mais qui certainement n'existe plus depuis longtemps. On sent qu'on est dans une vie violente, romanesque, périlleuse, surpassant la nôtre en forfaits et en exploits, mais, à coup sûr, une vie qu'aucun homme moderne n'a vécue, ni vu vivre. On est dans l'histoire ou dans le roman, et, que ce soit l'un ou l'autre, hors de la réalité.

---

[1] *Young Benjie.*
[2] *The Cruel Mother.*
[3] *The Knight's Ghost ; Clerk Saunders ; Sweet William's Ghost ; Sir Roland.*
[4] *Young Ronald ; King Malcolm and Sir Colvine.*
   Hynde Horn ; The enchanted Ring.
[6] *Kemp Owyne.*
[7] *Young Tamlane ; Child Rowland and Burd Ellen ; Thomas of Ercildoune.*
[8] *Leesome Brand.*

Ces récits, dont la trame est faite d'aventures extraordinaires, sont encore rendus plus archaïques par les broderies dont ils sont couverts. Celles-ci les font ressembler davantage à d'anciennes étoffes, semées d'attributs, historiées de motifs dans le goût d'une autre époque, et brochées d'une profusion d'or et d'argent que notre temps ne comporte plus. Chacun de ces accessoires accentue la date de ces poèmes, et les rejette plus loin de nous. Parfois, cet effet est produit par quelque motif naïf et tout fait. Quand un jeune homme enlève une jeune fille, il monte toujours un cheval gris pommelé, et elle, un cheval blanc comme lait [1]. Lorsque deux amants sont ensevelis l'un près de l'autre, il sort un églantier de la tombe de l'amant et un rosier de celle de la maîtresse.

> Lord William fut enseveli dans l'église de Ste-Marie,
> Lady Margaret dans le chœur de Ste-Marie ;
> Hors de la tombe de la dame, poussa une rose rouge,
> Et hors de celle du chevalier poussa un églantier.
>
> Et tous deux se rencontrèrent et s'enlacèrent,
> Comme s'ils désiraient être près l'un de l'autre,
> De sorte que tout le monde put connaître clairement
> Qu'ils poussaient de deux amants qui s'étaient chéris [2].

C'est là un des détails qui reviennent constamment et appartiennent à tous les faiseurs de ballades. Presque toujours, il y a cette prodigalité de métaux et de pierres précieuses, qui indique qu'on est dans le rêve et qu'on puise à des coffres inépuisables. On sent que l'imagination se grise de richesses. Les chevaux sont ferrés d'argent aux pieds de devant, et ferrés d'or aux pieds de derrière ; ils portent à la crinière des clochettes d'argent qui tintent à chaque pas [3]. Les jeunes filles lissent leurs cheveux avec des peignes d'argent. On étend des tapis de drap d'or du château à l'église, pour que la fiancée ne marche pas sur le sol [4]. De toutes parts, passent des cortèges de mariage, brillants, vêtus de cramoisi et de vert [5] ; tous les cavaliers portent sur le poing un faucon ; toutes les dames tiennent une guirlande [6]. Quoi de plus délicatement étincelant que cette description :

> Son palefroi était un gris pommelé,
> Je n'ai jamais vu son pareil ;
> Comme brille le soleil un jour d'été,
> Cette belle dame elle-même brillait.

---

[1] *The Douglas Tragedy.*
[2] *The Douglas Tragedy; Prince Robert; Fair Annet.*
[3] *Lord Thomas and Fair Annet; Thomas of Yonderdale; Sweet Willie and Fair Annie.*
[4] *Lord Ingram and Child Vyet.*
[5] *Young Bekie.*
[6] *Lord Ingram and Child Vyet.*

Sa selle était d'ivoire pur,
C'était une vue très belle à voir !
Ornée et raide de pierres précieuses,
Tout entourées de cramoisi.

Des perles d'Orient, en grande quantité ;
Sa chevelure tombait autour de sa tête ;
Elle chevauchait sur la pelouse de fougères,
Tantôt elle sonnait du cor, et tantôt chantait.

Les sangles étaient de riche soie,
Les boucles étaient de beryl,
Ses étriers étaient de clair cristal,
Et tout couverts de perles.

Le poitrail était d'acier fin,
La croupière était d'orfévrerie,
La bride était d'or fin,
De chaque côté, trois clochettes pendaient.

Elle conduisait en laisse trois lévriers,
Et sept braques couraient à ses pieds ;
Je ne voulais pas me hâter de lui parler,
Son front était blanc comme un cygne.

Elle portait un cor pendu au col,
Et au-dessous de sa taille mainte flèche,
En vérité, mes seigneurs, comme je vous le dis,
Ainsi était habillée cette belle dame. [1]

Ou bien encore qu'on lise cette jolie peinture, qui transporte dans la fantaisie le fait très simple d'une maîtresse à la recherche de son amant.

Oh ! je vais chercher un charpentier,
Pour me construire un navire,
Et je chercherai de hardis matelots,
Pour naviguer avec moi sur la mer...

Son père lui fit construire un navire,
Et le gréa très royalement ;
Les voiles étaient de soie vert pâle,
Et les câbles de taffetas ;

Les mâts étaient faits d'or bruni,
Et brillaient au loin sur la mer,
Les bordages étaient richement incrustés
De nacre et d'ivoire.

A chaque amure qu'il y avait,
Pendait une clochette d'argent
Qui tintait doucement à la brise,
Ou à la houle enflée de la mer salée [2].

---

[1] *Thomas of Ercildoune.*
[2] *Fair Annie of Lochryan.*

Les fonds achèvent cette impression. On y aperçoit des paysages irréels. Parfois, ce sont des fabriques fantastiques. C'est, par-delà une mer courroucée, un château avec une haute tour au toit d'étain :

> Quand elle vit la tour majestueuse
> Luire claire et brillante,
> Qui se tenait au-dessus des vagues ouvertes,
> Bâtie sur un roc élevé [1].

Ou bien c'est la façade d'un château féodal :

> Il y a un beau château, bâti de chaux et de pierre,
> Oh ! n'est-il pas bâti plaisamment ?
> Sur le devant de ce beau château,
> Il y a deux unicornes beaux à voir [2].

Le plus souvent, comme dans les vieilles tapisseries, ce sont des verdures, des fonds de feuillage. Voici le verger où la reine des fées conduit Thomas d'Ercildoune :

> Elle le conduisit dans un beau verger,
> Où les fruits croissaient en grande abondance ;
> Les poires et les pommes étaient mûres,
> La datte, et aussi le damas ;

> La figue et aussi les grappes de la vigne ;
> Les rossignols reposaient sur leurs nids,
> Les papegais drus commençaient à voler çà et là,
> Et la chanson des grives ne voulait pas cesser [3].

N'est-ce pas là vraiment un arrière-plan d'ancienne tenture aux frondaisons semées de fruits et d'oiseaux? Ce sont aussi des fonds de forêts, dans lesquelles passent des cerfs, des chasseurs vêtus de vert, l'arc à la main, suivis de leurs bons chiens gris.

> Johnie regarda vers l'est, et Johnie regarda vers l'ouest,
> Et un peu au-dessous du soleil ;
> Et là il aperçut un cerf brun qui dormait,
> Sous un buisson de genêts.

> Johnie tira, et le cerf brun bondit,
> Et il le blessa au flanc,
> Et, entre l'étang et le bois,
> Ses chiens abattirent la bête fière [4].

---

[1] *Fair Annie of Lochryan.*
[2] *Song of the Outlaw Murray.*
[3] *Thomas of Ercildoune.*
[4] *Johnnie of Breadislee*

Dans les profondeurs de ces ramées, il y a d'étonnantes évocations de la vie libre que les outlaws menaient dans les grands bois. Quel tableau en quelques strophes que celui-ci, d'une forêt tout animée par les bonds des fauves, et sonore de la détente des arcs.

> La forêt d'Ettrick est une belle forêt,
> Il y pousse maint arbre de haute taille ;
> Il y a cerf et biche et daine et chevreuil,
> Et de toutes bêtes sauvages grande plenté.
>
> James Boyd prit congé du noble roi,
> Vers la belle forêt d'Ettrick il arriva ;
> Quand il descendit la pente de Birkendale,
> Il vit la belle forêt de ses yeux.
>
> Il vit chevreuil et daine et cerf et biche,
> Et de toutes bêtes sauvages grande plenté ;
> Il entendit les arcs qui hardiment résonnaient
> Et les flèches qui bruissaient auprès de lui [1].

Toute cette littérature de ballades est donc, pour le fonds et la forme, en dehors et au-dessus des conditions ordinaires de la vie. On y trouve plutôt la légende et le rêve que l'observation et la réalité. Non-seulement elle parle d'aventures et d'usages que nous ne connaissons plus, mais il est peu probable qu'elle ait été elle-même exactement contemporaine des faits qu'elle célèbre. Elles ont été composées sur des événements qui semblaient extraordinaires, même en ces temps violents, et alors vraisemblablement qu'ils avaient déjà quelque chose de légendaire et de lointain. C'est une littérature héroïque et fabuleuse, qui sort des proportions communes. Elle a été créée, pendant des siècles grossiers où le livre n'existait pas, pour satisfaire le besoin de romanesque qui vit dans les cœurs humains les plus frustes.

C'est là un point important et qu'il était utile de bien dégager, car on ne comprendrait pas autrement pourquoi Burns a si peu goûté cette partie importante de la littérature de sa patrie. Il avait l'âme passionnée, et non romanesque. Il fallait, en tout ce qu'il faisait, qu'il se sentît, entre les mains, de la réalité, quelque chose de présent et d'immédiat. Son éducation littéraire s'était formée à regarder la vie et les gens qui l'entouraient. Son génie était fait d'observation, bien plus que d'imagination. Il avait l'esprit net et pratique, il ne l'avait jamais exercé à se transporter dans d'autres temps. Il ne savait pas vivre parmi d'autres hommes que des hommes réels et vivants.

Aussi son admiration pour les ballades ne tient-elle pas beaucoup de

---

[1] *Song of the Outlaw Murray.*

place. Il dit bien : « Il y a une noble sublimité, une tendresse qui fond le cœur, dans quelques-unes de nos anciennes ballades, qui dénotent qu'elles sont l'œuvre d'une maîtresse main[1] ». Mais c'est à peu près la seule marque d'enthousiasme que les ballades aient obtenue de lui, et elle date de sa jeunesse. Tandis qu'il savait presque toutes les chansons écossaises, et qu'il était infatigable à recueillir les chansons nouvelles qu'il rencontrait, il semble ne faire aucun cas des ballades et les laisse échapper. Il écrivait à William Tytler de Woodhouselee, grand amateur de vieilles poésies, en lui en envoyant quelques-unes, une lettre qui est très significative à cet égard :

« Je vous envoie ci-inclus un échantillon des vieux morceaux qu'on peut encore trouver parmi nos paysans de l'Ouest. Je possédais jadis bon nombre de fragments pareils, et quelques-uns plus complets, mais, comme je n'avais pas la moindre idée que quelqu'un pût se soucier d'eux, je les ai oubliés. Je considère fermement comme un sacrilège de rien ajouter qui soit de moi pour rétablir les épaves disloquées de ces vénérables vieilles compositions ; mais elles ont maintes versions différentes. Si vous n'avez pas déjà vu celles-ci, je sais qu'elles flatteront vos sentiments calédoniens qui sont dans le bon vieux style [2]. »

Il y a, dans ces derniers mots, l'indulgence qu'on a pour une manie inoffensive. Plus tard, dans sa correspondance avec Thomson, il le dissuade d'admettre dans son recueil une des plus célèbres ballades, celle même qui avait fourni le sujet de la tragédie de *Douglas* :

« Je suis inflexiblement pour exclure *Gil Morice* en entier. Il est d'une maudite longueur qui fera faire une grande dépense d'impression ; l'air lui-même ne se chante jamais ; une ou deux bonnes vieilles chansons en tiendront bien la place [3]. »

Pour faire contraste, il n'y a qu'à rapprocher la façon dont Gray parlait de cette même ballade, et comparer son enthousiasme à la froideur de Burns. « Je me suis procuré la vieille ballade écossaise sur laquelle *Douglas* est fondé ; elle est divine et aussi longue que d'ici (Cambridge) à Aston, ne l'avez-vous jamais vue ? Les meilleures règles d'Aristote y sont observées, d'une manière qui prouve que l'auteur n'avait jamais lu Aristote. Vous pouvez en lire les deux tiers sans deviner de quoi il s'agit, et cependant, quand vous arrivez à la fin, il est impossible de ne pas comprendre l'histoire tout entière. [4] » On sent toute la différence.

Dans ces dispositions, il n'est pas étonnant que Burns ait peu imité les ballades et que leur influence soit très faiblement marquée dans son

---

[1] *Common place Book*, Sept. 1785.
[2] *To William Tytler of Woodhouselee*, Aug. 1787.
[3] *To G. Thomson*, Sept. 1793.
[4] Cité dans *the Ballad Minstrelsy of Scotland*, publiée par M. Ogle, dans l'Introduction historique qui précède la ballade.

œuvre. A peine çà et là une imitation, comme *Lady Mary Ann* ou *Lord Gregory*. On n'en compterait pas plus d'une demi-douzaine, pas même autant peut-être. La façon dont elles sont faites est encore plus instructive que leur rareté. Toute la partie narrative, toute la partie pittoresque ou merveilleuse, en un mot, tout ce qui est d'un autre temps, est supprimé. Il n'y a de conservé que la partie de sentiment, laquelle est de toutes les époques. *Lord Gregory* est emprunté à une très dramatique et très belle ballade intitulée : *La jolie fille de Lochryan*. Il suffit de comparer les deux morceaux pour voir ce que Burns a conservé du modèle.

La ballade, telle qu'on la trouve dans le recueil de Herd, publié en 1769, et par conséquent bien connu de Burns, s'ouvre par les plaintes d'une jeune fille abandonnée par Lord Gregory. Elle veut aller à sa recherche, et elle se fait construire un navire, dont la peinture a la somptuosité de couleur habituelle.

> Alors, elle a fait construire un beau navire.
> Il est tout couvert de perle,
> Et à chaque amure
> Pendait une sonnette d'argent.

La pauvre abandonnée part sur la mer pour chercher Lord Gregory, en quelque lieu qu'il se trouve. Quelque chose de l'inattendu des anciennes navigations apparaît. Elle rencontre un rude rôdeur de mers qui lui demande :

> « O, es-tu la Reine elle-même,
> Ou une de ses trois Maries,
> Ou bien es-tu la fille de Lochryan,
> Cherchant son cher Gregory » ?

> « O, je ne suis pas la Reine elle-même,
> Ou une de ses trois Maries,
> Mais je suis la fille de Lochryan,
> Cherchant son cher Gregory ».

Et le rude rôdeur, touché sans doute, lui montre une tour recouverte d'étain où se tient Lord Gregory. Elle y aborde, et agite l'anneau sur la barre de fer tordu qui tenait lieu autrefois de marteau aux portes. Elle le supplie ainsi :

> « O, ouvre, ouvre, aimé Gregory,
> Ouvre et laisse-moi entrer.
> Car je suis la fille de Lochryan,
> Bannie de tous les siens ».

Mais la méchante mère de Lord Gregory lui répond de l'intérieur, en imitant la voix de son fils, et lui demande, pour lui prouver qu'elle est bien la fille de Lochryan, de lui dire ce qui s'est passé entre eux deux.

La pauvre fille répond d'une façon touchante, en des strophes où le souvenir des jours passés se mêle à l'angoisse présente.

> « Ne te souviens-tu pas, aimé Gregory,
> Comme nous étions assis, au moment du vin,
> Que nous échangeâmes nos anneaux de nos mains,
> Et que le meilleur était le mien ?
>
> Car le mien était de bon or rouge,
> Mais le tien était d'étain;
> Et le mien était vrai et fidèle,
> Et le tien était faux dedans.
>
> Et ne te souviens-tu pas, aimé Gregory,
> Comme nous étions assis sur la colline,
> Que tu m'as enlevé ma virginité,
> Très durement, contre mon vouloir.
>
> Maintenant, ouvre, ouvre, aimé Gregory,
> Ouvre et laisse-moi entrer,
> Car la pluie pleut sur mes bons vêtements,
> Et la rosée coule sur mon menton. »

La méchante femme lui redemande d'autres preuves, comme si celles-là ne suffisaient pas. Et la pauvre demoiselle, découragée, l'âme navrée, renonce à la convaincre.

> Alors elle s'est retournée :
> « Puisqu'il en est ainsi,
> Puisse aucune femme qui a porté un fils
> N'avoir jamais un cœur si plein d'angoisse.
>
> Abaissez, abaissez ce mât d'or,
> Dressez un mât de bois,
> Car il ne convient pas à une dame délaissée
> De naviguer si royalement. »

Elle s'éloigne. Le fils s'éveille, et raconte à sa mère qu'il a rêvé que la fille de Lochryan était à la porte. La mère lui dit qu'en effet elle était là il y a une heure, et qu'il peut continuer à dormir. Le fils repousse la méchante femme qui ne l'a pas laissée entrer. Et la fin de la pièce a toute la fantaisie romantique et touchante qui est le charme de ces ballades.

> « Faites-moi seller le noir, dit-il,
> Faites-moi seller le bai brun,
> Faites-moi seller le cheval le plus vite,
> Qui est dans toute la ville. »
>
> Or, dans la première ville où il arriva,
> Les cloches sonnaient,
> Et la seconde ville où il arriva
> La morte y arrivait.

« Déposez, déposez ce corps aimable,
Déposez-le, laissez-moi voir
Si c'est la fille de Lochryan
Qui est morte par amour pour moi. »

Et il prit son petit couteau
Qui pendait à sa basque,
Et il a fendu le linceul,
Une longueur d'aune ou davantage.

Et d'abord il baisa sa rouge joue,
Et puis il baisa son menton,
Et puis il baisa ses lèvres rosées
Où il n'y avait plus d'haleine.

Et il a pris son petit couteau,
Avec un cœur qui était tout navré,
Et il s'est donné une blessure mortelle,
Et il ne parla jamais plus un mot.

Quelles que soient les naïvetés d'un pareil morceau, quels que soient les accrocs et les raccords grossiers qu'on trouve dans cette vieille étoffe et qui sont le fait des transmissions successives, il y a là une poésie simple, pleine de couleur et d'émotion.

Que reste-t-il de ce rêve dans Burns? Presque rien. Tout ce que cette navigation du début a d'étrange et de pittoresque, ces visions de mer et de vieux châteaux, qui rappellent les ruines qu'on voit sur tant de promontoires écossais, cette poursuite douloureuse de la fin, tout a disparu. Il a supprimé la partie imaginative, le récit, en réalité ce qui constitue la ballade. Il n'a conservé que la partie de sentiment, qui est de tous les temps, le cri de la femme chassée de la maison paternelle, qui vient frapper à la porte du séducteur. En un mot, il a transformé la ballade en une simple chanson.

« Oh! sombre, sombre est cette heure de minuit,
Et bruyant le mugissement de la tempête,
Une femme errante, désolée, cherche ta tour,
Ouvre ta porte, Lord Gregory.

Une exilée du château paternel,
Et cela pour t'avoir aimé ;
Montre-moi du moins quelque pitié,
Si ce ne peut être de l'amour.

Lord Gregory, ne te rappelles-tu pas le bosquet
Sur les bords charmants de l'Irwin,
Où, pour la première fois, j'avouai cet amour virginal
Que longtemps, longtemps, j'avais nié.

Que de fois m'as-tu promis et juré
Que tu serais pour jamais à moi ;
Et mon pauvre cœur, lui-même si sincère,
N'a jamais soupçonné le tien.

> Dur est ton cœur, Lord Gregory,
> Et ta poitrine est un roc ;
> Foudres du ciel, qui me frôlez en passant,
> Oh ! ne me donnerez-vous pas le repos ?
>
> Vous, tonnerres, ramassés dans le ciel,
> Voyez la victime qui s'offre à vous !
> Mais, épargnez-le, pardonnez à mon faux ami
> Ses torts envers le ciel et envers moi [1]. »

A coup sûr, cette chanson est touchante aussi. Elle est moins brutale, plus riche en nuances de sentiment, d'une psychologie plus subtile et plus délicate, que le passage analogue de la ballade. Mais c'est tout ce qui en reste. On a beau dire que, dans le cas présent, Burns était lié par les nécessités du recueil de Thomson. C'est assez qu'il n'ait été inspiré par les ballades populaires que dans cette mesure pour montrer qu'il les goûtait peu, et qu'elles n'ont pas été une des sources de sa poésie.

Cela est d'autant plus significatif que, d'un bout à l'autre du xviiie siècle, ces ballades ont été l'objet de nombreuses imitations dont quelques-unes sont des chefs-d'œuvre. Dès le commencement du siècle, avant même l'article d'Addison sur *Chevy Chase*, et le recueil d'Allan Ramsay, lady Wardlaw composait la fameuse ballade de *Hardyknute*. Lady Wardlaw fut, avec lady Grizzel Baillie, au début de cette lignée de femmes poètes qui, passant par Mrs Cockburn, Miss Jane Elliot, Miss Blamire, la misérable Jane Glover, Miss Cranston, qui devint Mrs Dugald Stewart, Miss Hamilton, lady Anne Barnard, aboutit à la baronne de Nairne et à Miss Joanna Baillie. En 1723, David Mallet, qui s'appelait alors Malloch et n'avait pas encore changé son nom écossais en nom anglais, écrivait sa jolie ballade de *William et Margaret*. Vers 1748, William Hamilton composait sa ballade *Les bords du Yarrow*, qui a bien la saveur des anciennes poésies. En 1755, John Home tirait de la ballade de *Gil Morice* le sujet de sa tragédie de *Douglas*. En 1770, paraissait, dans les poésies du pauvre Michaël Bruce, la ballade de *Sir James*. Vers 1775, Julius Mickle publiait sa ballade de *Cumnor-Hall*, qui a inspiré à Walter Scott le roman de *Kenilworth*. Ainsi, avant Burns et tout autour de lui, les imitations d'anciennes poésies foisonnaient. Elles ne rendent pas toujours la couleur, l'âpre accent et la forte simplicité de leurs modèles. Le xviiie siècle n'était pas fait pour réussir dans ces qualités. Ce qu'elles imitaient surtout était le romanesque, et elles le transformaient parfois étrangement. Mais elles conduisaient vers le moment où ces anciennes ballades devaient fournir leur influence entière, et agir aussi par leur élément pittoresque et

---

[1] *Lord Gregory.*

martial. Le petit garçon boîteux que Burns avait vu à Edimbourg devenait un jeune homme. Il allait entreprendre ses courses à cheval, le long des borders, recueillant dans les fermes, dans les huttes de bergers, sous les bois, au coin des feux de tourbe, des fragments de ballades et de légendes. La *Minstrelsy des Borders* allait être publiée en 1802, huit ans après la mort de Burns. Et la poésie tout entière de Walter Scott, avec son pittoresque brillant, son accent guerrier, son bruit d'armes, son allure martiale, quelque chose qui sent l'action et l'ardent, est sortie de la *Minstrelsy*. Les ballades ont trouvé, dans *Le chant du Dernier Ménestrel* et dans *Rokeby*, leur point culminant, et aussi leur point d'arrêt. Burns a donc vécu au milieu d'elles, au milieu des imitations qu'elles inspiraient. S'il ne s'est pas prévalu d'elles pour y trouver un motif sur lequel exercer son génie, c'est que son goût ne l'y portait pas. Nous en avons vu les raisons.

II.

LES VIEILLES CHANSONS. (1).

Si on a dit justement que l'Écosse avait autant de ballades que l'Espagne [2], on pourrait dire, avec autant de vérité, qu'on y chante autant de chansons qu'en Italie. L'Écosse semble avoir été, de tout temps, une nation musicale. Le soutien des chansons, la musique, y tient partout sa place dans la vie populaire. Elle en accompagne tous les actes. Aux baptêmes, aux mariages, à toutes les réunions joyeuses, éclatent, avec les cornemuses, le *failte*, c'est-à-dire, le salut de bienvenue [3]; ou le *pibroch*, l'air martial qui rassemble le clan. Aux funérailles, le *coronach* gémit l'air des lamentations, si triste et si désespéré que Tennyson n'a pas trouvé d'autre mot pour rendre les sanglots suprêmes du cygne expirant [4]. Jadis la musique s'intercalait encore dans les intervalles de ces faits marquants, où elle intervient chez tous les peuples. Les villes avaient des joueurs de cornemuses, qui parcouraient les rues le matin et le soir [5]. Ce n'était pas une chose rare que les fermiers, pour exciter l'ardeur de leurs

---

[1] Les recueils de chansons écossaises sont très nombreux; nous avons fait, au point de vue littéraire, usage du *Book of Scottish Song*, by Alexander Whitelaw; et du recueil intitulé: *The Songs of Scotland, chronologically arranged*, publié par Cassell, Petter and Galpin. — Voir aussi le volume de R. Chambers, *The Songs of Scotland Prior to Burns*, et, si l'on veut descendre aux éléments les plus simples: *The Popular Rhymes of Scotland*. — Pour l'étude des chansons et de leur importance sociale, lire *The Ballads and Songs of Scotland*, by J. Clark Murray — et *Scottish Life and History in Song and Ballad*, by W. Gunnuyon.

[2] Prescott. *Essais de Biographie et de Critique*; l'essai sur *Les Chants de l'Écosse*.

[3] Voir sur le sens de ces mots, le livre de Logan, *The Scottish Gaels*, t. II. p. 285.

[4] Tennyson. *The Dying Swan*.

[5] Walter Scott. *Minstrelsy of the Scottish Borders*, p. 61.

moissonneurs, leur adjoignissent un cornemusier, qui jouait tandis que les faux se démenaient dans les épis ; il avait une part de moissonneur [1]. On rentrait la récolte au son des violons. Les concours de cornemuse étaient fréquents. Les chemins étaient parcourus par des musiciens ambulants [2]. Encore aujourd'hui, il est impossible de faire un voyage en Écosse sans en rapporter une vive impression musicale. Parmi les souvenirs qui nous en sont restés, deux des plus frappants sont celui d'une soirée d'été où, dans la grande rue d'Ayr, deux cornemusiers jouaient de vieux airs en marchant vite de long en large ; celui de quelques heures solitaires, passées au haut de Calton Hill à voir le crépuscule descendre sur les fumées d'Édimbourg, tandis que le pibroch montait d'en bas, perçant tous les bruits confus de la cité, semblable au grillon de la vaste nuit.

Sur cette végétation de musique, se sont posées une quantité bien plus grande de chansons, car souvent elles se sont abattues à quatre ou cinq sur un seul air, comme des oiseaux sur une branche. Elles se sont ainsi multipliées à l'infini [3]. Le pays entier en est sonore. Tout le monde y chante. Le principal Shairp, qui a laissé lui-même quelques douces mélodies et surtout a écouté les mélodies de sa contrée avec un cœur attendri, a heureusement décrit cette universalité de chansons. « Jusqu'à une époque très récente, l'air entier de l'Écosse, parmi le peuple des campagnes, était parfumé de chansons. Vous entendiez la laitière chanter une vieille chanson, en trayant les vaches dans le pré ou dans l'étable ; la ménagère vaquait à son travail ou filait à son rouet, avec un *lilt* sur les lèvres. Vous pouviez entendre, dans une glen des Hautes-Terres, quelques moissonneuses solitaires chanter, comme celle que Wordsworth a immortalisée. Dans les champs des Basses-Terres, à la moisson, tantôt l'un, tantôt l'autre des faucheurs prenait une mélodie vieille comme le monde, et toute la bande éclatait en un chorus bien connu. Le laboureur en hiver, en retournant le gazon vert, faisait passer le temps en bourdonnant ou en sifflant un air ; même le tisserand, quand il poussait la navette entre les fils, adoucissait par une chanson le dur bruit. Jadis, la chanson était le grand amusement des paysans, lorsque par les soirs d'hiver, ils se réunissaient pour les veillées du hameau, au foyer les uns des autres. Tel a été l'usage de l'Écosse pendant des siècles.[4] »

Ce n'est là qu'un résumé élégant et un peu académique de ce bruissement de chansons par tout le pays. Veut-on un exemple particulier, et autrement pénétrant, de ce que pouvaient être, même en des temps proches

---

[1] *Northern Rural Life in the Eighteenth Century*, chap. XVIII, p. 143.
[2] Voir J. Clark Murray. *The Ballads and Songs of Scotland*, p. 188.
[3] J. Clark Murray. *The Ballads and Songs of Scotland*, p. 191.
[4] Shairp *Aspects of Poetry*, chap. VII, p. 199.

de nous, l'influence et les bienfaits de la chanson en Écosse? C'est un passage emprunté à un livre navrant, les souvenirs de William Thom d'Inverarie, un pauvre tisserand, qui fut lui-même un poète, et qui mourut de misère, en 1850, après une vie affreuse de labeur et de famine, dont le récit mouille les yeux. Il parle de chansons populaires, de celles de Burns, du berger d'Ettrick, c'est-à-dire de James Hogg, alors dans tout l'éclat de sa production, et de Tannahill, qui avait été tisserand. Il les montre voltigeant au-dessus des métiers. Il y a dans ces lignes un tableau de misère et un hommage de gratitude qui sont d'une grande éloquence. C'est une page qu'on peut lire avec soin, car elle en apprend beaucoup sur la vie morale des plus pauvres classes en Écosse. « Comme elles résonnaient, s'écrie-t-il, au-dessus du fracas d'un millier de métiers! Laissez-moi proclamer ce que nous devons à ces esprits de la chanson, quand ils semblaient aller de métier en métier, soutenant les découragés. Quand la poitrine est remplie de tout autre chose que d'espérance et de bonheur, que le refrain salubre et vigoureux éclate : *Un homme est un homme malgré tout*, et le tisserand surmené reprend cœur... Qui osera mesurer l'influence de ces chansons? Pour nous, elles servaient de sermons. Si l'un de nous avait été assez hardi pour entrer dans une église, il en eût été expulsé par décence. Ses vêtements misérables et curieusement rapiécés auraient disputé l'attention des auditeurs à l'éloquence ordinaire de l'époque. Les cloches de l'église ne sonnaient pas pour nous. Les poètes en vérité étaient nos prêtres ; sans eux, les derniers débris de notre existence morale auraient disparu. La chanson était la goutte de rosée qui s'assemblait pendant les longues nuits découragées, et qui était fidèle à briller aux premiers rayons du soleil. Vous auriez pu voir le *Vieux Robin Gray* faire venir des larmes à des yeux qui pouvaient rester ecs dans le froid et la faim, dans la fatigue et la souffrance ». [1]

Non-seulement tout le monde chante des chansons, mais tout le monde en compose. La chanson est devenue une façon commune d'exprimer ses sentiments. Chacun s'en sert. Depuis les rois comme Jacques V [2], et les gentilshommes de haut vol comme Montrose [3], jusqu'aux paysans et aux savetiers, et, pour employer une image de Burns, depuis ceux qui sont la plume au bonnet de la société jusqu'à ceux qui sont les clous à ses souliers [4], tous écrivent leur chanson. De la part des médecins, des révérends, des avocats, des maîtres d'école, cela est après tout, peu surprenant. Ces professions sont cultivées. Mais il est incroyable jusqu'à quels infimes métiers il faut descendre pour épuiser, que dis-je, pour dresser la

---

[1] *Rhymes and Recollections of a Hand-loom Weaver*, by William Thom, page 8.
[2] *The Gaberlunzie Man ; the Jolly Beggar*.
[3] *My dear and only Love*.
[4] *To Charles Sharpe* 22 nd April 1791.

liste de ceux qui ont contribué à l'anthologie écossaise. Un matelot comme Falconer, un savetier comme Andrew Sharpe, un bedeau comme Andrew Scott, un sonneur comme Dugald Graham, ont écrit des chansons aussi délicates que les plus savants [1]. Il n'est pas jusqu'à un bandit comme Macpherson qui, à la veille d'être pendu, n'ait mis ses adieux en une chanson dont les refrains ont été repris par Burns. [2] Et ce qu'il y a de plus remarquable, c'est que les chansonniers les plus illustres de l'Écosse, je ne dis pas sortent des rangs les plus humbles, mais y vivent [3]. En mettant à part Burns qui éclipse les autres, on rencontre dans l'histoire de la chanson écossaise, des noms comme de ceux de Ramsay qui fut coiffeur, et de Fergusson, un pauvre commis; de Tannahill qui était tisserand, et de James Hogg qui était berger. Cette origine populaire est même ce qui distingue le recueil des chansons écossaises de celui des chansons anglaises; celles-ci sont presque toutes dues à de véritables littérateurs [4]. Les femmes elles-mêmes s'en mêlaient. Quelques-unes des plus célèbres et des plus touchantes chansons leur sont dues. *Les Fleurs de la Forêt* sont de Miss Jane Eliot; le *Vieux Robin Gray*, dont parlait tout à l'heure Thom d'Inverarie, est de lady Anne Barnard; les vers mélancoliques que Burns se récitait à lui-même à Dumfries sont de lady Grizzel Baillie, sans parler des chansons de Miss Jenny Graham, de Miss Christian Edwards, de miss Cockburn, de miss Ann Home, de miss Cranstoun, de lady Nairn, et de bien d'autres. Il faut observer, pour comprendre la portée de ce fait, qu'aucune de ces femmes n'est une femme littéraire, comme Mrs Felicia Hemans, Lætitia Landon, ou Elizabeth Barrett Browning. Elles ont écrit des chansons par hasard, comme cela arrivait à des ouvriers et à des paysans, parce que tout le monde en écrivait; et quelques-unes se sont trouvées être immortelles.

Si nous voulons avoir une preuve particulière de ce fait, jetons un coup d'œil sur la vie de Burns. N'y trouvons-nous pas, dans toutes les classes et à toutes les époques, une succession de faiseurs de chansons? A Mauchline, ce ne sont de toutes parts que d'humbles poètes: c'est David Sillar, le maître d'école d'Irvine; William Simpson, un autre maître d'école à Ochiltree; c'est le brave Lapraik, le fermier dont on chantait les chansons aux veillées d'hiver [5]. N'est-ce pas parce qu'il avait entendu

---

[1] On trouvera les chansons de ces poètes dans le recueil de Whitelaw, *The Book of Scottish Song*. — Voir aussi les noms donnés dans *The Peasant Poets' of Scotland*, by Henry Shanks — et les petites notices biographiques qui se trouvent dans le recueil de chansons plus récentes, intitulé *Whistle Binkie*.

[2] *Macpherson's Farewell*. Voir, sur la chanson de ce bandit, la note de Chambers dans son édition de Burns, p. 213.

[3] Voir W. Gunnyon. *Scottish Life and History in Song and Ballad*, p. 10.

[4] Lire, pour saisir cette différence, la liste des noms des auteurs, dans les deux volumes de Ch. Mackay, *The Book of English Songs*, et *The Book of Scotch Songs*.

[5] Voir, sur ces personnages, *The Contemporaries of Burns and the most Recent Poets of Ayrshire, with selections from their writings*, edited by James Paterson.

de lui une jolie chanson d'affection conjugale, que Burns, sans le connaître, lui a écrit sa première épître ? Et les strophes où il lui raconte à quelle occasion il a entendu parler de lui, n'en disent-elles pas beaucoup sur les habitudes des paysans écossais, ne confirment-elles pas pleinement le passage du principal Shairp ? [1]

> Le Mardi-Gras nous tîmes une veillée,
> Pour bavarder et tricoter des bas ;
> Il y eut grand rire et grand jeu,
> Vous n'en doutez pas ;
> A la fin, on se mit de tout cœur
> A chanter des chansons.
>
> On en chanta une, parmi le reste,
> Qui me plut par dessus les autres ;
> Elle était adressée par un bon mari
> A une chère femme ;
> Elle remuait les cordes du cœur dans la poitrine,
> Et les faisait vivre [2].
>
> J'ai à peine jamais entendu si bien décrit
> Ce que les cœurs généreux, virils, éprouvent ;
> Je pensai : « Ceci serait-il de Steel,
> Ou l'œuvre de Beatie ? »
> Ils me dirent que c'était d'un vieux brave homme
> D'auprès de Muirkirk.
>
> Cela me fit grand plaisir de l'apprendre,
> Je m'informai de lui,
> Et tous ceux qui le connaissaient déclarèrent
> Qu'il avait un génie,
> Que personne ne le surpassait, que peu l'approchaient,
> Tant il était beau.

A Édimbourg, les auteurs de chansons ne se comptent plus dans le monde littéraire. Les gens les plus grands en composent, le Dr Blacklock, le Dr Beattie, Blair. Plus bas, c'est James Tytler, John Marsterston ; Creech, le libraire, le sec petit Creech lui-même s'en mêle. Dans les voyages de Burns, nous le voyons aller rendre hommage au Rév. John Skinner, une des gloires de la chanson écossaise, le célèbre auteur de *Tullochgorum*, les délices de Burns [3]. Le duc de Gordon en écrit aussi [4]. A Dumfries, c'est un gentilhomme campagnard, comme John Riddell,

---

[1] *Epistle to Lapraik.*
[2] Cette chanson se trouve dans le volume *The Contemporaries of Burns*. Elle se trouve, un peu corrigée. probablement par Burns, dans le *Scots Musical Museum* de Johnson. Elle est aussi dans le recueil plus accessible de Whitelaw.
[3] Voir, sur cette rencontre, *The Life and Times of the Rev John Skinner*, by the Rev William Walker, chap. VIII.
[4] *To James Hay*, Nov 6th 1787.

un acteur ambulant, comme Turnbull[1]. Les femmes sont plus surprenantes encore. Dans la haute société d'Édimbourg, nous trouvons Mrs Cockburn, l'auteur des *Fleurs de la Forêt*, que Burns a fait insérer par Thomson dans son recueil : « Les *Fleurs de la Forêt* sont un charmant poème, et devraient être, doivent être mises sur les notes ; mais, bien que hors des règles, les trois stances commençant : *J'ai vu le sourire de la Fortune trompeuse* sont dignes d'une place, ne fût-ce que pour immortaliser leur auteur, une vieille dame de ma connaissance, en ce moment vivant à Édimbourg »[2]. Près d'elle, Miss Cranstoun qui allait devenir la seconde femme de Dugald Stewart. Dans la bourgeoisie moyenne, nous trouvons Clarinda ; dans la province, des dames comme Maria Riddell. Une fille de ferme envoie des vers à Burns[3]. Ce n'est pas tout. Il y a, dans les anthologies écossaises, une douce et charmante chanson qui commence ainsi :

> Venant par les collines de Kyle,
> Parmi la jolie bruyère fleurie,
> Là, j'ai rencontré une jolie fillette
> Qui gardait ses brebis rassemblées[4].

Burns se charge de nous apprendre qui en était l'auteur. « Cette chanson est la composition d'une Jane Glover, une fille qui n'était pas seulement une prostituée, mais aussi une voleuse, et qui, à l'un ou l'autre de ces deux titres, a visité la plupart des maisons de correction de l'ouest. J'ai recueilli cette chanson de ses propres lèvres, tandis qu'elle traversait le pays, en compagnie d'un malandrin, faiseur de tours »[5]. Et tous ces personnages ne sont que ceux qui traversent la correspondance incomplète d'un homme qui a peu vécu !

Dans cette atmosphère saturée de chansons, serait-il possible que Burns ait grandi, vécu, sans en profiter ? Serait-il possible que, comme pour les ballades, il les ait entendues sans les goûter, qu'il les ait connues sans les imiter, qu'il n'ait pas trouvé à cueillir une feuille verte sur cette branche touffue de la littérature populaire ?

On pourrait à l'avance affirmer que sa position à l'égard des chansons a dû être toute différente. Ce ne sont plus ici des aventures rétrospectives et exceptionnelles. Les chansons, étant l'explosion du sentiment, lequel est sans cesse le même, sont toujours des contemporaines, les chansons

---

[1] *To G. Thomson*, 29th oct. 1793- et *The Contemporaries of Burns*, p. 92.

[2] *To G. Thomson*, July 1793.

[3] Voir sa biographie et ses vers, dans *The Contemporaries of Burns*, p. 78-92, et la lettre de Burns *to Mrs Dunlop*, Sept. 6th 1789.

[4] Cette chanson se trouve dans *The Contemporaries of Burns*, dans le *Museum* de Johnson, et dans le recueil de Whitelaw.

[5] *Notes in an interleaved copy of Johnson's Scots Musical Museum.*

populaires surtout, qui généralement expriment un sentiment simple. Sauf l'orthographe, une chanson d'amour du xvi⁰ siècle peut servir à un amoureux d'aujourd'hui. Avec sa vigueur de pensée qui faisait toujours porter sa poésie sur la substance des choses, Wordsworth a bien marqué cette différence entre les deux modes de poésie populaire. Lorsqu'il aperçut dans un champ la fille solitaire des Highlands qui, tout en coupant et en liant le grain, chantait pour elle-même un chant mélancolique, si bien que la mélodie emplissait le val profond, il marqua nettement le caractère des ballades et des chansons.

> Personne ne me dira-t-elle ce qu'elle chante?
> Peut-être ces vers plaintifs s'épanchent-ils
> Pour d'anciens malheurs éloignés,
> Et des batailles du temps jadis ;
> Ou bien est-ce un chant plus humble,
> Matière familière d'aujourd'hui —
> Un chagrin, un deuil, une peine naturels,
> Qui ont existé, et peuvent exister encore. [1]

Avec les chansons, Burns était sur son terrain. Elles lui parlaient de choses qu'il avait ressenties ou qu'il avait vues circuler autour de lui. Il devait trouver en elles quelque chose de la vie actuelle, réelle, présente, telle qu'il l'aimait, la voyait et la rendait. Il devait les aimer, par suite des mêmes tendances d'esprit qui le rendaient indifférent aux ballades.

Mais ce ne sont là que des hypothèses. Les faits valent mieux. Les voici. Les chansons populaires ont été pour Burns une passion de toute la vie. Enfant, il les avait entendu chanter par sa mère, il en avait été bercé. Son premier amour fut en partie inspiré par elles, car il aima la première fillette qu'il ait aimée, la petite moissonneuse, parce qu'elle chantait doucement. Sa première composition poétique fut une chanson qu'il composa sur un *reel* favori de cette fillette [2]. Plus tard, ce fut avec un recueil de chansons qu'il commença à former son goût littéraire :

« La collection de chansons était mon vade mecum. Je m'absorbais dans cette lecture lorsque je conduisais mon chariot ou que j'allais au travail, chanson par chanson, vers par vers, notant soigneusement ce qui était vraiment tendre et sublime, de l'affectation et du clinquant » [2].

Sa première ambition littéraire fut d'écrire une chanson en l'honneur du pays écossais :

> Je formai alors un vœu, je me rappelle son pouvoir,
> Un vœu qui, jusqu'à ma dernière heure,
> Soulèvera puissamment ma poitrine,

---

[1] *The Solitary Reaper.*
[2] *Autobiographical Letter to Dr Moore.*

> C'est que, pour l'amour de la pauvre vieille Écosse
> Je puisse faire un plan ou un livre utile,
> Ou tout au moins, chanter une chanson »[1].

Ses premières amours s'exhalèrent naturellement en chansons ; elles furent, pour lui aussi, une façon toute prête de rendre ce qu'il éprouvait. « Il faut que vous sachiez que toutes mes premières chansons d'amour furent l'expression d'une passion ardente »[2]. Bien qu'il n'ait écrit que relativement peu de chansons pendant la première partie de sa vie, tous les événements importants qui la traversèrent y sont représentés, tant elles étaient chez lui l'expression inévitable des émotions.

Il ne cessa jamais de s'occuper de cette forme de la littérature populaire. Lorsqu'il parcourut l'Écosse, il se fit un devoir d'aller visiter chacun des endroits rendus célèbres par les vieilles poésies. Celles-ci, étant l'œuvre du peuple et par conséquent d'une inspiration très particulière et souvent toute locale, contiennent un grand nombre de noms de localités. Elles répandent sur tout le pays le charme que les passions humaines donnent, aux yeux des hommes, aux pierres oublieuses et à l'insensible nature où elles ont frémi. Dans le recueil de Whitelaw, qui contient douze cents chansons environ, on n'en relève pas moins d'un dixième dont les titres sont des noms d'endroits : *Sur les bords sinueux de la Nith*, *les Bouleaux d'Invernay, le Moor de Culloden, Hélène de Kirkonnel, le Château de Roslin, la Rose d'Annandale, le Buisson au-dessus de Traquair, les Gorges tristes de Yarrow, le Vallon de Glendochart, Là où le Quair coule doucement, sur les Talus sauvages du Calder*, etc. Sans compter les chansons où les localités, sans former le titre, sont contenues dans le texte. Toutes les rivières et tous les ruisseaux d'Écosse s'y trouvent, et aussi des montagnes, des collines, des lochs, des gorges. On tirerait de cette anthologie une géographie complète de l'Écosse, tant elle est drûment semée d'endroits célèbres. Ce sont eux que Burns alla visiter.

« Je suis un tel entousiaste des vieilles chansons que, au cours de mes différentes pérégrinations à travers l'Écosse, j'ai fait un pèlerinage à chaque endroit particulier où une chanson populaire a pris naissance, *Lochaber* et *les Coteaux de Ballendaen* exceptés. En tant qu'il m'a été possible d'identifier la localité, soit d'après le titre de l'air, soit d'après le contenu de la chanson, j'ai été faire mes dévotions au sanctuaire particulier de toutes les muses écossaises[3] ».

Il devait augmenter lui-même la liste de ces pèlerinages. Il est impossible maintenant de passer près des pentes de Ballochmyle, près de l'endroit où l'Afton coule encore doucement, comme s'il se souvenait de

---

[1] *Epistle to the Guidwife of Wauchope House.*
[2] *To G. Thomson*, 26th Oct. 1792.
[3] *To G. Thomson*, Jan., 26th 1793.

la prière du poète, près des bords où l'Ayr baise sa rive de gravier, près des cascades d'Aberfeldy, ou des bois de Craigie-Burn, sans aller, comme lui, rendre hommage à ces sanctuaires de la chanson écossaise. Il connaissait à peu près tout ce qui avait été publié sur ce sujet. « Je vous demande la première ligne des vers, parce que, si ce sont des vers qui ont paru dans n'importe laquelle de nos collections de chansons, je les connais »[1]. Il n'exagérait rien lorsqu'il disait : « J'ai donné plus d'attention à toute espèce de chansons écossaises que peut-être aucune autre personne vivante ne l'a fait »[2].

A cette passion pour les vieilles chansons se mélangeait, comme un des éléments dont elle était formée, un sentiment fort vif de la musique écossaise. Musique difficile à définir, difficile même à goûter au premier abord. Par le nombre des tons, les changements constants de modulation, la quantité et la variété des cadences[3], elle produit un effet de singularité, d'irrégularité presque barbare, qui trouble l'oreille, et la laisse en arrière déroutée. Mais, quand on vainc ce premier malaise, le charme apparaît et, avec l'accoutumance, s'accroît. Il y a dans ces mélodies étranges une union de rudesse et d'inexprimable rêverie, quelque chose de farouche et d'impétueux, en même temps que de plaintif et de très caressant. Ces expressions paraissent et disparaissent, par notes soudaines, où la mélodie glisse avec une souplesse infinie, un instant saccadée et rauque, et tout d'un coup s'échappant fluide et limpide. Les airs les plus gais jouent dans une sorte de tristesse, et c'est une remarque très juste de Logan que « ces vieux airs, quelque lents et plaintifs qu'ils soient, peuvent généralement, avec un excellent effet, être convertis en une mesure rapide et dansante, et vice-versa [4] » ; tant le fond de cette musique consiste en une mélancolie ardente. Et toujours ce charme pénétrant s'aiguise à ce qu'elle a d'inquiétant et d'insaisissable. Pour les Écossais, ces mélodies se marient aux aspects des lieux, et portent dans les âmes toute la poésie de la patrie.

Burns avait un sens très profond de ces airs, et on verra qu'il avait saisi ce double caractère de tristesse et de vivacité qui permet l'une ou l'autre expression, par un simple changement de mesure.

« Que nos airs nationaux conservent leurs traits naturels. Ils sont, je le reconnais, souvent sauvages et irréductibles aux règles modernes, mais de cette étrangeté même dépend peut-être une grande partie de leur effet [5] ».

---

[1] *To G. Thomson*, 16th, Oct. 1792.
[2] *Remarks on Scottish Songs.*
[3] Voir l'*Introduction to Scottish Music*, que Mr Colin Brown a placée en tête de la collection de chansons écossaises intitulée *The Thistle*. Notre attention a été attirée sur ce travail par un passage du Principal Shairp, dans son Essai : *Scottish Song and Burns.*
[4] Logan. *The Scottish Gaels*, tom II, p. 267.
[5] *To G. Thomson*, April 1793.

Ailleurs, il en parlait en homme qui en avait été remué jusqu'au frisson.

« Ces vieux airs écossais sont si noblement sentimentaux que, lorsqu'on veut composer sur eux, fredonner l'air mainte et mainte fois est la meilleure façon de saisir l'inspiration et de hausser le poète à ce glorieux enthousiasme qui caractérise si fortement notre vieille poésie écossaise » [1].

Bien que, dans la première partie de sa vie littéraire, Burns ait composé peu de chansons, on peut dire qu'il n'avait pas cessé de se préparer à en écrire.

Aussi quand Johnson d'abord, et Thomson un peu plus tard, formèrent chacun le projet de publier un recueil de chansons nationales et lui proposèrent d'y collaborer, accepta-t-il des deux côtés avec ardeur. A propos de l'entreprise du premier, il écrivait : « Il y a un ouvrage qui paraît à Édimbourg et qui réclame votre meilleure assistance. Un graveur de cette ville s'est mis à rassembler et à publier toutes les chansons écossaises qu'on peut trouver avec la musique. J'en perds absolument la tête à ramasser de vieilles strophes et tous les renseignements qui subsistent sur leur origine, leurs auteurs, etc. [2] ». A la proposition du second, il répondait en déclarant qu'il ne le cédait à personne en attachement enthousiaste à la poésie et à la musique de la vieille Calédonie, et en promettant son concours. Mais c'était, on se le rappelle, un concours qu'il voulait gratuit. « Dans l'honnête enthousiasme avec lequel je m'embarque dans votre entreprise, parler d'argent, de gages, de salaire, d'honoraires, serait une véritable prostitution d'âme » [3]. Il disait fièrement que ses chansons seraient au-dessus ou au-dessous de tout prix. Elles devaient être, en effet, « au-dessus des rubis ». A partir de ce moment, il devait consacrer presque entièrement son génie à la chanson.

Burns mit à sa collaboration une condition qui fait honneur à sa clairvoyance littéraire et à son goût. C'est qu'il écrirait en écossais les chansons qu'il fournirait.

« A propos, si vous voulez des vers anglais, c'en est fait en ce qui me concerne. Que ce soit dans la simplicité de la ballade ou le pathétique de la chanson, je ne puis espérer me satisfaire moi-même que si on me permet au moins de les saupoudrer de notre langage natif » [3].

Il se sentait plus à son aise dans ce dialecte qu'il avait manié depuis l'enfance et dans lequel il avait déjà écrit une grande partie de ses œuvres. Il était dépaysé lorsqu'il voulait écrire en anglais. Il employait dans sa prose un anglais fort et nerveux, mais, en poésie, il devait se

---

[1] *Common place Book*, 1784.
[2] *To Rev. J. Skinner*, Oct. 28th 1787.
[3] *To G. Thomson*, 16th Sept. 1792.

contraindre pour que l'accent du pays ne reparût pas, et cette contrainte le paralysait.

« Les chansons anglaises m'embarrassent à mort. Je n'ai pas la maîtrise de ce langage que j'ai de ma langue natale. En vérité, je pense que mes idées sont plus pauvres en anglais qu'en écossais. J'ai essayé d'habiller *Duncan Gray* en anglais, mais tout ce que je peux faire est déplorablement stupide.[1] »

En dehors de cette convenance personnelle, il y avait à ce choix une cause qui pénétrait plus avant dans les choses elles-mêmes. Burns avait bien compris que la musique écossaise, pastorale et sortie d'un peuple de bergers, s'accommodait mieux d'un langage rustique et voisin d'elle. Il avait conscience d'une sorte d'affinité entre ce dialecte dorique, comme il l'appelait, et ces mélodies de montagnes.

« Laissez-moi vous faire remarquer que, dans le sentiment et le style de nos airs écossais, il y a une simplicité pastorale, quelque chose qu'on pourrait dénommer le style et le dialecte dorique de la musique vocale, à quoi une petite dose de notre langage et de nos manières natales est particulièrement, bien plus, uniquement adaptée.[2] »

C'est une idée à laquelle il revenait constamment, et toujours avec une grande précision de termes :

« Il y a, dans un léger mélange de mots et de phraséologie écossais, une naïveté, une simplicité pastorale, qui est plus en rapport, du moins à mon goût et j'ajouterai au goût de tout vrai Calédonien, — avec le pathétique simple ou la légèreté rustique de notre musique nationale, que n'importe quels vers anglais.[3] »

Il y avait là un sens artistique très fin des rapports entre les paroles et la musique. L'œuvre de Burns y a certainement gagné. Il convient d'ajouter que la justesse de cette vue a eu une importance capitale pour l'histoire littéraire de l'Écosse. Si Burns n'avait pas été si ferme sur ce point et avait écrit pour des airs écossais des paroles anglaises, comme celles que son collaborateur Peter Pindar a pu fournir, quelle que fût du reste leur différence, l'œuvre de Thomson devenait quelque chose de mixte et d'incolore. Tout un fonds de chansons écossaises que Burns a reprises, rajeunies, ravivées, disons le mot, sauvées, était perdu. Toutes ces parcelles d'or étaient charriées dans l'oubli. L'Écosse y perdait un des titres de sa gloire littéraire.

Une fois sa résolution prise, il se mit à l'œuvre avec une vraie passion, recueillant de tous côtés de vieilles chansons, et surtout de vieux airs. Il

---

[1] *To G. Thomson*, 19th Oct. 1794.

[2] *To G. Thomson*, 26th Oct. 1792.

[3] *To G. Thomson*, Jan. 26th, 1793.

était infatigable à cette recherche, et il est intéressant de voir où il allait récolter le moindre fragment de mélodie populaire. Tantôt il faisait chanter à sa femme les airs qu'elle savait : « l'air a été pris de la voix de Mrs Burns [1] ». D'autres fois, il faisait sa moisson dans les campagnes : « J'ai encore chez moi plusieurs airs écossais manuscrits que j'ai recueillis en grande partie des chants des fillettes de la campagne »[2]. Dans son enthousiasme, il interrogeait tout le monde autour de lui : « J'ai rencontré, dans les volontaires de Breadalbane qui sont cantonnés ici, un highlander musical qui m'assure se souvenir très bien que sa mère chantait des chansons gaéliques sur *Robin Adair* et *Gramachree* » [3]. Les airs écossais ne lui suffisaient pas. Il en recueillait d'irlandais qui pouvaient servir de canevas à une chanson [4]. Il allait plus loin ; il trouva un air hindou.

« Je vous envoie une curiosité musicale, un air des Indes orientales, dont vous jureriez que c'est un air écossais. J'en connais l'authenticité, attendu que le gentleman qui l'a rapporté est un de mes amis particuliers.[5] »

Il ne mettait pas moins d'ingéniosité à adapter les airs que d'activité à les découvrir. Tantôt, c'était un des anciens chants d'église que les gens de la Réforme, pour les rendre ridicules, avaient affublés de paroles grossières.

« Connaissez-vous une amusante chanson écossaise, plus fameuse pour son humour que pour sa délicatesse, et appelée : l'*Oie grise et le Milan* ? M. Clarke l'a notée sur ma demande, et je l'enverrai à Johnson avec des vers plus décents. M. Clarke dit que l'air est positivement un vieux chant de l'Église romaine, ce qui corrobore la vieille tradition que, à la Réforme, les Réformés ont ridiculisé beaucoup de la vieille musique d'église en l'appliquant à des vers obscènes.[6] »

Tantôt, c'était un air de danse, un reel, qu'on pouvait transformer, en le jouant avec une autre expression.

« Vous connaissez Fraser, le joueur de hautbois d'Edimbourg ; il est ici à instruire un orchestre pour un corps de milice cantonné dans ce pays. Parmi ses nombreux airs qui me plaisent, il y en a un, bien connu comme reel, sous le nom de *la Femme du Quaker*, et que je me rappelle avoir souvent entendu chanter à une de mes vieilles tantes, sous le nom de *Liggeram Cosh, ma jolie fillette*. Mr. Fraser le joue lentement et avec une expression qui me charme tout à fait. J'en suis devenu si enthousiaste que j'ai écrit dessus une chanson que je vous envoie, en y joignant la mesure sur laquelle Fraser joue l'air.[7] »

---

[1] *To G. Thomson*, 19th Oct. 1794.
[2] *To G. Thomson*, April 1793.
[3] *To G. Thomson*, August 1793.
[4] *To G. Thomson*, Sept. 1794.
[5] *To G. Thomson*, 19th Oct. 1794.
[6] *To G. Thomson*, Sept. 1794.
[7] *To G. Thomson*, June 1793.

Tantôt, c'est un air de chanson comique qu'il suffirait de ralentir pour le changer en un air sentimental.

Quand elle entra, elle salua est un air plus charmant que les deux autres, et, s'il était joué en manière d'*andante,* il ferait une charmante ballade sentimentale [1].

Ce n'est en aucun cas une besogne facile que d'adapter des paroles sur de la musique. Pour Burns, elle était doublement malaisée. Il avait affaire à ces airs écossais, si bizarres, si déconcertants, que c'est un tour de force que de contraindre les mots à leurs sinuosités, à leurs élans imprévus, à leurs bonds brusques, à ce quelque chose de farouche et de fuyant qui fait leur charme. Ils possèdent à un degré extrême l'étrangeté naturelle aux airs nés dans les montagnes et dans lesquels semblent avoir passé les modulations glissantes du vent. « Certaines mélodies populaires des pays de montagnes, tels que la Suisse, l'Auvergne, l'Écosse, dit M. Fétis en parlant de la mesure, sont empreintes de nombreuses irrégularités de ce genre, et n'en sont pas moins agréables. L'irrégularité est même ce qui plaît le plus dans ces sortes de mélodies, parce qu'elle contribue à leur donner la physionomie particulière, étrange, sauvage si l'on veut, qui pique notre curiosité en nous tirant de nos habitudes » [2]. Ici, la difficulté augmentait encore. Il est probable qu'il y a un rapport, non encore noté, entre le parler d'un peuple et ses mélodies. Ces airs, pour la plupart d'origine celtique, se dérobent à un langage d'une autre origine, ou se cabrent contre lui ; leur rhythme secoue et disloque son accent. Encore ces obstacles sont-ils atténués pour les écrivains dont la langue est molle, s'étend et se plie comme de la glaise. Mais le style de Burns est compact et court ; il est tout composé de mots solides. Comment les réduire à accompagner ces détours ondoyants? Que d'essais ! De combien de façons il faut les placer, les déplacer, les replacer, les essayer, pour en arracher le chant désiré ! C'est un travail d'une telle difficulté qu'un homme d'une grande dextérité de main, le célèbre Peter Pindar [3], qui avait promis des chansons à Thomson, ne tarda pas à y renoncer. « Peter Pindar, écrivait Thomson à Burns, a soulevé je ne sais combien de difficultés pour écrire sur les airs que je lui ai envoyés, à cause de la singularité de la mesure et des entraves qu'ils imposent au vol de son Pégase » [4].

Burns lui-même sentit combien cette tâche était dure et il l'avouait franchement :

« Il y a, dans beaucoup de nos airs, un rhythme particulier, une nécessité d'adapter les syllabes à l'emphase ou à ce que j'appellerais les notes qui constituent la

---

[1] *To G. Thomson,* Sept. 1793.
[2] F.-J. Fétis. *La musique mise à la portée de tout le monde,* p. 105.
[3] Son vrai nom était John Wolcot (1738-1819).
[4] *G. Thomson, to Robert Burns,* Jan. 20th, 1793.

physionomie de l'air, qui empêtre le poète et le soumet à des difficultés presque insurmontables »[1].

Cependant il ne voulait à aucun prix rien changer à ces vieux airs et il exigeait que tout vînt de lui-même.

« Dans la première partie de ces deux airs, le rhythme est si particulier et si irrégulier, et de cette irrégularité dépend tellement leur beauté, qu'il faut les prendre avec toute leur sauvagerie et y accommoder les vers »[2].

Aussi lui échappe-t-il à tout instant des mouvements de dépit dans cette lutte où il se croyait souvent vaincu, mais qu'il recommençait ensuite jusqu'à ce qu'il l'emportât.

« J'ai également essayé ma main sur *Robin Adair* et, vous le penserez probablement, avec peu de succès; mais c'est une maudite mesure, si entortillée, si extraordinaire, que je désespère de rien faire de mieux »[3].

Une lettre suivante nous montre que, pendant une promenade matinale, il a repris cet air et fait une autre chanson, une de ses plus touchantes[4]. Presque toujours il a réussi ce tour de force. Souvent, c'était après plusieurs essais. Parfois le hasard des inspirations heureuses le lui rendait facile.

Qu'il fût obtenu d'une façon ou d'une autre, l'accord des paroles et de la musique était parfait. C'est que Burns était un véritable chansonnier, et non un poète qui écrit des poèmes plus courts sur lesquels un musicien viendra poser un air. En lui, la poésie jaillissait toute modulée, les mots se formaient tout d'abord sur un dessin de notes. La musique précédait les paroles, les préparait, les inspirait; ou plutôt il semblait qu'elles naissaient ensemble, se mariant au fond de sa pensée, et arrivant réunies en une expression à la fois musicale et parlée; les paroles donnant à la mélodie sa signification, la mélodie donnant aux paroles leur émotion. On peut dire que chacune de ses chansons est née dans un air. Luimême en a retracé la délicate genèse, dans un passage qui montre bien ce travail intérieur.

« Il faut, dit-il en parlant d'un air, que je le garde encore quelque temps. Je ne le sais pas encore, et, jusqu'à ce que je possède complètement un air, de façon à pouvoir le chanter moi-même (tellement quellement), je ne puis jamais composer rien dessus. Ma manière est celle-ci : je considère le sentiment poétique correspondant selon moi à l'expression musicale; alors je choisis mon thème, je commence une strophe.

---

[1] *To G. Thomson*, Nov. 8th, 1792.
[2] *To G. Thomson*, 19th Nov. 1794.
[3] *To G. Thomson*, August 1793 (lettre 19).
[4] *To G. Thomson*, August 1792 (lettre 20). Voir un autre exemple de ces essais, sur *Laisse-moi entrer cette nuit*, dans les lettres à Thomson, d'Août 1793 et Sept. 1794.

Quand cela est composé, ce qui est généralement la partie la plus difficile de l'affaire, je vais me promener dehors, je m'assieds ici et là, je cherche du regard autour de moi, dans la nature, des objets qui soient à l'unisson et en harmonie avec les pensées de ma fantaisie ou le travail de mon cœur, fredonnant de temps en temps l'air avec les vers que j'ai formés. Quand je sens que ma muse commence à se fatiguer, je me retire au coin de feu solitaire de mon cabinet de travail, et là je confie mes effusions au papier, me balançant par intervalles sur les pieds de derrière de mon fauteuil, de façon à évoquer mes propres remarques et mes propres critiques, pendant que ma plume marche. Sérieusement, ceci, chez moi, est presque invariablement ma façon.[1] »

On voit reparaître à chaque instant et à tout propos cette préoccupation de la mesure, de la mélodie.

« Je suis en train de faire des vers sur *Rothiemurchie's Rant*, un air qui me jette en extase, et, en fait, à moins que je ne sois charmé par un air, je ne puis pas composer de vers sur lui.[2] »

« Je suis sorti hier soir avec un volume du *Museum* à la main, lorsque tournant la page où est *Allan Water* : « Quels vers ma Muse répétera-t-elle, etc. », il me sembla que cette chanson était indigne d'un air si délicat ; je m'assis et me démenai sous une vieille épine, jusqu'à ce que j'en eusse écrit une qui s'adaptât à la mesure. Je puis me tromper, mais il me semble qu'elle n'est pas dans mon plus méchant style.[3] »

Dans ce travail intérieur, la poésie et la musique exerçaient l'une sur l'autre une suggestion mutuelle. Tantôt, c'était une suite de pensées qui éveillait un air :

« Avez-vous jamais senti votre sein prêt à éclater d'indignation, en lisant ou en voyant comment ces puissants gredins, qui divisent royaume contre royaume, désolent des provinces et ruinent des nations, par caprice d'ambition ou de passions encore plus méprisables ? Dans une humeur de ce genre aujourd'hui, je me rappelai l'air de *La rivière de Logan* ; il me vint à l'esprit que sa mélodie plaintive avait son origine dans l'indignation plaintive de quelque cœur indigné, souffrant, enflammé contre la marche tyrannique de quelque destructeur public, et accablé par des détresses privées, conséquences de la ruine d'un pays. Si j'ai su rendre mes sentiments, la chanson suivante doit avoir un peu de mérite.[4] »

Quelquefois au contraire, et plus souvent sans doute, c'était l'air qui faisait naître une suite de pensées qui aboutissaient à une chanson. C'est ainsi que fut composée la célèbre *Ode de Bruce* à son armée.

« Je suis charmé par maintes petites mélodies que le musicien savant méprise comme sottes et insipides. Je ne sais pas si le vieil air *Hey' tutti' taitie* peut être mis dans le nombre, mais ce que je sais très bien c'est que, sur le hautbois de Fraser, il m'a souvent rempli les yeux de larmes. Il y a une tradition, que j'ai retrouvée en maint endroit d'Écosse, que cet air était la marche de Robert Bruce, à la bataille de

---

[1] *To G. Thomson*, Sept. 1793.
[2] *To G. Thomson*, Sept. 1794.
[3] *To G. Thomson*, August 1793.
[4] *To G. Thomson*, 25th June 1793.

annockburn. Cette pensée, pendant mes promenades du soir, hier, m'échauffa jusqu'à un accès d'enthousiasme sur le thème de la liberté et de l'indépendance ; je le jetai en une sorte d'ode écossaise, adaptée à l'air, et qu'on peut supposer être le discours du vaillant roi écossais à ses héroïques compagnons, e matin de ce jour mémorable.[1] »

Il était impossible que des poésies conçues de cette façon ne fussent pas imprégnées de musique. Toutes ces chansons, qui ont un air à leur origine et qui ne sont pour ainsi dire que des mélodies ayant pris parole, sont faites pour être chantées. La forme littéraire ne révèle que la moitié de ce qu'elles renferment. Elles sont en réalité quelque chose de plus complet et de plus profond : de légers et parfaits exemples de l'inexprimable et incompréhensible union de la pensée et de la musique.

Pendant les dernières années de sa vie, il a marché dans une véritable atmosphère de chansons. Son cerveau n'était jamais sans plusieurs airs qui y chantaient ensemble. A la moindre occasion, il s'établissait entre un de ces airs et une idée un rapport soudain, d'où une chanson sortait. Il avait généralement plusieurs chansons, qu'il prenait, laissait, menait de front. « Je prends l'une ou l'autre, selon que l'abeille du moment bourdonne sur mon bonnet [2] ». L'image est jolie et juste. C'était, en effet, autour de son front un continuel bourdonnement musical, comme d'une ruche. A chaque instant, une abeille d'or prenait son vol, vibrante et chargée d'un miel immortel. Il s'en est échappé ainsi, de ces années sombres et désespérées, tout un essaim joyeux et brillant qui voltigera sans cesse dans les mémoires humaines. Ses dernières productions, alors que la maladie l'accablait et que la mort l'avait déjà pris par la main, furent des chansons. Les derniers vers qu'il ait écrits sont du 12 juillet 1796, neuf jours avant qu'il ne s'éteignît :

> « La plus belle fille sur les bords du Devon,
> Du limpide Devon, du sinueux Devon,
> Veux-tu cesser de froncer tes sourcils,
> Veux-tu sourire comme tu avais coutume ? [3]

Sa vie littéraire se termine comme elle avait commencé, par une chanson d'amour.

Il a été, pour son propre compte et de son propre crû, un grand poète de chansons. Ses émotions et ses fantaisies lui ont fourni ses pièces les plus achevées. La chanson sur Mary Davidson, celles sur Mary Campbell, ou Jane Lorimer, et, dans un genre différent, son ode de Bruce, sont

---

[1] *To G. Thomson*, 1st Sept. 1793.
[2] *To G. Thomson*, Nov. 14th 1792.
[3] *Fairest Maid o' Devon Banks.*

parmi les accents les plus passionnés et les plus fiers qui aient frémi sur les lèvres d'un poète. Elles comptent entre les perles de son génie. Mais, à côté de cette œuvre personnelle, il a accompli, en quelque sorte, une œuvre nationale. Mettant de côté et laissant intactes celles des vieilles chansons qui méritaient de vivre, il a ramassé tout le reste. Il a fait un tas avec des débris, des lambeaux de chansons, des refrains isolés, des strophes dépareillées, des titres sans chansons, des airs sans paroles, des mélodies souillées de vers ineptes ou indécents. Il a pris là-dedans son bien où il le trouvait. Avec ces fragments, il a fait une œuvre, mi-partie de restauration, mi-partie de création. Conservant tout ce qui valait quelque chose, recueillant la plus mince parcelle d'or, il tirait du moindre indice une inspiration qui s'appuyait sur lui, le développait, le complétait, et l'encadrait, avec une adresse singulière. D'autres fois, c'était une chanson tout entière qu'il modifiait. Elle était trop grossière ou trop banale ; il l'épurait, gardait quelques vers, ici une strophe, là un refrain, la relevait de touches brillantes, l'animait d'un accent sincère, la rendait transformée et embellie. Il ressemblait à un grand peintre, par les mains de qui passerait une suite de vieux tableaux à moitié effacés et frustes. Tantôt il ne garderait que le sujet pour refaire la toile tout entière ; tantôt il dessinerait de nouvelles têtes ; tantôt il animerait les yeux et les lèvres de celles qui existent ; tantôt il retoucherait l'ensemble, faisant revivre toutes ces œuvres d'une vie nouvelle et plus splendide que celle qu'elles avaient connue. Il rendrait ainsi une galerie neuve, marquée partout des traces brillantes de son pinceau aux endroits qui font vivre. C'est ainsi qu'a fait Burns. Ce qu'il a conservé de vieux fragments poétiques est devenu sien. Il a, de cette façon, composé ou refait un nombre considérable de chansons, dans tous les genres, rêveuses, joyeuses, attristées, légères, comiques, passionnées. Elles vont de l'ode guerrière ou sociale au refrain grivois, et d'une poésie élevée à l'observation réaliste. Quelques-uns de ses critiques ont estimé que ce sont elles qui le feront le plus sûrement immortel. Carlyle a dit : « De beaucoup, les pièces les plus achevées, les plus complètes et les plus réellement inspirées de Burns se trouvent sans discussion parmi ses chansons. C'est ici, bien que ce soit par une petite ouverture, que sa lumière brille avec le moins d'obstacles, dans sa plus haute beauté et sa pure clarté soleilleuse [1] ».

On peut mesurer maintenant combien les ballades et les chansons ont agi sur Burns de façon opposée. Les premières ne lui ont inspiré que de l'indifférence ; il en a mal parlé, et il n'en a laissé que quelques imitations inférieures. Les secondes ont excité en lui un enthousiasme dont on retouve l'expression à toutes les périodes de sa vie ; il les a étudiées,

---

[1] Carlyle. *Essay on Burns.*

commentées, imitées et surpassées. Il a écrit plus de trois cents chansons, et cinq ou six ballades. Tandis qu'on pourrait établir l'actif de son génie sans parler de ses ballades, et faire l'histoire de la ballade en Écosse sans même citer son nom, on ne saurait omettre ses chansons sans passer sous silence la moitié de son œuvre, ni faire l'histoire de la chanson sans le placer au premier rang.

III.

LES PETITS POÈMES POPULAIRES.
LE ROI JACQUES I, LES SEMPLE DE BELTREE, HAMILTON DE GILBERTFIELD, ALLAN RAMSAY, ROBERT FERGUSSON.

Outre des ballades et des chansons, il y a une autre classe de poésies, toutes différentes, et cependant bien indigènes et propres à l'Écosse. Ce sont de courts poèmes comiques, qui se plaisent aux mœurs populaires, et représentent généralement des scènes rustiques, des fêtes de village, les mœurs et les plaisirs des paysans. Ces petits tableaux sont traités avec un sentiment de réalisme très net et très exact, pleins d'humour, de mouvement et de gaîté narquoise [1]. Leur forme est particulière. Ils sont écrits en une sorte de stance lyrique [2], terminée par un refrain qui est le même à travers tout le morceau. L'effort du poète consiste précisément à ramener ce refrain à la fin de chaque strophe, par un tour à la fois ingénieux et naturel. Quand la pièce compte une trentaine de strophes, comme cela est fréquent, on comprend qu'il y ait quelque difficulté et quelque mérite à les boucler toutes de la même boucle, en conservant l'aisance et la marche du récit. C'est un exercice auquel Burns a excellé dès le début, et ses premiers poèmes contiennent des modèles de ce tour de force. Dans cette classe, on peut comprendre des épîtres familières, conçues dans le même esprit, écrites dans une forme analogue, et nourries de la même observation moyenne, nette et railleuse.

Tandis que la poésie orale est, en grande partie, anonyme, ces poèmes portent presque tous le nom de leurs auteurs. Ils sont peu nombreux, et disparaissent, si on n'y regarde pas avec soin, sous la masse des ballades et des chansons. Il importe cependant de les en dégager et de les étudier, car ils contiennent une portion de l'esprit écossais, et ils expliquent la forme d'une partie considérable des œuvres de Burns.

Chose singulière, les deux premiers de ces poèmes populaires sont attribués à Jacques I, le roi poète, peut-être le monarque le plus remar-

---

[1] Veitch. *History and Poetry of the Scottish Borders*, p. 312.
[2] Irving. *History of Scotish Poetry*, p. 145.

quable qu'ait eu l'Écosse. Sa vie fut romanesque, glorieuse et infortunée. Son père Robert III, pour le soustraire aux attentats du duc d'Albany que cet enfant séparait seul du trône, l'avait envoyé en France, à l'âge de quatorze ans. La nef qui l'emportait avait été interceptée par les Anglais, au mépris d'une trêve qui existait entre les deux nations. Pendant dix-neuf ans le jeune prince fut retenu prisonnier [1]. Il fut élevé à la cour d'Angleterre, où il apprit à admirer Gower, et Chaucer, son maître en poésie noble et amoureuse. Le donjon de Windsor a conservé son souvenir. C'est là qu'un matin de mai, quand l'herbe était verte, que les haies d'aubépine étaient blanches et toutes sonores d'oiseaux, il aperçut Lady Jane de Beaufort, fille du comte de Somerset et princesse du sang royal d'Angleterre [2]. Il a raconté en termes brillants et tendres comment, quand il était à songer à son triste sort, il vit passer, dans la fleur de l'année, parmi les fleurs, cette fleur des femmes.

> Et alors j'abaissai de nouveau mon regard,
> Et je vis se promener au pied de la tour,
> Toute solitaire, nouvellement arrivée pour se distraire,
> La plus belle ou la plus fraîche jeune fleur
> Que j'eusse jamais vue, me sembla-t-il, avant cette heure.
> De cette surprise soudaine, tout d'un coup reflua
> Le sang de tout mon corps vers mon cœur.
>
> Je décrirai la forme de ses vêtements,
> Jusqu'à sa chevelure d'or et sa riche parure ;
> Ils étaient semés de dessins de perles blanches
> Et de topazes brillant comme le feu,
> Avec mainte émeraude et maint beau saphir.
> Sur sa tête elle portait une coiffure de couleurs fraîches,
> De plumes en partie rouges, et blanches et bleues...
>
> Autour de son col blanc comme un émail,
> Elle avait une belle chaîne de fine orfévrerie,
> A laquelle pendait un rubis sans tache,
> Dont la forme était celle d'un cœur,
> Qui comme une étincelle de flamme follement
> Semblait vouloir brûler sur sa gorge blanche.
> Si on pouvait trouver le pareil, Dieu le sait.
>
> Et pour marcher dans ce frais matin de mai,
> Elle avait sur sa robe blanche une agrafe
> Dont on n'avait jamais vu la plus belle ;
> Je le suppose ; et sa robe pressait lâchement son corps,
> Et la marche l'avait entr'ouverte ; c'était un tel délice
> De voir cette jeunesse dans sa beauté
> Que j'ai peur d'en parler trop lourdement [3].

---

[1] Hill Burton. *History of Scotland*, tom II, p. 884.
[2] Voir à ce sujet le joli essai, dans le *Sketch Book*, de Washington Irving, intitulé *a Royal Poet*.
[3] *The King's Quair*. Canto II.

Il écrivit, en l'honneur de sa dame, *Le Carnet du Roi*, un joli poème amoureux, où il raconte comment naquit sa passion, et qui, pour le luxe des descriptions, la révérence envers la femme, un sentiment de fraîcheur printanière, et je ne sais quelle jeunesse et clarté des mots, n'est pas loin de Chaucer [1].

Cependant le duc d'Albany, qui avait été nommé régent à la mort de Robert III, était mort lui-même. L'Écosse était sans gouvernement. Henri V consentit à relâcher son prisonnier. Avant son départ, Jacques épousa la jeune fille dont la vision avait consolé son exil. Il rentra dans son royaume en 1423, et fut couronné solennellement dans l'église de l'Abbaye de Scone [2]. Ce jeune homme, qui avait commencé la vie en artiste, se trouva être un grand roi ; ce rêveur avait une énergie rapide et inflexible. Il trouva le pays dans le chaos, les nobles indépendants, le peuple en désarroi, le brigandage et l'anarchie partout. « Si Dieu me prête vie, dit-il en entrant sur son sol, il n'y aura pas un endroit dans mon royaume, où la clef ne gardera pas le château, et la touffe de genêt la vache, quand je devrais mener la vie d'un chien pour l'accomplir [3] ». La répression fut terrible : la famille d'Albany fut détruite ; il défendit aux nobles de voyager avec une suite trop nombreuse ; confisqua les biens de ceux qui résistaient. Un jour il fit pendre trois cents brigands ; tout chef rebelle était exécuté sur le champ. Son activité était infatigable ; sa vigilance s'étendait à tout. Il promulgua des lois sur les pêcheries, sur les impôts, contre la simonie, sur les mendiants, des lois somptuaires. Il encouragea le commerce. On a de lui une loi qui ordonnait aux propriétaires d'arbres de détruire les nids de corbeaux, à cause des dégâts que ces oiseaux causent aux blés. Tout arbre, sur lequel un nid de corbeaux était encore trouvé le deux du mois de mai, était abattu et confisqué [4]. Pendant quinze ans, il travailla sans relâche à rendre à son peuple l'ordre et la paix. Il avait peut-être mené trop rudement les choses, avec des idées trop anglaises, sans tenir assez compte de l'état du pays. Les nobles résolurent de se délivrer de cette main de fer qui les écrasait. Une conspiration s'ourdit. Elle éclata dans une scène qui est une des plus épouvantables que contiennent les annales d'Écosse, riches pourtant en tragédies de ce genre. Pendant que le roi était à Perth, les conjurés pénétrèrent la nuit dans le château. Les verroux de la chambre royale avaient été enlevés par une main traîtresse. Quand on entendit les pas des meurtriers, le roi était seul, sans armes, avec la reine et les dames de la suite. Une d'elles, Catherine Douglas, essaya héroïquement d'arrêter les assassins, en met-

---

[1] Voir, sur le *King's Quair*, Irving, *History of Scotish Poetry*, p. 134-142.
[2] Hill Burton. *History of Scotland*, tom II, p. 397.
[3] Tytler. *History of Scotland*, tom II, p. 51.
[4] Voir, sur les réformes de Jacques I, le chapitre abondant de Tytler, *History of Scotland*, tom II, chap. II, p. 52-56.

tant son bras en guise de barre à travers la porte. Le bras fut brisé ; la chambre envahie par une bande de furibonds. Jacques I découvert dans une cachette sous le plancher fut massacré [1].

C'est de cette vie royale, éclose dans une idylle et close par une tragédie, dépensée aux hautes besognes de la guerre et des lois, que sont sortis, semble-t-il, les deux premiers poèmes populaires, et l'exemple de l'observation grotesque appliquée à la vie vulgaire. On explique cette anomalie en se rappelant que Jacques aimait à se mêler au peuple, afin de se rendre compte de ses besoins [2]. Ces deux poèmes, dont l'un s'appelle *A la Fête de Peebles*, et l'autre *A Christ's Kirk sur le pré*, sont à peu près identiques de sujet. Ce sont des descriptions de journées de fête rustique, avec leurs joyeusetés, leurs lourdes farces, et leurs querelles. Dans les deux, on voit les gens se réunir, le matin, suivre les routes pour aller au lieu désigné ; le milieu de la journée est longuement décrit ; le départ occupe les dernières strophes. Il y a seulement entre les deux poèmes une différence de tonalité : le premier est de couleurs plus claires et plus gaies, le second d'une teinte un peu plus sombre et d'une touche plus rude.

La pièce *A la Fête de Peebles* s'ouvre gaîment par l'agitation matinale, dans tous les petits villages, des gens qui se préparent à venir à la fête.

> Le premier mai, quand tout le monde s'apprête
> Pour la fête de Peebles,
> Pour aller entendre les chants et la musique,
> Doux confort, à dire vrai,
> Par rivière et forêt ils arrivèrent.
> Ils s'étaient faits très beaux,
> Dieu sait qu'ils n'y auraient pas manqué,
> Car c'était leur jour de fête,
> Disaient-ils,
> A la fête de Peebles.
>
> Toutes les filles de l'ouest
> Etaient debout avant le chant du coq ;
> L'émoi empêchait de dormir
> Et les préparatifs et la joie ;
> L'une dit : « Mes mouchoirs ne sont pas pliés »
> Et Meg, toute en colère, répondit :
> « Il vaut mieux prendre une capeline ».

---

[1] Voir le récit de cette scène dans Tytler, *History of Scotland*, tom II, chap. II, p. 90-93. — Hill Burton. *History of Scotland*, tom II, p. 408-09.

[2] L'attribution de ces deux pièces à Jacques I a soulevé quelque discussion. L'opinion la plus générale est en sa faveur. Voir à ce sujet Irving, *History of Scotish Poetry*, p. 143 et suiv. — Dans un petit volume publié par Chambers, *Miscellany of Popular Scottish Poems*, se trouve la note suivante, sur le poème *Peebles to the Play* : « En ce qui concerne la présomption que le roi Jacques était l'auteur de ce poème, il n'est pas inutile de remarquer que, en 1444, quelques années après sa mort, une fondation fut faite qui avait pour objet (entre autres choses) de prier pour l'âme du monarque défunt, dans l'église paroissiale de Peebles. »

> « Par l'âme de Dieu, c'est vrai »,
> Dit l'autre,
> A la fête de Peebles [1].

De tous les villages des environs, de Hope, de Kailzie, et de Cardronow, ils arrivent par bandes, en chantant des refrains de vieilles chansons, conduits par des cornemusiers. Il y a, sur la route, des rencontres où les gars plaisantent les filles, avec des plaisanteries de paysans. Un groupe arrive à la ville et s'en va à la taverne. La scène est vivante et jolie.

> Ils s'en vont à la maison de taverne,
> D'un pas gai et dispos.
> L'un parla en mots très dégagés :
> « En voilà assez de malechance,
> Relevez les feuillets de la table, (et il aida à le faire),
> Nous sommes tous à attendre ;
> Veillez à ce que le linge soit blanc,
> Car nous allons dîner, puis danser,
> Là-dehors,
> A la fête de Peebles ».
>
> A mesure que l'hôtesse apportait un plat,
> L'un d'entre eux faisait une marque sur le mur.
> L'un disait de payer, un autre disait : « Non,
> Attendez que nous fassions le compte ».
> Et l'hôtesse disait : « N'ayez crainte,
> Vous ne paierez que ce que vous devez ».
> Un jeune gars se dressa sur ses pieds,
> Et commença à rire,
> En raillerie,
> A la fête de Peebles.
>
> Il prit un plat de bois dans sa main,
> Et il se mit à compter :
> « C'est deux pence et demi par tête,
> C'est ce que nous payons toujours ».
> Un autre se dressa sur ses pieds
> Et dit : « Tu es trop bête,
> Pour prendre cet office-là en main ;
> Par Dieu, tu mérites bien une torgniole
> De moi
> A la fête de Peebles. [1] »

« Une torgniole, s'écrie l'autre, tu ne l'oserais pas ». Et là-dessus ils font mine de se quereller, de se battre, ils se bousculent, et en profitent pour déguerpir sans rien payer. On dirait une des *Repeues Franches* de Villon, et racontée d'un style qui n'est pas loin du sien. Après quelques autres péripéties les choses se calment, et l'on est à la danse.

---

[1] *Peebles to the Play.*

Alors, Will Swain arriva tout suant,
C'était un gros homme, un meunier ;
« Si je peux danser, vous allez voir, allons vite,
Donnez-moi un air de cornemuse ;
Je vais commencer la danse du Montreur d'ours,
Je suis sûr qu'elle va marcher. »
Lourdement il se démène ça et là.
Seigneur ! comme ils accoururent pour le voir,
Cette fois-là,
A la fête de Peebles.

Ils s'assemblèrent tous de la ville,
Et s'approchèrent tous de lui ;
L'un demanda qu'on fît place aux danseurs,
Car Will Swain fait des merveilles.
Toutes les filles crièrent : « Ah ! ah ! »
Et, Seigneur ! Will Young se mit à rire.
« Allons, commères, allons-nous en,
Nous avons dansé assez
Pour une fois
A la fête de Peebles [1] ».

On se prépare à s'en retourner. Personne n'a l'air de songer au pauvre souffleur de cornemuse, qui s'est fatigué toute la journée et réclame son dû.

Le cornemusier dit : « Je commence
A être fatigué de jouer pour vous ;
Et on ne m'a encore rien donné
Pour tous les airs que j'ai joués ;
Trois sous pour un demi jour,
Cela ne vous ruinera pas ;
Mais si vous ne me donnez rien du tout,
Que le grand Diable vous accompagne, »
Dit-il,
A la fête de Peebles [1].

L'heure du départ arrive. Les gars et les filles se disent adieu, tout tristes de se quitter et se promettent de se revoir. Chacun s'en va de son côté.

Le sujet de *A Christ's Kirk sur le pré* est également la peinture d'une fête rustique, mais dans un autre ton. Sauf le début où se trouve une riante arrivée de jeunes filles qui viennent danser dans leurs robes neuves, la pièce tout entière est le récit d'une bataille entre paysans. Il n'y a pas de tableau plus exact d'une de ces bagarres qui éclatent souvent à la fin des fêtes villageoises. Cela commence par une querelle à la danse : on se bouscule, on se bourre, on se brutalise, on se menace, on

---

[1] *Peebles to the Play.*

saisit les arcs, quelques flèches volent, et voilà la bagarre lancée. Elle se répand et tourbillonne. Il y a là une suite de strophes pleines de tumulte, de coups, de clameurs, d'un entrain superbe. En un clin d'œil, toute une populace se rue dans la querelle. Ils arrivent de tous côtés, à folles enjambées, accourent se faire casser la tête ; ils ont des bâtons, des fourches et des fléaux ; ils frappent à tort et à travers, les gourdins s'abattent sur les échines, les coups tintent sur les crânes, les barbes sont pleines de sang, les corps jonchent le sol ; deux bergers se battent à coups de tête et se cossent comme des béliers ; d'autres vont chercher le brancard d'une charrette et poussent dans le tas, frappant aux figures et défonçant les dents ; les femmes sortent, accourent, piaillent, glapissent, se précipitent dans les bousculades ; les enfants les y suivent ; toute cette cohue se cogne, s'étreint, s'arrache, se buche, trébuche, roule, grouille, s'entasse, s'écrase, dans une trépignée générale. Le tocsin sonne si fort que le clocher en balance. Et tout d'un coup, sans qu'on sache ni comment, ni pourquoi, la fureur tombe, la bataille s'arrête, les gens éreintés se calment, se regardent, ahuris et penauds de s'être entre-tués. C'est une peinture vigoureuse et pourtant comique d'une de ces folies de coups qui s'emparent des foules, à la fin des foires et des marchés. Pendant quelques instants, une frénésie de combat affole cette tourbe ; c'est la décharge de nerfs grossiers surexcités par une journée de fête [1].

Ce sont deux jolis morceaux, pleins déjà de toutes les qualités qui marquent cette branche de la poésie écossaise. Ils sont lestes, solides, nerveux, solidement appuyés sur la vie, avec le sens d'un grotesque de proportions moyennes qui tient le milieu entre l'observation et la caricature [2]. Ce sont deux tableaux flamands. Non pas des Téniers, ils n'en ont ni la touche lumineuse et légère, ni les couleurs claires, gaies, se jouant dans une harmonie argentée. Ils sont plus frustes, d'un pinceau moins souple, mais plus vigoureux. On les comparerait volontiers aux tableaux du vieux Pierre Breughel. Il recherchait lui aussi les foires et les kermesses, les scènes de gaîté naïve, semées d'ivrognes trébuchants, et de couples qui dansent. Il les a représentés, du premier coup, avec une bonne humeur primesautière, un entrain et une solidité d'observation, que nul de ses successeurs n'a dépassés. On le surnomma pour cette raison Breughel le Drôle, Breughel le Jovial, et le Breughel des Paysans. Il est

---

[1] Il est probable que la première de ces deux pièces, qui ne fut publiée qu'en 1785, était inconnue à Burns, mais la seconde était couramment populaire. Allan Ramsay l'avait imitée, Le Rev John Skinner, l'ami de Burns, en écrivit une traduction en vers latins. Il y avait longtemps d'ailleurs que Pope avait dit :
    One likes no language but the Fairy Queen,
    A Scot will fight for Christ's Kirk on the Green.

[2] Voir Veitch. *History and Poetry of the Scottish Borders*, p. 313.

le Maître de tout le réalisme flamand. L'auteur de *A la fête de Peebles* et de *A Christ's Kirk sur le pré* a droit à la même place dans l'histoire de la poésie écossaise. Allan Ramsay aura un coloris plus léger et plus vif, mais il a moins de force et d'observation. Fergusson aura plus de précision et une notation plus minutieuse des détails, avec moins de mouvement et de gaîté. Burns seul lui sera supérieur.

Outre leurs qualités, ces deux pièces sont intéressantes parce qu'elles ont servi de modèle à beaucoup de ces petits poèmes écossais. Leur cadre a été conservé : l'arrivée le matin sur les routes, les descriptions de la journée, puis le retour des couples le soir, avec quelques plaisanteries appropriées. C'est le plan de la *Foire de la Toussaint* et des *Courses de Leith* de Fergusson ; c'est exactement celui de la *Foire-Sainte* de Burns. On a souvent dit que ce poème était imité des *Courses de Leith*. C'est plus haut qu'il convient de remonter, car la pièce de Fergusson est elle-même calquée sur les deux vieux poèmes.

Ils ont de plus fourni la strophe dans laquelle, avec de légers changements, toute cette suite de tableaux est écrite. C'est une strophe de dix vers : les huit premiers sont des vers de quatre pieds et de trois pieds, alternés ; les vers de quatre pieds riment entre eux, et ceux de trois entre eux aussi ; le neuvième vers ne compte qu'un pied, il ne rime pas, il sert à détacher le refrain de la strophe et à le faire claquer à part. Ce refrain a trois pieds dans *A la Fête de Peebles*, et quatre dans *A Christ's Kirk sur le pré* ; il ne rime pas, mais il est le même à travers tout le morceau. Voici à peu près l'effet de cette strophe, d'après une de celles de *A Christ's Kirk sur le pré* ; c'est une imitation qui n'a aucune prétention à l'exactitude.

> Le grand Hugh saisit son bâton,
> Et va dans la bagarre ;
> Il tape dans le peloton,
> Criant qu'on se sépare ;
> Fol qui se mêle en hanneton
> A pareil tintamarre ;
> Quand il eut reçu son horion,
> Alors il cria : « Gare !
> Je meurs ! »
> A Christ's Kirk sur l'herbe du pré [1].

---

[1] Heich Hucheon, with ane hissel ryse,
To red can through them rummill :
He muddlet them down, like any mice,
He was no batie-bummil :
Through he was wight, he was not wise,
With such jangleris to jummil ;
For frae his thumb they dang a slice,
While he cried barla-fummill,
I'm slain,
At Christ's Kirk on the green, that day.
(*Christ's Kirk on the Green*, Stanza XVI.

Allan Ramsay, dans la continuation qu'il donna de ce poème, employa la même strophe avec un léger changement. Il fit disparaître le dixième vers et transporta le refrain au neuvième, qu'il allongea d'un pied. Mais il conserva les deux rimes pour les huit premiers. Voici un exemple de cette strophe ainsi modifiée :

> A l'est du ciel, l'aube clignote,
> Et les coqs de chanter ;
> Le fermier ouvre l'œil et rote,
> Commence à s'étirer ;
> La fermière se lève et trotte,
> Et commence à crier ;
> Les gars sautent sur leur culotte,
> Et les chiens d'aboyer,
> Ce matin-là [1].

La strophe de Fergusson diffère encore un peu plus de la strophe initiale. Elle n'a elle aussi que neuf vers. Les huit premiers sont également de quatre et de trois pieds alternés. Les vers de quatre pieds riment entre eux, et ceux de trois entre eux également, mais, au lieu des deux rimes uniques qui maintiennent toute la strophe, il y en a quatre, en sorte que la strophe est en réalité coupée en deux. Le petit vers d'un pied est supprimé, et le refrain le remplace, raccourci, car il n'a généralement que deux pieds.

> Le rustaud John, en bonnet bleu,
> En habits du dimanche,
> Court après Meg ainsi qu'au feu,
> Et baise sa peau blanche ;
> Elle, narquoise, dit « Vilain !
> Garde pour toi ta bouche. »
> Il comprend, quelques sols en main
> La rendent moins farouche,
> Pour ce jour-là [2].

---

[1]
> Now frae th' east nook o' Fife the dawn
> Speel'd westlines up the lift,
> Carles wha heard the cock had crawn
> Begoud to rax and rift ;
> An' greedy wives wi' girning thrawn,
> Cry'd lasses up to thrift ;
> Dogs barked, an' the lads frae hand
> Bang'd to their breeks like drift,
> Be break o' day.
>
> (A. Ramsay. *Christ's Kirk on the Green*, Cant. III, Stanza I).

[2]
> Here country John, in bonnet blue,
> An' eke his Sunday's claes on,
> Rins after Meg wi' rokelay new,
> An' sappy kisses lays on ;
> She'll tauntin' say, « Ye silly coof !
> Be o' your gab mair sparin ».
> He'll take the hint, and creish her loof
> Wi' what will buy her fairin',
> To chow that day.
>
> R. Fergusson. *Hallowfair*, Stanza II.

C'est de cette strophe-ci que Burns fit usage. On en trouvera plus loin un exemple tiré de lui. Celle de James I nous semble supérieure ; elle est plus savante, plus difficile, mieux ramassée, et elle lance le refrain avec plus de nerf, après le petit arrêt. Mais c'est en somme la même forme et la même allure, courte et rapide. Enfin les deux vieux poèmes ont transmis à ceux qui les ont suivis quelque chose de plus subtil et de plus précieux, leur esprit d'observation exacte, leur gaîté, leur ironie, leur franchise de touche, leur besoin de mouvement et d'action, leur goût de terroir. Ces deux pièces sont donc importantes. Elles sont le point de départ et le modèle de toute une série de poèmes populaires qui aboutissent aux chefs-d'œuvre de Burns, et dont la filiation se suit très bien.

En dépit de l'autorité de M. Veitch, il ne nous semble pas que cette filiation s'établisse d'aucune façon à travers les deux poèmes intitulés : *Les Trois contes des Trois prêtres de Peebles*, et *Les Frères de Berwick* [1]. Ceux-ci ne ressemblent aux pièces que nous avons vues, ni par le choix du sujet rustique et purement écossais, ni par le vers court-vêtu et leste, ni par l'élan lyrique de la strophe, ni par la promptitude et l'allure du récit. Ce sont des histoires étendues et diffuses, se traînant péniblement en vers de dix pieds, sans strophes, de longs fabliaux à la façon du Moyen-Age, avec digressions morales, satires contre le clergé et allégories [2]. Le premier raconte un mauvais tour joué par un clerc à un prêtre. Le second se compose de trois histoires morales que trois prêtres de Peebles se racontent, pour se faire mutuellement plaisir. Dans la première de ces histoires, un roi, dans son Parlement assemblé, propose aux trois états trois questions : Pourquoi la famille d'un riche bourgeois ne prospère jamais jusqu'à la troisième génération ? Pourquoi les nobles actuels sont-ils tellement dégénérés de leurs ancêtres ? Pourquoi le clergé n'est-il plus doué du pouvoir de faire des miracles ? On voit toute la distance qu'il y a de ces lentes productions « à tendance morale [3] » aux joyeux petits poèmes écossais.

C'est par ailleurs qu'il faut aller pour suivre ce filon de poésie nationale. On sent qu'il se prolonge sous le sol. Çà et là des affleurements le trahissent. Si nous avions à indiquer les traces qui en marquent la continuité et la direction, nous choisirions la pièce de Dunbar *Aux marchands d'Edimbourg* qui fait penser aux pièces citadines de Fergusson ; nous prendrions surtout les deux pièces anonymes intitulées *Le Mariage de Jok et Jynny*, et *La Femme d'Auchtermuchty* [4]. Dans la première, la

---

[1] Veitch. *History and Poetry of the Scottish Borders*, chap. x, p. 312 et suivantes.
[2] Les deux poèmes se trouvent dans *The Book of Scottish Poems* de J. Ross.
[3] Irving. *History of Scotish Poetry*, p. 303 et suiv.
[4] On trouvera ces deux pièces dans le recueil de J. Ross *The Book of Scottish Poems*. Dans le petit recueil de Chambers, *Popular Scottish Poems*, on trouve aussi *La Femme d'Auchtermuchty*.

mère de Jynny énumère à Jok ce que sa fille lui apportera en mariage, et Jok déroule devant la mère de Jynny ce qu'il apporte de son côté. C'est un long inventaire burlesque des deux apports qui, mis ensemble, ne montent pas à beaucoup plus que rien. La drôlerie gît dans la longueur de l'interminable énumération, coupée par le refrain où les noms de Jynny et Jok reviennent accouplés, et claquent l'un contre l'autre comme en de rudes baisers rustiques. *La femme d'Auchtermuchty* raconte la querelle d'un laboureur avec sa femme.

<blockquote>
A Auchtermuchty, vivait un homme,
Un mari, à ce qu'on m'a dit,
Qui savait bien boire à un pot,
Et n'aimait ni la faim ni le froid.

Il arriva qu'une fois, un jour,
Il conduisit la charrue dans la plaine,
Si cela est vrai, à ce qu'on m'a dit,
Le jour était mauvais par vent et pluie [1].
</blockquote>

Quand il rentre chez lui le soir, mouillé et glacé, il trouve sa femme assise au coin du feu. Rien n'est prêt pour lui ni ses bêtes ; pas d'avoine pour son cheval, pas de foin ni de paille pour son bœuf. Il entre en colère et dit que les choses iraient bien mieux si elles étaient réglées par lui. La commère le prend au mot.

<blockquote>
Dit-il : « où est le grain de mes chevaux ?
Mon bœuf n'a ni foin, ni paille,
Femme, tu iras à la charrue, demain,
Je serai ménagère, si cela se peut ».

« Époux, dit-elle, je veux bien
Prendre mon jour de charrue,
Pourvu que tu veilles aux veaux et vaches,
Et à toute la maison, dedans et dehors. »
</blockquote>

La pièce est le récit de toutes les maladresses qu'il commet. Il trébuche à chaque pas dans quelque mésaventure. Il lâche les oisons qui s'en vont à sept, un milan s'abat qui en mange cinq. Aux cris des oisons, il accourt; pendant ce temps les veaux s'échappent. Il se met à la baratte et bat le beurre jusqu'à en suer ; quand il s'est démené une heure, du diable s'il y a une miette de beurre ; il a si bien échauffé le lait que celui-ci ne veut plus se cailler. Il met le pot sur le feu, puis il prend deux brocs pour aller chercher l'eau, quand il revient le pot est brûlé. Il court aux enfants; ils sont barbouillés jusqu'aux yeux ; il veut aller laver ses draps, le ruisseau les emporte. Si bien que, le soir, il demande pardon à sa femme, confus, humilié, découragé, rompu.

---

[1] *The Wife of Auchtermuchty*, Stanza I.

Dit-il : « j'abandonne mon office
Pour le reste de mes jours,
Car je mettrais la maison à la côte,
Si j'étais vingt jours ménagère... »

Dit-elle : « tu peux bien garder la place,
Car bien sûr je ne la reprendrai pas » ;
Dit-il : « le démon saisisse ta face menteuse,
Tu seras bien contente de la ravoir. »

Alors elle empoigna un gros bâton,
Et le brave homme fit un pas vers la porte,
Dit-il : « Femme je me tairai,
Car si on se bat j'aurai mon affaire. »

Dit-il : « Quand j'abandonnai ma charrue,
Je m'abandonnai moi-même.
Je vais retourner à ma charrue,
Car cette maison et moi nous ne nous entendrons jamais. [1] »

La donnée de cette pièce est un peu enfantine sans doute ; il est difficile en outre de ne pas y discerner je ne sais quel arrière-goût d'origine étrangère. On dirait plutôt le sujet goguenard d'un fabliau français. Mais les détails sont écossais jusqu'au moindre. Bien que les strophes n'aient pas de refrain, elles conservent cependant l'allure légère et lyrique de ces petits poèmes.

Pendant le xviie siècle, cette branche de poésie fleurit et se développa singulièrement dans une même famille de propriétaires, fermiers du Renfrewshire, les Semple de Beltree. Le premier d'entre eux, Sir James Semple, est l'auteur d'un long poème satirique contre la papauté, intitulé *Un cure-dent pour le Pape ou le Pater noster du Colporteur;* c'est une longue discussion théologique, en forme de dialogue entre un colporteur et un prêtre. Elle ne relève pas du genre qui nous occupe. C'est un pamphlet religieux en vers [2]. Mais le fils de Sir James, Robert Semple de Beltree, qui naquit vers 1599 et mourut vers 1670, est un personnage important dans la poésie populaire écossaise. Il l'est pour deux motifs.

Le premier, c'est qu'il a donné le modèle de ces fausses élégies qui feignent de déplorer la mort d'une personne encore vivante, ou dont la mort est trop lointaine ou trop indifférente pour causer un vrai chagrin. C'est une parodie de lamentation, où, sur un ton moitié attendri, moitié railleur, les qualités et les défauts du défunt sont rappelés avec bonne humeur. C'est, en plus grand et avec une forme lyrique, ce que sont les épitaphes qui tournent à l'épigramme. Mais tandis que celles-ci, à cause

---

[1] *The Wife of Auchtermuchty*, la fin.
[2] Voir Irving. *History of Scotish Poetry*, p. 569-72. Il donne des extraits du poème de Sir James Semple.

de leur forme brève et brutale d'inscriptions, sont souvent cruelles, ces oraisons funèbres burlesques fournissent à la pensée assez d'espace pour que le rire et l'émotion s'y mêlent, s'y poursuivent et s'y jouent. Il est superflu de dire qu'on ne revendique pas pour Robert Semple l'honneur d'avoir inventé cette forme littéraire, mais le mérite, tout local, de l'avoir introduite dans la littérature de son pays. Il faut y ajouter celui de lui avoir donné d'emblée les qualités qui en ont fait une spécialité écossaise : la bonhomie, la familiarité, l'émotion railleuse, et une forte observation locale dont la saveur pénètre tout. Cela fait penser à ces gâteaux écossais faits de farine d'avoine où, malgré les ingrédients étrangers, domine toujours le goût du sol.

L'élégie de Robert Semple gémit sur le trépas d'un de ces joueurs de cornemuse, alors répandus dans le pays, qui vivait dans le petit hameau de Kilbarchan. Elle est connue, pour cette raison, sous le nom de *Le Cornemusier de Kilbarchan*. Pour quiconque a vu un cornemusier se promener, un jour de fête, avec sa cornemuse pavoisée de petits drapeaux, le titre seul est un tableau.

> Ceci est l'épitaphe de Habbie Simson,
> Qui, sur son bourdon, portait de jolis drapeaux.
> Ses joues devenaient rouges comme cramoisi,
> Et il se démenait quand il soufflait dans sa peau.

C'est, comme on peut le prévoir, l'éloge des qualités et des talents professionnels du défunt, et l'énumération de ce que les Foires, les Mariages, les Fêtes perdent à ne plus l'avoir. C'est l'œuvre d'un esprit facile, élégant, mais dont la verve et la sève sont bien moins riches que celles de l'auteur de *A la Fête de Peebles*.

> Aux représentations, quand il arrivait,
> Sa cornemuse accompagnait lestement le tambour,
> Comme des essaims d'abeilles, il la faisait bourdonner,
> Et il accordait son chalumeau.
> Maintenant tous nos cornemusiers peuvent être muets,
> Puisque Habbie est mort.
>
> Et aux courses de chevaux maintefois,
> Devant le noir, le bai, le gris-pommelé,
> Comme sa cornemuse, quand il jouait,
> Piaillait et piaulait,
> Maintenant ces passe-temps sont bien loin,
> Puisque Habbie est mort.

La pièce se termine par un joli trait, à moitié pittoresque et à moitié mélancolique.

> Quand il jouait, les enfants s'attroupaient,
> Quand il parlait, le vieux, il balbutiait ;

> Les dimanches, son bonnet avait une plume,
> Bel ornement ;
> Il attachait sa jument dans le cimetière,
> Où il repose mort.
>
> Hélas ! pour lui mon cœur est navré,
> Car j'ai eu ma part de ses airs de danse,
> Aux Jeux, aux Courses, aux Fêtes, aux Foires,
> Sans malice, ni envie.
> N'espérons plus des airs de cornemuse,
> Puisque Habbie est mort. [1]

Cette pièce a donné lieu à un grand nombre d'imitations, et l'élégie comique est, dès lors, devenue un genre favori des poètes écossais. Ramsay a écrit l'*Elégie de Maggy Johnstoun*, une cabaretière qui vendait une petite bière blanche, claire et grisante, dans une ferme aux abords d'Edimbourg ; l'*Elégie de John Cowper*, le greffier du trésorier de la paroisse ; l'*Elégie de Lucky Wood*, une autre cabaretière, dont la personne et la maison étaient nettes et honnêtes ; l'*Elégie de Patie Birnie*, violoneux, pure transcription du *Cornemusier*. Fergusson a écrit l'*Elégie de David Gregory*, professeur de mathématiques à l'Université de Saint-Andrews ; l'*Elégie de John Hogg*, portier de ladite Université ; et même l'*Elégie de la Musique Ecossaise*, qui est sa meilleure. C'est en continuant dans cette voie que Burns a écrit son *Elégie de Tam Samson*, joyeux compagnon, grand pêcheur, grand chasseur et grand joueur de curling. Il a employé exactement le même cadre. Mais, ici comme ailleurs, il y a mis un tableau brossé avec une autre vigueur de main. L'élégie de Robert Semple, gracieuse et distinguée, est un peu mince ; celles de Ramsay, naturelles et gaies, manquent de force ; celles de Fergusson sont, à nos yeux, froides et ternes. Celle de Burns les laisse toutes en arrière, par le mouvement, la vie, et l'entassement de pensées, de visions, de motifs poétiques, qui font paraître les autres pièces creuses à côté de la sienne.

Le second titre de Robert Semple à la position qu'il occupe dans la poésie de sa contrée, c'est que, pour traiter un sujet nouveau, il a, selon toute apparence, inventé une strophe nouvelle [2]. Tout au moins, il a employé une strophe qu'on ne retrouve pas au delà de lui. Ce n'est plus la strophe à huit vers de *A la Fête de Peebles*, la strophe régulière, adaptée aux récits et aux descriptions. C'est une strophe plus courte, plus alerte, avec des mouvements et des flexibilités intérieures. Elle se

---

[1] Voir sur Robert Semple : Irving, *History of Scotish Poetry*, p. 573-77. Irving donne l'élégie en entier. Elle se trouve également dans le petit recueil de Chambers, *Miscellany of Popular Scottish Poems*.

[2] J. Grant Wilson. *The Poets and Poetry of Scotland*, p. 82. — J. Clark Murray. *The Ballads and Songs of Scotland*, p. 185.

compose de trois vers de quatre pieds qui riment ensemble, d'un vers de deux pieds de rime différente, d'un vers de quatre pieds qui rime avec les trois premiers, et d'un autre de deux pieds qui rime avec son compagnon. En voici le modèle français calqué sur la première strophe de la *Vision* de Burns.

>Le soleil clot un jour sauvage,
>Les curlers rentrent au village,
>Et le lièvre affamé s'engage
>>Dans les vergers,
>Où la neige marque, au passage,
>>Ses bonds légers [1].

On peut la comparer avec l'autre strophe, dont la copie suivante, d'après le début de *la Sainte-Foire* de Burns, peut donner l'idée.

>Un matin d'été calme et pur,
>Un dimanche, à ma guise,
>Je sortis pour voir le blé mûr
>>Et respirer la brise.
>Le soleil semait de rayons
>Les campagnes muettes ;
>Les lièvres couraient les sillons,
>L'air chantait d'alouettes,
>>En ce jour-là [2].

Tandis que l'ancienne strophe, sous le long manteau à plis droits des huit vers uniformes, s'avance tout d'une pièce, sans détails dans la marche, la strophe nouvelle, prise à la taille et retroussée, est plus vive et plus preste. Elle est plus souple, elle saute aisément d'un sentiment à l'autre. Sa fortune a été rapide et grande dans la littérature écossaise. Elle remplit une partie de l'œuvre d'Allan Ramsay et la majeure partie de celle de Fergusson. Elle convenait particulièrement au génie nerveux,

---

[1]
>The sun had closed the winter day,
>The curlers quat their roaring play,
>And hunger'd maukin ta'en her way
>>To kail-yards green,
>While faithless snaws ilk step betray
>>Whare she has been.

>Upon a simmer sunday morn,
>When nature's face is fair,
>I walkèd forth to view the corn,
>>And snuff the caller air.
>The rising sun owre Galston muirs,
>Wi' glorious light was glintin' ;
>The hares were hirplin' down the furs,
>The lav'rocks they were chantin'
>>Fu' sweet that day.

agile et rapide de Burns. Il l'a employée dans une quantité de pièces de sa meilleure époque : l'*Élégie de la Brebis Mailie*, *la Mort et le Docteur Hornbook*, *les Deux Pasteurs* ou *la Sainte-Querelle*, *la Prière de Saint Willie*, *l'Adresse au Diable*, *la Vision*, l'*Élégie de Tam Samson*, ses pièces *à une Marguerite* et *à une Souris*, l'*Adresse du Fermier à sa vieille Jument*, et dans une foule d'autres morceaux ; toutes ses épîtres importantes sont écrites dans cette strophe. On peut dire qu'elle a servi à un grand tiers de son œuvre.

Aussi, en ces récentes années, les Écossais ont proclamé ce que leur littérature doit à l'Élégie de Robert Semple, en plaçant au fronton de l'école paroissiale de Kilbarchan le buste du vieux joueur de cornemuse [1]. Un autre service que Robert Semple rendit à la poésie écossaise fut d'avoir son fils Francis Semple, le troisième de cette famille de poètes. Il a laissé quelques-uns des modèles les plus humoristiques du genre de poésies que nous retraçons. Ses *Joyeuses fiançailles* sont une description de mariage rustique à la manière du *Mariage de Jok et Jynny*, mais avec plus de mouvement et de verve comique. Il retrouva la gaîté robuste qui enlève les strophes de Jacques I. [2]

Ce tableau des formes que s'est successivement créées la poésie écossaise et dans lesquelles elle s'est développée, ne serait pas complet si l'on omettait celles dont l'a enrichie William Hamilton de Gilbertfield. C'était un ancien lieutenant de l'armée, retiré à la campagne, où il se distrayait par des essais littéraires. Sa réputation est fondée sur deux choses.

Il a appliqué la strophe de Francis Semple à l'épître familière, pour laquelle elle paraît faite spécialement, se prêtant à l'allure libre d'une causerie. Il adressa, sous cette forme, à Allan Ramsay, une lettre d'admiration, quelque chose comme la lettre de Lamartine à Byron, ou de Musset à Lamartine, sauf qu'ici l'admiration vient d'un homme plus âgé, s'en va pédestrement, en gros bas de laine, et parle patois. Il en résulta, entre les deux poètes, un échange d'épîtres plaisantes et cordiales [3]. La mode s'en est répandue après eux parmi les poètes écossais, et l'épître familière a pris chez eux l'importance d'un genre littéraire. Il s'en trouve dans Fergusson. C'est d'après cette tradition que Burns a écrit sa première *Épître à Lapraik* qu'il ne connaissait que pour avoir entendu chanter

---

[1] *Miscellany of Popular Scottish Poems* de Chambers, la notice qui précède le poème.

[2] Sur Francis Semple, voir Irving, *History of Scotish Poetry*, p. 578-81. — *The Blythsome Bridal* se trouve dans *the Book of Scottish Poems* de J. Ross, — dans *the Poets and Poetry of Scotland*, J. Grant Wilson le donne également, avec deux autres pièces célèbres du même auteur, *She rose and loot me in*, et *Maggie Lauder* ; mais ces dernières sont des chansons.

[3] Les épîtres d'Hamilton de Gilbertfield à Ramsay se trouvent dans les éditions de Ramsay, avec les réponses de celui-ci. — J. Grant Wilson les reproduit dans *the Poets and Poetry of Scotland*.

une de ses chansons. C'est ainsi qu'il reçut à son tour une épître de Willie Simpson, poète et maître d'école à Ochiltree, à laquelle il répondit, comme Ramsay avait répondu à Gilbertfield. C'est à cette occasion qu'ont été écrites presque toutes ses épîtres, les plus considérables tout au moins, et celles qui contiennent le plus de renseignements sur sa vie.

Le second titre de Gilberfield à l'attention est un poème intitulé *Les dernières paroles mourantes du brave Heck, un lévrier fameux dans le comté de Fife.* Un pauvre chien, qu'on va pendre parce qu'il est vieux, se remémore avec tristesse les jours où il était souple et rapide ; il se rappelle les poursuites ardentes après les lièvres pendant des journées entières. Il y a, dans son étonnement d'être maintenant condamné et dans sa résignation, quelque chose de navrant, comme les regards doux et soumis que les chiens adressent à leur maître alors même qu'il les assomme.

> Sur le Moor du Roi, sur la plaine de Kelly,
> Où de bons forts lièvres détalent roide,
> Si habilement je bondissais
> Avec fond et vitesse ;
> Je gagnais la partie, avant eux tous,
> Net et clair.
>
> Je courais aussi bien par tous terrains,
> Oui, même parmi les rocs d'Ardry,
> J'attrapais les lièvres par les fesses
> Ou par le cou,
> Là où rien ne les atteignait que les fusils
> Ou le brave Heck.
>
> J'étais rusé, fin et finaud,
> Avec mon vieux malin camarade Pash,
> Personne n'aurait pu nous payer avec de l'argent,
> A quelques égards ;
> Ne sont-ils pas damnablement durs
> Ceux qui pendent le pauvre Heck ?
>
> J'étais un chien dur et hardi,
> Bien que je grisonne, je ne suis pas vieux ;
> Quelqu'un peut-il me dire
> Ce que j'ai fait de mal ?
> Me jeter des pierres avant que je sois refroidi,
> Cruelle action ! [1]

Ce poème intéresse Burns parce qu'il a manifestement inspiré une de ses premières productions, *La mort et les dernières paroles de la pauvre Mailie, l'unique brebis favorite du poète.* Le sujet est traité d'une manière

---

[1] On trouvera *The Last Dying Words of Bonny Heck* dans le recueil de J. Ross, *The Book of Scottish Poems.*

différente, et il est, dans Burns, autrement dramatique, autrement chargé de vie. Mais le seul rapprochement des deux titres indique assez la filiation.

Bien que *Le brave Heck* soit un curieux petit poème, et que les épîtres à Ramsay soient, pour la vivacité et l'imprévu des drôleries, égales sinon supérieures aux réponses, Gilberfield n'est pas un grand homme. Il est inférieur aux Semple de Beltree. Toutefois il n'en doit pas moins être tenu en considération dans la poésie écossaise. Il a servi à allumer la lampe d'Allan Ramsay, comme Allan Ramsay a servi à allumer celle de Burns, selon l'expression de Walter Scott. C'est la lecture de ce poème qui a inspiré à Ramsay le désir et l'ambition d'écrire :

> Quand je commençai à apprendre des vers,
> Et pus réciter vos « Rochers d'Ardry »,
> Où le brave Heck courait vite et farouche,
> Cela enflamma mon cœur.
> Alors l'émulation m'aiguillonna
> Qui depuis n'a jamais cessé.
>
> Puissé-je être moulu d'un maillet,
> Si je prise peu vos vers ;
> Vous n'êtes jamais rugueux, creux, ni ombrageux,
> Mais jovial et aisé,
> Et vous frappez, juste en plein, dans l'esprit
> De Habby notre modèle [1].

Habby, on le reconnaît, n'est autre chose que Habby Simpson auquel Allan Ramsay rend ainsi hommage par un éloge de côté. Ces strophes auraient suffi pour conserver le nom de Gilbertfield dans une lumière moyenne. Burns l'a frappé d'un rayon plus rapide et plus brillant, rien qu'en le citant.

> Mon bon sens serait dans une hotte,
> Si j'osais espérer gravir,
> Avec Allan ou avec Gilbertfield,
> Le talus de la renommée,
> Ou avec Fergusson, le pauvre commis,
> Un nom immortel [2].

Cela suffit pour que le poète de *Bonny Heck* garde, parmi les hommes de sa race, une petite immortalité. C'est quelque chose de comparable à celle qui est conférée aux hommes obscurs dont les grands peintres représentent les traits et inscrivent le nom dans le coin d'un tableau.

---

[1] *Seven Familiar Epistles which passed between Lieut Hamilton and the Author.* Answer I, Edinburgh, July 10th 1719.

[2] *Epistle to William Simpson.*

Il ne faut pas cependant hésiter à dire que, si tous ces essais ne servaient à retracer les origines d'une véritable production, digne de figurer parmi les parures d'une nation, ils auraient été oubliés. Ce seraient des bruits évanouis, comme tant de mots heureux, de causeries humoristiques, de paroles brillantes, en qui a palpité, pendant un instant, toute une âme. Les hommes dont nous venons de parler n'ont pas été des écrivains ; ils ont été, suivant une juste expression, les poètes d'un seul poème. C'étaient des amateurs qui ont eu, un jour, la main heureuse. Leurs productions ne suffisent pas à constituer une littérature ; ils en sont les premiers frémissements. Ils dénotent que, sous le firmament assombri du puritanisme, dans la tourmente des querelles théologiques et des persécutions religieuses, alors que tout était stérile, orageux et dévasté, la sève vivait encore. Elle n'attendait, pour se montrer, jaillir et écumer en fleurs, qu'un peu de calme et de soleil.

En effet, aussitôt que la paix reparut, on vit bien que ces signes n'étaient pas trompeurs. Dès le commencement du xviii° siècle, il y eut un fort mouvement littéraire et une renaissance de poésie nationale. Pendant le xvii° siècle, l'énergie de la nation s'était portée toute entière à défendre son indépendance de conscience ; la force nerveuse du pays s'était usée dans un immense effort de résistance et dans une indomptable tension de volonté. Les persécutions endurées, les services clandestins, les prédications sur les montagnes désertes, un enthousiasme où toute la ferveur de la nation se consumait comme en une flamme sombre, avaient absorbé toute la vitalité. Il y avait eu des martyrs jusqu'au bord du xviii° siècle. Lorsqu'on visite le pittoresque cimetière de Sterling, d'où la vue est si noble, on remarque, parmi d'autres statues de martyrs, un groupe de deux femmes en marbre blanc. Elles avaient refusé d'abjurer le covenant ; l'aînée avait dix-huit ans. On les lia à deux poteaux sur les sables où se précipite le flux rapide de la Solway. On avait placé la plus âgée plus avant, afin que la vue de son agonie terrifiât la plus jeune. Mais l'héroïque fille continua à prier et à chanter des psaumes, jusqu'au moment où les vagues étouffèrent sa voix. Cela se passait en 1685. A la chute de Jacques II, une grande multitude alla ensevelir, avec recueillement, les têtes et les mains des martyrs qui étaient exposées sur les portes d'Edimbourg. Quand un peuple vit dans ces angoisses et ces colères, il n'y a point de place en son âme pour des rêves de littérature. La Révolution de 1688 amena la fin de ces temps douloureux. Peu à peu les esprits se détendirent, dépouillèrent leur obstination farouche, entr'ouvrirent leur dure austérité, laissèrent s'approcher, pénétrer même des idées ailées et gaies, avant-courrières de l'art, et premières abeilles qui entrent bourdonner un instant dans les chambres froides encore de l'hiver.

Un peu plus tard, l'acte d'Union mêla à ce sentiment de sécurité un élan de patriotisme plutôt rétrospectif qu'actif, et où il entrait plus de regret que de révolte. On sentait bien que l'union des deux royaumes était un événement inévitable et utile. Cependant on perdait avec peine l'indépendance nationale. Les discussions et les discours reportèrent l'attention vers le passé du pays, vers ses titres glorieux de bravoure et de poésie. C'est alors que commença cette étude de l'histoire nationale, cette récolte des souvenirs qui se sont continués à travers tout le XVIIIe siècle, et dont on peut dire que Walter Scott a été le dernier et le plus illustre ouvrier. Ses romans ont été la synthèse embellie de ces travaux successifs. Au sortir de la pesante littérature théologique, les premières productions du temps sont des ouvrages d'archéologie ou d'histoire locale : *Les Exploits guerriers de la Nation Ecossaise*, de Patrick Abercombry ; les *Vies et les Caractères des plus Eminents Ecrivains de la Nation Ecossaise*, du Dr George Mackenzie : le premier en deux volumes in-folio, le second en trois du même format; les dimensions théologiques persistaient encore. En même temps, on commença à recueillir les chansons et les ballades populaires. Le premier des nombreux recueils qui allaient se succéder fut publié par Watson, en 1706 [1]. Le mouvement était lancé.

En sorte que, vers le commencement du XVIIIe siècle, il était devenu possible que l'Écosse eût une littérature, et qu'il y avait des motifs pour que cette littérature, sur le terrain de la poésie tout au moins, fût une littérature nationale.

Ce fut Allan Ramsay qui eut la gloire de l'inaugurer, en grande partie par ses propres œuvres, et aussi en récoltant les gerbes éparses et en les rentrant dans la grange. Sa vie, bien que dépourvue de dramatique, ne laisse pas que d'être bien intéressante [2]. Comme presque tous les poètes écossais, il s'est formé lui-même. Il était né en 1686, dans un petit village du comté de Lanark, au fond d'un district montagneux, plein d'eaux courantes. C'est là, sans doute, qu'il apprit à aimer la campagne et que le côté pastoral de son talent prit son germe [3]. De bonne heure, il perdit son père. Peu après, sa mère se remaria ; à l'âge de quinze ans, il la perdit et se trouva tout à fait orphelin. Son beau-père l'emmena à Edim-

---

[1] *Choice Collection of comic and serious Scots Poems, both ancient and modern, by several hands*, Edinburgh 1706-09-11.

[2] Voir l'article sur Ramsay dans *the Biographical Dictionary of Eminent Scotsmen*, et surtout la vie qui se trouve en tête de l'édition de ses œuvres de 1800 et qui est de Chalmers, l'auteur de *Caledonia*. Cette biographie est, selon l'expression de J. Ross, « la base de toutes celles qui l'ont suivie ».

[3] Voir, dans l'édition de Ramsay d'Alex. Gardner, *Remarks on the Genius and Writings of Allan Ramsay*, p. XLIII. — Hill Burton. *History of Scotland*, tom VIII, p. 546.

bourg, afin qu'il y apprît le métier, alors florissant, de perruquier. Le pauvre apprenti, désormais seul au monde, dut se tirer de la vie du mieux qu'il le put. Il n'avait personne pour l'aider, mais il était déterminé à faire son chemin, et doucement, lentement mais sûrement, il ne cessa de s'élever. Par la persévérance dans l'effort, la prudence et le sens pratique, sa vie fait un contraste avec celle de Burns. Il apprit tranquillement son métier. Son humeur joviale, son esprit, lui donnèrent l'entrée de ces clubs qui étaient alors une des formes de la vie intellectuelle d'Edimburgh. C'est là qu'il composa ses premières pièces : c'était sa contribution aux plaisirs de la soirée. Peu à peu sa réputation se répandit. Il commença à publier des poèmes de circonstances, sur des feuilles volantes. Les braves gens d'Edimbourg envoyaient leurs enfants avec un penny acheter « le dernier morceau de Ramsay »[1]. Son ambition et ses efforts grandirent. En 1716, il publia sa continuation du poème de *A Christ's kirk sur le pré*. Vers la même époque, continuant, sans jamais reculer d'un pas, sa marche ascendante dans la vie, il abandonna son état de perruquier et s'établit libraire, dans une petite boutique, qui avait pour enseigne une grossière statue de Mercure[2]. Tout en menant son nouveau métier, il continua à écrire des poésies de toute espèce: chansons, épîtres, élégies, pastorales, et il publia ses recueils de vieilles poésies. En 1725, il donna son chef-d'œuvre, la pastorale du *Noble Berger*[3]. Ses affaires prospérant, il alla s'établir dans une autre boutique dont il décora la façade des bustes de Ben Jonson et de Drummond de Hawthornden. Il y ouvrait — car il était homme d'initiative — la première librairie circulante établie en Écosse. Il s'est représenté, lui-même, comme :

> Un petit homme qui aime ses aises,
> Et n'a jamais pu souffrir longtemps les passions
> Qui se proposaient de lui jouer de mauvais tours[4].

Sa gaîté, son enjouement, sa facilité de mœurs et l'honnêteté souriante de sa vie firent de lui un des premiers qui luttèrent contre l'esprit morose et sombre du temps. Non seulement il le fit dans sa poésie, mais son activité d'homme d'affaires le poussa dans toutes les entreprises qui pouvaient contribuer à égayer et à éclairer l'esprit de ses concitoyens. Il osa encourager les représentations théâtrales, alors frappées de réprobation. Il alla jusqu'à faire construire, à ses frais, en 1736, une salle de spectacles, qui fut presque aussitôt fermée par les magistrats de la cité. Il y perdit beaucoup d'argent. Ce fut sa seule entreprise malheureuse.

---

[1] Notice dans le *Biographical Dictionary of Eminent Scotsmen*.
[2] Voir dans les *Reminiscences of old Edinburgh* de Daniel Wilson, le chapitre VII du tom 1 : *at the sign of the Mercury*.
[3] « Il emprunta probablement ce titre au *Gentle Shepheard* de la XII° Eglogue du *Shepheard's Calendar* de Spenser » (*Ramsay's Life*, p. XXVII).
[4] *The Life of Ramsay*, p. XXXIX.

Il avait peu à peu conquis la richesse, la réputation, d'honorables amitiés. Il se fit bâtir, à l'ombre du château d'Edimbourg, une petite maison, avec une des plus belles vues qu'il y ait en Europe. Il y passa les dernières années d'une vie paisible, laborieuse, et qui n'avait jamais dévié de la ligne droite vers un but utile. Il y mourut en 1757 dans sa soixante-treizième année.

Le grand service que Ramsay a rendu à la littérature de son pays est d'avoir été véritablement un poète écossais pour les sujets et le langage. « Un écossais de ce temps, dit lord Woodhouselee, parlait écossais et écrivait anglais. Ramsay eut le mérite de transporter le langage oral dans le style écrit [1]. » Cette remarque n'est qu'à moitié vraie, car tous les poèmes que nous venons de parcourir sont écrits en langue vulgaire. Ce qui est vrai, c'est que, là où il n'y avait eu que des tentatives, Ramsay a laissé un monument. Son mérite est d'avoir fait le même travail, avec une étendue et un talent qui ont assuré à ses œuvres une place dans l'histoire de la poésie, et donné, au dialecte dans lequel elles sont écrites, la dignité d'un langage littéraire. Ses prédécesseurs n'avaient été que des amateurs; il a été un véritable homme de lettres; il en a eu la continuité d'ambition, l'application dans l'effort, la vue claire du but. Il est en cela beaucoup plus littérateur que Fergusson et Burns, qui sont venus après lui. Son œuvre est plus consciente et plus voulue que la leur; elle est aussi moins personnelle et moins éloquente. Il a montré qu'on pouvait être un véritable écrivain en écossais, et que la langue de tout le monde, appliquée jusque-là à des boutades et à des caricatures, pouvait être employée pour des fins plus élevées. Son exemple a éveillé de jeunes ambitions. Et il ne faut pas oublier qu'il a donné à la littérature éparse qui l'avait devancé, de la cohésion et un point d'appui. Comme il arrive qu'un peintre supérieur communique de la valeur à ceux qui l'ont préparé, parce qu'il prête un sens et une direction à leurs tâtonnements, et fournit le point de vue qui les coordonne, en même temps que l'intérêt qu'il y a à les coordonner, Ramsay, en tirant des ébauches de ceux d'avant lui les éléments d'une œuvre, leur a rendu en importance ce qu'ils lui avaient fourni d'aide, et en les rattachant à lui, les a relevés.

Il a complété ce service de vivifier la littérature nationale en attirant l'attention sur les fragments d'anciennes poésies, chansons ou ballades, qui flottaient au hasard des récitations par tout le pays, ou dormaient dans des manuscrits. Il publia en 1724 le premier volume du *Tea-Table Miscellany*, un recueil de chansons anglaises et écossaises qu'il dédiait :

> A toutes les aimables filles de la Grande-Bretagne,
> Depuis les ladies Charlotte, Anne et Jeanne,
> Jusqu'aux jolies et joyeuses Bess,
> Qui dansent, nu pieds, sur l'herbe.

---

[1] *Remarks on the Writings of Allan Ramsay*, p. XLVI, dans l'édition d'Alex. Gardner.

Vers la fin de la même année, il publia un second recueil, plus spécialement national *l'Evergreen, collection de Poèmes Ecossais écrits par les Ingénieux avant 1600.* Ce sont les deux premiers ouvrages marquants dans un genre de recherche qui devait se continuer pendant un siècle, et compter parmi ses ouvriers Burns et Walter Scott. Il ne laisse pas d'être à l'honneur de Ramsay que sa publication précéda de près d'un demi-siècle la fameuse collection de l'évêque Percy. Ce n'est pas que Ramsay ait été le premier, puisque le recueil de Watson avait été publié en 1706, et que l'un de ses plus heureux effets avait été précisément d'éveiller le talent littéraire de Ramsay lui-même. C'est là, en effet, que se trouvait l'*Elégie du Brave Heck.* Il n'a eu, en rien, le mérite de l'initiative, mais celui d'une volonté et d'une suite plus grandes dans les entreprises. Il est encore vrai qu'il n'a pas accompli sa tâche dans l'esprit de sincérité, d'exactitude et de respect qu'y apporterait un éditeur de nos jours. Il faut l'avouer : il s'est permis des changements, des intercalations, des enjolivements ; il a orné, pomponné, attifé, rajeuni ces vieilles chansons, rudes et frustes. Il n'a pas su oublier assez qu'il était perruquier. Il a fait leur toilette, il les a accommodées au goût du jour, mettant çà et là un rien de fard et une vapeur de poudre. Il est probable toutefois qu'il l'a fait avec plus de mesure qu'aucun de ses contemporains, et il est juste de lui en savoir gré. C'était un homme de bon sens et qui tenait à réussir. Il n'a commis que le nécessaire ; peut-être n'eût-il pas attiré les regards autrement. En dépit de tout cela, il n'en demeure pas moins certain qu'il a, de ce côté encore, marqué une époque et un point de départ dans l'histoire littéraire de l'Écosse. Les titres ne lui manquent pas à avoir sa statue dans cette rangée d'hommes célèbres qui est la parure d'Edimbourg. De l'endroit où elle est située, dans le bruit de la foule, en face de la maison qu'il s'était construite, on aperçoit la colline solitaire plus hautaine et d'un plus grand caractère où se dresse le monument de Burns. Le rapprochement et la distance sont ainsi marqués.

Les traits caractéristiques du génie de Ramsay sont le naturel, la grâce, et l'aisance. Il a donné de jolis tableaux, d'une observation facile et un peu superficielle, d'un coloris léger et clair. L'ensemble de son œuvre a quelque chose d'aimable, de riant. Ni la passion douloureuse, ni le drame intime n'y apparaissent; on n'y voit jamais les lueurs sombres ni les éclairs tragiques de Burns, ni la teinte mélancolique de Fergusson. Tout y respire l'optimisme d'un homme qui est satisfait de la vie, parce qu'elle lui a donné ce qu'il souhaitait, et aussi parce qu'il n'a point souhaité plus qu'elle ne peut donner. On y rencontre partout le contentement. Aussi Ramsay jette-t-il sur les hommes un regard qui n'eut jamais ni profondeur ni amertume, et quand Hogarth lui dédia ses illustrations de l'Hudibras, il les offrait à un talent bien différent du sien. Son burin âpre, misanthropique, pénétrant, et qui semblait féroce, fait en un mot pour illustrer les pages terribles de Swift, aurait intimidé, effrayé l'œuvre agréable et mince du poète écossais. La représentation de la vie dans Ramsay s'exerce avec une sorte de jovialité bienveillante. « Allan's glee, la gaîté d'Allan » a dit Burns, en le caractérisant d'un mot [1]. Mais cette gaîté n'atteint jamais à la forte hilarité de Burns lui-même. C'est la bonhomie d'un homme modéré et heureux.

Les deux œuvres principales de Allan Ramsay et celles qui nous intéressent le plus dans cette étude sont sa continuation de *à Christ's Kirk sur le pré*, et son *Noble Berger*.

Par le premier de ces poèmes, Ramsay se rattache franchement au véritable créateur du genre de poésie populaire que nous suivons, à l'auteur de *à la Fête de Peebles* et de *à Christ's Kirk sur le pré*, Jacques I. Il eût été difficile de mieux reconnaître cette descendance. Il a repris le poème de *à Christ's Kirk*, à l'endroit où il s'interrompt, et il l'a continué. C'était, on l'a vu, une bagarre de village, un tohu-bohu de coups et bosses, une ripopée d'hommes, d'enfants et de femmes, meurtris, ensanglantés et beuglants. Ramsay trouva cruel de les laisser plus longtemps dans cet état-là. Il ajouta au vieux poème deux chants nouveaux, qui tirent tout le monde de ce mauvais pas et continuent la fête. Vers la fin de la querelle, une commère résolue se jette parmi les combattants avec un grand couteau à choux et les menace de les éventrer s'ils ne cessent pas. On s'arrête, on s'écoute, on s'entend, les uns rarrangent leur tignasse, les autres se bandent le front ou l'œil, la paix est faite. On appelle les musiciens et les danses recommencent ; on saute, on boit à plein gosier, on mange à pleines tripes, on s'esclaffe. Vers le soir, on mène la mariée à sa chambre et on jette, selon l'usage, le bas de sa jambe gauche parmi les assistants. Celui où celle qui le reçoit se mariera bientôt. Après quoi tout le monde continue à boire.

> Le savetier, le meunier, le forgeron et Dick,
> Lawrie et le brave Hutchon,
> Gaillards qui n'observaient pas strictement
> Les heures, bien qu'ils fussent vieux,
> Et n'avaient jamais pu se guérir de ce défaut ;
> Là où on vendait de la bonne ale,
> Ils en buvaient toute la nuit, dût le démon
> Conseiller à leurs femmes de les chamailler
> Pour les punir le lendemain [2].

Et c'est ainsi que finit le premier des deux chants ajoutés par Ramsay. Le troisième s'ouvre par un tableau du réveil du village, qui n'est pas dépourvu de précision. Les voisins, selon la coutume, pénètrent dans la

---

[1] *First Epistle to Lapraik.*
[2] *Christ's Kirk on the Green*, Canto II.

chambre des mariés et jettent sur le lit les cadeaux de noce. Les plaisanteries roulent. Gars et filles reparaissent mal éveillés, les yeux gonflés de sommeil. La ripaille recommence plantureusement. Les tréteaux qui portent les barils de bière sont soulagés. On essaye de griser le nouveau marié. L'ale coule sur les tables et sur le sol. Une buée d'ivresse monte. Le savetier, le meunier, le forgeron, et Dick, et les autres s'en vont, titubant et trébuchant. Le brave Hutchon a la tête qui bourdonne, comme si elle était pleine de guêpes. Tout cela est plein de détails ordeuriers ou scabreux, qui rappellent certains coins et certains à-parte des toiles de Téniers. Tous ces mauvais sujets finissent par rentrer chez eux, où leurs femmes les accueillent diversement. Le nouveau marié, qu'on a fini par griser jusqu'aux moelles, va, se tenant à peine debout, rejoindre la mariée. Cela réjouit beaucoup Ramsay et lui inspire des plaisanteries qui ne seraient à l'aise que dans du vieux français. Ainsi finissent les choses. Il y a, par tout cela, un excellent brouhaha d'ivrognerie et de gaîté rustiques ; c'est vivant, gai, aisé ; le langage est observé ; la strophe, cette strophe difficile et compliquée, est maniée avec un grand bonheur de main. Mais il n'y a là, ni la vigueur de pinceau du vieux poète, ni la large et vraie humanité de Burns. C'est un joli pastiche.

L'autre poème national de Ramsay, *Le Noble Berger*, est son plus haut effort et son plus solide titre de gloire. C'est une pastorale romanesque. Le noble berger est le fils d'un seigneur exilé pendant la Révolution de 1648. Il a été élevé, par un vieux berger fidèle, parmi les autres bergers, sur lesquels il l'emporte par une supériorité native. Il aime une jeune bergère et il en est aimé. Le retour de son père, à la Restauration, lui révèle son origine noble et lui déchire le cœur. Comment épousera-t-il maintenant l'humble fillette de village, malgré sa beauté et sa vertu ? Heureusement on découvre que la jeune bergère est elle-même une fille noble, et tout se termine par des hymen, hymen, o hymenæe.

Il était possible de tirer de cela quelque chose de semblable à l'adorable pastorale de *Comme il vous plaira*. Le sujet n'en est pas très différent. On conçoit, dans le paysage et les mœurs écossais, une intrigue nourrie de passion et d'action, se nouant et se dénouant, à travers la fantaisie de situations romanesques, dans la vérité supérieure et permanente des instincts humains. Le goût de Ramsay, ni celui de son époque n'allaient de ce côté. Il n'a pas tenté une pastorale shakspearienne. La sienne est une pastorale classique, dans la manière italienne, à la façon de *L'Amintas*, du Tasse, et du *Fidèle Berger*, de Guarini, sans action, toute en description, en tirades poétiques, en dialogues dont la régularité rappelle les couplets alternés des églogues. Elle se passe dans une vie trop innocente pour ne pas être arcadienne. L'œuvre a quelque chose de faux, qui, du reste, était dans la culture intellectuelle de Ramsay. Il avait gâté sa faculté de voir directement, par un souci d'imitation littéraire ; et il avait mal choisi ses modèles. Il avait trop fréquenté Pope. Ce n'est pas que nous n'ayions pour cet habile écrivain une admiration pleine de réserve ; mais s'il peut fournir des aphorismes et des épigrammes, si on trouve chez lui des vers faits de main d'ouvrier, achevés, brillants, polis, et si régulièrement rangés que certaines de ses pages font penser à une devanture de coutellerie ; ce n'est pas chez lui qu'il faut aller chercher le mouvement et la vie réelle. On peut envoyer la colombe à travers l'œuvre de Pope sans qu'elle en rapporte le moindre rameau vert. Ce fâcheux commerce avait donné à Ramsay une faiblesse pour les vers soutenus, la régularité froide de la forme, et un faux vernis. C'est cet alliage qui a empêché que le *Noble Berger* ne fût un chef-d'œuvre.

C'est cependant une œuvre très distinguée. Et ce qui la sauve de n'être qu'une pastorale fade dans le goût du xviiie siècle, c'est justement ce fond de réalisme écossais, cette saveur de terroir, qui se trouvent dans les poèmes locaux. Ils apparaissent, et dans le langage que Ramsay a eu le bon sens de conserver, et dans certains traits de mœurs villageoises, et dans le paysage qui est exact, encore qu'il soit un peu embelli. C'est cette substance de réalité qui donne, à une conception un peu artificielle, de la fermeté, et qui la soutient. Il résulte parfois de ce mélange de très excellents effets. Ce fond solide, lorsqu'il se mêle en d'heureuses proportions avec l'idéal un peu raréfiant des classiques modernes, produit des passages d'une grâce achevée, et qui semblent vraiment antiques, parce que la pureté de contour que certains modernes ont empruntée aux anciens s'emplit ici d'un sentiment de vie actuelle. On pense à ces poteries agrestes qui, par un hasard heureux, retrouvent parfois la forme divine des vases grecs. Elles ont, sur les pures imitations artistiques, plus achevées peut-être, je ne sais quel avantage que leur vaut un air de solidité et d'emploi. On sent qu'au lieu d'être des galbes vides, elles contiennent le lait, le vin et l'huile, et qu'elles servent à la vie. Ce passage où deux jeunes paysannes vont laver leur linge à l'eau courante, ne fait-il pas penser à un passage d'idylle antique? Cela se termine comme une vision de naïades.

> Remontons le ruisseau jusqu'au creux de Habbie,
> Où toutes les douceurs du printemps et de l'été croissent :
> Là, entre deux bouleaux, par-dessus une petite cascade,
> L'eau tombe, en faisant un bruit chantant ;
> Un bassin, profond jusqu'à la poitrine, et clair comme le cristal,
> Baise de ses lents remous l'herbe qui le borde ;
> Nous finirons de laver notre linge tandis que le matin est frais,
> Et, lorsque le jour s'échauffe, nous irons au bassin,
> Et nous y baignerons ; cela est sain maintenant en mai,
> Et d'une délicieuse fraîcheur par une journée si chaude [1].

---

[1] *The Gentle Shepherd*, Acte I, scene 2.

Pour comprendre ce que cette peinture a de particulier dans la poésie anglaise et comment elle s'y distingue par la classique sobriété du dessin, il suffit de la comparer à des peintures analogues prises dans Spenser, dans Shakspeare, ou Shelley. Cette fontaine a l'air d'un coin de tableau du Poussin ; elle fait presque penser aux délicats paysages de Fénelon.

On rencontre ailleurs d'autres passages où la réalité est un peu plus marquée, mais encore dégagée, embellie et simplifiée. Celui-ci, avec sa jolie fille qui sort, toute vermeille et riante, de la brume matinale, et marche dans la rosée, est, à la vérité, un des plus parfaits qui se rencontrent dans Ramsay.

> Hier matin, j'étais éveillé et dehors de bonne heure ;
> J'étais appuyé contre un mur bas, regardant au hasard,
> Je vis ma Meg arriver, légère, à travers les prés ;
> Je voyais ma Meg, mais Meg ne me voyait pas,
> Car le soleil cheminait encore à travers le brouillard,
> Et elle fut tout près de moi avant qu'elle le sût.
> Ses jupes étaient relevées, et montraient joliment
> Ses jambes droites et nues, plus blanches que la neige.
> Ses cheveux, retroussés dans leur filet, étaient lissés ;
> Les boucles de ses tempes se jouaient sur ses joues,
> Ses joues si rouges, et ses yeux si clairs,
> Et O ! sa bouche a plus de miel qu'une poire.
> Elle était nette, nette dans son corsage de futaine propre ;
> Comme elle marchait, glissait, dans l'herbe emperlée,
> Joyeux, je m'écriai : « Ma jolie Meg, viens ici ;
> Je m'émerveille pourquoi tu es dehors si tôt,
> Mais je le devine, tu vas cueillir de la rosée. »
> Elle s'enfuit et me dit : « Qu'est-ce que cela vous fait ? »
> « Eh bien, bon voyage, Meg Dorts, comme il vous plaira, »
> Lui dis-je insoucieusement, et je sautai le mur pour rentrer.
> Je t'assure, quand elle vit cela, en un clin d'œil,
> Elle revint avec une commission inutile,
> Me malmena d'abord, puis me demanda d'envoyer mon chien
> Pour ramener trois brebis égarées, perdues dans le marais
> Je me mis à rire, ainsi fit-elle ; alors, rapidement,
> Je jetai mes bras autour de son cou et de sa taille,
> Autour de sa taille pliante, et je pris une quantité
> De baisers très doux sur sa bouche brillante.
> Tandis que je la tenais, dur et ferme, dans mes bras,
> Mon âme elle-même bondissait à mes lèvres.
> Fâchée, très fâchée, elle me grondait entre chaque baiser,
> Mais je savais bien qu'elle ne pensait pas ce qu'elle disait [1].

N'est-ce pas aussi joli et aussi précis que du Théocrite ? Il n'est pas jusqu'à ce petit mur bas qui ne rappelle un autre mur de champs, sur lequel, d'après le goût de l'art grec pour les silhouettes en plein ciel, était, non pas appuyé mais assis, le garçonnet qui gardait si

---

[1] *The Gentle Shepherd*, Acte I, scene I.

mal les vignes [1]. Nous ne connaissons rien dans la poésie de l'époque de Ramsay qui approche de cette fraîcheur, de ce naturel, de cette réalité gracieuse. Entre la poésie de la Renaissance et la moderne, on peut dire que le morceau est unique. Je ne sais pourquoi, par la souplesse aisée du vers, il me fait penser à un Cowper qui, au lieu de comprendre de la femme le charme intime, en aurait compris la grâce extérieure. Cependant nous sommes bien en Écosse. Ce soleil qui se dégage péniblement du brouillard, le costume de la jeune fille sont écossais ; les traits des paysages et des personnages sont exacts, et le langage est bien local.

Le mérite propre de Ramsay, si l'on considère non plus la fonction historique, mais le résultat artistique de son œuvre, est d'avoir touché d'un peu de grâce la vie des paysans écossais. En cela il est unique. Le trait distinctif de la littérature de son pays est un réalisme rude et vigoureux, qui fut longtemps l'expression des mœurs et des âmes. Rien sans doute n'avait pu empêcher la nature de continuer à produire des créatures belles et saines, douées de l'harmonie des proportions et de la démarche, faites pour être la joie du regard humain. Mais une sombre discipline avait interdit le plaisir et enlevé le sens de l'admiration aux esprits. Ramsay les leur restitua. Il discerna la beauté et la séduction qui existaient autour de lui et que personne ne semblait voir. Il les a quelquefois tournées à une gentillesse maniérée. Mais il a rendu à la poésie écossaise son sourire. Il s'est arrêté aux jolis détails de la vie, avec plus de soin et de complaisance qu'aucun des autres poètes écossais. Il est bon d'ajouter toutefois qu'il n'a pas perçu des beautés plus profondes. Il y avait dans la paysannerie une noblesse morale qui a trouvé son expression dans *le Samedi soir du Villageois*, de Burns, et même dans *Le Foyer du Fermier*, de Fergusson. Cette beauté-là, Ramsay ne l'a pas comprise. Il n'a pas pénétré l'âme de sa patrie. Mais il a su admirer la grâce native et l'élégance de la race, avec l'œil d'un véritable et délicat artiste.

Le vrai successeur de Ramsay et le vrai prédécesseur de Burns fut Robert Fergusson. Sa vie, qui est un contraste avec celle du premier, fut plus courte encore et plus malheureuse que celle du second [2]. C'est une histoire lamentable. Il était né à Edimbourg en 1750. Il avait passé, dans ces hautes maisons sans air et sans lumière, une enfance maladive. A l'âge de treize ans, il avait obtenu une bourse à l'Université de Saint-Andrews. Il en sortit à dix-sept ans, et revint à Edimbourg, sans savoir prendre de parti pour la direction de sa vie. Il fut obligé, pour avoir du pain, de se mettre copiste de papiers légaux. Il passait sa journée à cette besogne et

---

[1] Théocrite. Idylle I.
[2] Nous avons consulté, pour la vie de Fergusson, la notice très étendue du *Biographical Dictionary of Eminent Scotsmen*, et la biographie du poète par James Gray, en tête de l'édition de Fairbairn, etc., 1821.

le soir, comme il était recherché pour sa gaîté et son esprit, il prenait part à l'épaisse débauche des clubs. Dans les intervalles, il écrivait ses poèmes qui parurent dans le *Weekly Magazine*, et furent publiés en volume en 1773, sans qu'ils paraissent lui avoir rapporté un shelling. Sa constitution délicate ne pouvait résister longtemps à la triple fatigue du travail, de la misère, et des excès. Au commencement de 1774, il commença à donner des signes de dérangement d'esprit. Il alarma un de ses amis en lui racontant, avec des regards effarés et des gestes extravagants, que la veille au soir il s'était pris de querelle avec des étudiants, que dans la bagarre l'un d'eux avait tiré un coutelas et lui avait tranché la tête, que sa tête avait roulé assez loin toute tremblante, toute coulante de sang, et que, sans sa présence d'esprit, il serait un homme mort ; mais qu'il avait couru après elle, qu'il l'avait replacée si adroitement dans son ancienne position que les parties s'étaient rejointes, et qu'on ne pouvait découvrir aucune trace de sa décapitation. C'était la folie dont tous les affreux symptômes ne tardèrent pas à se montrer : les refus de nourriture pendant des jours entiers, les longues plaintes murmurées à soi-même, les crises de violence, et parfois d'adorables moments de poésie, et ces chansons navrantes, souvent si expressives, des fous. Il chantait alors une délicieuse mélodie : *Les Bouleaux d'Invermay*, avec un accent très pathétique et très tendre. Sa mère veuve était sans ressources. On fut réduit à le mettre dans un de ces asiles d'aliénés, qui étaient alors d'horribles repaires de douleur. Il fallut le tromper, le faire monter en chaise à porteurs, comme pour aller à une partie de plaisir. Quand il se vit dans ces murailles, il devina tout et poussa un cri désespéré, auquel répondirent, comme un écho, les hurlements des fous. Les deux amis qui l'avaient amené là s'enfuirent horrifiés.

Il resta deux mois dans une de ces cellules, pires que nos cachots. Quand il était tranquille, on permettait qu'il reçût des visites. Quelques jours avant sa mort, sa mère et sa sœur le trouvèrent sur son grabat de paille, calme et raisonnable. Cette dernière scène est douloureuse à lire. Le soir était froid et humide, il pria sa mère de rassembler les couvertures sur lui et de s'asseoir à ses pieds, car, disait-il, ils étaient si froids qu'ils étaient insensibles au toucher. Sa mère fit comme il désirait, et sa sœur s'assit auprès de son lit. Il regarda sa mère mélancoliquement et lui dit : « Oh, mère, comme vous êtes bonne ». Puis s'adressant à sa sœur : « Ne pourriez-vous pas venir souvent et vous asseoir près de moi ; vous ne sauriez vous imaginer comme je serais bien ainsi ; vous pourriez apporter votre ouvrage et coudre près de moi ». Elles ne purent lui répondre, et l'intervalle de silence fut rempli de leurs sanglots et de leurs larmes. « Qu'avez-vous ? reprit-il ? Pourquoi vous chagrinez-vous pour moi, messieurs ? Je suis bien soigné ici... je vous assure, je ne manque de rien... seulement il fait froid... il fait très froid. Vous savez bien, je vous l'ai dit que cela finirait ainsi... Oui, je vous l'ai dit. Oh ! ne vous en allez pas encore, mère... j'espère être bientôt... Oh ! ne vous en allez pas encore... ne me laissez pas ! » Le gardien vint dire aux pauvres femmes que l'heure de partir était venue. Encore quelques jours, on le trouva mort ; « dans la solitude de sa cellule, dans les horreurs de la nuit, sans une main pour l'aider ou un œil pour le plaindre, le poète expira, son lit de mort fut un paillasson de paille ; les derniers sons qui résonnèrent à son oreille furent les hurlements de la démence [1] ». Dans les agonies de poètes, il n'en est pas de plus affligeante ; elle l'est plus que celles de Gilbert et d'Hégésippe Moreau. Ainsi se termina, avant la vingt-quatrième année, une vie qui avait été aimable, inoffensive, et, sous ses excès, innocente. Le souvenir de Fergusson resta cher à ses amis.

Ce malheureux garçon était poète, un vrai poète, à sa manière et dans son petit domaine. Il n'avait pas le sens de la grâce physique, ni ces rapides éclairs épars dans Ramsay, ni ces soudains coups de beauté qui éclatent dans Burns. Dans les vieilles rues sombres, la race est souvent moins belle, et surtout ignore ces travaux qui montrent le corps dans des attitudes avantageuses. Il n'avait pas non plus le sentiment de fraîcheur qu'une enfance campagnarde a donné aux deux autres poètes. Sa poésie ne sent jamais l'aubépine, les senteurs des fèves en fleurs n'y arrivent pas. Pauvre Fergusson ! Il n'avait jamais respiré à longs loisirs l'atmosphère large et pure des champs ; il avait vécu dans l'ombre puante des ruelles, au pied humide des immenses maisons dont le toit seul connaît la lumière. Si le soleil apparaît chez lui, c'est au sommet des édifices quand il touche le coq de Saint-Giles ou le haut des cheminées. Enfermé toute la journée dans son taudis de commis, descendant le soir dans les tavernes, il semble surtout avoir vu le soleil en rentrant chez lui au point du jour. La clarté était pour lui une chose de luxe. Il lui manquait encore la vraie gaîté, le mouvement des vieux poèmes, la large jovialité qu'un tempérament robuste communiquait à Burns, et la claire animation que Ramsay tenait de son contentement de la vie. De complexion maladive, étiolé et affaibli par les privations et le manque d'air, il ne pouvait avoir la même vitalité. Enfin, chose étrange en un homme si jeune, il ne semble pas avoir aimé. Il n'y a guère d'allusion chez lui qu'aux amours nocturnes qu'on rencontre sous un réverbère. Il était misérable, mal vêtu, honteux. Dans des vers qui ne manquent pas de tristesse, il dit lui-même :

>Si un gars ardent gémit,
>Pour les faveurs des yeux d'une dame,
>Qu'il ait soin de ne pas se montrer,
>Avant d'avoir mis
>Son corps dans un fin fourreau
>De beau drap fin.

---

[1] Peterkin. *Life of Fergusson*, prefixed to the London Edition of his poems, 1807.

> Car s'il vient en habit rapé,
> Elle se souciera de lui comme d'une figue,
> Plissera amèrement sa jolie bouche,
> Et le renverra en grondant ;
> L'amoureux peut s'épargner la route
> Qui n'a pas de drap fin [1].

On dirait qu'il y a là une souffrance personnelle. Mais avec tous ces manques, il avait une observation juste, précise et sincère, un joli sens pittoresque, beaucoup de naturel et d'aisance, une certaine grâce, une langue souple et claire, un filet d'ironie tranquille et légère. Il avait appliqué ces qualités aux scènes qui l'entouraient. Il a été le poète d'Edimbourg, le peintre des rues, des carrefours, des tavernes, des caves à huîtres, des scènes populaires, des fêtes de faubourg, des incidents qui mettent en émoi et en remuement le bas peuple.

Tantôt il montre les réjouissances qui marquent à Edimbourg le jour de naissance du roi. Les cloches sonnent, le château tire une salve de canons ; les mendiants du roi arrivent recevoir leur cadeau annuel. Ce sont des mendiants privilégiés ; ils reçoivent ce jour-là autant de pence que le roi a d'années, un vêtement bleu neuf, un bon dîner et un sermon d'un des chapelains du roi.

> Chante, également, Muse, comment les gars en robe bleue,
> Comme des épouvantails détachés des arbres,
> Viennent ici quitter leurs habits en haillons,
> Et recevoir leur paie.
> Où est le magistrat qui est plus fier qu'eux
> Le jour de naissance du Roi ? [2]

La garde civique s'est mise en grand uniforme ; les pétards partent, sifflant de tous côtés, brûlant de temps en temps une perruque ; la populace fait de grosses farces. Ou bien ce sont les amusements et les plaisirs des *Jours fous* [3], c'est-à-dire des quelques jours qui avoisinent le jour de l'an ; l'*Ouverture* et la *Clôture de la Session* [4] ; l'*Élection du Magistrat* [5]. Dans *Auld Reekie*, il chante la vie d'Edimbourg, depuis le moment où les servantes se frottant les yeux commencent de bonne heure leurs mensonges et leur clabaudage, jusqu'à celui où, le soir, on trouve, dans les flaques et les ruisseaux, « les macaroni » c'est-à-dire les élégants, ivres-morts, souillés et empuantis par l'heure dangereuse de la ville. Les deux plus jolis morceaux de Fergusson sont, dans ce genre, *Les Courses de Leith* et surtout *La Foire de la Toussaint*.

---

[1] *Braid Claith.*
[2] *The King's Birth-Day in Edinburgh.*
[3] *The Daft Days.*
[4] *The Sitting of the Session ; the Rising of the Session.*
[5] *The Election.*

Celle-ci commence par une description du matin :

> A la Toussaint, quand les nuits se font longues,
> Et que les étoiles luisent bien claires,
> Quand les gens, pour repousser le froid piquant,
> Portent leurs habits d'hiver ;
> Près d'Edimbourg se tient une foire ;
> Je crois qu'il n'y en a guère dont le nom soit,
> Pour les filles bien droites et les gars solides,
> Pour les verres et les pintes, plus fameuse
> Que celle de ce jour-là.
>
> Sur le haut des cheminées
> Le soleil a commencé à luire,
> Et a dit aux filles, en beaux habits, d'aller
> Chercher un beau bon-ami,
> A la foire de la Toussaint, où les fins brasseurs
> Vendent de la bonne ale sur des tréteaux,
> Et ne vous refusent pas un morceau
> De fromage de leur cuisine,
> Très salé ce jour-là [1].

Sur le champ de foire, les colporteurs étalent et prônent leurs marchandises ; il y a des rétameurs, des chaudronniers, des maquignons, des diseuses de bonne aventure, un marchand de bas d'Aberdeen. Là-bas est l'inévitable sergent de recrutement qui apparaît dans toutes les foules de ce temps.

> Un roulement de tambours alarme nos oreilles ;
> Le sergent piaille à haute voix :
> « Vous tous, gentlemen et volontaires,
> Qui souhaitez le bien de votre pays,
> Venez ici, et je vous donnerai
> Deux guinées plus une couronne,
> Un bol de punch où, comme sur la mer,
> Flotterait un long dragon,
> Aisément ce jour-ci [1]. »

Plus loin, les chevaux piaffent et hennissent. Sous les tentes, les vieillards vident des verres. Il y a un tel tapage de cris, de bavardages de femmes et d'enfants, un tel boucan, qu'on se croirait revenu à la Tour de Babel. Le soleil se couche, et on rentre en ville s'entasser dans les tavernes. Mais il ne fait pas bon y trop rire. Les vieux butors de la garde civique sont là, qui brutalisent et molestent les bons ivrognes. Et il ne faut pas faire d'observations. Jock Bell s'en aperçoit. Il reçoit un coup de hache de Lochaber, et il a la mauvaise idée de protester.

> « Aïe ! (dit-il) j'aimerais mieux être
> Piqué par une épée ou une bayonnette,
> Que mon corps ou mon crâne reçoivent
> Une entaille d'une si terrible arme ».

---

[1] *Hallowfair.*

> Là-dessus, il reçut un autre coup
> Plus lourd que le premier,
> Qui secoua son maigre corps,
> Et lui fit cracher le sang,
> Tout rouge, ce jour-là.
>
> Il gisait sur la chaussée, reprenant son souffle,
> Tout meurtri de coups de pied et de poing ;
> Le sergent lâcha un juron des Hautes-Terres :
> « Mettez l' main sur chet hôme »
> Et le brave caporal s'écria :
> « Abortez c't imb'cile d'ifrogne ».
> Ils le traînèrent au poste, et, sur mon âme,
> Il eut à payer l'amende d'ivresse,
> Pour ça le jour suivant.
>
> Braves gens ! en revenant de la foire,
> Ecartez-vous de cette bande noire ;
> Il n'y a pas ailleurs de pareils sauvages
> Qui aient le droit de porter une cocarde.
> Plus que de la mâchoire puissante du lion affamé,
> Ou de la défense de l'ours Russe,
> De leur patte cruelle et brutale,
> Vous avez raison de redouter
> Votre mort ce jour-là [1].

Fergusson n'aimait pas le bataillon des vieux gaëls. Il avait sans doute eu maille à partir avec eux.

Les *Courses de Leith* sont un poème du même genre, avec cette différence que, au début, Fergusson introduit une figure imaginaire et abstraite, la Gaîté, qu'il rencontre et avec laquelle il fait route. C'est une idée assez malheureusement ingénieuse, qui n'ajoute rien à la pièce et a le défaut d'introduire dans un tableau réaliste une allégorie fade dans le goût du xviiie siècle [2]. Burns a repris cet artifice au commencement de sa *Sainte-Foire*, en y mettant plus de vie et en l'adaptant mieux à l'ensemble du morceau.

Toutes ces pièces sont dans la veine ancienne. *La Sainte-Foire* et *Les Courses de Leith* sont écrites dans la vieille strophe de neuf vers. *Les Jours fous*, *Le Jour de naissance du Roi* sont écrits dans la strophe plus courte de cinq vers. Fergusson, on l'a vu plus haut, s'est rattaché au filon des élégies comiques par son *Elégie sur la mort de M. David Gregory, professeur de mathématiques*, et par celle *Sur John Hogg, ex-portier de l'Université de Saint-Andrews*.

Un dernier poème de Fergusson, *Le Foyer du Fermier*, tient, pour la forme et le ton, une place à part dans son œuvre. Au lieu d'être écrit en vers courts et en strophes légères, il est écrit en vers héroïques de cinq pieds, le vers de Spenser et de Milton, et en strophes de neuf

---

[1] *Hallowfair.*
[2] Voir les cinq premières strophes des *Leith Races*.

vers, qui se rapprochent de la strophe spenserienne. Celle de Fergusson est seulement moins savante et moins solide. La strophe de Spenser forme réellement un tout, grâce aux rimes du milieu qui entrent dans le premier et le troisième tercets et les accrochent ensemble ; on a en effet des rimes disposées ainsi : *a b a b b c b c c*. Dans la strophe de Fergusson, au lieu de trois rimes, on en a quatre, qui se suivent de la sorte : *a b a b c d c d d* ; en sorte que la strophe se casse, en réalité, après le second *b*, et que les deux parties ne tiennent ensemble que par juxtaposition typographique et non par interpénétration de sonorités. Voici du reste, un exemple de chacune des deux. Le premier est tiré de l'ouverture du chant xii du livre vi de *La Reine des Fées*.

  Comme un vaisseau qui va sur les flots incertains,
   Se dirigeant devers une certaine côte,
  S'il rencontre des vents et des courants soudains,
   Sa marche est traversée, et lui-même tressaute
   Surpris et ballotté sur mainte houle haute ;
  Mais s'arrêtant souvent, virant souvent de bord,
   Il poursuit son chemin, il arrive sans faute :
  Ainsi va-t-il de moi dans ce si long effort,
  Je m'arrête souvent, mais je gagne le port [1].

Voici, en regard de celle-là, la strophe du *Foyer du Fermier* :

  Quand le gris crépuscule avance dans les cieux,
  Quand Batie reconduit ses bœufs à leur étable,
  Que John ferme la grange, après un jour peineux,
  Que les filles nettoient le blé près de la table,
  Ce qui tient au dehors les froids soirs engourdis,
  Ce qui rend vain l'Hiver sous sa blanche poussière,
   Ce qui rend les mortels confiants et hardis,
  Oublieux de la plaine où s'étend la misère,
  Célèbre-le, ma Muse, en langue familière [2].

---

[1]
  Like as a ship, that through the Ocean wyde
   Directs her course unto one certaine cost,
  Is met of many a counter winde and tyde,
  With which her winged speed is let and crost,
  And she her selfe in stormie surges tost ;
  Yet, making many a borde and many a bay,
  Still winneth way, ne hath her compasse lost :
  Right so it fares with me in this long way,
  Whose course is often stayed, yet never is astray.
     The Faerie Queene, Book vi, Canto xxi, Stanza i.

  When gloamin' grey out-owre the welkin keeks ;
   When Batie ca's his owsen to the byre ;
  When Thrasher John, sair dung, his barn-door steeks,
   An' lusty lasses at the dightin tire :
  What bangs fu' leal the e'enin's coming cauld,
   An' gars snaw-tappit Winter freeze in vain,
  Gars dowie mortals look baith blithe an' bauld,
   Nor fley'd wi' a' the poortith o' the plain ;
  Begin, my Muse ! and chaunt in hamely strain.
     The Farmer's Ingle, Stanza i.

C'est cependant une strophe d'allure noble et grave. Le ton aussi a perdu toute ironie, et, si la peinture reste humble et réelle, elle est sérieuse. Elle a pour épigraphe deux vers des *Géorgiques* de Virgile. Dans la lignée écossaise, cette pièce, bien qu'elle soit purement descriptive, relèverait plutôt du *Noble Berger*, par le mélange d'embellissement et de vérité. Mais l'embellissement ici ne porte que sur le côté moral. Elle est écrite en pur dialecte écossais. A cause de l'influence qu'il a eu sur Burns, il est utile de voir d'un peu plus près ce morceau. C'est le tableau d'une soirée, autour de la cheminée d'une petite ferme, et un tableau charmant de justesse et de naturel. Après avoir, dans la strophe citée plus haut, mis la tristesse du dehors comme un cadre sombre à ce coin chaud et heureux, le poète montre les apprêts du repas du soir :

> De la grosse meule, bien éventée sur la colline,
> Que des plaques de gazon abritent de la pluie et de la neige,
> De grosses mottes, des tourbes, du turf de bruyères emplissent la cheminée,
> Et envoient leur fumée épaissie saluer le ciel.
> Le fermier, qui vient de rentrer, est heureux de voir,
> Quand il jette un regard par dessus le bas mur,
> Que tout est arrangé à son idée,
> Que sa chaumière a l'air net et propre,
> Car il aime une maison propre, si humble soit-elle.
>
> La fermière sait bien que la charrue exige
> Un repas cordial et un coup rafraîchissant
> De bonne ale, auprès d'un feu flambant ;
> Dur travail et pauvreté ne vont pas bien ensemble.
> Des bannocks bien beurrés fument dans la poêle,
> Dans un coin obscur le baril de bière écume,
> Le kail est tout prêt dans un coin de la cheminée,
> Et réchauffe le plafond d'une vapeur bienvenue,
> Qui semble plus délicieuse que la plus exquise cuisine...
>
> C'est avec cette nourriture, que maint rude exploit
> A été accompli par les ancêtres calédoniens ;
> Avec elle que maint gars a saigné en combattant
> Dans des rencontres, de l'aurore au coucher du soleil ;
> C'est elle qui tendait leurs bras rudes et robustes,
> Qui pliait les redoutables arcs d'if au temps jadis,
> Qui étendait sur le sol les hardis fils du Danemarck ;
> Par elle, les chardons écossais repoussèrent les lauriers romains,
> Car ils n'osèrent pas dresser leur tête près de nos côtes [1].

Le souper terminé, la causerie se met en train. A côté des préoccupations communes à tous les fermiers, on y retrouve les traces de bien des choses que nous avons vues dans la vie de Burns. La peinture de ce foyer pourrait presque servir à reconstituer celui où notre poète a été élevé. On

---

[1] *The Farmer's Ingle.*

y trouve corroborés maints détails de sa vie ou de ses souvenirs, l'escabeau du repentir, les contes merveilleux de la vieille commère, la superstition religieuse, l'intervention des esprits diaboliques.

<pre>
        Le bavardage amical commence quand le souper est fini ;
         Le gobelet qui réjouit les fait parler aisément
        Des rayons et des averses d'été, des duretés de l'hiver,
      Dont le déluge a gâché autrefois le produit de la ferme.
      A propos de l'église, du marché, leurs histoires continuent :
       Comment, ici, Jock a courtisé Jenny, comme sa promise,
           Et, comment, là, Marion, à cause de son bâtard,
          A été forcée de monter sur l'escabeau de pénitence,
      Et de subir la dure réprimande de notre Révérend John.

            Il n'y a plus un murmure parmi la marmaille,
          Car leur mauvaiseté est partie avec leur faim.
        Il faut bien que les enfants dont la bouche crie famine
              Grognent et pleurent et fassent du tapage.
          Les voici en cercle autour de la flamme du foyer ;
      Là, grand'mère leur raconte des histoires du vieux temps,
             De sorciers dansant autour d'un fantôme,
  De fantômes qui habitent dans les glens et les cimetières redoutables ;
    Cela leur brouille toute la tête et les fait frissonner de peur.

           Car elle sait bien que les démons et les fées
       Sont envoyés par les démons pour nous attirer à notre perte ;
           Que des vaches ont perdu leur lait par le mauvais œil,
            Et que le blé a été brûlé sur le four allumé.
            Ne vous moquez pas, mes amis, ayez plutôt pitié,
      Vous qui êtes au gai printemps de la vie, où la raison est claire ;
          Avec la vieillesse nos vaines imaginations reviennent,
         Et obscurcissent nos jours décrépits de terreurs enfantines ;
            L'esprit revient au berceau quand la tombe est proche [1].
</pre>

Vers la fin de la soirée, le fermier va s'asseoir sur le long banc de bois qui, dans les vieilles fermes, était collé au mur. Le chat et le chien viennent près de lui ; il leur jette quelques miettes de fromage. Les gars arrivent lui demander les ordres pour le travail du lendemain. Enfin toute la maison, maîtres et serviteurs, s'en vont dormir jusqu'à ce qu'ils soient réveillés par « l'éclat rouge de l'aurore ».

<pre>
              Paix au laboureur et à sa race,
          Dont le travail vainc nos besoins d'année en année !
      Puissent longtemps son soc et son coutre retourner la terre,
        Et les rangs de blé se pencher sous de lourds épis !
      Puissent les étés de l'Écosse être toujours gais et verts,
        Et ses jaunes récoltes être protégées des maigres rafales !
    Puissent tous ses tenanciers s'asseoir à l'abri, dans le bien-être,
        Délivrés de la dure serre de la maladie et de la pauvreté !
   Puissent, en un long et durable cortège, les heures paisibles se succéder ! [1]
</pre>

---

[1] *The Farmer's Ingle.*

C'est assurément la plus belle promesse de Fergusson. Outre ses qualités d'observation, de simplicité et d'élévation, cette pièce témoigne d'un précieux instinct pour trouver dans la vie des sujets de poésie. C'est un grand don d'être capable de découvrir des thèmes nouveaux, ou tout au moins de rajeunir des thèmes éternels. Fergusson l'avait dans les limites où le sort l'avait confiné. « Le poète, dit quelqu'un qui a excellemment écrit sur lui, a ici rencontré un vrai thème de poésie. C'est de beaucoup le plus heureux de ses efforts, et si son goût l'avait toujours conduit à choisir de pareils sujets, il aurait pu disputer à Burns, la première place dans la renommée écossaise. En dehors de toutes considérations relatives, c'est un noble poème, une peinture reposante et fidèle des mœurs simples et vertueuses d'une intéressante classe de la société. Il montre combien Fergusson avait reçu de la nature les qualités pour accomplir l'œuvre nationale si admirablement exécutée par son grand successeur. Il respire la véritable inspiration de la poésie et du patriotisme » [1]. Il y avait autre chose entre Fergusson et Burns, qu'un choix de sujets. Mais cet éloge n'en est pas moins juste ; ce n'est pas un petit honneur, pour un jeune homme de vingt-trois ans, d'avoir laissé un morceau où vit une parcelle de l'âme de son pays, et qui a pris son rang parmi ces tableaux qu'une race conserve, parce qu'elle est fière de s'y reconnaître.

Fergusson a exercé une assez grande influence sur Burns, pour des raisons diverses et qui n'étaient pas toutes littéraires. Burns eut toujours pour lui une sympathie particulière. Dans sa jeunesse, il voyait, dans cette vie malheureuse, une destinée qui n'était pas sans ressemblance avec la sienne. Il put penser plus d'une fois que sa fin, sauf la folie, ne serait pas très différente. Il n'était pas jusqu'au prénom commun qui ne lui semblât les marquer tous deux comme de la même famille ; nos esprits ont de ces superstitions. C'est sincèrement qu'il l'appelait son frère.

> O toi mon frère aîné en infortune,
> Et de beaucoup mon frère aîné en poésie [2].

Il avait, en outre, envers lui une sorte de reconnaissance. On se souvient que lorsqu'il était revenu d'Irvine, découragé, ayant renoncé à la poésie, c'étaient les poèmes écossais de Fergusson qui l'avaient ranimé. Il avait « tendu de nouveau les cordes de sa lyre rustique aux sons sauvages, avec la vigueur de l'émulation » [3]. Fergusson lui avait rendu ce service que d'humbles artistes rendent parfois à un plus grand maître : ils lui donnent confiance et l'aident à oser, parce que la distance n'est pas très grande entre ce qu'ils ont fait et ce qu'il croit pouvoir. D'ailleurs il

---

[1] Gray. *Remarks on the Writings of Fergusson*, p. XXII.
[2] *Lines written under the portrait of Fergusson.*
[3] *Autobiographical Letter to Dr Moore.*

convenait aux générosités et aux rancunes de son caractère de prendre parti pour un génie méconnu, contre les riches qui l'avaient laissé périr misérable.

> Maudit soit l'homme ingrat qui peut prendre du plaisir
> Et laisser mourir de faim l'auteur de ce plaisir [1].

Et ailleurs il disait encore :

> O Fergusson, tes beaux talents
> Allaient mal avec le savoir sec et moisi de la Loi !
> Ma malédiction sur vos cœurs de pierre,
> Vous bourgeois d'Édimbourg ;
> La dixième partie de ce que vous gaspillez aux cartes
> Aurait garni son garde-manger [2].

Cette prédilection pour Fergusson s'est manifestée en maintes circonstances. On n'a pas oublié l'hommage touchant qu'il lui rendit et la tombe du cimetière de Greyfriars. Ce nom revient à plusieurs reprises dans sa correspondance, et dans ses vers chaque fois qu'il a à parler de poésie écossaise. Il semble le préférer à Ramsay :

> Ramsay et le fameux Fergusson [3].

Et ailleurs :

> O si j'avais une étincelle de la gaîté d'Allan,
> Ou de Fergusson le hardi et le malin [4].

Et dans la strophe citée plus haut sur Allan Ramsay et sur Gilbertfield, c'est encore à Fergusson qu'il réserve le vers le plus éclatant. C'est une préférence qui nous semble exagérée. Fergusson est inférieur à Ramsay ; disons, pour être juste et tenir compte de sa mort précoce, que son œuvre est inférieure à celle de Ramsay.

Quoi qu'il en soit, l'influence de Fergusson sur Burns est très sensible. De tous les poètes écossais, c'est lui que Burns a le plus imité. *Les Doléances Mutuelles du Trottoir et de la Chaussée* lui ont fourni l'idée de la conversation des *Deux ponts d'Ayr* ; *Les Courses de Leith*, le commencement de la *Sainte-Foire* ; *L'Eau fraîche* lui a inspiré, par opposition, son *Breuvage Écossais*, c'est-à-dire l'éloge du whiskey ; et surtout *Le Foyer du Fermier* a été, sans conteste, l'inspirateur de sa belle pièce sur *Le Samedi soir du Villageois*. Mais il faut ramener cette imitation à ses vraies limites. L'influence de Fergusson sur Burns a été tout extérieure, celui-ci n'a pas imité la manière de Fergusson, il lui a emprunté des sujets, moins encore,

---

[1] *Lines written under the portrait of Fergusson.*
[2] *Epistle to William Simpson.*
[3] *Epistle to William Simpson.*
[4] *Epistle to John Lapraik.*

des idées de sujets. Maniés par les mains vigoureuses de Burns, les mêmes motifs, minces et délicats chez Fergusson, deviennent riches, s'animent, se chargent de vie, et prennent aussitôt, au lieu d'être des sujets locaux, un intérêt général de sujets humains. La distance qui sépare le plus haut effort de Fergusson, de ce qui n'est pas le chef-d'œuvre de Burns, c'est-à-dire *Le Foyer du Fermier*, du *Samedi soir*, est, on le verra, incommensurable. Les deux pièces n'appartiennent pas aux mêmes régions. Celle de Fergusson est de petite description exacte. Elle n'a ni la grande poésie, ni le noble enthousiasme, ni la portée sociale de celle de Burns. Elle n'a en rien cette plénitude de vie, cette large sonorité de vase puissant, qui résonne quand on touche du doigt l'œuvre de Burns. C'est l'effort d'un enfant heureusement doué et délicat, à côté de celui d'un homme exceptionnel. Il n'y avait d'ailleurs aucun rapport de nature entre le pauvre écrivain d'Édimbourg et le vigoureux paysan d'Ayrshire. Celui-ci se rapproche bien plus des ancêtres ; il en a la sève et le mouvement, mais il a de plus une passion et une force intellectuelle dont les vieux ne se doutaient pas.

Tels sont l'origine et le développement de ce genre indigène auquel se rattache, on peut dire, la moitié la plus significative et la plus probante de la production de Burns: ses petits poèmes des mœurs populaires, presque toutes ses Épîtres, ses Élégies comiques. Dans quelques morceaux, il a employé l'ancienne strophe de neuf vers, telle qu'elle lui a été transmise modifiée par Fergusson. Presque partout ailleurs, il s'est servi de la petite strophe de cinq vers, la strophe de Robert Semple, qu'il manie avec une étonnante dextérité, et à laquelle il donne toutes les allures, de l'espièglerie à la plus haute gravité. *Tam de Shanter* et les *Joyeux Mendiants*, quoiqu'ils aient une forme différente, relèvent aussi de la même inspiration. Toute cette partie de son œuvre sort de ce vieux rameau de poésie écossaise ; elle en est la fleur ou, pour employer un mot de botanique qui en indique mieux les proportions par rapport à la tige qui la porte, le riche et touffu corymbe terminal.

IV.

On voit donc que l'œuvre de Burns est une continuation et comme le prolongement de la poésie populaire de l'Ecosse. On voit aussi le choix qu'il a fait dans les modèles qu'elle lui présentait. Il a négligé les ballades, en dépit de l'engoûment que son époque avait pour elles, parce qu'elles sont l'expression d'une vie toute différente de celle qu'il connaissait. Au contraire, il s'est emparé des chansons et des petits poèmes populaires, parce qu'ils s'accordaient avec sa façon de percevoir le monde. Dans chacun de ces deux domaines de poésie, il a pris de beaucoup la première place. Par cette double maîtrise, il est unique parmi les poètes écossais. Les auteurs de chansons n'ont guère produit autre chose. Allan Ramsay et Fergusson, remarquables par leurs poèmes, sont très secondaires par leurs chansons, surtout Fergusson. Burns seul a cueilli les deux lauriers.

Il serait facile de découvrir dans Burns des traces d'autres influences : des souvenirs de Shakspeare, des réminiscences de Thomson, de Shenstone, de Beattie, de Gray, de Grahame, de Young, d'Ossian, d'autres encore. Ce sont des parcelles accidentelles qu'il faut chercher à la loupe, et presque toujours dans ses pièces à prétentions littéraires. Elles n'ont aucune importance, ne font pas partie de son génie. C'est une poussière de lecture tombée çà et là sur quelques-uns de ses vers. Les noter est un amusement de curieux méticuleux. Des écrivains des *Notes and Queries* ont relevé des ressemblances entre des passages de Burns et de Gower, de Burns et d'Horace, de Burns et de Properce. Il y a quelque intérêt à examiner les traces de terre restées attachées aux souliers d'un voyageur ; cela peut indiquer par où il a passé. Mais s'il a marché les yeux fixés sur des pics lointains ou sur les étoiles plus lointaines, cela ne nous aide guère à connaître ce qu'il a vu et ce qu'il a ressenti. On sait de plus que Burns avait reçu ses premières impressions littéraires de la lecture d'Addison et de Pope. Il se peut qu'il y ait eu dans ces fréquentations une influence impalpable, cette sorte de manière d'être qui se dégage d'un auteur et peut gagner ceux qui ont avec lui un commerce familier. C'est là une influence plus générale, plus profonde et plus subtile, qui souvent ne se trahit par aucune imitation extérieure; cela ressemble à l'autorité d'un caractère. Ce sont là des choses insaisissables, inaccessibles, qui appartiennent au mystère de la formation des esprits.

Il est entendu que ce tableau des formes littéraires que Burns a reçues de ses prédécesseurs n'entend, en aucune façon et à aucun degré, être une explication de son œuvre. C'est simplement l'exposé des moules littéraires qu'il avait à sa disposition, et comme le dessin des vaisseaux qu'il trouva sous la main. Il y a versé son vin à lui, qui est à proprement parler son génie ; pas plus que le vase n'explique l'arôme du vin, la forme littéraire n'explique l'âme qu'elle contient. Prendre des transmissions et des emprunts de pures enveloppes pour des influences ou des causes morales est une erreur trop fréquente pour qu'il ne soit pas inutile de s'en défendre. Il ne faut, en effet, pas oublier que, de toutes les influences qui contribuent à former un génie littéraire, les influences littéraires sont peut-être les moindres ou les moins profondes. Elles fournissent, ou des modèles techniques, ou, à leur accorder toute leur importance, des aliments intellectuels, et en même temps des points de départ et des buts d'ambition. Elles sont ce qu'un musée de tableaux peut être pour une jeune intelligence en qui remuent des aspirations vers la peinture, une collection de procédés, d'exemples et de motifs. Elles peuvent même déterminer le mode dans lequel s'exerceront ou commenceront à s'exercer les efforts. Mais ce ne sont pas elles qui donneront ni la violence, ni la vivacité de sentiment, qui sont le fond et l'essence du génie, ni même les sensations dans lesquelles ces dons s'exercent et se fortifient. Le spectacle de la vie, ses propres passions ont plus fourni à Burns que les lectures, et aussi les mille aspects de la nature mourante ou renouvelée. Parmi ses maîtres, il en est qui lui ont enseigné plus que tous les autres et pour lesquels il a proclamé sa reconnaissance.

Le poète simple et rude, attaché à sa charrue rustique,
Chaque branche lui enseigne son métier mélodieux :
Le linot chanteur et la grive moelleuse,
Qui, dans leur buisson d'épine verte, doucement, saluent le soleil couchant ;
L'alouette montante, le rouge-gorge aigu qui aime à être perché,
Ou les plouviers gris, au cri profond, qui sifflent sauvagement en passant au-dessus
[de la colline [1].

---

[1] *The Brigs of Ayr*.

CHAPITRE II.

LA VIE HUMAINE DANS BURNS.

Ce qui frappe tout d'abord lorsqu'on lit Burns, c'est une sensation de vie drue, pressée, presque turbulente, à force de bruit et de mouvement. Lorsqu'on y regarde de plus près et qu'on analyse ses lectures, cette sensation s'accroît. Les sujets sont tous fournis par la réalité. Ils conservent l'émotion récente ; ils en sont encore agités et frémissants. Ce sont presque toujours des motifs pleins d'animation : des rencontres, des prédications, des querelles, des chevauchées, des orgies rustiques, des foires, des occupations rustiques ; on y parle, on y chante, on y gesticule. Ils sont, en outre, toujours traités en action et dramatisés. Mais ce n'est là qu'une faible partie de leur vitalité. De tous côtés, par toutes les fissures, les faits de l'existence réelle y pénètrent. Dans ces sujets, déjà si vivants, il y a une quantité de petites scènes d'activité, de besogne et de bruit, où des hommes travaillent, jouent, se battent et se démènent de mille façons. Ses pièces ne chôment jamais. Elles n'ont pas un instant de repos.

On en peut prendre une au hasard. Il s'agit de l'orge écossais, père de la bière et du whiskey, et du jus dont « il remplit les verres ou les pintes [1]. » Dès le début, c'est une suite de peintures qui se succèdent et se poussent les unes les autres. L'orge est le roi des grains ! Il glisse à travers les serpentins tortueux, ou bien, d'une riche couleur brune, il écume et déborde en mousse glorieuse. Il nourrit l'Ecosse. Le voilà assoupli en gâteaux, ou précipité dans l'eau et sautant à gros bouillons en compagnie des choux et du bœuf. Sans lui, que serait l'existence? Elle irait lourdement traînée, en peinant et en geignant ; mais ses roues, huilées par lui, glissent, tournent et roulent, comme en descendant une colline, avec un bruit joyeux. Et aussitôt la vie se précipite de toutes parts dans le sujet ! Il est l'âme des réunions publiques, des foires et des marchés. Voici des dévots qui assiègent les tentes où les rafraîchissements se vendent à la porte de l'église ! Voici les rentrées des moissons avec

---

[1] *Scotch Drink.*

leurs libations ! Voici les matins de nouvel an avec les salutations et les trinqueries des voisins ! Le forgeron a bu un coup : Plus de merci pour le fer ni l'acier ! Ses bras musculeux et osseux lancent à toutes volées le lourd marteau. Billot et enclume tremblent et tressaillent, avec une clameur assourdissante. Ce n'est rien encore. Voici des commères qui bavardent autour d'un nouveau-né ; des voisins qui se réconcilient en trinquant ! Chacune de ces scènes agit, remue, vit. Les strophes du forgeron tintent et retentissent d'un vacarme métallique. On dirait qu'on passe devant la porte d'une forge. Si l'on veut apprécier la différence qu'il y a entre une description de génie et une description de talent, il n'y a qu'à rapprocher le forgeron de Burns de celui de Longfellow [1]. Et toutes ses pièces sont ainsi des défilés de scènes aussi vivantes.

Ce n'est pas tout. Dans les intervalles qui séparent ces petites scènes, ce sont des métaphores, des comparaisons, des images faites avec les choses de la vie quotidienne, des noms d'objets, des termes de métiers, des actions de tous les jours. Il est impossible d'oublier qu'on est en pleine réalité. Prenons au hasard. Il veut faire dire à un des élus presbytériens que le temps du doute est passé et que celui de la joie arrive.

> Près de la rivière de Babel, nous ne pleurerons plus,
> En pensant à notre Sion ;
> Nous ne suspendrons plus nos violons,
> Comme des linges de bébés à sécher.
> Allons, tournons la clef, accordons ;
> Préludons sur les cordes.
> Oh ! superbe ! de voir nos coudes remuer
> Et frétiller comme des queues d'agneaux [2].

Quiconque a eu le privilège d'apercevoir un troupeau de moutons sous cette perspective se rendra compte de ce qu'il y avait d'exact et d'amusant dans cette comparaison. Une femme tend la bouche comme « une écuelle à aumône [3] ». Un baiser claque « comme le fouet d'un marchand ambulant [3] ». En enfer, dans cette caverne noire « dont les écoutilles sont fermées », le diable « éclabousse les damnés avec son baquet à soufre [4] ». Son cheval vieilli s'avance lourdement, « comme une barque à pêcher le saumon [5]. » Enfin, les intervalles de plus en plus resserrés sont remplis de mots qui évoquent des idées de mouvement, de foule, de bruit : foires, marchés, mariages, veillées ; de vocables encore tout chargés de la vie à laquelle ils viennent de servir ; d'adjectifs fami-

---

[1] *The Village Blacksmith.*
[2] *The Ordination.*
[3] *The Jolly Beggars.*
[4] *Address to the Deil.*
[5] *The Auld Farmer's Salutation to his Auld Mare.*

liers, expressifs, et d'usage journalier ; de noms d'objets, d'outils, de jeux ; c'est comme une poussière animée.

De sorte que, jusque dans les profondeurs, il y a un remuement et, pour ainsi parler, un grouillement de vie ; car toutes ces impressions se mêlent, s'accumulent, se traversent. On ne peut mieux rendre cette impression qu'en la comparant à celle qu'on a au-dessus des eaux courantes et poissonneuses. Dans le mouvement du flot, on voit se mouvoir les plus beaux poissons, puis, entre ceux-ci, de moindres, et, au-dessous, de plus petits encore que l'œil discerne à peine et qui montrent seulement que la vie va jusqu'au fond.

Il faut dire que la destinée, si rigoureuse pour lui à tant d'égards, parut, sur ce point, attentive à favoriser son génie. Elle le plaça dans des conditions telles qu'il n'est pas aisé d'en imaginer de meilleures, et son inclémence lui fut, en cela, tout d'abord propice. Comme une dure maîtresse, elle lui fit de la vie une leçon continuelle, qu'elle l'obligea à apprendre. Il fut forcé de vivre ; son existence si diverse et qui exigeait, étant toujours précaire, une attention constante, lui enseigna beaucoup. Il s'est instruit directement sur les choses. Il a connu, par l'usage, les objets et leurs leçons ; le travail lui a fourni plus de métaphores que la lecture. Pour l'agriculture, cela n'est guère étonnant. Mais on se souvient de son séjour à Irvine ; ce court apprentissage lui aussi, ne fut pas perdu et le métier de broyeur de lin a laissé ses traces dans son œuvre. Un jour, il souhaite que le dos des enfants qui se moquent de lui « soit ratissé avec le seran », c'est-à-dire, le peigne à nombreuses dents aiguës sur lequel on étire le lin [2]. A Ellisland, il se trouve dans un pays inconnu à la prose et aux vers, « où jamais mots ne furent passés sur le seran de la muse [2] ». Plus tard, il appelle la Résolution « tige de lin mâle chez l'homme [2] ». De toutes parts, il retirait, pour récompense de son labeur manuel, quelque image ou quelque idée. Il est hors de doute qu'il doit beaucoup de ses comparaisons familières, si heureuses et si neuves, à ce qu'il a mis la main à tant d'outils ; et que son vocabulaire, si expressif, si étendu et si concret, est en grande partie sorti de ce contact avec les choses. Où d'ailleurs l'aurait-il trouvé ? Aucun auteur ne le lui aurait fourni. Il l'a retiré lui-même des objets et, en gagnant son pain, il a appris sa langue.

Il eut encore l'avantage d'être placé dans un milieu excellent pour l'étude de l'homme. Il ne faut pas croire que les grandes cités populeuses soient si favorables à la formation des caractères et à leur observation.

---

[1] *Address to the Toothache.*
[2] *Epistle to Hugh Parker.*
[3] *Epistle to Dr Blacklock.*

Les individus, plus secoués, plus mélangés ensemble, s'y frottent davantage, sont moins originaux. Ceux qui le sont disparaissent dans la foule, et il est assez difficile de les découvrir. Si on les saisit, ce n'est que par intervalles, à bâtons rompus, selon que le hasard les ramène pour un moment sous le regard. Enfin, et c'est un grand désavantage, les originalités qui tiennent bon se raidissent dans l'effort, s'exagèrent, tournent à l'excentricité, et fournissent plutôt des exceptions que des types. Dans les villages et dans les petites villes, les gens gardent bien mieux leur empreinte naturelle et leurs rugosités. Surtout, on les connaît, on les revoit, on les accompagne dans leur vie, dans leurs moindres actes; leurs particularités, leurs bizarreries forment une suite, et de cette suite, se dégage un caractère. Les visages deviennent familiers, en sorte qu'on y lit les émotions qui en altèrent l'expression habituelle. On prend là mieux qu'ailleurs le goût et l'habitude de l'observation. C'est dans les foires, dans les marchés, dans les boutiques des bourgades, que la plupart des vrais observateurs ont fait leur éducation. C'est là que Bunyan a étudié la nature; là peut-être que Molière a recueilli le meilleur de sa connaissance de l'esprit humain. Si Shakspeare ne s'est pas formé entièrement à Stratford, il devait l'être en partie, quand il l'a quitté. Dans les grandes villes un flot d'inconnus se précipite autour de vous et se renouvelle trop vite. Elles sont plus propres à l'étude des aspects généraux de la nature humaine et à la formation de moralistes qu'à l'examen des individus et à la création d'artistes. Burns, à Mauchline, avec les deux petites villes d'Ayr d'un côté, et de Kilmarnock de l'autre, était bien placé pour étudier les hommes.

Enfin, il a eu le bonheur de ne pas recevoir d'éducation littéraire, et, par conséquent, de ne pas avoir d'idéal littéraire. C'est que cet idéal, s'il peut donner des œuvres exquises et éloquentes, n'est guère favorable à la production d'une image exacte et complète de la vie humaine. En effet, l'annoblissement en littérature ne s'obtient, comme en sculpture, que par le sacrifice des traits individuels et vulgaires, au moyen d'une sorte de généralisation. La recherche de la beauté et de l'élévation soutenues, dans l'art d'écrire, conduit donc à une forme générale et abstraite. Elle substitue des idées à des faits, des considérations à des observations. Elle est ainsi amenée à mettre le développement *ab intra* et l'enchaînement logique, qui est le développement naturel des conceptions abstraites, à la place du défilé irrégulier et imprévu des faits. Elle substitue la belle ordonnance oratoire aux soubresauts et aux hasards de la réalité. Elle aboutit ainsi à une opération intérieure et, en dernière analyse, toute personnelle; et l'œuvre qui en résulte reste toujours une œuvre subjective. C'est pourquoi il est plus facile de connaître la personnalité d'un écrivain oratoire que d'un écrivain dramatique. Après avoir lu Milton, on le connaît; après avoir lu Shakspeare, on ne sait rien de lui. Ne sent-on pas qu'il serait plus facile de donner la formule de l'esprit de Corneille que de Molière ? Cette façon de traiter les choses peut fournir un art très fier et très noble, comme celui de notre xviie siècle. Elle est élevée ; mais elle est limitée. Elle n'est pas en contact direct avec la vie ; elle enlève aux œuvres de la précision et de la variété. Elle ne connaît que les sommets qui sont toujours étroits. Avec cet idéal, on peut être un grand orateur, un grand poète tragique, admirable dans les situations nobles, les plaidoyers moraux, et les analyses psychologiques générales ; on ne saurait être un peintre très complet et très fidèle de la vie réelle. L'éducation qui le développe dans les esprits y diminue, en tant qu'elle agit sur eux, la faculté de saisir la vie sur le fait.

La discipline littéraire est encore nuisible et restrictive en ce qu'elle empêche l'écrivain de se livrer sans arrière-pensée à la joie de reproduire simplement ce qu'il voit. La pensée d'un idéal à atteindre, d'une perfection irréalisable, le trouble, l'inquiète, le tourmente et le contraint. Cette gêne nuit au naturel, à l'aisance, et à la familiarité de la forme. Celle-ci prend une perfection et une beauté par elle-même, indépendante des choses qu'elle représente, et, par là encore, achète sa hauteur au prix d'un peu de vérité. Aussi, c'est un fait remarquable que les plus grands peintres de réalité que l'Angleterre ait eus : Chaucer, Shakspeare, Bunyan, Dickens, sont tous des hommes sans éducation littéraire. Fielding fait seul exception. Mais il s'en était affranchi, en vivant beaucoup et en roulant le monde. Il se rapproche par là de Cervantès et de Molière, deux autres grands montreurs d'hommes, qui n'ont jamais cherché à faire acte de perfection littéraire, mais de vérité.

Il est à peine besoin d'insister sur ce fait que l'idéal littéraire du xviiie siècle était particulièrement contraire, particulièrement funeste à une représentation sincère et complète de la vie. En Angleterre, comme en France, c'était un idéal d'élégance classique. Le goût des choses distinguées, une préférence pour les déclamations générales et le poli du style, dominaient. L'esprit académique y était même plus souverain que chez nous ; il y avait pris plus récemment le pouvoir et ne donnait pas encore les signes de fatigue d'un long règne. La vie de Burns coïncide, précisément, avec son moment le plus brillant. Pope était mort en 1744, quinze ans à peine avant la naissance de Burns. Quand celui-ci naquit, le Dr Johnson, la personnification du style classique, arrivait à la royauté littéraire qu'il devait exercer sur la dernière moitié du siècle. Quand Burns mourut, il y avait seize ans que le vieux docteur était mort, mais presque tous ses amis existaient encore et son prestige lui survivait. C'était une période dangereuse. Et Johnson lui-même n'était-il pas un exemple frappant de la façon dont un idéal littéraire peut guinder et rétrécir un esprit ? Il y avait en lui un riche fonds d'observation variée, concrète, d'humour, de sensibilité, de rire, et il a donné des écrits qui, avec leurs grands mérites, sont raides, froids et vagues. L'œuvre est loin de valoir l'âme, et Johnson ne serait qu'un pédant ennuyeux si nous ne l'entendions causer dans les pages de Boswell. Sa conversation valait mieux que son style. Les deux récits du même fait, rapprochés par Macaulay [1], sont un exemple de la façon dont une préoccupation littéraire peut gâter les impressions. Le premier est une excellente scène de comédie précise et vivante ; l'autre est une page de style artificiel. Les quelques hommes du xviiie siècle qui ont vraiment touché à la vie, Swift, Fielding, Smollett, Richardson, Goldsmith, sont des irréguliers ou des bohêmes. Rien ne pouvait être plus opposé à la façon dont Burns a peint la vie que les mœurs littéraires de son temps.

Qu'il ait pu y avoir péril pour lui à un commerce trop prolongé avec le goût de cette époque, cela n'est pas douteux. Il suffit de voir combien l'homme de lettres s'est montré en lui, après son séjour à Edimbourg. A partir de cette époque, ses œuvres contiennent des imitations de Pope et de Gray, des morceaux sans saveur, abstraits et de tout point inférieurs à ses productions originales. Heureusement, le contact fut trop court, et il eut le bonheur de puiser aussitôt à la source des chansons populaires. Mais on sent très clairement le danger [2]. On peut voir encore par ailleurs combien la mode littéraire aurait agi sur lui. Il avait formé son style épistolaire sur les recueils de lettres du xviiie siècle. Sa correspondance, très remarquable comme effort littéraire et souvent très belle, est cependant bien loin de ses vers. On y trouve des dissertations éloquentes et des révélations personnelles parfois touchantes, mais dans un style abstrait, oratoire et souvent déclamatoire. Ses vraies qualités natives d'observation, de gaieté, de naturel n'y apparaissent pas. Elle n'est qu'une œuvre de pur effet littéraire.

Par les mêmes raisons, sa gaîté a été sauvegardée. Rien ne nuit plus au rire simple, franc et large, que la préoccupation de créer un art toujours noble. La noblesse ne va pas sans gravité. Le rire n'est pas esthétique. Les joyeux bonshommes de Téniers n'ont-ils pas été traités de magots? Les époques dominées par un idéal de dignité et de beauté restent sérieuses. Qu'est devenu le rire du *Menteur*, qu'est devenu le rire charmant des *Plaideurs*, lorsque Corneille et Racine se sont consacrés uniquement à la tragédie? Il s'est éteint en eux comme une faculté inactive. N'y avons-nous rien perdu? N'existait-il pas dans ces deux hommes une force comique qui a été atrophiée par la tendance vers un art toujours imposant? Ce quelque chose de solennel, cette tenue, cette

---

[1] Macaulay. *Essay on Boswell's Life of Johnson.*
[2] Voir dans la partie biographique, pages 456-57.

bienséance, qui excluent le laisser-aller du rire, est un résultat presque aussi inévitable de la culture littéraire que la tendance à l'abstrait, dont nous parlions plus haut. La grâce, l'urbanité, la plaisanterie modérée, le sourire fin, peuvent se plaire dans cette atmosphère distinguée ; le rire fougueux, bruyant, et populaire s'y sent gêné.

D'autre part, aucun jugement moral n'intervenait pour restreindre sa sympathie envers les caractères des hommes. On peut dire que cette absence de préoccupation morale n'est pas moins nécessaire à une représentation étendue de la vie que l'absence de préoccupation esthétique ; elle en est le complément intérieur ; elle est indispensable à un peintre d'hommes, s'il veut être autre chose qu'un satiriste. Pour qui les examine avec rigueur, les actions humaines perdent toute saveur dans le goût amer du blâme. Elles se flétrissent entre ses mains, honteuses d'elles-mêmes, et ligottées par les reproches. De plus, un tel homme restera toujours en dehors d'elles, étant un juge. Or, pour faire vraiment exister une âme ou un acte, il faut être en sympathie momentanée avec eux, vivre en eux, fussent-ils mauvais, quitte à se prononcer quand leur œuvre est achevée, ou plutôt à laisser parler les résultats. Cela est si vrai que, dans Molière, la figure de Don Juan est une création dramatiquement supérieure à celle de Tartuffe, parce qu'elle contient moins de réprobation. Le poète a abordé ce dernier avec une indignation devant laquelle le personnage s'est refermé. C'est un caractère clos. Nous ne savons de lui que ses actes, nous n'entrons pas en lui, il nous reste inconnu, comme à ceux qui ont déjoué ses trames sans pénétrer son âme. C'est un caractère traité par le dehors, comme dans une satire. Dans Shakspeare, cette installation au cœur du personnage est constante. Pendant que Iago lui-même parle et agit, nous sommes en lui, et ce scélérat énigmatique, s'il ne nous livre ni les origines de son mépris pour les hommes, ni ses dernières réflexions sur la vie, nous donne au moins des moments de son âme, la formule de sa misanthropie, et l'aspect d'excuse que ses forfaits prennent à ses yeux. Burns avait ce genre de sympathie, ce qu'on pourrait appeler cet égoïsme objectif. Sa nature impétueuse, et, pour l'instant, oublieuse d'elle-même, le jetait d'emblée dans les choses. Rien ne le retenait en lui. Il leur appartenait tout entier, pour peu de temps, il est vrai. Il s'intéressait à la vie pour elle-même, pour les énergies qu'elle manifeste. Sentir fortement et sincèrement était à ses yeux ce qui passait avant tout. Cette idée revient dans ses vers, sans cesse.

> Mais si, comme on me le dit,
> Vous haïssez autant que le diable lui-même
> Le cœur de pierre incapable de ressentir,
> Allons, Monsieur, voici à votre santé [1].

---

[1] *Invitation to Kennedy.*

La marque d'un homme n'était pas de suivre droit le chemin, mais d'être poussé par la passion.

> Bénédiction sur la troupe des joyeux,
> Qui aiment si chèrement une danse ou une chanson,
> Et ne pensent jamais au bien ou au mal,
> Par règle et compas ;
> Mais, selon que les taons du sentiment les piquent,
> Sont sages ou fous [1].

Aussi n'était-il pas exigeant envers les hommes. Il ne les imaginait pas foncièrement pervers, ni non plus excellents. Il pensait qu'il entrait dans leur composition du bien et du mal. Dès sa jeunesse, il avait dit : « J'ai souvent observé que chaque homme, même le plus mauvais, a en lui quelque chose de bon » ; et après avoir montré que la qualité d'une vie dépend souvent des circonstances, il ajoutait : « Celui qui réfléchirait à tout cela regarderait les faiblesses, que dis-je ? les fautes et les crimes de tous les hommes qui l'entourent, avec l'œil d'un frère » [2]. Vers le terme de ses jours, il pensait encore « que chaque homme a ses vertus et qu'aucun homme n'est sans faiblesses », que « dévier plus ou moins de la convenance et de la rectitude est inséparable de la condition humaine » [3]. Il aimait à retrouver, dans les misérables que le sort a dégradés et la société condamnés, les traces de ce mélange. « J'ai souvent recherché la connaissance de cette partie du genre humain communément désignée sous le nom de *chenapans*, quelquefois plus que cela ne convenait à la sûreté de ma réputation, de ceux qui, par une prodigalité imprévoyante ou des passions emportées, ont été poussés à la ruine. Quoiqu'ils soient déshonorés par des folies, que dis-je, quelquefois « souillés de fautes et tachés de rouge par des crimes », j'ai trouvé, parmi eux, dans bien des cas, les plus nobles vertus : la magnanimité, la générosité, l'amitié désintéressée et même la modestie » [4]. C'est pour cette classe d'hommes qu'il semblait avoir le plus de sympathie : ses *Joyeux mendiants* sont un ramassis de canailles, et *Tam de Shanter* n'est pas loin d'être un gredin.

Il devait cette absence d'exigence morale, en partie à la clarté de son esprit, mais aussi à la conscience de ses fautes, à sa révolte contre l'hypocrisie qui l'entourait et la rigueur dont il avait souffert. Il la devait aussi au fait de vivre dans une classe de gens peu raffinés d'âme et robustes de tempérament, où l'interdiction morale, comme il arrive chez les paysans, ne pénètre pas profondément, parce que les esprits sont simples et les corps vigoureux, et où s'accomplissent avec naïveté les fonctions élémentaires qui sont les gros ressorts de la vie.

---

[1] *Epistle to Major Logan.*
[2] *Common-place Book.* March 1784.
[3] *To Alex. Cunningham*, 11th June 1791.
[4] *Common-place Book.* March 1784.

Ainsi protégé, le génie de Burns a été libre de s'adresser à la vie elle-même, sans intermédiaire. Il a été à elle, sans le sentiment exclusif de la beauté physique ou morale, sans l'idée d'un choix à faire, de certaines choses à admettre comme nobles, d'autres à rejeter comme ignobles. Le mépris pour les réalités, les vulgarités et les laideurs de la vie, est la marque d'une nature qui manque d'étendue et d'exactitude, dans l'étude des hommes. Ne consentir à percevoir l'existence que dans sa beauté, c'est l'aborder avec un système. Elle est à la fois belle et laide, ou plutôt, elle est ce qu'elle est. Burns avait à un haut degré le sentiment de la réalité, et l'aimait dès qu'elle était forte et vraie. Ce n'est pas à dire qu'il n'ait pas connu la beauté. Il l'a rencontrée, parce qu'elle fait partie de la vie au même titre que le reste. Ceux qui font profession de l'exclure sont tout simplement les esthéticiens du laid ; ils sont les classiques du répugnant. Ils mutilent la vie d'un autre côté ; c'est le même défaut d'extraire de la vie complète une de ses qualités, pour la considérer seule. Burns ne pensait pas à cela. Il admettait la vie telle qu'elle s'offre à nous, dans un mélange de beau et de laid, de noble et de bas, se préoccupant de la vérité et non de la beauté des tableaux.

En sorte que, malgré les inclémences et les cruautés que la destinée a eues pour Burns, elle a été, après tout, favorable à ce qu'il y avait de meilleur en lui, à ce qui était réellement lui. Elle a mêlé aux misères et aux anxiétés dont il a été abreuvé, des bienfaits qui ont tout racheté. Mieux vaut, mille fois, avoir été un paysan, avoir peiné, souffert, avoir été meurtri par la vie, et l'avoir pénétrée dans ces étreintes douloureuses, que d'avoir mené, sous les beaux arbres d'Oxford, une existence tranquille de lettré et de dilettante. Tant il est vrai que, dans les lots qui nous échoient, nous sommes des juges inhabiles à distinguer les intentions du sort. Quel est le germe qui devine que le froid séjour dans le sol battu des pluies, des gels, et des vents, est le prélude de sa floraison printanière et de sa fécondité? Le Jean Grain d'Orge célébré par Burns est l'emblème du poète. « Tu seras tranché par la faux, meurtri par le fléau, broyé par la meule, brûlé par le feu, noyé par l'eau, mais tu brilleras un jour dans des tasses d'argent et tu triompheras au-dessus des fêtes humaines [1]. »

I.

L'OBSERVATION DIRECTE ET LE MOUVEMENT.

La vie qu'il a décrite fut donc celle qui l'entourait immédiatement. Ce n'est pas lui qui aurait été chercher, dans d'autres temps et sous d'autres

---

[1] *John Barleycorn.*

cieux, des scènes et des mœurs différentes de celles au milieu desquelles il vivait. C'est le fait de poètes de culture, comme Walter Scott, Southey, ou Thomas Moore, de tenter de vivre au Moyen-Age, en Espagne, ou en Perse, et d'écrire *Marmion, Roderick* ou *Lalla-Rook*. Impuissants à pénétrer la réalité qui les environne, ils ont eu besoin de l'éloignement pour embellir la vie, et il ne reste guère, dans ces œuvres factices, que ce qu'ils y ont mis de description ou de lyrisme, c'est-à-dire de poésie personnelle. Ce sont des tours de force de lettrés. La pensée d'une pareille tentative ne pouvait même pas se présenter à l'esprit de Burns. Il a rendu simplement ce qu'il voyait, ce qu'il avait devant les yeux, la réalité qu'il touchait, les hommes et les femmes auxquels il parlait et dont il sentait, pour ainsi dire, le cœur battre sous sa main. Il a peint la vie des paysans dans une petite paroisse écossaise, à la fin du XVIIIe siècle.

Aussi y a-t-il tout un coin de son œuvre par lequel il est un poète purement national, et presque purement local. Une partie de sa gloire est comme engagée dans les manières et les mœurs de son pays, et même de son district. Il faut quelque effort aux Anglais eux-mêmes pour la retirer de ce qu'elle a d'écossais. Bien plus, il y a telle de ses pièces, comme *Hallowen*, qui est faite de superstitions si particulières que Burns dut y mettre des notes explicatives, lorsqu'il publia ses poèmes, destinés pourtant à des lecteurs du Comté d'Ayr. A plus forte raison faut-il aux étrangers une étude pour arriver à saisir et à goûter la part de son génie appliquée à ce point. Il faut avoir regardé les joueurs de curling, jouer sur les lacs gelés leur jeu bruyant, pour comprendre certaines de ses images [1]. Il faut avoir mangé du *haggis*, ce singulier plat national, composé d'entrailles de mouton hachées, mélangées avec de la farine et du suif, puis liées fortement et bouillies dans un estomac de mouton ; il faut l'avoir vu arriver sur le plat lourd, suintant une riche rosée semblable à des grains d'ambre ; il faut avoir vu le couteau s'enfoncer dans ses flancs, et d'un seul coup, le jus s'échapper et la fumée monter, pour comprendre ce qu'il y a de poésie de lourde boustifaille, à la Rabelais, dans son *Adresse à un Haggis* [2]. De même il faut avoir mangé des scones, ces souples gâteaux de farine, ou vu, dans la confection de la soupe qu'on appelle un hotch-potch, les grains d'orge culbuter et danser au milieu des choux et du bœuf, pour se rendre compte du charme familier des endroits où il parle de ces mets nationaux [3]. Il faut être Ecossais pour goûter ces éloges répétés du whiskey, ou tout au moins avoir vu des Ecossais prendre le soir leur toddy pour le comprendre de loin [3]. De tous côtés, ce sont des allusions à des faits si précis et si minutieux qu'il faut

---

[1] *Tam Samson's Elegy.*
[2] *To a Haggis.*
[3] *Scotch Drink.*

entrer dans le menu détail de la vie quotidienne, pour le comprendre. Il serait sans doute excessif de demander cette préparation à des lecteurs ordinaires, et, pour les mettre au courant de ces usages, il faudrait un commentaire incessant et développé qui fatiguerait l'attention. Il y a donc un coin de Burns qui semble devoir échapper à l'appréciation universelle.

Prenons-y garde cependant. Pour nous mettre au point de vue juste vis à vis de cette portion de son œuvre, nous devons songer au travail que nous faisons pour lire Villon ou Rabelais. Nous prenons la peine de défricher le terrain autour d'eux, et nous y trouvons plaisir. N'oublions pas qu'il faut à chaque pas élucider quelque point de coutume ou de costume dans Shakspeare ou dans Molière. Songeons aussi que les détails de superstition ou de mœurs donneront à ses pièces l'intérêt archéologique qu'ont aujourd'hui certaines des pièces de Herrick, si pleines de la saveur et de la poésie de vieux usages disparus. En tout cas, c'est peut-être par là que Burns est le plus cher aux Écossais, surtout à ceux que l'esprit aventureux de la race et la pression d'une population croissante sur un sol maigre, ont envoyés à travers le monde. Aucun poète ne permet d'emporter autant de la patrie, dans son dialecte familier, dans ses scènes domestiques, dans ces mille détails insignifiants qui rendent chers les souvenirs d'enfance. Les émigrants qui sortent de la Clyde emportent parfois dans un sachet un peu de la terre natale. Ceux qui emportent Burns emportent une partie de la vie nationale.

Même lorsqu'on a défalqué cette portion du génie de Burns enfermée dans des usages dont il faut avoir la clef, il en reste assez pour le faire comprendre et admirer. L'existence des paysans écossais a mille traits communs avec celle des autres paysans. C'est la même vie, âpre, besogneuse, durement acharnée au sol, calleuse, sans beauté extérieure, mais humaine après tout, possédant ses joies, ses peines, même ses heures de noblesse, et s'harmonisant avec la nature dans une certaine poésie fruste. Comment Burns l'a-t-il représentée ?

La première chose qui frappe, dans cette représentation, c'est l'exactitude, la conformité au réel, la préoccupation exclusive du vrai. C'est la vie telle qu'il l'a vue. On se trouve jeté parmi des fermiers, des mendiants, des chaudronniers ambulants, des domestiques de ferme, des maîtres d'école, des curés de campagne, des tailleurs, des meuniers, un monde d'ouvriers ou de vagabonds. Les plus riches sont vêtus en gros drap, et les plus pauvres ont des haillons. Et qu'on n'aille pas croire que ce monde est embelli. Ce ne sont pas des paysans poétiques comme dans les pastorales de George Sand, ou des vagabonds philosophiques comme dans les chansons de Béranger. Ce sont des paysans peints par l'un d'eux, rudes, grossiers, bornés aux intérêts immédiats. Tous ces gens vivent dans une vie qui est bien la leur. Ils n'en dépassent pas le niveau. Ils échangent leurs inquiétudes pour leurs moissons, ils s'occupent du temps, des scandales de la paroisse. Leur grand bonheur est de s'attabler pour boire du whiskey, et de se griser en compagnie en se racontant des histoires de filles.

> Aux courses de Mauchline, à la foire de Mauchline,
> Je serai fier de vous y rencontrer;
> Nous donnerons une nuit de congé au souci,
> Si nous nous retrouvons,
> Et nous ferons échange de rimes
> L'un avec l'autre.
>
> Le pot de quatre quarts, nous le ferons tinter;
> Nous le baptiserons avec de l'eau bouillante.
> Puis nous nous assiérons et boirons notre coup,
> Pour nous réjouir le cœur;
> Et ma foi nous serons de meilleures connaissances
> Avant de nous quitter.
>
> Il n'y a rien comme de la bonne ale forte !
> Où verrez-vous jamais des hommes plus heureux,
> Ou des femmes plus gaies, douces et savoureuses
> D'un matin à l'autre,
> Que ceux qui aiment à boire une goutte
> Dans le verre ou la corne ? [1]

Braves gens, du reste, pour la plupart, pleins de jovialité, de grosse bonhomie, comme John Rankine, le fermier, ou Tam Samson, le chasseur; mais se remuant dans une vie matérielle et terre à terre. D'autres ont leurs défauts marqués : leur vulgarité, l'ivrognerie, l'hypocrisie. Ils sont bien là tels que Burns les a vus, sans qu'il ait songé à les arranger.

L'exactitude des scènes s'accompagne de la précision dans les détails. C'est en somme la même qualité. Pas de développements, pas d'ornements, une succession de faits très précis et très clairement énoncés. Chacun de ses mots porte sur un détail réel, le donne tel qu'il est. Il ne s'occupe que de la substance, de la quantité de matière, de réalité, qu'il met dans ses vers. C'est une suite de renseignements nets, portant sur la structure même de la chose décrite. On dirait qu'il n'y a pas d'imagination, et que cette poésie n'est qu'une observation dense, accumulée et comprimée en un tout petit espace. Il y a des tableaux de quatre ou cinq lignes qui sont le résumé de tout un métier et de tout un jeu. Son poème d'*Halloween* tout entier est un tour de force en ce genre; il consiste, presque exclusivement en une description technique de superstitions locales, avec toutes les cérémonies. Il y a dans l'*Élégie de Tam Samson* deux strophes, qui sont une description complète du curling, ce fameux jeu écossais qui consiste à lancer, vers un but tracé sur la glace, de lourdes pierres polies et garnies d'une poignée en fer. Les termes, les

---

[1] *Epistle to John Lapraik.*

mouvements, les péripéties du jeu s'y trouvent. Il faut expliquer le jeu entier pour commenter ces deux strophes [1]. Il en est ainsi dans toute son œuvre. Presque jamais un terme abstrait ; sans cesse, des images réelles, des noms d'objets, des comparaisons prises à tous les métiers ; tout est en termes concrets. Tam Samson est jeté « dans la manne à poissons » de la mort [2]. Un petit homme se vante d'être vif et de se trémousser çà et là « comme la navette de n'importe quel tisserand », mais, il est obligé d'avouer qu'il n'est pas beaucoup plus haut « qu'un bon couteau à choux » [3]. Ici le Pégase du poète a « les éparvins » [4] ; ailleurs, son maître lui met de « belles brides neuves et un beau collier neuf », pour chanter son ami Willie Chalmers [5]. Il s'adresse aux gens rigides, sévères pour les autres et qui oublient que la vie leur a rendu la vertu facile ; l'idée se place aussitôt en une image d'une précision toute technique :

> Dont la vie est comme un moulin bien allant,
> Fourni d'une eau abondante,
> La trémie pleine tourne toujours,
> Et toujours le clapet fait son bruit [6].

C'est une image de meunier. Ailleurs, il conseille à un de ses amis de garder un cœur ferme et de se raidir contre l'adversité. Cela devient une image précise empruntée au violon et exacte jusque dans ses détails. On croirait entendre un musicien.

> Vienne la richesse, vienne la pauvreté, tard ou tôt,
> Le ciel fasse que les cordes de votre cœur soint toujours d'accord,
> Et tournez les chevilles de l'âme plus haut,
> D'une quinte ou davantage,
> Au-dessus de la basse mélancolique et lente
> Du souci morose [7].

Et partout ainsi, de tous côtés, des faits. Cela donne à sa poésie une étonnante solidité, et en même temps un pittoresque continuel. C'est une grande marque d'observation que cette connaissance des objets et des métiers ; c'est un des traits des grands observateurs. Les expressions empruntées aux jeux, aux outils, aux instruments, indiquent que l'écrivain a un œil pour tout. Les deux hommes qui ont poussé cette science minutieuse des choses le plus loin sont peut être Shakspeare et Rabelais. Cervantès en est plein. Ils ont tout vu. Et ce n'est pas chez eux étalage de termes techniques empruntés à des manuels, de pures énumérations

---

[1] Voir les strophes 4 et 5 de *Tam Samson's Elegy*, et les comparer aux règles du *Curling*, dans le livre des Chambers : *Gymnastics, Golf, Curling*.

[2] *Tam Samson's Elegy.*

[3] *Adam A-'s Prayer.*

[4] *Epistle to Davie.*

[5] *Willie Chalmers.*

[6] *To the Unco' Good.*

[7] *Epistle to Major Logan.*

verbales d'objets démontés et presque classifiés. Ce sont les choses saisies dans leur jeu, dans leur travail, et leur aspect vivant. C'est une qualité par laquelle Burns se rapproche des grands esprits à qui rien n'échappe.

Cette parfaite exactitude, unie à son absence de parti pris dans la copie de la vie, a donné à son observation une grande variété. Il accepte les sujets tels que la réalité les lui fournit et tous ceux qu'elle lui fournit à peu près indistinctement. Les plus vulgaires lui sont aussi bons que les plus élevés. Il chante le recueillement religieux et austère du samedi soir, la prière commune et la lecture de la Bible. Mais si, à l'église, il aperçoit un pou sur le chapeau d'une demoiselle toute fière de sa toilette, il s'empare du sujet et chante l'insecte « gros et gris comme une groseille à maquereau [1] ». Presque toutes ces pièces sont écrites sur des incidents réels; presque aucune n'est un pur effort d'imagination né du désir de produire quelque chose de littéraire. Avec cette disposition, le champ ouvert devant lui était immense. Ne se dérobant à rien de ce que lui présentait la vie, son étude s'est étendue autant qu'elle.

Il a donc représenté dans son entier le monde qui l'entourait. Non seulement les faits principaux, les amours, les morts, les travaux, les angoisses, les fatigues, mais tous les incidents qui se groupent autour d'eux, les superstitions, les joyeusetés de table, les souvenirs patriotiques, les aspirations égalitaires, mille scènes de comédie ou de colère. Ici, c'est la prière d'un Ancien hypocrite et vicieux; là, la querelle de deux curés de la *Vieille-Lumière*; plus loin, le portrait d'un médecin de village; plus loin l'énumération des ustensiles d'une ferme; plus loin un petit domestique qu'on engage, une brebis qu'on perd, un enfant illégitime qu'on salue, une assemblée religieuse, une comparution devant la *Kirk-Session*, rien ne manque, pas même les aspects plus dignes et plus sérieux de la vie. Emerson a dit avec justesse : « Les riches poètes comme Homère, Chaucer, Shakspeare et Raphael n'ont évidemment aucune limite à leur œuvre que les limites de leur vie, et ressemblent à un miroir porté par la rue et prêt à rendre l'image de toute chose créée [2]. » Burns était un miroir, plus petit à coup sûr, un fragment de miroir, si l'on veut, mais, dans sa mesure, également capable de tout réfléchir.

A côté de ce don d'exactitude, Burns en avait un autre qui caractérise sa représentation de la vie à un degré plus haut encore : le mouvement, l'agitation, la faculté de représenter la vie elle-même, agissante, prise sur le fait. C'est une conséquence des mêmes qualités de fidélité,

---

[1] *To a Louse.*
[2] Emerson. *Essays*, The Poet.

car la vie est remuante, jamais en repos. Mais il faut, pour la prendre au vol et dans l'action qui passe, un merveilleux coup d'œil et un don spécial. Il y a des hommes, qui, à des degrés différents, comme Ben Jonson et Crabbe, ont abordé l'étude de la vie, avec un désir de conscience et d'exactitude complètes. Ils l'ont observée minutieusement, fidèlement, jusque dans ses manifestations les plus vulgaires. Mais le don du mouvement, du geste, leur a manqué. Ils ont été dépourvus de cette qualité supérieure qu'ont les hommes comme Shakspeare, Molière ou Cervantès, qu'a un homme comme Dickens, et que n'a pas un homme comme Thackeray : le don de la représentation instantanée et complète, et non de la représentation réfléchie et partielle ; le coup d'œil qui ramasse tout un être d'un trait, et non l'attention qui l'étudie par fragments. Il faut remarquer encore que Ben Jonson, Crabbe et Thackeray étaient des gens cultivés, et qu'il leur était plus difficile de s'oublier dans le fait de saisir la réalité. Cette allure, cette agitation, Burns l'a eue à un très haut point. Tout chez lui est continuellement en action, tout bouge, remue, va, vient, court, gesticule ; un acte est à peine indiqué qu'un autre le remplace. On comprend ce que cette rapidité de mouvement, ajoutée à l'exactitude des traits, peut donner d'intensité à ses tableaux. Dans ses pièces, presque chaque mot est un mot d'action. Ses écrits, déjà si nerveux par le fait de leur précision et de leur sobriété, le paraissent encore davantage, comme des gens en marche.

Cette qualité est si répandue chez lui qu'on pourrait en trouver des exemples dans chacune de ses pièces. Cependant, sa *Veillée de la Toussaint* et sa *Foire-Sainte* peuvent servir, peut-être mieux que certaines autres, à en donner une idée.

Halloween est la veille du jour de la Toussaint, le jour où il semble que l'hiver commence, et qu'avec l'accroissement des nuits l'empire des choses mystérieuses s'élargit. Dans les croyances des paysans écossais, c'est le jour où l'on peut, au moyen de certaines pratiques, voir dans l'avenir. On se réunit, ce soir-là, pour accomplir les rites et les opérations qui doivent ouvrir les secrets de l'année qui va venir. Le sujet de la pièce est une de ces soirées. C'est une pièce toute chargée de superstitions locales, et à laquelle Burns lui-même a mis de nombreuses notes explicatives, dans sa première édition destinée uniquement aux gens du pays. Mais une fois qu'on a pris connaissance de ces superstitions, il est impossible de désirer une description plus gaie, plus vivante, plus remuante. Tout est en agitation. Si on soulignait les substantifs et les adjectifs qui désignent un mouvement, on soulignerait la moitié des mots. En même temps aucun morceau ne peut mieux faire juger à quel point cette poésie est faite d'exactitude.

La pièce s'ouvre par une charmante strophe, féerique et légère, toute brillante de clair de lune et qui fait penser aux passages de Shakspeare où passent des elfes et des gnomes. Elle donne aussitôt le caractère, l'atmosphère de superstition de tout le morceau. Elle est tout aérienne.

> Cette nuit où les fées légères
> Sur les dunes de Cassilis dansent ;
> Ou bien par les champs, dans une lumière splendide,
> Caracolent sur de vifs coursiers ;
> Ou bien prennent la route de Colean
> Sous les pâles rayons de la lune,
> Pour y errer et se perdre dans la caverne,
> Parmi les rocs et les ruisseaux,
> Et jouer cette nuit-là[1].

Ce regard rapide vers les hauteurs sauvages et sombres de Cassilis donne à la réunion autour du feu une sensation de sécurité et de bien-être, en répandant autour de la maison un peu de terreur. On entend courir, dans la nuit, le Doon, sinueux et clair sous la lune. Les voisins arrivent ; les fillettes propres et plus jolies que lorsqu'elles ont leurs atours. Les gars viennent bientôt après, avec un double nœud à leurs jarretières pour indiquer qu'ils font leur cour ; les uns, taciturnes, les autres, bavards ; bien des cœurs déjà se mettent à battre.

Les cérémonies commencent et, avec elles, les rires, les cris, les exclamations et les bousculades, qui vont aller en grandissant. On se rend d'abord au jardin cueillir, les yeux fermés, une tige de chou. Si elle est grosse ou mince, droite ou tordue, ce sont autant d'indications. Ce sont des cris. Puis, les fillettes vont à la grange arracher un épi, et ce sont d'autres farces et d'autres jeux. Voici qu'on range devant le feu les noix qui doivent décider du destin des filles et des gars : quelques-unes restent tranquilles l'une à côté de l'autre et se consument de compagnie ; c'est signe du mariage ; d'autres s'agitent, craquent, sautent, éclatent dans la cheminée. Alors ce sont des exclamations, des éclats de rire. Le bruit augmente ; les noix font une fusillade ; les clameurs se croisent, parmi les jurons de dépit et les confidences. Merran qui pense à Andrew Bill et qui est assise derrière les autres, en profite pour sortir et aller dévider un écheveau de laine dans un pot. Si, en le repelotonnant, quelque chose l'arrête, on peut demander au pot : « qui tient ? » Et le pot répond le nom de la personne qu'on doit épouser. Merran raccourt, toute tremblante. Quelque chose a retenu le fil, mais elle n'a pas osé demander qui. Puis, c'est la petite Jenny qui veut aller manger une pomme devant le miroir que lui a donné son oncle Johnnie, car alors le visage de celui qu'on épousera apparaît, comme s'il regardait par dessus votre épaule. La grand'mère la gronde et commence un charmant discours de vieille femme, plein de bavardages du temps passé. C'est

---

[1] *Halloween.*

Jamie Feck qui a juré d'aller semer un boisseau de lin. Il sort; mais quand il est seul parmi les meules, il siffle la marche de Lord Lennox, pour se donner du courage. Tout à coup, ses cheveux se dressent, il entend un cri perçant, un grognement et un ronflement. Il s'allonge à terre et se met à crier au meurtre. Tout le monde accourt. On cherche l'ennemi. C'est la truie qui trotte parmi eux. Meg voudrait bien aller à la grange vanner trois vans d'air, pour voir passer à la troisième fois Tam Kipples. Elle a donné au berger une poignée de noix et deux pommes aux joues rouges pour qu'il fasse la garde. Mais, à peine entrée, elle entend un rat qui court, et se sauve en criant : « Le Seigneur me préserve ! » On a dit à Willie que, s'il tourne trois fois autour d'une meule et y plonge trois fois le bras, il saisira à la troisième fois l'objet aimé.

> Il arriva que la meule qu'il sonda trois fois
> Etait étayée de bois, parce qu'elle penchait.
> Il prend un vieux chêne moussu et noueux
> Pour quelque vieille noire et hideuse,
> Lance un juron et lui allonge un coup de poing
> Tel que la peau en fut arrachée
> De ses mains, cette nuit-là [1].

Puis, voici l'aventure de Lizzie, une veuve folâtre et joyeuse comme un jeune chat. Par les genêts, près du cairn, de l'autre côté de la colline, elle va chercher le long d'un ruisseau, la place où les terres de trois fermiers se réunissent. C'est pour y tremper la manche de sa chemise. Elle la suspendra ensuite devant le feu, et la figure désirée viendra la retourner pour la faire sécher. La peinture du ruisseau est un modèle de précision. Tous les mouvements et les jeux de l'eau se pressent en quelques lignes. On peut dire qu'elles contiennent toute la jolie pièce de Tennyson *Le Ruisseau.*

> Tantôt, en une cascade, le ruisseau se joue,
> Tandis qu'il fait ses détours dans la glen ;
> Tantôt il contourne lentement une falaise rocheuse ;
> Tantôt en petits remous, il se ride ;
> Tantôt il étincelle sous les rayons nocturnes,
> Trottant, dansant, éclatant ;
> Tantôt il disparaît aux pieds des rives,
> Sous les noisetiers épandus,
> Invisible cette nuit-là [1].

Lizzie se prépare à accomplir le charme. Tout à coup, parmi les fougères, sur la rive, entre elle et la lune, le diable où, peut-être une génisse égarée, apparaît et pousse un cri.

---

[1] *Halloween.*

> Le cœur de la pauvre Lizzie bondit presque hors de son enveloppe,
> Elle sauta presque à hauteur d'alouette,
> Mais le pied lui manqua et, dans le ruisseau,
> Par dessus les oreilles, elle fit paff,
> Avec un plongeon, cette nuit-là [1].

La scène se termine par de joyeuses chansons, des causeries amicales, des histoires amusantes, des farces risibles, on sert de grossiers gâteaux, qui mettent toutes les mâchoires en mouvement ; on prend un verre de whiskey ; puis on se sépare et on entend les rires se disperser dans la nuit. Ce qu'il est impossible de rendre, c'est l'animation et l'agilité de cette pièce. Pas un vers n'est tranquille. Les strophes bondissent, elles touchent à peine terre qu'elles prennent un nouvel élan ; les traits de mouvement y foisonnent et s'y heurtent ; ils y sont tous. On en pourrait faire une pantomime anglaise, pleine de gestes, d'ébats, de bousculades et de gambades. C'est d'une étonnante gaîté animale. Quelques passages de lyrisme grotesque dans Dickens ont seuls une pareille vitesse.

La pièce célèbre sous le nom de la *Foire Sainte* est un modèle des mêmes qualités, avec autant de mouvement, et plus de variété dans les scènes. C'est une satire contre ces communions et ces prédications en plein vent, qui étaient alors fréquentes en Ecosse. On dressait sous un auvent une chaire ; les prédicateurs s'y succédaient toute la journée. Les auditeurs venaient en foule de tous les villages des alentours. Des baraques de rafraîchissements se dressaient près de l'endroit choisi. La matinée se passait d'ordinaire avec ordre et bienséance. Mais quand la journée s'avançait, que les libations avaient échauffé les têtes, le champ de prière prenait l'aspect d'un champ de foire. On sortait les provisions, on s'asseyait à terre, on buvait, on riait, tandis que les prédicateurs continuaient à gesticuler et à vociférer, si bien que le retour du soir était terriblement pittoresque. On devine ce que cette donnée a pu devenir entre les mains actives de Burns.

C'est d'abord un charmant paysage matinal, tout brillant de rosée. L'air est frais ; le soleil glorieux apparaît au-dessus des moors ; dans la lumière glissante les lièvres courent le long des sillons, et les alouettes montent dans le ciel. Les routes sont couvertes de monde : ce sont des fermiers en costume de cheval qui chevauchent tranquillement près de leurs paysans ; les jeunes gens, en beau drap neuf, sautent par-dessus les ornières ; les filles, pieds nus, toutes brillantes de soie et d'écarlate, portent dans leurs mouchoirs des provisions pour la journée. Toute cette foule arrive à l'enclos et se heurte au plateau chargé d'un amas de sous. L'ancien, en calotte noire, surveille cette recette « d'un

---

[1] *Halloween*.

œil avide ». On se presse autour de la chaire : les uns avec des planches, d'autres, avec des chaises, des escabeaux. On cause. Voici une troupe de filles caquetantes, le cou nu et la gorge agitée, et une bande de jeunes tisserands venus de Kilmarnock pour s'amuser. Chacun cherche à s'installer, non sans arrière préoccupation.

> Ici, quelques-uns pensent à leurs péchés,
> Et quelques-uns à leurs habits ;
> L'un maudit les pieds qui ont sali ses bas,
> Un autre soupire et prie.
> De ce côté-ci, est assis un paquet d'élus,
> Avec des figures pincées et hautaines de posséder la grâce ;
> De ce côté-là, une bande de gars aux aguets,
> Fait avec clins d'œil signe aux fillettes,
> De venir du côté des chaises, ce jour-là.

> Oh ! heureux est cet homme et béni,
> Et rien d'étonnant qu'il soit fier,
> Dont la chère fillette, celle qu'il préfère,
> Arrive s'asseoir auprès de lui !
> Le bras posé sur le dos de la chaise,
> Doucement, il prend un air grave,
> Mais, par degrés, son bras coule autour du cou,
> Sa main est sur la gorge de la fillette,
> Sans qu'on le voie, ce jour-là [1].

Un grand silence se fait. Alors défilent les prédicateurs, chacun avec sa manière et l'effet qu'il produit sur l'auditoire. L'un, hurlant et agitant les poings, est admiré ; un autre, calme et élégant, est délaissé ; car il y a des fluctuations dans la foule. On commence à aller vers les barils d'ale. Les baraques s'emplissent. On demande des biscuits, des verres ; les pintes se choquent ; on discute ; c'est un vacarme de logique et d'Ecriture. En même temps commence une sorte de kermesse, pleine de plaisanteries. Les gars et les fillettes se réunissent. On se met à manger. Au fur et à mesure que la bière et le whiskey circulent, la scène devient plus vive. On prend des rendez-vous ; on s'arrange pour repartir ensemble. Au-dessus de ce brouhaha, on entend passer des bribes de sermon, des paroles d'enfer, des menaces de damnation. Enfin, la cérémonie est achevée. Les uns s'en vont en trébuchant, tant bien que mal ; les gars s'arrêtent aux sautoirs, tandis que les filles, qui ont mis leurs souliers pendant la cérémonie, les retirent pour s'en retourner pieds nus. Les routes se couvrent de groupes ; mais la journée n'a pas été perdue :

> Combien de cœurs ce jour convertit
> De pécheurs et de fillettes,

---

[1] *The Holy Fair.*

> Leurs cœurs de pierre avant la nuit sont changés,
> Et aussi doux que n'importe quelle chair.
> Il y en a qui sont pleins d'amour divin,
> Il y en a qui sont pleins d'eau-de-vie,
> Et plus d'une chose ce jour-là commence
> Qui finira par un accouchement,
> Quelque jour !

Cette foule bariolée qui s'agite, se rencontre, se remue, se mélange, se disperse, toute cette journée, grouillante du petit jour à la nuit close, donnent bien l'idée de la manière de Burns. Wilkie y aurait pu trouver vingt motifs de tableaux ; mais il n'aurait pu en rendre la fougue.

Avec le mouvement, qualité si rare en littérature, Burns en possède une autre qui est plus rare encore : la gaîté. La vie, pour lui, n'est pas morose, ennuyée ou désolée. Il a aimé à vivre, et s'est vraiment réjoui d'exister. Il a connu la joie d'être, la gaîté exubérante et folle, le don magnifique du rire. Un rire sain, bruyant, communicatif, expansif, court dans toute son œuvre, éclate à chaque strophe, ajoute sa sonorité à l'activité qui s'y agite partout. C'est un rire sans réticence, sans arrière-pensée, qui part de bon cœur, s'épanouit à pleines lèvres, s'anime dans des jeux de bouffonnerie et de drôlerie désopilantes, au spectacle des choses. Ce n'est pas le sourire ; c'est le gros, le vrai rire, le rire bon enfant, de belle humeur, sans amertume, le rire des grands rieurs, signe de santé et de force dans un esprit. Car si la gaîté, la gaîté bruyante, n'est pas l'état définitif de l'âme ; si l'affaiblissement de la vitalité, le regret des affections perdues, l'inévitable réflexion que ce qui semble si long aux jeunes, est bref comme nous-mêmes, si toutes les méditations de l'expérience la tempèrent et l'éteignent peu à peu, elle n'en est pas moins, comme l'amour, une des phases qu'ait à traverser une existence bien constituée ; elle est nécessaire à une représentation complète des hommes. Elle est souvent la récompense des gens qui ne se dérobent pas à la vie. Burns doit cette grande qualité à ce qu'il a été un poète qui a connu l'action et non un poète méditatif. Il a oublié, dans l'activité de la vie, sa brièveté. Ceux qui ne se livrent pas à elle et la regardent ne peuvent se défendre de mélancolie. Celui qui rame et jette ses filets sur la rivière a moins le sentiment qu'elle fuit, que ceux qui la contemplent assis à l'extrémité d'un promontoire.

Ces qualités d'observation exacte et étendue ne suffiraient pas à faire un véritable artiste. Elles ne sont que les conditions premières, les dessous de la production. Elles la supportent, mais il faut leur ajouter quelque chose. Par elles-mêmes, elles peuvent procurer la connaissance abstraite et générale du cœur humain, à la façon des moralistes, ou la pénétration froide et limitée des diplomates, des gens de police et de quelques magistrats. Il y a une distance entre elles et la façon colorée, vivante, infiniment plus complète et plus réelle dont un artiste saisit, ramasse d'un coup d'œil tout un personnage, et le rend d'un trait ou d'un mot. Pour celle-ci, il faut un don de l'ensemble, une intuition qui saisit l'individu dans sa complexité, et le résume à chaque instant. Et il faut au service de celui-là un don supérieur et tout personnel de rendre. C'est une puissance singulière de langage, un tour de main d'ouvrier qui le plie, le tord, le violente, s'il le faut, et le modèle. Ce sont des inventions de style, des touches inattendues et parlantes qui éclairent tout un caractère. C'est ainsi que, chez certains peintres, on peut noter les coups de pinceau décisifs qui font le portrait et le marquent vraiment comme une œuvre de génie.

L'importance de ce maniement tout personnel de la langue est très grande. Il est aisé de s'en assurer. Quand Villon représente de pauvres orphelins « tous despourveus et *dénuez* comme le ver [1] », des pendus, « plus *becquetez* d'oiseaux que dez à coudre [2] », ou son ami Jehan Cotard qui, lorsqu'il avait bu du plus cher, marchait s'allant coucher « comme un vieillard qui chancelle et *trépigne* [3] » ; quand Rabelais dit : « Nous fûmes attentifs et à pleines oreilles, *humions* l'air, comme belles huîtres en écailles [4] », ou « à ces mots, les filles commencent à *ricasser* entre elles, Frère Jean, *hannissoit du bout du nez* comme prêt à roussiner [5] » ; quand Regnier, qui est plein de ces trouvailles, parle de son habit « partout *cicatricé* [6] », de dames qui « se *fondent en délices* à lire de beaux écrits [7] », quand il montre un jeune fat en train de :

Se *tasser* sur un pied, faire arser son épée,
Et s'*adoucir* les yeux ainsi qu'une poupée [8].

ou qu'il écrit :

Trois vieilles *rechignées*
Vinrent à pas contez comme des airignées [9].

quand St-Simon, dans son puissant crayon de Pierre-le-Grand, après avoir peint le visage, parle « d'un tic qui ne revenait pas souvent, mais qui lui *démontait* le visage et toute la physionomie et qui donnait de la frayeur. Cela durait un instant, avec un regard égaré et terrible, et se

---

[1] Villon. *Petit Testament*, strophe XXV.
[2] Villon. *L'Epitaphe en forme de Ballade*.
[3] Villon. *Grand Testament. Ballade et Oraison*.
[4] Rabelais. *Livre IV*, chap. 55.
[5] Rabelais. *Livre IV*, chap. 52.
[6] Regnier. *Satire II*, v. 49.
[7] Regnier. *Satire II*, v. 168.
[8] Regnier. *Satire VIII*, v. 10.
[9] Regnier. *Satire XI*, v. 93.

remettait aussitôt [1] » ; quand Molière représente Tartuffe attirant les regards

> Par l'ardeur dont au ciel il *poussoit* sa prière,
> Il faisait des soupirs, de grands *élancements*,

quand Beaumarchais s'écrie : « La charmante jeune fille ! toujours riante, *verdissante*, pleine de gaîté, d'esprit, d'amour et de délices [3] » ; est-ce que, dans chacun de ces cas, l'effet n'est pas produit par un mot. Nous ne disons pas par le sens qu'il contient, mais par sa physionomie particulière, par son allure, quelque chose d'expressif et de pittoresque qui lui est propre. Qu'on remplace n'importe lequel de ces termes par un autre, aussi proche synonyme qu'il soit, tout est perdu, la touche victorieuse se ternit, le tableau s'éteint, la vie s'efface. Cette facture de génie est le propre des grands écrivains. On peut être un grand connaisseur et un grand descripteur d'hommes, dans une langue ordinaire, comme Ben Jonson, Thackeray ou George Eliot, qui sont plutôt des génies d'analyse. Il faut, pour rendre les éclairs d'expression, les brusques attitudes et les raccourcis de la vie, la langue plus riche et plus inventée de peintres comme Shakspaere, ou Dickens, ou Rabelais, ou Molière.

Burns était de cette dernière lignée. Il avait reçu, à un niveau moins élevé sans doute, le don supérieur de la vie. Non seulement il avait la pénétration qui discerne les ressorts cachés, les motifs sous les actes, non seulement il avait la faculté de le rendre d'un coup et de rassembler dans le regard la personnalité complète d'un individu, mais il avait aussi, cette invention de langage nécessaire pour donner le trait essentiel, dominant, qui groupe tous les autres et en est comme la clef de la voûte. Tout essai pour transporter cette marque de maîtrise est inutile. Dès qu'on y touche, elle échappe. Il est aussi impossible à une traduction de rendre ces vigueurs qu'à une gravure de rendre les touches de couleur. Il faut, dans les deux cas, avoir recours à l'original.

Les personnages qui s'agitent dans ces tableaux remuants sont, grâce à ces qualités, merveilleusement vivants, brossés en quelques coups de pinceau mais qui portent tous. Quelques-uns ne font que passer dans un vers, on les croise une seule fois comme dans la rue, mais on ne les oublie plus. Et qui pourrait oublier ce brave ivrogne Tam de Shanter, et le savetier Johnny, son vieux, fidèle et toujours altéré compagnon ? et l'hôtesse qui fait la gracieuse avec Tam, et la femme de Tam qui avait ses raisons pour être d'humeur mauvaise ? [4] Et Tam Samson, le roi des chasseurs et des pêcheurs, des joueurs de curling, une bonne physionomie de vieux chasseur enragé ? En vain la vieillesse délabrait son corps, en

---

[1] St-Simon. *Mémoires*. Le czar Pierre à Paris.
[2] Molière. *Tartuffe*, Acte I, scène VI.
[3] *Le Mariage de Figaro*, Acte I, scène II.
[4] *Tam o' Shanter*.

vain la goutte mettait des entraves à ses chevilles, rien ne le retenait. « Il avait deux défauts ou peut-être trois », mais on perdit un gai et honnête compagnon quand Tam Samson mourut [1]. Et tous ces braves fermiers? Qui peut oublier ce jovial, rugueux, rude et plaisant Rankine, « le premier des pour rire et boire », plein de réparties et de farces, qui s'amuse à griser les dévots, et dont le maudit esprit leur arrache du dos leur robe d'hypocrisie? [2] Et le vieux et franc Lapraik, au cœur honnête, qui écrit si amicalement, « le roi de cœur si le genre humain était un paquet de cartes » ? [3] Et William Simpson, le maître d'école, cet insinuant Willie « flatteur et caressant » ? [4] Et James Smith, le petit marchand de Mauchline, rabougri et disgracié, mais fin et avec quelque chose d'attirant qui le rendait irrésistible? On pense à ces hommes un peu contrefaits chez qui la physionomie sauve tout.

>Cher Smith, le plus malin, le plus sournois voleur
>Qui ait jamais tenté larcin ou rapine,
>Sûrement vous avez quelque charme de sorcier
>Sur les cœurs humains,
>Car jamais une poitrine n'a pu se défendre
>Contre vos artifices.
>
>Pour moi, je jure par le soleil et la terre,
>Et chacune des étoiles qui clignotent au delà,
>Vous m'avez coûté vingt paires de souliers
>Rien qu'à vous aller voir,
>Et à chaque paire qui est usée,
>Je suis plus épris de vous.
>
>Cette vieille coquine capricieuse, la Nature,
>Comme dédommagement pour une courte stature,
>Vous a lancé dans le monde comme une créature
>De premier choix ;
>Et s'est amusée sur chacun des traits de votre figure
>A écrire : « Un homme ! » [5]

Aussi ne sommes-nous pas surpris de trouver ailleurs une épitaphe préparée à l'avance pour ce petit homme spirituel, si dangereux de laideur et de séduction, sorte de Roquelaure rustique.

>Pleurez-le, vous tous époux de Mauchline,
>Il vous a souvent aidés ;
>Car, fussiez-vous restés des années absents,
>Vous n'auriez pas manqué à vos femmes ;

---

[1] *Tam Samson's Elegy.*
[2] *Epistle to John Rankine.*
[3] *Epistle to John Lapraik.*
[4] *Epistle to William Simpson.*
[5] *Epistle to James Smith.*

> Vous, gamins de Mauchline quand vous allez
> A l'école par bandes, tous ensemble,
> Oh! marchez légèrement sur son gazon,
> Peut-être il était votre père [1].

Quand on voyage en Écosse, il est impossible de ne pas être frappé d'un type très fréquent. Ce sont certains hommes grisonnants mais vigoureux et nerveux. Ce qu'on remarque tout d'abord c'est la chevelure drue, épaisse, raide, emmêlée, revêche, que l'âge n'a pas pu éclaircir, qu'il ne peut même pas dompter, et qu'il semble avoir peine à blanchir. C'est la chevelure caractéristique des portraits de Carlyle et de Hugh Miller, et, s'il est permis de placer une observation personnelle, de la tête de David Masson. Si John Brown, ce grand connaisseur en rapports de physionomies, qui comparait les yeux d'un chien à ceux de la Grisi [2], voulait nous prendre sous sa protection, nous dirions que cette chevelure fait penser au poil touffu, bourru et rageur des terriers écossais. C'est comme l'indice d'un grand fonds de résistance, de natures rugueuses et robustes. Sous « ce chaume », il y a souvent des yeux gris d'acier, petits, enfoncés, très actifs et très pénétrants. Cette physionomie va généralement avec quelque chose d'inculte et de négligé dans la mise. L'ensemble est brusque, vigoureux, très sagace et très bon. On y sent une grande puissance de travail et de ténacité. Souvent, il y a sous cet extérieur, beaucoup de science et beaucoup d'humour; ils ont le coup de dent, et la comparaison du terrier revient pour le moral. C'est un type bien écossais. Burns en a tracé le portrait dans quelques vers sur son ami William Smellie, moitié imprimeur, moitié savant. Il est définitif.

> Le pénétrant Willie vint au Crochallan,
> Le vieux chapeau à cornes, le surtout gris, toujours les mêmes;
> Sa barbe raide commençait à croître dans sa force,
> Il s'en fallait de quatre longs jours et nuits jusqu'au soir du rasoir;
> Ses cheveux grisonnants, non peignés, farouchement hérissés, couvraient de leur
> Une tête sans rivale pour les pensées profondes et claires.   [chaume,
> Cependant, bien que son esprit caustique fût mordant et âpre,
> Son cœur était chaud, bienveillant et bon [3].

Nous parlions du pouvoir de certains mots dans une peinture et de l'effet qui est uniquement dû à ce qu'ils ont de particulier. Nous n'en pourrions pas citer beaucoup d'exemples plus convaincants que celui qui est contenu dans deux vers de ce fragment:

> His uncomb'd grizzly locks, wild staring, thatch'd
> A head for thought profound and clear unmatch'd

---

[1] *Epitaph for James Smith.*
[2] John Brown. *Rab and his friends.*
[3] *Extempore on William Smellie.*

Il est impossible de rendre la force et le pittoresque qui s'ajoutent à l'idée, par suite de l'enchevêtrement du premier vers suspendu au-dessus de l'aisance et de la clarté du second. Ce sont ces touches-là qui décèlent l'écrivain et qui, en même temps, sont intraduisibles.

A ces portraits, il faudrait ajouter la cohue des prêtres. Il y en a toute une bande noire et forcenée qui vocifère, menace, maudit, et, dans des clameurs de damnation, secoue des gestes d'anathème. Ils apparaissent tous marqués d'un trait : le vieil Auld qui ne peut plus mordre mais peut encore aboyer, Andro Gouk, le Docteur Mac, Davie Bluster, le bruyant [1] ; il y a surtout le Révérend Moodie et le Révérend Russell, le verbeux Russell [2] « le noïr Russell », deux types accomplis de clergymen terrifiants. Voici Russell :

« John Grognant, John Grognant,
Montez les marches avec un grognement,
Criez que le livre est bourré d'hérésies,
Puis, tirez votre cuiller à pot,
Pour nous servir du soufre comme de l'eau sale,
Et hurlez toutes les notes des damnés [3]. »

Et voici Moodie :

Maintenant toute la congrégation
Est silence et attente ;
Car Moodie gravit le pupître sacré,
Avec des nouvelles de damnation.
Si le Cornu, comme aux jours anciens,
Parmi les fils de Dieu se présentait,
La seule vue de la face de Moodie
Le renverrait dans sa chaude maison
Tout peureux, ce jour-là.

Ecoutez comme il éclaircit les points de foi,
Avec du fracas et des coups de poing !
Tantôt doucement calme, tantôt farouche et furibond,
Il trépigne et il bondit!
Son menton allongé et son groin en l'air,
Ses glapissements lugubres et ses gestes,
Oh ! comme ils mettent en feu les cœurs dévots,
Comme des emplâtres de cantharides,
En ce jour-là [4].

Ailleurs, c'est le gros capitaine Grose [5], le bon Matthew Henderson [6], le

---

[1] *The Kirk's Alarm.*
[2] *The Twa Herds or the Holy Tulzie.*
[3] *The Kirk's Alarm.*
[4] *The Holy Fair.*
[5] *Verses on Captain Grose's Peregrinations. — Lines Written in a Wrapper enclosing a letter to Captain Grose.*
[6] *Elegy on Captain Matthew Henderson.*

major Logan qui joue du violon, dont « le coude marche et se trémousse [1], »
« la face latine de Gregory [2] », « Creech le libraire », « un petit homme,
droit, vif, aigre trottinant [3] »,

> Qui regarde avec amour sa petite ombre leste dans les rues
> Plutôt que la plus jolie femme qu'il rencontre [3].

Que d'autres portraits encore tracés d'un trait, des noms accompagnés d'une seule épithète parfois, mais si expressive et si juste qu'une personnalité s'en dégage et ne s'oublie plus. Cela fait penser aux personnages si joliment évoqués par Chaucer, d'un seul mot, dans le prologue de ses contes de Canterbury.

II

L'HUMOUR DE BURNS.

Avec ces qualités, Burns a été un humoriste. Tous les critiques qui l'ont étudié le reconnaissent ; l'un d'eux a même déclaré que c'était le meilleur des poètes humoristes [4]. Essayons de bien marquer le genre d'humour qu'il a possédé.

Il est téméraire, sans doute, de tenter une fois de plus de préciser l'humour [5], et de reprendre un mot fatigué vainement par tant de définitions. Chacune des formules dont on l'a marqué ne s'applique qu'à un point, et l'idée, couverte d'empreintes, dépasse chacune d'elles et n'est pas même comprise par elles toutes. Elle ressemble à ces troncs d'arbre que des acheteurs successifs ont frappé de leur fer, et qui néanmoins ne portent que çà et là une lettre. Si l'on dit, avec M. Taine, que l'humour est quelque chose d'âcre, d'amer, de sombre, « la plaisanterie d'un homme qui en plaisantant garde une mine grave », d'un homme « qui est rarement bienveillant et n'est jamais heureux [6] », on définit l'humour de Swift, de Carlyle ou de Thackeray, bien que ce dernier, pour son compte, ait décrit l'humoriste comme un homme plein de pitié et de tendresse [7].

---

[1] *Epistle to Major Logan.*

[2] *Epistle to William Creech.*

[3] *Sketch of a Character.*

[4] Robert-Louis Stevenson. *Familiar studies of Men and Books*, l'essai intitulé : *Some aspects of Robert Burns*, p. 88.

[5] Shaftesbury dit finement : « Décrire la vraie raillerie serait une chose aussi difficile, et peut-être aussi inutile, que de définir la bonne éducation. Personne ne peut comprendre les spéculations sur ces choses, en dehors de ceux qui en ont la pratique. Cependant chacun se croit bien élevé ; et le pédant le plus roide s'imagine qu'il peut railler avec bonne grâce et humour ». *Characteristics of men, manners, opinions, times,* l'essai intitulé : *an Essay on the Freedom of Wit and Humor.*

[6] Taine. Notes sur l'Angleterre, p. 344.

[7] Thackeray. *English Humourists. Swift.*

Mais que fait-on alors de l'humour bienveillant et enjoué d'Addison, le meilleur des hommes et un optimiste, de celui du joyeux Steel, de celui du bon Goldsmith, du sensible Sterne, de Charles Lamb, cette âme délicate et candide, de toute une lignée d'écrivains que les Anglais regardent comme les types les plus achevés de l'humour ?[1] Si, avec M. Scherer, on définit, par une conception diamétralement opposée, l'humour comme une plaisanterie sans amertume, « une satire sans fiel », et l'humoriste comme une sorte d'optimiste qui, « au fond, ne trouve pas que tout aille si mal, ni que l'humanité soit si à plaindre, ni qu'il y ait ici-bas que des coquins ou des scélérats[2] », on explique les humoristes bienveillants, mais que deviennent Swift, Thackeray, Carlyle, les seuls qui soient acceptés par M. Taine ? Si, avec M. Stapfer, dont l'étude sur ce sujet est cependant si remarquable[3], on considère l'humour comme un pessimisme profond dont le principe est « l'idée du néant universel », le mépris de tout, et si l'humoriste est un désabusé qui a jugé que tout n'est qu'une farce, méprise tout, se rit de tout et enveloppe sa désespérance d'un sarcasme, que deviennent les humoristes moraux et croyants, les hommes qui, comme Addison, croient au bien, s'y consacrent et font de la raillerie un moyen de conversion ? les hommes tels que Thomas Fuller, Jeremy Taylor[4], Bunyan lui-même, qui sont des chrétiens et souvent des humoristes ? N'est-ce pas aussi employer de bien gros mots pour un tour d'esprit qui peut s'exercer sur des portions de la vie humaine aussi bien que sur le problème de la destinée ? Tous les humoristes n'ont pas lu Schopenhauer, et tel meneur d'ânes ou colporteur est un humoriste sans s'être fait une métaphysique. Si, d'autre part, on avance, avec Carlyle et Thackeray, que la sensibilité est l'essence de l'humour[5], on est obligé de soutenir que Swift n'a pas d'humour, ou de prétendre qu'il a de la sensi-

---

[1] Lorsque Voltaire introduisait en France le mot humour, il est manifeste que ce mot ne désignait pour lui rien de rude ni de triste : « Les Anglais ont un terme pour signifier cette plaisanterie, ce vrai comique, cette *gaieté*, cette *urbanité*, ces saillies qui échappent à un homme sans qu'il s'en doute, et ils rendent cette idée par le mot humour qu'ils prononcent *Yumor* ». *Lettre à l'abbé d'Olivet.*

[2] Scherer. *Etudes sur la Littérature contemporaine*, tom VI. Article sur *Laurence Sterne*.

[3] On trouvera toute la théorie de M. Stapfer sur l'humour, dans le volume *Molière et Shakspeare*, aux chapitres VI, VII et VIII, intitulés : *Définitions partielles de l'Humour ; Philosophie de l'Humour ; l'Humour dans Shakspeare, Aristophane et Molière*. Lire aussi son étude sur Sterne.

[4] Voir sur l'humour épars dans les grands ouvrages ecclésiastiques de Fuller : Reed. *Introduction to English Literature*, le chapitre : *Literature of Wit and Humour*, p. 210-11. Le même auteur parle aussi, au même endroit, de « l'humour qui est mélangé au raisonnement de Barrow et à l'éloquence poétique de Jeremy Taylor ». Dans son *History of English Humour*, le Rev. A G. L'Estrange, constatant que « quelques-uns de nos premiers humoristes ont été des ecclésiastiques », consacre un chapitre à trois d'entre eux : Donne, Hall et Fuller, tom I, chap. V.

[5] Thackeray. *English Humourists. Swift.* — Carlyle. *Essay on Jean-Paul Richter.* — Voir aussi dans cette direction, Emerson. *Letters and social Aims. The comic* — et Bain, *English Composition and Rhetoric*, le chapitre intitulé : *The ludicrous, Humour, Wit,* p. 74-79.

bilité, et on a le choix entre deux paradoxes. Si l'humour aime l'excentricité et se réjouit de déconcerter la logique et la raison [1], que devient celui de Swift qui est fait de logique, et celui d'Addison qui est fait de raison ? Si l'humour est fait de fantaisie devergondée, de bizarrerie, de heurts, de soubresauts, que fait-on de celui du *Vicaire de Wakefield*, si uni et si charmant ? Si l'humour exige des contrastes violents, que devient l'humour de Charles Lamb, tout en nuances délicates et fondues ? D'ailleurs, qu'a de commun le décousu, tout extérieur, des chapitres de Sterne, par exemple, avec son humour ? Qu'on découpe un exemplaire de *Tristram Shandy*, et qu'on rétablisse, en histoires suivies, les chapitres jetés pêle-mêle, l'humour ne subsistera-t-il pas tout entier ? bien plus, qu'on prenne une page, un passage de Sterne, isolé et formant un tout, l'humour ne s'y trouve-t-il pas ? Encore ne donnons-nous contre chacune de ces formules que la grosse objection centrale. Elles en soulèveraient mainte autre de détail. De toutes parts, ce sont des contradictions et des insuffisances, un enchevêtrement de définitions souvent arbitraires et toujours trop courtes ; leur objet les dépasse de toutes parts. Quelques-unes sont si étroites qu'elles font penser à celle de ce vaurien qui, dans une pièce de Shadwell, faisait consister l'humour à briser les vitres [2].

Ajoutez, pour achever le contraste entre la petitesse des définitions et l'étendue de l'idée, que l'humour n'est pas, pour les Anglais, une chose purement anglaise. C'est un don qui appartient à l'esprit humain et se manifeste partout où le génie paraît, comme la poésie ou l'éloquence. Il faut faire entrer dans la définition de ce mot, tel que les Anglais l'entendent, des hommes comme Rabelais, Montaigne, Aristophane, Henri Heine, Jean-Paul Richter, Molière, La Fontaine, Voltaire, Cervantès. Hallam, qui a quelque autorité pour parler de littérature, dit que *les Plaideurs* contiennent plus d'humour que d'esprit [3]. Quant à Cervantès, il est le roi et le modèle des humoristes, le représentant le plus complet de l'humour. Tous les critiques anglais sont d'accord sur ce point. « Il n'y a peut-être pas un livre, dans aucune langue, où l'humour soit porté à un plus haut degré de perfection que dans les aventures du célèbre Chevalier de la Manche [4]. » C'est Campbell qui parle ainsi, dans sa *Philosophie de la Rhétorique*. Et il est important de ne pas oublier que ces paroles datent de 1750, qu'on ne peut invoquer contre elles l'extension récente que le mot d'humour aurait reçu. Près d'un siècle plus tard, Carlyle écrit : « Sterne vient ensuite, notre dernier spécimen de l'humour

---

[1] Jean-Paul Richter dit de l'humour : « Il ressemble à l'oiseau Merops qui monte vers le ciel en tenant sa queue tournée vers lui ; c'est un jongleur qui boit et aspire le nectar en dansant sur la tête ». *Poétique ou Introduction à l'Esthétique*, § 33.

[2] Addison. *Spectator*, n° 35.

[3] Hallam. *Introduction to the Literature of Europe*.

[4] Campbell. *Philosophy of Rhetoric*, chap. II, section 2.

et, avec tous ses défauts, notre plus délicat, sinon notre plus robuste, car Yorick et le caporal Trim, et l'oncle Toby, n'ont pas encore de frère sinon en Don Quichotte, bien qu'il soit bien au-dessus d'eux. Cervantès est à la vérité le plus pur de tous les humoristes, tant son humour est doux, génial, plein et cependant éthéré, tant il est d'accord avec l'auteur et avec toute sa noble nature [1]. » On voit jusqu'où s'étend la région de l'humour, et quel petit espace les définitions y occupent çà et là.

Si donc, comme l'a bien marqué M. Scherer, une définition de l'humour consiste à dégager ce qu'il y a de commun chez tous les écrivains qu'on désigne sous le nom d'humoristes [2], elle devra être assez large pour accueillir tous ces noms. C'est une vaste auberge où pourront se rencontrer les joyeux et les tristes, les misanthropes et les indulgents, les logiciens et les fantaisistes, les sages et les fous, Swift avec Goldsmith, Rabelais avec Charles Lamb, Aristophane avec Sterne, Chaucer et La Fontaine et Dickens, Falstaff, Mercutio, Hamlet, Sancho Pansa, une foule disparate de gens de tous pays, de toute condition, de tout âge, et de toute humeur.

Qu'ont-ils donc de commun ? Un trait qu'il est impossible de ne pas saisir au premier coup d'œil : la moquerie. Quels qu'ils soient, paysans, curés, prosateurs, poètes, ignorants, lettrés, ils sont tous en ceci pareils, c'est qu'ils raillent. C'est la caractéristique de leur esprit et de leur physionomie. Regardez-les, même ceux qui affectent le plus austère sérieux ; n'ont-ils pas tous au coin de la lèvre ou du regard quelque chose de narquois ? Sur toutes ces figures, depuis la face joyeusement épanouie de Rabelais jusqu'à la face amèrement contractée de Swift, la moquerie s'étale ou se trahit ; elle parcourt tous ces visages, du rire plantureux de Falstaff, au sourire mince et sec de Voltaire, et à celui imperceptible et attendri de Charles Lamb. Allez dans cette foule, vous y trouverez toutes les variétés de la raillerie : le sarcasme amer de Swift, la gausserie gigantesque de Rabelais, le persiflage aigu de Voltaire, l'ironie sournoise de La Fontaine, celle souriante de Goldsmith, le badinage charmant de Charles Lamb, la causticité coupante de Thackeray, la plaisanterie émue de Dickens, la gouaillerie bouffonne de Falstaff, la satire désespérée d'Hamlet, la goguenarderie niaise de Sancho, le ricanement diabolique de Méphistophélès, la chanson moqueuse de Mercutio, le rire aérien d'Ariel. Qu'ils se moquent des autres ou d'eux-mêmes ; qu'ils se moquent par méchant cœur ou colère, ou, ce qui est souvent le cas, par pudeur et pour cacher leur émotion ; qu'ils se moquent en parlant gravement de choses folles, ou follement de choses graves, qu'im-

---

[1] Carlyle. *Essay on Jean-Paul Richter.*

[2] Scherer. *Etudes sur la Littérature contemporaine*, tom VI. Article sur *Laurence Sterne.*

porte ? Ils diffèrent en tout ; ils n'ont qu'un seul point commun : la raillerie.

Est-ce là tout ? Faut-il se borner à dire que les humoristes sont des railleurs et que l'humour est la raillerie ? Ce ne serait pas la peine d'aller chercher un mot étranger pour rendre une idée dont on avait l'expression sous la main. En y regardant de plus près, quelque chose vient s'ajouter à ce premier trait. Il y a un autre élément nécessaire à l'humour, ou, en d'autres termes, un second point commun à tous ceux qu'on appelle des humoristes. C'est le sens de la vie réelle, le contact direct avec elle. L'éloquence, la poésie, l'esprit, peuvent être parfaitement abstraits, exister à une grande distance des choses. L'humour a besoin de s'appuyer sur elles. Il ne naît qu'au milieu du concret ; il trouve ses matériaux et sa nourriture dans le tangible ; il lui faut des faits particuliers ; il vit de l'observation immédiate de ce qui l'entoure. Prenez de nouveau tous les grands humoristes, Aristophane, Cervantès, Rabelais, Shakspeare, Swift, et voyez comme ils ont été de minutieux connaisseurs même des petits faits et des petits objets de la vie. Les humoristes un peu inférieurs à ceux-là, parce qu'ils sont plus littéraires et que leur humour est plus dans la forme, Sterne, Addison, Thackeray, remplacent la largeur d'observation par la finesse, et nourrissent leur raillerie des miettes de la réalité. Sans connaissance de la vie, sans remarques particulières, individuelles, il n'y a pas d'humoristes. Il peut y avoir des écrivains caustiques et spirituels qui darderont dans l'abstrait des mots affilés, mais qui ne mériteront jamais le mot substantiel et plein d'humoristes. Pour l'obtenir, il faut avoir dans la main ne fût-ce qu'une poignée de faits réels. Autrement, on n'est qu'un homme d'esprit. C'est grâce à cette solidité d'observation, que la foule est pleine d'humour [1]. Qui n'a rencontré de ces hommes du peuple, surtout de ceux que leur métier mêle à beaucoup de monde, comme les aubergistes, les conducteurs de voitures publiques, qui ont un intarissable fonds d'observation et de drôlerie ? Ce ne sont pas des gens d'esprit ; ce sont des humoristes. Il n'y a pas d'autre terme pour les désigner, et l'impossibilité où nous serions de les définir autrement explique pourquoi nous avons emprunté ce mot d'humour dont nous n'avons pas l'équivalent.

Cette condition que l'observation doit rester particulière et concrète pour constituer l'humour nous paraît indispensable. Dès qu'elle se fait abstraite, dès qu'elle se dépouille de son enveloppe d'incidents, de faits,

---

[1] Voir, à ce sujet, de justes remarques dans un article du *Guardian*, n° 144, Wednesday, August 26th. — Swift, qui s'y connaissait, dit : « De même qu'un goût pour l'humour est purement naturel, ainsi l'est l'humour lui-même. Ce n'est pas un talent confiné aux hommes d'esprit et de savoir ; car nous l'observons quelquefois chez des domestiques communs et chez les plus bas du peuple, tandis que ceux qui le possèdent ignorent souvent le don qui leur est échu. » Nous avons trouvé cette phrase de Swift dans un recueil de pensées, intitulé : *Laconics*, vol. I, n° 842.

de gestes précis, la raillerie reste, la connaissance de la vie reste ; l'humour disparaît. Qu'on prenne une pensée comme celle-ci : « Nous avons tous assez de force pour supporter les maux d'autrui [1]. » Il y a de l'ironie, et c'est le résumé d'une grande connaissance des hommes ; il n'y a pas d'humour. Chamfort raconte qu'un plaisant, ayant vu exécuter un ballet à l'opéra, le fameux : « Qu'il mourût » de Corneille, proposa de faire danser les maximes de La Rochefoucauld [2]. On pourrait, pour connaître si une pensée a de l'humour, proposer de la faire jouer. Celles de Chamfort, qui sont presque toutes en anecdotes, en contiennent beaucoup. Il y a souvent de l'esprit dans la morale des fables de La Fontaine, qui est une maxime abstraite, tandis qu'il y a de l'humour dans la fable elle-même qui est une scène. Les critiques montrent quelque indécision à savoir si Voltaire doit être classé parmi les humoristes, et si *Candide* est une œuvre d'humour. Carlyle ne le cite pas parmi les humoristes ; Macaulay le compare à Swift et à Addison [3] ; George Eliot trouve que dans *Candide* on sent le manque d'humour, mais que *Micromégas* « serait humoristique, s'il n'était pas si étincelant, si antithétique, si plein de suggestion et de satire qu'on est obligé de l'appeler spirituel [4] ». M. Stapfer, par une suite de son système du néant, estime que Voltaire est un polémiste trop passionné, prend trop au sérieux les choses du monde, pour mériter le nom d'humoriste [5]. Toutefois, lorsqu'il lui arrive, selon l'expression bizarre de Jean-Paul, « de se séparer des Français et de lui-même, par l'idée anéantissante », ses romans, *Micromégas* et surtout *Candide*, s'élèvent fort au-dessus du simple persiflage et appartiennent à l'humour [5]. Nous supposons que Jean-Paul veut dire que Voltaire n'a pas assez souvent le sentiment du néant universel, qu'il prend trop à cœur les choses de son temps et de son pays. Or, ce qui, à nos yeux, fait que Voltaire ne compte pas parmi les premiers humoristes, ce n'est pas qu'il est trop engagé dans la vie, c'est qu'il ne l'est pas assez. Ce qui lui manque, c'est tout justement le contraire de ce que dit Jean-Paul, c'est d'avoir eu plus de sympathie pour les formes tangibles de la vie. Son humour est pauvre en substance vitale, en observations concrètes, en détails, en faits précis, comme ceux qui nourrissent l'humour de Rabelais, Swift et Cervantès. Il s'occupe plutôt des idées que des hommes. Ses romans sont trop abstraits, trop universels, pas assez particuliers ; ce sont plutôt des affabulations de systèmes, des sortes d'allégories philosophiques, que des peintures sincères de la réalité. Ses personnages n'existent pas par

---

[1] La Rochefoucauld. *Maximes.*
[2] Chamfort. *Caractères et Anecdotes.*
[3] Macaulay. *Essay on Addison.*
[4] G. Eliot. *Essay on Heinrich Heine.*
[5] Stapfer. *Etude sur l'Humour.*

eux-mêmes ; ce sont des types représentant des hypothèses et engendrés en vue d'une discussion. La raillerie de Voltaire porte moins sur la vie elle-même que sur les conceptions de la vie. Elle contient plus de réflexion abstraite que d'observation ; ses romans contiennent plus de pensée que de vie. Ce qui n'empêche pas qu'il y ait dans *Candide*, et peut-être plus encore dans l'*Ingénu*, assez de contact avec la réalité pour qu'ils soient de véritables œuvres d'humour.

La plupart des écrivains qui ont traité de l'humour ont vaguement perçu la nécessité de cette observation concrète de la vie ; ils ne l'ont pas dégagée de l'amas des traits secondaires ou accessoires qu'ils ont souvent placés au premier rang. Ils ont été semblables à ces médecins qui constatent les symptômes décisifs d'une maladie, sans comprendre leur importance, et les laissent disséminés parmi des faits indifférents et accidentels. C'est ainsi que Campbell dit : « Le sujet de l'humour est toujours le caractère, ses faibles, généralement, tels que les caprices, les petites extravagances, les inquiétudes faibles, les jalousies, les faiblesses enfantines, la pétulance, la vanité, l'amour-propre. On trouve carrière à exercer ce talent surtout en racontant des histoires familières, ou en assumant et en jouant un caractère qui a de la drôlerie [1] ». Plus loin, il laisse encore mieux voir combien cette condition le préoccupait, quand il dit que l'homme d'humour descend souvent jusqu'à la minutie, qu'il tombe quelquefois dans l'imitation des singularités de la voix, des gestes, ou de la prononciation, et qu'il doit « exposer l'individuel [1] ». Macaulay parle de l'humour comme du « pouvoir de tirer de la gaîté des incidents qui se présentent chaque jour et des petites singularités de caractère et de manières qui peuvent se trouver dans tous les hommes [2] ». Carlyle est plus précis encore. « L'humour, dit-il, est, à proprement parler, le révélateur des choses humbles, ce qui le premier les rend poétiques à l'esprit. L'homme d'humour voit la vie commune, même la vie vulgaire, sous une lumière nouvelle de gaîté et d'amour ; tout ce qui existe a un charme pour lui [3] ». N'est-ce pas encore la même idée du réel qui reparaît, mélangée à l'idée de sensibilité chère à Carlyle, lequel a été lui-même un humoriste dénué de sensibilité ? Ecoutons maintenant Thackeray : « L'humoriste, selon ses moyens et son talent, commente presque toutes les actions et les passions de la vie. Il prend sur lui d'être, pour ainsi parler, le prédicateur de tous les jours [4] ». George Eliot a quelques expressions qui rendent bien ce qu'il faut à l'humour de particulier, de solide, cet élément pittoresque et tangible qui lui est nécessaire.

---

[1] Campbell. *Philosophy of Rhetoric*, chapter II, section 2.
[2] Macaulay. *Essay on Addison*.
[3] Carlyle. *Essay on Schiller*.
[4] Thackeray. *English Humourists. Swift*.

« L'humour tire ses matériaux des situations et des traits de caractères [1] », et plus loin : « L'humour a surtout pour fonction de représenter et de décrire [1] ». N'est-ce pas encore, dans la même direction, une remarque d'une grande importance que celle de Jean-Paul, qui signale qu'un caractère spécial de l'humour est d'éviter soigneusement les termes généraux, de rechercher la familiarité pittoresque, et de subdiviser l'expression et la pensée jusqu'aux limites les plus extrêmes de la particularisation ? [2] Sir William Temple avait déjà dit longtemps auparavant avec une grande justesse : « L'humour n'est qu'une peinture de la vie particulière, comme la comédie l'est de la vie générale, et bien qu'il représente des dispositions et des habitudes moins communes, elles ne sont cependant pas moins naturelles que celles qui sont plus fréquentes parmi les hommes ; car si l'humour lui-même est forcé, il perd toute grâce ; ce qui, à la vérité, a été le défaut de quelques-uns de nos poètes les plus célèbres en ce genre [3] ». Sans insister sur la première

---

[1] George Eliot. *Essay on Henrich Heine*.

[2] Le passage de Jean-Paul Richter est si instructif et probant qu'il est utile de le citer presque en entier. Il met tout à fait en relief la nécessité de ce quelque chose de concret sur lequel nous insistons : « Comme, *sans les sens*, il ne peut y avoir de comique, *les attributs perceptibles*, en tant qu'expression du fini appliqué, ne peuvent jamais, dans l'objet humoriste, devenir *trop colorés*. Il faut que les *images* et les contrastes de l'esprit et de l'imagination, c'est-à-dire les groupes et les couleurs, abondent dans l'objet pour remplir l'âme de ce caractère sensible....
Nous allons étudier en détail le style de l'humour qui a la double propriété de métamorphoser son objet et de parler aux sens. D'abord il *individualise* jusqu'aux plus petites choses, et même jusqu'aux parties de ce qu'il a subdivisé. Shakspeare n'est jamais *plus individuel*, c'est-à-dire ne s'adresse jamais plus aux sens que lorsqu'il est comique. Aristophane, pour les mêmes raisons, offre plus qu'aucun autre poète de l'antiquité, les mêmes caractères.
Le sérieux, comme on l'a vu plus haut, met partout en avant le général, et nous spiritualise tellement le cœur qu'il nous fait voir de la poésie dans l'anatomie, plutôt que de l'anatomie dans la poésie. Le comique, au contraire, nous attache étroitement à ce qui est déterminé par les sens ; il ne tombe pas à genoux, mais il se met sur ses rotules, et peut même se servir du jarret. Quand il a, par exemple, à exprimer cette pensée : « L'homme de notre temps n'est pas bête, mais pense avec lumière : seulement il aime mal », il doit d'abord introduire cet homme dans la *vie sensible*, en faire, par conséquent, un Européen, et plus précisément un Européen du XIXe siècle ; *il doit le placer dans tel pays et dans telle ville*, à Paris ou à Berlin ; il faut encore qu'*il cherche une rue* pour y loger son homme.
On pourrait poursuivre cette *individualisation comique jusque dans les moindres choses*... Voici encore d'autres minuties à l'adresse des sens : on choisit partout *des verbes actifs* dans la représentation propre ou figurée des objets ; on fait, comme Sterne et d'autres, précéder ou suivre chaque action intérieure d'*une courte action corporelle* ; on indique partout les quantités exactes d'argent, de nombre et de chaque grandeur, là où on ne s'attendait qu'à une expression vague ; par exemple : « un chapitre long d'une coudée » ou « cela ne vaut pas un liard rogné ... »
A cette catégorie des éléments du comique se rattachent encore les noms propres et techniques... On peut rapporter encore aux caractères sensibles de l'humour la paraphrase, c'est-à-dire la séparation du sujet et du prédicat, qui souvent peut n'avoir pas de fin et qu'on peut imiter surtout d'après Sterne, qui lui-même a eu Rabelais pour guide. Quand, par exemple, Rabelais voulait dire que Gargantua jouait, il commençait (I. 22). Là jouait : au flux, à la prime, à la vole, à la pille, etc., il nomme deux cent seize jeux. *Poétique*, § 35. (Traduction Alex. Büchner et Léon Dumont).

[3] *Laconics*, tom III, p. 38.

phrase, si expressément claire, qui ne sent que ce naturel nécessaire à l'humour vient de ce que toute représentation de vie qui manque de cette qualité est radicalement factice. Enfin, L'Estrange remarque que « l'observation est nécessaire pour toute critique, spécialement pour celle du genre qu'on trouve dans l'humour [2] ». Tous ces écrivains, qui varient sur tous les autres points, sont d'accord pour celui-ci. Il se glisse en dépit d'eux dans leur analyse de l'humour et, bien que négligé, mis à un rang qui n'est pas le sien, il est partout [2].

Ainsi, la raillerie d'une part, le contact avec la vie réelle de l'autre, tels semblent être les éléments de l'humour ou, pour répondre à l'expression de M. Scherer, tels sont les deux seuls caractères qui soient communs à tous les écrivains désignés sous le nom d'humoristes. Si nous avions à définir l'humour, nous dirions que c'est la raillerie dans l'observation ou la représentation directe et concrète de la vie, — ou au moyen d'elles.

Cette formule a, tout au moins, l'avantage d'être assez large pour loger cette grande foule bigarrée d'écrivains ou de personnages, entre lesquels les autres formules font un choix arbitraire, laissant entrer les

---

[1] L'Estrange. *History of English Humour*, tom II, p. 252.

[2] Nous trouvons, dans les *Remarques sur les écrits d'Allan Ramsay*, de lord Woodhouselee, une confirmation et, pour employer l'expression anglaise, une illustration singulièrement curieuse de la théorie de l'humour que nous essayons de dégager. C'est la comparaison de deux descriptions du matin, empruntées l'une à l'*Hudibras* de Butler, l'autre au *Christ's Kirk on the Green* de Ramsay. On verra quelle importance l'auteur donnait à l'observation réelle, concrète dans la composition de l'humour.

« Qu'on nous permette ici, en passant, de noter la différence entre la composition spirituelle et humoristique. Butler et Ramsay possédaient tous deux de l'esprit et de l'humour, à un degré peu ordinaire; mais la première de ces qualités dominait dans le poète anglais, la seconde, dans le poète écossais. Butler décrit ainsi le matin, comiquement, mais avec esprit:

> Depuis longtemps le soleil, dans le giron
> De Thétis, avait fait son somme,
> Et, comme un homard bouilli, le matin
> Commençait à passer du noir au rouge.

Ceci plaît comme un passage ingénieux et spirituel. La bizarrerie de la comparaison nous fait sourire, mais *ce n'est pas une peinture exacte de la nature et par conséquent ce n'est pas de l'humour*. Or, remarquez l'humour avec lequel Ramsay décrit l'aurore qui se lève sur sa gaie compagnie à un mariage; il faut excuser un peu de grossièreté, sans elle, le tableau n'aurait pas été fidèle.

> Maintenant, du coin est de Fife, l'aurore
> Grimpa vers l'ouest dans le ciel,
> Les fermiers, entendant que le coq avait chanté,
> Commencèrent à s'étirer et à roter;
> Les fermières avares, en bâillant de travers,
> Crièrent: « Les filles à l'ouvrage! »
> Les chiens aboyèrent, et les gars du coup
> Sautèrent sur leurs culottes comme la grêle,
> Au point du jour.

L'humour *doit être conforme à la nature*: c'est la *nature vue dans ses aspects absurdes et comiques*. L'esprit donne une ressemblance apparente et fantaisiste à la nature, son essence même exige une opposition avec elle ».

Il est inutile de faire remarquer que ce passage vient tout à fait à l'appui du passage de Jean-Paul Richter.

uns et repoussant les autres. Si l'observation est sympathique, c'est-à-dire, si elle est tout à fait objective, si elle se place entièrement dans l'objet observé, sans traverser auparavant un jugement moral contenu dans l'observateur, la sensibilité peut venir se joindre à elle. On a alors les humoristes émus. Mais ce n'est là qu'une forme plus complexe et plus riche, dites, si vous le désirez, plus élevée de l'humour. Ce n'est pas l'essence même de l'humour qui est souvent âpre et dur. C'est l'avis de Georges Eliot qui dit avec beaucoup de pénétration : « Quelque confusion, relativement à la nature de l'humour, a été créée par le fait que ceux qui en ont écrit avec le plus d'éloquence ont insisté presque exclusivement sur ses formes les plus hautes, et ont défini l'humour en général comme la représentation sympathique des éléments incongrus de la nature et de la vie humaine, définition qui ne s'applique qu'à ses derniers développements. Beaucoup d'humour peut exister avec beaucoup de barbarie, comme nous le voyons dans le moyen-âge [1] ». De même, si l'observation s'exprime sous une forme lyrique, si elle est rendue avec les mouvements de joie, de surprise, d'enthousiasme qu'elle excite chez certaines âmes, si la raillerie, au lieu d'être constante et de la contrôler sans merci comme dans Swift, n'arrive que par bouffées, et laisse dans les intervalles les choses éclater avec leur couleur et leur poésie, on a les humoristes fantaisistes, moitié railleurs, moitié poètes, comme Dickens, ou Henri Heine, ou Carlyle. Mais cette imagination n'est pas non plus indispensable à l'humour, qui peut être sec et purement logique. Ce ne sont là que des ornements. Quand on trempe cet alliage de moquerie et d'observation dans certaines âmes où flottent d'autres qualités, celles-ci se prennent et se cristallisent autour de lui. Il en sort paré de feux changeants ou d'une lumière tendre. Mais, dans d'autres âmes, la barre de métal reste nue ; elle n'en est pas moins la rude verge de l'humour.

Il se peut que la définition qui vient d'être proposée paraisse vague au premier moment. On reviendra peut-être sur ce jugement et on reconnaîtra qu'elle renferme bien les éléments constitutifs de l'humour, si l'on prête attention à la remarque suivante. C'est qu'il suffit de préciser chacun des deux termes dont elle est formée, de les particulariser au moyen d'adjectifs, suivant la marche ordinaire des définitions, pour serrer chacune des variétés de l'humour, et même pour tenir la formule individuelle de chaque humoriste. Si nous mettons une raillerie amère, sombre, presque haineuse, avec une observation impitoyable d'exactitude nue, n'aurons-nous pas défini l'humour de Swift? Si nous joignons une raillerie attendrie à une observation minutieuse, et, comme on l'a dit, microscopique, n'aurons-nous pas celui de Sterne? Le rire joyeux, débordant, torrentiel, ivre et heureux de son propre bruit, avec une observation grossissante qui exagère les dimensions des objets et les

---

[1] George Eliot. *Essay on Heinrich Heine.*

tord en mouvements forcenés, n'est-ce pas Rabelais ? La gaîté et la bouffonnerie dans le rire, avec la tristesse et les larmes dans l'observation, n'est-ce pas l'étrange contraste de Dickens ? La raillerie pleine de bonhomie et l'observation souriante, n'est-ce pas Goldsmith ? Le rire niais et finaud, avec l'observation intéressée et grossière de la vie, n'est-ce pas Sancho Pansa ? Ne serait-il pas plus facile, en resserrant les deux termes mieux que nous ne pouvons le faire en quelques mots, de trouver la définition exacte de tant de talents ou de génies d'humoristes ? Qu'on ajoute que la précision croîtra, si on marque sur quoi porte la raillerie, si c'est sur la vie elle-même, comme dans les humoristes philosophiques tels que Carlyle ; ou sur des détails isolés de la vie, comme dans les humoristes de mœurs tels qu'Addison ; si l'on détermine enfin à quoi s'attache l'observation, si c'est à des vices et à des méchancetés comme dans Swift ; à des attitudes et à des gestes, comme dans Sterne ; à des misères et à d'humbles souffrances, comme dans Dickens ; à de délicates nuances de sentiment, comme dans Charles Lamb ; à des replis d'égoïsme et d'hypocrisie, comme dans Thackeray ; à de simples travers et ridicules, comme dans Addison. Ainsi, on verra peu à peu que cette définition, si vague au début, se ramasse, se resserre, jusqu'à saisir étroitement chaque individu de cette foule disparate d'humoristes qu'elle contient cependant tout entière.

Si l'analyse qui précède est exacte, nous avons en main ce qu'il nous faut pour apprécier et classer l'humour de Burns, puisque nous connaissons la qualité de son rire, celle de son observation, et que nous savons que, derrière celle-ci, il y a une large et vraie sympathie.

Ce qui frappe tout d'abord dans l'humour de Burns, c'est la gaîté, et ce n'est pas de la gaîté à fausses enseignes, comme il arrive souvent chez les humoristes. L'enseigne, chez eux, ne fait pas la marchandise. A la porte des uns, s'agite une affiche burlesque, et on entre dans une maison où sont assises des songeries mélancoliques. A celle des autres, pend décemment une affiche de mine grave ; entrez, les bouffonneries et les arlequinades vous assaillent, vous gouaillent et vous houspillent. Ici, le signe et l'auberge vont de pair ; l'enseigne du rire annonce bien la gaîté. Et quelle gaîté ! saine, bruyante, contagieuse, turbulente, pleine d'entrain. Le plaisir produit par la plupart des humoristes est intellectuel et une pure jouissance du cerveau. Ici c'est une gaîté presque physique qui s'empare de tout le corps et le grise de rire. C'est le rire matériel de Falstaff et de Rabelais, mais réduit à des proportions modérées et moyennes. Il n'est pas démesuré et épique ; il est de taille ordinaire, mais il est bien du même sang, et, comme eux, heureux de vivre.

Aussi, la raillerie de Burns, sauf dans quelques cas personnels de colère, est-elle sans méchanceté et sans fiel. C'est une gausserie pleine d'une jovialité et d'une bonhomie presque amicales. Ceux mêmes qui en sont l'objet ne sauraient s'en fâcher. Tam Samson ne put en vouloir à Burns d'avoir écrit son élégie ; ni Tam de Shanter d'avoir raconté son aventure. Si le Dr Hornbook eut plus de mal à digérer les confidences de la Mort, c'est que les médecins supportent peu qu'on parle mal de leur art ; Fagon trépignait quand de Brissac se moquait de la médecine devant Louis XIV [1]. L'humour de Burns ne laisse pas d'arrière-goût, comme ces rires âcres qui font qu'on s'arrête brusquement, étonné de rire. Ce n'est pas un fruit plein de cendres, ramassé sur des grèves amères. C'est un fruit sain tombé de l'arbre bienfaisant de l'Insouciance. S'il n'en tombait de temps en temps de cette espèce, l'homme mourrait de mélancolie.

Naturellement, cet humour ne porte ni sur des vices, ni sur des travers ou des ridicules. Il n'a aucune prétention morale, aucune visée critique, comme ceux de Swift, d'Addison ou de Thackeray, si divers à d'autres égards. Il ne songe ni à donner des leçons, ni à infliger des réprimandes. Il est aussi désintéressé que celui de Sterne. Il recherche bonnement des situations comiques et des aventures drôlatiques. Burns n'est ni un pamphlétaire, ni « le prédicateur de tous les jours » dont parle Thackeray ; c'est un artiste qui s'amuse de ce qu'il voit. Il saisit au passage une anecdote réjouissante, un incident saugrenu, et les rend tout vifs. Il a presque l'humour d'un peintre, non pas d'un peintre moraliste comme Hogarth, mais d'un peintre purement pittoresque comme Téniers ou Van Ostadt. C'est l'homme qui, ayant aperçu quelque chose de divertissant et en riant encore, arrive le raconter. Et, en effet, la plupart de ses pièces humoristiques sont le récit d'une rencontre, d'une aventure, une de ces histoires comme il s'en débite aux foires et aux marchés, au milieu d'un cercle de figures cramoisies, boursouflées et prêtes à craquer de rire. L'observation, qui a sa netteté accoutumée, porte sur les gestes et les paroles des personnages, comme il convient dans des récits. Tout est en faits et en actions. Aucun humour n'est plus nourri de ces détails particuliers et pittoresques que Jean-Paul considère justement comme indispensables.

A ces qualités s'ajoute le mouvement, si puissant chez Burns. Il s'empare d'elles, les entraîne, les pousse, les émeut, les anime, les fouette. Cette gaîté, si allante d'elle-même, se presse, s'échauffe et se hâte encore. Les détails sont serrés, se bousculent, se heurtent, montent les uns sur les autres, comme des moutons sortant d'étable. Cela marche, court, se précipite ; le récit en prend une musique qui le complète ; le rire en sort de tous côtés, s'accroît d'une sorte de vitesse acquise, éclate dans une turbulence de gaîté et devient irrésistible [2].

---

[1] Saint-Simon. *Mémoires.*

[2] Jean-Paul Richter a finement remarqué : « Le mouvement et surtout le mouvement rapide, ou le repos à côté de ce dernier, peuvent contribuer à rendre un objet plus comique, comme moyen de rendre l'humour saisissable par le sens ». *Poétique* § 35.

C'est un des effets de la force de l'observation dans Burns que son humour n'a pas de sensibilité, du moins en ce qui concerne les hommes. Disons plutôt qu'il contient plus de sympathie que de sensibilité. Celle-ci est encore une intervention de l'auteur. Les personnages de Sterne, par exemple, sont vrais, mais ils sont toujours vus à travers son émotion. Quelque chose, fût-ce quelque chose d'aussi précieux qu'une larme, s'interpose entre eux et nous. L'humoriste sent pour eux, plutôt qu'il ne sent avec eux, et, en quelque manière, il se substitue à eux. L'observation de Burns est plus détachée de lui et l'abandonne tout à fait. Ce reste de personnalité est rompu. Ses personnages vivent hors de lui, dans une pleine indépendance. Il n'ont rien de plus que leur propre sympathie pour eux-mêmes, comme cela se trouve chez les grands producteurs, et comme cela est, après tout, la vraie réalité. C'est un signe décisif de force et la marque d'une observation qui se jette au cœur des choses. La sensibilité est forcément moindre, et remplacée par cette sorte de cordialité amicale que les grands créateurs ont pour leurs personnages.

Cependant, à l'égard des animaux, l'humour de Burns est tout différent, et devient au contraire d'une sensibilité exquise. Quand il a devant lui une de ces pauvres créatures muettes qui souffrent et s'étonnent obscurément de souffrir, il s'adoucit, perd son rire bruyant, devient pensif, presque mélancolique, et s'emplit de pitié jusqu'au bord des larmes. Ses pièces à sa brebis mourante, *Mailie*, ou *à une Souris* dont la charrue a détruit le nid, sont des modèles de ce genre délicat d'humour qui se sert de la raillerie pour oser montrer son émotion. C'est ce trait qui a surtout frappé Carlyle, pour qui la sensibilité est nécessaire à l'humour. « Nous ne parlons pas, dit-il, de son audacieuse et souvent irrésistible faculté de caricature, car cela est de la drôlerie plutôt que de l'humour ; mais une gaîté beaucoup plus tendre réside en lui et paraît çà et là en touches passagères et admirables, comme dans son adresse *à la Souris, à sa Jument*, ou son élégie sur la pauvre *Mailie*. Cette dernière pièce peut être regardée comme son plus heureux effort dans ce genre. Dans ces pièces, il y a des traits d'un humour aussi délicat que celui de Sterne, cependant tout à fait différent, original, singulier, l'humour de Burns.[1] » Peut-être préférerions-nous la pièce *à la Souris* ? Quoi qu'il en soit, ces pièces, aussi délicieuses que les plus touchants passages de Sterne, leur sont, à nos yeux, supérieures, par quelque chose de plus réel et de plus simple. Peut-être peut-on expliquer cette différence entre l'humour de Burns envers les hommes et envers les bêtes par le fait que l'observation à l'égard des animaux est toujours beaucoup plus une œuvre d'invention. Leurs modes d'être nous étant

---

[1] Carlyle. *Essay on Burns.*

fermés, il nous est impossible de sentir avec eux, il faut sentir pour eux, et la sensibilité entre par là. Quoi qu'il en soit, nous rencontrerons plus loin cette portion tout à fait singulière de son humour. Nous ne considérons ici que celle qui a trait à l'homme et à la vie humaine.

Pour des raisons analogues, son humour n'est pas riche en fantaisie. Ce désordre que quelques humoristes ont affecté et que quelques critiques ont proclamé un des attributs de l'humour, ne se rencontre pas chez lui. Pas de ces bizarreries, de ces incohérences, de ces heurts, de ces brusques arrêts, de ces départs débridés, de ces mille extravagances et bouffonneries qui se tordent, grimacent, serpentent, et s'enchevêtrent, autour des pages de certains écrivains, comme un encadrement de grotesques. Rabelais s'attarde à des tours de force d'énumération, ouvre tout à coup des cages d'où s'échappent des volées d'adjectifs qu'il regarde s'allonger en riant, s'amuse à imbriquer d'interminables généalogies en clouant des « engendra » les uns sur les autres, et cherche mille manières, dans une bagarre de bouffonnerie, de désorienter l'esprit. Sterne, qui l'imite, fait jouer ses chapitres à saute-mouton, en compose avec des points, met les uns en blanc, les autres en noir, commence, s'interrompt, n'achève rien, et se rit de mettre l'attention du lecteur aux prises avec des écheveaux embrouillés. On dirait qu'ils aient fait gageure d'incohérence et pris plaisir à disloquer leurs livres. Sans aller aussi loin, d'autres ont des échappées de poésie, des accès de lyrisme, comme Dickens et Carlyle. Le plan prémédité et voulu, la proportion des parties, leur concordance vers un effet calculé, l'harmonie, l'ordre en un mot, semblent n'exister pas pour eux. C'est le domaine de l'inattendu et du fantastique ; les jeux de la fantaisie et du caprice y prennent leurs ébats ; tout va au hasard de l'impression du moment. C'est à ce point que quelques critiques ont voulu faire de cette étrangeté un des caractères de l'humour [1]. Burns se charge de les réfuter, car il n'y a rien de pareil en lui. Outre que ces débauches d'excentricités cadrent mal avec les qualités de sobriété dont son esprit était si solidement charpenté, les éléments mêmes de son humour le protégeaient de ces écarts. Son observation serre trop la réalité, elle s'y ajuste trop étroitement pour la perdre un seul instant, et, comme le réel n'est pas décousu, qu'il est fait de continuité et de logique, son humour, fait d'observation, reste compact et suivi. De même son mouvement l'empêche de s'arrêter ou de s'écarter, le pousse droit au but. Il n'y a ni place, ni loisir, pour ces hors-d'œuvre ; ils ne peuvent trouver ni un intervalle, ni une minute, pour s'y glisser. Les pièces les plus humoristiques de Burns vont sans une digression, sans une excentricité. Elles sont aussi bien proportion-

---

[1] Voir l'importance que M. Taine donne à ce caractère, dans son chapitre sur Carlyle. *Histoire de la Littérature Anglaise*, tom V, p. 239.

nées, aussi parfaitement composées que celles d'autres humoristes affectent d'être détraquées et étranges. Ce n'est pas trop de dire qu'elles sont aussi courtement menées qu'une fable ou qu'un conte de La Fontaine. Elles justifient la filiation d'Addison qui faisait l'humour fils de la vérité et du bon sens [1].

Il nous semble que l'humour de Burns se dégage maintenant et que nous apercevons ce qu'il a d'original. Il ne possède pas beaucoup de sensibilité, du moins envers les hommes, ni grande fantaisie ; mais une gaîté franche, de la belle humeur, une raillerie mise dans les personnages eux-mêmes, le comique ne sortant pas de réflexions à leur sujet, mais de leurs propres gestes et paroles, une action et un mouvement infatigables, quelque chose de nourri, de plein, de si naturel que le rire semble être dans ces choses elles-mêmes, et de si juste qu'elle ne déforme pas la réalité et ne sent jamais la caricature. Avec cela, leste, preste, de proportions moyennes, d'une allure dégagée et bien prise. Malgré nous, il nous fait songer à la gaîté française, tant il est net et pétillant. L'humour a été comparé à l'ale, boisson forte et sérieuse [2] ; elle a quelquefois l'âpreté du whiskey ; celui de Burns rappelle la jovialité qui vit dans l'âme allègre de nos vins. Il fait encore penser à celui de nos conteurs par je ne sais quoi de moyen et de pondéré ; par un fonds solide de raison qu'il a beaucoup plus que les éclats de la fantaisie. Il n'y a pas, dans la littérature anglaise, d'humour plus sobre et en même temps plus dru, plus alerte, et plus dramatique. Il n'y en a pas qui soit moins ce qu'il est convenu d'appeler anglais. On voit souvent, sur les chemins du pays d'Ayr, de jolies filles légères et rieuses. Elles marchent court vêtues, avec des gestes animés. Elles sont plus petites, moins poétiques que les Anglaises, mais mieux prises et plus vives. Elles ont des extrémités plus fines, un pas plus léger, quelque chose de plus dispos. Si un lourd fermier passe gauchement sur son cheval, elles le plaisantent et en rient follement. Mais si elles voient un oiselet blessé, les larmes leur viennent aux yeux, sans que la fleur rose de la gaîté ait le temps de faner sur leur bouche. L'humour de Burns leur ressemble.

Cet humour circule partout, se retrouve sur toutes les routes, dans les petits sentiers de son œuvre. Presque toutes ses grandes pièces en foisonnent : *Halloween*, la *Sainte-Foire*, l'*Adresse au Diable*, l'*Adresse au Haggis*, l'*Élégie de Tam Samson*, tous les poèmes satiriques contre le clergé : l'*Ordination*, les *Deux Pasteurs*, l'*Adresse aux rigidement*

---

[1] Voir l'article d'Addison sur l'Humour, dans le *Spectator*, n° 35. — Les critiques qui veulent faire de l'humour quelque chose de décousu et de bizarre feront bien de relire cette définition de l'humour par un des maîtres de l'humour.

[2] Taine. *Notes sur l'Angleterre*, p. 344, voir aussi *Histoire de la Littérature Anglaise*, tom V, chap. IV, 2.

Vertueux, la fameuse *Prière de Saint Willie*. Toutes ses *Épîtres* en sont presque exclusivement composées. Il y en a dans tous les coins de ses chansons, dans ses épigrammes, ses épitaphes, ses impromptus, sans parler de l'humour attendri et tout spécial qu'il a dans les pièces où il s'agit des bêtes. De sa raillerie de la vie humaine, on a déjà des exemples, dans les citations que nous avons faites à propos de sa gaîté et de son observation. Le génie d'un poète ne se décompose pas. C'est un vin qui a les mêmes qualités dans tous les verres où il est versé. Cependant, selon l'année qui l'a mûri et les flacons qui l'ont conservé, il arrive qu'une de ces qualités paraît plus que les autres et prend le dessus. Il y a ainsi des pièces où l'humour de Burns se dégage mieux et se fait goûter plus librement. Nous en pouvons citer, comme exemples, deux morceaux, écrits, l'un tout à fait au commencement, l'autre presque à la fin de sa vie. Ils montrent combien cette faculté était naturelle et a été constante chez lui.

Le premier : *La Mort et le Docteur Hornbook* est de 1785, alors que Burns venait de s'établir à Mauchline. Comme presque toujours, le sujet est emprunté à un incident réel. Le maître d'école de Tarbolton, nommé John Wilson, avait, pour augmenter un peu ses maigres gains, ouvert une boutique d'épicerie. Étant tombé par hasard sur quelques livres de médecine, il les avait lus, et avait joint à son commerce la vente de quelques médicaments. Il avait même mis une affiche où il annonçait des consultations « gratis », dans la boutique. Ce n'était là qu'un pauvre diable, un peu pédant et ridicule. Mais, dans une réunion de francs-maçons de Tarbolton, il eut le malheur de se prendre de discussion avec le poète, et de faire, avec une lourde vanité, parade de ses connaissances médicales. Il ne devait pas tarder à s'en repentir. Comme Burns s'en retournait chez lui le soir, à l'endroit exact où la Mort rencontre le passant, il lui passa par l'esprit une idée qu'il se mit à développer en continuant son chemin [1]. C'était le poème dont il s'agit ici, une de ses premières compositions importantes et un des meilleurs spécimens de son humour.

Dès les premiers vers, la raillerie apparaît. Le début est, en effet, pour assurer la véracité de ce qui suit, et mettre les gens en garde contre certaines idées de défiance qui pourraient leur venir. On ne trouverait personne qui, l'ayant entendu, ait encore envie de douter de l'aventure.

> Certains livres sont des mensonges d'un bout à l'autre,
> Et certains grands mensonges n'ont jamais été écrits ;
> Même les ministres, on en a connu
> Qui, dans un saint emportement,
> Lâchaient quelque forte imposture,
> Et la clouaient avec l'Écriture.

---

[1] R. Chambers. *Life of Burns*, tom I, p. 108.

> Mais ce que je vais vous raconter,
> Ce qui arriva une de ces nuits dernières,
> Est juste aussi vrai que le diable est en enfer,
> Ou dans la cité de Dublin ;
> Qu'il vienne parfois plus près de nous,
> C'est grand'pitié.

Nous sommes prévenus ; écoutons maintenant la véridique histoire. Voici donc ce qui lui est arrivé. Il sortait du village, pour retourner à Lochlea ; après les dernières maisons, la route fait coude à droite et passe près d'un moulin ; les lieux n'ont guère changé depuis lors. La bière du village s'était trouvée particulièrement excellente ce soir-là, et lui avait troublé la tête. Il y a une description qui est bien jolie ; les strophes sont toutes trébuchantes de verbes qui indiquent des mouvements vacillants, et le tableau de l'ivrogne qui s'applique à compter les cornes de la lune, sans y réussir, est charmant. Il hésite avec bonhomie entre trois et quatre.

> L'ale du village m'avait mis de belle humeur,
> Je n'étais pas gris, mais j'en avais juste assez ;
> Je chancelais par instants, mais j'avais encore soin
> De passer au large des fossés ;
> Et les monts, les pierres et les buissons, je les distinguais encore
> Des spectres et des sorciers.
>
> La lune montante commença à regarder,
> Par-dessus les distantes collines de Cumnock ;
> A compter ses cornes, de toutes mes forces,
> Je m'appliquai ;
> Mais, si elle en avait trois ou quatre,
> Je ne pourrais pas le dire.
>
> J'avais tourné près de la colline,
> Et je descendais vers le moulin de Willie,
> Plaçant mon bâton très habilement
> Pour me tenir ferme ;
> Mais, parfois, au large, malgré mon vouloir
> Je tirais une bordée.

Tout à coup voici qu'il tombe sur quelque chose qui l'étonne, et, avec la lenteur de perception que lui donne son état, il met quelque temps à comprendre.

> « Là, je me trouvai en face d'une espèce d'être,
> Qui me mit en un étrange émoi ;
> Une terrible faux, par dessus une de ses épaules,
> Luisante et bougeante pendait ;
> Un trident à trois orteils, sur l'autre épaule,
> Large et long posait.

> Sa stature paraissait de deux longues aunes écossaises,
> La plus bizarre forme que j'aie jamais vue,
> Car, du diable s'il avait un ventre ;
> Et puis, ses jambes
> Etaient aussi minces, étroites et grêles
> Que deux bouts de bride.

Avec la jovialité d'un ivrogne, il lui adresse la parole ; rien n'est plus comique que la demi-clarté qui pénètre dans ses idées embrouillées : pourquoi cet étranger a-t-il une faux ? Ce n'est pourtant pas le moment de la moisson.

> « Bonsoir, dis-je, ami. — Venez-vous de faucher,
> Quand les autres sont occupés à semer ? »
> Il sembla faire une sorte de pause,
> Mais ne dit rien ;
> A la fin, je dis : « Ami, où allez-vous ?
> Retournez-vous avec moi ? »

Tout cela est charmant de vérité, jusqu'à cette dernière proposition d'homme ivre, prêt toujours à accompagner le premier venu. Un petit détail pour marquer la sincérité des traits de Burns : la pièce fut en effet composée à l'époque où la vue d'une faux surprend, au moment des semailles de 1785. La petite scène qui suit est encore fort jolie. Le mouvement du soulard qui ne craint rien et se trouve d'un coup prêt à l'escarmouche est finement indiqué.

> Il parla d'un ton creux et dit : « Mon nom est la Mort,
> Mais ne crains pas. » — Je dis : « Ma foi,
> Tu es peut-être venu pour couper mon souffle ;
> Mais prends garde, mon garçon,
> Je t'en préviens, ne te fais pas blesser,
> Vois-tu, voilà un couteau. »

La Mort n'a pas mis dans son crâne de faire blêmir une aussi bonne trogne et de la faire passer, selon le mot de Montaigne, de sueur chaude en froide. Elle lui dit de se rassurer et de remettre son couteau dans sa poche. Si elle voulait lui jouer un mauvais tour, elle s'en soucierait comme d'un crachat. Il n'est pas fâché de ce qu'il entend ; pourtant sa dignité l'empêche d'accepter cela comme un don. Les ivrognes sont remplis de considération et d'égards envers eux-mêmes ; il veut que ce soit un marché, donnant, donnant.

> « Bon, bon, dis-je, soit ; c'est un marché ;
> Allons ! une poignée de main ! C'est convenu ;
> Nous allons nous reposer et nous asseoir.
> Eh bien ! donne-moi de tes nouvelles,
> Ces temps-ci, tu as été à plus d'une porte
> Et dans plus d'une maison ! »

Voilà l'ivrogne qui témoigne de l'intérêt à la Mort et la met à son aise. Pour un peu, il lui frapperait familièrement sur le fémur, comme sur la cuisse d'un ami. Assis l'un près de l'autre, ils se mettent à causer, et c'est un bon tableau : lui, cordial, bienveillant ; elle, un peu pensive, appuyée sur sa faux dans l'attitude d'un moissonneur fatigué ! Elle lui fait ses confidences.

> « Oui, oui, dit-elle, et elle secoua la tête,
> Voilà longtemps, longtemps, en vérité,
> Que j'ai commencé à couper des fils
> Et à arrêter des souffles :
> Il faut faire quelque chose pour gagner son pain,
> La Mort, comme les autres. »

Tout n'est pas roses dans ce métier ; elle a des chagrins. Voilà bientôt six mille ans qu'elle exerce cette profession ; on a fait bien des plans et des essais pour l'arrêter ou l'effrayer, tout a été vain jusqu'à ce qu'un certain Hornbook s'en soit mêlé. Il connaît bien Jock Hornbook du village ! Que le diable fasse de son estomac une blague à tabac ! Celui-là menace de venir à bout d'elle. Voici une faux et ici un dard, qui ont percé maint vaillant cœur ; quand Hornbook est là, ils ne servent plus à rien. La veille encore, elle a essayé son dard : il a rebondi émoussé, à peine en état de percer une tige de chou. C'est qu'Hornbook est partout avec son arsenal : avec ses scies et ses couteaux de médecin de toutes dimensions, formes, et métaux ; avec toutes les espèces de boîtes, de pots et de bouteilles, avec ses écorces, ses terres, et fossiles calcinés, avec le vrai salmarinum des mers, la farine de fèves et de pois, l'aquafontis, quoi encore ? Des moyens nouveaux et rares, urinus spiritus de chapons, des antennes de mites coupées, grattées et raclées, l'alcali fait avec des coupures de queues de moucherons, que n'a-t-il pas ?

Au fil de l'énumération que la Mort presse rageusement, l'ivrogne fait un bond. Quoi ! si les choses vont de ce pas, si personne ne meurt plus, le fossoyeur, ce pauvre Johnnie Ged est un homme ruiné ! Autant faire du cimetière un champ d'avoine.

> « Quel malheur pour le trou de Johnnie Ged !
> Dis-je, si ces nouvelles sont vraies !
> Son beau cimetière où les pâquerettes poussaient
> Si blanches et si jolies,
> Nul doute, on va y pousser la charrue ;
> On va ruiner Johnnie ! »

Il a la voix émue. Il s'apitoie. Cette réflexion d'homme gris qui ne voit dans tout cela que l'intérêt du fossoyeur est excellemment comique.

Ce qui suit l'est encore davantage par le tour inattendu que prend la pièce. C'est, jusqu'à la fin, une ironie macabre qui éclate par un ricanement, et s'achève par une menace de la Mort.

> La créature poussa un rire étrange,
> Et dit : « Pas besoin d'atteler la charrue,
> Les cimetières seront bientôt assez labourés,
> N'aie pas peur ;
> Ils seront tous coupés de maintes tranchées,
> Dans deux ou trois ans.
>
> Pour un que j'ai tué d'un bon trépas bien droit,
> Par perte de sang ou suspension de souffle,
> Ce soir, j'oserais en prendre mon serment,
> L'habileté de cet Hornbook
> En a mis une vingtaine dans leur dernier drap,
> Par gouttes ou pilules.
>
> Un honnête tisserand de son métier,
> Dont la femme avait deux poings assez mal élevés,
> Achète pour deux sous de quoi lui remettre la tête
> Qui lui faisait mal ;
> La femme s'est glissée tranquillement dans le lit,
> Et n'a plus rien dit.
>
> Un propriétaire avait la colique,
> Ou un gargouillement dans les boyaux,
> Son fils unique envoie chercher Hornbook
> Et le paie bien ;
> Le gars, pour deux belles brebis,
> Fut propriétaire lui-même.
>
> Ce n'est là qu'un échantillon des façons d'Hornbook ;
> Ainsi il continue au jour la journée,
> Ainsi il empoisonne, tue et massacre ;
> Et il est bien payé ;
> Et il me frustre de ma proie légitime
> Avec ses maudites sales poudres ».

Et la Mort aigrie, exaspérée, jure qu'elle saura rendre ce sot infatué aussi tranquille qu'un hareng ; elle parie un groat que la prochaine fois qu'elle le rencontre, elle lui donnera son dû.

> Mais comme elle commençait à parler,
> Le marteau de la vieille église frappa sur la cloche,
> Une petite heure toute courte au delà des douze,
> Cela nous fit lever tous deux ;
> Je pris le chemin qui me convint,
> La Mort en fit autant [1].

---

[1] *Death and Dr Hornbook.*

Cette façon de se quitter, quand on est devenu si intime, est amusante. L'ivrogne s'en va, moins loquace que tout à l'heure. Ce colloque l'a rendu sérieux. Sa familiarité a baissé. Il tire du côté de Lochlea, sans proposer à la Mort de retourner avec lui. Celle-ci monte vers le village, jetant sur la route un long squelette, emportant ses instruments qui luisent à la lune. Elle va à la recherche de Hornbook.

On voit combien le rire est franc dans ce morceau, et en même temps combien l'observation est exacte. Les impressions de l'ivrogne sont suivies dans la perfection et toujours traduites par un geste, par un mouvement, quelque chose de concret. La pièce courut le pays, et cette fois le coup fut un peu rude. Le pauvre Hornbook fut obligé de quitter le village. Il s'en alla à Glasgow où il devint, par la suite, clerc de la paroisse d'un des faubourgs de la ville. Il fit presque fortune dans cette nouvelle position et mourut seulement en 1839. C'est une des figures qui nous rappellent que notre génération aurait pu connaître Burns.

Le second morceau est de 1790 ; Burns avait encore cinq ans à vivre quand il le composa ; c'est le célèbre *Tam de Shanter*, c'est-à-dire Thomas de la ferme de Shanter. C'est la seule pièce importante que Burns ait écrite dans la seconde partie de sa vie, après son séjour à Édimbourg.

Ici encore l'histoire repose sur un fondement de réalité et d'observation personnelle. On a retrouvé tous les personnages. Cette ferme de Shanter était occupée par un certain fermier du nom de Douglas Graham, que Burns avait connu pendant son séjour à Kirkoswald. C'était bien l'ivrogne joyeux, insouciant, et bon enfant, tel qu'il est représenté ; sa femme essayait en vain de le guérir de ses défauts [1]. Le camarade de Tam, le savetier John, a existé aussi. Il n'est pas jusqu'à la sorcière en chemise courte, qui n'ait eu son modèle. C'était, paraît-il, une femme, nommée Kate Steven, qui vivait à Kirkoswald et qui mourut en 1811 [2]. Les détails de localité sont aussi exacts. La route actuelle est plus à l'est que la route de Tam, mais, en suivant l'ancien tracé, on retrouve et le gué, et la grosse pierre où Charlie se cassa le cou, et le cairn, c'est-à-dire l'amas de pierres où on trouva le cadavre d'un nouveau-né. Quant à l'auberge de Tam, à la vieille église d'Alloway, au pont du Doon, ils sont tels aujourd'hui qu'ils étaient alors. On peut suivre sur le chemin toutes les péripéties de l'histoire [3].

---

[1] Chambers. *Life of Burns*, tom III, p. 152. — Voir aussi, sur Tam de Shanter, le discours prononcé par le Dr Charles Rogers, à l'inauguration du monument de Burns à Kirkoswald. Ce discours a été publié dans le *Kilmarnock Standard* du 4 août 1883. Nous tenons à remercier le Dr Rogers, dont l'autorité est si grande pour tout ce qui concerne l'Ecosse, de nous avoir communiqué ces intéressants renseignements.

[2] R. Chambers. *Life of Burns*, tom III, p. 149.

[3] R. Chambers. *Life of Burns*, tom III p. 146-47.

L'histoire s'ouvre par le tableau d'un soir de marché. Il est tracé en quelques traits et bien vivant ; on voit les marchands ambulants qui remportent leurs ballots, les rencontres de voisins, les routes qui se couvrent de monde. Les gens sages s'en retournent chez eux. Il y a, dans l'énumération des périls de la route, un avertissement lointain pour ceux qui s'attardent ; plus loin encore, au bout de la perspective, la fermière, de mauvaise humeur, qui attend et prépare une réception à son mari, est rendue en un bien joli vers.

> Quand les colporteurs quittent la rue,
> Et que les voisins altérés rencontrent les voisins ;
> Comme les jours de marché tirent sur le tard,
> Et que les gens commencent à reprendre la route,
> Quand nous sommes assis à boire de l'ale,
> En train de devenir gris et parfaitement heureux,
> Nous oublions les longs milles écossais,
> Les marais, les ruisseaux, les sautoirs, les barrières,
> Qui sont entre nous et la maison,
> Où est assise, morose et mauvaise, notre dame,
> Rassemblant ses sourcils comme un orage s'amasse,
> Et soignant sa colère pour la tenir chaude.
>
> Cette vérité, l'honnête Tam de Shanter l'éprouva,
> Une nuit qu'il repartit au petit trot d'Ayr,
> La vieille Ayr, qu'aucune ville ne surpasse
> Pour ses honnêtes gars et ses jolies filles.

Voici Tam ! Nous ne tardons pas à le connaître : un vaurien, un buveur, un coureur de cabarets ; sa femme le lui dit assez. Avec tous ces défauts, jovial, joyeux, bon enfant, le meilleur fils du monde. On le devine, avec son ivresse de belle humeur, écoutant sans cesser de rire les apostrophes de sa femme Kate. Toutes ces scènes de ménages sont racontées, ou plutôt suggérées, avec beaucoup de vérité. Elles sont terminées par un petit couplet ironique, à l'adresse des douces remontrances des épouses.

> O Tam ! que n'as-tu été assez sage
> Pour prendre l'avis de ta propre épouse Kate !
> Elle te disait bien que tu étais un vaurien,
> Un bavard, un brouillon, un ivrogne, un grand benêt ;
> Que de Novembre jusqu'à Octobre,
> Tu n'étais pas sobre un seul jour de marché ;
> Qu'à chaque sac porté au moulin, avec le meunier,
> Tu restais à boire, tant que tu avais de l'argent ;
> Qu'à chaque cheval qu'on ferrait,
> Le forgeron et toi, vous vous grisiez à tue-tête ;
> Qu'à la maison du Seigneur, même le dimanche,
> Tu restais à boire, chez Jane de Kirkton, jusqu'au lundi.
> Elle te prédisait que, tôt ou tard,

> On te trouverait noyé dans le Doon,
> Que les sorciers t'attraperaient dans la nuit,
> Près de la vieille église hantée d'Alloway !
>
> Ah ! bonnes dames, cela me fait pleurer
> De penser combien de doux conseils,
> Combien d'avis sages, bien longs,
> Les maris dédaignent venant de leurs femmes !

La scène qui suit est vivante. C'est une scène de cabaret. Tam a trouvé un bon coin, près d'un bon feu, et s'y est installé. Il a rencontré un vieux compagnon d'ivrognerie. Une amitié attendrie les lie ; ils ont eu si souvent soif ensemble. La nuit s'avance. On devient bruyant, on chante, on frappe les verres sur la table. Il y a dans Tam un grain de galanterie et de gaillardise. Le voici qui devient aimable avec la cabaretière. Elle s'y prête ; alors l'intérieur est complet ; le savetier raconte ses histoires drôles ; le cabaretier, qui ne voit rien ou feint de ne rien voir, est tout oreilles. Tout cela vivement indiqué.

> Mais à notre histoire ! Un soir de marché,
> Tam s'était planté bien ferme,
> Au coin d'un bon feu qui flambait joliment,
> Avec de l'ale mousseuse qui se buvait divinement ;
> A son coude, le savetier Johnny,
> Son camarade ancien, fidèle, et toujours altéré ;
> Tam l'aimait comme un vrai frère !
> Ils s'étaient grisés ensemble pendant des semaines !
> La nuit s'avançait dans les chansons et le bruit ;
> Et toujours l'ale devenait meilleure
> L'hôtesse et Tam se faisaient des gracieusetés,
> Avec des faveurs secrètes, douces, et précieuses ;
> Le savetier disait ses plus drôles histoires,
> Le rire de l'hôte était un chœur tout prêt.
> Dehors, l'orage pouvait rugir et bruire,
> Tam se moquait de l'orage comme d'un sifflet.
>
> Le Souci, furieux de voir un homme si heureux,
> S'était noyé dans la bière !
> Comme les abeilles s'envolent chargées de trésors,
> Les minutes passaient chargées de plaisir.
> Les Rois peuvent être heureux, mais Tam était glorieux,
> De tous les maux de la vie il était victorieux.

La façon plus noble, dont est exprimé le passage du bonheur au-dessus de ce quatuor grotesque, était admirée de Wordsworth. Sans doute la scène est vulgaire, mais une minute de joie, d'oubli des maux, est une chose si précieuse qu'il convient d'en parler gravement. Il faut être indulgent pour ceux qui la cherchent même dans l'ivresse. Ils essaient, après tout, de l'emporter pour un moment sur le malheur. Il y a là quelque chose de grave et de profond : « Je plains celui qui ne peut pas comprendre que, dans tout ceci, bien qu'il n'y ait pas eu d'intention morale, il y a un effet moral, » dit Wordsworth, en citant les deux vers :

> « Les rois peuvent être heureux, mais Tam était glorieux,
> De tous les maux de la vie il était victorieux. »

Il explique quel est cet effet moral : « Quelle leçon ces mots apportent d'indulgence charitable pour les habitudes vicieuses du principal acteur de la scène, et de ceux qui lui ressemblent.... Le poète, pénétrant les laides et répugnantes surfaces des choses, a révélé, avec une habileté exquise, les liens plus délicats d'imagination et de sentiment, qui souvent attachent ces hommes à des pratiques si pleines de malheur pour eux et pour ceux qu'ils doivent chérir ; et en tant qu'il communique au lecteur cette sympathie intelligente, il le rend capable d'exercer une influence sur l'esprit de ceux qui sont dans cette déplorable servitude [1]. » C'est bien sermonnaire, à propos d'une scène aussi joyeuse. Cependant, il y a, dans le ton qui change et qui s'élève pour parler de cette victoire passagère de l'homme sur les soucis, quelque chose qui explique le commentaire de Wordsworth. Il a finement saisi qu'il y avait là une leçon involontaire de sympathie.

Hélas ! Les meilleures choses ne peuvent durer. Les vers où les plaisirs sont comparés à toutes choses fugitives et insaisissables s'élèvent d'un coup à la haute poésie. Quelle étonnante souplesse et, pour employer l'expression de Pascal, quelle étonnante agilité de génie possédait l'homme capable de pareils contrastes ! Et cela est fait sans effort, sans heurt, par un flot de l'inspiration, qui s'enfle, monte, et redescend avec une égale aisance.

> Mais les plaisirs sont comme les coquelicots ouverts,
> Vous prenez la fleur, les pétales tombent !
> Ou comme la chute de la neige dans la rivière,
> Un instant blanche, puis fondue pour jamais ;
> Ou comme les éphémères des régions boréales,
> Disparus avant que vous puissiez montrer leur place ;
> Ou comme la forme gracieuse de l'arc-en-ciel,
> Qui s'évanouit dans l'orage.
> Aucun homme ne peut attacher le temps ni la marée ;
> L'heure approche où Tam doit partir ;
> Cette heure, la clef de la voûte noire de la nuit,
> C'est l'heure funeste où il monte à cheval,
> Et il se met en route par une nuit telle
> Que jamais pauvre pêcheur ne fut dehors par une nuit pire.

---

[1] Wordsworth. *A Letter to a Friend of Robert Burns*, 1816.

En effet le temps est affreux et la nuit menaçante. La description de la tempête est faite en deux ou trois traits puissants. La bonhomie et la raillerie reparaissent avec la bataille de Tam contre les éléments.

> Le vent soufflait comme si c'eût été son dernier souffle ;
> Les averses bruissantes montaient sur les rafales ;
> Les ténèbres avalaient les rapides éclairs ;
> Bruyant, profond et prolongé, le tonnerre beuglait :
> Cette nuit-là un enfant aurait pu comprendre
> Que le diable avait pris une affaire en main.

> Bien monté sur sa jument grise, Meg,
> Une meilleure ne leva jamais la jambe,
> Tam trottait à travers flaque et boue,
> Dédaignant vent, et pluie, et feu ;
> Tantôt tenant bien son bon bonnet bleu,
> Tantôt fredonnant un vieux refrain écossais,
> Tantôt regardant autour de lui avec prudence,
> De peur que les esprits ne le surprissent soudain :
> L'église d'Alloway n'était plus loin,
> Où spectres et hiboux crient chaque nuit.

Comme les sentiments du brave Tam sont bien indiqués ! Il est d'abord tout en courage, et il se rit de ces éclairs et de ces bourrasques. Celles-ci le secouent cependant, et déjà le voici à ce commencement de peur où on se chante quelque chose pour se rassurer. Il regarde autour de lui ; c'est mauvais signe. Il ne peut faire un pas sans rencontrer la place d'un crime ou d'un accident. Ces lugubres souvenirs le hantent ; l'orage augmente ; et tout à coup il aperçoit quelque chose d'étrange.

> A ce moment, il avait traversé le gué,
> Où le colporteur périt étouffé dans la neige ;
> Il avait dépassé les bouleaux et la grosse pierre,
> Où Charlie l'ivrogne se cassa le cou ;
> Il avait passé par les ajoncs et près du tas de pierres,
> Où les chasseurs trouvèrent l'enfant assassiné,
> Il était près de l'épine, au-dessus du puits,
> Où la mère de Mungo se pendit.
> Devant lui, le Doon roule ses déluges ;
> L'orage redoublant rugit à travers les bois ;
> Les éclairs jaillissent d'un pôle à l'autre ;
> Près et plus près les tonnerres roulent ;
> Quand, flamboyante, à travers les arbres gémissants,
> L'église d'Alloway apparut toute illuminée,
> A travers chaque ouverture, des rayons s'échappaient,
> Et bruyantes résonnaient la joie et la danse.

En d'autres temps, Tam eût été peu rassuré. Mais Jean Grain d'Orge, père du courage, lui soutient le cœur. Ce qu'il voyait était pourtant fait pour le faire trembler. Il n'y a pas ailleurs de description de sabbat comparable à celle-ci. L'horreur des accessoires fait penser à la cuisine des sorcières de Macbeth. Cela ressemble à une de ces scènes de sabbat du vieux Téniers ; c'est plus infernal encore, car il n'y a pas cette fraîcheur et cette gaîté de couleurs qui ôte à ces charmantes toiles toute leur épouvante. Ici la lumière est noire, inquiète, comme le reste. On dirait qu'une de ces visions, si étranges par l'invention des détails, a été placée, pour la compléter, dans la lueur fantastique d'un Rembrandt.

Hardi Jean Grain d'Orge, tu inspires le courage !
Quels dangers tu nous fais mépriser !
Avec de l'ale à quatre sous, nous ne redoutons aucun mal ;
Avec du whiskey, nous bravons le diable !
L'ale moussait si bien dans la boule de Tam
Que, à jeu égal, il se souciait des diables comme d'un liard.
Mais Maggie s'arrêta, étrangement effarée,
Jusqu'à ce qu'avertie du talon et de la main,
Elle s'aventura en avant vers la lumière.
Et, voilà ! Tam aperçut un singulier tableau !

Les sorciers et les sorcières étaient en danse ;
Pas de cotillon tout flambant neuf, venu de France,
Mais des hornpipes, des jigs, des strathspeys, des reels,
Leur mettaient de la vie et du nerf dans les talons :
Sur l'appui d'une fenêtre, à l'est,
Etait assis le vieux Nick, sous la forme d'une bête,
D'un chien griffon, noir, farouche et gros.
Leur faire de la musique était son office ;
Il soufflait dans sa cornemuse et la faisait piailler;
Tant que le toit et les poutres en tremblaient.
Des cercueils se dressaient tout autour comme des armoires ouvertes,
Montrant les morts dans leur dernière toilette ;
Et, par un sortilège et un maléfice diaboliques,
Chacun d'eux, dans sa main, tenait une chandelle.
Grâce à cette lumière, l'héroïque Tam put
Apercevoir, sur la table sainte,
Les os d'un assassin avec les ferrailles du gibet ;
Deux bébés non baptisés, longs d'une coudée ;
Un voleur récemment détaché de la corde,
La bouche béante du dernier spasme ;
Cinq tomahawks, avec une rouille rouge de sang ;
Cinq cimeterres, avec leur croûte de meurtre;
Une jarretière qui avait étranglé un enfant ;
Un couteau qui avait scié la gorge d'un père
Que son propre fils avait privé de vie,
Des cheveux gris collaient encore au manche ;
Et beaucoup d'autres choses horribles et affreuses,
Que ce serait un crime de nommer seulement.

On est allé assez loin dans l'horrible. Avec la même aisance, l'histoire redescend vers le risible. Le spectacle des vieilles sorcières, en proie à une frénésie de danse, nous ramène à la réalité et prépare cette fameuse exclamation sur les culottes en peluche bleue qui éclate tout à coup, avec un irrésistible comique.

> Comme Tam écarquillait les yeux, surpris et curieux,
> La joie et le jeu devenaient vifs et furieux ;
> Le joueur de cornemuse soufflait de plus en plus fort,
> Les danseurs sautaient de plus en plus vite,
> Ils tournaient, traversaient, faisaient la chaîne,
> Tant que les vieilles sorcières, suantes et fumantes
> Jetèrent leurs habits pour mieux travailler,
> Et se mirent à se trémousser en chemise.
>
> Ah ! Tam ! Ah ! Tam ! Si ç'avaient été des fillettes,
> Grassouillettes et bien faites, de quinze ans,
> Si leurs chemises, au lieu de flanelles graisseuses,
> Avaient été de linge fin, blanc comme la neige,
> Ces bonnes culottes, ma seule paire,
> Qui jadis furent en peluche d'un beau poil bleu,
> Je les aurais données de dessus mes fesses,
> Pour un coup d'œil à ces jolis oiseaux.
>
> Mais des mégères, fanées, vieilles et grotesques,
> Des sorcières de potences, qui sévreraient un poulain,
> Sautant et dansant sur un manche à balai,
> Je m'étonne que ça ne t'ait pas tourné le cœur.

Nous nous inquiétons à tort ; Tam n'est pas aussi à plaindre qu'il paraît ; ce n'est pas un gaillard à s'attarder autour de telles choses ; il est plus difficile. S'il reste l'œil allumé, c'est qu'il y a là quelque chose qui est à son goût.

> Mais Tam savait quoi, autant que quiconque :
> Il y avait là une fille, avenante et fraîche,
> Qui s'était, cette nuit-là, engagée dans la bande.
> (Plus tard, elle fut connue longtemps sur le rivage de Carrick,
> Car elle frappa de mort maint animal,
> Et naufragea maint bateau,
> Et versa maint champ de blé et d'orge,
> Et tint tout le pays en terreur.)
> Sa chemise courte, en toile de Paisley,
> Qu'elle avait portée, étant fillette,
> Manquait tristement de longueur ;
> C'était sa meilleure ; elle en était fière.
> Ah ! Ta respectable grand'mère ne savait guère
> Que la chemise qu'elle acheta pour sa petite Nannie,
> Avec deux livres écossaises, (c'était toute sa fortune),
> Ornerait un jour une danse de sorcières.

Nous nous expliquons pourquoi Tam restait là cloué. Ce qu'il voyait n'était pas pour lui donner la nausée, et la culotte de peluche bleue aurait pour le coup changé de propriétaire. Rien n'est plus gaiement et plus joliment mouvementé que le spectacle qui le transit d'admiration : cette jolie fille à chemise trop courte qui se démène dans la lumière ; Satan qui joue plus fort ; elle qui danse plus vite ; la musique qui a peine à suivre ses membres agiles dans une accélération de cabrioles ; et, dans l'ombre, la figure de Tam, qui s'épanouit à vue d'œil, à ce savoureux tableau, jusqu'au moment où n'y tenant plus, il éclate ; tout cela est parfait.

> Mais il faut qu'ici ma Muse abaisse son vol,
> De pareils essors sont bien au delà de son pouvoir,
> De chanter comment Nannie sautait et jetait la jambe,
> (C'était une garce souple et forte),
> Et comment Tam se tenait comme ensorcelé,
> Et pensait que ses yeux recevaient un trésor ;
> Satan lui-même ouvrait les yeux et fortement se démenait,
> Et se trémoussait, et soufflait avec force et vigueur,
> Jusqu'à ce que, cabriole après cabriole,
> Tam perdit tout à fait sa raison,
> Et rugit : « Bravo ! la chemise courte ! »

Qu'a-t-il fait ? Un seau d'eau bénite, tombant au milieu de la fête et éclaboussant tout ce sabbat, n'aurait pas produit un plus grand tumulte. La lumière s'éteint ; la cornemuse diabolique s'arrête ; un brouhaha s'entend. Vite, Tam ! tu n'as que le temps d'enlever Maggie ! Tu avais bien besoin de parler, vieux bavard ! Sans compter que tu as perdu la suite de ces cabrioles, intéressantes de plus en plus. Tam, au galop ! De toutes parts, les sorcières furieuses se précipitent hors de la ruine.

> En un instant, tout fut noir :
> Et à peine avait-il rassemblé Maggie,
> Que la légion infernale s'élança dehors.
> Comme les abeilles sortent en bourdonnant, agitées et colères,
> Quand les troupeaux ravageurs attaquent leur ruche ;
> Comme s'élancent les ennemis mortels du lièvre,
> Quand, crac ! il part à leur nez ;
> Comme la foule court follement un jour de marché,
> Quand : « Arrêtez le voleur ! » résonne et retentit ;
> Ainsi Maggie court, et les sorcières la suivent,
> Avec des criaillements étranges et rauques.

La course est furibonde. La route que suivait Tam remontait la rive droite du Doon, passant entre la rivière et l'église. Un peu plus haut, se trouve le vieux pont en dos d'âne, d'une seule arche, sous lequel mugissait l'eau. Si Tam atteint l'arête du pont avant les sorcières, il est sauvé. C'est un fait connu que les sorcières, les revenants, et aucun des esprit méchants n'ont le pouvoir de poursuivre un malheureux plus loin que le milieu du plus proche cours d'eau. Aussi Tam, effaré, hagard, le visage dans la crinière de Maggie, éperdument galope ; la horde des sorcières, hurlante, piaillante dans les ténèbres, le poursuit. En avant des autres, Nannie, furieuse d'avoir été vue et brûlant de se venger de l'imprudent, bondit. La clef de voûte est à quelques centaines de pas.

>Ah, Tam ! Ah, Tam ! Tu auras ce que tu mérites !
>Ils te rôtiront en enfer comme un hareng !
>En vain Kate attend que tu rentres !
>Kate sera bientôt une femme éplorée !
>Allons ! Fais ton possible ! cours vite, Meg,
>Et gagne la clef de voûte du pont.
>Là, tu pourras secouer ta queue à leur nez,
>Elles n'osent pas traverser un ruisseau courant.
>Mais avant qu'elle eût atteint la clef de voûte,
>Du diable si elle avait encore une queue à secouer !
>Car Nannie, bien avant les autres,
>Serrait de près la noble Maggie,
>Et se précipitait sur Tam, avec un dessein furieux.
>Mais elle connaissait mal le fond de Maggie,
>Celle-ci d'un bond mit son maître en sûreté ;
>Quant à elle-même, elle perdit sa queue grise :
>La sorcière la saisit par le croupion,
>Et laissa à Maggie à peine un moignon.

Sauvé, Tam ! Mais rien ne le ferait s'arrêter. Il sent toujours sur ses épaules la bande infernale. Il continue à galoper sans tourner la tête. Il se perd dans la nuit. La jolie courte chemise agite furieusement la queue de Maggie. Elle trouve cette vengeance insuffisante. L'histoire s'arrête sur ce tableau et se termine par cette morale.

>Maintenant, vous qui lirez cette histoire vraie,
>Hommes et fils de bonnes Mères, prenez garde :
>Chaque fois que vous serez enclin à boire,
>Ou que de courtes chemises vous passeront par la tête,
>Réfléchissez ! Vous pouvez payer vos joies trop cher :
>Rappelez-vous la jument de Tam de Shanter !

A la vérité, l'histoire ressemble à la jument de Tam. Elle a aussi perdu sa queue. Elle est coupée trop brusquement. L'esprit n'est pas satisfait : involontairement, on accompagne Tam jusqu'à sa ferme ; on s'attend à le voir paraître devant sa femme Kate, qui a eu le temps, pendant ces aventures, de tenir sa colère au chaud. Il y a là place pour une scène qui semblait annoncée au début et qui aurait fait un joli pendant à celle du cabaret et de la cabaretière. On imagine l'accueil de la fermière, les excuses de Tam, et son air penaud quand la lanterne lui révèle tout à coup l'étrange condition de Maggie. La morale aurait été mieux à cet endroit, car la punition aurait été plus complète. Perdre la queue de sa jument est sans doute quelque chose, mais s'en justifier à sa femme est bien plus terrible. Peut-être Tam aurait-il volontiers donné avec la queue la crinière, pour voir ce qu'il avait vu. Le moment pénible était l'explication à Kate. C'est cela vraiment qui peut garder les gredins comme Tam de boire, et leur purger la cervelle de chemises courtes pour le reste de leurs jours.

Au sujet de cette pièce, si remarquable dans l'œuvre de Burns, les critiques diffèrent. Les uns la considèrent comme son chef-d'œuvre. C'est l'avis de Lockhart et de beaucoup d'autres [1]. Carlyle, au contraire, s'étonne de la haute faveur dont elle jouit : « C'est moins un poème, dit-il, qu'un morceau d'étincelante rhétorique, le cœur et le corps de l'histoire reste dur et mort. » Il reproche au poète de n'être pas remonté, de ne pas nous avoir emportés dans cet âge sombre, sérieux, étonné, où on croyait à la tradition, et où elle avait pris naissance, de n'avoir pas touché « cette corde mystérieuse et profonde de la nature humaine qui jadis répondait à ces choses, qui vit encore en nous, et qui y vivra à jamais. » Il incline à croire que cette pièce aurait pu être écrite par un homme qui, en place de génie, n'aurait eu que du talent. Il ajoute qu'il lui préfère le poème des *Joyeux Mendiants* dont nous allons parler un peu plus loin [2]. Sur ce dernier point, nous serions d'accord avec lui. Pour le reste, il nous semble qu'il reproche injustement à Burns de n'avoir pas fait autre chose que ce qu'il a voulu faire. Il aurait désiré une reconstitution de l'état d'esprit, superstitieux et toujours surpris, du temps jadis, faite avec sérieux et respect. Burns n'y pouvait pas songer. Lui qui n'a jamais vu que la vie contemporaine, et dont le mérite est de l'avoir vue nettement, a rendu la superstition comme elle existait autour de lui : ni tout à fait maîtresse, ni tout à fait morte. C'est ainsi qu'elle se montrait par moments en lui-même. Parlant des contes de revenants et d'esprits qu'une vieille femme lui avait faits dans son enfance, il ajoutait : « Cela eut un effet si fort sur mon imagination que, même à présent, dans mes promenades nocturnes, je suis parfois sur le qui-vive dans les lieux suspects ; et bien que personne ne puisse être plus sceptique que moi en pareille matière, j'ai besoin d'un effort de philosophie pour secouer ces vaines terreurs. [3] » Cet effort de philosophie n'était pas à la portée de tous les paysans. La nuit, dans un orage, il suffisait d'une lumière inexpliquée, d'un bruit étrange, pour qu'ils fussent repris des anciennes terreurs. Dans une tête, où les facultés de contrôle sont désemparées et les facultés d'imagination surexcitées par la boisson,

---

[1] Lockhart. *Life of Burns*, p. 209.
[2] Carlyle. *Essay on Burns*.
[3] *Autobiographical Letter to Dr Moore.*

l'hallucination pouvait devenir complète ; et on a vu avec quel art Burns a accumulé toutes les circonstances, orage, souvenirs lugubres, qui pouvaient la préparer. Le lendemain, au grand soleil, on se moquait des frayeurs de la veille. C'est par là que la raillerie entrait. Burns a donc saisi le point exact où en était la superstition à son époque. Il a su mêler ce qu'elle conservait d'épouvante et ce qu'elle excitait de moquerie. Cet effort que lui demande Carlyle, pour reconstituer la crédulité dans ce qu'elle a de profond et de religieux, était hors de sa route. C'était un de ces essais de sympathie rétrospective qui ont intéressé notre temps, mais qui n'ont jamais fourni d'œuvre de premier ordre. C'était demander à Burns de faire du Walter Scott. Et que serait devenue la gaîté de ce morceau, qui est, après tout, un éclat de rire ? Quant à Burns lui-même il estimait que *Tam de Shanter* était son chef-d'œuvre, et il s'en expliquait franchement. Dans une lettre à Mrs Dunlop, où il lui parlait du fils aîné dont elle avait été la marraine, il disait : « En vérité, je considère votre petit filleul comme mon *chef-d'œuvre* dans cette espèce de manufacture, de même que je considère *Tam de Shanter* comme ma meilleure production en fait de poésie. Il est vrai que l'un aussi bien que l'autre trahissent un assaisonnement de friponnerie malicieuse dont on aurait bien pu se passer peut-être ; mais ils montrent aussi, selon moi, une originalité, un fini, un poli, que je désespère de surpasser.[1] »

Quoi qu'il en soit, c'est une œuvre de premier ordre, si solide, si pleine de matière en un si petit volume, et de quelle variété, et de quel mouvement ! Il semble impossible de rassembler plus de tableaux et de scènes en moins d'espace. La pièce ne compte que deux cent vingt-quatre vers ; voyez que de sujets un dessinateur y peut trouver, et dans combien de genres différents : la fin du marché, les bonnes figures de Tam et de son camarade le savetier, cette charmante description de l'auberge qui est à elle seule toute une toile de Wilkie, l'orage, la route, Tam chevauchant à travers la pluie ; puis, la vieille église fantastiquement illuminée, toute cette fantasmagorie du sabbat si puissante et si riche, Satan avec sa cornemuse à la fenêtre, la tête de Tam dans l'obscurité, les gambades de Nannie, la fuite, la poursuite, le vieux pont, la catastrophe ; c'est une série de peintures, familières, terribles, féeriques, toujours pittoresques, faites pour épuiser le talent d'un artiste. Et comme nous retrouvons bien marqués les deux traits de l'humour : la raillerie qui court à travers toute la pièce, qui s'attaque aussi bien aux gentillesses de Tam avec l'hôtelière qu'à la courte chemise de Nannie, et une observation constante, directe, concrète, autant qu'il est possible ! Et quel mouvement ! La diversité des situations et des décors ferait croire à de la fantaisie, si tout n'était si bien calculé, si enchaîné, si bien proportionné, si

---

[1] *To Mrs Dunlop*, 11th April 1791.

indispensable à la marche de l'histoire, que c'est plutôt de la variété que de la fantaisie, et que, même là, nous retrouvons le caractère de mesure et de raison, qui est au fond de l'humour de Burns.

On ne peut s'empêcher de comparer la chevauchée de *Tam de Shanter* à une autre chevauchée, fameuse dans la littérature anglaise, celle de John Gilpin d'amusante mémoire. Saus doute, l'aventure du marchand drapier, cramponné à la crinière de son cheval, perdant son chapeau, perdant sa perruque, perdant son manteau rouge, cassant ses bouteilles, traversant les villages comme un éclair, passant et repassant sans pouvoir arrêter sa monture devant le balcon où sa femme l'attend, est d'une charmante et franche drôlerie. Mais ce n'est que le développement habile et tout littéraire d'une situation ridicule. Cela semble mince et vite épuisé auprès de l'histoire de *Tam de Shanter*. Celle-ci est autrement riche, variée, profonde. Elle a surtout une sève de vie réelle, qui se renouvelle et jaillit de toutes parts. C'est John Gilpin qui aurait pu être écrit par un homme de talent. L'immortel Tam, quoi qu'en dise Carlyle, est la création d'un homme de génie. Et, ici encore, on rencontre le regret que la vie de Burns n'ait pas donné tout ce qu'elle contenait. Il écrivait à un de ses amis, en lui envoyant le poème : « Je viens d'achever un poème, *Tam de Shanter*, que vous recevrez ci-inclus. C'est mon premier essai en fait de contes. [1] » Qu'on imagine ce qu'aurait été un volume d'histoires de ce genre, diverses, prises de tous côtés, et écrites avec cette puissance de vie, de comique et de poésie. C'eût été un livre à mettre à côté des admirables *Contes de Canterbury* du vieux Chaucer.

Cet humour de Burns éclata parmi les Écossais comme une révélation. Ils ignoraient que leur sol pût produire un fruit aussi savoureux. Dans le n° 83 du *Mirror*, journal périodique à la façon du *Spectator*, publié à Edimbourg, à la date du 22 février 1780, c'est-à-dire un peu avant l'arrivée de Burns dans cette ville, on trouve un article intitulé : *Recherche sur les causes de la rareté d'écrivains humoristiques en Ecosse*[2]. L'auteur, après avoir constaté que son pays produit sur les autres sujets des écrivains d'un mérite considérable, s'étonne que la Tweed établisse pour l'humour, une si frappante ligne de démarcation.

<small>« Dans une branche de l'art d'écrire, dans les ouvrages et compositions d'humour, il est hors de doute que les Anglais n'ont à redouter aucune rivalité de leurs voisins du Nord. Les Anglais excellent dans la comédie ; plusieurs de leurs romans sont pleins des plus humoristiques représentations de vie et de caractères, et maints de leurs autres ouvrages sont pleins d'un excellent comique. Mais en Ecosse, nous avons à peine des livres qui visent à l'humour, et des quelques-uns qui y visent, peu ont</small>

---

[1] *To Alex. Cunningham*, 23rd Jan 1791.
[2] *The Mirror*, a periodical paper, published at Edinburgh, in the Years 1779 et 80.

aucun degré de mérite. Bien que nous ayions des tragédies écrites par des Ecossais, nous n'avons pas de comédie, excepté le *Noble Berger* de Ramsay ; et bien que nous ayons des romans de sentiment, nous n'en avons pas d'humour. »

L'auteur de l'article avait raison en ce qui concernait la littérature savante de son pays. Il n'était pas étonnant qu'elle manquât de l'élément concret et direct dont vit l'humour. Elle était générale, abstraite, et cosmopolite. « Il est curieux de remarquer, écrit Carlyle, que l'Ecosse, si pleine d'écrivains, n'avait pas de culture écossaise, pas même de culture anglaise. Notre culture était presque exclusivement française. C'était en étudiant Racine et Voltaire, Batteux et Boileau, que Kames s'était exercé à être un critique et un philosophe. C'était la lumière de Montesquieu et de Mably qui guidait Robertson dans ses spéculations politiques ; c'était la lampe de Quesnay qui avait allumé la lampe d'Adam Smith... Jamais peut-être il n'y eut une classe d'écrivains si clairs et si bien ordonnés, et cependant si totalement dénués, selon toute apparence, de toute affection patriotique, bien plus, de toute affection humaine quelle qu'elle fût.[1] » Quoi d'étonnant à ce qu'on ne trouvât pas d'humour dans leurs écrits? C'était une littérature qui ne se particularisait pas. Elle n'avait rien d'indigène, aucun goût de terroir. Elle manquait de pittoresque et de vie.

De là vient l'opinion que les Ecossais étaient incapables d'humour. Charles Lamb l'a appuyée dans un essai charmant où il oppose l'esprit calédonien, affirmatif et absolu, à l'esprit qu'il appelle anti-calédonien, esprit de fantaisie, qui se contente d'aperçus, de germes, de doutes, de crépuscules de vérités. « Avant tout, défiez-vous de toute expression indirecte devant un Calédonien. Mettez un éteignoir sur votre ironie, si malheureusement il vous en a été accordé une veine. » Il rapporte comme exemple qu'il se trouvait un jour dans une réunion d'Écossais où un des fils de Burns était attendu. « Je laissai tomber une sotte expression que j'aurais bien voulu que ce fut le père au lieu du fils. Sur quoi quatre d'entre eux se dressèrent en même temps, pour m'informer que c'était impossible puisqu'il était mort.[2] » Cette réputation des Ecossais s'est propagée. Elle a fini par trouver une formule définitive dans le célèbre mot de Sydney Smith « que, pour faire entrer une plaisanterie dans la tête d'un Ecossais, il faut une opération chirurgicale. »

Si on ne trouvait pas l'humour, c'est qu'on le cherchait là où il ne saurait exister, dans une littérature raréfiée et dépouillée de pittoresque. Il suffit de lire Ramsay et Fergusson, *le Noble Berger* du premier et

---

[1] Carlyle. *Essay on Burns.*

[2] Charles Lamb. *Essay on imperfect Sympathies.* Swift avait fait une remarque analogue sur la conversation des Écossais, voir ses *Hints towards an Essay on Conversation.*

Caller Water du second, par exemple, pour en rencontrer d'excellent. Il se trouve en abondance dans les chansons, et plus encore dans les petits poèmes populaires, à commencer par le fameux *Gaberlunzie Man* de Jacques V. Plus récemment, les recueils du doyen Ramsay, du Dr. Rogers, de Mr Baxton Hood [1], formés de bons mots, d'anecdotes, de souvenirs, en ont réuni d'amples provisions. Ils n'ont eu qu'à laisser tomber les filets dans la conversation et la poésie du peuple, pour les ramener pleins de traits humoristiques. Les recueils de proverbes en contiennent aussi beaucoup [2]. En réalité, peu de pays ont produit plus et de plus grands humoristes : Smollet, Arbuthnot, Burns, Carlyle ; sans parler de l'humour épars dans Walter Scott, dans ce délicieux livre des *Annales de la Paroisse* de John Galt, qui, pour l'humour attendri, est un digne compagnon du *Vicaire de Wakefield*, ou dans la charmante *Autobiographie de Mansie Wauch*. Il y a eu, au contraire, de tous temps, un riche fonds d'humour en Ecosse. Le Dr Alexander Carlyle d'Inveresk, que sa vie active et son séjour dans une petite paroisse mettaient plus en rapport avec le peuple, avait, il est vrai, protesté contre ce jugement. Il disait, en faisant précisément allusion à l'article du *Mirror* :

« Je prendrai cette occasion de rectifier une erreur dans laquelle les auteurs anglais sont tombés et dans laquelle ils sont soutenus par beaucoup des écrivains écossais particulièrement par ceux du *Mirror*, qui est que les gens d'Ecosse n'ont pas d'humour. Que cela soit une grosse erreur peut être prouvé par d'innombrables chansons, ballades et histoires, qui circulent dans le sud de l'Ecosse, et aussi par les personnes assez âgées pour se rappeler le temps où le dialecte écossais était parlé avec pureté dans la Basse Contrée, et par celles qui ont eu des rapports avec le peuple. Depuis que nous avons commencé à parler une langue étrangère, ce que l'anglais est pour nous, l'humour, il faut le confesser, est moins apparent dans la conversation.[3] »

Le Dr Carlyle et l'écrivain du *Mirror* sont d'accord pour attribuer l'un l'absence, l'autre l'affaiblissement de l'humour à l'abandon du dialecte indigène. Remarquons combien ce fait corrobore l'importance de l'élément concret dans la composition de l'humour. Le passage du *Mirror* surtout est curieux ; il est à lire avec soin, tant il est instructif à cet égard :

« Le fait qu'un auteur écossais n'écrit pas dans son dialecte naturel doit avoir une influence considérable sur la nature de ses productions littéraires. Quand il s'emploie à quelque composition grave et digne, quand il écrit de l'histoire, de la politique ou de la poésie, la peine qu'il prend, pour écrire d'une façon différente de celle dont il

---

[1] Dean Ramsay. *Reminiscences of Scottish Life and Character*. — Charles Rogers, *Traits and Stories of the Scottish People*. — Baxton Hood. *Scottish Characteristics*.

[2] Voir *Scottish Proverbs*, collected and arranged by Andrew Henderson. — *The Proverbs of Scotland* by Alexander Hislop.

[3] Dr Alexander Carlyle. *Autobiography*, p. 222-28.

parle, n'affecte pas beaucoup ses productions. Le langage de ces compositions est, dans tous ces cas, élevé au-dessus de la vie ordinaire, et partant la déviation qu'un auteur écossais est obligé de faire de la langue commune du pays ne peut guère lui faire de tort. Mais si un écrivain doit descendre aux peintures communes et risibles de la vie, si en un mot il veut se donner à des compositions humoristiques, il faut que son langage soit aussi près que possible de celui de la vie ordinaire... Pour confirmer ces remarques, on peut observer que les seuls ouvrages d'humour que nous ayons dans ce pays sont en dialecte écossais, et que la plupart d'entre eux ont été écrits avant l'union des deux royaumes, quand l'écossais était la langue écrite du pays aussi bien que la langue parlée. Le *Noble Berger* qui est plein de représentations naturelles et comiques de vie vulgaire est écrit en écossais vulgaire. Beaucoup de nos anciennes ballades sont pleines d'humour.[1] »

Ainsi, dès qu'on passe à la littérature abstraite, l'humour s'éteint ; dès qu'on revient au langage populaire, concret, vivant, pittoresque, dès qu'on se rapproche de la réalité, dès qu'on se remet par le langage qu'elle parle en contact avec elle, alors l'humour renaît. Les seules compositions qui en contiennent sont celles qui contiennent également de la vie ordinaire, vécue, observée. Tant il est certain que, sans cet élément, l'humour dépérit et disparaît. C'était ce langage que Burns avait repris, et dont il se servait pour donner un si éclatant démenti à ceux qui refusaient au génie écossais la faculté de l'humour.

Ne nous y méprenons pas, ce don de l'humour est un des plus grands que puisse avoir un écrivain. C'est presque une marque de génie. A mettre les choses au moins, c'est quelque chose qui s'en rapproche, qui y ressemble, qui en contient une parcelle. Carlyle a dit que c'était la pierre de touche du génie [2]. Mais Carlyle aime à lancer des aphorismes, dont la vérité qu'ils contiennent est affaiblie parce qu'ils prétendent contenir toute la vérité. Il est incontestable qu'il y a eu des génies, comme Milton et Wordsworth, bien pauvres en humour. Coleridge, dont les jugements foudroyaient moins les choses et les pénétraient davantage, a dit avec plus de mesure et de justesse : « Les hommes d'humour sont toujours, en quelque degré, des hommes de génie.[3] » C'est qu'en effet il rentre dans l'humour la faculté de percevoir directement la vie, de représenter la réalité, le don d'objectivité. C'est une des aptitudes les plus rares en littérature : le travail ni l'étude ne la fournissent, et le talent n'y atteint pas. Aussi étroit que soit le champ des vrais humoristes, ils sont gens de génie dans leur coin. Sans parler des grands comme Shakspeare, Cervantès, Rabelais, Molière, quel autre mot appliquer à Swift, à Sterne, à Dickens ? Et si, pour d'autres comme Goldsmith et Charles Lamb, ce mot semble trop large, combien de termes n'usera-

---

[1] *The Mirror*, N° 83.

[2] Carlyle. *Essay on Jean-Paul-Friedrich Richter.*

[3] Coleridge. *Table Talk*, 20th August 1833.

t-on pas pour approcher de la même idée? On dira qu'ils ont du charme, quelque chose d'original, d'inimitable, un je ne sais quoi de particulier. Ne ferait-on pas mieux de dire qu'ils ont un peu de génie, une parcelle, aussi peu que ce soit. Il y a dans leur œuvre, aussi chétive qu'elle puisse être, une essence qui ne se laisse définir qu'ainsi. Ils sont eux parce qu'ils ont vu la vie pour leur propre compte.

Aussi, les humoristes sont-ils des créateurs, et les plus grands d'entre eux ont eu naturellement recours au roman et au théâtre.

III

QUE LE GÉNIE DE BURNS ABOUTISSAIT AU THÉATRE.

Burns portait en lui le même besoin. On peut dire qu'il y avait en lui un auteur dramatique qui a vainement essayé de se faire jour à travers des circonstances défavorables, mais qui n'a pas cessé de le tenter.

Il en possédait le premier don : le goût de l'observation morale, la pénétration dans les caractères, le coup d'œil aigu et entrant qui discerne, à chaque instant, les ressorts secrets et leur jeu dissimulé, qui voit derrière les actes les motifs, et derrière les paroles les intentions.

Il s'était fait du discernement des hommes une étude spéciale et avait commencé par s'appliquer à se connaître lui-même. C'était pour lui un des premiers devoirs d'un homme. « Ce fut toujours mon opinion que les grandes et malheureuses fautes et erreurs, au point de vue rationnel aussi bien que religieux, dont nous voyons des milliers d'hommes se rendre chaque jour coupables, sont dues à leur ignorance ou à leur fausse notion d'eux-mêmes. Me connaître moi-même avait toujours été mon étude constante. Je me pesais seul ; je me mettais dans la balance avec les autres ; je guettais tous les moyens de reconnaître combien de terrain j'occupais comme homme et comme poète ; j'étudiais assidûment le dessein de la nature, là où elle semblait en avoir eu un, les diverses lumières et ombres de mon caractère.[1] » Sa conduite et ses œuvres montrent qu'il se connaissait bien. C'est grâce à cette pleine et stable appréciation de lui-même qu'il avait été si ferme et si digne à Édimbourg. Sa correspondance est constamment remplie de l'analyse de ses sentiments, et les lettres à ses amis contiennent beaucoup plus de récits intérieurs qu'extérieurs. Quand il a parlé de lui-même dans ses vers, il l'a fait avec une justesse et une franchise telles qu'en dernière analyse on est obligé d'y recourir, de les citer comme les jugements les plus définitifs qu'il y ait encore sur lui.

Il portait sur les autres la même application, et en eux la même péné-

---

[1] *Autobiographical Letter Dr Moore.*

tration. Il devait ce penchant à son père. Il disait que celui-ci, dans ses longues années de vie errante, coupée de séjours çà et là, avait ramassé une grande provision d'observation et d'expérience, auxquelles il devait presque toutes ses propres prétentions à la sagesse. Il avait, ajoutait-il, « rencontré peu d'hommes qui comprissent aussi bien les hommes, leurs façons et leurs voies. [1] » Il avait commencé de bonne heure à faire son métier d'observateur, à regarder les visages ; à en démêler l'expression ; à rebâtir, sur quelques indications des traits ou du costume, le caractère entier et la vie précédente ; à s'attacher à un homme qu'on suit à travers les groupes et dont on pressent les gestes et les paroles ; à s'égarer et à s'oublier dans les foules, les yeux mi-clos, afin d'atténuer l'effort du regard et d'empêcher que les gens ne se sentent observés. Attrayante occupation, si l'on ne discernait, sur tant de visages, des indices de maladie ou des traces de chagrin ! Dès la ferme de Lochlea, il écrivait à son maître Murdoch : « J'oublie que je suis un pauvre diable insignifiant qui se promène obscur et ignoré par les foires et les marchés, lorsqu'il m'arrive d'y lire une page ou deux du Genre Humain, et de saisir les manières vivantes, au fur et à mesure qu'elles naissent, tandis que les hommes d'affaires me bousculent de tous côtés comme un encombrement en leur chemin.[2] » Et c'était sciemment, avec une sorte de parti pris et de dilettantisme curieux, que déjà il étudiait les hommes, car, dans cette même lettre, il disait ces paroles encore plus singulières chez un jeune paysan de vingt-quatre ans à peine : « Je me fais l'effet d'un être envoyé dans le monde pour voir et observer ; je m'arrange volontiers avec le filou qui me vole mon argent, s'il y a en lui quelque chose d'original qui me montre la nature humaine sous un jour différent de ce que j'ai vu. La joie de mon cœur est d'étudier les hommes, leurs mœurs, et leurs façons, et, pour ce sujet favori, je sacrifie joyeusement toute autre considération [2]. » Il était, au milieu des lourdes natures qui l'entouraient, fier de ses pouvoirs d'observation et de remarque. Lorsqu'il était tombé à Edimbourg au milieu d'un autre monde, et qu'il s'était trouvé mélangé à des classes d'hommes bien différentes et toutes nouvelles pour lui, il était encore tout attention à en saisir les manières[3]. Le journal qu'il avait commencé s'ouvre par ces mots : « Comme j'ai vu beaucoup de vie humaine à Edimbourg et un grand nombre de caractères qui sont nouveaux pour quelqu'un qui a été comme moi élevé dans les ombres de la vie, j'ai pris la résolution de fixer mes remarques sur le champ [4]. » Et plus loin : « J'esquisserai tous les caractères qui me frapperont de quelque façon [4]. » A la suite de ces déclarations se trouvent

---

[1] *Autobiographical Letter to Dr Moore.*
[2] *To Murdoch*, 15th Jan 1783.
[3] *Autobiographical Letter to Dr Moore.*
[4] *The Author's Edinburgh Common-place Book*, April 9th, 1787.

les portraits exacts et précis de Blair, de Dugald Stewart, de Robertson, de Greenfield, et de Creech [1]. Plus tard, lorsqu'il entra à l'Excise, il écrivait qu'un des avantages de sa nouvelle position était la connaissance qu'elle lui donnait des diverses nuances des caractères humains [2]. Il ne perdait aucune occasion de se trouver au milieu des foules et de les observer. A un moment d'élections, il écrivait à un de ses amis, prévôt de Lochmaben : « Si vous pensez avoir une réunion dans votre ville, un jour où les ducs, comtes, et chevaliers, font leur cour aux tisserands, tailleurs, et savetiers, j'aimerais à le savoir deux ou trois jours à l'avance. Je me soucie de la politique comme des trois sauts d'un roquet, mais j'aimerais voir une pareille exhibition de nature humaine [3]. »

Il est évident que cette observation intérieure l'attirait plus que toute autre. Partout et toujours, il cherchait le personnage humain. C'était presque la seule chose qu'il notât. Dans ses voyages, il est moins frappé par l'aspect pittoresque du pays ou même par les souvenirs historiques que par les caractères qu'il rencontre. Les journaux de ses tours sur les Borders et dans les Highlands se composent presque uniquement de remarques sur les personnes, et de courtes esquisses de caractères tracées en quelques mots. On trouve constamment des notes comme celles-ci : « Le vieux M. Ainslie, un caractère peu commun ; ses manies : l'agriculture, la physique et la politique [4] ». — « Un M. Dudgeon, poète à ses moments, un digne et remarquable caractère, pénétration naturelle, beaucoup de connaissances, quelque talent, une extrême modestie [4] ». — « Mrs Brydone, une femme très élégante de personne et de manières ; les tons de la voix remarquablement doux [5] ». — « M. Scott, exactement le corps et le visage qu'on prête d'ordinaire à Sancho Pança, très sagace dans les affaires de fermage ; assez souvent il rencontre ce qu'on pourrait appeler une solide idée plutôt qu'une idée spirituelle [6] ». Et ainsi de suite à travers tout son journal. Les impressions qu'il note le soir sont toujours des aperçus et des esquisses de caractères. Quelquefois on sent qu'il a cherché sans bien rencontrer ; il s'est trompé, il en éprouve un léger dépit et il retient l'observation. « Un cousin du propriétaire, un individu dont l'aspect est pareil à celui qui m'a abusé dans un gentleman à Kelso, et qui m'avait déjà trompé plus d'une fois : un corps et un visage heureux et beaux, qui portent à leur prêter des qualités qu'ils n'ont pas [7] ». Il ne se prononce pas cependant à la légère. Il lui faut

---

[1] Voir ces portraits dans *the Edinburgh Journal*.
[2] *To Lady Glencairn*, Dec. 1789.
[3] *To Provost Maxwell*, Dec. 20th, 1789.
[4] *Border Tour*, May 5th, 1787.
[5] *Border Tour*. Monday May 7th.
[6] *Id*. May 10th.
[7] *Id*. May 22nd.

quelque temps pour examiner et pénétrer son sujet, sinon, il préfère y renoncer : « Vu une course de chevaux et fait visite à un ami de Nicol, un bailli Cowan dont je connais trop peu de chose pour essayer son portrait [1] ». Quelquefois il ne sait à quoi se prendre pour fixer un caractère. « Dîne avec le prévôt Fall, un marchand notable et un personnage très respectable, mais qu'on ne peut décrire, parce qu'il n'offre pas de traits marqués [2] ». Le déchiffrement si difficile des hommes avait été chez lui une occupation constante, et était devenue une habitude. Partout où il allait, il notait les âmes, comme d'autres prennent des paysages ou des récits.

Afin d'arriver au fond de chaque homme, il avait vu qu'il faut le dépouiller des titres, des honneurs, des richesses, de tout ce qui le cache et recouvre, écarter tout l'attirail étranger, pour pénétrer jusqu'à lui et, selon le mot de La Bruyère, « le voir sans ce grand nombre de coquins qui le servent et ces six bêtes qui le traînent [3] ». Il s'était, du premier coup, attaché à cette méthode, plus difficile, pour dire vrai, à appliquer qu'à découvrir. Il se piquait d'y avoir réussi : « J'estime les différents acteurs dans le grand drame de la vie, uniquement d'après la façon dont ils remplissent leur rôle. Je peux regarder un duc qui n'est qu'un misérable avec un mépris sans restriction, et je puis considérer un honnête balayeur de rues avec un sincère respect [4]. » Il aurait dit avec Montaigne : « Il ne faut pas estimer un homme tout enveloppé et empaqueté ; qu'il se présente en chemise [5] ». Il n'y avait pas de qualité qu'il estimât davantage chez les autres que cette poigne du coup d'œil qui saisit un individu, le déshabille et l'expose tel qu'il est. Il admirait beaucoup Dugald Stewart, et il y avait, chez cet homme aimable et sage, un grand nombre de qualités également admirables. Mais d'elles toutes, c'est celle-ci qu'il retire toujours et qu'il place en avant : « Des choses extérieures, des choses totalement étrangères à l'homme, se glissent dans le cœur et les jugements de presque tous les hommes, sinon de tous. Je ne sais qu'un seul exemple d'un homme qui considère pleinement et vraiment « le monde entier comme un théâtre et tous les hommes et les femmes comme de simples acteurs [6] », et qui n'estime ces acteurs, les *dramatis personæ*, qu'ils édifient des cités ou qu'ils plantent des haies, qu'ils gouvernent des personnes ou surveillent des troupeaux, que selon qu'ils remplissent leurs rôles [7]. » Il y revient à plusieurs reprises [8]. On comprend cet enthousiasme.

---

[1] *Highland Tour.* Saturday 25th Aug 1787.

[2] *Border Tour*, 20th May 1787.

[3] *La Bruyère. Du Mérite Personnel.*

[4] *To Charles Sharpe*, 22nd April 1791.

[5] *Montaigne.* Livre I, chap. XLII.

[6] Shakspeare. *As You Like it.* Acte II, scene 5.

[7] *To Mrs Dunlop*, 4th Nov. 1787.

[8] Voir le portrait de Dugald Stewart dans l'*Edinburgh Journal*, et encore dans la lettre *to Francis Grose*, 1790 (lettre n° 1).

Il était, sous ses habits de paysan et dans sa vie obscure, un des quelques individus supérieurs de son époque. Il devait souffrir, et avait plus d'une fois souffert, d'être traité d'après son costume grossier et son nom de paysan. Mais son cœur conservait un sourire et une gratitude aussi profonde que son orgueil pour celui qui avait vu en lui une âme humaine de premier ordre, et l'avait traité en ami.

Quand il avait écarté les oripeaux, et ainsi mis à nu les hommes véritables, cachés derrière les personnages sociaux, il estimait les caractères en eux-mêmes. Pour les apprécier, il les décomposait, et les réduisait à leurs principaux éléments constitutifs. Il dégageait la faculté maîtresse, comme on dirait aujourd'hui, groupait les parties constituantes, dans leurs proportions. Il les notait, pour ainsi dire, avec leurs coefficients, dans une sorte de formule chimique. En parlant de Dugald Stewart, il dit : « Je crois que son caractère, partagé en dix parties, se divise ainsi : quatre parties Socrate, quatre parties Nathaniel, et deux parties le Brutus de Shakspeare [1] ». En parlant d'une jeune fille rencontrée sur les Borders : « Elle unit trois qualités qu'on trouve rarement ensemble : une pénétration aiguisée et solide ; de l'observation et de la remarque malicieuse et spirituelle ; et la modestie féminine la plus douce et la moins affectée [2] ». De son libraire Creech : « Le personnage que je mentionnerai ensuite, mon digne libraire, M. Creech, est un caractère étrange et multiple. Ses passions dominantes, du côté gauche, sont : une extrême vanité et quelques-unes des plus innocentes modifications de l'égoïsme [3]. »

Pour atteindre les esprits, on voit qu'il s'était attaché à l'étude des visages, si difficile et si attirante. Trouver quelque ordre dans la confusion toujours mouvante de physionomies innombrables ; discerner les analogies inconnues qui rassemblent et assortissent les traits autour de certains types ; reconnaître « ce rapport secret des traits ensemble, et des traits avec les couleurs et l'air de la personne » ; découvrir ou tout au moins démêler la signification des traits, les rapports de leur forme avec certains caractères, et de leur jeu avec certains sentiments ; saisir çà et là sur des physionomies des indications qui serviront à en interpréter d'analogues, mais de plus enveloppées ; deviner par l'expression permanente des traits, les habitudes d'un esprit, et par leur expression présente, ses mouvements ; demander aux rides elles-mêmes des renseignements et des confidences ; chercher dans tout des signes imperceptibles, et comme les lettres éparses d'un alphabet mystérieux et infini qui donnerait la clef et la lecture des âmes ; voilà ce que suppose un pareil examen. Travail incroyablement délicat qui demande la finesse des organes et la rapidité de pénétration, et en même temps immense. La science commence à peine

---

[1] *To John Mackenzie*, 1st Nov. 1786.
[2] *Border Tour*, May 5th, 1787.
[3] *The Edinburgh Journal*.

à y toucher avec hésitation. Les observations des poètes et des peintres en donneraient les éléments, s'il n'était tellement complexe qu'il devient indécomposable, comme les opérations de l'instinct, et que ses résultats restent toujours personnels et intransmissibles.

Burns, inconsciemment sans doute, s'y était appliqué. Il est facile de se rendre compte de l'attention avec laquelle il regardait les faces humaines, à la façon dont il les décrit. « Miss Lindsay, une aimable fille et de belle humeur, un peu courte, et *de l'embonpoint*, mais belle et extrêmement gracieuse ; d'admirables yeux couleur de noisette, pleins d'animation, et brillants d'un délicieux éclat humide, un *tout ensemble* attirant, qui annonce qu'elle appartient au premier rang des âmes féminines [1] ». Et cette autre étude, plus fine encore et d'un si joli coloris, d'un autre visage de jeune fille : « De Charlotte, je ne puis parler en termes ordinaires d'admiration ; elle est non seulement belle, mais adorable. Sa forme est élégante, ses traits ne sont pas réguliers, mais ils ont au plus haut point le sourire de la douceur et la bienveillance tranquille de la bonne humeur ; sa complexion, maintenant qu'elle a recouvré sa santé habituelle, est aussi belle que celle de Miss Burnet. Après notre promenade à cheval, jusqu'aux chutes, Charlotte était exactement comme la maîtresse de Dr Donne :

> « Son sang pur et éloquent
> Parlait sur ses joues, et agissait si visiblement
> Qu'on aurait presque dit que son corps pensait. »

Ses yeux sont fascinants, à la fois expressifs de bon sens, de tendresse, et d'un noble esprit [2] ». Et qu'on ne croie pas que ce fût seulement de jeunes et aimables visages qu'il regardait de si près. Il mettait peut-être quelque complaisance à les décrire, mais il observait aussi les autres. Il rencontre Neil Gow, célèbre joueur de violon populaire : « Neil Gow joue : un corps des Hautes-Terres, court et solidement bâti, avec des yeux grisâtres éclairant son front honnête et sociable, une face intéressante, dénotant beaucoup de jugement, une ouverture de cœur bienveillante, mêlés à une simplicité qui ignore la défiance [3] ». On voit ainsi qu'il dégageait sur les visages qu'il observait l'expression marquante et caractéristique, celle qui y est mise par la continuité des mêmes préoccupations, ce qu'un physionomiste moderne appelle l'expression de profession. « Mrs Scott, tout le jugement, le goût, l'intrépidité de face, la décision hardie et critique, qui caractérisent généralement les femmes auteurs [4] ».

La plus grande preuve surtout du soin avec lequel il étudiait les figures, c'est qu'il les retenait, qu'il les rapprochait, qu'il les comparait, les

---

[1] *Border Tour*, 9th May.
[2] *To Gavin Hamilton*, 28th Aug 1787.
[3] *Highland Tour*. Friday 31st Aug 1787.
[4] *Border Tour*, May 10th, 1787.

classait en quelque sorte, retrouvait des traits communs, des ressemblances d'expression, des airs de famille et des affinités sur des physionomies diverses. « Une vieille dame de Paisley, une Mrs Dawson ressemble à la vieille lady Wauchope, et plus encore à Mrs C. — sa conversation déborde de jugement solide et de remarques justes, mais, comme elles, un certain air d'importance et une *duresse* [1] dans l'œil semble indiquer, comme la brave femme d'Ayrshire l'observait de sa vache, que « elle a ses idées à elle [2] ». A chaque instant, ce travail de rapprochement se faisait dans son esprit : « Mr Grant, ministre à Calder, ressemble à Mr Scott d'Inverleithen [3] ». — « Mr Ross, un charmant homme, ressemble au professeur Tytler [4] ». — « Miss Ben Scott, ressemble à Miss Greenfield [5] ». — Mrs Monro, jeune femme aimable, raisonnable et douce, ressemble beaucoup à Mrs Greenson [6] ». Et ailleurs, en parlant d'une jeune fille : « J'ai rarement vu une ressemblance aussi frappante qu'entre elle et votre petite Beenie, particulièrement la bouche et le menton [7] ». Il n'y a pas, je crois, de plus forte preuve du soin avec lequel on regarde, que ces analyses de visages ; et c'est en même temps une chose curieuse de voir que les grands observateurs se rencontrent dans leurs procédés et leur méthode. « Pour garder facilement le souvenir d'un visage, il faut d'abord comparer dans beaucoup de têtes, la bouche, les yeux, le nez, le menton, la gorge, le cou et les épaules et faire des comparaisons [8] ». Ces lignes sont de Léonard de Vinci.

Il se flattait de connaître les caractères et de les juger impartialement. Quand il lui arrivait de se tromper, il avait l'air d'en ressentir de la vexation : « Étrange ! comme nous sommes disposés à nous laisser aller à nos préjugés, dans nos jugements sur les autres. Même moi qui me pique de mon habileté à distinguer les caractères... la peu commune valeur de Mrs. K. m'avait échappé [9]. » Le fait est qu'il était arrivé à une sûreté et à une promptitude de jugement remarquables. Rien n'est plus curieux, à cet égard, que les journaux de ses deux tours des Borders et des Highlands. Ils tiennent au large dans une dizaine de pages ; ce sont des notes rapides, prises le soir en quelques lignes, souvent en quelques mots. Ce qu'il y a d'observations humaines, de portraits, de caractères saisis rapidement et fixés d'un trait, est véritablement incroyable. Nous avons fait le relevé des personnes qu'il a ainsi

---

[1] Ce mot est ainsi écrit en français dans le texte.
[2] *Highland Tour*. 25th Aug 1787.
[3] *Id.* 6th Sept.
[4] *Id.* 10th Sept.
[5] *Id.* 14th Sept.
[6] *Id.* 25th Aug.
[7] *To Gavin Hamilton*. 28th Aug 1787.
[8] *Leonard de Vinci*, cité par Mantegazza, dans son ouvrage : *La Physionomie et l'Expression des Sentiments*, chap. III, p. 39.
[9] *To Miss Chalmers*, 7th April 1788.

observées, pénétrées et peintes, en une seule rencontre et du premier coup d'œil ; il n'y en a pas moins d'une centaine.

Et quelle variété ! Il y a des fermiers, fermiers amateurs et gros fermiers ; des clergymen de diverses espèces, les uns âgés et vénérables, d'autres bruyants, d'autres tristement adonnés au défaut clérical du calembourg ; il y a des marchands, des officiers de vaisseau, un prévôt de ville, un intendant « discret, raisonnable et ingénieux », un évêque, un capitaine qui a été des années prisonnier des Indiens en Amérique, « officier très gentleman et très poli », un ancien médecin de marine, vétéran agréable, chaud de cœur, battu par les climats et qui, avec le goût des gens de mer pour les paysages tristes, s'est retiré près « des moors romantiques [1] » ; il y a des ducs, des professeurs, des hôteliers, et jusqu'à « un drôle de corps de vieux cordonnier », et un mineur des mines du Cumberland rencontrés sur une grande route. Ils sont tous croqués magistralement, en quelques traits, indiqués en quelques coups de crayon. C'est le Dr Bowmaker, « un homme de forts poumons, et de remarque assez judicieuse, mais peu habile en bienséance et qui ne s'en doute pas [2] ». C'est M. Brydone, « un très excellent cœur, bon, joyeux et bienveillant ; mais avec beaucoup de la complaisance sans choix des Français, et, par suite de sa situation présente et passée, un admirateur de tout ce qui porte un titre splendide, ou possède de grands biens [3] ». C'est M. Hood, « un fermier honnête, digne, et facétieux [4] » ; M. Ker, un veuf avec de beaux enfants, intelligent, distingué, bel homme « en qui tout est élégant [5] », « son esprit et ses façons ressemblent étonnamment à ceux de mon cher vieil ami, Robert Muir de Kilmarnock » ; M. Clarke « un homme intelligent dont l'air un peu sombre et l'apparence bizarre pourraient prévenir contre lui un observateur ordinaire [6] » ; M. Falconer, « un homme du nord, petit, irascible, enthousiaste, un dissident [7] » ; l'évêque Skinner « dont les façons douces et vénérables sont plus remarquées chez un homme si jeune [7] ». Parfois, c'est plus court encore. Il n'y a absolument que des mots sans phrases, des coups de crayon sans contour pour les réunir et cependant les gens y sont : « Souper : MM. Doig, le maître d'école, et Bell, le capitaine Forrester du château ; Doig, singulier corps, un peu du pédant ; Bell, un individu gai, insouciant, qui chante bien la chanson ; Forrester, un joyeux gaillard, plein de jurons, mélangé de soldat [8]. » Et d'autres, de toute couleur : des timides, des fats, des bavards décrits d'un mot.

---

[1] *Border Tour*, 10th May 1787.
[2] *Id.* May 6th, 1787.
[3] *Id.* May 7th, 1787.
[4] *Id.* May 16th, 1787.
[5] *Id.* May 12th, 1787.
[6] *Id.* 22nd May 1787.
[7] *Highland Tour.* 6th Sept. 1787.
[8] *Id.* 27th Aug. 1787.

La galerie des femmes est aussi nombreuse et aussi variée. Naturellement, il y a dé jolies filles et de très jolies ; elles sont au premier rang, aimables, rieuses, gaies, de bonne humeur et de bonne santé, comme il semble qu'il les préférait. Mais, il y a aussi de vieilles dames maternelles, excellentes, judicieuses, joyeuses et aimables, de vieilles filles suries, laides et médisantes, des femmes intellectuelles, des femmes de toutes nuances et que vraiment on croit avoir vues. Voici Mrs Brydone, « une femme très élégante de personne et de manières, les tons de sa voix remarquablement doux [1] ». Voici Mrs Burnside une femme distinguée « simplicité, élégance, bon sens, douceur de caractère, bonne humeur, aimable hospitalité sont les constituants de ses manières et de son cœur [2] ». Il y a la bonne ménagère, Mrs Miller, « une agréable, raisonnable et modeste bonne personne, aussi utile mais pas aussi ornementale que Miss Western de Fielding, pas rapidement polie à la française, mais aisée, hospitalière et domestique [3] ». Il y a la « jeune veuve gaie, franche, raisonnable et faite pour inspirer de l'amour [4] ». Il y a Mrs Belches, étourdie, ouverte, affable, éprise de sport champêtre [5] ». Il y a cette étrange figure d'Esther « la femme d'un simple jardinier, une femme très remarquable pour réciter de la poésie de toute sorte et quelquefois pour faire elle-même des vers en écossais ; elle peut répéter par cœur presque tout ce qu'elle a jamais lu, particulièrement l'*Homère* de Pope d'un bout à l'autre ; elle a étudié Euclide toute seule ; elle est, en un mot, une femme d'une intelligence très extraordinaire. En causant avec elle, je la trouve au moins égale à sa réputation. Elle est très flattée de ce que je l'ai envoyé chercher et de voir un poète qui fait *un livre,* comme elle dit. Elle est entre autres une grande connaisseuse en fleurs, et a un peu passé le méridien d'une beauté jadis renommée [6] ». N'est-ce pas une singulière figure et bien évoquée en quelques lignes. Et de quoi de plus joli aussi que le double portrait de Mrs Rose la mère, et de Mrs Rose la fille, qui fait songer à un vers d'Horace : la mère « une vraie femme de chef de clan », et la fille, « son image un peu adoucie » ; « la vieille Mrs Rose, bon sens sans alliage, cœur chaud, fortes passions, une honnête fierté, tout cela à un degré rare ; Mrs Rose, la jeune, un peu plus douce que sa mère, ceci peut-être dû à ce qu'elle est plus jeune [7] ». Cette esquisse de ces deux femmes brusques, dans lesquelles est le même sang, qui se ressemblent à des moments divers de la vie, n'est-elle pas bien vue ? Et cette remarque n'est-elle pas fine et juste aussi que le tempérament de la mère se déve-

---

[1] *Border Tour*, May 7th, 1787.
[2] *To William Nicol*, 18th June 1787.
[3] *Highland Tour*. 25th Aug. 1787.
[4] *Id*. 11th Sept. 1787.
[5] *Id*. 15th Sept. 1787.
[6] *Border Tour*, 10th May 1787.
[7] *Highland Tour*, 6th Sept. 1787.

loppera chez la fille, quand la mansuétude et le quelque chose de tendre de la jeunesse l'auront quittée, et que les années de la volonté seront arrivées ?

Et ce ne sont là que les personnages et les scènes en saillie. Derrière eux, il y a une véritable multitude, une vraie cohue d'indications, noms propres, professions, réunions. Qu'on n'oublie pas, encore un coup, que tout cela est comprimé en une dizaine de petites pages, où, au pied de la lettre, les remarques et les portraits s'étouffent. Qu'on songe que ceci n'est qu'un herbier, que chacune de ces notes représente une impression complexe ou tout une troupe d'impressions, comme la corolle séchée rappelle la fleur vivante et même l'arbuste entier, on aura quelque idée de ce qu'étaient dans le cerveau de Burns, la sûreté, la vitesse et l'activité de l'observation humaine.

Cette qualité d'observation frappait ceux qui l'approchaient, comme un des traits les plus saillants de sa forte intelligence. Dugald Stewart l'avait bien remarqué : « Parmi les sujets auxquels il avait coutume de s'arrêter, les caractères des individus avec qui il lui arrivait de se trouver étaient manifestement un sujet favori. Les remarques qu'il faisait sur eux étaient toujours perspicaces et pénétrantes, quoique penchant fréquemment vers le sarcasme.[1] » Et le Dr Mackenzie de Mauchline disait encore plus fortement : « Son discernement des caractères dépassait tout ce que j'ai vu chez aucune autre personne que j'aie jamais connue, et je lui ai souvent fait la remarque que cela me semblait de l'intention. Rarement je l'ai vu former une fausse estimation d'un caractère, quand il se faisait son opinion d'après sa propre observation [2].

Mais cette pénétration ne suffirait pas. Elle peut rester immobile ou fragmentaire, consister en une série de coups d'œil aigus, mais séparés. Il faut quelque chose qui étende et anime cette sagacité. Il faut le plus rare des dons, parce qu'il les comprend tous, le don dramatique, c'est-à-dire, non seulement de voir et de représenter un personnage, mais de le reconstituer, de le continuer, de le posséder au point de vivre en lui ; le don d'en créer ainsi plusieurs, de les faire mouvoir à la fois ; et en sentant pour chacun d'eux, de leur prêter cependant à tous un mouvement d'ensemble, une vie commune, qui constitue l'organisme d'une œuvre dramatique. C'est le plus vaste et varié don, duquel puisse être favorisé un poète quand il le possède dans son étendue et sa richesse entières. Il semble vraiment que Burns en ait été doué, dans les dimensions moyennes de son génie. On en demeure presque convaincu lorsqu'on fait la lecture de la plus surprenante, peut-être, de ces productions, sa fameuse cantate des *Joyeux Mendiants*.

---

[1] *Account of Burns*, by Professor Dugald Stewart, communicated to Dr Currie.
[2] *Reminiscences of William Burness*, by Dr John Mackenzie of Mauchline, from Walker's *Memoir of Burns*.

L'histoire de ce poème est des plus curieuses. On a vu dans quelles circonstances il avait été composé, en 1785. Burns, passant un soir, avec deux de ses amis, devant un public-house de Mauchline, et entendant des chants, était entré. Il avait trouvé une bande de mendiants et de gueux, qui buvaient et se réjouissaient. Ce tableau l'avait tellement frappé qu'il l'avait presque aussitôt rendu en vers. Un fait réel, comme toujours, se retrouve à l'origine ; c'est une remarque qu'il ne faut pas se lasser de faire. Quelques jours après cette rencontre, il avait récité le nouveau poème à son ami Richmond, lequel racontait plus tard que, autant que sa mémoire lui permettait de l'affirmer, il contenait deux chansons qui ne s'y trouvent plus : l'une par un ramoneur, l'autre par un matelot [1]. Burns lui avait en même temps donné une partie du manuscrit [2]. Chose singulière, il semble ne s'être pas plus soucié de ce chef-d'œuvre que d'une de ses improvisations de cabaret. Peut-être est-ce parce que, selon le témoignage de Chambers, sa mère et son frère l'avaient médiocrement goûté [3]. Toujours est-il que cette charmante production disparut, qu'il n'en reparla jamais, et qu'il semble l'avoir complètement oubliée. A une demande de Thomson, qui en avait probablement entendu parler par Richmond, il répondit en 1793, c'est-à-dire, huit ans après : « J'ai oublié la cantate à laquelle vous faites allusion, n'en ayant pas conservé de copie, et, à la vérité, je ne connaissais pas son existence. Cependant, je me souviens, qu'aucune des chansons ne me plaisait, sauf la dernière, quelque chose dans le genre de ceci :

<blockquote>
Les cours furent érigées pour les lâches.
Les églises bâties pour plaire aux prêtres [4].
</blockquote>

Ce n'est qu'en 1799, trois ans après la mort de Burns, qu'on retrouva le reste du manuscrit dont il avait fait présent à un autre de ses amis, et c'est en 1802 seulement que le poème fut publié en entier, complété par la portion qui se trouvait en possession de Richmond [5]. Il s'en est fallu de peu qu'il ait disparu. Cela prouve avec quelle facilité Burns dispersait alors ses vers, et combien il faisait peu de différence entre ces compositions écrites et ses causeries, qui étaient, au dire de tous, aussi surprenantes.

Le morceau pourrait avoir pour épigraphe ce vers d'un poète auquel Burns nous fera penser plus d'une fois, notre vivant Mathurin Régnier :

<blockquote>
« Puis les gueux en gueusant trouvent maintes délices [6] ».
</blockquote>

---

[1] R. Chambers. *Life of Burns*, tom I, p. 183.
[2] Scott Douglas, tom I, p. 180 (en note).
[3] R. Chambers. *Life of Burns*, tom I, p. 183.
[4] *To Thomson*, Sept. 1793.
[5] Scott Douglas, tom I, p. 180-81 (note).
[6] Regnier. *Satire II*, vers 56.

C'est une orgie, une bacchanale de mendiants. La scène est à Mauchline, chez une pauvre cabaretière nommée Poosie Nansie. La maison basse existe encore, au coin de la route, en face du cimetière, un cabaret clair et propre. C'était alors une auberge borgne, un logis nocturne pour les vagabonds. Quand on y va aujourd'hui lire les *Joyeux Mendiants*, il faut, par la pensée, décrépir et délabrer les murailles, noircir les poutres, faire luire dans l'âtre un feu de tourbe et de broussailles, éclairer la salle d'une ou deux chandelles fumeuses. On a ainsi l'atmosphère épaisse, les fonds ténébreux, et les reflets rougeâtres, qui donnent toute sa couleur à cet étrange tableau. Le repos sacré du dimanche condamnait tous ces gueux, tous ces traîneurs de grand'routes, ces museurs de ponts, tout ce monde ambulant à une journée d'immobilité. Ils se rassemblaient le samedi soir dans quelque taudis de leur choix, avec les profits de la semaine, qui consistaient non-seulement en espèces, mais en dons de farine et de vieux vêtements qu'ils vendaient alors pour payer leur écot. C'est une horde de ce genre qui se trouve réunie ce soir-là. Ils sont arrivés une vingtaine, hommes et femmes, de toutes les professions qui vont du mendiant au tire-laine : soldats réformés, paillasses de carrefour, violoneux de village, chaudronniers ambulants, chanteurs de ballades, drôlesses de pavé, tout ce qui vagabonde, mendie et maraude ; écume de grand'routes, épaves de tous métiers, gibier de prison, toute une truandaille bigarrée, déguenillée, dépenaillée, et merveilleusement pittoresque. Ce ramassis de loqueteux forme un cercle autour du feu ; les uns assis sur des escabeaux, les autres accroupis ou vautrés sur leurs sacs. Ils boivent du whiskey dans leurs écuelles. Dehors, le temps est dur, et les pauvres diables sans feu ni lieu, harcelés toute la semaine par les intempéries, goûtent le bien-être d'être au chaud. Avec la boisson, la joie naît dans leurs cœurs insouciants de vagabonds. Ils chantent, beuglent, braillent, glapissent tous ensemble, rythmant leur vacarme du choc de leurs tasses de bois ou de leurs gobelets d'étain. C'est un embrouillement de trognes allumées et hurlantes, de coudes qui se lèvent, de bras qui battent la mesure, de mains qui passent les brocs, de pots qui montent aux visages ; un tumulte de grimaces et de gesticulations grotesques. C'est une bagarre de gaîté. Chacun des personnages de la bande chante sa chanson. Tous reprennent en chœur les refrains, qui éclatent comme des ouragans de grosse joie. La maison en tremble. Cependant, dans les coins obscurs, s'ébauchent des amours brutaux, des idylles de ribauds. De gros baisers claquent dans cette bacchanale. Comme partout, des jalousies et des querelles s'en suivent. Les menaces s'échangent, une rapière luit dans l'ombre. Tout s'arrange. La belle, qu'on s'est disputée, autant par ivresse que par amour, tombe dans les bras du plus robuste. Les acclamations et les chants reprennent à tue-tête. Puis, par un mouvement inattendu et superbe, tous ces malandrins, ces éclopés, ces déguenillés, tous ces besaciers, se groupent en un chœur final, et entonnent une chanson d'une audace et d'un souffle magnifiques. C'est un défi à la société, un hymne de révolte, où frémit la haine des outrages subis, le goût sauvage de la vie sans contrôle, le cri des déshérités et des réfractaires. Cela grandit, monte, prend l'allure et le vol d'une ode. On dirait que la Liberté, celle des grands chemins, celle qu'adorent les gueux, les insoumis qui dorment sur les revers des fossés, sous le signe d'or de la lune, plane au-dessus de ce pæan formidable. Tout cela est rendu avec une intensité de vie, une variété, une vigueur, un relief, un mouvement merveilleux. On ne sait à quoi comparer cette étrange et admirable production. Ce n'est pas aussi plantureux que du Jordaens, mais c'est plus varié et d'une plus grande portée ; c'est plus dramatique que du Téniers ; c'est aussi pittoresque que du Callot, avec plus de fougue et de couleur. Quant à ces visages de chenapan, Adrien Brauwer seul a su les peindre avec cette verve et ce caractère. En littérature, cela fait penser à du Villon, plus mouvementé et plus éloquent ; à du Régnier, dans lequel passerait un souffle lyrique.

Voyons si cette appréciation est exagérée. La pièce se compose de chansons coupées par des récitatifs, qui les relient les unes aux autres. Elle s'ouvre par le récitatif suivant, dans lequel il est inutile de faire remarquer et la charmante comparaison des jeunes gelées, et la façon rapide et décidée de se mettre au cœur du sujet.

> Quand les feuilles jaunes jonchent le sol,
> Ou que, voltigeant comme des chauves-souris,
> Elles obscurcissent l'haleine du froid Borée,
> Quand les grêlons chassent, durs et obliques,
> Et que les jeunes gelées commencent à mordre,
> Tout habillées en givre blanc,
> Un jour, au soir, une joyeuse vingtaine de gueux errants et vagabonds,
> Chez Poosie Nansie étaient en liesse,
> A boire leurs haillons superflus.
> Avec des rasades et des rires,
> Ils s'ébaudissaient et chantaient ;
> De leurs sauts, de leurs coups de poing,
> La poêle même en résonnait.

Le premier de ces gueux est un ancien soldat. Il a conservé, jusque dans cette vie bohème, ce trait caractéristique des gens qui ont passé par les régiments, l'habitude de tenir son havre-sac bien en ordre. Le tableau de ce soudart, avec sa drôlesse, et de leurs caresses, est justement un des passages qui ressemblent aux scènes de Brauwer. Mais nous n'interromprons plus ce morceau qu'il faut lire d'une haleine et dont il faut suivre l'élan.

D'abord, près du feu, en vieux haillons rouges,
L'un deux était assis, bien étayé par ses sacs de farine,
Et son havre-sac bien en ordre ;
Sa bien-aimée était dans ses bras ;
L'eau-de-vie et les couvertures la réchauffaient,
Elle contemplait son soldat.
Et sans cesse, il donne à la luronne soûle
Quelque baiser sonore,
Tandis qu'elle tend sa bouche goulue
Comme une écuelle à aumônes [1],
Leur becquetement claquait à chaque instant,
Comme un fouet de colporteur ;
Alors, trébuchant et se rengorgeant,
Il beugla cette chanson :

CHANSON.

Je suis un fils de Mars, qui a été dans mainte guerre ;
Je montre mes blessures et mes cicatrices partout où j'arrive ;
Celle-ci fut reçue pour une garce ; celle-là dans une tranchée,
En accueillant les Français au son du tambour.
Lal de daudle, etc.

Je fis mon apprentissage là où mon chef expira [2],
Lors du sanglant coup de dés, sur les hauteurs d'Abram ;
Je complétai mon métier quand on joua une crâne partie,
Et que le Moro tomba au son du tambour [3].
Lal de daudle, etc.

Enfin, je fus avec Curtis, parmi les batteries flottantes [4],
Et j'y laissai en témoignage un bras et une jambe.
Pourtant, si mon pays me réclamait, avec Elliot pour chef,
Je partirais sur mes moignons, au son du tambour [5].
Lal de daudle, etc.

Maintenant, bien qu'il faille mendier, avec un bras et une jambe en bois,
Et des haillons déchirés pendant sur mon derrière,
Je suis aussi heureux, avec ma besace, ma bouteille, et ma gourgande,
Que quand je marchais, en écarlate, derrière un tambour.
Lal de daudle, etc.

---

[1] Les mendiants écossais avaient une large écuelle en bois pour recevoir l'aumône, qui leur était souvent donnée sous forme de nourriture.

[2] Le champ de bataille devant Québec où Wolf tomba au moment de sa victoire, septembre 1759.

[3] El Moro était le château qui défendait l'entrée du port de Santiago ou St-Iago, petite île près de la côte méridionale de Cuba. En 1762 le château fut attaqué et pris d'assaut par les Anglais, ce qui amena la prise de la Havane.

[4] C'est une allusion à la destruction des batteries flottantes espagnoles pendant le fameux siège de 1782. Le capitaine Curtis s'y était distingué.

[5] George-Augustin Elliot, créé Lord Heathfield, pour sa défense de Gibraltar pendant un siège de trois années.

La belle affaire parce qu'en cheveux gris, je dois résister aux chocs de l'hiver,
Sous les bois et les rochers, souvent pour toute maison ;
Tant que j'aurai un sac à vendre et une bouteille à boire,
Je ferai face à une troupe d'enfer, au son du tambour.
Lal de daudle, etc.

RÉCITATIF.

Il s'arrêta et les solives tremblèrent,
Au-dessus du refrain beuglé ;
Tandis que les rats effrayés, regardant en arrière,
Cherchaient le plus profond de leur trou.
Un violoneux divin, de son coin
Piailla : « Encore! »
Mais la poulette du soldat se leva,
Et le grand tumulte se calma.

CHANSON.

Je fus jadis pucelle, mais je ne sais plus quand,
Mon plaisir est encore en des jeunes gens convenables
Quelqu'un d'un escadron de dragons fut mon père,
Rien d'étonnant si j'aime un soldat.
Chantons : Lal de dal, etc.

Le premier de mes amoureux fut un crâne gaillard,
Battre le tambour tornant était son métier ;
Sa jambe était si bien prise, sa joue était si rouge,
Que je fus transportée de passion pour mon soldat.
Chantons : Lal de dal, etc.

Mais le bon vieux chapelain lui coupa l'herbe sous le pied ;
J'abandonnai l'épée par amour de l'église ;
Il risqua l'âme, et moi je risquai le corps,
C'est alors que je fus fausse à mon soldat.
Chantons : Lal de dal, etc.

J'en eus bientôt assez de mon saint imbécile,
Et je pris pour époux le régiment en bloc ;
De l'esponton doré, au fifre j'étais prête,
Je ne demandais rien, sauf que ce fût un soldat.
Chantons : Lal de dal, etc.

Mais la paix me réduisit à mendier dans le désespoir,
Tant qu'à la foire de Cunningham, je rencontrai mon vieux
Ses haillons d'uniforme flottaient si brillants,
Que mon cœur se réjouit de trouver un soldat.
Chantons : Lal de dal, etc.

Maintenant, j'ai vécu, je ne sais plus combien,
Je tiens encore ma place à boire ou à chanter ;
Et tant que des deux mains je tiendrai ferme un verre,
A ta santé, mon héros ! mon soldat !
Chantons : Lal de dal, etc.

RÉCITATIF

Un pauvre paillasse, dans un coin,
Etait assis à boire avec une chaudronnière ;
Ils s'inquiétaient peu qui reprenait le refrain,
Tant ils étaient affairés pour eux-mêmes.
A la fin, soul de boisson et d'amour,
Il se leva en trébuchant, tordit son visage,
Puis se retourna, mit un baiser sur sa Griselidis,
Et alors ajusta ses flûtes avec une grave grimace.

CHANSON.

Messire le Grave est un sot quand il est gris ;
Messire Gredin est un sot quand on le juge ;
Mais ce ne sont là que des apprentis,
Moi, je suis un sot par profession.

Ma grand'mère m'acheta un livre,
Et je m'en allai à l'école ;
J'ai peur de m'être mépris sur mes talents,
Mais que voulez-vous attendre d'un sot ?

Pour boire, je risquerais mon cou,
Une catin est la moitié de mon travail ;
Mais que voulez-vous attendre d'autre,
De quelqu'un qui fait métier d'être fou ?

Une fois, je fus attaché comme un jeune bœuf [1],
Pour avoir juré poliment et avoir bu ;
Une fois, je fus insulté dans l'église,
Pour avoir chiffonné une fille en riant.

Le pauvre Jocrisse qui fait des tours pour amuser,
Que personne ne le nomme en se moquant ;
Il y a même à la Cour, m'a-t-on dit,
Un sauteur nommé le premier ministre.

Avez-vous observé ce très Révérend
Faire des grimaces pour amuser la foule ;
Il se moque de notre escadron de charlatans ;
Ce n'est qu'un peu de rivalité.

Et, maintenant, voici ma conclusion,
Car, ma foi, je suis bougrement à sec :
Le gars qui est sot pour son propre usage,
Sacrebleu ! est diantrement plus bête que moi.

---

[1] Allusion à la peine des Jougs, dans laquelle le condamné était exposé dans un endroit public, avec un collier de fer autour du cou.

Récitatif.

Après lui, parla une rude luronne,
Qui savait s'y prendre pour agripper l'argent,
Car elle avait décroché plus d'une bourse,
Et été plongée dans plus d'un puits [1].
Son amoureux avait été un gars des Hautes-Terres,
Mais maudit soit le triste nœud coulant !
Avec soupirs et sanglots, elle commença ainsi
A pleurer son beau John des Hautes-Terres :

Chanson.

Mon amour naquit gars des Hautes-Terres,
Il avait en mépris les lois des Basses-Terres ;
Mais toujours il fut fidèle à son clan,
Mon brave et mon beau John des Hautes-Terres.

Refrain. — Chantez, hey, mon beau John des Hautes-Terres !
Chantez, ho, mon beau John des Hautes-Terres !
Il n'y a pas un gars dans tout le pays
Qui pût lutter avec mon John des Hautes-Terres.

Avec son philabeg, son plaid de tartan,
Et sa bonne claymore pendue à son flanc,
Il prenait les cœurs de toutes les dames,
Mon vaillant et beau John des Hautes-Terres.
Chantez, hey, etc.

Nous errions partout de la Tweed à la Spey,
Nous vivions gaîment comme lords et ladies ;
Car il n'en craignait pas un des Basses-Terres,
Mon vaillant et beau John des Hautes-Terres.
Chantez, hey, etc.

Ils l'exilèrent par delà les mers,
Mais, avant que les bourgeons parussent aux arbres,
Le long de mes joues, les perles roulaient,
En embrassant mon John des Hautes-Terres.
Chantez, hey, etc.

Mais, oh ! ils le saisirent enfin,
Et ils l'ont lié au fond d'un donjon ;
Ma malédiction sur chacun d'eux,
Ils ont pendu mon beau John des Hautes-Terres !
Chantez, hey, etc.

---

[1] C'était un châtiment en usage pour les femmes méchantes, querelleuses. On les attachait dans un grossier fauteuil en bois, *le ducking stool*, fixé à l'extrémité d'une poutre horizontale, qui se mouvait sur un poteau planté en terre, un peu à la façon des appareils primitifs pour puiser l'eau dans les puits. On plongeait la mégère assez de fois pour qu'elle fût calmée. On trouve des anecdotes sur ce châtiment, et des gravures représentant les *ducking stools*, dans *The Book of Days* de Chambers, tom I, p. 209 et suivantes.

Veuve maintenant, il me faut pleurer
Des plaisirs qui ne reviendront plus ;
Je ne me console qu'avec un bon broc,
Quand je pense à mon John des Hautes-Terres.

Refrain. — Chantez, hey, mon beau John des Hautes-Terres !
Chantez, ho, mon beau John des Hautes-Terres !
Il n'y a pas un gars dans tout le pays
Qui pût lutter avec mon John des Hautes-Terres.

RÉCITATIF.

Il y avait là un pigmée de violoneux qui, avec son violon,
Se trémoussait aux marchés et aux foires ;
Cette jambe bien prise et cette taille superbe
(Il n'arrivait pas plus haut.)
Lui trouèrent son petit cœur comme une passoire,
Et l'avaient mis en feu.

La main sur la hanche, et l'œil en l'air,
Il roucoula sa gamme, un, deux, trois,
Puis, sur un ton arioso,
L'Apollon gringalet
Commença, avec un couplet allegretto,
Son solo en trémolo.

CHANSON.

Laissez-moi me hausser pour essuyer cette larme,
Et venez avec moi et soyez ma chérie,
Alors tous vos soucis et vos craintes
Pourront siffler sur le reste.

Refrain. — Je suis violoneux par métier,
Et de tous les airs que j'ai jamais joués,
Le plus cher aux femmes et aux filles
Fut toujours : Sifflez sur le reste.

Aux soupers de moissons, aux noces, nous irons,
Et, oh ! fameusement, nous vivrons !
Nous bambocherons partout, tant que Papa Souci
Chante : Sifflez sur le reste.
Je suis, etc.

Très gaiement nous rongerons les os,
Assis au soleil, au bord des fossés ;
Et tout à notre aise, quand il nous plaira,
Nous pourrons siffler sur le reste.
Je suis, etc.

Accordez-moi seulement le ciel de vos charmes,
Et tant que je gratterai crins sur boyaux,
La faim, le froid et tous ces maux-là
Pourront siffler sur le reste.

Refrain. — Je suis violoneux par métier,
Et de tous les airs que j'ai jamais joués,
Le plus cher aux femmes et aux filles
Fut toujours : Sifflez sur le reste.

RÉCITATIF.

Les charmes de la gaillarde avaient frappé un robuste rétameur,
Aussi bien que le pauvre gratteur de boyaux ;
Il prend le violoneux par la barbe
Et tire une rapière rouillée.
Puis il jura, par tout ce qui vaut un juron,
De l'embrocher comme un pluvier,
A moins qu'à partir de ce moment-là
Il ne renonçât à elle pour toujours.

L'œil effaré, le pauvre Crincrin
S'affaissa sur ses jambons,
Et implora grâce d'un air tout piteux ;
Et ainsi finit la querelle.
Mais, bien que son petit cœur souffrît,
Quand le rétameur la prit par la taille,
Il affecta de rire sous cape,
Quand le rude gars parla ainsi à la belle.

CHANSON.

Ma jolie fille, je travaille dans le cuivre,
Chaudronnier, voilà mon métier ;
J'ai voyagé partout sur le sol chrétien,
En suivant ma profession.
J'ai accepté la prime, je me suis enrôlé
Dans maint vaillant escadron ;
Ils m'ont en vain cherché, quand je les ai plantés là,
Pour aller rétamer des chaudrons.
J'ai accepté la prime, etc.

Dédaigne cette crevette, ce nain racorni,
Avec son bruit et ses entrechats ;
Et viens partager avec ceux qui portent
Le sac à outils et le tablier !
Et par ce flacon, ma foi et mon espoir.
Et par ce cher Kilbagie [1],
Si jamais tu manques, si tu rencontres le besoin,
Puissé-je ne jamais m'humecter la gorge.
Et par ce flacon, etc.

---

[1] Une espèce de whiskey renommé, distillé dans un endroit du même nom dans le Clackmannanshire.

RÉCITATIF.

Le chaudronnier l'emporta; sans rougir, la belle
    Sombra dans ses embrassements,
En partie vaincue si tristement par l'amour,
    En partie parce qu'elle était soûle.
        Messire Violino, avec un air
        Qui montrait un homme de nerf,
        Souhaita union au nouveau couple,
            Et fit tinter la bouteille,
            A leur santé, cette nuit-là.

Mais le gamin Cupidon décocha une flèche,
    Qui joua à une autre dame un vilain tour;
Le violon la ratissa de proue en poupe,
    Derrière la cage à poulets.
Son seigneur, un gars du métier d'Homère,
    Quoique boitant d'un éparvin,
S'avança en clochant et en sautant follement,
    Et offrit de chanter : « Le joyeux Davie »,
    Par dessus le marché cette nuit-là.

C'était un gaillard qui défiait le souci,
    Autant que ceux qu'enrôla jamais Bacchus,
Bien que la Fortune eût durement pesé sur lui,
    Elle n'avait jamais atteint son cœur.
Il n'avait pas de souhait, — sinon d'être gai,
    Pas de besoin, — sinon la soif,
Il ne haïssait rien, — sinon d'être triste;
    Et ainsi la Muse lui suggéra
    Sa chanson, cette nuit-là.

CHANSON.

Je suis un barde de peu de renom
    Chez les honnêtes gens et tout ça;
Mais, comme Homère, la foule ébahie
    De ville en ville, j'attire ça.

Refrain. — Malgré tout ça et tout ça,
    Et deux fois autant que tout ça;
J'en ai perdu une, il m'en reste deux,
    J'ai femme assez, malgré tout ça.

Je n'ai jamais bu à la mare des Muses,
    Au ruisseau de Castalie et tout ça;
C'est ici qu'il coule et richement fume,
    Mon Hélicon, comme j'appelle ça.
        Malgré tout ça, etc.

J'ai pour les belles beaucoup d'amour,
    Leur humble esclave et tout ça;
Leur volonté est ma loi, j'ai toujours estimé
    Péché mortel de s'opposer à ça.
        Malgré tout ça, etc.

En suaves extases, cette heure-ci, nous nous unissons
Avec un amour mutuel et tout ça ;
Mais combien de temps, la mouche piquera ?
Que l'inclination règle ça.
Malgré tout ça, etc.

Leurs tours et leur malice m'ont rendu fou,
Elles m'ont joué et tout ça ;
Mais déblayez le pont ! et voici au Sexe !
J'aime les garces malgré ça.

Refrain. — Malgré tout ça, malgré tout ça,
Et deux fois autant que tout ça ;
Mon plus cher sang, pour leur faire plaisir,
Je le leur offre, malgré tout ça.

RÉCITATIF.

Ainsi chanta le barde, et les murs de Nansie
Furent secoués d'un tonnerre d'applaudissements,
Répercutés de toutes les bouches ;
Ils vidèrent leurs poches, engagèrent leurs guenilles,
En gardant à peine pour couvrir leurs derrières,
Afin d'étancher leur soif brûlante.
Puis, de nouveau, la bande joyeuse
Fit requête au poète
D'ouvrir son sac et de choisir une chanson,
Une ballade des meilleures.
Lui, se dressant, tout réjoui,
Entre ses deux Déboras,
Jette un regard autour de lui, et les trouve tous
Impatients de chanter en chœur.

CHŒUR.

Voyez le bol fumant devant nous,
Voyez notre gai cercle en haillons !
Tous en rond, reprenez le chœur,
Et avec transports chantons :

Refrain. — Une figue pour ceux protégés par la loi !
La liberté est un glorieux banquet !
Les tribunaux furent érigés pour les lâches,
Les églises bâties pour plaire aux prêtres.

Qu'est un titre et qu'est un trésor ?
Qu'est le soin de sa renommée ?
Si nous menons vie de plaisir,
Qu'importe et comment, et où ?
Une figue, etc.

> Avec un tour, un conte toujours prêts,
> Nous errons çà et là, le jour ;
> Et la nuit, en étable ou grange,
> Caressons nos femmes sur le foin.
> Une figue, etc.
>
> Le carosse, suivi de laquais,
> Va-t-il plus léger, à travers pays ?
> Le sobre lit du mariage
> Voit-il de plus brillantes scènes d'amour ?
> Une figue, etc.
>
> La vie est un tohu-bohu,
> Nous ne regardons pas comment elle marche ;
> Que ceux-là parlent du décorum,
> Qui ont une renommée à perdre.
> Une figue, etc.
>
> Voici aux sacs, bissacs, et besaces !
> Voici à toute la bande errante !
> A nos marmots, à nos femmes en loques !
> Chacun et tous, criez : « Amen ! »
>
> *Refrain.* — Une figue pour ceux protégés par la loi,
> La Liberté est un glorieux banquet !
> Les tribunaux furent érigés pour les lâches,
> Les églises bâties pour plaire aux prêtres [1].

Telle est cette pièce, étonnante de couleur et de verve. C'est une chose assez curieuse qu'un certain nombre de critiques écossais hésitent devant elle. M. Shairp dit que « la matière en est si vile et le sentiment si grossier que, en dépit de sa puissance dramatique, ils rendent la pièce décidément répugnante [2] ». Le jugement de Carlyle, plus large, n'est pas sans quelques réticences. « Peut-être pouvons-nous nous aventurer à dire que le plus poétique de tous ses poèmes est celui qui a été imprimé sous l'humble titre des *Joyeux Mendiants*. A la vérité, le sujet est parmi les plus bas que présente la nature, mais cela montre d'autant plus le don du poète qui a su l'élever dans le domaine de l'art. A notre esprit, cette pièce semble tout à fait compacte, fondue ensemble, achevée et déversée en un flot de vraie harmonie *liquide*. Elle est légère, aérienne, douce de

---

[1] Il y a dans Cervantès sur la vie des gueux espagnols, des gitanos, un passage qui fait penser à la fin de la pièce de Burns. « Notre vie est agile, libre, curieuse, large, fainéante ; rien ne lui manque, nous savons tout trouver ou mendier. La terre nous donne un lit de gazon ; le ciel une tente ; le soleil ne nous brûle pas ; le froid ne saurait nous atteindre. Le verger le mieux clos nous offre ses primeurs. A peine voit-on paraître l'alvilla et le muscat, nous l'avons sous la main, nous autres audacieux gitanos, avides du bien d'autrui, pleins d'esprit et d'adresse, prestes, déliés, et bien portants. Nous jouissons de nos amours, libres de tous soucis de rivalité, nous nous chauffons à ce feu sans crainte, ni jalousie. » Cervantes. *Théâtre. Pedro de Urde Malas*, 1ʳᵉ journée. (Traduction de Alphonse Royer.)

[2] Shairp. *Burns*, page 201.

mouvement, cependant aiguë et précise dans ses détails ; chaque visage est un portrait... Outre la sympathie universelle pour l'homme, dont ceci est une nouvelle preuve chez Burns, une inspiration sincère et une habileté technique assez considérable s'y manifestent. Il serait étrange sans doute d'appeler ceci le meilleur des écrits de Burns, nous voulons seulement dire qu'il nous paraît le plus parfait de son genre, en tant que morceau de composition poétique, à proprement parler [1] ». Il nous semble que Carlyle n'est pas assez frappé de la vigueur extraordinaire de cette pièce. A nos yeux c'est le plus haut effort de Burns et le plus surprenant témoignage des aptitudes et des énergies qu'il y avait en lui. Il n'y a rien de cette vitalité, de ce mouvement, rien d'aussi dru dans la littérature anglaise, depuis Shakspeare, rien qui approche de cette vigueur ramassée. Tout à l'heure, nous comparions *Tam de Shanter* à *John Gilpin* ; il y a dans la poésie anglaise, deux œuvres qui font penser à celle-ci : le *Beggar's Bush* de Beaumont, le collaborateur de Fletcher [2], et le *Beggar's Opera* de Gay [3]. Mais quelle différence entre la poésie semi-pastorale et qui sent le masque et la représentation de cour du premier, entre les habiles refrains d'opéra-comique du second, et cette vie comprimée qui éclate et fume. « Dans le *Beggar's Opera*, dans le *Beggar's Bush*, dit Carlyle, il n'y a rien qui en réelle vigueur poétique égale cette cantate ; rien qui, à ce que nous pensons, en approche même de très loin ». Nous parlions des qualités dramatiques dont ce morceau est l'indice ; nous ne voulons qu'en indiquer une autre, qu'il nous semble aussi révéler. Il se passe pour l'auteur dramatique un peu ce qui se passe chez l'homme de science qui a fait une hypothèse et qui, la suivant, est étonné de ce qu'elle contient, et conduit par elle vers la vérité. Quand un créateur de théâtre a perçu, d'un coup d'œil, en raccourci, parfois dans un geste, un personnage vivant et qu'il le reprend, le développe, le continue, il est surpris de ce qu'il a découvert et fait peu à peu connaissance avec lui. Il semble que le personnage ait à son tour une existence propre qui entraîne l'esprit du poète. Cette impression est ici très forte. Quand on lit cette cantate, on sent que la vie a passé de l'auteur à ses personnages, que ce sont eux qui l'ont pris par la main et l'emmènent. Il ne lui a manqué que de les suivre. En vérité, au delà d'une pièce pareille, il n'y a plus que le théâtre.

Burns y fut entraîné toute sa vie ; c'eût été l'aboutissement naturel de sa carrière poétique, si elle avait été complète. Étant tout jeune, il avait commencé une tragédie :

« Dans mes jeunes années, je ne me contentais de rien moins que de courtiser la

---

[1] Carlyle. *Essay on Burns.*
[2] *The Beggar's Bush* est des quinze premières années du XVIIe siècle (1600 à 1616).
[3] *The Beggar's Opera* est de 1727.

Muse tragique. J'avais, je crois, dix-huit ou dix-neuf ans, quand je traçai l'esquisse d'une Tragédie, rien de moins. Mais un nuage d'infortunes de famille, qui nous menaçait depuis quelque temps, étant venu à crever, m'empêcha d'aller plus loin. A cette époque, je n'écrivais jamais rien, aussi, sauf un discours ou deux, le reste s'est échappé de ma mémoire. Le suivant, que je me rappelle très distinctement, était une exclamation d'un haut personnage, grand, par instants, dans des exemples de générosité, et par moments, audacieux dans le crime [1].

C'était évidemment une conception romantique, et il est curieux de voir germer, dans la tête de ce jeune paysan, un type de héros byronien, qui fait penser, par ce mélange de magnanimité et d'audace dans le vice, aux Brigands de Schiller. Il y a, dans les quelques vers qui en ont été conservés, un souffle de révolte sociale, de haine contre les oppresseurs, de pitié pour les malheureux, et, en même temps, je ne sais quel aveu orgueilleux de forfaits, qui semble rattacher ce héros inconnu à la race maudite et indomptable des Manfred. Le morceau d'ailleurs ne manque pas de grandeur.

> Tout criminel que je sois, misérable et maudit,
> Pécheur entêté, endurci et inflexible,
> Cependant mon cœur se fond devant la misère humaine,
> Et, avec des soupirs sincères, mais inutiles,
> Je contemple les tristes fils de la détresse ;
> Avec des larmes indignées, je vois l'oppresseur
> Se réjouir de la destruction de l'honnête homme,
> Dont le cœur fier est le seul crime.
> Même vous, ô troupe infortunée, je vous plains,
> Vous, que les faux vertueux regardent comme un péché de plaindre,
> Vous, pauvres vagabonds, méprisés, abandonnés,
> Que le vice, comme toujours, a livrés à la Ruine.
> Oh ! sans mes amis et l'aide du Ciel,
> J'aurais été chassé comme vous, délaissé,
> Le plus détesté, le plus indigne misérable parmi vous !
> O Dieu, envers qui je fus injuste ! Ta bonté m'a doué
> De talents qui surpassent ceux de presque tous mes frères,
> Et j'en ai abusé en proportion,
> Surpassant d'autant les criminels vulgaires,
> Que je les surpasse par les facultés que tu m'as données [2].

Après cette tentative, toute d'imagination comme on le voit, était venu le contact de la vie, et, avec lui, l'observation, la riche production de Mossgiel, dans laquelle la pièce des *Joyeux Mendiants*. Lorsqu'il eut quitté Édimbourg et qu'il voulut se remettre à produire, Burns songea de nouveau au théâtre. Il avait, nous pensons l'avoir assez prouvé, tout ce qu'il faut pour cette entreprise. Il lui manquait seulement la pratique, le maniement

---

[1] *Cromek's Reliques*, p. 405.
[2] *Tragic Fragment.*

des scènes, l'habitude de la composition théâtrale. Il est probable que sa puissante intelligence aurait maîtrisé cette difficulté. Elle y aurait été aidée par son don de mouvement, et le besoin de clarté rapide qui était dans son esprit. Il pensa à étudier les maîtres du théâtre, avec qui il pourrait apprendre ce qui lui manquait encore. Au commencement de 1790, il écrivait à Peter Hill, son libraire à Édimbourg, pour lui demander de lui expédier tous les auteurs dramatiques sur lesquels il pourrait mettre la main à bon compte. Il ne faut pas oublier que, pour les finances de Burns, c'était là une lourde dépense, et qui se justifiait seulement par un besoin sérieux et pressant d'avoir ces ouvrages. La liste en est curieuse :

« Je désire également pour moi-même, selon que vous pourrez les trouver d'occasion ou à bon marché, des exemplaires des œuvres dramatiques d'Otway, de Ben Jonson, de Dryden, de Congreve, de Wycherley, de Vanbrugh, de Cibber, ou n'importe quelles œuvres dramatiques des plus modernes, Macklin, Garrick, Foote, Colman ou Sheridan. J'ai aussi grand besoin d'une bonne copie de Molière, en français. N'importe quels autres bons auteurs dramatiques français dans leur langage natif, j'en ai besoin : je veux dire les auteurs comiques principalement, bien que je désire Racine, Corneille, et aussi Voltaire [1]. »

On voit que c'était une bibliothèque dramatique tout entière qu'il demandait et d'un seul coup. En même temps, ses amis l'encourageaient à entreprendre quelque chose pour le théâtre. Ils sentaient qu'il y avait de ce côté une issue pour sa puissance de création. Déjà, pendant le voyage des Hautes-Terres, Ramsay d'Ochtertyre, connu comme grand amateur de classiques, lui avait conseillé « d'écrire une pièce semblable au *Noble Berger, qualem decet esse sororem* [2] ». On trouve dans une des lettres de Thomson un passage intéressant, parce qu'il fournit plus clairement encore la preuve de la conviction que la voie de Burns se trouvait dans cette direction. « En vérité, je suis parfaitement étonné et charmé par l'infinie variété de votre imagination. Laissez-moi ici vous demander si vous n'avez jamais sérieusement tourné vos pensées vers la production dramatique ? C'est là un champ digne de votre génie, dans lequel il pourrait se montrer et briller dans toute sa splendeur. Une ou deux pièces, réussissant sur la scène de Londres, feraient votre fortune. Je crois que les recommandations et les intrigues sont souvent nécessaires pour faire jouer un drame. Cela peut être pour la tribu ridicule des écrivailleurs fleuris. Mais si vous vous adressiez à M. Sheridan lui-même, par lettre, en lui envoyant une pièce, je suis persuadé que, pour l'honneur du génie, il l'essayerait franchement et loyalement [3] ». C'était un bon conseil et Thomson avait vu juste.

---

[1] *To Peter Hill*, 2nd March 1790.
[2] Lettre de Ramsay d'Ochtertyre au Dr Currie. *Currie's Life of Burns*, p. 44.
[3] *Thomson to Robert Burns*, Oct. 1794.

Burns avait, cela est clair, le désir secret de créer, en Écosse, un théâtre national. Il sentait, avec sa justesse d'esprit, qu'il est inutile d'aller chercher bien loin des sujets de drame ou de comédie, et que l'histoire ou les mœurs d'un pays en fournissent assez, pour l'une ou pour l'autre. Sauf la tragédie de *Douglas*, de Home, qui était toute récente puisqu'elle datait de 1756, et la pastorale du *Noble Berger*, d'Allan Ramsay, qui n'est pas très faite pour la scène, l'Écosse n'avait pas produit d'œuvres dramatiques. Burns voyait qu'il y avait pourtant, et dans l'histoire écossaise si pleine d'événements, et dans les manières si pittoresques et si marquées de son pays, les éléments d'un théâtre auquel n'auraient manqué ni la grandeur des péripéties, ni la variété des situations comiques. Avec une grande sagacité, il avait discerné ces deux sources d'inspiration. Une de ses pièces de vers est bien significative sur ce sujet. C'est un prologue, composé pour la représentation à bénéfice d'un acteur nommé Sutherland, directeur du théâtre de Dumfries que Burns fréquentait assidûment. Ces vers sont du commencement de 1790, vers la même époque que la lettre à Peter Hill. Ils montrent qu'il avait réfléchi à cette question, et ils laissent sentir l'ambition d'être le poète dont ils parlent.

> A quoi bon tout ce bruit sur la ville de Londres,
> Comment cette nouvelle pièce et cette nouvelle chanson vont nous arriver ?
> Pourquoi courtiser tellement ce qui vient du dehors ?
> La sottise s'améliore-t-elle, comme le cognac, quand elle est importée ?
> N'y a-t-il pas de poète qui, brûlant pour la renommée,
> Essayera de nous donner des chansons et des pièces de chez nous ?
> Nous n'avons pas besoin de chercher la comédie au loin,
> Un sot et un coquin sont des plantes de tous les sols ;
> Nous n'avons pas besoin d'explorer Rome et la Grèce,
> Pour trouver la matière d'une pièce sérieuse ;
> Il y a assez de thèmes, dans l'histoire Calédonienne,
> Qui montreraient la Muse tragique dans toute sa gloire.
>
> N'y a-t-il pas de barde audacieux qui se lève et dise
> Comment le glorieux Wallace résista, puis tomba malheureux ?
> Où sont réfugiées les Muses qui produiraient
> Un drame digne du nom de Bruce ?
> Comment ici, ici même, il tira d'abord l'épée,
> Contre la puissante Angleterre et son monarque coupable ;
> Et, après maint exploit sanglant, immortel,
> Retira son cher pays de la mâchoire de la Ruine ?
> Oh ! la scène d'un Shakspeare ou d'un Otway
> Qui montrerait l'aimable, la malheureuse reine d'Écosse !
> Vaine fut la toute puissance des charmes féminins
> Contre les armes d'une Rébellion furieuse, impitoyable, insensée.
> Elle tomba, mais tomba avec une âme vraiment romaine,
> Pour satisfaire le plus cruel des ennemis, une femme irritée,
> Une femme, (bien que la phrase puisse paraître rude)

Aussi profonde et aussi méchante que le démon !
Un des Douglas vit dans la page immortelle de Home [1],
Mais les Douglas ont été des héros à toutes les époques....
Si, comme vous l'avez fait généreusement, si toute la contrée
Prenait les serviteurs des Muses par la main,
Non-seulement les écoutait, mais les patronait, les accueillait....
Si tout le pays faisait cela, je m'en porte caution,
Vous auriez bientôt des poètes de la patrie écossaise,
Qui feraient sonner à la Renommée sa trompette jusqu'à la craquer,
Et lutteraient contre le Temps et le mettraient sur le dos [2].

Entre les deux directions, l'une tragique, l'autre comique, qu'il indique dans ce prologue, Burns paraît avoir hésité. Il fut quelque temps attiré vers le drame national et historique. Il avait, du premier coup, choisi quelques-uns des plus beaux sujets que l'histoire puisse fournir. Il y a un drame héroïque dans la vie de William Wallace, depuis le moment où sa femme est mise à mort par les Anglais pour l'avoir fait évader, depuis ses premières tentatives de vengeance et de lutte, jusqu'à sa fameuse victoire du pont de Stirling ; sa défaite, sa disparition mystérieuse, son retour, sa capture, son voyage à Londres à travers un grand concours de peuple, son jugement, et la sentence horrible portant qu'il aurait les entrailles arrachées et que sa tête serait fichée sur le pont de Londres et ses membres dispersés entre quatre villes [3]. Quel drame historique plus riche en événements et en scènes de tous genres que la vie de Robert Bruce ? [4] De sang royal, retenu à la cour d'Édouard Ier qui le craint, il reçoit un jour une bourse d'argent et une paire d'éperons. Il comprend l'avertissement ; il s'éloigne le même soir, après avoir ferré ses chevaux à l'envers pour dépister ses ennemis. Arrivé en Écosse, il a une entrevue dans un cloître avec son compétiteur Comyns, lui offre de défendre ensemble la liberté du pays, et, sur son refus, le tue d'un coup de dague. Il est couronné roi d'Écosse. Mais c'est un roi sans royaume. Alors commence une vie de périls, de fuites, de combats, d'embûches, où sa force prodigieuse et son sang-froid le sauvent à chaque instant. Déguisé en montagnard, traqué par des dogues, errant dans les montagnes et sur les bords des lacs, couchant dans les rochers, vivant de pêches et de

---

[1] Allusion à la tragédie de *Douglas*.
[2] *Scots Prologue for Mr Sutherland, on his benefit-night, at the theater, Dumfries*.
[3] Sur la vie légendaire de Wallace, voir le poème de Henry l'Aveugle ou Henry le Menestrel. — Pour l'histoire, lire le chapitre VII, *the Story of Sir William Wallace*, dans les *Tales of a Grand Father*, de Walter Scott, — le chapitre II du tom I de *the History of Scotland* de Tytler, p. 48-82, — les chapitres XX, XXI, XXII, de Hill Burton. — Voir aussi une vie populaire, *Wallace, the hero of Scotland*, par James Paterson. C'est une lecture intéressante et assez nourrie de citations.
[4] On trouvera les aventures de Robert Bruce dans le poème de John Barbour, — dans les chapitres VIII, IX, X, XI des *Tales of a Grand Father* de Walter Scott, — dans les chapitres III et IV du tom I de l'histoire de Tytler, — dans les chapitres XXII, XXIII et XXIV de Hill Burton.

chasses, il accomplit des exploits qui tiennent de la légende. D'ailleurs, toujours de belle humeur, plein de plaisanteries dans le péril, courtois envers les femmes, et, dans les cavernes sauvages, distrayant ses compagnons par des récits de romans chevaleresques. Enfin le succès cède à cette indomptable énergie. C'est le siège de Stirling. C'est la bataille de Bannockburn, dont le nom fait encore tressaillir les cœurs écossais. Le pays est délivré, la guerre transportée chez l'ennemi. C'est une existence de grand roi qui se termine dans la gloire. Quel contraste avec le sort de Wallace dont Bruce est pourtant le continuateur ! Et quels épisodes à grouper autour de cette histoire ! D'admirables héroïsmes de femmes : c'était l'office du clan Macduff de placer la couronne sur la tête du roi ; le chef de la maison ne put venir au sacre de Bruce ; sa sœur, qui avait épousé le comte de Buchan, un des partisans du roi Édouard, part à cheval, traverse le pays et arrive à temps pour accomplir ce rite mystique. Édouard l'ayant saisie fit construire une cage qui fut suspendue à une des tours de Berwick, et y fit enfermer la vaillante femme, de façon à ce que les passants pussent la voir. Plus tard, c'est la femme de Bruce qui le suit dans sa vie d'outlaw et en partage tous les périls. Et quelle figure grandiose que celle du roi Édouard, le vieux et terrible conquérant ! Il fait jurer à son fils que, s'il meurt, son corps continuera à accompagner l'armée et ne sera pas enseveli avant la soumission de l'Écosse. Il meurt, en effet, au moment d'y pénétrer ; il ordonne que la chair soit détachée de ses os, et que son squelette soit porté en tête de l'armée, comme un étendard. Les siens n'osèrent pas exécuter ce dernier vœu [1]. Mais cette farouche puissance de haine est presque sublime. On comprend que ce sujet ait attiré Burns, et la preuve existe qu'il y avait particulièrement songé. « Nous nous mîmes à causer, écrivait Ramsay d'Ochtertyre, et nous fûmes bientôt lancés sur la *mare magnum* de la poésie. Il me dit qu'il avait trouvé une histoire pour un drame qu'il appellerait *L'alène de Rab Macquechan*, et qui était emprunté à une histoire populaire de Robert Bruce. Ayant été défait près du lac de Caern, et sentant que le talon de sa botte s'était détaché dans sa fuite, il demanda à Robert Macquechan de le fixer. Celui-ci, pour être plus sûr, enfonça son alène de neuf pouces dans le talon du roi [2] ». C'était évidemment une aventure empruntée à la vie pourchassée de Robert Bruce qui aurait fait le fond de ce drame. Quant à Marie Stuart, quelle plus touchante légende de beauté, d'aventures, d'infortunes et de fautes peut-on rencontrer ? Elle semble faite à souhait pour éveiller toutes les émotions et, depuis tant d'années, elle n'a lassé l'intérêt ni du roman, ni du

---

[1] Son fils Édouard II le fit ensevelir à Westminster et fit écrire sur sa tombe : « Edwardus longus Scotorom Malleus hic est ». (Walter Scott, *Tales of a Grand Father*, chap. IX).

[2] Extrait d'une lettre de Ramsay of Ochtertyre au Dr Currie.

drame, ni de l'histoire. De nos jours encore, deux des plus grands poètes de l'Angleterre, Tennyson et Swinburne, ont repris le sujet qui avait tenté Burns. Peut-être peut-on rapporter la romance qu'il a composée sur les plaintes de Marie Stuart au drame qu'il entrevoyait.

C'étaient là de beaux sujets et une grande ambition. C'était en même temps une tentative qui aurait probablement été au-dessus de ses forces. C'est qu'il n'y a pas pour le génie humain de plus haute entreprise qu'un drame historique, nous voulons dire un drame véritablement historique. Un auteur peut mettre dans la bouche de personnages illustres ses propres sentiments, et les leur faire déclamer avec éloquence. C'est faire un drame politique ou social, c'est faire œuvre d'apôtre ou de réformateur, comme Alfieri ou Schiller; cela est loin du drame historique. Ou bien il peut rencontrer dans les faits de l'histoire une situation dramatique, s'en emparer, et y faire mouvoir, sous des figures célèbres, des passions humaines. C'est faire un drame psychologique, où il n'y a d'historique que les décors et les costumes. Le drame historique est autre chose. Il est plus complexe et plus profond. Il faut que les personnages, outre leurs sentiments particuliers, dont le choc constitue le drame, y agissent réellement en personnages historiques, et que leurs actions soient liées à des mouvements plus vastes, sans quoi on n'aura qu'une pièce découpée dans l'histoire, et non pas une pièce historique. Il faut qu'ils soient emportés par des événements politiques, ou qu'ils les déterminent; qu'ils en soient, les uns les jouets, les autres les instruments; et qu'on perçoive le rapport entre cette mêlée de passions humaines, sans lesquelles il n'y a pas de théâtre, et des faits plus vastes. Le drame humain, qui reste au premier plan, sert d'expression à un second drame plus grandiose qui gronde au loin. Celui-ci est comme un écho puissant, dont le bruit rapetisse la voix qui l'a éveillé, et, du même coup, en élargit la portée. Comme cela augmente les proportions du drame, qu'il faut ainsi hausser à la dignité d'un fait historique! Et quelle difficulté pour créer des personnages réels! S'il s'agit des grands, il faut comprendre des êtres que leur condition rend inaccessibles aux observateurs ordinaires, formés par une éducation spéciale, et gouvernés par des intérêts sans analogues. S'il s'agit d'hommes d'État, il faut atteindre des âmes qui, par leur hauteur, ont dominé les autres, et vis-à-vis desquelles il faut, en plus que la sympathie des passions, une intelligence capable de comprendre et de reconstituer la leur. Si ce sont des héros, il faut ressentir ce que des âmes choisies ont éprouvé dans des moments sublimes où elles-mêmes n'ont peut-être séjourné que quelques instants. Il faut qu'au-dessus de l'intérêt inspiré par ces caractères, le poète place un intérêt général, supérieur, qui est comme l'intérêt de l'histoire, et la part qu'elle ajoute au drame. Il faut, selon la phrase d'un historien de Shakspeare, que « derrière les personnages dont il trace le portrait, grands seigneurs ou rois, il nous montre au fond du tableau, le peuple qui attend son bonheur ou son malheur des actions de ceux qui le gouvernent [1] ». Il faut, avec les passions, les calculs, les actions de ces figures historiques, qui doivent constituer un drame par elles-mêmes, former un ensemble et comme un chœur, qui exprime quelque chose de plus grand encore. Il faut que la pièce tout entière, qui d'ordinaire est sa propre fin, devienne un symbole. Il faut hausser le drame d'un degré, et avoir des bras assez puissants pour le prendre d'un bloc et le placer comme sur un autel, afin qu'il soit un exemple, une offrande ou un avertissement mémorables. Il n'y a pas de plus gigantesque entreprise. De tous les nobles poètes qui l'ont osée, peut-être n'en est-il que deux qui y aient réussi : Eschyle et Shakspeare.

Il est clair que Burns n'était pas désigné pour ces suprêmes créations. On peut seulement se demander jusqu'où il serait allé vers elles, si la vie lui avait permis de marcher plus longtemps. C'est peut-être une question inutile. Mais où est celui qui peut lire les projets d'André Chénier sans se demander ce qu'aurait été l'*Hermès*, sans se dire que, pour être juste envers ces génies anéantis si jeunes, il faut aussi tenir compte de leurs rêves ? La destinée, en empêchant Burns de tenter un drame, lui a-t-elle été très cruelle ? A parler franchement, il ne semble pas qu'il fût né, ni préparé, pour une semblable entreprise. Son esprit, très exact et très fidèle à la réalité moyenne, n'avait pas ce quelque chose d'épique et de grandiose que réclament ces puissants sujets. Il n'avait ni l'envergure, ni l'élévation nécessaires pour atteindre ces sommets. L'expérience des hommes et des choses lui manquait de ce côté. Le voisinage de la cour et la fréquentation des grands avaient fourni à Shakspeare les éléments de ses personnages. Il vivait dans une époque de grand souffle historique, qui lui avait permis de comprendre l'histoire, et il avait vu de grandes infortunes qui lui avaient permis de la juger. Burns n'avait connu, en dehors de ses paysans, que quelques professeurs et quelques avocats ; il avait vécu dans un temps prosaïque et bourgeois. Le seul événement historique dont il fût assez proche pour en saisir la réalité et l'émotion était l'aventure romanesque de Charles Édouard. Mais c'était un sujet impossible à traiter alors. D'un autre côté, les lectures historiques, qui peuvent peut-être remplacer la vue des événements, lui faisaient aussi défaut. L'histoire, qui commençait avec Hume et Robertson, était abstraite et froide. Les correspondances, les mémoires, les confidences des gens de jadis n'étaient pas publiés. Il ne faut pas oublier que Walter Scott a découvert lui-même les matériaux de ses fictions et que, chez lui, l'archéologue a dû préparer le romancier. Le passé dormait profondément. Enfin, Burns était trop captif de la vie, elle le possédait trop ; il ne

---

[1] A. Mézières. *Shakspeare, ses œuvres et ses critiques*, Chap. III, § 1.

pouvait s'en isoler sur une de ces hauteurs d'où l'on embrasse les perspectives des événements, et d'où l'on voit se ramasser et s'ordonner le mélange confus des affaires humaines. Pour s'emparer de ces spectacles imposants et les soumettre à un contrôle et à une sanction, il faut avoir la vision de la Némésis qui plane au-dessus des destinées royales, et connaître que toutes ces grandeurs ne sont que des tourbillons de poussière qui s'élèvent et parcourent seulement un peu de chemin. C'est à ce prix qu'on peut juger ces pourpres, devant lesquelles les hommes sont interdits, et maîtriser ces vastes apparences assez pour les construire en drames et en tirer des leçons. Qu'il provienne d'un sentiment que la vie humaine est vaine, ou de la pensée qu'on la contemple d'une éminence inaccessible, ce détachement, qui n'est pas sans dédain, est nécessaire. Lui seul fait qu'on apprécie ces grandeurs dans un langage qui les dépasse. C'est lui qui, caché chez le poète et éclatant chez l'orateur, a fait que Shakspeare et Bossuet ont parlé des majestés et des puissances, avec une autorité et d'une façon dignes d'elles.

Sa véritable voie était ailleurs. Elle était du côté de l'observation directe des manières de son temps et de son milieu, du côté de la comédie familière et populaire. Il l'avait compris et avait songé à faire un drame rustique, qui aurait admirablement convenu à son génie, et aurait été une chose unique en littérature. Il écrivait à Lady Glencairn, vers la fin de 1789 : « J'ai tourné mes pensées vers le drame. Je ne veux pas dire le cothurne majestueux de la muse tragique. Ne pensez-vous pas, Madame, qu'un théâtre d'Édimbourg s'amuserait plus des affectations, des folies et des caprices de production écossaise, que de manières que la plus grande partie de l'auditoire ne peut connaître que de seconde main ! [1] ». Cette lettre prouve son indécision, car le projet de drame sur Bruce durait encore dans le courant de 1790. Il songeait à mettre à profit les opportunités que lui fournissait son service dans l'Excise, pour étendre son observation et trouver des caractères : « Si j'étais dans le service, écrivait-il à Graham de Fintry, cela favoriserait mes desseins poétiques. Je pense à quelque chose dans le genre d'un drame rustique. L'originalité des caractères est, je le pense, la principale beauté dans ce genre de composition ; mes voyages pour mon métier m'aideraient beaucoup à recueillir des traits originaux de la nature humaine [2]. » Il était cette fois sur son vrai terrain et il voyait juste. Il avait, à un haut degré, toutes les qualités pour une création de ce genre. Il avait le sens du pittoresque plutôt que du beau, du pittoresque trivial et grotesque qu'ont les peintres hollandais et flamands. Il avait l'observation familière des manières,

---

[1] *To Lady Glencairn*, Dec. 1789.
[2] *To Robert Graham of Fintry*, Sep. 10th, 1788.

des gestes ; il avait un don extraordinaire de mouvement, non pas ample et harmonieux, mais court, rapide, imprévu, leste, dégagé, comme il convient à des façons populaires où la réserve est moindre et l'impulsion du moment plus spontanée. Il avait, pour donner du sel à tout cela, l'humour que nous avons vu. Il avait aussi ce qu'il faut de pathétique et de tendre pour rendre, avec justesse, les souffrances des cœurs les plus humbles. Son don de vie se serait exercé à franches coudées et se serait animé encore par le plaisir du mouvement.

Autour de lui s'offrait un riche champ d'observation. Les Écossais sont très originaux ; la race a une personnalité très âpre, très dure à entamer. Les circonstances l'avaient conservée intacte. La perte de la cour, à la suite du départ de Jacques I pour le trône d'Angleterre, les préserva de l'uniformité de la mode. Ils n'eurent pas l'occasion d'obéir à un goût unique, qui part d'en haut et gagne tout le pays. Ils avaient gardé, dans la façon de penser comme de se vêtir, une sorte d'indépendance. Même à Édimbourg, où la convention régnait davantage par suite de l'abondance de professeurs, d'hommes de loi et d'église, la société était encore, vers la fin du dernier siècle, d'une étonnante originalité. Les individualités les plus bizarres de costume ou d'habitudes s'y rencontraient de toutes parts. Il faut en voir l'amusant tableau dans les pages de Lord Cockburn et de Robert Chambers, ou dans la série des portraits de Kay. Lord Cockburn a bien marqué cette singularité de manières, lorsqu'il parlait des vieilles ladies écossaises : « Elles étaient indifférentes aux modes et aux habitudes du monde moderne, et attachées à leurs propres habitudes, de façon à saillir comme des rocs primitifs, au-dessus de la société ordinaire [1]. » Et il ajoute : « Leurs remarquables qualités de bon sens, d'humour, d'affection et d'énergie, se manifestaient dans de curieux dehors, car elles s'habillaient, parlaient et agissaient toutes, exactement comme il leur semblait bon ; leur langage, comme leurs habitudes, était entièrement écossais, mais sans autre vulgarité que ce qu'un naturel parfait fait parfois prendre à tort pour de la vulgarité [1] ». Ces vieilles dames avaient été les jeunes femmes d'Édimbourg, au temps de Burns. Lord Cockburn voyait disparaître en elles les derniers représentants de l'originalité écossaise. Si les caractères avaient ce relief dans la société polie et jusque dans les salons d'Édimbourg, ils étaient plus accentués dans les classes moyennes et dans le peuple. Les personnalités étaient intéressantes jusqu'au fond de la nation. Par suite de leur éducation, de leur habitude de lire et de discuter, les paysans écossais n'étaient nullement ces animaux farouches et stupides, qui, dans d'autres pays, cultivaient le sol. Ils étaient plus instruits que la plupart des bourgeois ne l'étaient ailleurs. Les moindres villages conte-

---

[1] Lord Cockburn. *Memorials of His Time*, pages 50 et suivantes.

naient ainsi des hommes qui avaient poussé dans toute leur originalité native, et qui étaient assez cultivés pour qu'elle se manifestât par l'esprit. Il n'y a peut-être pas de littérature où les gens du peuple, paysans, bergers, artisans aient fourni autant de types aux romans que la littérature écossaise, depuis les mendiants de Walter Scott jusqu'aux rudes interlocuteurs des *Noctes Ambrosianæ* de John Wilson, et au tailleur de *Mansie Wauch*. Dans Burns, combien n'aperçoit-on pas de ces caractères qui ne demandent qu'à venir au premier plan, à agir et à parler? le fermier Rankine, le maître d'école Davie, le vieux Lapraik, William Simpson, autre maître d'école, le marchand Goudie, James Smith, et tant d'autres. En même temps, tout le pittoresque des grand'routes subsistait encore. Mendiants, joueurs de cornemuses, colporteurs, gypsies, chanteurs de ballades, toutes ces hordes vagabondes couvraient encore les chemins. Des scènes comme celle des *Joyeux Mendiants* étaient encore possibles. C'était un moment précieux. Cette originalité du pays n'allait pas tarder à s'affaiblir.

On imagine ce que le génie de Burns pouvait faire avec une semblable matière. On aurait eu une suite de comédies rustiques, avec des scènes comme la *Veillée de la Toussaint*, comme la *Foire-Sainte*. Sur la foule bigarrée et grouillante, sur des fonds de foires, de marchés, d'assemblées, de funérailles, de mariages, rendus avec tous les détails précis et exacts, des scènes vivantes, agiles, pressées, pleines d'entrain, de rire; des personnages hardis, pittoresques, goguenards, campés de main de maître. Les amoureux n'y auraient pas manqué. Des chansons auraient ajouté, comme chez les Dramaturges du règne d'Élisabeth, un élément lyrique; et on peut affirmer que, depuis Shakspeare, jamais la poésie, la moquerie ou la joie populaires n'auraient été si bien exprimées. Elles auraient été la grâce légère et le charme de ces pièces. C'était un drame vulgaire d'une sincérité et d'une vie étonnantes, quelque chose comme les suites villageoises de Téniers, quelque chose d'unique, non-seulement dans la littérature anglaise, mais dans la littérature de tous les pays.

C'est à cela que tendait tout le génie du pauvre Burns. C'est bien l'opinion de ceux qui l'ont étudié de près. Walter Scott a dit très justement : « L'occupation d'écrire une série de chansons pour de grands recueils musicaux a dégénéré en un travail servile qu'aucun talent ne pouvait soutenir, a produit de la négligence et, surtout, a détourné le poète de son grand dessein de composition dramatique. Produire une œuvre de ce genre, qui n'eût été peut-être ni une tragédie régulière ni une comédie régulière, mais quelque chose qui eût partagé de la nature des deux, semble avoir été le vœu longtemps chéri de Burns... Aucun poète, depuis Shakspeare, n'a jamais possédé le pouvoir d'exciter les émotions les plus variées et les plus opposées par de si rapides transitions... Nous devons donc regretter profondément ces occupations qui ont détourné une imagination si diverse et si vigoureuse, unie à un langage et à une force d'expression capables de suivre tous ses changements, de laisser un monument plus substantiel, pour sa gloire et pour l'honneur de son pays [1] ». Et Lockhart écrit avec non moins de conviction: « La cantate des *Joyeux Mendiants* ne peut être prisée à sa valeur sans augmenter notre regret que Burns n'ait pas vécu pour exécuter le drame qu'il méditait. Cette extraordinaire esquisse, rapprochée des pièces lyriques d'un ton plus élevé, fruit de ses dernières années, suffit à montrer que nous avions en lui un maître capable de placer le drame musical à la hauteur de nos formes classiques les plus élevées... Sans manquer de respect au nom de Shakspeare, on peut dire que son génie même aurait à peine pu, avec de tels matériaux, construire une pièce dans laquelle l'imagination aurait plus splendidement recouvert l'aspect extérieur des choses, dans laquelle la puissance de la poésie à éveiller la sympathie se serait plus triomphalement déployée au milieu de circonstances de la plus grande difficulté [2] ». Telle est aussi la pensée de Shairp [3]. Les duretés de la destinée et ses propres fautes ont empêché le poète d'aller aussi loin, de recueillir tout ce qu'il y avait de semé pour lui. Cette fête rustique que les paysans écossais célébraient quand la dernière gerbe de la moisson était entrée dans la grange et qu'ils appelaient *Kirn*, ne devait pas avoir lieu pour lui. Son génie est un champ à moitié récolté. C'est en perdant ces comédies populaires qu'il a perdu la meilleure partie de sa gloire.

L'Écosse, de son côté, y a peut-être perdu l'unique occasion qu'elle ait eue d'avoir un théâtre national. C'est un genre littéraire où elle est d'un dénûment absolu. Ce n'est pas que le génie écossais manque de qualités dramatiques; il y en a assurément dans Walter Scott, dans Wilson, et aussi dans Carlyle. Ce sont les événements politiques qui ont empêché le drame de prendre racine. L'Écosse était tombée, dès la Réformation, entre les dures mains du puritanisme. En 1563, quand le règne d'Élisabeth ne comptait encore que cinq ans et commençait à peine sa carrière de luxe et de prodigalités, d'élégance éblouissante et de poésie, le lugubre John Knox était le maître d'Édimbourg et grognait contre la danse. Il admonestait les filles d'honneur de la reine, « les Maries » de la reine, comme on les appelait, en leur disant que les vers hideux travailleraient sur cette chair si belle et si tendre. La tristesse puritaine pesait déjà sur cette contrée. Il s'en fallait d'un quart de siècle que la première pièce de Shakspeare fût représentée. C'était un an avant la naissance de Shakspeare, et dix ans avant celle de Ben Johnson. Si l'Angleterre avait été arrêtée au

---

[1] Walter Scott. *Quarterly Review*, n° I, p. 33. On trouvera d'ailleurs cet essai sur Burns, dans le recueil des œuvres critiques de Walter Scott.

[2] Lockhart. *Life of Burns*, p. 318.

[3] Shairp. *Burns*, p. 125-26.

même moment, elle en serait restée à Gordobuc en fait de drame, et à Ralph Roister Doister en fait de comédie. La passion ni la poésie ne pouvaient naître dans cet air morose. En 1599, l'année où furent probablement composées *les Joyeuses Commères de Windsor,* une troupe anglaise étant venue à Edimbourg, la Kirk Session de la cité passa un acte qui menaçait de censure tous ceux qui encourageraient la Comédie, et le fit lire dans toutes les églises. Les chaires retentirent de déclamations contre la « vie déréglée et immodeste des joueurs de pièces [1] ». En fait de haine contre les choses de l'esprit, les presbytériens écossais avaient un demi siècle d'avance sur les sombres et stupides fanatiques qui tuèrent le théâtre anglais, en 1642. La réaction de la Restauration ne pénétra pas en Écosse. Les tentatives dramatiques de Dryden, les comédies de Congreve, de Vanbrugh et de Farquhar n'osèrent pas s'y montrer. L'auteur d'une pièce publiée à Edimbourg en 1668 comparait, dans sa préface, le drame en Écosse à « un rodomont entrant dans une église de campagne [2] ». La première apparition, toute timide, d'une troupe de comédiens date de 1715. Le presbytère d'Edimbourg s'en émut : « Étant informé, dit-il, que quelques comédiens sont récemment arrivés dans les limites de ce presbytère et jouent dans l'enceinte de l'Abbaye, au grand scandale de beaucoup, en empiétant sur la morale et sur ces règles de modestie et de chasteté que notre sainte religion oblige tous ses fidèles à observer strictement, le presbytère recommande à tous ses membres d'employer toutes les méthodes convenables et prudentes pour décourager les comédiens [3] ». La première troupe théâtrale qui s'établit à Edimbourg vint en 1725, sous la direction d'un nommé Anthony Aston, pour lequel Allan Ramsay eut le courage d'écrire un prologue. On y trouve une image amusante parce qu'elle prouve que l'Écosse était, pour l'art dramatique, une terre inconnue et lointaine.

> L'expérience me dit d'espérer, bien qu'au sud de la Tweed
> Les peureux aient dit : « Il ne réussira pas.
> Quoi ! Quel bien allez-vous chercher dans ce pays
> Qui n'aime ni le théâtre, ni le porc, ni le pudding ».
> Ainsi le grand Colomb par un équipage imbécile
> Fut raillé tout d'abord, sur ses justes vues [4].

Ce comédien comparait son arrivée à un voyage de découverte. Encore, en Ecosse, cela ne se fit pas sans difficulté. Le conseil municipal d'Edimbourg défendit à la troupe de jouer ; le presbytère lui envoya une députa-

---

[1] R. Chambers. *Domestic Annals of Scotland,* tom I, p. 307.
[2] R. Chambers. *Domestic Annals of Scotland,* tom III, p. 398.
[3] R. Chambers. *Domestic Annals of Scotland,* tom III, p. 399.
[4] Allan Ramsay. *A Prologue spoken by Anthony Aston, the first night of his Acting in Winter 1726.*

tion pour le féliciter de sa fermeté [1]. Il fallut plaider pour pouvoir passer outre [2]. « A partir de ce moment, Edimbourg, tous les deux ou trois ans, était visité par des troupes itinérantes, qui louaient occasionnellement le *Tailors' Hall* dans la Cowgate, ainsi nommé parce qu'il appartenait à la corporation des Tailleurs. [3] » Allan Ramsay continua à combattre courageusement pour l'établissement d'un théâtre à Edimbourg [4]. En 1736, il fit même construire à ses frais une salle de spectacle. Mais à peine était-elle ouverte qu'on passa un acte qui, sous prétexte d'expliquer un acte de la reine Anne sur les malfaiteurs et les vagabonds, interdisait à toute personne de jouer des pièces de théâtre pour de l'argent, sans licence par lettres-patentes du roi ou du Lord Chambellan. C'était tuer l'entreprise. La salle fut fermée. Non seulement Allan Ramsay faillit être ruiné, 1 fut poursuivi jusque dans sa réputation par la haine des fanatiques. On publia contre lui des pamphlets, entre autres, un intitulé : *La fuite de la Piété religieuse, hors d'Écosse, à cause des livres licencieux d'Allan Ramsay et des comédiens venus d'Enfer, qui débauchent toutes les facultés de l'âme de notre génération grandissante* [5]. En 1746, seulement, un théâtre fut construit dans la Canongate, et les représentations étaient irrégulières [6]. Il n'est pas étonnant qu'avec ces entraves le théâtre ne se soit pas développé en Écosse, et que le *Noble Berger* soit resté pendant des années la seule œuvre dramatique due à une plume écossaise.

En 1756, John Home, qui était ministre de l'Eglise Établie, donna à Edimbourg, sa célèbre tragédie de *Douglas*. Ce fut, dans la partie libérale de la population, un étonnement et une joie. Toute la ville était « dans un tumulte d'enthousiasme qu'un Écossais eût écrit une tragédie de premier ordre » [7]. Mais le clergé et les gens rigides estimèrent que c'était un péché pour un clergyman d'écrire une pièce de théâtre, aussi morale qu'en fût la tendance. Il faut voir dans l'*Autobiographie* du Dr Carlyle, l'ami intime de John Home, quel scandale cet événement produisit. Le Presbytère d'Edimbourg fit lire, dans toutes les églises, une admonestation solennelle qui se lamentait sur l'irréligion du siècle et prémunissait les fidèles contre le danger de fréquenter les théâtres. John Home fut obligé de donner sa démission, de se retirer de l'Église. Un clergyman qui avait

---

[1] Voir sur ces points Hugo Arnot. *History of Edinburgh*. Book III, chap. II, p. 280-81.

[2] R. Chambers. *Domestic Annals of Scotland*, p. 519-20.

[3] Hugo Arnot. *History of Edinburgh*. Book III, chap. II, p. 281.

[4] R. Chambers. *Domestic Annals of Scotland*, p. 544. — Voir aussi p. 550 sur les résistances des presbytériens.

[5] Voir les titres de ces pamphlets dans *The Life of Allan Ramsay*, en tête de l'édition d'Alex. Gardner, p. XXXII-XXXIII. On trouvera également dans cette biographie des détails sur les difficultés des représentations théâtrales.

[6] Hugo Arnot. *History of Edinburgh*. Book III, chap. II, p. 282.

[7] Dr Alex. Carlyle. *Autobiography*, chap. VIII, p. 312.

assisté à une des représentations de *Douglas* fut suspendu pendant six semaines de ses fonctions par le Presbytère de Glasgow. Carlyle lui-même fut traduit devant l'Assemblée générale du clergé. Il fut habilement défendu par Robertson, l'historien, et acquitté. Mais, le lendemain, l'assemblée passa un acte interdisant au clergé d'encourager le théâtre [1]. Voilà où en était l'art dramatique en Écosse, en 1756. C'était le dernier effort de la sévérité puritaine. Les mœurs se corrompaient rapidement. En 1769, on construisit dans la nouvelle ville un théâtre royal [2]. Il avait l'air d'une grange avec un portique classique ; il portait, sur la pointe du toit, une statue de Shakspeare entre la Muse tragique et la Muse comique [3]. La dépravation augmenta si rapidement qu'en 1784, lorsque la grande actrice Mrs Siddons parut pour la première fois à Edimbourg, pendant la session de l'Assemblée générale du clergé, toutes les affaires importantes durent être fixées aux jours où il n'y avait pas de représentation, parce que les membres les plus jeunes de l'Assemblée, aussi bien ceux qui appartenaient au clergé que les laïques, allaient prendre leur place au théâtre à trois heures après-midi. Cependant les anciens comme Robertson, l'historien, et Blair, le professeur de rhétorique, bien qu'ils fissent visite à Mrs Siddons, n'osèrent pas aller au théâtre admirer son talent, tant le préjugé persistait encore [4]. Mais la bataille était, après tout, gagnée.

La fin du dernier siècle était donc un moment favorable et peut-être unique pour doter l'Écosse d'un théâtre national. Plus tôt, une pareille entreprise était impossible. Allan Ramsay ne l'avait même pas rêvée, et tous ses efforts avaient seulement tendu à introduire des représentations dramatiques. Le goût pour la scène était nouveau et ardent ; Edimbourg était encore une capitale intellectuelle ; la vieille Écosse conservait intactes ses mœurs et ses coutumes. Un peu plus tard et peu après le commencement de ce siècle-ci, ces conditions s'altérèrent. L'uniformité, qui a recouvert tant d'habitudes locales, s'est étendue de Londres vers le Nord et a franchi la Tweed. Bien que la vie populaire écossaise soit demeurée assez originale pour donner de la saveur aux romans qui la représentent, cette originalité n'est plus assez intense pour les peintures plus ramassées de la scène. Walter Scott lui-même a plutôt recueilli l'écho d'usages qui venaient de disparaître qu'il ne les a observés directement. Enfin, il faut tenir compte de la position et du génie de Burns qui le destinaient également à cette œuvre. Il a été l'homme unique d'un

---

[1] Voir le récit détaillé de cet événement dans l'*Aubiography* du Dr Alex. Carlyle. Le chapitre VIII y est consacré en entier. — Voir aussi Hugo Arnot, *History of Edinburgh*. Book III, chap. II, p. 289-90.

[2] J. Grant. *Old and New Edinburgh*, tom I, p. 341.

[3] Voir la gravure représentant cet édifice dans *A Graphic and Historical Description of the City of Edinburgh*.

[4] Dr Alex. Carlyle. *Autobiography*, chap. VIII, p. 822-23.

moment unique. L'Écosse peut encore produire un grand poète dramatique. Elle n'aura pas de théâtre écossais.

IV.

LES ASPECTS NOBLES DE LA VIE. — L'ÉCHO DE LA RÉVOLUTION FRANÇAISE. BURNS POÈTE DE LA LIBERTÉ ET DE L'ÉGALITÉ. — LA POÉSIE DES HUMBLES.

On pourrait croire que le côté comique et le don d'observation familière, presque terre à terre, ont à peu près exclusivement constitué le génie de Burns. Ce serait une erreur. Il avait également, quoique à un degré moindre, le don de voir la noblesse des choses, les parties de beauté qu'offre la vie. Il pouvait dégager les éléments délicats et les moments plus purs, qui sont épars dans l'ordinaire et le laid. Il était sensible à l'aspect artistique du monde, et, à côté du puissant caricaturiste, il y avait un peintre charmant. Il importe, pour être juste, d'en marquer le mérite, et, pour ne pas être excessif, d'en marquer les limites.

C'est le don et l'application de certains poètes de dégager, de leur mélange avec le vulgaire, les traits et les instants de beauté, de les représenter comme si ces traits seuls composaient les êtres, et ces instants toute la vie. C'est le privilège de certains esprits de vivre ainsi dans une sorte de luxe et de somptuosité intérieurs. Ils produisent un monde où tout est délicat et merveilleux, où rien n'habite que la Beauté. Les œuvres de poètes comme Spenser ou Keats, par exemple, ne sont qu'un déroulement de fresques magnifiques; celle d'un poète comme Tennyson n'est qu'une collection de visions délicates et élevées. Le défaut de ces nobles artistes est qu'en épurant trop la vie, ils lui enlèvent beaucoup de sa réalité et de son action. Il y en a d'autres, moins exclusivement consacrés à ce culte et plus humains, comme Shakspeare ou Browning, chez lesquels se trouvent cependant des passages d'artistes, suspendus çà et là comme de riches tableaux. Burns est loin des uns et des autres. Pour être semblable aux premiers, il avait trop le sens de la réalité; sa gloire n'a pas à le regretter. Pour prendre rang parmi les seconds, il lui manquait non-seulement le commerce des œuvres d'art, qui est devenu un élément si important dans la composition des poètes, mais même la lecture de l'antiquité qui reste la révélatrice et l'inspiratrice du beau. La Renaissance elle-même, avec ses profusions d'éclat et son goût moins pur, lui était ignorée. Il n'était guère familier qu'avec la littérature du xviiie siècle, abstraite, terne, personne sage qui faisait de grandes économies de couleur, que la littérature de ce siècle-ci, comme une fille prodigue, a dépensées d'un coup. Ce n'est qu'à la fin de son séjour à Edimbourg qu'il connut Spenser [1], le plus grand peintre des Anglais, et, en Angleterre, le véritable représentant du mouvement artistique de la Renaissance. C'est surtout à dater de ce moment que paraît en lui une certaine recherche du brillant et du coloris, comme dans ses jolies pièces à Miss Cruikshank. Le milieu protestant où il vécut, n'était pas fait non plus pour développer sa faculté du pittoresque. Son sens artistique est resté replié, ou tout au moins, n'a pas atteint son plein épanouissement, par manque d'un milieu favorable.

Cependant il avait une nature trop heureusement douée pour que cette aptitude à saisir dans les choses ce qu'elles contiennent de beau ne se trahît pas, en dépit de tout. Il avait, peut-être à cause de ses origines celtes, l'instinct de la couleur, du détail brillant, le goût, bien celte aussi, de la grâce dans le mouvement et des sons harmonieux. Cela passe rapidement, en simples traits, ou en courts tableaux, glisse à travers un morceau, au moment où l'on s'y attend le moins, comme on voit fuir dans l'eau « les truites tachetées d'une grêle cramoisie. [2] »

« Vous légères, joyeuses, délicates demoiselles,
Qui, sur les bords des ruisselets de Castalie,
Sautez, chantez, et lavez vos jolis petits corps. [3] »

Sa susceptibilité musicale se retrouve, brièvement aussi, dans des strophes comme celle-ci :

Chèrement acheté est le trésor caché
Que des sentiments délicats nous donnent ;
Les cordes qui vibrent le plus suavement au plaisir,
Frémissent des plus profondes notes d'angoisse [4].

ou encore :

Puisse dans ton cœur aucun sentiment grossier,
Discordant, ne troubler les cordes de ton sein ;
Mais que la Paix accorde et calme ton âme suave,
Ou que l'Amour, extasié, y chante son chant séraphique. [5]

Assez naturellement, ce goût pour la Beauté se portait vers la Beauté féminine. Bien que ses poésies d'amour forment un chapitre spécial, nous pouvons cependant y choisir quelques passages où apparaît surtout le sens de la grâce extérieure. C'est certainement un artiste d'un talent

---

[1] *To Willam Dunbar*, April 30th 1786.
[2] *Tam Samson's Elegy.*
[3] *Epistle to Dr Blacklock.*
[4] *Poem on sensibility.*
[5] *To Miss Graham of Fintry.*

très coloré, très net et très sobre, que celui qui a tracé ces jolies miniatures féminines. La première est toute en touches noires et roses:

>Ses cheveux ruisselants, noirs comme l'aile du corbeau,
>Pendent sur son cou et sa gorge.
>Quelle douceur de se presser sur cette poitrine,
>De mettre ses bras autour de ce cou.

>Ses lèvres sont des roses humides de rosée,
>Oh! quel festin est sa jolie bouche!
>Ses joues ont une teinte plus céleste,
>Un cramoisi encore plus divin [1].

La seconde est dans des tons plus clairs, rien que de l'or et des blancheurs auxquelles se mêle un peu de rose :

>Ses cheveux étaient comme des anneaux d'or,
>Ses dents étaient comme l'ivoire,
>Ses joues comme des lis trempés dans le vin,
>A la fillette qui a fait mon lit.

>Sa gorge était de la neige chassée,
>Deux tas de neige si beaux à voir,
>Ses membres étaient de marbre poli,
>A la fillette qui a fait mon lit [2].

On sent aussi et on a vu de reste dans sa biographie qu'il percevait la perfection de la stature et, plus encore peut-être, la grâce de la démarche et l'harmonie des mouvements. On se rappelle ces vers :

>Ses boucles étaient comme le lin,
>Ses sourcils, d'une teinte plus sombre,
>Malicieusement surmontaient
>Deux yeux rieurs d'un joli bleu.

>Sa démarche est une harmonie,
>Sa jolie cheville est un traître
>Qui dénonce de belles proportions
>Qui feraient qu'un saint oublierait le ciel [3].

Il trouve, pour rendre cet aspect de la beauté, des comparaisons charmantes où il marie inconsciemment le rythme et les ondulations de l'allure à la musique, donnant ainsi la formule de la danse :

>Aussi doucement se meuvent ses jolis membres
>Que les notes de musique dans des hymnes d'amoureux ;
>Les diamants de la rosée sont dans ses yeux si bleus,
>Où l'amour rieur nage folâtrement [4].

---

[1] *Her Flowing Locks.*
[2] *The Lass that made the Bed to me.*
[3] *She says she lo'es me best of a'.*
[4] *My Lady's Gown, there's Gairs upon it.*

Et ailleurs :

> Mon amour est comme une rouge, rouge rose,
> Qui est nouvellement éclose en juin ;
> Mon amour est comme la mélodie
> Qui est doucement jouée en mesure [1].

Peut-être le tableau le plus purement artistique qu'il ait donné est-il le suivant ? On y trouve comme un reflet de l'élégance presque classique d'Allan Ramsay, dont nous avons vu des exemples. Cela est toujours sobre et bref ; on n'a, pour saisir le contraste, qu'à comparer cette rapide vision de beauté aux luxuriantes descriptions de Keats quand il rencontre un sujet analogue [2].

> Sur un talus en fleurs, par un jour d'été,
> Et pour l'été légèrement vêtue,
> La jeune Nelly, dans sa fleur, était couchée,
> Accablée par l'amour et le sommeil.
> Ses yeux clos, comme des armes remises au fourreau,
> Etaient enfermés dans un doux repos :
> Ses lèvres, tandis qu'elle respirait son haleine embaumée,
> Coloraient d'un reflet plus riche les roses ;
> Les lis jaillissants, doucement pressés,
> Follement, gaiement, baisaient sa gorge, leur rivale....
> Sa robe, ondulant un peu dans la brise,
> Embrassait ses membres délicats,
> Sa forme adorable, son aisance native,
> Toute harmonie et grâce [3].

Le plus souvent, ces indices sont perdus dans ses pièces ordinaires. Dans la seconde période de sa vie, il lui est toutefois arrivé de détacher complètement une scène et de s'y complaire.

Celle-ci n'a-t-elle pas l'air d'un fin tableau hollandais, familier de dessin, mais baigné d'une demi-teinte de pourpre riche, et harmonisé par la lumière ?

> O mon cher, mon cher rouet,
> Ma chère quenouille et mon dévidoir ;
> De la tête aux pieds, il m'habille
> Et m'enveloppe doucement et chaudement le soir.
> Je m'assieds et je chante et je file,
> Tandis que, bien bas, le soleil d'été descend,
> Heureuse de mon contentement, de mon lait et de ma farine,
> O ! mon cher, mon cher rouet !

---

[1] *A red, red rose.*
[2] Voir les riches tableaux d'*Endymion.*
[3] *Blooming Nelly.*

De chaque côté, les ruisseaux trottinent,
Et se rencontrent au-dessous de ma chaumière ;
Le bouleau odorant et l'aubépine blanche
Unissent leurs bras par-dessus le bassin,
Pour abriter le nid des petits oiseaux,
Et le refuge plus frais des petits poissons ;
Le soleil jette un bon regard dans la chambre
Où, joyeuse, je tourne mon rouet.

Sur les hauts chênes, les ramiers gémissent,
L'écho apprend par cœur leur triste histoire ;
Les linots, dans les noisetiers des berges,
Heureux, rivalisent dans leurs chants.
Le râle de genêt dans la luzerne,
La perdrix bruyante dans la jachère,
L'hirondelle voletant autour de mon abri,
M'amusent, assise à mon rouet.

Avec peu à vendre et moins à acheter,
Au-dessus du besoin, au-dessous de l'envie,
Oh ! qui voudrait quitter cet humble état
Pour tout l'orgueil de tous les grands ?
Parmi leurs brillants et vains jouets,
Parmi leurs joies bruyantes et gênantes,
Peuvent-ils ressentir la paix et le plaisir
De Bessy à son rouet ?[1]

Cette petite fileuse, joyeuse de son sort, qui chante en tournant son rouet, tandis que les oiseaux s'aiment, les ruisseaux s'unissent, les branches se marient, au dehors, et que le soleil regarde avec bonté dans la chambre, n'est-elle pas charmante ? La moelleuse caresse de la lumière enveloppe toutes ces caresses. N'est-ce pas, surtout avec cette riche demi-teinte de pourpre, un intérieur d'un Peter de Hooch villageois ?

Lorsque la réalité, généralement assez laide, le laissait échapper, Burns se trouvait plus à l'aise pour laisser jouer sa faculté d'embellir les choses et de les rendre plus légères. Quelques-unes de ses plus délicates peintures ont pour sujet des êtres fantastiques, des fées, des elfes, des esprits. Nous ne reviendrons pas sur l'apparition de la Muse, dans la *Vision*. Tout le commencement est plein de grâce ; et la fin est d'une vraie beauté simple. Voici une jolie et lumineuse cavalcade de fées et de lutins, qui bondissent follement dans des rayons de lune, et qui font penser au cortège de Titania. C'eût été un sujet de tableau pour Sir Noël Paton [2].

---

[1] *Bess and her spinning wheel.*

[2] Les deux curieux tableaux de Sir Noël Paton, à la *National Gallery* d'Edimbourg, représentent *Le Songe d'une nuit d'été*, d'une invention si ingénieuse et si touffue.

> Pendant la nuit dans laquelle les fées légères
> Dansent sur les dunes de Cassilis,
> Ou, par les champs, dans une lumière splendide,
> Caracolent sur de vifs coursiers,
> Ou bien prennent le chemin de Colean,
> Sous les pâles rayons de la lune,
> Pour y errer et courir dans la caverne,
> Parmi les rocs et les ruisselets
> Et y folâtrer cette nuit-là [1].

De même, dans les Deux Ponts d'Ayr, on voit arriver sur la rivière toute couverte de glace une troupe d'esprits.

> Une troupe féerique apparut en ordre brillant,
> Sur la rivière scintillante ; ils dansaient dextrement,
> Leur pied touchait si légèrement le cristal de l'eau
> Que la jeune glace pliait à peine sous leurs pas [2].

Ce cortège qui avance ainsi ne manque pas de beauté. Il fait penser à quelques-unes des processions de Spenser, bien qu'il y ait ici, cela est entendu, beaucoup moins de la pompe, de la splendeur de robes et d'armures, du déploiement d'étoffes, de la richesse d'attributs, de la majesté de défilé, de la magnificence, qui font ressembler les allégories de *la Reine des Fées* à des tapisseries peintes par Rubens.

> Le Génie de la Rivière apparaît le premier,
> Chef vénérable avancé en années ;
> Sa tête chenue est couronnée de nénuphars,
> Sa jambe virile porte la jarretière nouée.
> Puis, venait le couple le plus beau du cortège,
> La douce Beauté Féminine, la main dans la main du Printemps ;
> Puis, couronnée de foin fleuri, venait la Joie Rurale,
> Et l'Été, avec ses yeux ardents et rayonnants ;
> L'Abondance réjouissante, tenant sa corne débordante,
> Menait le jaune Automne, coiffé d'épis mouvants ;
> Puis, les cheveux gris et blancs de l'Hiver se montraient,
> Près de l'Hospitalité au front serein.
> Ensuite, suivait le Courage d'un pas martial...
> Enfin, la Paix, en robe blanche, couronnée d'une guirlande de noisetier,
> Passait à la rustique Agriculture,
> Tout brisés, les instruments de fer de la mort [3].

Mais ce ne sont là que des indices d'une faculté qui n'a jamais trouvé sa large issue et ne s'est pas déployée dans son jeu complet. Elle ne s'est manifestée librement que dans les pièces d'amour où nous la retrouve-

---

[1] *Halloween.*
[2] *The Brigs of Ayr.*
[3] *The Brigs of Ayr.*

rons. Il nous suffit de montrer maintenant qu'elle existait, qu'il ne lui manquait que des occasions pour prendre tout à fait conscience d'elle-même. Ce que nous en rencontrerons encore mélangé à d'autres sujets, en venant se réunir à l'indication que nous en donnons ici, complétera l'idée qu'il est juste que nous en ayions.

C'est d'un tout autre côté qu'il faut chercher la partie noble de la poésie de Burns. C'est dans une région pour ainsi dire plus abstraite, où sont les idées morales, les sentiments généreux, les hautes aspirations. Ce poète d'une si grande puissance graphique dans la réalité ordinaire, ce peintre si pittoresque dans le comique, perd en partie ces qualités quand il s'élève. Il les remplace par une poésie fière, par des traits énergiques et une ardeur condensée de passion. L'éloquence se substitue à la représentation artistique des choses, les idées générales, les plaidoyers aux tableaux particuliers ; les considérations sur la vie à la vie elle-même. C'est surtout aux idées sociales, aux sentiments humanitaires que s'attache l'esprit de Burns. Il a célébré ou réclamé la liberté, l'égalité parmi les peuples, et le secours fraternel que les hommes se doivent entre eux. Il a pris sa place dans le chœur puissant des poètes anglais qui, à la fin du dernier siècle, ont salué d'accents immortels la Révolution et ses promesses. C'est un mouvement commun qu'il faut reconstituer dans son ensemble pour comprendre la place qu'y occupe Burns et la note particulière que sa voix a donnée dans cette admirable acclamation. C'est un des plus beaux chapitres de la poésie anglaise qu'il nous faut entreprendre de retracer [1].

Cette tendance humanitaire et libérale s'était manifestée d'abord dans Cowper. Cette âme timide, que la tendresse pour les malheureux rendait audacieuse, avait attaqué tous les maux que les hommes imposent aux hommes. Il avait réprouvé l'injustice sous toutes ses formes ; maudit l'esclavage, l'oppression et la guerre. Son indignation lui a donné des paroles éloquentes et fortes, qui dépassent le charme familier et moyen de ses pages ordinaires. On se rappelle le passage dans lequel il souhaite une retraite dans quelque vaste solitude, sous quelque immense suite d'ombrages, où les rumeurs de l'oppression et de la fraude ne puissent l'atteindre [2]. Son cœur souffre du récit des outrages dont la terre est remplie. Avec douleur il se lamente de ce que le lien de la fraternité humaine est détruit, comme le lin qui se coupe touché par le feu. Hélas ! l'homme enchaîne l'homme, l'écrase de travail, exige sa sueur, avec des coups que la Pitié pleure de voir infliger à une bête. Et il

---

[1] On peut lire sur ce mouvement le beau livre de M. Stopford Brooke, *Theology in the English Poets*.

[2] Cowper. *The Task ; The Time-Piece*, vers 1-2-5.

s'écrie, avec la simplicité sincère et l'accent personnel dont son éloquence est faite :

> Je ne voudrais pas avoir un esclave pour bêcher ma terre,
> Pour me porter, pour m'éventer quand je dors,
> Et trembler quand je me réveille, pour toute la richesse
> Que les muscles achetés et vendus ont jamais gagnée!
> Non, toute chère que m'est la liberté, et bien que mon cœur,
> En une juste estimation, la prise au-dessus de tout prix,
> J'aimerais beaucoup mieux être moi-même l'esclave
> Et porter les chaînes, que de les attacher sur lui [1].

Bien que ces vers aient précédé de cinq ans les premiers efforts de Wilberforce [2], l'infâmie de l'esclavage était trop flagrante pour qu'on s'étonne qu'un cœur chrétien en ait été révolté. Mais Cowper alla plus loin. Il avait un sens plus précis des injustices, qui déshonorent la terre sous des formes plus acceptées. Dès 1783, il avait écrit le passage célèbre où il souhaitait et prévoyait la chute de la Bastille. Ce sont des vers importants dans l'histoire de la littérature anglaise. Ils marquent le commencement de cette poésie politique qui s'est développée, en devenant de plus en plus républicaine, à travers les œuvres de Wordsworth, de Coleridge et de Shelley, et se continue aujourd'hui, avec un caractère démocratique et socialiste, dans les œuvres de Swinburne.

> Une honte pour l'humanité, et un opprobre plus grand
> Pour la France que toutes ses pertes et ses défaites,
> Anciennes ou de date récente, sur terre ou sur mer,
> Est sa maison d'esclavage, pire que celle pour laquelle jadis
> Dieu châtia Pharaon, — la Bastille !
> Horribles tours, demeure de cœurs brisés,
> Donjons, et vous, cages de désespoir,
> Que les rois ont remplis, de siècle en siècle,
> D'une musique qui plaît à leurs oreilles royales,
> Des soupirs et des gémissements d'hommes malheureux,
> Il n'y a pas un cœur anglais qui ne bondisse de joie

---

[1] Cowper. *The Task. The Time-Piece*, v. 29-36.

[2] C'est en 1788 que Wilberforce commença sa grande lutte pour l'abolition de l'esclavage, en 1789, qu'il proposa cette mesure à la Chambre des Communes où il rencontra une opposition formidable. L'émotion fut grande à Londres ; Wordsworth l'avait partagée. Il dit au livre x de son *Prélude* :

> Il me plut davantage
> De demeurer dans la grande Cité, où je trouvai
> L'air général encore troublé de l'agitation
> De ce premier assaut mémorable tenté
> Par une puissante levée de l'humanité
> Contre les trafiquants de sang nègre ;
> Effort qui, bien que vaincu, avait rappelé
> Aux esprits de vieux principes oubliés,
> Et, à travers la nation, répandu une chaleur nouvelle.
> De sentiments vertueux.

D'apprendre que vous êtes enfin tombés ; de savoir
Que même nos ennemis, si souvent occupés
A nous forger des chaînes, sont eux-mêmes libres.
Car celui qui aime la liberté ne restreint pas
Son zèle pour son triomphe, en deçà
De limites étroites; il soutient sa cause
Partout où on la plaide. C'est la cause de l'Homme [1].

Nobles accents et prophétiques ! Curieux aussi pour nous, parce qu'ils nous révèlent combien, même à l'étranger, la sombre forteresse était considérée comme le symbole du despotisme. Lorsqu'on entend le doux poète s'écrier : « Il n'y a pas un cœur anglais qui ne bondisse de joie d'apprendre que vous êtes enfin tombés », et mettre dans ces mots un ton de haine, lui qui était si incapable de haïr, on se rend mieux compte du mouvement d'enthousiasme qui a salué chez nous l'écroulement de ces murs exécrés.

Cowper a été plus loin encore. Il a compris l'unité de la race humaine, la fraternité des hommes, le sentiment qu'un même sang coule dans nos veines et nous fait de la même famille. C'était là un thème nouveau en poésie. Il devait grandir et fournir à des poètes, dont les âmes se formaient alors, et que peut-être ces accents nouveaux formèrent pour leur part, d'amples et splendides motifs de poésie. Mais ni dans Wordsworth, ni dans Shelley, cette idée ne devait prendre une forme plus pressante, plus anxieuse de convaincre. Ce sont parmi les plus tendres vers de Cowper. Il y passe un reflet de sa tendresse pour sa mère ; et son amour pour les hommes en prend un air de fraternité émue. Il faut lire les vers qu'il adressait au portrait de cette mère, cinquante-trois ans après qu'elle fut morte, et savoir combien son souvenir était resté profond dans son cœur [2], pour comprendre quelle chose sainte et sacrée pour lui c'était de dire qu'il avait puisé la charité dans le lait dont il avait été nourri.

Que nous est le monde ?
Beaucoup. Je suis né d'une femme et j'ai tiré un lait
Doux comme la charité, à des mamelles humaines.
Je pense, j'articule, je ris et pleure,
Je remplis toutes les fonctions de l'homme.
Comment donc pourrions-nous, moi et n'importe quel homme vivant,
Être étrangers l'un à l'autre ? Percez ma veine,
Prenez au flot cramoisi qui y suit ses méandres,
Et interrogez-le. Appliquez votre loupe,
Examinez-le, et montrez que ce n'est pas un sang
Semblable au vôtre, et s'il est tel,
Quelle lame de subtilité peux-tu supposer
Assez affilée, tout savant et habile que tu sois,

---

[1] Cowper. *The Task* ; *The Winter Morning Walk*, vers 379 et suivants.
[2] Cowper. *On the Receipt of my Mother's Picture out of Norfolk.*

Pour couper le lien de fraternité par lequel
Un créateur commun m'a lié à l'espèce ? [1]

Toutes les grandes lignes de la poésie sociale moderne se trouvaient donc indiquées dans Cowper. Il ne faut ménager ni le respect, ni l'admiration pour celui qui, à force de sincérité et de tendresse, a découvert des accents nouveaux, et préludé à la puissante poésie qui, en Angleterre, a acclamé notre siècle.

Mais il est permis de remarquer que, pour l'inspiration humaine, Cowper n'est pas encore un poète moderne. Son inspiration est toute religieuse ; il parle en croyant plutôt qu'en homme ; c'est plutôt un fidèle d'une Église qu'un citoyen du monde. C'est à travers Dieu et en Dieu qu'il aime les hommes. On pourrait prendre, comme l'exposé fidèle de sa doctrine de charité, le passage où la prose de Bourdaloue touche à la poésie. « Je puis et je dois considérer ce vaste univers comme la maison de Dieu, et tout ce qu'il y a d'hommes dans le monde comme une grande famille dont Dieu est le père. Nous sommes tous ses enfants, tous ses héritiers, tous frères et tous, pour ainsi parler, rassemblés sous ses ailes et entre ses bras. D'où il est aisé de juger quelle union il doit y avoir entre nous, et combien nous devenons coupables quand il nous arrive de nous tourner les uns contre les autres jusque dans le sein de notre Père céleste [2] ». Il y a une grande différence entre cette façon d'aimer les hommes à cause de Dieu, et les aimer pour eux-mêmes. Nous ne touchons pas encore au sentiment de la solidarité humaine, qui est le fondement le plus solide, et peut-être le seul, de la morale de notre siècle. Les accents se ressemblent, car la bonté est un sommet, où l'on se rencontre de quelque côté qu'on y parvienne. La route qui y a conduit Cowper était sur un autre versant que celui qui donne sur notre société actuelle.

A un autre égard, la différence de point de vue est plus importante. Cowper appartenait à une secte fervente, mais sombre et dure. Il avait vécu sous la direction de John Newton dont le tempérament absolu et violent en exagérait encore l'esprit. La menace puritaine obscurcit toute sa vie, et le fit mourir, lui qui avait été la douceur et l'innocence mêmes, dans l'angoisse, dans une inexprimable épouvante de la damnation. A ses yeux, la nature humaine et ce monde étaient irrémissiblement corrompus. Tout était flétri et écrasé par la colère divine ; l'univers entier roulait dans la malédiction. Les efforts de l'homme pour altérer sa condition étaient inutiles et méprisables. Cette vue décourageante devait fermer à Cowper certains aspects de la vie. Elle l'empêchait en premier lieu de s'intéresser aux mouvements politiques. Qu'est la vaine poussière

---

[1] Cowper. *The Task* ; *the Garden*, v. 195-209.
[2] Bourdaloue. *Pensées sur divers sujets de Religion et de Morale* ; *De la charité chrétienne et des amitiés humaines.*

des agitations humaines devant l'inexorable problème de la mort éternelle? Bien qu'il ait vécu jusqu'en 1800, le tonnerre de la Révolution française n'a pas eu d'écho dans son œuvre. C'était un mouvement trop purement humain, trop rationaliste, pour qu'il le comprît.

C'est une autre conséquence de la même préoccupation surnaturelle, qu'il n'a pas compté parmi les croyants au progrès, parmi ceux qui voient des lueurs dans l'avenir. Il était plutôt porté à considérer le monde comme caduc et condamné. Le terme de ce globe ne lui semblait pas éloigné, et les cataclysmes terrestres qui ont marqué la fin du dernier siècle n'étaient que les avertissements de la destruction suprême [1].

> ... Un monde qui semble
> Tinter le glas de sa propre mort,
> Et, par la voix de tous ses éléments,
> Prêcher la destruction générale [2]. Quand les vents
> Furent-ils lâchés avec une telle mission de détruire?
> Quand les vagues ont-elles si hautainement franchi
> Leurs anciennes barrières, pour inonder la terre ferme?
> Des feux au-dessus de nous, des météores sur nos têtes,
> Effrayants, sans exemple, inexpliqués,
> Ont allumé des signes dans les cieux, et la vieille,
> La caduque Terre a eu ses accès de tremblement
> Plus fréquents, et a perdu son repos accoutumé.
> Est-ce l'instant de lutter quand les supports
> Et les piliers de notre planète semblent manquer;
> Et la Nature, avec un œil voilé et morne,
> Attendre la fin de tout? [3]

Il était, on le voit, loin de l'idée moderne d'un progrès infini, sans cesse réalisé par le constant effort de l'Humanité qui subjugue la Nature et s'améliore elle-même.

Il avait bien prédit, il est vrai, qu'un repos viendrait pour ce globe si longtemps travaillé par le mal, le sabbath promis à la Terre [4]. La harpe des prophéties l'annonçait. Dieu descendrait dans son chariot, sur un chemin d'amour. La malédiction du chardon serait rappelée. La terre, de nouveau, serait riante de sa première abondance. Les animaux vivraient dans la concorde du Paradis Terrestre. Le globe éclaterait d'harmonie, et toutes choses remonteraient à leur perfection originelle. Ce n'est là qu'une vision religieuse et un rêve de l'Apocalypse. Cela n'a aucun rapport avec l'idée du progrès sortant de l'humanité. Les critiques qui revendiquent

---

[1] Voir, avec des conclusions différentes, mais inspiré par les mêmes catastrophes, le poème de Voltaire *Sur le désastre de Lisbonne*.

[2] Allusion aux calamités de la Jamaïque (note de la *Globe Edition*).

[3] Cowper. *The Task*; *the Time Piece*. v. 53-65. Ces derniers vers, dit la *Globe Edition*, font allusion au brouillard qui a couvert l'Europe et l'Asie, pendant tout l'été de 1783.

[4] Cowper. *The Task*; *the Winter Walk at Noon*. Lire les vers de 729 à 817.

pour Cowper l'honneur d'avoir le premier exprimé cette idée n'ont pas assez remarqué qu'elle était incompatible avec sa doctrine. Il y avait en lui lutte entre les aspirations de son généreux esprit et sa théologie. Celle-ci l'a tenu à l'écart de la conception moderne de la vie, et l'a empêché d'être un des interprètes de la forme de vérité ou tout au moins d'espérance sur laquelle vit l'humanité présente. Dans l'étude de l'homme comme dans celle de la nature, il n'a été moderne que sur le terrain de l'observation particulière et personnelle, parce que là son âme seule agissait. Dès qu'il a tenté de généraliser, il a été retenu dans un système vieilli et étroit.

Mais, pendant que Cowper se débattait dans les entraves d'une théologie dure, des âmes plus libres et plus ouvertes arrivaient. Au moment où la *Task* fut publiée, en 1785, Wordsworth avait quinze ans ; Walter Scott, quatorze ; Coleridge, treize ; Southey, onze ; Walter Savage Landor en avait dix. Cette génération reprit le mouvement de Cowper, là où celui-ci l'avait abandonné. Ces jeunes âmes étaient hantées de visions merveilleuses et confuses. Elles souhaitaient le Progrès infini, la Liberté, la chute du Despotisme, l'abolition des souffrances dont la source est humaine. Elles portaient en elles l'attente d'un âge meilleur, d'un âge d'or. Ce n'était plus l'arrivée d'une apparition divine, c'était l'œuvre de l'humanité, le triomphe de la justice par la Raison, du progrès accompli par l'effort de tous. Cette espérance était comme un malaise, elle faisait souffrir comme un rêve dont les contours flottants rendent la beauté douloureuse.

La Révolution française éclata. Jamais une aurore n'a transformé plus soudainement des vapeurs indécises en étendards de pourpre, n'a changé plus vite un crépuscule en triomphe. Toutes ces aspirations, ces désirs, ces souhaits, qui flottaient dans ces jeunes vies, prirent une forme, une couleur et une beauté. Cette jeunesse éprise d'un idéal indéterminé sentit le jour se faire en elle, et les pressentiments qu'elle portait s'éclairer, se former en éclatants espoirs. Les âmes s'emplissaient de lumière et devenaient radieuses. Rien ne peut rendre l'impression magnifique, le frisson grandiose qui passa dans les cœurs les plus généreux du pays. Ce qu'ils avaient rêvé était là ! L'aurore était là ! L'aurore de la Justice et de la Paix ! Ce fut un cri d'admiration et de foi, un transport d'enthousiasme. Tous les poètes éclatèrent en un chœur de triomphe :

> L'Europe en ce moment frémissait de joie,
> La France était debout sur la cime d'heures dorées,
> Et la Nature humaine semblait naître à nouveau [1].

---

[1] Wordsworth. *The Prelude*, Book VI.

Ce fut un moment unique et superbe. Ceux qui y vécurent n'en purent jamais parler sans émotion, sans un retour de l'ancienne ivresse. Wordsworth s'écriait plus tard :

> O plaisant exercice d'espérance et de joie !
> C'était un bonheur de vivre dans cette aurore,
> Et être jeune alors, c'était le ciel même !...
> Ce n'étaient pas seulement les lieux favorisés, mais la Terre entière
> Qui portait la beauté de la promesse, la beauté qui met
> La rose entre-éclose au-dessus de la rose pleine-éclose.
> Quel tempérament à cette vue ne s'éveilla pas
> A un bonheur inattendu ? Les inertes
> Furent excités ; les natures vives, transportées [1].

C'est dans Wordsworth, le suprême poète de cette époque, qu'il faut retrouver les mouvements dont les cœurs furent remués. Je ne connais pas de plus admirable poésie, de plus élevée, de plus virile, de plus humaine, que toute la partie du *Prélude* où Wordsworth raconte ses sentiments pour la Révolution Française. Ce sont de superbes pages d'histoire, palpitantes du souffle de ces temps, d'une ampleur épique, les plus belles, les seules qu'on ait écrites à la taille de cette puissante tragédie. Quelques pages du Roman de *Quatre-Vingt-Treize* donnent l'idée de ces âmes haussées au-dessus d'elles-mêmes et grandissant avec l'orage ; mais c'est avec quelque chose de théâtral. Il y a plus de simplicité, de vérité dans Wordsworth. C'est une lecture inoubliable.

Il était naturellement républicain et lui-même en a donné les raisons. Il avait été élevé dans une région pauvre, où tout le monde vivait dans une simplicité et dans une égalité antiques. Son séjour à l'Université, où les distinctions sont ouvertes à tous, où les règles académiques ont quelque chose de républicain, avait laissé grandir ces premières impressions. L'influence puissante de la Nature, sa vaste égalité, la liberté de ses montagnes, les avaient encore fortifiées [2]. A son premier voyage en France, il débarqua à Calais, la veille du grand jour de la Fédération [3]. Avec un ami, le bâton à la main, il poursuivit sa route à travers des hameaux et des villes, ornés des restes de cette fête, de fleurs qu'on laissait se faner aux arcs triomphaux ou aux guirlandes des fenêtres. Partout il trouva la bienveillance et la joie se répandant, comme un parfum quand « le printemps n'a pas laissé un coin du pays sans le toucher ». Il vit, sous l'étoile du soir, les danses de la liberté. Il but avec les délégués qui revenaient

---

[1] Wordsworth. *The Prelude*, Book XI.

[2] Voir *The Prelude*, Book IX.

[3] Voir tout ce beau voyage de Wordsworth, si plein d'enthousiasme et du frémissement de tous, *The Prelude*, Book VI.

de « ces grandes fiançailles nouvellement célébrées, dans leur capitale, à la face du ciel » et son cœur s'écria :

> Honneur au zèle du patriote !
> Gloire et Espoir à la Liberté qui vient de naître !
> Salut aux puissants projets du siècle !
> Glaive infaillible que la Justice manie,
> Va et prospère, et vous, feux vengeurs,
> Élevez-vous jusqu'aux plus hautes tours de l'Orgueil,
> Animés par le souffle de la Providence irritée ![1]

Quand il revint, il entendit le fifre de la guerre qui remuait joyeusement toutes les âmes, « comme le sifflet du merle, dans un bois qui éclate en bourgeons », et il vit les armées du Brabant, en route vers la bataille, pour la cause de la Liberté [2]. Ces premières émotions si pures et si radieuses couronnèrent ses dispositions républicaines. Il fut gagné à la Révolution Française.

« Il n'y a pas de cœur anglais qui ne bondisse de joie, en apprenant que vous êtes tombées », avait dit Cowper aux murailles de la Bastille. La Bastille s'écroula. Voici comment Wordsworth salua ce que son prédécesseur avait prédit. C'est une magnifique explosion de lyrisme contenu. La traduction ne saurait rendre le mouvement croissant, la ferveur profonde de ce morceau, et cependant, il est, à travers tout, vivant ; il palpite d'une allégresse que rien ne peut entièrement effacer. L'élan d'espérance qui sortit de cette chute est admirable, et éclate en un des hymnes les plus puissants que la poésie ait jamais chantés.

> Tout à coup, la terrible Bastille,
> Avec toutes les chambres de ses tours horribles,
> Tomba à terre, renversée par la violence
> De l'indignation ; et avec des cris qui étouffèrent
> Le fracas qu'elle fit en tombant ! De ses débris
> S'éleva ou sembla s'élever un palais d'or,
> Le siège assigné de la loi équitable,
> D'une autorité douce et paternelle. Ce choc puissant
> Je le ressentis ; cette transformation je la perçus
> Et la saisis, aussi merveilleusement que, au moment
> Où sortant d'un brouillard aveuglant, j'ai vu,
> Comme une gloire au-dessus de toutes les gloires jamais vues,
> Le ciel et la terre se mélanger jusqu'à l'infini,
> Eblouissant mon âme. Cependant des harpes prophétiques
> Résonnaient de toutes parts : « La Guerre cessera,
> N'avez-vous pas entendu que la conquête est abjurée ?
> Apportez des guirlandes, apportez, apportez des fleurs choisies, pour orner
> L'arbre de la Liberté ! » Mon âme bondissait;

---

[1] Wordsworth. *The Prelude*, Book VI.
[2] Wordsworth. *The Prelude*, Book VI, les derniers vers.

> Ma voix mélancolique se mêlait au chœur :
> « Soyez joyeuses, toutes les nations ; dans toutes les terres,
> Vous qui êtes capables de joie, soyez joyeux !
> Désormais tout ce qui nous manque à nous-mêmes
> Nous le trouverons chez les autres ; et tous,
> Enrichis d'une richesse mutuelle et partagée,
> Honoreront d'un seul cœur leur parenté commune [1]. »

Et Coleridge rappelait des souvenirs semblables, presque dans des termes semblables :

> Bientôt, disais-je, la Sagesse enseignera son savoir,
> Dans les humbles huttes de ceux qui peinent et gémissent !
> Et, par son seul bonheur victorieux,
> La France contraindra les nations à être libres
> Jusqu'à ce que l'Amour et la Joie, regardant autour d'eux, réclament la Terre comme
> [leur bien [2].

Toute la jeunesse anglaise acclamait la Révolution.

Il fallait que cette admiration de la Révolution française fût profondément ancrée dans les cœurs, pour qu'elle y fût plus forte que l'amour même de la Patrie. C'étaient pourtant des cœurs bien anglais que ceux de Wordsworth et de Coleridge. L'homme qui a écrit le sonnet à Milton a donné une des plus hautes expressions du patriotisme. Et celui-là a produit une des plus belles invocations à la terre natale qui lui a parlé ainsi :

> O Bretagne natale, ô Ile maternelle !
> Comment peux-tu m'être autre chose que chère et sacrée,
> A moi qui, de tes lacs, de tes collines,
> De tes nuages, tes vallées paisibles, tes rocs et tes mers,
> Ai puisé partout ma vie intellectuelle,
> Toutes les douces sensations, les pensées anoblissantes,
> Toute l'adoration du Dieu qui est dans la nature,
> Toutes les choses aimables et honorables,
> Tout ce qui fait ressentir à notre esprit mortel
> La joie et la grandeur de son être futur.
> Il ne vit ni une forme, ni un sentiment dans mon âme
> Qui ne soit emprunté à ma patrie. O divine
> Et admirable Ile ! tu as été mon seul
> Et très magnifique temple, dans lequel
> Je marche avec respect et chante mes chants austères,
> Aimant le Dieu qui m'a fait ! [3]

L'Angleterre n'avait pas reçu un tel hommage de ses fils depuis le salut que Shakspeare lui avait adressé dans *Richard II* [4]. Et cependant, ces

---

[1] Wordsworth. *The Excursion*, Book III.
[2] Coleridge. *France, an Ode.*
[3] Coleridge. *Fears in Solitude.*
[4] *Richard II*, act. II, scène 1.

deux hommes, quand l'Angleterre prit les armes contre le peuple qui était à leurs yeux le champion de la liberté, eurent le courage de se séparer d'elle. « Si je savais quelque chose qui fût utile à ma patrie et qui fût préjudiciable à l'Europe et au genre humain, je le regarderais comme un crime », avait dit Montesquieu. Mais ces choix déchirent le cœur, et c'est cette souffrance qui les rend magnanimes. Elle fut cruelle chez ces poètes qui tenaient si profondément au sol natal que leur poésie tout entière est puisée en lui.

Il n'existe rien de plus émouvant que les pages dans lesquelles Wordsworth a retracé ces heures de doute et de douleur où il se crut obligé de prendre parti contre sa patrie.

> « Quelles furent mes émotions, quand, en armes,
> L'Angleterre alla mettre sa force, née de la liberté, en ligne,
> Oh ! pitié et honte ! avec ces Puissances confédérées [1].

Il faut l'entendre quand, avec sa façon grave et profonde d'analyser ses sentiments, il explique que jusque-là sa nature morale n'avait pas encore reçu de choc. Il ne connaissait encore ni chute, ni rupture de sentiment, rien qui pût être appelé une révolution en lui-même. Il croyait pouvoir accorder son amour de la Justice avec celui de son Pays, et il dit gracieusement :

> Comme une légère
> Et pliante campanule, qui se balance dans la brise,
> Sur un rocher gris, son lieu natal, ainsi avais-je
> Joué, enraciné sûrement sur la tour antique
> De ma contrée bien-aimée, ne souhaitant pas
> Une plus heureuse fortune que de me faner là [1].

Et maintenant, il était arraché de cette place d'affection et emporté dans le tourbillon. Il se réjouissait, oui ! il exultait, quand des Anglais par milliers étaient vaincus, laissés sans gloire sur le champ de bataille, ou chassés dans une fuite honteuse. C'est alors qu'il raconte comment il entrait parfois dans une église de village, où toute la congrégation offrait des prières ou des louanges pour les victoires du pays, et, semblable à un hôte qu'on n'a pas invité et que personne ne reconnaît, il restait assis, silencieux. A peine ose-t-il avouer qu'il se nourrissait du jour de la vengeance à venir. Et c'est là qu'il raconte aussi comment il regardait la flotte qui porte le pavillon à la croix rouge se préparer pour cet indigne service, et comment, chaque soir, quand l'orbe du soleil descendait dans la tranquillité de la nature et que le canon se faisait entendre, son esprit était assombri de noires imaginations, du sens de malheurs à

---

[1] Wordsworth. *The Prelude*, Book x.

venir et de souffrances pour le genre humain [1]. Et dans ces souvenirs, aperçus pourtant de la hauteur sereine où plus tard il avait atteint, passent les angoisses et les enthousiasmes de cette époque.

Coleridge, avec moins de précision et sans cette émotion concentrée, rendait exactement les mêmes idées. Ses sentiments, au lieu de prendre la forme d'un récit, qui parfois devient épique dans Wordsworth, s'échappaient en strophes d'un lyrisme tumultueux, auxquelles l'éloquence ne manque pas non plus. Écoutons retentir, dans une âme d'une sonorité différente, les mêmes impressions.

> Quand la France en courroux souleva ses membres géants,
> Et, avec un serment qui émut l'air, la terre et la mer,
> Frappa de son pied puissant et jura qu'elle voulait être libre,
> Soyez témoins combien j'ai espéré et craint !
> Avec quelle joie, ma haute acclamation
> Je la chantai, sans peur, parmi une troupe d'esclaves :
> Et quand, pour accabler la nation libérée,
> Comme des démons réunis par le bâton d'un sorcier,
> Les monarques marchèrent en un jour maudit,
> Et que l'Angleterre se joignit à leur troupe cruelle,
> Bien que ses rivages et l'Océan qui l'entoure me fussent chers,
> Bien que maintes amitiés et maints jeunes amours
> Aient gonflé en moi l'émotion patriotique,
> Et jeté une lumière magique sur nos collines et sur nos bois,
> Cependant, ma voix, sans trembler, chanta, prédit la défaite
> A tout ce qui bravait la lance dompteuse-des-tyrans,
> Prédit un déshonneur trop longtemps différé et une retraite inutile.
> Car jamais, ô Liberté ! dans un but partiel
> N'ai-je obscurci ta lumière, ni affaibli ta sainte flamme ;
> Mais j'ai béni les pœans de la France délivrée,
> Et j'ai penché la tête et j'ai pleuré sur le nom de l'Angleterre [2].

Ces déclamations oratoires sont loin de la réalité poignante du récit de Wordsworth. A côté des vers du *Prélude*, ceux-ci sont une écume emportée par le vent. Mais ce vent était puissant. Si la conviction fut moins arrêtée et moins stable dans Coleridge que dans Wordsworth, ce qui dépendait de la nature de leurs esprits, on sent qu'elle était aussi ardente. Et il serait vain de penser qu'ils fussent les seuls à ressentir ces émotions, car Wordsworth a écrit :

> « Je trouvai, non pas en moi-même seulement,
> Mais dans les esprits de toute la jeunesse désintéressée,
> Le changement et la subversion à partir de cette heure [3]. »

---

[1] Wordsworth. *The Prelude*, Book x.

[2] Coleridge. *France, an Ode*.

[3] Wordsworth. *The Prelude*, Book x.

Telle était leur foi que la Terreur elle-même ne l'ébranla pas. La colonne de lumière s'était changée en une colonne de feu et de fumée d'un rouge sinistre et sombre. C'est qu'elle dévorait les obstacles sur lesquels elle passait ! La faute n'en était pas à elle, mais à toutes les choses mauvaises qu'elle rencontrait. C'était un incendie où se consumaient toutes les hontes, les fautes, les infâmies, accumulées pendant des siècles. Elle dévastait pour frayer la route : elle continuait son chemin, elle n'en conduisait pas moins vers la Terre Promise où fleurissaient la Vigne de l'Amour Humain et l'Olivier de la Paix éternelle. Oui, c'étaient les derniers débris du passé qui brûlaient, d'un passé encore coupable et odieux d'obscurcir le présent ! Coleridge s'écriait avec ses images oratoires :

> Qu'importait si le cri aigre du blasphème
> Luttait avec cette douce musique de la délivrance !
> Si les passions sauvages et ivres tissaient
> Une danse plus furibonde que les rêves d'un fou !
> O orages assemblés autour de l'est où gémissait l'aurore,
> Le soleil se levait, quoique vous cachiez son éclat [1].

Et Wordsworth se disait, avec sa manière plus profonde et plus précise où chaque mot va si bien trouver la réalité des choses, que la cause de ces malheurs n'étaient ni le gouvernement populaire, ni l'égalité, ni les folles croyances greffées sur ces noms par une fausse philosophie.

> « Mais un terrible réservoir de crime
> Et d'ignominie, rempli de siècle en siècle,
> Qui ne pouvait plus garder son hideux contenu,
> Mais avait crevé et avait épandu son déluge à travers la contrée [2]. »

Cependant ils souffrirent. Leurs âmes étaient trop purement idéalistes pour n'être pas navrées de ces accidents affreux, où des esprits scientifiques peuvent ne voir que des écrasements inséparables des transformations sociales. Ce fut comme un cauchemar. Pour Wordsworth, cela est vrai, à la lettre. Ses nuits en étaient troublées ; son sommeil, pendant des mois et des années, longtemps après les derniers battements de ces atrocités, en demeura rempli de visions funèbres, d'instruments de mort, et de plaidoyers qu'il prononçait devant des tribunaux sanglants.

> O aussi.
> Ce fut un temps lamentable pour l'homme,
> Qu'il ait eu une espérance ou non ;
> Un temps douloureux pour ceux dont les espérances survivaient
> Au choc ; très douloureux pour les rares qui encore
> Se flattaient et avaient confiance dans le genre humain ;
> Ceux-là eurent le plus profond sentiment de douleur [2].

---

[1] Coleridge. *France, an Ode.*
[2] Wordsworth. *The Prelude*, Book x.

Malgré tout, ils croyaient encore. Leur confiance s'attrista sans se décourager. Leur espérance s'était voilée de deuil, mais elle attendait sous ses voiles.

Bonaparte accomplit ce que n'avaient pu faire ni Marat, ni Robespierre. Les nobles esprits qui avaient accompagné si loin la France l'abandonnèrent, quand elle commença à obéir à son « cavalier corse ».

> « Maintenant, devenus oppresseurs à leur tour,
> Les Français avaient changé une guerre de défense
> Pour une de conquête, perdant de vue tout
> Ce pour quoi ils avaient lutté [1]. »

Et Coleridge, s'adressant à la France, dont il avait salué avec tant d'enthousiasme les succès contre sa propre patrie, lui disait :

> « O France qui te railles du Ciel, fausse, aveugle,
> Patriotique seulement pour des labeurs pernicieux,
> Est-ce là ton orgueil, champion du Genre humain ?
> Te rapprocher des rois dans le vil désir du pouvoir,
> Hurler dans la chasse, partager la proie meurtrière,
> Outrager l'autel de la Liberté avec des dépouilles
> Arrachées à des hommes libres, tenter et trahir ? [2]

Ce fut la rupture et un coup plus terrible que tous les autres. Coleridge, avec sa versatilité d'esprit et ses enthousiasmes successifs, se tourna vers

---

[1] Wordsworth. *The Prelude*, Book XI.

[2] Coleridge. *France, an Ode*. Voir, sur la transformation des sentiments de Coleridge pour la France, quelques pages du livre du professeur Alois Brandl de Prague : *Samuel Taylor Coleridge and the English Romantic School*, chap. III, p. 140-44. (English Edition by Lady Eastlake). — Il est intéressant de voir comment les mêmes faits frappaient des esprits différents. Ce qui semble avoir le plus contribué à éloigner Coleridge de la Révolution Française est l'invasion de la Suisse par les Français. Il s'écrie dans son ode, *France* :

> Pardonne-moi, Liberté ! O pardonne ces rêves !
> J'entends ta voix, j'entends tes perçantes lamentations
> Sortir de la caverne de glace de la froide Helvétie,
> J'entends tes gémissements sur ses ruisseaux teints de son sang !
> Héros, qui êtes morts pour votre paisible patrie,
> Et vous qui, dans votre fuite, tachez la neige de vos montagnes
> De vos blessures saignantes ; pardonnez-moi d'avoir accueilli
> Une seule pensée pour bénir vos ennemis cruels !
> Répandre la rage, la trahison, le crime,
> En des lieux où la Paix avait jalousement établi sa demeure ;
> Arracher à une race patriotique son héritage ;
> Tout ce qui lui avait rendu chers ces déserts orageux ;
> Et, avec une audace inexpiable,
> Souiller la liberté inoffensive du montagnard.
> O France, qui te railles du ciel ; fausse, aveugle,
> Patriote seulement pour des labeurs pernicieux,
> Est-ce là ton orgueil, Champion du genre humain.

Il est curieux de rapprocher de ces vers un passage d'un écrit de Carnot, qui a pour titre : *Réponse de L. N. M. Carnot, citoyen français, l'un des fondateurs de la République et membre constitutionnel du Directoire exécutif, au Rapport fait sur la conjuration du 18 fructidor, au Conseil des Cinq-Cents ; par J.-Ch. Bailleul, au nom d'une*

d'autres sujets, et promena partout, un peu au hasard, sa féconde intelligence et le flot merveilleux de son improvisation. Pour Wordsworth, dont la nature était plus contenue et plus sérieuse, ce fut une crise terrible. Tout s'effondra en lui. Le rêve lumineux qui avait guidé son âme s'éteignit ; elle fut saisie par les ténèbres. Ce fut le doute, l'abandon désespéré de toute foi, des perplexités infinies et, en dernier lieu, le découragement. C'est une angoisse pareille qui tortura Jouffroy à la suite de cette soirée de décembre où le voile qui lui dérobait à lui-même sa propre incrédulité fut déchiré et où il s'aperçut qu'au fond de lui il n'y avait plus rien qui fût debout. L'âme de Wordsworth fut meurtrie d'une semblable chute. Il ne fut tiré de cet abattement que par la douce influence de sa sœur qui le ramena doucement vers la nature dont il devait être le grand poète, où il devait puiser une foi nouvelle et plus sereine dans le progrès, un amour nouveau et plus large de la liberté et de la fraternité humaine. Mais sa guérison demanda plusieurs années de convalescence, tant le dévouement à la Révolution était enraciné en lui, et tant la déception avait été douloureuse [1].

L'abandon de leur rêve de liberté universelle ramena Wordsworth et Coleridge vers l'idée nationale un instant sacrifiée à un idéal plus vaste.

---

commission spéciale (6 floréal an VI de la République). Ce passage porte également sur la violence faite à la Suisse, et on peut dire que l'accent en est de tout point semblable à celui de la strophe de Coleridge, et le développement presque pareil : « Le système du Directoire n'est pas équivoque pour quiconque a observé sa marche avec quelque attention. C'est de fonder la puissance nationale, moins sur la grandeur réelle de la République, que sur l'affaiblissement et la destruction de ses voisins... On peut voir sa conduite envers les petits cantons de la Suisse. Ce n'étoit plus l'olygarchie bernoise, ce n'étoient plus ceux contre lesquels s'élevoient un si grand nombre de griefs... ; c'étaient les pauvres enfants de Guillaume Tell, démocrates, pauvres, sans rapport presque avec leurs voisins. N'importe, on veut révolutionner ; en conséquence, la liberté qui les rend heureux depuis cinq cents ans, cette liberté qui faisoit autrefois l'envie des Français, n'est pas celle qu'il leur faut. Cependant cette poignée d'hommes simples, qui depuis trois cents ans ignore les combats, ose résister ; leur sang républicain est mêlé à celui des républicains français, non pour défendre en commun les droits sacrés des peuples, mais pour s'égorger les uns les autres.

» O guerre impie ! dans laquelle il semble que le Directoire ait eu pour objet de savoir combien il pouvait immoler, à son caprice, de victimes choisies parmi les hommes libres, les plus pauvres et les plus vertueux ; d'égorger la liberté dans son propre berceau, de punir les rochers helvétiques pour lui avoir donné le jour. Dignes émules de Guesler, les triumvirs ont voulu aussi exterminer la race de Guillaume Tell ; la mort du tyran a été vengée par eux : les chefs des familles démocratiques lui ont été offerts en expiation ; ils sont morts en défendant l'entrée de leur petit territoire et la violation de leurs foyers ; leurs troupeaux effrayés ont fui dans le désert ; les glaciers ont retenti du cri des orphelins que la faim dévore ; et les sources du Rhin, du Rhône et de l'Adda, ont porté à toutes les mers les larmes des veuves désolées.— Puissent les suites politiques de ces événements n'être jamais fatales à la France. » (p. 75-77).

Nous avons cité longuement ce passage parce qu'il est tellement semblable à celui de Coleridge qu'on croirait presque que celui-ci l'avait lu, si l'ode *France* n'était de février 1797.

[1] Voir, sur cette désespérance de Wordsworth, toute la fin du livre XI du *Prelude*. M. Shairp a bien marqué ce moment, dans son étude sur Wordsworth en son volume : *Studies in Poetry and Philosophy* ; mais rien ne vaut les confessions du poète, d'une si profonde et si exacte psychologie.

Ils redevinrent Anglais. Les guerres contre Napoléon les renfermèrent encore davantage dans leur patriotisme britannique. Pendant quelque temps, la poésie humanitaire, commencée par Cowper, sembla disparaître. Mais un peu plus tard, après Napoléon et la tragique conclusion de Waterloo, Byron et Shelley reprirent les chants de leurs aînés. Byron fut surtout frappé par le côté épique de la légende napoléonienne; Shelley attiré par les aspirations républicaines et socialistes. La poésie anglaise reprit avec eux son large courant d'inspiration libérale qui se continue aujourd'hui, avec un flot plus trouble et plus violent, dans les œuvres de poètes contemporains.

Si nous avons exposé dans le détail la tendance humanitaire de la poésie anglaise et les échos que la Révolution française éveilla en elle, c'est qu'il nous aurait été impossible autrement de comprendre en quoi Burns a partagé les aspirations et les émotions de ses contemporains, sur quels points il s'est distingué ou séparé d'eux. N'oublions pas que Burns, selon la remarque du professeur Masson, est un des maîtres esprits de la seconde moitié du XVIIIe siècle, peut-être supérieur à Wordsworth et même à Coleridge, égal à Burke; un de ceux qui dominent leur temps [1]. C'est sur ces hautes intelligences qu'on voit passer le souffle d'une époque. Ce sont les cîmes de la forêt humaine; elles frémissent plus tôt et plus fort que les autres; elles pressentent l'orage ou l'aurore, et elles en restent plus longtemps agitées. Il ne saurait être indifférent de savoir quels effets les grandes idées qui ont passé par les âmes que nous venons d'étudier ont produit dans celle de Burns.

Comme les autres poètes, Burns a marché du côté de la Liberté. Sa nature irrégulière, impatiente de toute discipline; la forme démocratique de l'Église écossaise; les vagues traditions d'indépendance nationale; les souvenirs récents des derniers efforts tentés pour la reconquérir; une habitude précocement prise de ne juger les hommes qu'en les dépouillant de leurs titres et de leur rang, tout cela faisait un mélange un peu confus qui le disposait à saluer la Liberté sous quelque forme qu'elle s'offrît à lui. Ce sentiment très réel resta assez longtemps en suspens. Il s'exprimait d'une façon assez vigoureuse, mais sans prendre pied dans la réalité, un peu à la façon des déclamations classiques sur la Liberté. C'était comme une aspiration qui ne savait où se fixer, incapable de saisir des faits et s'exerçant sur des prétextes. Tantôt, c'était le discours de Robert Bruce à ses soldats, une ode vigoureuse et martiale; tantôt, une ode en l'honneur de Washington. Mais, quelque admiration qu'il eût pour l'ancienne indépendance nationale ou la révolte américaine, c'étaient des choses du passé. Il était plus près de la réalité quand il

---

[1] David Masson. *Essays chiefly on English Poets* dans l'Essai sur Wordsworth, p. 384.

s'engageait dans le mouvement libéral qui s'étendait en Angleterre comme un remous de la Révolution française. Nous avons vu qu'il y entra assez hardiment pour s'y compromettre. Toutefois cette agitation ne pouvait pas donner un corps aux vœux de liberté épars dans les esprits. Aucune question ne se posait autour de laquelle on pût lutter, celles qu'on apercevait étaient trop lointaines. Les révolutionnaires anglais auraient été embarrassés de formuler leurs revendications. Aussi cet aspect de la liberté ne produisit-il rien de bien solide dans l'œuvre de Burns. Qu'on relise le poème qu'il lui a inspiré et qu'on a vu dans sa biographie :

> Comme j'étais debout, près de cette tour sans toiture,
> Où la giroflée parfume l'air plein de rosée,
> Où la hulotte gémit dans sa chambre de lierre,
> Et dit à la lune de minuit son souci.
>
> Les vents étaient tombés et l'air était paisible,
> Des étoiles filantes traversaient le ciel ;
> Le renard glapissait sur la colline,
> Et les échos des gorges lointaines répondaient.
>
> Le ruisseau, dans son sentier de noisetiers,
> Courait au pied des murs en ruines,
> Pour rejoindre là-bas la rivière
> Dont le bruit distant monte et retombe.
>
> Du Nord froid et bleuâtre, ruisselaient
> Des lueurs avec un bruit sifflant, étrange ;
> A travers le firmament elles jaillissaient et passaient,
> Comme les faveurs de la Fortune, perdues aussitôt que gagnées.
>
> Par hasard, je tournai insouciamment mes yeux,
> Et, dans le rayon de lune, je tremblai en voyant
> Se lever un spectre austère et puissant,
> Vêtu comme jadis l'étaient les ménestrels.
>
> Eussé-je été une statue de pierre,
> Son aspect m'aurait fait frissonner ;
> Et sur son bonnet était gravée clairement
> La devise sacrée : « Liberté ! »
>
> Et de sa harpe coulaient des chants
> Qui auraient réveillé les morts endormis ;
> Et, oh ! c'était une histoire de détresse
> Comme jamais une oreille anglaise n'en connut de plus grande.
>
> Il chantait avec joie ses jours d'autrefois,
> Avec des pleurs, il gémissait sur les temps présents,
> Mais ce qu'il disait, ce n'était pas un jeu,
> Je ne le risquerai pas dans mes rimes [1].

---

[1] *A Vision.*

Bien que les derniers vers aient un accent de brusquerie, la pièce, jolie poétiquement, est vague et faible comme expression de sentiments publics. Elle consiste presque entièrement en une description de nature qui servirait aussi bien à une pièce d'amour. On sent qu'elle ne porte sur rien. Ce n'était pas en Angleterre, mais en France, que le combat décisif était engagé. C'était sous la figure de la Révolution que la Liberté s'offrait alors aux hommes. C'était la Révolution française qui était l'expression de l'attente générale et le fait réel de l'époque. C'était à la condition de se passionner pour ou contre elle qu'on était de son temps, à quelque pays qu'on appartînt.

Cependant la vague met quelque temps à arriver jusqu'à lui. Il ne semble pas s'être inquiété d'abord de la commotion qui se préparait en France. Il était trop accaparé par ses passions et les nécessités de chaque jour pour sortir beaucoup de sa propre vie. Il était trop peu instruit pour s'intéresser au développement historique d'une époque; ses lectures ne lui permettant pas de coordonner les événements, ils restaient pour lui particuliers, et ne le touchaient que s'ils se mêlaient à sa vie. La vue de nobles perspectives historiques ne le transportait pas, comme Wordsworth ou Coleridge. Enfin son esprit était, par constitution, trop précis, trop personnel, pour s'éprendre d'un rêve humanitaire. Il ne vivait pas parmi les abstractions. La Justice et la Bonté l'attiraient, mais dans des faits particuliers, et non sous une forme générale. Il était donc moins disposé que des hommes instruits et méditatifs à s'enthousiasmer pour une Réforme lointaine et abstraite. Il est assez curieux de remarquer que, tant que la Révolution resta générale et conserva un aspect philosophique et doctrinaire, tant qu'elle demeura telle que la rêvaient Wordsworth et Coleridge, elle paraît lui avoir été indifférente. Il n'y a pas un vers de lui qui s'y rapporte.

C'est seulement quand elle devint violente, tragique, et vraiment populaire, quand elle perdit son aspect de Réforme humanitaire, pour prendre celui d'un drame, et qu'elle fut, non plus un exposé de principes, mais un conflit de passions; en un mot, quand elle devint quelque chose de concret, qu'elle commença à l'attirer. Il s'éprit d'elle au moment où les esprits généraux et à principes commençaient à s'en détacher. Aussi de quel ton différent il en parle! Les autres sont des philosophes historiques et des rêveurs, qui contemplent les choses de hauteurs sereines. Lui, a l'air d'un révolutionnaire engagé dans la lutte. L'idée générale disparaît, la passion du moment éclate, avec quelque chose de la colère et des fureurs de la rue. Et aussitôt la forme change. Ce n'est plus celle de la méditation, les belles et larges narrations de Wordsworth; ce n'est plus celle de l'enthousiasme intellectuel, l'ode philosophique de Coleridge. C'est la forme courte, pressée, ardente, la chanson populaire faite pour être chantée par la foule, et rythmer une marche de révolte. Il est impossible de lire, même dans une traduction, sa pièce sur l'*Arbre de la Liberté*, sans sentir ce qu'elle contient d'âpreté.

> Avez-vous entendu parler de l'arbre de France ?
> Je ne sais pas quel en est le nom ;
> Autour de lui, tous les patriotes dansent,
> L'Europe connaît sa renommée.
> Il se dresse où jadis se dressait la Bastille,
> Une prison bâtie pour les rois, homme,
> Quand la lignée infernale de la Superstition
> Tenait la France en lisières, homme !
>
> Sur cet arbre pousse un tel fruit
> Que chacun peut en dire les vertus, homme ;
> Il élève l'homme au-dessus de la brute,
> Et fait qu'il se connaît lui-même, homme.
> Si jamais le paysan en goûte une bouchée,
> Il devient plus grand qu'un lord, homme,
> Et avec le mendiant il partage un morceau
> De tout ce qu'il possède, homme !
>
> Ce fruit vaut toute la richesse d'Afrique,
> Il fut envoyé pour nous consoler, homme ;
> Pour donner la douce rougeur de la santé,
> Et nous rendre tous heureux, homme.
> Il éclaircit le regard, il égaie le cœur,
> Il rend les grands et les pauvres bons amis, homme ;
> Et celui qui joue le rôle de traître,
> Il l'envoie à la perdition, homme !
>
> Ma bénédiction suit toujours le gars
> Qui eut pitié des esclaves de la Gaule, homme,
> Et, en dépit du diable, rapporta un rameau,
> D'au delà des vagues de l'Ouest, homme.
> La noble Vertu l'arrosa avec soin,
> Et maintenant elle voit avec orgueil, homme,
> Combien il bourgeonne et fleurit,
> Ses branches s'étendent au loin, homme ! [1]

On sent déjà dans ces strophes quelque chose d'autrement âpre que chez les autres poètes. Celle qui suit est plus farouche encore. Elle est brutale, à la fois narquoise et cruelle, comme un refrain de sans-culotte. Elle a comme un écho du « ça ira ». Elle aurait pu être chantée par la foule qui s'en retournait de voir l'exécution de Louis XVI.

> Mais les gens vicieux haïssent de voir
> Les ouvrages de la vertu prospérer, homme;
> La vermine de la cour maudit l'arbre,
> Et pleura de le voir fleurir, homme.

---

[1] *The tree of Liberty.*

> Le roi Louis pensa le couper,
> Quand il était encore un arbuste, homme,
> Pour cela le guetteur lui fracassa sa couronne,
> Lui coupa la tête et tout, homme ! [1]

Puis viennent des strophes qui rappellent la lutte de la Révolution contre les rois coalisés et qui font penser au beau passage de Coleridge sur le même sujet. C'est toujours le cri d'enthousiasme arraché par les victoires républicaines. Il y a ici quelque chose de plus martial.

> Puis, un jour, une bande mauvaise
> Fit un serment solennel, homme,
> Qu'il ne grandirait pas, qu'il ne fleurirait pas,
> Et ils y engagèrent leur foi, homme.
> Les voilà partis, avec une parade dérisoire,
> Comme des chiens chassant le gibier, homme,
> Mais ils en eurent bientôt assez du métier,
> Et ne demandèrent qu'à être chez eux, homme !
>
> Car la Liberté, debout près de l'arbre,
> Appela ses fils à haute voix, homme ;
> Elle chanta un chant d'indépendance
> Qui les enchanta tous, homme !
> Par elle inspirée, la race nouvellement née
> Tira bientôt l'acier vengeur, homme !
> Les mercenaires s'enfuirent — elle chassa ses ennemis
> Et rossa bien les despotes, homme [1].

La pièce se continue par un retour sur l'Angleterre, où se trouve une de ces allusions qui auraient rendu dangereuse pour Burns la publication de ces vers.

> Que l'Angleterre se vante de son chêne robuste,
> De son peuplier, de son sapin, homme ;
> La vieille Angleterre jadis pouvait rire,
> Et briller plus que ses voisins, homme.
> Mais cherchez et cherchez dans la forêt,
> Et vous conviendrez bientôt, homme
> Qu'un pareil arbre ne se trouve pas
> Entre Londres et la Tweed, homme ! [1]

La fin est un aperçu humanitaire. C'est le tableau de ce que pourrait devenir la vie humaine, si les arbres de la Liberté croissaient partout. On y voit paraître l'idée, rare et fugitive chez Burns, de la concorde et du bonheur universels. Nous avons vu qu'il goûtait peu ces idées générales. Au lieu des belles rêveries philanthropiques, où se plaisait Wordsworth et qui étaient le véritable domaine de son âme, il y a ici quelque chose de

---

[1] *The tree of Liberty.*

plus près de terre. C'est plutôt l'expression d'un sentiment personnel, et il s'y glisse en même temps de la colère et de la rancune.

> Sans cet arbre, hélas, cette vie
> N'est qu'une vallée de chagrin, homme,
> Une scène de douleur mêlée de labeur ;
> Les vraies joies nous sont inconnues, homme,
> Nous peinons tôt, nous peinons tard,
> Pour nourrir un gredin libre, homme,
> Et tout le bonheur que nous aurons jamais
> Est celui au-delà de la tombe, homme !
>
> Avec beaucoup de ces arbres, je crois,
> Le monde vivrait en paix, homme ;
> L'épée servirait à faire une charrue,
> Le bruit de la guerre cesserait, homme ;
> Comme des frères en une cause commune,
> Nous serions souriants l'un pour l'autre, homme,
> Et des droits égaux et des lois égales
> Réjouiraient toutes les îles, homme !
>
> Malheur au vaurien qui ne voudrait pas manger
> Cette nourriture délicate et saine, homme ;
> Je donnerais mes souliers de mes pieds
> Pour goûter ce fruit, je le jure, homme.
> Prions donc que la vieille Angleterre puisse
> Planter ferme cet arbre fameux, homme,
> Et joyeusement nous chanterons et saluerons le jour
> Qui nous donne la liberté, homme ! [1]

Il est inutile de faire remarquer que tous les sentiments que nous avons tracés dans Wordsworth et dans Coleridge sont représentés ici. C'était encore un cœur anglais qui tressaillait à la chute de la Bastille et la prédiction de Cowper se réalisait une fois de plus. Mais de quelle joie différente ! Ceci est vraiment une chanson révolutionnaire. Par pure sympathie populaire, Burns rendait de bien plus près l'accent de la populace, lancée effrénement dans le soupçon, la cruauté et l'audace. Une sorte d'instinct lui avait fourni, du premier coup, ce ton fait de vulgarité énergique, de défi héroïque, et de cynisme goguenard. Cette pièce a effrayé plusieurs des éditeurs de Burns. Quelques-uns ont essayé de nier qu'il en fût l'auteur, malgré l'existence du manuscrit. Ils ont invoqué je ne sais quelle évidence intérieure qui suffirait, au contraire, à faire attribuer ces vers à Burns. Lui seul était capable de l'écrire. On y reconnaît la façon qui lui était familière de dresser une idée abstraite dans une image, et de la développer en suivant tous les détails de l'image. C'est le procédé qu'il emploie dans presque toutes ses satires. C'est bien aussi son tour de

---

[1] *The tree of Liberty.*

main robuste et simple, sa manière de bousculer l'idée et de la faire marcher vivement. D'autres éditeurs forcés de reconnaître son authenticité ne la donnent pas sans quelques mots de regret [1].

Il y a lieu de croire que bon nombre de pièces politiques de Burns ont disparu. De son vivant, un de ses ennemis seul aurait pu les révéler; ses amis devaient les cacher et peut-être le blâmer de les avoir écrites. Même après sa mort, l'intérêt de ses enfants réclamait qu'on ne froissât aucune jalousie politique [2]. Mais on connaît assez de sa vie pour savoir qu'il a toujours, comme les autres poètes, mis ses vœux du côté de la France. Il suffit de rappeler le fait des canons envoyés au gouvernement français. Il existe de lui une courte chanson, improvisée à la nouvelle de la défection de Dumourier, et qui, sans avoir de valeur littéraire, sert à indiquer où étaient ses sympathies.

Vous êtes bienvenu chez les Despotes, Dumourier,
Vous êtes bienvenu chez les Despotes, Dumourier,
Comment va Dompierre ?
Oui, et Burnonville aussi ?
Pourquoi ne sont-ils pas venus avec vous, Dumourier ?

Je combattrai la France avec vous, Dumourier,
Je combattrai la France avec vous, Dumourier,
Je combattrai la France avec vous,
Je courrai ma chance avec vous,
Sur mon âme, je danserai une danse avec vous, Dumourier.

Allons donc combattre, Dumourier,
Allons donc combattre, Dumourier,
Allons donc combattre,
Jusqu'à ce que l'étincelle de la Liberté soit éteinte,
Alors, nous serons maudits, sans doute, Dumourier ! [3]

Il suffit de se rappeler le duel qu'il faillit avoir avec un officier à la suite du toast dont il a été parlé dans la biographie [4], pour voir que, lui aussi, il avait préféré la cause de la Révolution française à celle de son pays.

Mais son esprit mêlé à la vie et toujours mené par l'impulsion du moment n'était pas fait pour se retirer dans un principe et laisser tout autour rugir les événements. L'isolement prolongé de Wordsworth ne lui était pas possible. Il ressentit aussi la réaction que nous avons vue dans Wordsworth et Coleridge. Il redevint anglais, plus subitement qu'eux.

---

[1] Scott Douglas ne donne pas cette pièce, sans expliquer ses motifs.
[2] Voir à ce sujet les très justes réflexions de R. Chambers. *Life of Burns*, tom IV, p. 78.
[3] *Impromptu on General Dumourier's desertion from the French Republican Army.*
[4] Voir la Biographie, p. 508.

Peut-être était-il poussé par la nécessité de se débarrasser des soupçons dont il avait souffert et le désir d'affirmer officiellement son loyalisme. Quand, au commencement de 1795, on forma des compagnies de volontaires, il en fit partie et composa une chanson patriotique contre la France.

> La Gaule hautaine nous menace d'une invasion ?
> Que ces gredins prennent garde, Monsieur ;
> Il y a des murs de bois sur nos mers,
> Et des volontaires sur la rive, Monsieur.
> La Nith remontera vers le mont Corsincon,
> Et le mont Criffel tombera dans la Solway,
> Avant que nous laissions un ennemi étranger
> Se rallier sur le sol britannique !
> Nous ne laisserons jamais un ennemi étranger
> Se rallier sur le sol britannique !
>
> Le chaudron de l'Église et de l'État
> Peut-être a besoin d'être rétamé ;
> Mais, du diable, si un chaudronnier étranger
> Lui mettra jamais un clou !
> Le sang de nos pères a payé le chaudron,
> Et qui ose mettre la main dessus,
> Par le ciel, ce chien sacrilège
> Servira à le faire bouillir !
> Par le ciel, ce chien sacrilège
> Servira à le faire bouillir !
>
> Le gredin qui reconnaît un tyran,
> Et le gredin, son vrai frère,
> Qui voudrait mettre la foule au-dessus du trône,
> Puissent-ils être damnés ensemble !
> Qui refuse de chanter : « Dieu sauve le roi ! »
> Sera pendu haut comme le clocher !
> Mais, tout en chantant : « Dieu sauve le roi ! »
> Nous n'oublierons jamais le peuple ;
> Mais, tout en chantant : « Dieu sauve le roi ! »
> Nous n'oublierons jamais le peuple ! [1]

Il est assurément curieux de suivre, dans cet homme soustrait aux influences politiques et perdu au fond du nord, les phases de la Révolution. Il a vibré, avec des tons différents, aux mêmes souffles que les autres poètes anglais de son temps. A une certaine hauteur, toutes les âmes étaient touchées par le vent qui venait de France. Il est cependant juste de remarquer combien Burns est loin de Wordsworth comme poète politique, et combien il était moins au courant de son époque. De la Révolution française, il n'a compris que la manifestation passionnelle et

---

[1] *Does haughty Gaul invasion threat.*

populaire ; il n'a saisi que ce qui s'adressait à ses instincts d'homme du peuple. Toute la partie philosophique, abstraite et élevée, de la Révolution, lui a échappé. Il n'a ni attendu, ni compris le rêve de Fraternité universelle, dont la beauté avait inondé le cœur de Wordsworth. Il n'a pas même saisi la grandeur des événements qui bondissaient et se tordaient dans la tourmente révolutionnaire. Il ne s'y est intéressé que de loin. Il les a vus sans précision, sans éprouver la sensation de terreur historique dont on retrouve la trace chez tous ceux qui les ont contemplés. Il a continué à écrire des chansons d'amour. Son âme, trop personnelle, n'était pas faite pour s'éprendre d'une grande cause, autrement que par accès. L'admirable dévotion de Wordsworth lui était inaccessible.

Sur un autre point, il prend sa revanche. Il a été, avec plus de fougue et de résultats que les autres, le poète de l'Égalité. Il ne lui a pas fallu attendre pour cela l'arrivée de la Révolution française. L'Égalité a été une de ses inspirations les plus précoces, les plus durables, et les plus violentes. Il n'y a pas lieu de s'en étonner. La vie courageuse et infortunée de son père, cette défaite du travail et de la probité par la misère, avaient éveillé, dans le vif de son cœur, un sentiment de révolte. Le contraste de tant de vies oisives, bestiales et gorgées d'abondance, lui avait montré que les biens ne sont pas du côté de la vertu. La comparaison de sa propre valeur avec la nullité de tant de sots titrés et opulents lui avait montré que l'intelligence n'est pas l'apanage de la fortune. Il s'était habitué, par ce qu'il avait vu, à considérer la valeur morale et intellectuelle des hommes comme indépendante du rang et de la richesse. Il s'était mis de bonne heure à juger les hommes par ce qu'ils valent en réalité.

Il y avait, au-dessous de cette revendication de son rang, quelque chose de plus douloureux. Une sorte de colère contre les inégalités, contre la manière aveugle dont sont répartis les biens et les honneurs, une haine des distinctions sociales. Certains cœurs frappés de ces différences, mais en comprenant du même coup le néant, les regardent avec un tranquille mépris. Il faut, pour toiser ainsi les injustices sociales, un tempérament paisible, et aussi l'assurance de la vie matérielle. Burns était trop emporté. Le contact continuel avec la misère, le souci du lendemain l'exaspérait et l'affolait sans cesse. La médiocrité de la vie peut se supporter avec patience, non l'incertitude. Celle-ci est une torture qui finit par rendre farouche et ombrageux. A ces causes de rancune s'en ajoutaient sans doute d'autres moins excusables : des froissements d'orgueil, des besoins de plaisir, et, ce qui est plus douloureux pour les hommes comme Burns que tout le reste, le sentiment d'être séparé des femmes par son sang infime. Tout cela avait fermenté dans son âme et y avait produit un levain. La vue des richesses le courrouçait ; il le disait parfois avec une singulière amertume.

« Quand il faut que je me blottisse dans un coin, de peur que l'équipage bruyant de quelque lourd imbécile m'écrase dans la boue, je suis tenté de m'écrier : « Quels mérites a-t-il eus, ou quels démérites ai-je eus, dans une existence antérieure, pour qu'il soit introduit dans cette existence-ci avec le sceptre du pouvoir et les clefs de la richesse dans sa main chétive, tandis que moi, j'ai été lancé d'un coup de pied dans le monde, pour être le jouet de la folie ou la victime de l'orgueil.[1] »

On reconnaît l'homme qui marche par les rues avec une sourde irritation contre ce luxe qui l'éclabousse. Voici encore le même sentiment avec plus d'âpreté. C'est le geste de colère et le mot brutal qu'on voit et qu'on entend parfois, sur le bord d'un trottoir.

« Hélas ! malheur à la femme sans appui ! la prostituée besogneuse qui a grelotté au coin de la rue, attendant pour gagner les gages d'une prostitution de hasard ; elle est abandonnée, méprisée, insultée, écrasée sous les roues du carrosse de la catin titrée, qui se précipite à un rendez-vous coupable, elle qui, sans pouvoir plaider la même nécessité, se vautre toutes les nuits dans le même commerce coupable.[2] »

Ne croirait-on pas entendre une de ces apostrophes haineuses de Jacques Vingtras ?

Cet état de colère se trahit à la moindre occasion, s'exprime par des invectives contre les nobles et contre les riches. Elles jaillissent de toutes parts dans ses œuvres, lancées avec une singulière violence de mépris et d'insulte. Il faut dire que l'aristocratie du xviiie siècle, surtout l'aristocratie moyenne, ne justifiait que trop souvent ces attaques. Ignorante, grossière, livrée pesamment à l'ivrognerie et au vice, elle imitait, en l'alourdissant encore, l'épaisse débauche dont les deux premiers Georges avaient donné l'exemple. Elle y ajoutait une sorte de brutalité et d'arrogance due au tempérament anglais. Les romanciers ont laissé maints portraits de ces nobles, et les *Squire Western* n'étaient pas rares. Avec cela, les anciens droits seigneuriaux restaient entiers, incontestés, exercés dans toute leur dureté. Pour fournir de l'argent aux dépenses des maîtres, les intendants étaient impitoyables, pressuraient, la menace à la bouche. Aussi, toutes les fois que Burns parle des nobles, sa voix prend un ton de haine, et la colère lui passe dans les yeux. Ses allusions à l'aristocratie sont une satire et une injure continuelles. Sa pièce des *Deux Chiens*, une de ses premières, où il fait causer un chien de berger avec un chien de Terre-Neuve qui porte le collier de cuivre d'un propriétaire, n'est qu'une diatribe où il oppose le sort des riches à celui des pauvres. Quel contraste ! Le seigneur terrien accumule ses lourdes rentes, ses droits de charbonnages, ses dîmes, ses redevances ; il se lève quand il lui plaît ; ses laquais répondent à son coup de cloche ; il appelle sa voiture, il

---

[1] *To Mrs. Dunlop*, 4th March 1789.
[2] *To Peter Hill*, Jan. 17th, 1791.

appelle son cheval ; il tire une bourse « aussi longue que ma queue », dit le Terre-neuve, à travers les mailles de laquelle brillent les georges d'or. Du matin au soir, on ne travaille qu'à cuire au four, à rôtir, à frire, à bouillir ; tout le monde, du maître au dernier valet, se gorge de sauces et de ragoûts.

> Son Honneur possède tout dans le pays :
> Ce que les pauvres gens des cottages peuvent se mettre dans le ventre,
> J'avoue que cela passe ma compréhension [1].

Puis vient le tableau de la cruauté des intendants. On y sent le souvenir de scènes pénibles dont il avait été témoin pendant son enfance. Il est impossible de se méprendre sur le ton de ces paroles.

> Et puis, voir comment vous êtes négligés,
> Comment malmenés, bousculés, outragés !
> Ciel, homme, notre gentry se soucie aussi peu
> Des bêcheurs, terrassiers et autre bétail,
> Ils passent aussi fiers près des pauvres gens
> Que moi auprès d'un blaireau pourri.
> J'ai vu le jour d'audience de notre maître,
> Et maintes fois mon cœur en a été attristé ;
> Les pauvres tenanciers, maigrement pourvus d'argent,
> Comme ils doivent supporter l'insolence de l'intendant !
> Il frappe du pied et menace, maudit et jure
> Qu'ils iront en prison, qu'il saisira leur bien ;
> Tandis qu'ils doivent se tenir debout avec un aspect humble,
> Et tout entendre, et craindre et trembler !
> Je vois bien comment vivent les gens qui ont la richesse,
> Mais sûrement il faut que les pauvres gens soient misérables .

Mais ce sont peut-être des abus imputables à des subalternes trop zélés. Le maître n'est pas là. Il est retenu à Londres, au parlement, occupé au bien du pays. Il ne peut tout surveiller. Il n'est pas responsable des duretés de ses subalternes. Le bien du pays ! Il y songe vraiment. Et le réquisitoire continue plus ardent.

> Ah ! gars, tu ne sais rien de tout cela ;
> Le bien de l'Angleterre ! ma foi ! j'en doute.
> Dis plutôt qu'il marche comme le premier ministre le mène ;
> Qu'il dit oui ou non comme on lui commande ;
> Paradant aux opéras et aux théâtres,
> Hypothéquant, jouant, mascaradant ;
> Ou peut-être, un jour de caprice,
> Il part pour la Haye ou Calais,
> Pour faire un tour et prendre l'air,
> Apprendre le *bon ton* et voir le monde.

---

[1] *The twa Dogs*.

> Là, à Vienne, ou à Versailles,
> Il délabre la vieille succession de son père ;
> Ou bien il prend le chemin de Madrid,
> Pour râcler des guitares et voir battre des taureaux ;
> Ou bien il s'enfonce sous des avenues italiennes,
> Chassant la catin dans des bosquets de myrtes;
> Et puis, il va boire des boueuses eaux allemandes,
> Pour engraisser et s'éclaircir le teint,
> Et se purger des conséquences fâcheuses,
> Dons d'amour des signoras de Carnaval.
> Le bien de l'Angleterre ! — dis sa destruction
> Par la dissipation, la discorde et les factions ! [1]

Puis il s'en prend à l'oisiveté de ces inutiles. Il représente les gentlemen et, pis encore, les Ladies, tourmentés du manque d'occupation. Ils flânent, las de leur inertie. Encore que rien ne les trouble, ils sont malheureux.

> Leurs jours insipides, ternes et sans goût,
> Leurs nuits inquiètes, longues et sans repos,
> Même leurs sports, leurs bals, leurs courses de chevaux,
> Leurs promenades à cheval dans les endroits publics,
> Il y a tant de parade, de pompe et d'apprêt,
> Que le plaisir peut à peine atteindre leurs cœurs.

D'une main de plus en plus brutale, il arrache les voiles, il montre les débauches des hommes, les médisances des femmes, les nuits passées au jeu, cette passion des dames du XVIIIᵉ siècle dont Thackeray a laissé un joli tableau dans ses *Virginians* ; enfin, les tricheries. Rien n'y manque. On dirait une des cruelles peintures de Hogarth. C'est la même précision et la même vigueur de trait.

> Les hommes, qui se sont querellés dans leurs exercices,
> Se réconcilient dans une débauche profonde ;
> La nuit, ils sont ivres de boisson et de putasserie,
> Le lendemain, la vie leur est intolérable.
> Les dames, se tenant par le bras en groupes,
> Grandes et gracieuses ont l'air de sœurs.
> Mais écoutez ce qu'elles disent des absentes,
> Elles sont toutes des démons et des folles.
> Tantôt, au-dessus de leur petite tasse et de leur soucoupe,
> Elles dégustent et goûtent un peu de médisance ;
> Ou bien, le long des nuits, avec des airs pincés,
> Elles restent penchées sur les diaboliques cartes peintes,
> Risquent les meules d'un fermier sur un coup,
> Et trichent comme un gredin qui n'est pas encore pendu [2].

---

[1] *The twa Dogs.*

[2] *Id.* Voir aussi sur la passion du jeu chez les dames au XVIIIᵉ siècle, dans les *Letters from a Citizen of the World*, de Goldsmith, la lettre CI, *The passion of Gaming among ladies ridiculed.*

Et cette peinture qui ne sent pas l'amitié se termine par ces deux vers :

> y a quelques exceptions, homme ou femme,
> Mais ceci est la vie de la Gentry, en général [1].

Partout où il en trouve l'occasion, il place quelques mots contre les nobles, quelque terme méprisant qui les rend odieux et ridicules. Dans *Les Deux Ponts d'Ayr*, il représente :

> Une gentry stupide, à tête de liége, sans grâce,
> La dévastation et la ruine de la contrée,
> Des hommes faits à trois quarts par leurs tailleurs et leurs barbiers [2].

Ailleurs, c'est :

> Le comte féodal, hautain,
> Avec sa chemise à jabot et sa canne brillante,
> Qui ne se croit pas fait d'os vulgaires,
> Mais marche d'un pas seigneurial,
> Tandis qu'on ôte chapeaux et bonnets
> Quand il passe [3].

Ou bien c'est, quelque gros propriétaire, stupide et lourd, qui se tient l'oreille, se passe la main sur la barbe, et arrache de sa gorge un compliment rauque comme une toux. Dans ses chansons d'amour, le prétendant riche et sot reparaît constamment, tourné en ridicule, abandonné pour le jeune galant, pauvre et aimé [4]. Dans une ballade écrite au moment d'une élection il chante :

> Mais pourquoi plierions-nous devant les nobles?
> Cela est-il contre la loi?
> Car quoi? un lord peut être un idiot,
> Avec son ruban, sa croix et tout cela.
> Malgré tout cela, malgré tout cela,
> A la santé de Héron, malgré tout!
> Un lord peut être un chenapan,
> Avec son ruban, sa croix et tout cela [5].

Quand il trouve à frapper sur un lord, il n'y manque pas, témoins ses vers sur le duke de Queensberry « ce reptile qui porte une couronne ducale [6] »; et sa pièce véritablement féroce contre le comte de Breadal-

---

[1] *The Twa Dogs.*
[2] *The Brigs of Ayr.*
[3] *Second Epistle to Lapraik.*
[4] *Willie Chalmers.*
[5] *Ballad on Mr Heron's Election.*
[6] *Verses on the destruction of the woods near Drumlanrig.*

bane, pièce injuste, d'une violence incroyable, et qui semble une véritable excitation à l'assassinat. Elle commence par des vers comme ceux-ci :

> Longue vie et santé, milord, soient vôtres,
> A l'abri des paysans affamés des Hautes Terres !
> Fasse le Seigneur qu'aucun mendiant désespéré, déguenillé,
> Avec un dirk, une claymore, ou un fusil rouillé,
> Ne prive la vieille Ecosse d'une vie
> Qu'elle aime — comme les agneaux aiment un coutelas [1].

On croirait entendre un refrain fait pour des paysans Irlandais, aux plus sombres moments de haine. Et la pièce continue avec une sauvagerie et une âpreté d'ironie qui fait, par moments, penser à Swift. Elle éclate avec le ricanement farouche et infernal du plus amer des écrivains.

Lorsque, par hasard, il rencontre un noble, exempt des défauts de sa classe, il ne peut cacher sa surprise. On sent qu'il l'aborde avec un sentiment de défiance et presque d'hostilité. Il a besoin d'être désarmé. Dans ses vers sur sa rencontre avec lord Daer il dit :

> Je guettais les symptômes des grands,
> L'orgueil d'être noble, la solennité seigneuriale,
> La hauteur arrogante ;
> Du diable, s'il avait de l'orgueil ! ni orgueil,
> Ni insolence, ni pompe, à ce que je pus voir,
> Pas plus qu'un honnête laboureur [2].

Ainsi perce, à chaque instant, son mauvais vouloir envers les classes élevées, son irritation de voir au-dessus de lui, par la richesse ou les honneurs, des hommes sans mérite et sans utilité. On sent derrière chacune de ces strophes un pamphlétaire tout prêt, qui n'attend que l'occasion pour s'élancer à l'attaque des distinctions sociales. Ces vers sont en partie de 1786. Dans un autre pays, le persiflage de Figaro venait de donner à l'aristocratie de légers et brillants coups de stylet ; il y a ici une main plus lourde et comme des coups de hache.

Il n'a pas été satisfait de ces invectives qui, après tout, ne dépassent pas beaucoup la satire. Il est allé tout droit jusqu'au bout de la question. Il s'est demandé pourquoi le labeur de la plupart tourne au profit de quelques-uns ; pourquoi des milliers de créatures humaines peinent désespérément et stérilement, pour en entretenir quelques autres dans le luxe et la paresse. Il s'est courroucé contre ce qu'on appellerait aujourd'hui l'exploitation de l'homme. Si le terme n'y est pas, la pensée

---

[1] *Address of Beelzebub.*
[2] *Lines on meeting with lord Daer.*

ressort nettement. Elle avait pris possession de son esprit et y éveillait souvent de sombres réflexions. Il écrivait :

« Après tout ce qui a été dit pour l'autre côté de la question, l'homme n'est aucunement une créature heureuse. Je ne parle pas des quelques privilégiés, favorisés par la partialité du ciel, dont les âmes ont été créées pour être heureuses parmi la richesse, les honneurs, et la prudence et la sagesse. Je parle de la multitude des négligés, dont les nerfs, dont les muscles, dont les jours sont vendus aux favoris de la fortune [1]. »

Il ne pouvait voir, sans un mouvement pénible, les rapports entre les riches et ceux qui les enrichissent. On peut saisir, dans cet autre passage de sa correspondance, la sourde irritation qu'il apportait souvent dans les maisons des heureux, et quelle peine il devait prendre pour la cacher. A lire le récit de l'entrevue dont il parle, on entend le ton sarcastique avec lequel il a dû surenchérir sur les opinions qu'on exprimait devant lui.

« Il y a peu de circonstances, se rattachant à la distribution inégale des bonnes choses de cette vie, qui me causent plus d'irritation, (je veux dire dans ce que je vois autour de moi) que l'importance donnée par les opulents à leurs petites affaires de famille, en comparaison des mêmes intérêts placés sur la scène étroite d'une chaumière. Hier après midi, j'ai eu l'honneur de passer une heure ou deux au foyer d'une bonne dame, chez qui le bois qui forme le plancher était décoré d'un tapis splendide, et la table brillante étincelait d'argenterie et de porcelaine. Nous sommes aux environs du terme ; et il y avait eu un bouleversement parmi ces créatures qui, bien qu'elles semblent avoir leur part et une part aussi noble de la même nature que Madame, sont, de temps à autre, leurs nerfs, leurs muscles, leur santé, leur sagesse, leur expérience, leur esprit, leur temps, que dis-je ? une bonne partie de leurs pensées mêmes, vendus, pour des mois ou des années, non-seulement aux besoins, aux convenances, mais aux caprices d'une poignée d'importants. Nous avons causé de ces insignifiantes créatures. Bien mieux, malgré leur stupidité et leur gredinerie générales, nous avons fait à quelques-uns de ces pauvres diables l'honneur de les approuver. Ah ! léger soit le gazon sur la poitrine de celui qui a le premier enseigné : « Respecte-toi toi-même. » Nous avons regardé ces grossiers malheureux, leurs sottes de femmes et leurs malotrus d'enfants, de très haut, comme le bœuf majestueux voit la fourmilière petite et sale, dont les chétifs habitants sont écrasés sous sa marche insouciante, ou lancés en l'air dans les jeux de son orgueil [2]. »

Ces lettres sont de 1788. Mais cette protestation contre le travail injustement réparti n'avait pas tardé si longtemps pour se trahir dans ses vers. Étant encore à Mauchline, il avait eu la vision saisissante de tant de vies humaines écrasées, courbées vers le sol comme sous un joug, impitoyablement usées, au profit d'une seule. Il avait éprouvé le sentiment d'immense tristesse qui sort de tout, lorsqu'on contemple les

---

[1] *To Mrs Dunlop*, 16th Aug. 1788.
[2] *To Mrs Dunlop*, 27th May 1788.

labeurs humains avec cette arrière-pensée. Il l'avait exprimé dans une image vraiment belle. On voit s'étendre la vaste plaine sur laquelle pèse cette malédiction ; un soleil morne et qui ne ramène que des douleurs l'éclaire. La terre a une teinte funèbre ; un gémissement universel sort des choses. Cela fait penser à certaines images de Lamennais, grandioses et d'un coloris tragique.

> Le soleil, suspendu au-dessus de ces moors
> Qui s'étendent profonds et larges,
> Où des centaines d'hommes peinent pour soutenir
> L'orgueil d'un maître hautain,
> Je l'ai vu ce las soleil d'hiver,
> Deux fois quarante ans, revenir ;
> Et chaque fois m'a donné des preuves
> Que l'homme fut créé pour gémir [1].

Et un peu plus loin, la même idée est reprise, mais accompagnée cette fois d'un commentaire, d'une interrogation impatiente et presque menaçante.

> Vois ce malheureux surmené de labeur,
> Si abject, bas et vil,
> Qui demande à son frère, fait de terre comme lui,
> De lui permettre de peiner.
> Et vois ce ver de terre altier, son compagnon,
> Dédaigner la pauvre prière,
> Insoucieux qu'une femme en pleurs
> Et des enfants sans soutien gémissent
>
> Si j'ai été marqué comme l'esclave de ce seigneur,
> Marqué par la loi de la nature,
> Pourquoi un souhait d'indépendance
> Fut-il planté dans mon âme ?
> Sinon, pourquoi suis-je soumis
> A sa cruauté ou son dédain ?
> Ou pourquoi l'homme a-t-il la volonté et le pouvoir
> De faire gémir son semblable ? [1]

Ce n'étaient là encore que des indices éparpillés dans ses œuvres, des fragments de roc perçant le sol çà et là et laissant deviner ce qu'il recouvrait. Ces sorties arrivaient au gré de son humeur. Elles contenaient de tout, du bon et du mauvais, une part de justice et de vérité, parfois aussi de l'orgueil, de la jalousie, des préjugés, des jugements irréfléchis.

Quand les événements de la Révolution française tournèrent davantage les esprits de ce côté, ces éléments un peu mélangés se coordonnèrent dans le sien. Ce qu'il y avait de trop personnel et de purement agressif s'épura, au souffle de grands principes qui flottait dans l'air et y formait

---

[1] *Man was made to Mourn.*

une atmosphère de généralisation. Au lieu de s'échapper en boutades et en invectives, cette idée de l'égalité des hommes devint plus large et plus élevée. Elle prit la haute forme d'un principe. En réclamant l'honnêteté comme la mesure unique des hommes, il mit sa revendication sous une sauvegarde inattaquable. Il écrivit alors une de ses plus belles chansons, admirable de fierté, d'énergie ; et irréfutable. C'est une de ses plus populaires. Elle est devenue une sorte de *Marseillaise* de l'Égalité. Son refrain d'une simplicité éloquente, cette comparaison du rang avec l'empreinte de la pièce d'or, et de l'homme avec le métal lui-même, sont entrés à jamais dans l'âme du peuple.

> Faut-il que l'honnête pauvreté
> Courbe la tête, et tout ça ?
> Le lâche esclave, nous le méprisons,
> Nous osons être pauvres, malgré tout ça !
> Malgré tout ça, malgré tout ça,
> Nos labeurs obscurs, et tout ça,
> Le rang n'est que l'empreinte de la guinée,
> C'est l'homme qui est l'or, malgré tout ça.

> Qu'importe que nous dinions de mets grossiers,
> Que nous portions de la bure grise, et tout ça ;
> Donnez aux sots leur soie, aux gredins leur vin,
> Un homme est un homme, malgré tout ça !
> Malgré tout ça, malgré tout ça,
> Malgré leur clinquant, et tout ça,
> L'honnête homme, si pauvre soit-il,
> Est le roi des hommes, malgré tout ça !

> Voyez ce bellâtre qu'on nomme un lord,
> Qui se pavane, se rengorge, et tout ça ?
> Bien que des centaines d'êtres s'inclinent à sa voix,
> Ce n'est qu'un bélître malgré tout ça ;
> Malgré tout ça, malgré tout ça,
> Son cordon, sa croix et tout ça,
> L'homme d'esprit indépendant
> Regarde et se rit de tout ça !

> Le roi peut faire un chevalier,
> Un marquis, un duc et tout ça ;
> Mais un honnête homme est plus qu'il ne peut,
> Par ma foi qu'il n'essaye pas ça !
> Malgré tout ça, malgré tout ça,
> Leur dignité et tout ça,
> La sève du bon sens, la fierté de la vertu
> Sont de plus hauts rangs que tout ça !

> Prions donc qu'il puisse advenir,
> Comme il adviendra malgré tout ça !
> Que le bon sens et la vertu, sur toute la terre,
> L'emportent un jour sur tout ça.

> Malgré tout ça, malgré tout ça,
> Il adviendra malgré tout ça
> Que l'homme et l'homme, par tout le monde,
> Seront frères, malgré tout ça ! [1]

La différence n'éclate-t-elle pas manifestement entre la poésie politique de Burns et celle de ses contemporains ? Wordsworth et Coleridge appelaient l'égalité en philosophes historiques. Ils la voyaient comme une des promesses de l'avenir. Ils la réclamaient dans de nobles plaidoyers philosophiques. Ils avaient l'optimisme de l'idéal. Les yeux ravis dans un mirage, ils n'apercevaient pas, à leurs pieds, les abus, les souffrances, les usurpations, les iniquités, les mauvaises œuvres, mais la magnifique espérance qui se levait à l'horizon. C'est elle qu'ils attendaient, oubliant que l'aurore ne paraît toucher la Terre que parce qu'elle est lointaine, et qu'elle s'en éloigne quand nous nous rapprochons. Ce n'est pas cependant que de pareils rêves soient inutiles. Ils sont bien au-dessus de l'humanité et des événements, mais il en tombe une bonté et une charité qui fécondent la vie.

La poésie de Burns est plus terrestre : elle est faite de haine contre l'inégalité ; elle est surtout une revendication. C'est la révolte d'un prolétaire qui, souffrant des abus, se redresse contre eux. Il est las, ses membres sont meurtris, sa patience est à bout, la colère naît dans son cœur. Que lui importent les rêves éloignés ! C'est le soulagement immédiat qu'il réclame. Il lui échappe un cri fait de plainte et de menace. C'est pourquoi, au lieu des nobles considérations de Wordsworth, ce sont des chansons, mais toutes tremblantes de passion, d'une éloquence emportée, brutale, parfois ironique, agressive. Elles sont faites par un homme du peuple. Une fois que le peuple les aura apprises, il ne les oubliera plus. Elles lui servent à rendre ce qu'il sent confusément. Elles sont faites pour être redites sur les routes, pour fournir des devises aux bannières populaires, et des citations aux orateurs de meetings. Elles contiennent des mots d'ordre, et presque des chants d'attaque. Car il est impossible de s'y méprendre, il y a dans ces paroles quelque chose qui va au-delà de tout ce qu'exprimait alors la poésie. Il y a un commencement de révolte contre les inégalités de la fortune, et l'accent des revendications socialistes. Shelley et Swinburne iront jusque-là, mais plus tard. Leurs poèmes, nourris de philosophie et d'images, ne pénétreront pas dans la multitude, comme ces couplets faits de passion et d'éloquence nue [2]. Ceux-ci seuls sont capables de secouer une nation. Si

---

[1] *Is there for honest Poverty.*

[2] M. J.-A. Symonds a justement remarqué que les tentatives de Shelley « pour composer de courtes chansons populaires qui eussent réveillé le peuple d'Angleterre et lui eussent fait sentir ce qu'il regardait comme sa dégradation » n'avaient pas les qualités nécessaires. Voir sa biographie de Shelley dans la collection des *English Men of Letters*, p. 120.

jamais les foules anglaises se soulèvent pour briser des formes sociales qu'on aura eu l'imprudence de vouloir conserver trop longtemps, c'est dans l'ode *à l'Arbre de la Liberté*, ou dans celle sur *L'honnête Pauvreté*, qu'elles trouveront les refrains, au rythme desquels elles marcheront. C'est justement que Robert Browning, dans une de ces courtes pièces où il condense un drame, faisant pleurer à un homme du peuple la perte d'un chef, passé en transfuge du côté des richesses et des honneurs, invoque le nom de Burns et le met, à côté de Milton et de Shelley, parmi les poètes révolutionnaires de l'Angleterre [1].

Il convient d'ajouter que ce redressement contre les riches ne revêt pas toujours ce caractère d'animosité. Il arrive souvent à Burns de maintenir l'égalité, en rehaussant l'existence des pauvres plutôt qu'en dénigrant celle des riches. Il y a, surtout dans les œuvres de sa jeunesse, maint passage de bonne humeur, où la Pauvreté nargue l'Opulence et la défie gaiement d'être aussi heureuse qu'elle. Q'importent les sacs d'écus, les titres et le rang ? Est-ce qu'on ne porte pas son bonheur en soi-même ? Dès qu'on est honnête homme, qu'on a la conscience claire et libre, ne loge-t-on pas en soi la paix et le contentement ? La nature n'offre-t-elle pas ses charmes à tous également ? Les pauvres n'ont-ils pas leurs amitiés et leurs amours, plus fidèles et plus purs souvent que ceux des riches ? Et le cœur où brillent ces flammes n'est-il pas plus riche que des cœurs éteints au milieu de la plus éclatante fortune ? Les pauvres n'ont rien à envier à personne. *L'Épître à Davie* a exprimé cette insouciance, ce vaillant défi à la misère, cette joyeuse résignation à son sort.

> Il est à peine au pouvoir d'un homme
> De s'empêcher parfois de devenir aigre,
> En voyant comment les choses sont partagées,
> Comment les meilleurs sont par moments dans le besoin,
> Tandis que des sots font fracas avec des millions,
> Et ne savent comment les dépenser.
> Mais, Davie, mon gars, ne vous troublez pas la tête,
> Bien que nous ayons peu de bien ;
> Nous sommes bons à gagner notre pain quotidien,
> Aussi longtemps que nous serons sains et forts.
> N'en demandez pas plus, ne craignez rien,
> Souciez-vous de l'âge comme d'une figue,
> La fin de tout, le pire de tout,
> N'est après tout que de mendier.
>
> Coucher, le soir, dans les fours à chaux et les granges,
> Quand les os sont caducs et que le sang est mince,
> Est sans doute grande détresse !
> Même alors le contentement pourrait nous rendre heureux ;

---

[1] Robert Browning. *The Lost Leader.*

Même alors, parfois, nous attraperions une lampée
De vrai bonheur !
Le cœur honnête qui est libre de tout
Dessein de fraude ou de crime,
N'importe comment la Fortune lance la balle,
A toujours quelque motif de sourire ;
Et pensez-y, vous trouverez toujours
Que c'est là un grand réconfort ;
Cessons donc là nos soucis,
Nous ne pouvons tomber plus bas.

Qu'importe si, comme le peuple des airs,
Nous errons dehors, sans savoir où,
Sans maison et sans salle ?
Les charmes de la nature, les collines et les bois,
Les longues vallées, les ruisseaux écumants
Sont ouverts à tous également.
Aux jours où les pâquerettes ornent le sol,
Où les merles sifflent clair,
D'une joie honnête nos cœurs bondiront
De voir l'année arriver.
Sur les talus, alors, quand il nous plaira,
Nous nous asseoirons, nous fredonnerons un air,
Puis, nous y mettrons des rimes et de la mesure,
Et nous chanterons le tout quand nous aurons fini.

Il n'appartient pas aux titres, ni au rang,
Il n'appartient pas à des trésors comme la banque de Londres,
D'acheter la paix et le repos :
Ce n'est pas de changer beaucoup en davantage,
Ce n'est pas les livres, ce n'est pas la science,
Qui peuvent nous rendre vraiment heureux ;
Si le bonheur n'a pas son siége
Et son centre dans la poitrine,
Nous pouvons être savants, ou riches, ou grands,
Nous ne pouvons pas être heureux :
Aucuns trésors, aucuns plaisirs
Ne peuvent nous rendre longtemps satisfaits ;
Le cœur est, toujours, l'endroit qui, toujours,
Nous met d'aplomb ou de travers.

Pensez-vous que de tels que vous et moi,
Qui peinons et tirons par froid et chaud,
Avec un labeur incessant,
Pensez-vous que nous sommes moins heureux que ceux
Qui ne nous remarquent pas sur leur chemin,
Comme n'en valant pas la peine ?
Hélas ! comme souvent, dans leur humeur altière,
Ils oppriment les créatures de Dieu !
Ou bien, oubliant tout ce qui est bien,
Ils se roulent dans les excès !
N'ayant ni souci, ni crainte

Ni du ciel, ni de l'enfer !
Estimant et jugeant
Que ce n'est qu'une histoire vaine !

Résignons-nous donc joyeusement ;
Ne rendons pas nos minces plaisirs plus petits,
En gémissant sur notre sort ;
Quand bien même les malheurs viendraient,
Moi, qui suis assis ici, j'en ai rencontré,
Et je leur sais gré après tout,
Ils donnent l'esprit de l'âge à la jeunesse,
Ils nous forcent à nous connaître,
Ils nous font voir la vérité nue,
Le vrai bien et le vrai mal.
Bien que les pertes et les traverses
Soient des leçons bien sévères,
On y trouve une expérience,
Qu'on ne trouverait nulle part ailleurs

Mais, croyez-moi, Davie, as de cœurs !
(En dire moins serait faire tort aux cartes,
Et je déteste la flatterie)
Cette vie a des joies pour vous et moi,
Et des joies que les richesses ne peuvent payer,
Et des joies qui sont les meilleures.
Il y a tous les plaisirs du cœur,
L'amante et l'ami ;
Vous avez votre Meg plus chère que vous-même,
Et moi, ma Jane bien aimée !
Cela m'échauffe, cela me charme,
Rien que de dire son nom,
Cela m'embrase, cela m'allume,
Et me met tout en flammes [1].

On doit convenir, à la vérité, que cette façon de se consoler des mauvais procédés du sort ne s'applique pas à la vie réelle et n'est pas durable. C'est l'insouciance de la pierre qui roule. C'est un peu la fanfaronnade d'un célibataire, et qui est jeune : il faut être seul pour voyager de la sorte à l'aventure, pour repartir sans cesse de partout sans souci d'arriver nulle part ; il faut avoir un corps vaillant pour coucher sur les revers des talus ou sur le foin des granges. Si on rencontre quelques vieux vagabonds philosophes qui restent satisfaits de cette vie buissonnière, ils sont rares.

En tout cas, dès que le sort nous a fixés à un endroit, et que des enfants nous ont attachés au mur, comme les vrilles de la vigne ; dès que le corps se casse, ces rêves de gueux satisfait ne servent plus à rien. Cette gaîté de bohémien ne saurait être un remède pour ceux qu'une famille

---

[1] *Epistle to Davie.*

ou l'âge retiennent en un coin triste de la vie. Ce sont ceux-là qu'il faut conforter, ceux qui, selon l'expression de Béranger, ont un berceau, un toit et un cercueil et qui ne peuvent même pas changer de misère [1]. Peut-on dégager de leur destinée assez de joie pour l'opposer à celle des riches? Burns l'a essayé ! Il a refait, à sa façon, l'éloge des paysans ; non pas à la façon des anciennes louanges de la vie pastorale et en reconstituant l'âge d'or. Il avait trop souffert pour que ses tableaux manquassent jamais de ces traits attristants qui sont la marque de la réalité. Mais il a su montrer ce qu'il y a de joie, de santé et de tranquillité, sous les plus pauvres toits de chaume et autour des feux de tourbe.

>Ils ne sont pas si misérables qu'on le penserait,
>Bien que constamment sur le bord de la pauvreté ;
>Ils sont si accoutumés à cet aspect
>Que la vue leur en donne peu de crainte.
>Et puis, la chance et la fortune sont guidées de telle sorte
>Qu'ils sont toujours plus ou moins pourvus ;
>Si un travail fatiguant les presse,
>Un instant de repos est une douce jouissance.
>La plus chère joie de leur vie est
>Leurs enfants bien venants, leurs femmes fidèles ;
>Les petits gazouillants sont leur orgueil
>Qui adoucit leur foyer ;
>De temps en temps, quatre sous de bonne bière
>Rendent leurs corps tout à fait heureux ;
>Ils mettent de coté leurs soucis privés,
>Pour s'occuper des affaires de l'Etat et de l'Eglise
>Ils parlent de patronage et de prêtres,
>Avec une ardeur qui s'allume en leurs poitrines;
>Ou disent quel nouvel impôt va venir,
>Et s'émerveillent des gens qui sont à Londres.
>Quand la Toussaint au visage triste revient,
>Ils ont les bruyantes et joyeuses fêtes de la moisson,
>Où les existences rurales de toute situation
>S'unissent en une récréation commune ;
>Œillades d'amour, coups d'esprit; la Gaîté sociale
>Oublie que le Souci existe sur la terre.
>Le jour joyeux où l'année commence,
>Ils barrent la porte contre les vents glacés ;
>La bière fume sous un manteau crémeux
>Et répand une vapeur qui inspire le cœur,
>La pipe fumante, la tabatière
>Passent de main en main, avec bon vouloir;
>Les vieux, tout joyeux, parlent dru ;
>Les jeunes jouent par toute la maison ;
>Mon cœur a été si joyeux de les voir
>Que de joie j'en ai aboyé au milieu d'eux [2].

---

[1] Béranger. *Les Bohémiens.*
[2] *The twa Dogs.*

En combien d'autres choses encore, les pauvres n'ont-ils pas l'avantage sur les riches ? Ce ne sont pas non plus les arpents de terre, les fermes bien garnies, et les têtes de bétail, qui donnent de l'esprit aux hommes, de la gentillesse aux filles. C'est le travail régulier, l'air des champs, la vie simple, qui produisent les familles qui sont l'ornement et la force d'une race. Ici encore, les chaumières pauvres contiennent plus de vraies richesses que les maisons somptueuses.

> Quand ils rencontrent de durs désastres,
> Comme la perte de la santé ou le manque de maîtres,
> Vous penseriez presque qu'une petite poussée en plus
> Et il faut qu'ils meurent de froid et de faim.
> Comment cela se fait, je ne le sais pas encore,
> Mais ils sont la plupart merveilleusement satisfaits ;
> Et les gars robustes, et les fines fillettes,
> Sont engendrés de cette façon-là [1].

On se rappelle qu'il disait à Dugald-Stewart, pendant une des promenades matinales qu'ils firent ensemble dans les environs d'Edimbourg, que « la vue de tant de chaumières d'où monte la fumée, donnait à son esprit un plaisir que personne ne pouvait comprendre qui n'avait pas, comme lui, été témoin du bonheur et de la vertu qu'elles abritaient [2] ».

Ce relèvement de la vie des pauvres a trouvé son expression la plus grande et la plus émouvante dans le célèbre morceau du *Samedi soir du Villageois*. Elle y est ennoblie, touchée de beauté, car elle prend une telle élévation que, tout en gardant ses traits fatigués, elle s'embellit d'une lumière supérieure. Jamais on n'avait répandu tant de dignité sur l'existence des indigents. C'est une consécration de ce qu'il y a de piété naturelle, d'amour familial, de résignation, et d'honnêteté, sous des toits misérables ; un hommage solennel aux vertus humbles. Et ce qu'il y a d'admirable dans ce tableau, c'est que cette noblesse sort peu à peu de la réalité, la surmonte, la conquiert et finit par la vaincre, par l'entraîner dans son triomphe. La pièce, qui s'ouvre par une peinture presque sombre de travail exténué, aboutit à une idée glorieuse. Les misères, le labeur, les sueurs, la rudesse des détails disparaissent. Elle atteint les sommets de la dignité humaine, là où toutes les distinctions sociales sont tombées, où l'âme seule paraît, où ce qu'il y a d'absolu dans la vertu éclate et rayonne, en faisant fondre autour de soi, comme de vaines cires, le rang, la richesse et la naissance. C'est un morceau qu'il faut connaître, car il marque, dans une direction, un des points extrêmes du génie de Burns.

On est au samedi soir, la veille du jour de repos si rigoureusement

---

[1] *The Twa Dogs.*
[2] Dugald Stewart. *Reminiscences.*

observé par tout le pays. Le paysage est désolé : le vent de novembre siffle aigre et irrité ; le jour hivernal se clôt ; les bêtes toutes boueuses viennent de la charrue ; le noir cortège des corbeaux passe dans le ciel. Le laboureur, rapportant sur son épaule sa bêche, sa pioche et sa houe, regagne sa demeure, traversant d'un pas alourdi les moors qui s'obscurcissent. C'est une impression de lassitude et de tristesse. Enfin, la chaumière isolée se montre sous le vieil arbre qui l'abrite. Les enfants accourent. Le feu qui brille au foyer clair, le sourire de sa femme, le gazouillement du dernier-né sur ses genoux, trompent les soucis qui le rongent, lui font oublier son labeur, et ses endurances. C'est le tableau si souvent décrit du laboureur qui revient le soir, mais avec une teinte plus réelle et plus attristée.

Les uns après les autres, les enfants qui sont au service dans les fermes voisines, arrivent. Puis leur aînée, Jenny, qui devient une femme toute fleurie de sa jeunesse. Les frères et les sœurs réunis se mettent à causer, pendant que la mère, avec son aiguille et ses ciseaux, force les vieux habits à avoir presque aussi bon air que les habits neufs. Il y a dans toute cette scène un sentiment d'affection réciproque, un bruit de bonnes paroles aimantes et fraternelles qui fait plaisir. Le père donne ses conseils et fait ses recommandations.

> Les ordres de leur maître et de leur maîtresse,
> Les enfants sont avertis qu'ils doivent y obéir,
> Et s'occuper de leur travail d'une main diligente,
> Et, bien que hors du regard, ne jamais jouer ni flâner ;
> « O ! ayez bien soin de toujours craindre le Seigneur,
> De bien penser à vos devoirs, le matin et le soir ;
> De peur que vous ne déviiez dans le sentier de la tentation,
> Implorez son Conseil et l'appui de son Pouvoir ;
> Ceux-là n'ont jamais cherché en vain qui ont vraiment cherché Dieu ».

Mais on frappe timidement à la porte. Jenny, qui sait ce que cela signifie, se hâte de dire qu'un gars du voisinage est venu par les moors pour faire des commissions et la reconduire jusqu'à la maison. Le père s'y tromperait peut-être, mais la mère plus fine a vu la flamme secrète étinceler dans les yeux de Jenny et rougir sa joue. Il y a, en deux ou trois vers d'une fine observation, un de ces courts drames intérieurs qui tiennent en quelques mots. La mère a un moment d'anxiété en demandant le nom. Jenny hésite un peu à le dire. La mère est tout à coup heureuse en entendant que ce n'est pas celui d'un mauvais sujet et d'un débauché. On sent tout ce qui s'est passé entre la mère et la fille sous ces quelques mots indifférents pour tous. On ouvre la porte ; le gars entre. Son air plaît à la mère. Jenny est heureuse de voir que la visite n'est pas mal prise. Le père se met à causer de chevaux, de charrue et de bœufs. Le gars, dont le cœur déborde de joie, reste tout gauche, tout timide et tout interdit sachant à peine comment se tenir. La mère sait bien, avec sa perspicacité de femme, ce qui le rend si grave. Après le tableau des affections de famille, c'est celui de l'amour rustique, innocent et sincère. Il est dans le dessein du poète que la vie des paysans nous apparaisse sous tous ses aspects.

> O heureux amour ! Quand un amour comme celui-là se trouve !
> O extases ressenties au cœur ! bonheur au-delà des comparaisons !
> J'ai parcouru beaucoup du triste cercle mortel,
> Et la sage expérience m'ordonne de déclarer ceci :
> Si le ciel répand une goutte de plaisir céleste,
> Un cordial, dans cette vallée mélancolique,
> C'est lorsqu'un couple jeune, aimant, modeste,
> Dans les bras l'un de l'autre, soupire la tendre histoire
> Sous l'épine blanche comme le lait où se parfume la brise du soir.

Maintenant, le souper « couronne » leur pauvre table. La mère apporte le porridge, le lait que leur vache unique leur donne. La brave bête ! On l'entend derrière la porte mâcher sa paille. Cette touche délicate l'associe au repas qu'elle a fourni en partie. Elle est presque de la famille. C'est une affection qui complète les autres et met le dernier trait à ce tableau de bonté.

Le souper terminé, la pièce grandit ; la scène prend quelque chose de biblique. Au milieu de la famille silencieuse, le père se lève. Il se découvre. Il prend la vieille bible de famille, où sont inscrites les dates des naissances et des morts, obscures archives de la race. Une solennité remplit cette chaumière à peine éclairée, où les outils du travail quotidien luisent dans un coin.

> Le joyeux souper fini, avec des visages sérieux,
> Autour du feu, ils forment un large cercle.
> Le père feuillète avec une grâce patriarcale
> La grosse Bible, jadis l'orgueil de son père ;
> Il retire avec respect son bonnet,
> Ses tempes grises sont maigries et dégarnies.
> Parmi ces chants qui autrefois glissaient doucement dans Sion,
> Il choisit une portion avec un soin judicieux ;
> Et : « Adorons Dieu ! » dit-il avec un air solennel.

C'est la prière du soir. C'est plus : c'est presque un office du soir. La famille chante une hymne sur un des vieux airs écossais qui ont servi aux Covenanters et où vivent encore les luttes, les persécutions, et la ferveur anciennes. Les voix et les cœurs sont à l'unisson. L'hymne achevée, « le père semblable à un prêtre » lit quelque passage de la Bible. Il l'emprunte aux pages sévères de l'Ancien Testament ; il parle d'Abraham qui fut l'ami de Dieu ; de Moïse, du barde royal gémissant sous la colère du ciel ; des gémissements de Job ; du feu farouche et séraphique d'Isaïe. Ou bien, il tourne les pages plus douces du Nouveau Testament.

> Peut-être le volume chrétien est son thème,
> Comment le sang innocent fut versé pour l'homme coupable ;
> Comment celui qui portait le second nom dans le ciel
> N'avait pas de quoi reposer sa tête ;
> Comment ses premiers disciples et serviteurs prospérèrent ;
> Les sages préceptes qu'ils écrivirent à mainte nation ;
> Comment celui qui fut banni, solitaire à Patmos,
> Vit un ange puissant debout dans le soleil,
> Et entendit le jugement de la Grande Babylone, prononcé par l'ordre du ciel.

Quelle grandeur prennent les pauvres murs où passent ces visions sacrées et majestueuses. Elles y apportent l'autorité de la Religion ; elles y répandent en même temps une poésie terrifiante ou adorablement tendre. Ce groupe de paysans les comprend. Ç'a été la lecture presque unique de leur jeunesse ; ils les entendent commenter tous les dimanches. Il y a là vraiment, dans toutes ces âmes simples, un instant moral de haute vénération, tel que des âmes plus cultivées n'en connaissent jamais. La scène continue par une prière qui plane sur tous les fronts courbés.

> Alors, s'agenouillant devant le Roi éternel des cieux,
> Le saint, le père, l'époux prie :
> L'Espoir s'élance joyeux sur ses ailes triomphantes,
> L'Espoir qu'ils seront ainsi réunis dans les jours futurs ;
> Qu'ils vivront à jamais à la chaleur des rayons incréés,
> Sans connaître les soupirs, sans plus verser de pleurs amers,
> Célébrant ensemble par des hymnes la louange du Créateur,
> Plus douce encore en une telle société,
> Tant que les cercles du Temps se mouvront dans une sphère éternelle.

Il est superflu de faire remarquer la simplicité et la fermeté de ces vers. Le poète a raison d'ajouter que, à côté de ceci, la pompe et la méthode que les hommes déploient dans les Congrégations semblent pauvres.

> Comparée à ceci, combien pauvre est l'orgueil de la Religion,
> Dans toute la pompe de sa méthode et de son art ;
> Quand des hommes déploient devant une large congrégation
> Toutes les grâces de la Dévotion, sauf le cœur !
> Le Tout-Puissant, courroucé, abandonne ces cérémonies,
> Le chant solennel, l'étole sacerdotale ;
> Mais peut-être, dans quelque chaumière perdue, éloignée,
> Il se plaît à entendre le langage de l'âme,
> Et inscrit les pauvres habitants dans son livre de Vie.

La pièce, tout en restant élevée, descend un peu de ces hauteurs et se rapproche de la terre. La soirée est achevée. On se disperse. Le père et la mère restent seuls avec une dernière pensée pour les leurs.

> Alors tous, vers leur demeure, reprennent leurs chemins divers,
> Les jeunes enfants se retirent au repos :
> Les deux parents offrent leur secret hommage
> Au ciel, et lui présentent l'ardente requête
> Que celui qui calme les cris du nid des corbeaux
> Et revêt les beaux lis de l'orgueil de leur fleur,
> Veuille, de la façon que sa Sagesse jugera la meilleure,
> Pourvoir pour eux et pour leurs petits,
> Mais, avant tout, résider dans leurs cœurs avec sa grâce divine.

Cette strophe n'est-elle pas dans une autre lumière que le début du poème ? Nous sommes loin du paysage d'hiver où cheminait un homme fatigué ; loin du sentiment de tristesse, de lassitude, qui emplissait ce crépuscule. Il y a ici une clarté de confiance, embellie par les gracieuses images d'un nid d'oiseaux et d'une fleur somptueuse. A travers les sentiments d'amour, dont aucune forme n'a été oubliée, à travers l'adoration du maître suprême, ces âmes accablées d'abord se sont élevées ; elles se reposent maintenant dans une sérénité presque radieuse et dans la confiance. Si la pensée vient que toutes les chaumières perdues dans la nuit contiennent, au même moment, un spectacle semblable ; que sous chacune de ces humbles fumées éparses par la campagne on s'aime, on prie et on espère ainsi, alors la noblesse de cette scène s'étend sur toute la contrée. Ces habitations de paysans deviennent tout d'un coup le soutien et l'ornement de la nation. On ne s'étonne pas du mouvement presque lyrique qui termine le poème.

> De scènes comme celles-ci naît la grandeur de la vieille Ecosse,
> Qui la fait aimer chez elle et respecter au dehors ;
> Les princes et les lords ne sont qu'un souffle des rois,
> « Un honnête homme est le plus noble ouvrage de Dieu. »
> Et certes, sur la route céleste et belle de la vertu,
> La chaumière laisse le palais loin derrière elle.
> Qu'est la pompe mondaine ? Un poids pesant
> Qui déguise souvent un misérable
> Versé dans les arts de l'enfer, raffiné dans la méchanceté.
>
> O Écosse, cher sol, mon sol natal,
> Pour qui mon plus ardent vœu monte au ciel,
> Puissent longtemps tes fils endurcis par le travail rustique
> Posséder la santé et la paix et le doux contentement !
> Et, oh ! puisse le Ciel protéger leurs vies simples
> De la contagion du luxe, faible et vil !
> Alors, couronnes de rois et de noblesse peuvent être brisées,
> Une populace vertueuse saura se lever,
> Et dressera un mur de feu autour de son île bien-aimée !

Quelle leçon d'égalité ! Où trouvera-t-on du respect pour le faste et le cérémonial, quand on l'a donné tout entier à ce pauvre paysan, plus noble que les marquis et les lords ? Quand on a éprouvé cette vénération pour la vertu en soi, et goûté le vin du vrai respect, toutes les déférences extérieures semblent creuses et insipides.

On voit quelle dignité la vie des pauvres a pris entre les mains de Burns. Elle est rehaussée, ennoblie. Elle est montrée dans sa grande importance pour le pays. Elle est même parfois, malgré la réalité qu'elle conserve, revêtue d'une sorte de beauté. En regard, la vie des riches est dépouillée de ses entourages fallacieux, révélée dans son vide et ses laideurs, dans son inutilité pour tous. De quel côté est l'avantage, la vraie supériorité, le droit à l'estime ? Ces familles sont le froment d'un pays. Comme l'humble blé, elles le font vivre et, quelles que soient les plantes fastueuses et rares qui fleurissent dans les jardins, ce sont elles qui sont la parure des plaines.

C'est par ce côté, et dans ces limites, que Burns a touché aux portions nobles de la vie. Il est, grâce à cela, plus qu'un poète de la réalité familière et grotesque. Il faut avouer cependant que ces deux parties de son génie ne sont pas égales entre elles. Celle-ci est inférieure à la première, en originalité, en variété, et surtout en vie. Ne semble-t-il pas que la différence capitale que nous avons signalée ressort visiblement ? C'est que le don d'objectiver, de créer des scènes ou des êtres en dehors de soi-même, abandonne Burns lorsqu'il pénètre dans le domaine du Beau. Il n'y porte que ses propres émotions ; il n'y parle qu'en son propre nom ; il y exprime des principes au lieu de peindre des personnages. Il est créateur dans le comique, et non dans le relevé. Il a donné la vie à beaucoup de personnages risibles, pas à une figure poétique. Tandis que les peintres complets, comme Shakspeare, en face de Falstaff et de Caliban, produisent Ophélie et Ariel, Burns n'a pas donné en beau de pendant à ses *Joyeux Mendiants* et à *Tam de Shanter*. Même cette verve d'expression, cette perpétuelle trouvaille, cette bonne fortune et cette bonne humeur de langage le délaissent. La langue reste vigoureuse et simple, mais elle est plus monotone, plus abstraite. Elle se tient à quelque distance des objets, et par un artifice de construction littéraire. En même temps, au lieu d'être souple, prompte de mouvement, agile aux moindres détours de la réalité, elle est plus raide et plus tendue. Ce n'est plus une suite de touches qui tombent pressées sur le point qu'elles doivent rendre, c'est le développement oratoire. La pièce du *Samedi soir* peut servir d'exemple. L'inspiration en est haute et en fait en grande partie la beauté. Mais où sont la vie, l'individualité ? Le laboureur n'est qu'un type général, à la façon du maître d'école ou du curé de village de Goldsmith. Le sujet demandait sans doute de la gravité, mais elle est ici un peu lente ; le style, qui est large, a quelque chose de froid et de compassé ! Le morceau manque de la saveur des véritables créations de Burns.

Il en faut conclure que Burns n'a pas rendu avec la même netteté la beauté des choses que leurs aspects familiers et comiques. Il a été plus créateur dans le grotesque que dans le sérieux. De la beauté répandue dans la vie, il a eu surtout le goût de la beauté morale. Lui qui est si peintre dans les faits de tous les jours, n'est plus, à une certaine hauteur, qu'un orateur. Il a l'ardeur, l'âpreté, l'éloquence ; il cesse d'avoir la véritable création. Il a été un prédicateur de choses nobles et un peintre de choses vulgaires. Mais la vie est au-dessus de tout. Le côté des œuvres de Burns où sont les *Joyeux Mendiants*, *La Veillée de la Toussaint*, *La Mort et le Dr Hornbook*, *Tam de Shanter*, est plus de génie que celui où se trouve le *Samedi soir*, l'*Ode de Bruce* et les *Conseils à un Jeune Homme*.

Malgré cette préférence, il aurait été injuste de négliger cet aspect de Burns. Cela ajoute quelque chose à un homme d'avoir énergiquement aimé la liberté, la justice et la bonté mutuelle entre les hommes. Cela ajoute quelque chose à un poète de les avoir chantées avec des accents vibrants. Cela ajoutera beaucoup à la gloire de Burns de les avoir chantées en des chants si simples et si forts qu'ils ont fourni au peuple la poésie de ses droits, de ses colères, et de sa dignité.

V.

LE JUGEMENT DE LA VIE.

Au delà de ces nobles passions qui sont les ailes de la vie, il y a des pensées qui se placent en dehors d'elle, pour la mesurer et la juger. Il y a l'intelligence du peu qu'elle est, de sa brièveté, de sa vanité, de ses tristesses, de ses défaillances. Dans quelque joie ou quelque activité que l'homme existe, il n'a qu'une idée imparfaite de sa situation tant qu'il ne l'a pas envisagée par ce dehors et connue pour ce qu'elle est. C'est un contrôle qui nous empêche d'accorder trop d'importance à nos pauvres nous-mêmes, d'exagérer la petite place que nous tenons. Il est bon de savoir que les bonheurs sont de courts rêves que beaucoup, autour de nous, ne peuvent pas même rêver. Cela nous ramène au sentiment de la fuite et de la fragilité de la vie. Et cette conviction nous empêche d'être les dupes de nos propres espoirs, de nous enfermer dans l'égoïsme de notre propre satisfaction. En sachant le peu que tout cela vaut et dure, nous sommes plus préparés à le perdre ou à le partager ; nous devenons plus sages et meilleurs. En vérité, il n'y a pas de tableau achevé de la vie, sans cet arrière-plan de mélancolie.

Burns a eu fortement cette sensation du rapide passage de la vie. Au milieu du rire et des plaisirs, il n'oublie jamais complètement que tout cela est l'éclat d'un flot qui passe, moins brillant s'il était moins rapide.

Dans ses moments les plus joyeux, il semble brusquement avoir conscience de leur fuite et s'abandonne, sur cette pente de tristesse, à des réflexions sur la fuite de la vie elle-même.

> Cette vie, autant que je le comprends,
> Est une terre enchantée et féerique,
> Où le plaisir est la baguette magique,
> Qui, maniée adroitement,
> Fait que les heures, comme des minutes, la main dans la main,
> Passent, en dansant, très légères.
>
> Sachons donc manier cette baguette magique ;
> Car, lorsqu'on a gravi quarante-cinq ans,
> Vois, la vieillesse caduque, lasse, sans joie,
> Avec une face ridée,
> Arrive, toussant, boitant par la plaine,
> D'un pas traînant.
>
> Quand le jour de la vie approche du crépuscule,
> Alors, adieu les promenades insouciantes et oisives,
> Et adieu les joyeux gobelets écumants,
> Et les sociétés bruyantes,
> Et adieu, chères et décevantes femmes,
> La joie des joies !
>
> O vie ! combien est charmant ton matin,
> Les rayons de la jeune Fantaisie ornent les collines !
> Méprisant les leçons de la froide et lente Prudence,
> Nous nous échappons,
> Comme des écoliers, au signal attendu
> De s'éjouir et de jouer !
>
> Nous errons ici, nous errons là,
> Nous regardons la rose sur l'églantier,
> Sans songer que l'épine est proche
> Parmi les feuilles ;
> Et bien que la petite blessure menace,
> Sa souffrance est si courte !
>
> Quelques-uns, les heureux, trouvent un coin fleuri,
> Pour lequel ils n'ont ni peiné, ni sué ;
> Ils boivent le doux et mangent le meilleur,
> Sans souci, ni peine,
> Et, peut-être, regardent la pauvre hutte
> Avec un haut dédain.
>
> Sans dévier, quelques-uns poursuivent la fortune ;
> L'âpre espérance tend tous leurs muscles ;
> A travers beau et laid, ils pressent la chasse,
> Et saisissent la proie ;
> Alors, tranquillement, dans un coin plaisant,
> Ils terminent la journée.

> Et d'autres, comme votre humble serviteur,
> Pauvres gens ! n'observant ni règles, ni routes,
> A droite, à gauche, s'écartant sans cesse,
> Ils vont en zig-zags,
> Tant qu'accablés par l'âge, obscurs, ayant faim,
> Ils gémissent souvent.
>
> Hélas ! quel amer labeur et quels efforts !....
> Mais, assez de ces pauvres plaintes moroses !
> La lune inconstante de la Fortune pâlit-elle ?
> Qu'elle aille où elle veut !
> Sous ce qu'elle conserve de lueur,
> Chantons notre chanson ! [1]

Il y a encore de la gaîté et de l'insouciance dans ces vers. En certains endroits, le sentiment est plus sombre. La vie n'est pas seulement rapide, elle est mauvaise. Elle est faite de plus de maux que de biens. La terre est le théâtre d'innombrables douleurs où errent quelques joies.

> Pourquoi hésiterais-je à quitter cette scène terrestre ?
> L'ai-je donc trouvée si pleine de charmes plaisants ?
> Quelques gouttes de joie avec des flots de mal entre elles,
> Quelques rayons de soleil parmi des tempêtes renaissantes.
> Sont-ce les agonies du départ qui alarment mon âme,
> Ou la triste, haïssable et sombre demeure de la mort ? [2]

De cette impression est sortie une pièce d'une grande mélancolie qui a pour titre et pour refrain *L'Homme fut créé pour gémir*. Par un crépuscule de novembre, au milieu des champs et des bois dénudés, on voit cheminer un vieillard dont les pas sont fatigués. Il semble usé de souci, ses traits sont sillonnés par les années, ses cheveux sont blancs. Cet étrange passant énumère toutes les amertumes dont est faite la vie, les duretés du sort, les duretés des hommes, auxquelles s'ajoutent nos propres folies.

> Les unes après les autres, les folies nous conduisent,
> Les passions licencieuses brûlent,
> Elles décuplent la force de la loi de la nature :
> Que l'homme fut créé pour gémir [3].

La pièce, qui se prolonge comme une lamentation, se termine par cette strophe découragée.

> O mort ! La plus chère amie du pauvre,
> La plus douce et la meilleure !
> Bienvenue l'heure où mes membres âgés

---

[1] *Epistle to James Smith.*
[2] *Stanzas, in the Prospect, of Death.*
[3] *Man was made to Mourn.*

> Seront étendus avec toi en repos !
> Les grands, les riches craignent ton coup,
> Arrachés à la pompe et au plaisir,
> Mais, oh ! tu es un soulagement béni pour ceux
> Qui, las et accablés, gémissent ! [1]

Quelquefois ces réflexions sur la vie prennent un accent moderne Elles s'unissent aux aspects de la nature. Y a-t-il dans Chateaubriand ou dans Lamartine quelque chose de plus mélancolique, une plus intime union des tristesses de l'âme aux tristesses des choses que dans la pièce qui suit ? Ce ne sont pas les invocations orageuses que René adresse à l'orage, ni les plaintes harmonieuses de l'*Isolement*. Il y a, dans la tranquillité même de cette scène, voilée de brume, quelque chose de plus tranquille et de plus accablé.

> Le brouillard paresseux pend au front de la colline
> Cachant le cours du ruisseau sombre et sinueux !
> Combien sont languissantes les scènes naguère si vives,
> Quand l'Automne remet à l'Hiver l'année pâlie.
> Les forêts sont sans feuillage, les prairies sont brunes,
> Et toute la gaie toilette de l'Été est envolée,
> Laissez-moi seul errer, laissez-moi seul songer
> Combien vite le temps s'envole, combien durement le sort me poursuit.
>
> Combien j'ai vécu longtemps, mais combien j'ai vécu en vain !
> Combien peu de la modique mesure de la vie me reste peut-être !
> Quels aspects divers le vieux temps a pris dans sa course,
> Quels liens le cruel Destin a déchirés dans mon cœur !
> Combien imprudents ou pires, nous sommes jusqu'au sommet de la colline,
> Et, sur la pente, combien faibles, assombris et navrés !
> Cette vie, avec tout ce qu'elle donne ne vaut pas qu'on la reçoive.
> Pour quelque chose au delà d'elle, sûrement l'homme doit vivre [2].

Ce ne sont pas là des sentiments très originaux. A toute époque, il y a eu des poètes qui s'en sont nourris, et on peut encore ajouter que Burns les a exprimés avec moins de profondeur que maint d'entre eux. Mais il ne faut pas oublier qu'en même temps il aime et rend la vie. Tandis que les autres semblent vivre dans les cimetières et ne fréquenter que les fossoyeurs, lui est un homme qui va aux fêtes, aux foires, aux marchés, là où il y a de jolies filles et des gars rubiconds. Sur son chemin, il traverse parfois l'enclos planté de croix où le gazon est ouvert pour une place nouvelle. Il s'y arrête un instant et continue. Cette courte méditation suffit pour qu'il emporte, dans l'agitation et le bruit, la tristesse qui les apprécie.

---

[1] *Man was made to Mourn.*
[2] *The lazy Mist.*

Ainsi que cela arrive presque constamment chez lui, les sentiments personnels sont rendus avec plus de force que les idées générales. Il parle surtout bien des amertumes de la vie qu'il a éprouvées lui-même. Parmi elles, il y en a deux qui ont pénétré en lui : la lassitude de vivre, et le sentiment douloureux des erreurs et des fautes que l'existence entraîne.

Il y a peu d'âmes harassées par les passions qui, à quelque moment, n'éprouvent la fatigue, le besoin d'une quiétude définitive, qui n'aient appelé la mort comme l'aïeule bienveillante sur le giron de laquelle il serait doux, ineffablement doux de s'endormir. Ce goût de la mort est surtout marqué chez les âmes qui manquent de but et de direction, soit que leurs passions, soit que les événements les aient jetées hors de la route. C'était déjà le vœu d'Hamlet désorienté et meurtri. Ce fut celui d'Edgar Poe qui portait sous son front de sourdes souffrances, et pour qui le fait d'exister semble avoir été douloureux. On se rappelle la pièce terrifiante, tant le désir de s'assoupir dans le néant y est ardent, et ces strophes, si poignantes à la manière de Poe, par la simple reprise de sons qui se répètent comme des lamentations :

> Les gémissements et les plaintes,
> Les soupirs et les sanglots
> Sont apaisés maintenant,
> Avec cet horrible battement
> Au cœur ! ah ! cet horrible,
> Horrible battement !
>
> Le malaise, la nausée,
> La souffrance impitoyable
> Ont cessé avec la fièvre
> Qui affolait mon cerveau,
> Avec la fièvre appelée « vivre »
> Qui brûlait dans mon cerveau ! [1]

Byron ne disait-il pas aussi :

> Qu'est-ce que la mort ? un repos du cœur ! [2]

Burns avait éprouvé ce même besoin de mourir. Sa nature violente, qui se dépensait par secousses fougueuses, aurait été sujette à des réactions et à des abattements, même dans son fonctionnement normal. Le malheur, en le jetant dans les plaisirs qui étourdissent, avait rendu ces dépressions plus fréquentes et plus profondes. Alors le découragement arrivait, la fatigue, une sorte de courbature de vivre, le souhait du

---

[1] Edgar Poe. *For Annie.*
[2] Byron.

repos définitif. Il a rendu cela avec une vigueur qui ne va pas loin de celle de Poe.

> Et toi, puissance hideuse que la Vie abhorre,
> Tant que la Vie peut fournir un plaisir,
> Oh ! écoute la prière d'un misérable !
> Je ne recule plus, effrayé, épouvanté ;
> J'implore, je mendie ton aide amicale,
> Pour clore cette scène de soucis !
> Quand mon âme, dans une paix silencieuse,
> Quittera-t-elle le jour morne de la vie ?
> Quand mon cœur fatigué cessera-t-il ses battements,
> Froide poussière dans l'argile ?
> Plus de crainte alors, plus de larme alors,
> Pour mouiller ma face inanimée ;
> Être serré, être étreint,
> Dans ton glacial embrassement ! [1]

Ce goût de la mort fut également ressenti par Shelley. Trelawny raconte qu'un jour il dut le repêcher au fond de l'eau, où il s'était laissé couler et où il s'était roulé « comme un congre » en attendant paisiblement de mourir. Mais chez Shelley, c'était moins la lassitude de la vie présente que l'attrait de la vie commune, et le dessein de se réunir à la vaste existence universelle.

Le pauvre Burns avait de plus, à un haut degré, le sens des erreurs de la vie, de ses faiblesses. Ses propres souvenirs lui avaient enseigné combien les meilleures résolutions sont proches des défaillances, combien nos efforts vers le mieux trébuchent parmi les folies et les fautes.

> La dame Vie, bien que la fiction puisse l'attifer
> Et l'orner de fausses perles et de clinquant,
> Oh ! vacillante, faible et incertaine,
> Je l'ai toujours trouvée,
> Toujours tremblante, comme une branche de saule,
> Entre le bien et le mal [2].

Avec ce sentiment lui revenaient les regrets et parfois les remords des mauvais passages de son passé. Il avait assez souffert, et il s'était assez forgé de malheurs, pour comprendre les leçons que la vie contient toujours et qu'elle inflige parfois. Dès qu'il touche à ce point, il devient grave. En quelque endroit de presque toutes ses pièces, le ton comique se suspend et les paroles sérieuses arrivent. Il fait, en repassant à travers ses propres erreurs, sa récolte de sagesse. Ce sont souvent des regrets, souvent des résolutions, parfois de véritables remords. Quelquefois, il

---

[1] *Ode to Ruin.*
[2] *To Colonel de Peyster.*

arrache fortement à sa conduite un avertissement, brusque comme le chagrin qui nous atteint au bout d'une suite de faiblesses et tout d'un coup nous les dévoile. Il est plein de ces aveux et de ces conseils. La pièce qui a pour titre : *Epître à un jeune Ami*, et qui est si riche de paroles pratiques et viriles qu'on pourrait la comparer aux recommandations de Polonius à son fils, en est un exemple. Les exhortations se succèdent, portant sur tous les points où un homme doit être prémuni ; pensées prudentes, avisées, en même temps qu'élevées, et toute cette sagesse aboutit à un retour mélancolique sur lui-même.

> En termes de laboureur, « Dieu vous prospère »
> A devenir chaque jour plus sage,
> Et puissiez-vous mieux suivre ce conseil
> Que ne l'a jamais fait le conseilleur.

Ces aveux sont épars de tous côtés dans son œuvre. Ils sont accompagnés de préceptes d'indulgence, dans lesquels on sent qu'il la réclame autant qu'il la conseille.

Ce quelque chose de grave, qui reparaît çà et là, suffit pour remettre toutes choses en leur place. Le rire et le comique restent au premier plan, mais ils ne sont pas seuls. Derrière leur gaîté sortent des avertissements et une voix plus austère qui ne laisse pas oublier ce que la vie contient de sérieux et d'imposant, qui en proclame les responsabilités. Par delà les scènes de la vie ordinaire qu'il excelle à peindre, il y a une pensée plus sévère qui les observe, qui les juge, les condamne ou les plaint. Parfois même, on l'a vu, il arrive jusqu'à la tristesse qui fait le fond de la vie et la clot. Il n'avait pas encore connu le désenchantement de la vieillesse et la décoloration qui s'étend sur tout, mais il avait déjà eu des moments où l'inanité de nos courtes carrières apparaît. Il avait connu précocement ce terrible « A quoi bon ? », qui visite, vers leur fin, les âmes les plus actives et les mieux réglées, celles qui ont fait le plus consciencieusement leur besogne de vivre ; et qui assaille de meilleure heure celles qui se sont dispersées et n'ont pas donné tout ce qu'elles pouvaient. En sorte qu'une moralité se dégage après tout de son œuvre. Sa peinture de la condition humaine n'en représente pas seulement le côté insouciant, pittoresque et quotidien. Elle est plus complète. Elle n'en ignore ni les douleurs, ni les fragilités, ni les énigmes, tout le côté obscur et qui regarde du côté de la mort.

CHAPITRE III.

BURNS COMME POÈTE DE L'AMOUR.

Que Burns ait été un des plus charmants et peut-être le plus varié des poètes de l'amour, cela n'a rien qui puisse surprendre. La grande affaire de sa vie avait été l'amour. Sa propre existence est un véritable écheveau embrouillé où les intrigues s'entrelacent, se mélangent et se perdent, continuellement remplacées par de nouvelles. Dans cet enchevêtrement de passions ou de caprices, on n'a guère que ceux qui ont laissé une trace dans ses œuvres. Un révérend presbytérien, le docteur Hately Waddell, en a fait un relevé consciencieux. Il a dressé méthodiquement une liste alphabétique des héroïnes à qui Burns a dédié des vers. Ce catalogue ne comprend pas moins de cinquante noms [1]. C'est loin du chiffre de Don Juan; mais, pour une femme à qui on écrit des vers qui restent, combien d'autres à qui on dit des paroles qui passent? Si l'on faisait le relevé des noms charmants chantés par les autres poètes, dans combien de poètes faudrait-il prendre pour arriver à une demi-centaine d'héroïnes?

Cela même ne lui suffisait pas. Quand il n'était pas occupé d'amour pour son propre compte, il l'était pour les autres. Déjà à Tarbolton, il se trouvait dans le secret de la moitié des amours de la paroisse [2]. Plus tard et jusqu'à la fin, il continua ce rôle de confident. Lorsqu'un de ses amis était refusé, ajourné ou abandonné, il n'avait qu'à s'adresser à Burns, et Burns lui écrivait aussitôt des vers destinés à fléchir la cruelle, à décider l'indécise, ou à maudire la perfide. Il était une sorte d'écrivain public en matière d'amour. C'est ainsi qu'il a composé pour autrui quelques-unes de ses plus jolies chansons. Pour Clarke, le musicien, qui était épris d'une de ses élèves, il a écrit : *Philis, la jolie*. Pour James Johnson, le graveur, il a écrit : *Toi, belle Eliza*. Pour son ami Cunningham, qui aimait une jeune fille et en avait été abandonné, il a composé deux de ses plus poignantes

---

[1] Voir dans l'édition de Hately Waddell l'appendice : *Heroines of Burns*.
[2] *Autobiographical Letter to Dr Moore*

poésies : *Le Printemps a revêtu le Bois de Verdure*, et *Si j'avais une Caverne sur un Rivage lointain*. Cunningham méritait d'ailleurs d'inspirer ces deux morceaux, car il demeura inconsolable. Longtemps après, vers le soir, il allait dans la rue où demeurait l'infidèle maintenant mariée, afin de voir son ombre passer sur les stores ; puis il s'en retournait les larmes aux yeux [1]. Pour Willie Chalmers, Burns composa la chanson de *Willie Chalmers* ; et pour un collègue de l'Excise, du nom de Gillespie, sa poétique romance du *Bois de Craigieburn*. Ce ne sont pas là des conjectures. On a son aveu ; dans ses propres notes sur ses chansons, on trouve : « Mr Chalmers, un de mes amis particuliers, m'a demandé d'écrire une épître poétique à une jeune fille, sa Dulcinée. Je l'avais vue, mais je la connaissais à peine, et j'ai écrit ce qui suit [2] » ; ou encore : « Cette chanson fut composée sur une passion que Mr Gillespie, un de mes amis particuliers, avait pour Miss Lorimer, plus tard, Mrs Whelpdale [3] ». Il allait au-devant des demandes et proposait ses services. Il écrivait à Johnson : « Avez-vous une belle déesse qui vous entraîne comme une oie sauvage, dans une poursuite de dévotion amoureuse ? Faites-moi connaître quelques-unes de ses qualités, comme, par exemple, si elle est brune ou blonde, grasse ou maigre, petite ou grande, etc ; choisissez votre air et je chargerai ma muse de la célébrer [4] ». Ainsi, il ne pouvait jamais rester désœuvré du côté de l'amour, et, à ses propres intrigues, il ajoutait celles des autres.

Et ce n'est pas tout. Lorsque l'amour a pris ainsi possession d'une âme, l'a remplie de son rêve et l'a faite sienne, il y chante, pour ainsi dire, de lui-même. Il n'est plus besoin qu'une circonstance particulière y éveille des paroles éprises ; elles y naissent sans cause, comme les soupirs d'un luth. Quand l'esprit de Burns n'était pas occupé d'amours réels, pour lui ou ses amis, il s'en créait d'imaginaires. Il portait constamment en lui des épisodes rêvés, des déclarations toujours prêtes, des ivresses ou des tristesses feintes, des romans innombrables, dont son cœur, à qui la réalité ne suffisait pas, entretenait son infatigable préoccupation d'amour. On peut se représenter ce qu'il a pu passer de combinaisons amoureuses dans un esprit ainsi employé. Une rencontre, un site favorable, un rien lui faisaient construire de ces rêveries, de ces châteaux en Espagne, aux fenêtres garnies de jolis visages. Son cœur était toujours inquiet d'amour,

> comme la boussole
> Tout en vacillant tourne au pôle.

---

[1] Scott Douglas, tom III, p. 141.
[2] Lockhart. *Life of Burns*, p. 152.
[3] *Glenriddell Manuscript*.
[4] *To J. Johnson*, Nov. 15th, 1788.

C'était son opinion que, pour bien parler de l'amour, il faut l'avoir éprouvé. « Shenstone, dit-il, observe finement que les vers d'amour sans passion réelle sont le plus fade de tous les jeux d'esprit, et j'ai souvent pensé qu'un homme ne peut être un juge compétent de compositions amoureuses à moins d'avoir été lui-même, en un ou plusieurs cas, un fidèle fervent de cette passion [1] ». Si cette théorie est vraie, il y a eu peu d'hommes mieux préparés que lui.

Avec la spontanéité de production qu'avait Burns de traduire, sur le champ, en vers, ce qu'il ressentait, on comprend qu'il soit sorti, de ce travail continuel de son esprit, une quantité considérable de pièces. Et quelle variété ! Tous les sentiments de l'amour y passent et s'y agitent : les premières timidités, les aveux chastes, les rêves d'un instant, les félicités, les angoisses, les reproches, les désespoirs, les douleurs des séparations, les joies âpres et avides des possessions secrètes et rares, les lourdes ivresses des possessions banales, les déclarations jetées en passant comme par un voyageur pressé, les longs souvenirs emportés dans le sang même du cœur, les professions d'inconstance et les serments de fidélité, les humilités et les révoltes en face du dédain, les adorations qui s'adressent à l'âme et celles qui s'éprennent du corps, les enchantements des débuts et les amertumes des fins d'amour, les rêveries très chastes et les désirs semblables à des charbons ardents, les amitiés qui sont à deux doigts de l'amour, et les amours qui prennent le chemin de l'amitié, toutes les extases et toutes les épreuves, toutes les nuances de la passion la plus riche en emportements et en raffinements, un pêle-mêle de tout ce que l'amour peut inspirer de poétique, de délicat, et de brutal à l'ondoyant cœur humain. Et ces sentiments se jouent, se répercutent, se multiplient, dans toutes les situations où une imagination infatigable et un cœur qui l'aurait fatiguée ne cessaient de s'aventurer, chacun de son côté : fiançailles, abandons, séparations par la mort ou l'éloignement, adieux, retours, absences qui rougissent les yeux de l'épouse, l'amour légitime, l'adultère, la naissance d'enfants dont se réjouit le foyer, la venue de ceux qu'aucun foyer ne connaîtra, tous les dangers, toutes les folies, dans lesquels la passion toute puissante pousse les hommes. De telle sorte qu'on rencontre dans cette partie de l'œuvre de Burns, tous les accidents, toutes les variantes qu'il est possible d'imaginer, et qu'on en composerait une anthologie où se déroulerait la gamme entière des sentiments et des situations de l'amour.

Comment choisir dans ce nombre de pièces souvent aussi parfaites les unes que les autres ? Comment surtout les répartir ? Elles sont toutes différentes et chacune d'elles a son originalité. Il faudrait presque une traduction complète, et ce ne serait encore en représenter que le nombre.

---

[1] *Common-place Book.*

La couleur, la grâce et l'accent seraient perdus en route et, en même temps, ce qui peut parfois en tenir lieu, le commentaire constant de la critique qui marche à côté des citations, avertit de ce qui leur manque et essaye, par des exemples pris dans notre propre langue, de donner une idée du charme absent. Nous avons essayé de mettre un peu d'ordre dans cette confusion de belles choses. Nous ne pouvons nous dissimuler que c'est un vain essai de groupement, presque nuisible à l'ensemble. C'est comme si on voulait classer ces amas de jolies coquilles accumulées par la mer au bord de certaines baies. Une partie de leur beauté est dans leur abondance et leur mélange. Cependant, n'est-il pas permis d'en prendre quelques poignées, d'examiner de combien de sortes il y en a, de quelles fines nuances elles sont vêtues ; quitte à les rejeter ensuite dans la masse nacrée, rose et lilas, où les autres sont demeurées ? On a ainsi, avec l'idée du riche ensemble, celle de la variété et de la finesse, et une admiration plus complète qui tient, pour ainsi dire, les choses aux deux bouts. Ainsi faisons-nous avec les poésies amoureuses de Burns. Nous en prenons au hasard ; un autre en prendrait de différentes ; et nous aurions tous deux les mains pleines de délicates choses. Mais, en les regardant une à une, il ne faut pas oublier que nous avons à nos pieds le tas de fines coquilles où nous pourrions puiser encore.

I

LA POÉSIE DE L'AMOUR.

Avant toutes ces pièces et dominant les sentiments qu'elles traduisent, on peut placer, en manière de prélude, les chants à l'amour lui-même. Depuis six mille ans qu'il y a des hommes et qui aiment, comme dirait La Bruyère, les hymnes qu'il a reçus ont été plus nombreux que les levers du soleil. Depuis ceux qui l'ont célébré comme une des forces de la nature et une des joies de l'univers, jusqu'à ceux qui l'ont dénoncé comme le fléau du monde et la plus exécrable des folies, un chœur immense d'hymnes triomphaux ou de malédictions a monté vers lui des lèvres humaines. Il n'est guère de poète qui ne l'ait salué à sa manière, qui n'en ait parlé selon les délices ou les déceptions qu'il a cru qu'il lui devait. Burns avait eu trop souvent affaire à lui pour n'en rien dire. C'était pour lui, « l'alpha et l'oméga du bonheur humain [1] », « la goutte de plaisir céleste », « le seul cordial dans cette vallée mélancolique [2] », « l'étincelle de feu céleste qui éclaire la hutte hivernale de la misère » ;

---

[1] *To Alex. Cunningham*, 24th Jan. 1789.
[2] *Cotter's Saturday night.*

« sans lui, la vie pour les pauvres habitants des chaumières serait un don de malédiction [1] ». Il l'a chanté, non pas comme le désir universel dont sont travaillés les profondeurs des mers et les entrailles de la terre ; son esprit ne généralisait pas ses passions ; mais comme ce qui faisait le charme de sa vie, et le plaisir qui effaçait tous les autres. Et, dans le concert des pièces à l'Amour, son léger air de flûte a cependant sa place, est original par quelque chose de preste et de délibéré.

Les roseaux verdissent O !
Les roseaux verdissent O !
Les plus douces heures que je passe,
Je les passe avec les fillettes, O !

Il n'y a rien que soucis de tous côtés,
Et dans chaque heure qui passe O ;
Que signifierait la vie de l'homme,
S'il n'était point de fillettes O !

Les gens mondains peuvent suivre la richesse,
Et la richesse leur échapper toujours O ;
Lors même qu'ils l'atteindraient enfin,
Leur cœur n'en saurait jouir O !

Mais donnez-moi une douce heure vers le soir,
Mes bras autour de ma chérie O,
Et les soins mondains et les gens mondains
Peuvent aller sens dessus dessous O !

Pour vous, les graves, qui vous moquez de cela,
Vous n'êtes que des stupides ânes O ;
L'homme le plus sage que le monde ait vu
A chèrement aimé les fillettes O !

La vieille nature déclare que ces charmantes chéries
Sont à ses yeux son plus noble ouvrage O ;
Sa main novice s'est essayée sur l'homme,
Et puis, elle a fait les fillettes O !

Les roseaux verdissent O
Les roseaux verdissent O !
Les plus douces heures que je passe
Je les passe avec les fillettes O ! [2]

A côté de cette pièce et comme suspendue à elle, se trouve l'apologie de l'inconstance que tant de poètes ont faite. Presque tous l'ont faite avec les mêmes images, avec celles qui expriment le mieux la mobilité et la fuite : les flots, les nuages, les couleurs, tout ce qui échappe sans cesse, est insaisissable.

---

[1] *To Alex. Cunningham*, 24th Jan. 1789.
[2] *Green grow the Rashes, O !*

> Que la femme ne se plaigne pas
> D'inconstance en amour,
> Que la femme ne se plaigne pas,
> Que l'homme infidèle aime à changer.
> Voyez par toute la nature,
> Sa loi puissante veut qu'on change.
> Dames, serait-il pas étrange
> Si l'homme alors était un monstre ?
>
> Voyez les vents, voyez les cieux,
> La montée de la mer et sa descente ;
> Soleil et lune se couchent pour se lever,
> Et les saisons tournent, tournent.
> Pourquoi vouloir que l'homme chétif
> Résiste au plan de la Nature ?
> Nous serons constants, tant que nous pourrons,
> Vous ne pouvez pas plus, savez-vous ? [1]

« Pouvez-vous contraindre la mer à sommeiller tranquillement, le lis à garder sa fraîcheur, le tremble à ne pas frissonner, pouvez-vous contraindre l'abeille à ne pas voltiger et le col du ramier à ne pas chatoyer, alors vous pourrez contraindre l'amour à durer toujours, » disait un autre poète écossais qui fut presque le contemporain de Burns [2]. Ils sont de l'école de ce personnage de Shakspeare, qui prétendait que, comme un clou en chasse un autre, le souvenir de son dernier amour était chassé par un nouveau, et que celui-ci se fondait comme une image de cire près du feu, ne gardant plus l'empreinte de ce qu'elle était [3]. Ce ne sont pas les métaphores qui ont jamais manqué aux poètes pour rendre la fuite continuelle de l'amour. Peut-être ceux-là seraient-ils encore davantage dans le vrai qui diraient des vents et des flots qu'ils sont aussi inconstants que le cœur humain.

De ce groupe de poésies amoureuses on peut en rapprocher un autre. Ce sont des pièces impersonnelles. Elles ont été inspirées par des sentiments que Burns n'a pas pu éprouver pour son compte, mais que son esprit, toujours occupé de la même passion, s'est amusé à ressentir. Il y en a toute une série. Ce sont souvent des plaintes de jeunes filles. Elles pleurent l'infidélité, l'exil ou la mort de leur amant. L'une, se promenant un soir d'été, quand les joueurs de cornemuse et les jeunes gens sont en train de jouer, aperçoit son faux ami et s'éloigne en pleurant [4]. Une autre pense à son matelot qui est au loin : pendant que les troupeaux sont haletants autour d'elle, sous le midi, peut-être est-il à son canon, sous le soleil

---

[1] *Let not woman e'er complain.*
[2] Thomas Campbell. *Song : How delicious is the winning.*
[3] Shakspeare. *The two Gentlemen of Verona*, act. II, sc. 4.
[4] *As I was a-wandering.*

brûlant; quand l'hiver déchire la forêt et flagelle l'air hurlant, elle écoute en priant et en pleurant le rugissement du rivage rocheux [1]. Une veuve des Hautes-Terres se lamente : elle vient vers les Basses-Terres, sans un penny dans sa bourse pour payer son repas. Il n'en était pas ainsi dans les Hautes-Terres ; elle avait des vaches qui broutaient sur les collines et des brebis qui couraient sur les mamelons ; mais Donald a été tué sur la plaine de Culloden, et aucune femme dans le vaste monde n'est aussi misérable qu'elle [2]. De pauvres filles délaissées gémissent et se repentent d'avoir été trop confiantes et trop faibles. Partout, ce sont des regrets cachés et à peine trahis par un soupir.

> Tu briseras mon cœur, toi, bel oiseau,
> Qui chantes sur la branche !
> Tu me rappelles les jours heureux,
> Quand mon faux ami était sincère.
>
> Tu briseras mon cœur, toi, bel oiseau,
> Qui chantes près de ta compagne !
> Car ainsi j'étais aimée et ainsi je chantais,
> Et j'ignorais ma destinée [3].
>
> Souvent j'ai erré près du joli Doon,
> Pour voir le chèvrefeuille s'entrelacer ;
> Et tous les oiseaux chantaient leurs amours,
> Et ainsi je chantais le mien !
>
> Le cœur léger, je cueillis une rose
> Sur son buisson épineux ;
> Et mon faux ami m'a dérobé la rose
> Et ne m'a laissé que l'épine ! [4]

Plus tard les regrets sont plus clairs et plus douloureux et la douleur de l'abandon se mêle à la honte et au chagrin de la famille.

> Oh ! amèrement, je regrette, faux ami,
> Oh ! douloureusement, je regrette
> D'avoir jamais entendu votre langue flatteuse,
> Et d'avoir vu votre visage.

---

[1] *On the Seas and Far away.*

[2] *The Highland Widow Lament.*

[3] Ces strophes rappellent un peu le couplet de Molière, d'une grâce archaïque, et qu'on imagine accompagné d'une sourdine de Lully :

> Vous chantez sous ces feuillages,
> Doux rossignols pleins d'amour ;
> Et de vos tendres ramages
> Vous réveillez tour à tour
> Les échos de ces bocages ;
> Hélas ! petits oiseaux, hélas !
> Si vous aviez mes maux vous ne chanteriez pas
> (*Les Amants magnifiques*. Troisième Intermède).

[4] *The Banks of Doon.*

Oh ! j'ai perdu mes joues roses,
Et aussi ma taille si fine,
Et j'ai perdu mon cœur léger
Qui songeait peu à une chute.

Il me faut subir le rire moqueur,
De mainte fille hardie,
Alors que, si on connaissait toute la vérité,
Sa vie a été pire que la mienne.

Chaque fois que mon père pense à moi,
Il regarde fixement le mur ;
Ma mère s'est mise au lit,
De penser à ma chute.

Chaque fois que j'entends le pas de mon père,
Mon cœur éclate presque de douleur ;
Chaque fois que je rencontre le regard de ma mère,
Mes larmes tombent comme la pluie.

Hélas ! qu'un arbre si doux de l'amour
Porte un fruit aussi amer !
Hélas ! qu'un plaisant visage
Cause des larmes si amères !

Mais la malédiction du ciel écrase l'homme
Qui désavoue l'enfant qu'il a fait,
Ou laisse la douloureuse fillette qu'il a aimée
Porter des habits en haillons ! [1]

La note n'est pas toujours aussi mélancolique. Il y a, chemin faisant, de petits morceaux légers, des refrains d'amour, sans beaucoup de sens, comme ceux qu'on fredonne sur une route un jour de printemps.

Quand mai rose arrive avec des fleurs,
Pour parer ses gais buissons au feuillage épandu,
Alors ses heures sont occupées, occupées,
Au jardinier, avec sa bêche.
Les eaux de cristal tombent doucement,
Les oiseaux joyeux sont tous amoureux,
Les brises parfumées soufflent autour de lui,
Le jardinier avec sa bêche.

Quand le matin pourpre éveille le lièvre
Qui va chercher son repas matinal,
Alors à travers les rosées, il s'en va,
Le jardinier avec sa bêche.
Quand le jour expirant dans l'ouest
Tire le rideau du sommeil de la nature,
Il vole vers les bras de celle qu'il préfère,
Le jardinier avec sa bêche [2].

---

[1] *The Ruined Maid's Lament.*
[2] *When rosy May comes in wi' Flowers.*

Ou bien, ce sont des fantaisies en peu de mots ; un petit conte. C'est Katherine Jaffray qui vivait dans cette vallée, et le lord de Lauverdale qui est venu du sud pour la courtiser, mais sans lui dire qui il était jusqu'au jour du mariage [1]. C'est un lord qui est parti à la chasse sans chiens ni faucons. Et pourquoi ? C'est que son gibier n'est pas loin de certaine chaumière où reste Jenny. Pour elle, il oublie sa lady avec toutes ses toilettes.

> La robe de ma lady, il y a des rubans dessus,
> Et des fleurs d'or rares dessus ;
> Mais le corset et le corsage de Jenny,
> Mon lord en fait beaucoup plus de cas.

> Par delà ce moor, par delà ces mousses,
> Où les coqs de bruyère passent à travers la bruyère,
> Là vit la fille du vieux Collin,
> Un lis dans une solitude.

> Ses jolis membres se meuvent aussi doucement
> Que des notes de musique dans les hymnes des amants,
> Un diamant humide est dans ses yeux bleus,
> Où nage follement l'amour joyeux.

> Ma lady est soignée et ma lady est bien habillée,
> C'est la fleur et le caprice de l'ouest ;
> Mais la fillette qu'un homme préfère,
> Oh ! celle-là est la fillette qui le rend heureux [2].

A cela, il faudrait ajouter quelques imitations des anciennes ballades. C'est celle de lord Gregory qui représente une femme délaissée venant frapper à la tour de son seigneur [3]. C'en est une autre très touchante et très belle, sur le même sujet, seulement c'est un homme qui vient retrouver celle qu'il croit infidèle.

> Oh ! ouvre la porte, montre-moi de la pitié,
> Oh ! ouvre la porte pour moi, oh !
> Bien que tu aies été fausse, je resterai fidèle,
> Oh ! ouvre la porte pour moi, oh !

> Froide est la rafale sur ma joue pâlie,
> Mais plus froid est ton amour pour moi, oh !
> Le froid qui gèle la vie dans mon cœur,
> N'est rien auprès des douleurs qui me viennent de toi, oh !

> La pâle lune se couche derrière les vagues blanchissantes,
> Et ma vie est à son coucher, oh !
> Faux amis, fausse amie, adieu jamais plus,
> Je ne vous troublerai, ni eux, ni toi, oh !

---

[1] *Katherine Jaffray.*
[2] *My Lady's Gown, there's Gairs upon it.*
[3] Voir ce morceau, plus haut, dans le chapitre sur les vieilles Ballades.

Elle a ouvert la porte, elle l'a ouverte toute grande,
Elle voit son pâle cadavre sur la plaine, oh !
« Mon seul amour ! » s'écria-t-elle, et elle tomba près de lui,
Pour ne se relever jamais, oh ! [1]

La ballade de lady Mary Ann, dans une note plus gaie, est aussi un joli petit morceau.

Oh ! lady Mary Ann
Regarde par-dessus le mur du château,
Elle a vu trois jolis garçons
Qui jouaient à la balle.
Il était le plus jeune,
La fleur d'eux tous,
Mon joli petit gars est jeune,
Mais il pousse encore.

Oh ! père ! oh ! père,
Si vous le jugez bon,
Nous l'enverrons un an
Encore au collège.
Nous coudrons un ruban vert
Autour de son chapeau,
Afin que l'on sache bien
Qu'il est à marier encore.

Lady Mary Ann
Était une fleur dans la rosée
Doux était son parfum,
Et jolie était sa couleur.
Et plus elle fleurissait,
Plus elle était charmante,
Car le lis en bouton
Embellira encore.

Le jeune Charlie Cochrane
Etait une pousse de chêne,
Beau et fleurissant,
Et droit était son corps.
Le soleil prenait plaisir
A briller pour lui,
Et il sera l'orgueil
De la forêt encore.

L'été est parti
Où les feuilles étaient vertes,
Et loin sont les jours
Que nous avons vus.
Mais de bien meilleurs jours,
J'espère, reviendront ;
Car mon joli garçonnet est jeune
Et il pousse encore [2].

---

[1] *Open the Door to Me, oh.*
[2] *Lady Mary Ann.*

Enfin, il faut encore mettre des dialogues dans le genre de celui d'Horace et de Lydie, qui, fort à la mode dans la littérature amoureuse du XVIII⁰ siècle, ne comptent pas parmi ses productions très personnelles [1]. A côté de ces jeux, il a fait de petits récits de scènes d'amour qui sont, au contraire, des bijoux de simplicité et d'émotion, bien à lui. Le plus célèbre est peut-être *Le Pauvre et l'Honnête Soldat*. Il était un soir d'été dans une auberge quand il vit passer devant la fenêtre un pauvre soldat fatigué. Il le fit appeler et lui demanda ses aventures, puis tomba aussitôt dans une de ces absences qui lui étaient ordinaires. Au bout de quelques instants, il avait composé un petit drame :

Quand la rafale mortelle de la sauvage guerre fut passée,
Et la douce paix fut de retour,
Trouvant maint doux bébé sans père,
Et mainte veuve en deuil,
Je quittai l'armée et les tentes des camps,
Où longtemps j'avais été soldat,
Mon maigre havresac pour toute ma fortune,
Un pauvre et honnête soldat.

Ma poitrine portait un cœur loyal, léger.
Le pillage n'avait pas souillé ma main ;
Et vers la douce Ecosse, vers mon pays,
Joyeusement je me mis en marche :
Je songeais aux rives de la Coil,
Je songeais à ma Nancy,
Je songeais au sourire charmeur
Où ma jeune fantaisie s'est prise.

Enfin, j'arrivai dans la jolie vallée
Où j'avais joué en mes jeunes années ;
Je passai le moulin, l'épine du rendez-vous
Où souvent j'ai courtisé Nancy :
Qui vis-je sinon ma chère fillette aimée,
Près de la demeure de sa mère !
Je me détournai pour cacher le flot
Qui gonflait mes yeux.

D'une voix altérée, je lui dis : « Douce fillette,
Douce comme la fleur de cette épine,
Oh ! heureux, heureux puisse être celui
Qui est chéri de ton cœur.
Ma bourse est légère, j'ai loin à aller,
Et je voudrais bien loger chez toi.
J'ai servi mon roi et mon pays longtemps,
Aie pitié d'un soldat » !

---

[1] *O Philly, Happy be that Day.*

Tristement, elle me regarda.
Elle était plus adorable que jamais ;
Et elle me dit : « J'ai aimé autrefois un soldat,
Je ne l'oublierai jamais.
Notre humble toit et notre humble repas,
Vous en aurez votre part.
Ce signe vaillant, cette chère cocarde,
Vous êtes bienvenu, à cause d'elle ».

Elle regarda, elle rougit comme une rose,
Puis pâlit comme un lis,
Elle tomba dans mes bras, en disant :
« Es-tu mon cher Willie » ?
« Par celui qui fit le soleil et le ciel,
Et qui protège l'amour vrai,
Je suis bien lui ! ainsi puissent toujours,
Les amants fidèles avoir leur récompense.

« Les guerres sont finies, et je suis de retour,
Et je te retrouve fidèle de cœur ;
Quoique pauvres de biens, nous sommes riches d'amour
Et nous ne nous quitterons plus ».
Elle me dit : « Mon grand'père m'a laissé de l'or,
Une ferme bien fournie ;
Viens, mon fidèle gars-soldat,
Tu es bienvenu à tout partager ».

Pour de l'or, le marchand sillonne la mer,
Et le fermier laboure la terre ;
Mais la gloire est la récompense du soldat,
La richesse du soldat est l'honneur :
Ne méprisez pas le pauvre et brave soldat,
Ne le traitez pas en étranger ;
Souvenez-vous qu'il est le soutien de son pays,
Au jour et à l'heure du danger [1].

Ce morceau a pris en Écosse la popularité moitié sentimentale et moitié patriotique de certaines chansons militaires de Béranger.

Il est cependant inférieur, selon nous, à la ravissante idylle qui suit. Les détails sont réels ; mais des vers d'une poésie exquise, entre autres la sixième strophe, les relèvent et les parent, de façon à faire de ce petit récit un modèle de vérité et de grâce. Ce n'est pas une des inspirations éloquentes et ardentes de Burns ; c'est un petit travail d'artiste sobre et délicat. Il n'a rien écrit de plus parfait en ce genre.

Il y avait une fillette, et elle était jolie,
Qu'on la vit à l'église ou au marché ;
Quand toutes les plus belles filles étaient assemblées,
La plus belle fille était la jolie Jane.

---

[1] *The Soldier's Return.*

Toujours elle aidait sa mère dans son travail,
Et toujours elle chantait si joyeusement
Que l'oiseau le plus gai sur le buisson
N'avait pas un cœur plus léger qu'elle.

Mais les éperviers ravissent les jeunes
Qui mettent une joie bénie dans le nid du petit linot ;
Et le froid flétrit les plus brillantes fleurs,
Et l'amour brise la paix la plus profonde.

Le jeune Robin était le plus beau gars,
La fleur et l'orgueil de tout le vallon ;
Et il avait des bœufs, des moutons, et des vaches,
Et neuf ou dix fringants chevaux.

Il alla avec Jane à la foire,
Il dansa avec Jane, sur la dune ;
Et bien longtemps avant que la pauvre Jeannette ne le sût,
Elle avait perdu son cœur, son repos était perdu.

Comme dans le sein du ruisseau
Le rayon de lune repose, quand tombe la rosée des crépuscules,
Ainsi tremblant, pur, et tendre était l'amour,
Dans le cœur de la jolie Jane.

Et maintenant, elle aide sa mère à son travail,
Et sans cesse elle soupire de peine et de souci,
Cependant elle ne sait pas ce qui la fait souffrir,
Ou ce qui pourrait la guérir.

Mais le cœur de Jeannette bondit légèrement,
Et la joie brilla dans son œil,
Quand Robin lui dit un conte d'amour,
Au soir, sur la prairie où croissent les lis !

Le soleil descendait à l'ouest,
Les oiseaux chantaient dans chaque buisson,
Il pressa doucement sa joue contre la sienne,
Et murmura ainsi son conte d'amour :

« Ma jolie Jane, je t'aime !
Crois-tu que tu pourras m'aimer ?
Veux-tu quitter la chaumière de ta mère,
Et apprendre à diriger la ferme avec moi ?

» Ni dans la grange, ni dans l'étable, tu n'auras à travailler,
Tu n'auras rien pour te troubler,
Tu n'auras qu'à errer dans les bruyères fleuries
Et à surveiller à mes côtés les blés onduleux ».

Que pouvait faire la pauvre Jane ?
Elle n'eut pas le cœur de dire « non ».
Elle finit par rougir, c'était doucement consentir.
Et l'amour ne les a pas quittés ! [1]

---

[1] *There was a Lass, and She was Fair.*

On pourrait ajouter à celles-là la pièce un peu vive pour être citée, mais charmante de coloris : *La jolie fille qui a fait mon lit*. Elle fut composée sur une aventure de Charles II, quand il errait et se cachait dans le Nord, aux environs d'Aberdeen, au temps de l'usurpation. Il forma *une petite affaire* [1] avec une fille de la maison de Port-Lethan, qui était « la fille qui avait fait le lit » pour lui [2].

Burns a été plus loin ; il a chanté la longue fidélité de deux existences passées ensemble, le sentiment d'attachement et de longue reconnaissance réciproque qui sort peu à peu de la passion, à mesure que celle-ci s'enfonce avec la jeunesse, il a, selon le vers admirable d'Hugo, célébré la douceur « des vieux époux usés ensemble par la vie [3] » ; et il l'a fait dans une petite chanson exquise d'émotion vraie et simple.

> John Anderson, mon amoureux, John,
> Quand nous nous connûmes d'abord,
> Vos cheveux étaient noirs comme le corbeau,
> Et votre beau front était poli;
> Mais maintenant votre front est chauve, John,
> Vos cheveux sont pareils à la neige;
> Mais bénie soit votre tête blanche,
> John Anderson, mon amoureux.
>
> John Anderson, mon amoureux, John,
> Nous avons gravi la colline ensemble ;
> Et maint jour de bonheur, John,
> Nous avons eu l'un avec l'autre ;
> Maintenant il nous faut redescendre, John,
> Nous nous en irons la main dans la main,
> Et nous dormirons ensemble au pied de la colline,
> John Anderson, mon amoureux [4].

Il fallait que son imagination eût vraiment exploré toutes les situations de l'amour pour l'avoir conduit jusqu'à celle qu'il était le plus incapable de connaître par lui-même.

Au milieu de ce vaste nombre de pièces, les qualités et les manières sont aussi variées que les sentiments. Parfois, bien que la chose soit rare, on sent chez lui presque uniquement l'artiste, le délicat et précieux ouvrier en paroles. Ce sont les pièces qui appartiennent à la seconde partie de sa vie, quand son habileté était devenue grande, faites aux jours où l'inspiration baissait un peu sa flamme. Il reprenait alors volontiers un de ces canevas communs à tous les poètes, sur lesquels ils brodent, en les variant légèrement, des motifs semblables, arrangeant les

---

[1] En français dans le texte.
[2] *Notes in an interleaved Copy of Johnson's Musical Museum.*
[3] V. Hugo. *Les Contemplations ; Ecrit sur la Plinthe d'un bas-relief antique.*
[4] *John Anderson, my Jo, John.*

mêmes fleurs en bouquets différents. Mais comme, avec une simple touche, il rajeunit et renouvelle ces vieux sujets ! A la suite d'Anacréon, il n'est guère de poète qui n'ait souhaité d'être un des objets touchés par la bien-aimée ; l'agrafe qui serre sa gorge, l'escabeau qui supporte ses pieds [1]. C'est un sujet bien usé, et cependant il en a encore tiré une jolie chanson.

> Oh ! si mon amie était ce joli lilas,
> Dont les fleurs violettes s'offrent au printemps,
> Et moi un oiseau pour m'y abriter,
> Lorsque fatigué sur mes petites ailes !
>
> Comme je serais triste, quand il serait déchiré
> Par l'automne farouche et le dur hiver !
> Mais comme je chanterais, sur mes ailes joyeuses,
> Quand le jeune mai renouvellerait sa floraison !
>
> Oh ! si mon amie était cette rose rouge,
> Qui pousse sur le mur du château ;
> Et moi, une goutte de rosée,
> Pour tomber dans son joli sein !
>
> Oh ! là, heureux ineffablement,
> Je me nourrirais de beautés toute la nuit,
> Enfermé et sommeillant dans ses plis satinés,
> Jusqu'à ce que la lumière de Phébus m'en chasse [2].

Il en est de même pour ces énumérations de fleurs si chères à toutes les poésies, surtout à la poésie anglaise. Les poètes anglais sont de grands connaisseurs de fleurs ; ils en parlent avec une richesse et une précision particulières. Si un savant accomplissait ce travail de botanique littéraire très minutieux, on trouverait probablement que le catalogue de leur flore est plus long, leurs observations plus exactes, que ceux des poètes étrangers ; les serres de la littérature anglaise sont les plus riches du monde. Qu'on n'oublie pas que la poésie anglaise est littéralement parfumée par toutes les fleurs des champs, des jardins et des bois. Si cet éloge paraît excessif, qu'on songe au vieux poète de *la Feuille et la Fleur* ; qu'on pense aux passages floraux dont les pièces de Shakspeare sont parées, aux clairières du *Songe d'une nuit d'été*, aux couplets d'Ophélie, à mille traits comme les délicieuses paroles d'Arvirargus.

> Avec les plus belles fleurs
> Tant que l'été durera et que je vivrai ici, Fidèle,
> J'embaumerai la triste tombe ; tu ne manqueras

---

[1] Voir dans *The Miller's Daughter* de Tennyson, comment un motif vieux comme le monde peut être repris, retouché, par une main d'artiste, jusqu'à reprendre place dans la vie contemporaine.

[2] *Oh, were my Love yon Lilac Fair.*

> Ni de la fleur qui est comme ta face, la pâle primevère,
> Ni de la jacinthe azurée comme tes veines, ni non plus
> De la feuille de l'églantine qui, pour ne pas la calomnier,
> N'était pas plus douce que ton haleine. [1]

Qu'on se représente l'amas, les brassées de fleurs, sous lesquelles Milton fait disparaître le cercueil de son ami Lycidas : la hâtive perce-neige, la jacinthe, le pâle jasmin, l'œillet blanc, la pensée striée de jais, la violette, la rose moussue, le chèvrefeuille, et la pâle primevère qui penche sa tête pensive, et toutes les fleurs que portent les broderies du deuil [2]. Qu'on pense au plus surprenant poème qui jamais ait été écrit sur les fleurs, à cette admirable et touchante *Sensitive* de Shelley, avec sa galerie de fleurs, dont l'expression est rendue comme en une suite de pastels féminins, et dont les âmes délicates sont devinées et pénétrées comme par la sympathie d'un Ariel [3]. Et Wordsworth ! Et tant d'autres : Herrick, Tennyson, Browning ! Si on plantait sur la tombe de chaque poète anglais un seul pied de chacune des plantes qu'il a chantées, ils dormiraient tous sous des floraisons épaisses, et le parfum du printemps en serait augmenté.

Naturellement, les poètes ont fait usage de leurs connaissances florales pour en tirer des images. Les femmes ont été, par eux, comparées aux fleurs, de mille manières ingénieuses. On comprend que, s'il est un point difficile à rajeunir, ce soit celui-là. Les poètes contemporains s'en tirent en reportant leurs similitudes sur des fleurs rares et tropicales. Burns n'avait pas cette ressource. Cependant, ses petites offrandes de fleurs familières resteront parmi tant d'autres. Elles n'ont ni la variété, ni les luxuriances de coloris de certaines gerbées, mais elles sont si simples et si fraîches ! Ce ne sont pas des bouquets assortis aux beautés fières et fastueuses de grandes dames. Les siens sont cueillis « en un champ voisin », et faits pour des corsages de paysannes simples et fraîches comme eux.

> Oh ! l'amour s'aventurera
> Là où il n'aimerait pas être vu ;
> Oh ! l'amour s'aventurera
> Où la prudence était naguère ;
> Mais j'irai par cette rivière,
> Et parmi ces bois si verts,
> Et j'y formerai un bouquet
> Pour ma très chérie May.
>
> Je cueillerai la primevère,
> Première mignonne de l'année ;

---

[1] *Cymbeline*, Act. IV, scene 2.
[2] Milton. *Lycidas*, vers 140-48.
[3] Shelley. *The Sensitive Plant*, voir surtout les strophes de la I et III parties.

Et je cueillerai l'œillet,
L'emblème de ma chérie,
Car elle est un œillet parmi les femmes,
Elle est la fleur sans rivale ;
Et j'en formerai un bouquet
Pour ma très chérie May.

Je cueillerai la rose entr'éclose,
Quand Phébus jette un premier regard,
Car elle est comme un baiser embaumé
De sa douce et jolie bouche ;
L'hyacinthe est pour la constance,
Avec son bleu inaltérable ;
Et j'en formerai un bouquet
Pour ma très chérie May.

Le lis est une fleur pure,
Et le lis est une belle fleur,
Et dans son sein délicat
Je placerai la fleur du lis ;
La pâquerette est pour la simplicité
Et un air candide ;
Et j'en formerai un bouquet
Pour ma très chérie May.

Je cueillerai l'aubépine,
Avec sa chevelure grise et argentée,
Là où comme un vieillard
Elle se tient dans l'aube ;
Mais le nid du petit chanteur dans le buisson,
Je ne l'emporterai pas ;
Et j'en formerai un bouquet
Pour ma très chérie May.

Je cueillerai le chèvrefeuille,
Quand l'étoile du soir est proche,
Et les gouttes diamantées de rosée
Seront ses yeux si clairs ;
La violette est pour la modestie,
Il lui sied bien de la porter ;
Et j'en formerai un bouquet
Pour ma très chérie May.

Je mettrai autour du bouquet
Le ruban de soie de l'amour,
Et je le placerai à sa poitrine,
Et je jurerai par les cieux
Que jusqu'à ma dernière goutte de vie
Ce ruban restera noué ;
Et j'en formerai un bouquet
Pour ma très chérie May [1].

---

[1] *Oh, Luve will Venture in.*

Il a repris maints des sujets et des comparaisons ordinaires parmi les poètes, mais avec le coloris, l'éclat d'épithètes, une sorte de sensualité de couleur, qui frappent dans nos poètes de la Renaissance. Il a, comme eux, cette qualité que les mots tels que : rosée, rose, mai, qui pour nous sont un peu usés, ont l'air d'être neufs chez lui. Il semble comme eux les avoir employés avec joie, nouveauté et naïveté. Ils ont gardé tout leur lustre matinal. Les deux pièces qui suivent n'ont-elles pas la teinte riche et pourprée de certaines pièces de Ronsard ? Elles ont été composées toutes deux pour Miss Cruikshank, la fille de son ami d'Edimbourg, presque une enfant, comme celle que Ronsard appelait « fleur angevine de quinze ans [1] ». Ce sont ces pièces qu'un critique appelle : « the rosebud pieces to Miss Cruikshank ». Elles ne sont que l'idée, exprimée avec des qualités semblables, dans ces vers des *Amours* :

> Comme on voit sur la branche, au mois de mai, la rose
> En sa belle jeunesse, en sa première fleur,
> Rendre le ciel jaloux de sa vive couleur,
> Quand l'aube, de ses pleurs, au poinct du jour l'arrose,
> La Grâce dans sa feuille et l'Amour se repose,
> Embasmant les jardins et les arbres d'odeur [2].

Comme eux, elles valent surtout par le coloris des mots.

> Beau bouton de rose, jeune et brillant,
> Fleurissant dans ton prime Mai,
> Puisse-tu ne jamais, douce fleur,
> Frissonner dans la froide averse !
> Que jamais le froid passage de Borée,
> Que jamais le souffle empoisonné de l'Eurus,
> Que jamais les funestes lumières stellaires
> Ne te touchent d'une nielle précoce !
> Que jamais, jamais le ver perfide
> Ne se nourrisse de ta fleur virginale !
> Que le soleil lui-même ne regarde pas trop ardemment,
> Ton sein rougissant dans la rosée.
>
> Puisses-tu longtemps, douce perle cramoisie,
> Richement parer ta tige native ;
> Jusqu'à ce qu'un soir doux et calme,
> Distillant la rosée, exhalant le baume,
> Tandis que les bois d'alentour résonneront
> Des oiseaux qui chanteront ton requiem,
> Au son de leur chant funèbre,
> Tu épandes autour de toi tes beautés mourantes,
> Et rendes à la terre, ta mère,
> La plus adorable forme qu'elle ait jamais produite [3].

---

[1] Ronsard. *Les Amours, Marie.*
[2] Ronsard. *Les Amours, Marie.*
[3] *To Miss Cruikshank, Written on the Blank Leaf of a Book, presented to her by the Author.*

La seconde pièce ressemble beaucoup à celle-ci ; elle est peut-être encore plus riche et plus fraîche de couleur.

> Un bouton de rose, près de mon chemin matinal,
> Dans un abri au bord des blés,
> Courbait gracieusement sa tige épineuse,
> Dans la rosée, un matin.
> Avant que les ombres de l'aube deux fois aient fui,
> Épanouie dans sa gloire cramoisie,
> Et penchant richement sa tête emperlée,
> Elle embaume le jeune matin.
>
> Dans le buisson était un nid,
> Un petit linot le couvait tendrement,
> La rosée perlait froide sur sa poitrine,
> Si tôt dans le jeune matin.
> Il verra bientôt sa chère couvée,
> L'orgueil et la joie du bois,
> Parmi les fraîches feuilles vertes et humides
> Éveiller le jeune matin.
>
> Ainsi, cher oiseau, jeune et belle Jenny,
> Sur les cordes tremblantes, ou de ta douce voix,
> Tu chanteras pour repayer les tendres soins
> Qui protègent ton jeune matin ;
> Ainsi, doux bouton de rose, jeune et brillant,
> Tu brilleras somptueusement tout le jour,
> Et tu pareras les rayons du soir de ce père
> Qui a veillé sur ton jeune matin [1].

Ce sont là les pièces extrêmes dans cette direction, celles où il y a le moins de sentiment et le plus d'habileté technique. Le plus souvent quand il reprend un de ces motifs, il y ajoute quelque chose de lui. Le fond de la petite pièce suivante est bien peu de chose. Elle est cependant si délicatement travaillée qu'elle peut prendre sa place parmi les pièces modèles de ce genre.

> Tandis que les alouettes de leurs petites ailes,
> Battaient l'air pur,
> Pour goûter l'haleine du printemps
> Je sortis et marchai :
> Gaîment l'œil d'or du soleil
> Regardait par-dessus les hauts monts ;
> « Tel est ton matin, m'écriai-je,
> Phillis, la jolie ! »
>
> Aux chansons insouciantes des oiseaux,
> Heureux, je prenais ma part ;
> Et parmi ces fleurs sauvages

---

[1] *A Rosebud by my Early Walk.*

> Le hasard me conduisit.
> Doucement, sous le jour qui s'ouvrait,
> Les boutons de rose inclinaient la branche ;
> « Telle est ta fleur, dis-je,
> Phillis, la jolie ! »
>
> Au fond d'une allée ombreuse
> Des colombes s'aimaient ;
> J'aperçus le cruel faucon
> Saisi dans un piège.
> « Puisse la Fortune être aussi bonne,
> Et réserver un destin semblable
> A qui voudrait te faire injure,
> Phillis, la jolie ! [3] »

La plupart du temps, quand il prend un de ces canevas tout faits, il commence par y broder quelques jolis détails, curieux par la finesse du travail. Mais cette habileté d'ouvrier ne va pas jusqu'à la fin, et la pièce se termine par une touche de sentiment naturel, sincère, et qui contraste avec la simple dextérité du début.

> Oh ! joli était ce buisson de roses,
> Qui fleurit si loin des demeures des hommes ;
> Et jolie était celle, et ah ! combien chère
> Qu'il abritait du soleil couchant.
>
> Ces boutons de rose, dans la rosée matinale,
> Comme ils sont purs parmi les feuilles si vertes !
> Mais plus pur était le vœu de l'amant
> Qu'ils entendaient hier dans leur ombre.
>
> Sous son dais rude et piquant,
> Combien douce et belle est cette rose cramoisie !
> Mais l'amour est une bien plus douce fleur
> Dans le sentier épineux et fatigant de la vie.
>
> Que ce ruisseau écarté, sauvage et murmurant,
> Avec ma Chloris dans mes bras soit à moi,
> Je ne désirerai ni ne mépriserai le monde
> Résignant à la fois ses joies et ses peines [3].

Dans la pièce suivante, cette donnée, si commune, d'un amoureux s'adressant à un oiseau qui gémit, donnée analogue à celle du sonnet de Ronsard :

> Que dis-tu ? Que fais-tu, pensive tourterelle,
> Dessus cet arbre sec ? — Las ! passant, je lamente. —
> Pourquoi lamentes-tu ? — Pour ma compagne absente ! [3]

---

[1] *Philis the Fair.*

[2] *O boine was yon rosy Brier.*

[3] Ronsard. *Les Amours*, Marie.

et qu'on retrouve dans des sonnets de Pétrarque [1], finit par disparaître presque complètement. La sensibilité vraie envahit le morceau et ne laisse plus place à l'habileté de l'artiste. Cela devient simple et touchant.

> Oh ! reste, doucement gazouillante alouette des bois, reste,
> Ne quitte pas à cause de moi le rameau tremblant ;
> Un amant malheureux recherche ta chanson,
> Ta plainte calmante et aimante.
> Redis, redis ce tendre passage,
> Pour que je puisse apprendre ton art touchant ;
> Car sûrement il fondrait le cœur de celle
> Qui me tue en me dédaignant.
>
> Dis-moi, ta petite compagne fut-elle cruelle ?
> T'a-t-elle écouté comme le vent insouciant ?
> Oh ! rien que l'amour et le chagrin unis
> Ne peut éveiller de telles notes de douleur.
> Tu parles de chagrin immortel,
> De douleur silencieuse et de sombre désespoir ;
> Par pitié, doux oiseau, tais-toi,
> Ou mon pauvre cœur se brisera [2].

Il faut bien entendre que ce n'est là qu'un coin très secondaire et très artificiel de ses poésies amoureuses. Il suffit de noter que, même sur ce métier de travail purement littéraire qui n'était pas le sien, et pour ce fin ouvrage de ciselure de vers auxquels ses mains n'étaient pas faites, il a égalé ce qui a été fait de plus net et de plus brillant dans ce genre. Et il convient aussi de ne pas oublier que, sauf les quelques plus

---

[1] Sonnet XLIII. *La plainte du rossignol lui rappelle celle qu'il croyait ne jamais perdre.*

Ce rossignol qui pleure, d'une façon si suave, peut-être ses petits ou sa chère compagne, remplit de douceur le ciel et les campagnes de tant de notes mélancoliques et tendres !
Et toute la nuit, il semble m'accompagner et me rappeler ma cruelle destinée ; car je n'ai pas à me plaindre d'un autre que moi ; car je ne croyais pas que la mort eût pouvoir sur les divinités....

Sonnet LXXXIX. *Le chant triste d'un petit oiseau lui rappelle ses propres chagrins.*
Bel oiselet qui vas chantant ou pleurant tes jours passés, en voyant la nuit et l'hiver à tes côtés, et le jour ainsi que les mois joyeux derrière tes épaules !
Si, comme tu connais tes maux pesants, tu connaissais mon état semblable au tien, tu viendrais dans le sein de cet inconsolé pour partager avec lui les douloureuses plaintes.
Je ne sais si les parts seraient égales ; car celle que tu pleures est peut-être en vie, tandis que la Mort et le Ciel sont tant avares pour moi.
Mais la saison et l'heure moins propice, ainsi que le souvenir des douces années et des années amères, m'invitent à te parler avec pitié.
(*Sonnets et canzones après la mort de Madame Laure*).
Nous empruntons ces sonnets à la très belle traduction de M. Francisque Reynard, si poétique, si colorée, et qui rend si bien l'étonnant sentiment pittoresque et les qualités de peintre de primitives fresques italiennes, qu'il y a dans Pétrarque.

[2] *Address to the Woodlark.*

grands chantres de l'amour, les autres poètes, dont les pièces forment l'anthologie de cette passion, n'ont guère dépassé ce degré de goût exquis et de légère main-d'œuvre.

Il lui arrive quelquefois, comme pour ne laisser aucune corde qu'il n'ait touchée, d'être plus subtil, plus recherché, et en quelque sorte plus moderne. Ce n'est pas qu'il approche jamais des enveloppements presque indéchiffrables d'images, ou des finesses presque insaisissables de sentiment, qui charment certains artistes modernes, à la suite des gens de la Renaissance. Il n'a pas même l'idée de ces complexités, de ces quintessences. Il est loin de ceux qui saisissent les nuances d'un sentiment, en les isolant du sentiment lui-même ; comme s'ils observaient les couleurs qui passent sur un visage, sans voir le visage. Il est à l'autre pôle des plus ténus et des plus sublimés des poètes, qui analysent des émotions si fines qu'elles sont impalpables, qui pèsent de l'impondérable dans de l'imperceptible, et ne semblent jamais avoir dans la main que de la poussière d'émotion. Il est bien loin aussi de ceux qui, placés aux limites de la passion, n'en étudient que les reflets lointains et les dernières colorations mourantes. Il reste toujours près du foyer ardent. Il pose fermement un sentiment plein, entier. S'il rend une phase plus fine d'émotion elle a encore pour cadre l'émotion générale dont elle dépend, qui la raffermit et la soutient. Il y a toujours sous ces teintes plus fugitives le ton franc et simple. La recherche ne l'écarte jamais beaucoup du sentier très clair et très droit qu'il suit d'ordinaire. Ainsi il imagine un compromis entre l'amour et l'amitié, mais ce sera quelque chose de bien peu compliqué, de très primitif, où ce qu'il y a d'un peu plus recherché dans le sentiment est à peine souligné par un peu plus de recherche dans les images.

> Retourne-toi, encore, ô belle Eliza,
> Un regard de bonté avant que nous ne nous quittions,
> Prends pitié du désespéré qui t'aime !
> Peux-tu briser son cœur fidèle ?
> Retourne-toi encore, ô belle Eliza ;
> Si ton cœur se refuse à aimer,
> Par compassion cache la cruelle sentence,
> Sous le bon déguisement de l'amitié.
>
> T'ai-je donc offensée, ô bien-aimée ?
> Mon offense est de t'avoir aimée :
> Peux-tu détruire pour jamais la paix
> De celui qui mourrait joyeusement pour la tienne ?
> Tant que la vie battra dans ma poitrine,
> Tu seras mêlée à chaque battement ;
> Retourne-toi encore, ô adorable fille,
> Accorde-moi encore un doux sourire.

> Ni l'abeille au cœur de la fleur,
> Dans l'éclat d'un midi soleilleux ;
> Ni la petite fée qui se joue
> Sous la pleine lune d'été;
> Ni le poète, au moment
> Où la fantaisie s'allume en son œil,
> Ne connaît le plaisir, ne ressent l'extase
> Que ta présence me donne [1].

Ou bien, parlant d'une douleur d'amour, au lieu de se plaindre simplement comme il le fait d'ordinaire, il rendra une idée un peu plus complexe et analogue à celle que termine le beau vers :

> Et vis de ta douleur, n'en pouvant pas guérir [2].

mais il n'ira pas au-delà ; c'est à peu près la borne de son raffinement.

> Où sont les joies que jadis je rencontrais le matin,
> Et qui dansaient à la chanson matinale de l'alouette ?
> Où est la paix qui attendait mes promenades,
> Le soir, parmi les bois sauvages ?
>
> Je ne suis plus le cours sinueux de cette rivière,
> Regardant les douces fleurettes si belles ;
> Je ne suis plus les pas légers du Plaisir,
> Mais le Chagrin et les Soucis aux tristes soupirs.
>
> Est-ce que l'Eté a abandonné nos vallées,
> Et le sombre et morose Hiver est-il proche ?
> Non ! Non ! les abeilles, bourdonnant autour des éclatantes roses,
> Proclament que c'est maintenant l'orgueil de l'année.
>
> Volontiers je voudrais cacher ce que je crains de découvrir,
> Ce que depuis longtemps, trop longtemps, je sais trop bien ;
> Ce qui a causé ce désastre dans mon cœur
> Est Jenny, la douce Jenny toute seule.
>
> Le Temps ne peut me secourir, ma peine est immortelle,
> L'Espoir n'ose pas m'apporter une consolation :
> Allons, enamouré et épris de mon angoisse,
> Je chercherai de la douceur dans ma souffrance [3].

Parfois cette sensation de modernité, qu'on découvre çà et là chez lui, ressort d'un mélange plus curieux de paysage et de sentiment. La pièce suivante, par exemple, doit son charme à ce que le paysage, au lieu d'être égal et bien assis comme les effets habituels de soleil ou de nuit, est un effet intermédiaire beaucoup plus rare chez lui. Ce vaste et vague

---

[1] *Fair Eliza.*
[2] Edmond Arnould. *Sonnets et Poèmes*, sonnet XXI.
[3] *Fair Jenny.*

horizon, peint d'un trait, dépasse les descriptions ordinaires. Cette ville aperçue dans la lumière du soir, et qui revient à chaque instant, donne un pittoresque et une couleur qui étaient rares alors. Le morceau entier est comme traversé et empourpré par un rayon du couchant. C'est une impression distinguée, dans le genre de celles qui ont été atteintes plus tard par les poètes, lorsque trouvant les grands effets rendus ils ont été obligés d'en chercher de plus fins et de plus rares.

> Oh ! savez-vous, qui est dans cette ville,
> Sur laquelle vous voyez le soleil couchant ?
> La plus belle dame est dans cette ville
> Sur laquelle brille le soleil couchant.

> Peut-être là-bas, dans ce bois vert et brillant,
> Elle erre, près de cet arbre touffu.
> Heureuses fleurs, qui fleurissez autour d'elle,
> Vous obtenez les regards de ses yeux !

> Heureux oiseaux qui chantez autour d'elle,
> Souhaitant la bienvenue à l'année fleurie !
> Et doublement bienvenu soit le printemps
> La saison chère à ma Lucy.

> Sur la ville là-bas, le soleil étincelle,
> Parmi les coteaux couverts de genêts ;
> Mes délices sont dans cette ville là-bas
> Et mon plus cher trésor est la belle Lucy !

> Sans ma bien-aimée, tous les charmes
> Du paradis ne me fourniraient pas de joie ;
> Mais donnez-moi Lucy dans mes bras,
> Et bienvenu soit le morne ciel des Lapons !

> Ma caverne serait une chambre d'amoureux,
> Bien que l'hiver furieux déchirât l'air ;
> Et elle serait une jolie petite fleur
> Que j'y soignerais, que j'y abriterais !

> Oh ! douce est celle qui est dans cette ville,
> Sur laquelle est descendu le soleil baissant ;
> Sur une plus jolie que celle qui est dans cette ville
> N'ont jamais brillé ses rayons couchants.

> Si le destin courroucé jure qu'il est mon ennemi,
> Si je suis condamné à porter la souffrance,
> Je quitterai sans peine tout le reste ici-bas,
> Mais laissez-moi, laissez-moi ma Lucy bien-aimée.

> Car, tant que le sang le plus précieux de la vie sera chaud,
> Pas une de mes pensées ne s'éloignera d'elle,
> Et elle, comme elle a la plus belle forme,
> Possède le cœur le plus fidèle et le plus aimant.

> Oh ! savez-vous qui est dans cette ville,
> Sur laquelle vous voyez le soleil couchant ?
> La plus belle dame est dans cette ville
> Sur laquelle brille le soleil couchant [1].

Il y a, dans cette allée un peu écartée de son œuvre, des pièces qui font penser à Henri Heine, à certains côtés de Henri Heine. On suppose, en effet, qu'il est inutile de marquer les différences ; il n'a ni la saisissante étrangeté d'images, ni l'affinement d'une souffrance toujours à vif, ni l'exquise douceur amère du poète allemand. Ses abeilles n'ont pas voltigé sur les noires absinthes ; leur miel est plus simple. Cependant, il y a chez lui un sentiment assez troublant et raffiné qui se trouve à un haut degré dans Heine. Celui-ci, au-delà de tous les poètes, a éprouvé la sensation d'emporter en soi le regard de la bien-aimée, le malaise d'être hanté par des yeux chers et cruels, ce qu'il y a de douloureux dans leur insistance implacable et caressante. « Tes grands yeux de violette je les vois briller devant moi, jour et nuit ; c'est là ce qui fait mon tourment ; que signifient ces énigmes douces et bleues [2] » ? Il les retrouve partout. Les étoiles sont les chers et doux yeux de sa bien-aimée qui veillent sur lui, qui brillent et clignotent du haut de la voûte azurée [3]. Il a écrit sur eux ses plus beaux canzones, ses plus magnifiques stances [4] et des milliers de chansons qui ne périront pas [5]. Et, de fait, il n'y a guère de place où il n'en parle : « O les doux yeux de mon épousée, les yeux couleur de violette ; c'est pour eux que je meurs [6] ». — « Avec tes beaux yeux, tu m'as torturé, torturé, et tu me fais mourir [7] ». Cette obsession et ce tourment du regard féminin, si caractéristique de Henri Heine, et que Pétrarque avait déjà connu quand il parlait de « ces beaux yeux qui tiennent toujours en mon cœur leurs étincelles allumées ; c'est pourquoi je ne me lasse point de parler d'eux [8] » est bien le fait d'un raffiné. Cet appel de tout un être dans les yeux, cette faculté d'y attirer ce qu'il y a de plus précieux dans une âme et de résumer une personne en un regard, au point d'en souffrir, d'en mourir même, n'appartient qu'à des hommes qui vivent d'une pensée assez

---

[1] *O wat ye wha's in yon Town.*

[2] Henri Heine. *Le Retour,* xxx.

[3] Id. *Mer du Nord. Dans la cabine. Pendant la nuit.*

[4] *Intermezzo,* XIII.

[5] *Le Retour,* LVI.

[6] *Nocturnes. Le Chevalier Olaf.*

[7] *Le Retour,* LVI.

[8] Pétrarque. *Sonnets et canzones pendant la vie de Madame Laure.* Sonnet XLVII. (*Traduction de Francisque Reynard*).

ardente pour fondre tout un être dans une expression intangible [1]. C'est l'indice d'un amour très spiritualisé et très intellectuel. Burns a éprouvé, presque à l'égal de Henri Heine, cette tyrannie du regard, et il y a certaines pièces de lui qu'on ne serait pas étonné de rencontrer dans le *Retour* ou le *Nouveau Printemps*. On peut citer une de ses premières pièces où déjà ce goût du regard se révèle. Elle est un peu longue, mais elle est aussi intéressante par une suite de comparaisons naturelles dont quelques-unes sont exquises et dont d'autres font penser à celles du *Cantique des Cantiques*.

> Sur les rives du Cessnock vit une fillette ;
> Si je pouvais décrire sa fortune et son visage ;
> Elle surpasse de loin toutes nos fillettes,
> Et elle a deux yeux étincelants et malicieux.
>
> Elle est plus douce que l'aube du matin,
> Quand Phœbus commence à se montrer,
> Et que les gouttes de rosée brillent sur les gazons ;
> Et elle a deux yeux étincelants et malicieux.
>
> Elle est droite comme ce jeune frêne
> Qui se dresse entre deux pentes couvertes de primevères,
> Et boit le ruisseau, dans sa fraîche vigueur ;
> Et elle a deux yeux étincelants et malicieux.
>
> Elle est sans tache comme l'épine épanouie,
> Avec des fleurs si blanches et des feuilles si vertes,
> Quand elle est pure dans la rosée matinale ;
> Et elle a deux yeux étincelants et malicieux.
>
> Son air est comme le mai vernal,
> Quand Phœbus brille sereinement, le soir,
> Quand les oiseaux se réjouissent sur toutes les branches ;
> Et elle a deux yeux étincelants et malicieux.

---

[1] Cette souveraineté du regard dans les amours idéalistes, où l'élément intellectuel est prévalent, apparaît très clairement dans Pétrarque. On peut lire ses sonnets XXXII et XLVII, dans les *Sonnets et Canzones pendant la vie de Madame Laure*, et surtout les canzones VI, *Il fait grand éloge des yeux de Laure et avoue la difficulté qu'il y a à les louer* ; VII, *Les yeux de Laure s'élèvent à contempler les chemins du ciel* ; VIII, *Il trouve tout son bonheur dans les yeux de Laure et proteste qu'il ne cessera jamais de les louer*. On y rencontre des passages qui rappellent quelques-uns de ceux de Heine : « Beaux yeux, où Amour fait son nid, c'est à vous que je consacre mon faible style... Principe de mon doux martyre, je sais bien que personne autre que vous ne me comprend... Je ne me plains pas de vous, ô yeux plus doux qu'aucun regard mortel, ni d'amour qui me tient ainsi lié » (*Canzone VI*). — « Ma gente Dame, je vois, dans le mouvement de vos yeux, une douce lumière qui me montre la voie qui conduit au ciel ; et par suite d'une longue habitude, je vois à travers eux, où j'habite seul avec Amour, reluire quasi-visiblement votre cœur... Depuis ce jour, j'ai été content de moi, emplissant d'une haute et suave pensée, ce cœur dont les beaux yeux de Laure ont la clef.... Brillantes, angéliques, heureuses étincelles de ma vie, où s'allume le plaisir qui doucement me consume et me ronge, de même que disparaît et fuit toute autre lumière là où la vôtre vient à resplendir, ainsi, quand une si grande douceur y descend, toute chose, toute autre pensée sort de mon cœur, et seul Amour y reste avec vous... Aussi combien il me fait tort, le voile et la main qui se mettent si souvent entre mon suprême plaisir et les yeux d'où, jour et nuit, découle le grand désir apaisant mon cœur, dont l'état varie selon l'aspect de Laure. » (*Canzone VII*). — (*Traduction Francisque Reynard*).

Sa chevelure est comme le brouillard floconneux
Qui gravit, le soir, le flanc des montagnes,
Quand les pluies qui ravivent les fleurs ont cessé ;
Et elle a deux yeux étincelants et malicieux.

Son front est comme l'arc pluvieux,
Quand des rayons brillants s'interposent,
Et dorent le front de la montagne lointaine ;
Et elle a deux yeux étincelants et malicieux.

Ses joues sont comme cette perle cramoisie,
L'orgueil du parterre de fleurs,
Qui commence à s'ouvrir sur sa tige épineuse ;
Et elle a deux yeux étincelants et malicieux.

Sa gorge est comme la neige de la nuit,
Quand le matin se lève pâle et froid,
Tandis que les ruisseaux murmurants coulent cachés ;
Et elle a deux yeux étincelants et malicieux.

Ses lèvres sont comme ces cerises mûres,
Que des murailles ensoleillées abritent de Borée,
Elles tentent le goût et charment la vue ;
Et elle a deux yeux étincelants et malicieux.

Ses dents sont comme un troupeau de brebis
Aux toisons nouvellement lavées,
Qui montent lentement la colline rapide ;
Et elle a deux yeux étincelants et malicieux.

Son haleine est comme la brise parfumée
Qui agite doucement les fèves en fleurs,
Quand Phœbus s'enfonce derrière les mers ;
Et elle a deux yeux étincelants et malicieux.

Sa voix est comme la grive, le soir,
Qui chante sur les bords du Cessnock, cachée,
Tandis que sa compagne couve son nid dans le buisson ;
Et elle a deux yeux étincelants et malicieux.

Mais ce n'est pas son air, sa forme, son visage,
Bien qu'ils égalent la reine fabuleuse de la beauté,
C'est l'esprit qui brille dans toutes ses grâces ;
Et surtout dans ses yeux malicieux [1].

Une autre pièce a un refrain presque semblable :

Je vois un corps, je vois un visage,
Qu'on peut mettre avec les plus beaux ;
Mais pour moi, la grâce enchanteresse y manque,
Le doux amour qui est dans son œil.

---

[1] *The Lass of Cessnock Banks.*

> Ceci n'est pas ma vraie fillette,
> Toute jolie que soit cette fillette-ci ;
> Oh ! je connais bien ma vraie fillette
> A la tendresse qui est dans son œil.
>
> Elle est belle, fleurissante, droite et grande,
> Et depuis longtemps tient mon cœur captif,
> Et toujours ce qui charme le plus mon âme,
> C'est le doux amour qui est dans son œil [1].

On trouve chez lui des images comme celles-ci :

> Son joli visage était aussi calme
> Qu'un agneau sur l'herbe ;
> Le soleil du soir ne fut jamais si doux
> Que l'était le regard des yeux de Phémie [2]

Ou comme cette autre qui, sous sa forme étroite, fait penser aux images à la fois précieuses, forcenées et passionnées de la Renaissance, si fréquentes chez Shakspeare [3] :

> Sa chevelure d'or, sans rivale,
> Descendait, ruisselait sur son cou neigeux,
> Et ses deux yeux, comme des étoiles dans les cieux,
> Sauveraient du naufrage un navire sombrant [4].

---

[1] *This is no my ain Lassie.*

[2] *Blithe was she.*

[3] Pour des images de ce genre voir, par exemple, le passage où Roméo se dit, en voyant Juliette regarder le ciel.

> Ce n'est pas à moi qu'elle parle :
> Deux des plus belles étoiles dans tout le firmament,
> Ayant quelque chose qui les appelle, supplient ses yeux
> De briller à leur place jusqu'à ce qu'elles reviennent.
> Quoi ! Si ses yeux étaient là-haut, et les étoiles dans sa tête,
> L'éclat de sa joue effacerait ces astres,
> Comme la lueur du jour efface une lampe ; ses yeux dans le ciel
> Répandraient une telle lumière dans les régions aériennes
> Que les oiseaux se mettraient à chanter, pensant que ce n'est plus la nuit.
>
> *Roméo*, Acte II, scène 2.

Et pour l'image du navire sauvé, voir celle qui est dans *Othello*, quand Cassio raconte que le navire a été épargné parce qu'il portait Desdémona.

> Les tempêtes elles-mêmes, la mer enflée et les vents hurlants,
> Les rochers déchirés, les sables amoncelés,
> Tous traîtres cachés pour saisir la carène innocente,
> Comme s'ils avaient conscience de la beauté, oublient
> Leur nature destructive, et laissent passer en toute sûreté
> La divine Desdémona.
>
> (*Othello*, Acte II, scène 1).

L'image de Burns n'est d'ailleurs pas très éloignée de la métaphore de Pétrarque : « De même que le nocher fatigué est contraint, par la fureur des vents, à lever les yeux vers les deux lumières qui brillent sans cesse au pôle, ainsi, dans la tempête d'amour que j'essuie, les yeux brillants de Laure sont mon guide et mon seul confort. » (*Sonnets et Canzones pendant la vie de Madame Laure*). Canzone VIII (*Traduction de Francisque Reynard*).

[4] *O Molly's meek.*

Celle-ci enfin n'est-elle pas tout à fait dans la manière de Henri Heine ?

> J'ai passé hier par un chemin malheureux,
> Un chemin, j'en ai peur, dont je me repentirai ;
> J'ai reçu la mort de deux yeux doux,
> Deux charmants yeux d'un joli bleu.
>
> Ce ne fut pas ses brillantes boucles d'or,
> Ses lèvres pareilles à des roses humides de rosée,
> Son sein ému, blanc comme un lis ;
> Ce furent ses yeux si joliment bleus.
>
> Elle parla, elle sourit, elle déroba mon cœur,
> Elle charma mon âme ; j'ignore comment ;
> Mais toujours le coup, la blessure mortelle
> Venait de ses yeux si joliment bleus.
>
> Si je peux lui parler, si je peux l'approcher,
> Peut-être écoutera-t-elle mes vœux ;
> Si elle refuse, je devrai ma mort
> A ses deux yeux si joliment bleus [1].

Ne fait-elle pas penser à cette tendre évocation de regards azurés du *Nouveau Printemps* ? « Avec tes yeux bleus, tu me regardes fixement, et moi je deviens si rêveur que je ne puis parler. C'est à tes yeux bleus que je pense toujours ; un océan de pensées bleues inonde mon cœur [2] ». Et cette image-ci, juste et étrange à la fois, ne se rapproche-t-elle pas encore davantage des fantaisies de Heine ?

> Faut-il que j'aime toujours,
> Et supporte le mépris qui est dans son œil ?
> Car il est noir, noir de jais, et il est comme un faucon,
> Il ne veut pas vous laisser en repos [3].

C'est, avec une métaphore différente, la même impression que dans cet autre passage de Heine : « Dans son doux et pâle visage, grand et puissant, rayonne son œil semblable à un soleil noir ; noir soleil, combien de fois tu m'as versé les flammes dévorantes de l'enthousiasme [4] ». Mais encore un coup, ce ne sont là de Burns que des allées écartées de son jardin d'amour, où croissent quelques plantes plus rares. Celles qui foisonnent au cœur même du jardin, là où tombe franchement le soleil, sont plus simples.

Dans toutes les pièces amoureuses de Burns, il faut faire un groupe de celles où il a mélangé la poésie pastorale et la poésie amoureuse.

---

[1] *The Blue-eyed Lassie.*
[2] *Nouveau Printemps*, XIX.
[3] *Song, composed in Spring.*
[4] *Mer du Nord. Le Naufrage.* Voir aussi *Le Retour*, VIII.

Il y a là un coin absolument ravissant de fraîcheur, de naturel, et de réalité embellie. A vrai dire, les poètes ont de tout temps aimé à placer l'amour au milieu de riantes descriptions. Ils semblent percevoir confusément que cette passion est la même force par laquelle le monde palpite, et que, dans ses profondeurs, elle a des rapports avec la sève qui chaque année renouvelle la parure de la terre. Quand il a cessé d'exister ailleurs, le sentiment de la nature s'est encore conservé dans les poésies amoureuses. Nulle part, cette union n'a été plus constante que dans la littérature anglaise. Burns y a réussi autant qu'aucun autre. Tout naturellement, ses scènes d'amour se placent parmi les fleurs et les ombrages.

Ce n'était pas pour Burns un artifice de poète, un cadre factice. Ses jeunes amours avaient été des amours de paysan, tout faits de rendez-vous dans les champs, de travail côte à côte pendant les moissons, ou de rencontres sur les grands moors déserts où la solitude amène le bonjour et un bout de causerie. Ces intrigues campagnardes ont toujours un fond de paysage à peine indiqué.

> La lune descendait à l'ouest,
> Avec un visage pâle et effaré,
> Quand mon beau gars, tisserand de l'ouest
> Me reconduisit à travers le vallon [1].

Un thème inépuisable, parce qu'il correspondait à la réalité, sont ces rencontres, soit dans les blés où l'on se croise en ces étroits sentiers qui passent par les champs, soit dans les bruyères. Les épis hauts sont favorables :

> En revenant par les orges, pauvre quelqu'un,
> En revenant par les orges,
> Elle a sali tout son jupon,
> En revenant par les orges.
>
> Oh ! Jenny est toute mouillée, pauvre quelqu'un,
> Jenny est rarement à sec ;
> Elle a sali tout son jupon,
> En revenant par les orges.
>
> Si quelqu'un rencontre quelqu'un,
> En revenant par les orges ;
> Si quelqu'un embrasse quelqu'un,
> Faut-il que quelqu'un crie ?
>
> Si quelqu'un rencontre quelqu'un,
> En revenant par le vallon,
> Si quelqu'un embrasse quelqu'un,
> Faut-il qu'on le sache ? [2]

---

[1] *My Heart was ance as blithe and free.*
[2] *Coming through the Rye.*

Les moors sont aussi bien dangereux. Leurs longues étendues abandonnées sont tristes à traverser seule. On chemine de compagnie, afin que la route semble plus courte ; semble, seulement, car il arrive qu'elle dure plus longtemps. Il faut qu'un moor soit bien maussade pour n'avoir pas un coin riant : on s'y repose, on devise, et il en résulte une autre jolie chanson.

> Il y avait une fillette ; on l'appelait Meg,
> Et elle traversait le moor pour aller filer ;
> Il y avait un gars qui la suivait,
> Et on l'appelait Duncan Davison.
> Le moor était long, et Meg était ombrageuse,
> Duncan ne pouvait obtenir sa faveur,
> Car elle le frappait avec la quenouille,
> Et le menaçait avec la bobine.
>
> Comme ils traversaient légèrement le moor,
> Voici un ruisseau clair et un vallon vert,
> Sur la rive, ils se reposèrent,
> Et toujours elle mettait la roue entre eux deux.
> Mais Duncan jura un serment sacré
> Que Meg serait une fiancée le lendemain ;
> Alors Meg prit tous ses ustensiles,
> Et les jeta par dessus le ruisseau.
>
> Nous bâtirons une maison, une petite, petite maison,
> Et nous vivrons comme roi et reine,
> Si joyeux et si gais serons-nous,
> Quand tu seras assise à ton rouet, le soir.
> Un homme peut boire et ne pas être gris ;
> Un homme peut se battre et ne pas être tué ;
> Un homme peut embrasser une jolie fille,
> Et être bienvenu à recommencer [1].

Ces rencontres amènent des rendez-vous, tantôt parmi les hauteurs où les moutons sont répandus, tantôt au bord d'un ruisseau où les arbres sont épais, tantôt plus secrètement au bout du jardin. Quelques-unes de ces scènes ont une jolie saveur de poésie rustique, à moitié réelle et à moitié transformée, comme dans les meilleures pages de George Sand. Ce dialogue, entre un berger et son amoureuse, est bien dans cette note, et ce refrain, qui se répète comme le rappel des moutons vers le soir, évoque, mieux que ne le ferait une description, le paysage où le troupeau est épars :

> Appelle les moutons sur la colline,
> Appelle-les où croît la bruyère,
> Appelle-les où court le ruisseau,
> Ma jolie chérie.

---

[1] *There was a Lass, they ca'd her Meg.*

> Comme je passais au bord de l'eau,
> J'y ai rencontré mon gars berger ;
> Il m'a doucement enroulée dans son plaid,
> Et il m'a appelée sa chérie.
>
> « Veux-tu venir par le bord de l'eau,
> Et voir les flots doucement glisser,
> Sous les noisetiers tout grands ouverts ?
> La lune brille très claire.
>
> Tu auras des robes et de beaux rubans,
> Et des souliers en cuir de veau à tes pieds,
> Et dans mes bras, tu te reposeras et dormiras,
> Et tu seras ma chérie ».
>
> « Si vous tenez ce que vous promettez,
> J'irai avec vous, mon gars berger,
> Et vous pourrez m'enrouler dans votre plaid,
> Et je serai votre chérie ».
>
> Tant que les eaux courront à la mer,
> Tant que le jour brillera dans ce haut ciel,
> Jusqu'à ce que la mort froide comme l'argile ferme mes yeux,
> Vous serez mon chéri.
>
> Appelle les moutons sur la colline,
> Appelle-les où croît la bruyère,
> Appelle-les où court le ruisseau,
> Ma jolie chérie [1].

On voit, comme dans la pièce précédente, que les fillettes sont habituées à se défendre et savent poser leurs conditions. On s'étonnera moins de leur facilité à accepter ces promesses, si l'on se rappelle qu'il y avait toujours une sorte de sanction dans les décisions de la session ecclésiastique. On peut citer encore une autre chanson qui résume en quelque sorte tous ces rendez-vous rustiques ; il y a une première strophe qui est belle, et, dans cette strophe, les deux vers sur ces bouleaux « lumineux de rosée » dans l'ombre suffiraient seuls à lui donner un rare prix.

> Quand, au-dessus de la colline, l'étoile orientale
> Annoncera l'instant de parquer les moutons, mon ami,
> Et que les bœufs, du champ tracé de sillons,
> S'en iront tristes et fatigués, O ;
> Là-bas, près du ruisseau, où les bouleaux parfumés
> Pendent lumineux de rosée, mon ami,
> Je te retrouverai sur la berge herbeuse,
> Mon cher bien-aimé, O !

---

[1] *Ca' the Ewes.*

Dans la plus sombre glen, à l'heure de minuit,
Je marcherai, sans avoir peur, O ;
Si à travers cette glen, je vais vers toi,
Mon cher bien-aimé, O !
Si farouche, si farouche que soit la nuit,
Si lasse, si lasse que je sois, O,
Je te retrouverai sur la berge herbeuse,
Mon cher bien-aimé, O !

Le chasseur aime le soleil matinal
Pour faire lever les daims des montagnes, mon ami ;
A midi, le pêcheur cherche la gorge
Pour y suivre le ruisseau, mon ami ;
Donnez-moi l'heure du crépuscule gris,
Cela fait mon cœur joyeux, O,
De te retrouver sur la berge herbeuse,
Mon cher bien-aimé, O ! [1]

D'autres pièces du même genre sont peut-être plus fines, comme les deux suivantes, dont la seconde surtout est une perle.

Je repasserai par cette ville,
Et par ce jardin vert, de nouveau ;
Je repasserai par cette ville,
Pour revoir ma jolie Jane de nouveau.

Personne ne saura, personne ne devinera
Pourquoi je reviens, de nouveau ;
Sinon elle, ma jolie, ma fidèle fillette,
Et secrètement nous nous verrons de nouveau.

Elle passera auprès du chêne,
Quand l'heure du rendez-vous viendra de nouveau ;
Et quand je vois sa forme charmante,
O sur ma foi ! Elle m'est deux fois chère de nouveau.

Je repasserai par cette ville,
Et par ce jardin vert, de nouveau ;
Je repasserai par cette ville,
Pour voir ma jolie Jane de nouveau [2].

Voici l'autre :

Comme je remontais par le bout de notre route,
Quand le jour devenait fatigué,
Oh ! qui descendait à pas légers la rue,
Sinon la jolie Peg, ma chérie !

---

[1] *My ain kind Dearie, O.*
[2] *I'll aye ca' in by yon Town.*

> Son air si doux, son corps si joli
> Dont les proportions sont parfaites :
> La Reine d'Amour n'a jamais marché
> D'un mouvement plus enchanteur.
>
> Les mains unies, nous prîmes les sables,
> Le long de la rivière sinueuse.
> Et, oh ! cette heure et ce recoin dans les genêts,
> Est-il possible que je les oublie ? [1]

A vrai dire, ce ne sont pas là encore des morceaux où la nature intervienne beaucoup. Un seul mot, un trait, donne l'impression que l'on est en plein air. On sent qu'on se trouve sous le ciel et loin des maisons. Cela ne va guère au-delà, et ces amoureux rustiques n'y voient pas plus loin. Quand Burns parle pour lui-même, cette part de l'extérieur s'élargit et forme autour de la figure féminine un véritable cadre de verdures et de lumières.

> Vois, la nature revêt de fleurs le gazon,
> Et tout est jeune et doux comme toi ;
> Oh ! veux-tu partager sa joie avec moi ?
> Dis que tu seras ma chérie, O !
>
> Fillette aux blonds cheveux couleur de lin,
> Jolie fillette, innocente fillette,
> Veux-tu avec moi garder les troupeaux,
> Veux-tu être ma chérie, O ?
>
> Les primevères des talus, le ruisseau sinueux,
> Le coucou sur l'épine blanche comme le lait,
> Les moutons joyeux, au prime matin,
> Te diront la bienvenue, ma chérie, O.
>
> Quand la bienfaisante averse d'été
> A réjoui les petites fleurs languissantes,
> Nous irons vers le bosquet de l'odorant chèvrefeuille des bois,
> Au chaud midi, ma chérie, O !
>
> Quand Cynthie éclaire, de son rayon d'argent,
> Le faucheur fatigué qui retourne chez lui,
> A travers les champs onduleux et jaunis, nous nous perdrons
> Et parlerons d'amour, ma chérie, O !
>
> Et quand la hurlante rafale d'hiver
> Troublera le repos nocturne de ma fillette,
> Te serrant sur mon cœur fidèle,
> Je te rassurerai, ma chérie, O ! [2]

---

[1] *Bonny Peg.*
[2] *Lassie wi' the Lint white Locks.*

Parmi un grand nombre de pièces, il y en a trois qui sont peut-être ce qu'il a fait de plus achevé dans ce genre. Il faut les citer toutes trois pour donner une idée de la merveilleuse variété avec laquelle il traitait les sujets les plus semblables. La première, avec son riche coloris de coucher de soleil printanier fut composée sur le domaine de Ballochmyle ; il a raconté lui-même dans quelles circonstances. Bien qu'on l'ait vue dans la biographie, nous la redonnons ici pour la rapprocher des autres.

C'était le soir, sous la rosée les champs étaient verts,
A chaque brin d'herbe pendaient des perles ;
Le Zéphyr se jouait autour des fèves,
Et emportait avec lui leur parfum ;
Dans chaque vallon le mauvis chantait,
Toute la Nature paraissait écouter,
Sauf là où les échos des bois verts résonnaient,
Parmi les pentes de Ballochmyle.

D'un pas négligent, j'avançais, j'errais,
Mon cœur se réjouissait de la joie de la nature,
Quand, rêvant dans une clairière solitaire,
J'entrevis, par hasard, une belle jeune fille :
Son regard était comme le regard du matin,
Son air, comme le sourire vernal de la nature,
La Perfection, en passant, murmurait :
« Regarde la fille de Ballochmyle. »

Doux est le matin de mai fleuri,
Et douce est la nuit dans le tiède automne,
Quand on erre dans le gai jardin,
Ou qu'on s'égare sur la lande solitaire ;
Mais la femme est l'enfant chéri de la nature !
Dans la femme elle a rassemblé tous ses charmes ;
Mais, même là, ses autres ouvrages sont éclipsés
Par la jolie fille de Ballochmyle.

Oh ! que ne fut-elle une fille de campagne,
Et moi, l'heureux gars des champs !
Quoique abrité sous le plus humble toit
Qui s'éleva jamais sur les plaines Écossaises !
Sous le vent et la pluie du morose hiver,
Avec joie, avec bonheur, je travaillerais,
Et la nuit je presserais sur mon cœur,
La jolie fille de Ballochmyle.

Alors l'orgueil pourrait gravir les pentes glissantes
Où brillent bien haut la gloire et les honneurs ;
Et la soif de l'or pourrait tenter l'abîme,
Ou descendre et fouiller les mines de l'Inde ;
Donnez-moi la chaumière, sous le sapin,
Un troupeau à soigner, un sol à bêcher,
Et chaque jour aura des joies divines
Avec la jolie fille de Ballochmyle [3].

---

[3] *The Lass of Ballochmyle.*

La seconde a été écrite, à quelques semaines de la précédente, probablement pour Mary des Hautes-Terres. Comme tout ce qu'il a fait pour elle, c'est une de ses œuvres les plus parfaites. Il est impossible de rendre, dans une traduction, la strophe caressante et fluide, qui coule avec la douceur et presque avec la musique d'une eau pure. C'est une de ses plus chastes et de ses plus poétiques inspirations.

> Coule, doucement, doux Afton, entre tes rives vertes,
> Coule doucement, je vais chanter une chanson à ta louange ;
> Ma Mary est endormie près de ton flot murmurant,
> Coule doucement, doux Afton, ne trouble pas son rêve.
>
> Toi, ramier, dont l'écho résonne dans le vallon,
> Vous, merles, qui sifflez follement, dans cette gorge pleine d'épines,
> Toi, vanneau à la crête verte, retiens ton cri perçant,
> Je vous en conjure, ne troublez pas ma bien-aimée qui dort.
>
> Qu'elles sont hautes, doux Afton, les collines voisines,
> Marquées au loin par le cours des clairs ruisseaux sinueux ;
> C'est là que, tous les jours, j'erre quand midi monte au ciel,
> Contemplant mes troupeaux et la douce chaumière de ma Mary.
>
> Qu'ils sont agréables tes bords, et les vertes vallées qui sont plus bas,
> Où les primevères sauvages éclosent dans les bois ;
> Là souvent, quand le doux crépuscule pleure sur la pelouse,
> Les bouleaux parfumés nous ombragent, ma Mary et moi.
>
> Qu'elle glisse amoureusement, Afton, ton onde de cristal,
> Quand tu contournes la chaumière où ma Mary demeure ;
> Que joyeusement tes eaux baignent ses pieds neigeux,
> Quand cueillant de douces fleurs, elle suit tes flots clairs !
>
> Coule doucement, doux Afton, entre tes rives vertes,
> Coule doucement, douce rivière, sujet de ma chanson,
> Ma Mary est endormie près de ton flot murmurant,
> Coule doucement, doux Afton, ne trouble pas son rêve [1].

Enfin, la dernière nous transporte dans un paysage différent, plus sauvage et plus grand. Elle se rapporte, probablement, à quelque incident de son premier voyage de Mauchline à Edimbourg.

> Ces sauvages montagnes, aux flancs moussus, si hautes et si vastes,
> Qui nourrissent dans leur sein, la jeune Clyde,
> Où les grouses mènent leurs volées se nourrir à travers la bruyère,
> Où le berger garde son troupeau, en jouant sur son roseau,
> Où les grouses conduisent leurs volées se nourrir à travers la bruyère,
> Où le berger garde son troupeau en jouant sur son roseau.

---

[1] *Sweet Afton.*

Ni les riches vallées de Gowrie, ni les bords soleilleux du Forth
N'ont pour moi les charmes de ces moors sauvages et moussus ;
Car là, près d'un ruisseau clair, solitaire et écarté,
Vit une douce fillette, ma pensée et mon rêve,
Car là, près d'un ruisseau clair, solitaire et écarté,
Vit une douce fillette, ma pensée et mon rêve.

Parmi ces sauvages montagnes, sera toujours mon sentier,
Où chaque ruisseau qui tombe et écume a sa gorge étroite et verte,
Car là, avec ma fillette, j'erre tout le jour,
Tandis qu'au-dessus de nous, inaperçues, passent les rapides heures de l'amour,
Car là, avec ma fillette, j'erre tout le jour,
Tandis qu'au-dessus de nous, inaperçues, passent les rapides heures de l'amour.

Elle n'est pas la plus jolie, bien qu'elle soit jolie,
De fine éducation sa part n'est que petite,
Ses parents sont aussi humbles qu'on peut être humble ;
Mais j'aime la chère fillette, parce qu'elle m'aime ;
Ses parents sont aussi humbles qu'on peut être humble,
Mais j'aime la chère fillette, parce qu'elle m'aime.

Quel homme ne se rend captif à la Beauté,
Quand elle a son armure de regards, de rougeurs et de soupirs ?
Et quand l'esprit et l'élégance ont poli ses traits,
Ils éblouissent nos yeux, en volant à nos cœurs ;
Et quand l'esprit et l'élégance ont poli ses traits,
Ils éblouissent nos yeux en volant à nos cœurs.

Mais la tendresse, la douce tendresse dans l'étincelle amoureuse du regard,
A pour moi un éclat plus brillant que le diamant,
Et l'amour qui agite le cœur, lorsque je suis serré dans ses bras,
Oh ! tels sont les charmes vainqueurs de ma fillette !
Et l'amour qui agite le cœur, quand je suis dans ses bras,
Oh ! tels sont les charmes vainqueurs de ma fillette ! [1]

Ne sont-ce pas là trois choses exquises ? Quelle est celle qu'on pourrait sacrifier ou choisir ? Et voici, à côté de ces pièces si simples, une autre plus complexe. La nature n'est plus seulement un cadre gracieux ou grandiose à la femme aimée, sans qu'elle participe aux sentiments exprimés. Elle devient une compagne dont la physionomie doit s'accorder avec la tristesse du poète, à laquelle elle doit prendre part.

Maintenant dans son manteau vert, la nature se pare
Et écoute les agneaux qui bêlent sur toutes les collines,
Tandis que les oiseaux gazouillent la bienvenue dans chaque bois vert
Mais pour moi tout est sans délices, ma Nannie est au loin.

La perce-neige et la primevère ornent nos bois,
Les violettes se baignent dans la rosée du matin,
Elles attristent mon triste cœur, tant elles fleurissent doucement,
Elles me rappellent ma Nannie — et Nannie est au loin.

---

[1] *Yon wild mossy Mountains.*

> O alouette, qui t'élances des rosées de la prairie,
> Pour avertir le berger que la grise aurore pointe,
> Et toi, doux mauvis, qui salues la chute de la nuit,
> Cessez par pitié, ma Nannie est au loin.
>
> Viens, Automne, si pensif, vêtu de jaune et de gris,
> Et calme-moi en m'annonçant le déclin de la nature.
> Le sombre et morne hiver, les farouches tourbillons de neige
> Seuls sont mes délices maintenant que Nannie est au loin [1].

Dans ce mélange de nature et d'amour, il y a surtout une chose qu'il excelle à rendre. Ce sont les rendez-vous et les promenades le soir, les heures passées à deux, dans les champs, sous les ombrages complices ou les regards de la lune indulgente.

> O toi, reine brillante qui, sur la plaine,
> Règnes au plus haut, d'un pouvoir suprême,
> Souvent ton regard, nous suivant silencieusement,
> Nous a observés, errant tendrement [2].

Rien dans son œuvre n'est plus exquis que ces scènes nocturnes, baignées de lumière argentée. Elles ont une grâce plus rêveuse que ses autres pièces, qui presque toujours ont quelque chose de très arrêté. Elles font penser à ces couples d'amoureux qu'on voit passer dans les champs, pendant les nuits d'été, tels que Jules Breton les a peints quelquefois. L'ombre, effaçant les précisions et les vulgarités du jour, les dégage des détails individuels; elle les généralise, pour ainsi dire, et ne leur laisse que le charme impersonnel et la signification anoblie et symbolique des attitudes. En effaçant les lignes arrêtées et les limites étroites, par lesquelles la lumière emprisonne durement les objets en eux-mêmes, elle les fond davantage avec ce qui les entoure. Elle en fait des images et comme des rêves de l'Amour humain, enveloppé par la Nature. Celui-ci même, sous cette forme plus vaporeuse et dans cette attitude, s'harmonise avec les choses et semble une des expressions de la tiédeur des nuits. C'est un des moments favoris des poètes, et Burns en a laissé la formule dans une strophe charmante :

> Que d'autres aiment les cités,
> Et à se montrer, à briller, dans le soleil de midi ;
> Donnez-moi la vallée solitaire,
> Le crépuscule baigné de rosée, la lune qui monte,
> Qui resplendit, rayonne, et fait ruisseler
> Sa lumière d'argent à travers les branches ;
> Tandis qu'avec des chutes et des appels de voix,

---

[1] *My Nannie's Away.*
[2] *Lament, occasioned by the unfortunate issue of a Friend's Amour.*

> La grive amoureuse conclut sa chanson ;
> Là, chère Chloris, veux-tu errer,
> Près des détours des ruisseaux, sous le feuillage des rives,
> Et écouter mes vœux de foi et d'amour,
> Et me dire que tu m'aimes mieux que tous ? [1]

C'est pour lui un sujet inépuisable et cela n'est pas étonnant. C'était hors du village que les jeunes paysans écossais allaient retrouver leur maîtresse, le long des champs qu'ils se promenaient avec elle. Il est à présumer que c'est une habitude encore en vigueur en Ecosse, et ailleurs. Burns l'avait pratiquée. En revenant de ces nuits précieuses, il les chantait, et les pièces qu'il leur a consacrées appartiennent surtout à la période de Mauchline, pendant qu'il était encore jeune fermier. En voici une des plus gracieuses et des plus purement poétiques :

> Voici que les vents d'ouest et les fusils meurtriers
> Ramènent l'agréable temps d'automne ;
> Le coq de marais s'enlève d'un vol bruyant
> Parmi la bruyère fleurissante ;
> Voici que le grain, ondoyant largement sur la plaine,
> Réjouit le fermier fatigué ;
> Et la lune brillante luit, tandis que j'erre la nuit,
> Pour songer à ma charmeresse.
>
> Mais Peggy, ma chérie, le soir est clair,
> Nombreuses volent les hirondelles effleurantes ;
> Le ciel est bleu, les champs au loin
> Sont tous jaunes ou d'un vert pâli.
> Viens errer, heureux, par notre gai chemin,
> Voir les charmes de la nature,
> Le blé frémissant, l'épine en fruits,
> Et toutes les créatures heureuses !
>
> Nous marcherons lentement, nous causerons doucement,
> Jusqu'à ce que la lune brille clairement,
> Je presserai ta taille, et te serrant tendrement,
> Je jurerai combien je t'aime chèrement.
> Ni les pluies printanières, aux fleurs écloses ;
> Ni l'automne, au fermier,
> Ne peuvent être aussi chers que tu l'es pour moi,
> Ma belle, ma douce charmeresse ! [2]

Toutefois, avec Burns, la réalité ne perd jamais ses droits. Au lendemain des soirées où les couples ont passé dans un vaporeux éloignement, il arrive qu'on aperçoit, à la lisière des champs, des endroits où les épis renversés vous rappellent que ces ombres poétiques étaient après tout

---

She says she lo'es me best of All.
Peggy.

des êtres humains. Chez certains poètes, comme Lamartine, le clair de lune ne se dissipe jamais et la rêverie persiste. Mais, dans Burns, il y a toujours un endroit où les blés sont couchés.

   Les sillons de blé et les sillons d'orge
    Les sillons de blé sont beaux !
   Je n'oublierai pas cette nuit heureuse
    Avec Annie, parmi les sillons.

    C'était la nuit du premier août,
   Quand les sillons de blé sont beaux,
    Sous la lumière pure de la lune,
     Je m'en allai vers Annie ;
    Le temps s'envola à notre insu,
    Si bien qu'entre le tard et le tôt,
   En la pressant un peu, elle consentit
   A m'accompagner à travers les orges.

   Le ciel était bleu, le vent paisible,
    La lune clairement brillait,
   Je la fis asseoir, elle le voulut bien,
    Parmi les sillons d'orge.
   Je savais que son cœur était à moi,
   Et moi, je l'aimais très sincèrement ;
   Je l'embrassai mainte et mainte fois,
    Parmi les sillons d'orge.

Je l'emprisonnai dans une étreinte passionnée,
    Comme son cœur battait !
    Béni soit cet heureux endroit
    Parmi les sillons d'orge !
  Mais, par la lune et les étoiles si belles,
  Qui si clairement brillaient sur cette heure,
  Elle bénira toujours cette nuit heureuse
    Parmi les sillons d'orge.

   J'ai été gai avec de chers camarades,
    J'ai été joyeux en buvant,
   J'ai été content en amassant du bien,
    J'ai été heureux en songeant.
   Mais tous les plaisirs que j'ai jamais vus,
   Quand on les doublerait trois fois,
   Cette heureuse nuit les valait tous,
    Parmi les sillons d'orge.

   Les sillons de blé et les sillons d'orge
    Les sillons de blé sont beaux !
   Je n'oublierai pas cette nuit heureuse
    Avec Annie, parmi les sillons ! [1]

---

[1] *The Rigs of Barley.*

Malgré ces rappels de réalité, toutes ces pièces sont charmantes. En littérature anglaise, je ne vois de supérieur en ce genre, parce qu'ils sont d'une inspiration plus élevée, que deux morceaux. Le premier est l'incomparable passage qui se trouve à la fin du *Marchand de Venise*, quand les sons de la musique arrivent dans le calme de la nuit, et que, dans cette atmosphère doucement ébranlée d'harmonie, les âmes des deux amants s'élèvent jusqu'à la musique des sphères [1]. Le second est cette merveilleuse et chaste vision d'Edgard Poe, lorsqu'il aperçoit Helen, vêtue de blanc, dans le jardin enchanté, tandis que de l'orbe plein de la lune, une lumière de perle tombait sur les faces d'un millier de roses tournées vers le ciel [2]. Les pièces nocturnes de Burns n'ont pas la profondeur, le charme vaporeux, et le mystère de ces admirables morceaux. Elles n'en forment pas moins une des plus jolies évocations de l'amour, aux heures bleuâtres et argentées qui semblent être surtout les siennes.

Cela suffirait déjà pour faire de lui un poète d'amour distingué, mais on peut dire que ce ne sont là que des exceptions, des criques retirées et tranquilles, dans le grand courant de son œuvre. Ce qui est bien à lui, ce n'est ni la finesse, ni la recherche ; c'est la passion sincère et vraie ; c'est la simplicité, l'ardeur, l'impétuosité du désir, l'émotion contenue dans une forme si atténuée, si réduite, qu'elle n'existe pour ainsi dire plus et ne s'interpose pas. Elle est comme brûlée par la flamme intérieure. Là, il est incomparable, direct, fort, et d'une simplicité merveilleuse. Il n'y a pas de luxe d'image ; il n'y a pas de recherche d'esprit ; il n'y a pas de déploiement poétique, pas d'élégance, pas de profondeur ; il y a de la passion pure. Elle brûle clair, tant elle est dégagée de tout autre élément. C'est ici vraiment le cœur de son œuvre, le véritable amas de ces fins et brillants coquillages qui sont bien à lui. Ils ont des teintes diverses, plus claires ou plus sombres, ils contiennent des échos différents, selon qu'ils ont été laissés sur le rivage par des jours de gaieté ou des jours de tristesse ; mais ils ont tous le même caractère de netteté. On peut ramasser au hasard, on est à peu près sûr d'avoir dans la main quelque chose de précieux, un petit chef-d'œuvre.

Dans les teintes claires de l'amour, voici des pièces légères, des minauderies, des gentillesses enjouées et badines, de petits compliments, des déclarations sans importance, jetées en passant. Ces mignardises câlines elles-mêmes sont simples.

> Jolie petite chose, fine petite chose,
> Adorable petite chose, si tu étais à moi,

---

[1] Shakspeare. *The Merchant of Venice*. Act v, Scene 1.
[2] Edgard Poe. *Helen.*

> Je te porterais dans mon sein,
> De peur de perdre mon bijou.
> Songeusement, je regarde, et je languis,
> Ce joli visage qui est tien ;
> Et mon cœur tressaille d'angoisse,
> De peur que ma petite chose ne soit pas mienne.
>
> Esprit et Grâce, et Amour, et Beauté,
> En une constellation brillent ;
> T'adorer est mon devoir,
> Déesse de cette âme qui est mienne !
> Jolie petite chose, fine petite chose,
> Adorable petite chose, si tu étais à moi,
> Je te porterais dans mon sein,
> De peur de perdre mon bijou ! [1]

Et celle-ci encore :

> O ! mets ta main dans la mienne, fillette ;
> Dans la mienne, fillette ; dans la mienne, fillette ;
> Et jure sur cette blanche main, fillette,
> Que tu seras à moi.
>
> J'ai été l'esclave du despotique amour,
> Souvent il m'a bien fait souffrir ;
> Mais maintenant il me fera mourir,
> Si tu n'es pas à moi.
>
> Mainte fillette a jadis troublé mon repos,
> Que, pour un court moment, je préférais ;
> Mais tu es reine dans mon cœur,
> Pour y rester toujours.
>
> Oh ! mets ta main dans la mienne, fillette ;
> Dans la mienne, fillette ; dans la mienne, fillette ;
> Et jure sur cette blanche main mignonne
> Que tu seras à moi [2].

Parfois ce sont, dans le même genre, de simples cajoleries, quelques mots caressants mis autour d'un baiser et se jouant avec lui. C'est plus simple et plus net que le compte embrouillé des baisers de Catulle [3].

> Je t'embrasserai encore, encore,
> Je t'embrasserai de nouveau,
> Je t'embrasserai encore, encore,
> Ma jolie Peggy Alison.

---

[1] *The Bonny wee Thing.*
[2] *Oh, lay thy Loof in mine, Lass.*
[3] Voir les deux petites pièces *ad Lesbiam* : « Vivamus, mea Lesbia, atque Amenus » et « Quæris quot mihi basiationes ».

Tous soucis et toutes craintes, quand tu es près,
Je les défie. O !
Les jeunes rois sur leurs jeunes trônes
Sont moins heureux que moi. O !

Quand dans mes bras, avec tous tes charmes,
Je serre mon trésor infini. O !
Je ne demande pour ma part du ciel
Que le plaisir de pareils moments. O !

Et par tes yeux si doucement bleus,
Je jure que je suis à toi pour jamais. O !
Et sur tes lèvres, je scelle mon vœu,
Et je ne le briserai jamais. O !

Je t'embrasserai encore, encore,
Je t'embrasserai de nouveau,
Je t'embrasserai encore, encore,
Ma jolie Peggy Alison [1].

Veut-on de la simplicité dans la grâce attendrie ? quelques paroles à moitié ou tout à fait émues ? En voici encore, où tantôt la délicatesse domine comme dans la première des pièces qui suivent, et où tantôt la tendresse la restreint et la remplace presque, ne lui laissant qu'une petite place, comme dans celles qui viennent ensuite.

O jolie Polly Stewart,
O charmante Polly Stewart !
Il n'y a pas une fleur qui fleurit en Mai,
Qui soit à moitié aussi belle que toi !
La fleur fleurit, puis se fane et tombe,
Et l'art ne peut la raviver ;
Mais, par la vertu et la candeur, toujours jeune
Restera Polly Stewart !

Puisse celui dont les bras possèderont tes charmes,
Avoir un cœur loyal et sincère ;
Qu'il lui soit donné de connaître le Paradis,
Qu'il possède en Polly Stewart !
O adorable Polly Stewart,
O charmante Polly Stewart !
Il n'y a pas une fleur qui fleurit en Mai,
Qui soit à moitié aussi jolie que toi ! [2]

Quoi de plus simple que cette strophe ?

Quand la cruelle destinée nous séparerait,
Aussi loin que du pôle à l'équateur,

---

[1] *Bonny Peggy Alison.*
[2] *Lovely Polly Stewart.*

Sa chère pensée autour de mon cœur
S'enroulerait tendrement.
Que les montagnes se dressent, et les déserts hurlent,
Et les océans rugissent entre nous,
Cependant, plus chère que mon âme immortelle,
J'aimerais encore ma Jane [1].

Celle-ci fut une de ses toutes premières chansons ; elle fut écrite au commencement de son séjour à Mauchline :

O Mary, sois à ta fenêtre,
C'est l'heure convoitée et convenue !
Laisse-moi voir ces sourires et ces regards,
Qui font mépriser le trésor de l'avare :
Avec quelle joie je supporterais la poussière,
Peinant en esclave du matin au soir,
Si je pouvais m'assurer la riche récompense,
La jolie Mary Morison !

Hier soir, quand, au son tremblant des cordes,
La danse traversait la salle éclairée,
Vers toi ma pensée prit son vol.
Je restai assis, mais sans voir, ni entendre,
Bien que celle-ci fût jolie, et celle-là brillante,
Et celle-ci l'orgueil de la ville,
Je soupirais et disais au milieu d'elles toutes :
« Vous n'êtes pas Mary Morison ! »

O Mary, peux-tu briser le repos
De celui qui, pour toi, mourrait avec joie ?
Et peux-tu bien briser son cœur
Dont la seule faute est de t'aimer ?
Si tu ne veux pas rendre amour pour amour,
Du moins, montre-moi de la pitié ;
Une pensée sans douceur ne saurait être
La pensée de Mary Morison [2].

Et celle-ci, dont les derniers vers sont si simples, est au contraire de ses dernières années :

Le jour revient, et mon cœur est en flamme,
Le jour béni où nous nous rencontrâmes ;
Quoique l'âpre hiver se fatiguât en tempêtes,
Jamais soleil d'été ne m'a paru si doux.
Plus que les trésors qui chargent les mers
Et traversent la ligne enflammée,
Plus que les robes royales, les couronnes et les globes,
Le ciel m'a accordé ; — car il t'a faite mienne.

---

[1] *My Jean.*
[2] *Mary Morison.*

> Tant que le jour et la nuit amèneront des délices,
> Tant que la nature donnera des plaisirs,
> Tant que les joies passeront sur mon esprit,
> Pour toi et toi seule, je vivrai.
> Quand le sombre ennemi de la vie ici-bas
> Viendra entre nous deux nous séparer,
> La main de fer qui brisera notre lien
> Brisera mon bonheur, brisera mon cœur ! [1]

Et voici encore de la simplicité dans la mélancolie et dans la tristesse ; des regrets tels qu'ils naissent dans les cœurs simples et s'exhalent sur des lèvres qui ignorent la recherche. Ils passent naturellement de l'âme dans la voix, ne prenant que peu de mots pour s'exprimer et se changeant presque involontairement en son, comme ces chagrins secrets qui se prolongent en soupirs.

> J'ai été aussi joyeux sur cette colline
> Que les agneaux qui jouaient devant moi ;
> Chacune de mes pensées était aussi insouciante et libre
> Que la brise qui passait sur mon front.
> Maintenant, ni ébats, ni jeux,
> Ni gaîté, ni chanson ne peuvent plus me plaire ;
> Leslie est si jolie et si timide !
> Le souci et l'angoisse m'ont saisi !

> Lourde, lourde est la tâche
> De déclarer un amour sans espoir :
> Tremblant, je n'ose que regarder,
> Soupirant, muet, désespéré.
> Si elle ne soulage pas les tourments
> Qui remplissent ma poitrine,
> Sous la motte de gazon vert,
> J'irai bientôt demeurer [2].

Ces deux derniers vers sont, dans le texte, d'une tristesse inexprimable. On trouve les mêmes qualités dans cet autre morceau :

> Mon cœur est triste, — je n'ose pas le dire,
> Mon cœur est triste pour l'amour de quelqu'un,
> Je veillerais une nuit d'hiver,
> Pour l'amour de quelqu'un.
> Oh hon ! pour quelqu'un,
> Oh hon ! pour quelqu'un,
> J'errerais autour du monde
> Pour l'amour de quelqu'un.

> Vous Pouvoirs qui souriez aux amours vertueux.
> Oh ! doucement, souriez à quelqu'un !

---

[1] *The Day returns.*
[2] *Blithe have I been.*

> De tout danger, gardez-le libre,
> Rendez-moi sauf mon quelqu'un.
> Oh hon ! pour quelqu'un
> Oh hey ! pour quelqu'un,
> Je ferais — que ne ferais-je pas ?
> Pour l'amour de quelqu'un [1].

Et celle-ci encore d'une si grande naïveté de plaint, et par cela même si touchante :

> Est-ce là ta foi, ta tendresse, ta bonté,
> Nous quitter ainsi cruellement, ma Katy ?
> Est-ce là ta récompense envers ton ami fidèle,
> Envers un cœur souffrant et brisé, ma Katy ?
>
> Peux-tu me quitter ainsi, ma Katy ?
> Peux-tu me quitter ainsi, ma Katy ?
> Tu connais bien que mon cœur souffre.
> Peux-tu me quitter ainsi, par pitié ?
>
> Adieu, que jamais ces chagrins ne déchirent
> Ce cœur inconstant qui est tien, ma Katy ?
> Tu pourras trouver qui t'aimera chèrement,
> Mais pas un amour comme le mien, ma Katy ! [2]

Au milieu de ces gerbes de pièces amoureuses, celles qui ont été dédiées à Clarinda forment une javelle à part. Aucunes n'offrent d'une façon plus frappante ce merveilleux mélange de passion et de simplicité, qui fait son originalité dans la troupe si nombreuse des poètes de l'amour. Elles ont été citées dans la biographie et il est superflu de les redonner ici. Qu'on se rappelle les vers sur cette nuit de Décembre qui fut plus douce qu'aucun des matins de mai [3], sur le rivage où il errera solitaire au milieu des cris d'oiseaux de mer [4], et surtout cette navrante pièce sur le dernier baiser, le baiser d'adieu éternel qui semble déchirer les lèvres qui se le donnent et les retient cependant éperdues et prises dans son amère douceur [5]. Les simples et douloureux couplets sont désormais dans la littérature anglaise la plainte définitive des cœurs brisés. Qu'on relise ces pièces pour voir avec quels simples moyens on peut rendre ses plus puissantes émotions et la plus ardente passion.

Et cependant, ce n'est pas encore là le terme extrême. Il a été plus loin, aussi difficile que cela puisse sembler. Parfois il est plus bref

---

[1] *For the Sake of Somebody.*
[2] *Canst thou leave me thus, my Katy.*
[3] *The Mirk Night of December,* voir pag. 472 de la Biographie
[4] *Behold the Hour,* voir pag. 472, id.
[5] *Ae Fond Kiss,* voir pag. 473, id.

encore. Il semble qu'il n'y ait plus rien. Les pièces sont dépouillées du moindre contenu intellectuel, elles sont vides. Tout s'en est retiré, images, idées, couleur. Que leur reste-t-il donc? La passion. Elles tremblent d'une flamme invisible. L'effet est insaisissable et pénétrant. Cela ne peut se comparer qu'à l'émotion que le frémissement de la voix donne à des mots insignifiants. Et ces pièces si simples ne se laissent pas lire sans contraindre la voix à changer d'expression à chaque vers, et sans parfois la charger d'attendrissement. Qu'on prenne, par exemple, la pièce suivante :

> Oh ! veux-tu venir avec moi, douce Tibbie Dunbar?
> Oh ! veux-tu venir avec moi, douce Tibbie Dunbar?
> Veux-tu partir sur un cheval ou dans une voiture,
> Ou marcher à mes côtés, oh ! douce Tibbie Dunbar
>
> Peu m'importe ton père, tes terres et ton argent,
> Peu m'importe ta race haute et seigneuriale !
> Dis seulement que tu veux m'avoir pour heur ou malheur,
> Et viens dans ton petit manteau, douce Tibbie Dunbar ! [1]

Ce n'est rien, et, dans l'original, cela est ravissant. Presque tout l'effet est dû à l'habile répétition et au retour caressant du nom propre. Sans doute, il est difficile de se rendre compte du charme qu'a ce retour. Tout est dans l'inflexion musicale et sa douceur. Il faut pour cela se mettre en mémoire des effets analogues, se répéter la musique de certaines syllabes, se souvenir de certains vers de nos propres poètes, rendus mélodieux par un nom de femme, se dire, avec Ronsard :

> Marie, qui voudrait retourner votre nom ?
> Il trouverait aimer [2].

ou avec André Chénier :

> O Camille ! l'amour aime la solitude,
> Ce qui n'est point Camille est un ennui pour moi...
> Camille est un besoin dont rien ne me soulage ;
> Rien à mes yeux n'est beau que de sa seule image,
> Sur l'herbe, sur la soie, au village, à la ville,
> Partout, reine ou bergère, elle est toujours Camille [3].

ou avec Victor Hugo :

> Thérèse la duchesse à qui je donnerais,
> Si j'étais roi, Paris, si j'étais Dieu, le monde,
> Quand elle ne serait que Thérèse la blonde ;
> Cette belle Thérèse, aux yeux de diamant [4].

---

[1] *Tibbie Dunbar.*
[2] Ronsard. *Les Amours, Marie.*
[3] André Chénier. *Élégies.* Livre II. 7.
[4] V. Hugo. *Les Contemplations. La Fête chez Thérèse.*

Et l'on arrive alors, non pas à saisir le charme de cette jolie petite pièce, mais à se rendre compte du genre de charme qu'elle peut avoir, car elle est dans sa langue originale beaucoup plus accomplie que les exemples que nous avons donnés en français. En voici une autre du même genre et peut-être plus simple encore :

> Et oh ! mon Eppie
> Mon bijou, mon Eppie,
> Qui ne serait heureux
> Avec Eppie Adair ?
> Par l'amour, la beauté,
> Par la loi, le devoir !
> Je jure d'être fidèle à
> Mon Eppie Adair !
>
> Et oh ! mon Eppie,
> Mon bijou, mon Eppie,
> Qui ne serait heureux,
> Avec Eppie Adair ?
> Que le plaisir m'exile,
> Que le déshonneur me souille,
> Si jamais je te trahis,
> Mon Eppie Adair ! [1]

Ici encore, on peut dire que la pièce se compose de la répétition d'un nom. Les vers intermédiaires ne servent qu'à le faire prononcer avec des inflexions différentes. Mais la pièce est si harmonieuse, les sonorités des rimes accompagnent et font valoir si bien celle du nom propre, que celui-ci prend une valeur musicale et poétique qui se passe de sens. Il revient avec persistance et avec une grâce chaque fois accrue, comme ce nom que les amants redisent machinalement et avec délices. Il finit par prendre la douceur qui ravissait le héros du poème de Tennyson quand, en se promenant dans le jardin, près du château, il entendait les oiseaux qui disaient : « Maud ! Maud ! Maud » ! Et c'était pour lui la plus divine des musiques [2].

Il en est de même pour la passion. Dans la pièce suivante, tout le geste d'énergie farouche et désespérée, l'accent brusque et sombre de la voix qui accompagnent un adieu, est rendu par les vers courts et hachés qui terminent les strophes et surtout la seconde.

> Si j'avais une caverne sur un rivage lointain et sauvage,
> Où les vents hurlent sur les bonds rugissants des vagues,
> J'y pleurerais mes chagrins,
> J'y chercherais mon repos perdu,
> Jusqu'à ce que la peine ferme mes yeux,
> Pour ne plus m'éveiller.

---

[1] *Eppie Adair.*
[2] Tennyson. *Maud.* XII.

> La plus fausse des femmes, oses-tu déclarer
> Que tes chers vœux donnés sont légers comme l'air ?
> Va-t-en à ton nouvel amant,
> Ris de ton parjure,
> Et cherche dans ton cœur
> Quelle paix tu y trouves ! [1]

Et je ne crois pas qu'il soit possible de mettre plus de passion en moins de mots que dans ces deux pièces que nous citons encore. La première est un pur cri, mais si simple, si franc, si sincère, qu'il devient poignant. Ce sont toujours les mêmes mots, comme dans la réalité, mais qui reviennent avec un appel de plus en plus désespéré.

> Reste, ma charmeresse, peux-tu me quitter ?
> Cruelle, cruelle, de me tromper !
> Tu sais combien tu me tortures,
> Cruelle charmeresse, peux-tu t'en aller ?
> Cruelle charmeresse, peux-tu t'en aller ?
>
> Par mon amour si mal récompensé,
> Par ta foi tendrement promise,
> Par les tourments des amants dédaignés,
> Ne me quitte pas, ne me quitte pas ainsi !
> Ne me quitte pas, ne me quitte pas ainsi ! [2]

La seconde est une plainte mélancolique de jeune fille délaissée. Elle est faite aussi avec le retour des mêmes paroles, la répétition de la même phrase, une modulation triste qui se recommence. L'effet en est navrant. Il est impossible de lire, dans l'original, cette pièce, qui ne contient pas une image et qui est presque sans-pensée, sans que, vers la fin, et par une inexplicable émotion qui est on ne sait où, la voix ne s'altère. C'est une des plus merveilleuses choses que Burns ait écrites. Au-delà d'une pièce de ce genre, la poésie cesse et il n'y a plus que l'émotion purement musicale.

> Tu m'as quittée pour jamais, Jamie,
> Tu m'as quittée pour jamais ;
> Tu m'as quittée pour jamais, Jamie,
> Tu m'as quittée pour jamais.
> Souvent tu m'as promis que la mort
> Seule nous séparerait ;
> Maintenant, tu as quitté ta fillette pour toujours,
> Je ne dois jamais te revoir, Jamie
> Je ne te reverrai jamais

---

[1] *Had I a Cave.*
[2] *Stay, my charmer.*

> Tu m'as abandonnée, Jamie,
> Tu m'as abandonnée ;
> Tu m'as abandonnée, Jamie,
> Tu m'as abandonnée.
> Tu peux en aimer une autre,
> Tandis que mon cœur se brise.
> Bientôt je fermerai mes yeux las
> Pour ne plus me réveiller, Jamie,
> Pour ne plus me réveiller ! [1]

Cette abondance de pièces, semées dans toutes les directions, suffirait à faire de Burns un des plus variés et des plus copieux poètes de l'amour. Mais il convient de ne pas oublier que la portion la plus élevée, la plus riche de sa poésie amoureuse ne figure pas ici, nous voulons dire ses pièces personnelles qui marquent les crises de sa vie. A celles qui viennent d'être données, il faut en ajouter bien d'autres : ses premières chansons d'amour. *Derrière les collines où le Lugar coule* [2], ses vers à Anna Park, si brutalement luxurieux [3] ; la série des morceaux à Jane Lorimer, d'un si joli coloris de désir [4] ; les strophes à sa petite garde-malade Jessy Lewars [5], sans parler des poèmes inspirés par Clarinda. Il faut se remettre en mémoire les chansons à Jane Armour : *De tous les points d'où souffle le vent, J'ai une femme à moi, Si j'étais sur la colline du Parnasse* [6]; et surtout les pièces écrites au moment de leur séparation et dans lesquelles vit quelque chose du désespoir des *Nuits* [7]. Enfin au-dessus de tout cela, pour la hauteur de l'inspiration, la pureté du sentiment, pour le désintéressement qu'on trouve rarement dans ses vers d'amour, il faut placer les poésies à Mary Campbell. Il faut mettre, au sommet, ce cri de remords et de douleur par lequel, tandis que l'étoile attardée qui aime à saluer le matin ramenait l'anniversaire des adieux, prosterné à terre, il implorait la chère ombre disparue de baisser les yeux vers lui, de sa place de repos bienheureux, et d'accueillir les gémissements qui déchiraient sa poitrine [8]. Et cet autre sanglot, peut-être plus poignant

---

[1] *Thou has Left me ever.*
[2] Voir la Biographie, page 42.
[3] Id. page 433.
[4] Id. page 519-527.
[5] Id. page 543-545.
[6] Id. page 388, 398.
[7] Id. page 136-138.
[8] Id. page 412.

Il est curieux de retrouver dans le noble Pétrarque, une pièce qui rappelle tout à fait celle *A Marie dans les cieux*. L'idée en est la même, sauf ce qui semble se mêler de remords au chagrin de Burns. C'est le sonnet XXXVII, *Après la mort de Madame Laure*. Le titre seul suffirait à marquer la similitude des deux morceaux : « Il la prie pour que, de là-haut, elle lui jette un regard de pitié ».

« Belle âme, délivrée de ce nœud le plus beau que sut jamais ourdir la nature, tourne du haut du ciel ton esprit sur ma vie obscure, jetée de pensers si joyeux dans les pleurs.

Elle est sortie de ton cœur, la fausse opinion qui pendant un temps te fit paraître

encore, lorsque semblant renoncer à l'espoir d'une réunion future, il épanche une douleur que le temps renouvelle, et pense que ce cœur dont il a été aimé se dissout maintenant en poussière silencieuse [1]. Ce sont des accents qui élèvent sa gloire. Grâce à eux il a atteint au rang des plus douloureux et partant des plus divins chantres de la divine et douloureuse passion ; il est parmi ceux qui ont su aimer les mortes et saigner d'un souvenir. Les vers à Mary Campbell se sont envolés jusqu'à la sphère où chantent les élégies célestes, les canzones à Laure, le *Crucifix*, les *Vers à Graziella* [2]. Il y a dans la couronne de Burns deux feuilles du laurier de Pétrarque et de Lamartine, mais deux feuilles seulement.

II.

LA COMÉDIE DE L'AMOUR.

Nous n'en avons pas fini avec l'amour dans Burns. Il n'en a pas représenté que la face sentimentale et poétique, mais aussi les côtés risibles, prosaïques et grotesques. Sa faculté d'observation, qui n'était gênée par aucune pensée d'harmonie littéraire dans son œuvre, s'est exercée là comme ailleurs. Il a vu et rendu tout un aspect de la vie amoureuse, que les poètes ne perçoivent pas, ou réservent pour leurs conversations. Il en a saisi les comédies aussi bien que les adorations, et il y a, dans ce chapitre, tout un coin familier, amusant, risible, tout un défilé de caractères et de scènes populaires. Après les grâces et les charmes de l'amour, voici toutes ses ruses, ses méchants tours, ses tromperies, ses calculs, ses artifices, ses situations ridicules et piteuses. Rien n'y manque. Prières de jeunes gars qui viennent le soir frapper à la fenêtre et demandent à être introduits, réflexions de fillettes qu'on veut marier à de vieux richards, conseils de vieilles commères aux jeunesses qui interrogent leur expérience des hommes et des choses, épousailles grotesques, disputes d'époux, allégresses de veufs, épisodes de toute espèce, de toute forme et de tout sel, fin, moyen et gros. Tout cela est crayonné vivement, comme une suite de caricatures prises sur le fait. C'est la comédie entière de l'amour, avec toutes ses péripéties et ses vicissitudes drôlatiques. Elle

---

acerbe et dure pour moi ; rassurée désormais, tourne vers moi les yeux, et écoute mes soupirs.

Regarde le grand rocher d'où naît la Soigne, et tu y verras quelqu'un qui, seul au milieu des herbes et des eaux, se repaît de ton souvenir et de douleur ». (*Traduction de Francisque Reynard*).

[1] Voir la Biographie, p. 504.

[2] Il est inutile de faire remarquer que la situation de Lamartine envers Graziella ressemble, à quelques égards, à celle de Burns envers Mary Campbell.

embrasse, elle aussi, toutes les situations, et on pourrait reconstituer avec ces pièces risibles, une vie entière d'amour, à partir des premières rencontres.

C'était, on l'a vu, l'usage des jeunes paysans écossais que d'aller le soir faire leur cour, parfois à une distance de plusieurs milles. Cette coutume, dont le côté pur et gracieux a été poétisé dans la chanson de *Ma Nannie O!*, se retrouve ici avec ce qu'elle devait avoir souvent de plus prosaïque et de plus réel. On entend les dialogues qui devaient souvent s'échanger à travers le volet.

« Qui est là, à la porte de ma chambre ? »
« Oh ! qui est là, sinon Findlay ? »
« Passez votre chemin, vous n'entrerez pas ici ! »
« En vérité, j'entrerai, » dit Findlay.
« Qui vous rend si semblable à un voleur ? »
« Oh ! venez voir, » dit Findlay.
« Avant le matin, vous aurez fait un malheur, »
« En vérité, je le ferai, » dit Findlay.

« Si je me lève et vous laisse entrer, »
« Laissez-moi entrer, » dit Findlay.
« Vous me tiendrez éveillée avec votre bruit. »
« En vérité, je le ferai, » dit Findlay.
« Si dans ma chambre vous restiez, »
« Laissez-moi rester, » dit Findlay.
« J'ai peur que vous n'y restiez jusqu'au matin, »
« En vérité, je le ferai, » dit Findlay.

« Si vous restez ici cette nuit, »
« J'y resterai, » dit Findlay,
« J'ai peur que vous ne retrouviez le chemin »
« En vérité, je le ferai, » dit Findlay.
« Ce qui pourra se passer dans cette chambre, »
« Laissons-le passer, » dit Findlay,
« Il faut le taire jusqu'à votre dernière heure, »
« En vérité, je le tairai, » dit Findlay [1].

Quelques-unes de celles qu'on sollicite ainsi sont avisées ; elles tiennent la dragée haute, connaissant, sans doute, par pur instinct de femme, la vérité du conseil de Méphistophélès aux belles « qu'il ne faut accorder un baiser que la bague au doigt ».

Fillette, quand votre mère n'est pas à la maison,
Puis-je prendre la hardiesse
De venir à la fenêtre de votre chambre
Et d'entrer pour me garder du froid ?

---

[1] « *Indeed will I* » *Quo' Findlay.*

De venir à la fenêtre de votre chambre ?
Et quand il fait froid et humide
De me réchauffer sur votre doux sein ?
Douce fillette, puis-je faire cela ?

Jeune homme, si vous avez la bonté,
Quand la ménagère n'est pas à la maison,
De venir à la fenêtre de ma chambre
Quand je suis couchée seule,
Pour vous réchauffer sur mon sein,
Remarquez bien ce que je vous dis,
Le chemin jusqu'à moi passe par l'église,
Jeune homme, entendez-vous cela ? [1]

Malheureusement, elles n'ont pas toutes aussi bonne tête. La voix derrière le volet est parfois si tendre et si persuasive. En hiver, il est dur de laisser le pauvre garçon, qui vient de si loin à travers les moors, se morfondre sous les rafales ; en été, les sillons d'orge sont bien tentants ; en toute saison, ces heures de nuit sont mauvaises conseillères. Que ce soit lui qui entre ou elle qui sorte, cela, dit-on, revient au même.

Oh ! siffle, et je viendrai vers toi, mon gars,
Oh ! siffle, et je viendrai vers toi, mon gars.
Quand père et mère en deviendraient fous,
Oh ! siffle, et je viendrai vers toi, mon gars.

Mais fais bien attention quand tu viens me faire la cour,
Et ne viens pas à moi à moins que la porte de derrière ne soit entr'ouverte,
Puis franchis la barrière, que personne ne te voie,
Et viens comme si tu ne venais pas chez moi.

A l'église, au marché, partout où nous nous rencontrons,
Passe près de moi comme si tu t'en souciais comme d'une mouche,
Mais glisse un regard de ton doux œil noir ;
Cependant aie l'air de ne pas me regarder.

Jure et proteste toujours que tu ne te soucies pas de moi,
Et, quelquefois, tu peux légèrement rabaisser ma beauté, un peu
Mais n'en courtise pas une autre, même en plaisantant,
De peur qu'elle ne détache ta fantaisie de moi.

Oh ! siffle, et je viendrai vers toi, mon gars,
Oh ! siffle, et je viendrai vers toi, mon gars,
Quand père et mère en deviendraient fous,
Oh ! siffle, et je viendrai vers toi, mon gars [2].

Il n'y a pas que ces entrevues nocturnes qui soient dangereuses. En mille autres occasions, il y a des rencontres funestes. Et ici la vie de la

---

[1] *The Discreet Hint.*
[2] *Whistle and I'll come to you, my lad.*

campagne paraît dans son jour vrai, avec la facilité, ou plutôt la naïveté, de mœurs qui se cache sous sa prétendue innocence. Tantôt, c'est en faisant ensemble la moisson, cette saison des meules.

> Robin a fauché à la moisson,
> Et j'ai fauché avec lui;
> Je n'avais pas de faucille,
> Et pourtant, je l'ai suivi.
>
> Robin me promit
> De me nourrir l'hiver;
> Il n'avait rien que trois
> Plumes d'oie et un sifflet [1].

Les marchés et les foires sont aussi des endroits dangereux, surtout quand on y va en croupe avec Duncan Gray. Il suffit que la selle soit vieille et que la sous-ventrière casse, pour qu'il se produise des chutes malheureuses, auxquelles la lune, qui regarde par-dessus les collines, semble prendre grand plaisir.

> Malheur sur vous, Duncan Gray,
> Ha, ha, la sous-ventrière !
> Malheur sur vous, Duncan Gray
> Ha, ha, la sous-ventrière !
> Quand les autres vont s'amuser,
> Je reste assise tout le jour,
> A remuer le berceau avec mon pied,
> A cause de la sous-ventrière.
>
> Claire était la lune d'août,
> Ha, ha, la sous-ventrière !
> Brillante au-dessus de toutes les collines,
> Ha, ha, la sous-ventrière !
> La sous-ventrière cassa, la bête tomba,
> Je perdis mon bonnet et mes deux souliers,
> Ah ! Duncan, vous êtes un mauvais gars,
> Maudite soit cette mauvaise sous-ventrière !
>
> Mais, Duncan, si vous tenez votre serment,
> Ha, ha, la sous-ventrière !
> Je vous bénirai à mon dernier souffle,
> Ha, ha, la sous-ventrière !
> La bête encore nous portera tous deux,
> Le vieux maître John réparera le mal,
> Et raccommodera la sous-ventrière [2].

Parfois enfin, on va à la ville porter du fil à tisser. Là encore, que

---

[1] *Robin shure in Hairst.*
[2] *Weary fa'you, Duncan Gray.*

d'embûches ! Ces tisserands sont bien subtils à attraper le cœur des fillettes.

> Mon cœur était jadis aussi joyeux et libre
> Que les jours d'été étaient longs,
> Mais un tisserand de l'ouest, un joli gars,
> M'a fait changer ma chanson.
>
> Chez le tisserand, si vous allez, jolies fillettes,
> Chez le tisserand, si vous allez,
> Je vous avertis, n'allez jamais la nuit,
> Si vous allez chez le tisserand....
>
> Ma mère m'a envoyé à la ville
> Pour faire ourdir un tissu de plaid ;
> Mais que cet ourdissage m'a fait lasse, lasse,
> M'a causé de soupirs, de sanglots !
>
> Un beau gars tisserand de l'ouest
> Travaillait assis à son métier,
> Il a pris mon cœur comme dans un filet
> Dans les bouts de fil et les nœuds.
>
> Ce qui fut dit ou ce qui fut fait,
> La honte me prenne si je le dis,
> Mais, oh ! j'ai peur que le pays bientôt
> Ne le sache aussi bien que moi [1].

Hélas ! le pays, en effet, ne tarde pas à tout savoir. Les chuchotements viennent, puis les reproches et les railleries, avec des expressions goguenardes et grossières. Ces duretés se font jour, avec ce manque de pitié qui est commun aux paysans et aux enfants, et qui donne à leurs remarques quelque chose de si direct et de si cruel. Cela se termine par une de ces plaisanteries brutales, sur lesquelles le groupe se disperse avec des éclats de rire, en laissant la pauvre fillette confuse et pleurante.

> Vous vous êtes couchée de travers, fillette,
> Vous vous êtes couchée de travers,
> Vous vous êtes couchée dans un autre lit,
> Et avec un homme étranger.
>
> Vos joues rosées sont devenues si pâles,
> Vous êtes plus verte que l'herbe, fillette,
> Votre jupon est plus court d'une main,
> Bien qu'on ne l'ait pas raccourci d'un pouce, fillette.
>
> O, fillette, vous avez fait la sotte,
> Vous éprouverez le mépris, fillette,
> Car la soupe que vous prenez le soir,
> Vous la rendez avant le matin, fillette.

---

[1] *To the Weaver's gin ye go.*

> Oh ! jadis, vous dansiez sur les collines,
> Et à travers les bois, vous chantiez, fillette,
> Mais, en saccageant une ruche d'abeilles,
> Vous vous êtes fait piquer, fillette [1].

Comme cela est inévitable, les comédies du mariage fournissent des scènes nombreuses. L'argent, la dot, en est le grand ressort. Nul n'était mieux disposé à railler ce point particulier que l'ancien président du Club des Célibataires de Tarbolton. On se souvient que le premier sujet de discussion avait été de savoir s'il vaut mieux épouser une femme riche et sans charmes qu'une femme aimable et sans fortune [2]. Burns était sévère pour les mariages d'argent. Aussi, est-il intarissable sur les situations comiques et divertissantes que ces marchés matrimoniaux peuvent amener.

Voici d'abord les avisés qui pensent que la beauté passe et que la dot demeure. On sait les sages conseils que le père Maurice donne à Germain au début de la *Mare au Diable*. C'était aussi l'avis de quelques madrés paysans écossais. Il y en a plus d'un qui met, sans vergogne, son cœur à nu.

> Au diable votre sorcellerie de la beauté tremblante,
> Ce petit morceau de beauté que vous serrez dans vos bras !
> Oh ! donnez-moi une fillette qui a des acres de charmes,
> Oh ! donnez-moi une fillette avec de bonnes fermes.

> Donc, hey pour la fillette avec une dot,
> Donc, hey pour la fillette avec une dot,
> Donc, hey pour la fillette avec une dot,
> Les jolies guinées jaunes pour moi !

> Votre beauté est une fleur qui fleurit le matin,
> Fanée d'autant plus vite qu'elle a fleuri plus tôt;
> Mais les charmes délicieux des jolies collines vertes,
> Chaque printemps les vêtit à neuf de jolies brebis blanches.

> Et même quand votre beauté a exaucé vos vœux :
> La plus brillante beauté peut fatiguer, quand on l'a possédée;
> Mais les doux jaunets chéris, avec l'empreinte de Georges,
> Plus longtemps vous les avez, et plus vous les caressez [3].

Mais ces beaux calculs ne réussissent pas toujours. A matois, matoise et demie. Il y a de fines mouches qui savent bien à qui ces déclarations s'adressent, et l'une d'elles dit dans une jolie chanson :

> Oh ! mon amoureux fait grand cas de ma beauté,
> Et mon amoureux fait grand cas de ma famille ;

---

[1] *Ye hae lien wrang, Lassie.*
[2] Voir première partie, page 39.
[3] *A Lass wi a Tocher.*

> Mais mon amoureux ne sait pas que je sais fort bien
> Que ma dot est le joyau qui a des charmes pour lui.
> C'est pour la pomme qu'il veut nourrir l'arbre,
> C'est pour le miel qu'il veut soigner l'abeille ;
> Mon gars est tombé si amoureux de l'argent,
> Qu'il ne peut pas lui rester un peu d'amour pour moi [1].

Les hommes sont après tout maîtres de se marier comme il leur semble bon. Ceux qui apprécient à la vergée la beauté de leur future et qui épousent des prairies et des bois sont clairsemés en somme. Qu'il leur advienne ce qui voudra ! Quand le mariage leur rapporterait un peu plus de bois qu'ils n'y comptaient, c'est une faible erreur de calcul. Ils ont simplement la large mesure. Mais il se rencontre de braves garçons qui, avec de bons bras, sont prêts à nourrir une belle fille. Ceux-ci sont encore les plus nombreux. Aussi les pièces qui roulent sur la recherche de la dot sont-elles assez rares du côté masculin.

Mais que le côté féminin en est riche ! Que les femmes sont bien plus à plaindre ! A la merci du premier venu auquel il plaît à leur famille de les accorder ! Quel défilé de pauvres filles qu'on veut faire marier à contre cœur. Les parents sont partout les mêmes. Ils sont pour le bonheur en terre et les gendres fonciers.

> Combien cruels sont les parents
> Qui n'estiment que la richesse,
> Et à un riche lourdaud
> Sacrifient la pauvre femme !
> Cependant, la fille malheureuse
> N'a que le choix de la lutte :
> Fuir la haine d'un père despotique,
> Devenir une épouse malheureuse [2].

Et la chanson continue en comparant la pauvrette à une colombe poursuivie par un faucon. Elle fuit un moment, essaye ses ailes, et désespérant d'échapper, tombe aux pieds du fauconnier qui représente le mari. Sur ce thème, à moitié comique et à moitié douloureux, Burns est intarissable. Il y a à grouper, autour de ce seul point, une quinzaine de chansons avec lesquelles on constituerait toutes les phases de cette aventure commune, depuis les premières instances des parents jusqu'au moment où les résultats ordinaires de pareils mariages commencent à poindre. Les hésitations, les combats, les refus, les chagrins des pauvrettes y sont tout au long. Elles demandent conseil tout autour d'elles et ce sont de petites scènes charmantes de naïveté et de malice.

L'une d'elles va trouver sa sœur : son cœur se brise, elle ne veut

---

[1] *My Tocher's the Jewel.*
[2] *How cruel are the Parents.*

pas irriter ses parents, mais que fera-t-elle de Tam Glen ? Avec un aussi brave garçon ne pourrait-elle pas supporter la pauvreté, et que lui importe de se rouler dans les richesses si elle n'épouse pas Tam Glen ? Il y a un propriétaire voisin qui se vante et parle toujours de son argent, mais quand dansera-t-il comme Tam Glen ? Sa mère lui répète de se défier des jeunes hommes qui ne flattent que pour tromper, mais qui peut penser cela de Tam Glen ? D'ailleurs, à la Toussaint, elle a mouillé sa manche gauche à un ruisseau et l'a suspendue devant le feu pour qu'à minuit celui qu'elle doit épouser vînt la retourner. Et qui est venu ? sinon une apparition qui portait les culottes grises de Tam Glen ?

> « Viens, conseille-moi, chère sœurette, vite,
> Je te donnerai une belle poule noire,
> Si tu m'avises d'épouser
> Le gars que je préfère, Tam Glen. » [1]

Elles ne reçoivent pas toujours la réponse dont elles sont désireuses. Elles s'adressent quelquefois à des commères avisées, quelque dame bien ridée qui sait que « de bon conseil ne sort jamais de mal ».

> Oh ! fillette étourdie, la vie est un combat ;
> Même pour les plus heureux, la lutte est dure ;
> On combat mieux les mains pleines,
> Et les soucis qui ont faim sont de durs soucis.
> Mais l'un dépense et l'autre épargne,
> Et les mauvaises têtes veulent avoir leur gré ;
> Selon que vous aurez brassé, ma jolie fille,
> Souvenez-vous que vous tirerez la bière [2].

La petite aura beau répéter qu'elle ne donnerait pas un regard de Robin pour la grange et l'étable d'un autre, que l'argent ni l'or n'ont jamais acheté un cœur loyal, que le fardeau que l'amour porte est léger, que le contentement et la tendresse apportent la paix et la joie, et que les reines n'ont rien de plus sur leur trône, les avertissements de la vieille voisine la renvoient pensive.

Que faire ? Quelques-unes, les plus décidées, refusent nettement et envoient promener ces prétendants laids et vieux dont toute la séduction est dans leurs sacs d'écus. Elles leur disent leur fait comme des filles qui ont la langue leste et dont la main le serait aussi. Il y en a une entre autres qui ne va pas par quatre chemins. C'est assurément une vaillante fille, qui sait ce qu'elle veut et ce qu'elle ne veut pas, et qui ne manque ni d'esprit ni de fierté.

---

[1] *Tam Glen.*
[2] *The Country Lass.*

La rose rouge-sang peut fleurir à Noël,
Les lis d'été éclore dans la neige,
Le froid peut geler la plus profonde mer,
Mais un vieil homme ne me mènera jamais.

Me mener moi, et moi si jeune,
Avec son cœur faux et sa langue flatteuse;
C'est une chose que vous ne verrez jamais,
Car un vieil homme ne me mènera jamais.

Malgré toute sa farine et tout son grain,
Malgré tout son bœuf frais et son bœuf salé,
Malgré tout son or et son argent blanc,
Un vieil homme ne me mènera jamais.

Son bien peut lui acheter vaches et brebis,
Son bien peut lui acheter vallons et collines,
Mais il ne m'aura jamais, ni à fonds, ni à bail,
Un vieil homme ne me mènera jamais.

Il se traîne, cassé en deux, comme il peut,
Avec sa bouche sans dents et sa vieille tête chauve,
La pluie tombe de ses yeux rouges et chassieux;
Ce vieil homme ne me mènera jamais [1].

Si le vieil homme ne se le tient pas pour dit, c'est qu'il est sourd, outre le reste. Mais toutes n'ont pas aussi bonne tête et cette clarté de langue qui ne permet pas de se méprendre sur ce qu'elles pensent. Il y a de petites niaises qui probablement s'imaginent, comme l'ingénue de Molière, que les familles se perpétuent par l'oreille. On les marie, sans qu'elles sachent ce qu'on leur fait faire. Le lendemain, elles pleurnichent sottement.

Oh ! savez-vous ce que grand'mère m'a fait,
Ce que grand'mère a fait, ce que grand'mère m'a fait,
Oh ! savez-vous ce que grand'mère m'a fait,
M'a fait jeudi soir, gars ?
Elle m'a mise dans un lit doux,
Dans un lit doux, dans un lit doux,
Elle m'a mise dans un lit doux,
Et m'a souhaité bonsoir, gars.

Et savez-vous ce que le curé a fait,
Le curé a fait, le curé a fait,
Et savez-vous ce que le curé a fait,
Pour quelques gros sous, gars ?
Il a lâché sur moi un long homme,
Un gros homme, un fort homme,
Il a lâché sur moi un long homme,
Qui aurait pu m'effrayer, gars.

---

[1] *To Daunton me.*

> Et je n'étais qu'une jeune créature,
> Une jeune créature, une jeune créature,
> Et je n'étais qu'une jeune créature,
> Avec personne pour me plaindre, gars.
> C'est l'église qui est à blâmer,
> Qui est à blâmer, qui est à blâmer,
> D'effrayer une jeune créature,
> Et de lâcher un homme sur moi, gars [1].

Si le long homme n'est pas, quelque jour, allongé encore, il passera, comme on dit, par une belle porte. La chanson n'est pas longue à changer. La niaiserie, sur ces choses, n'est chez les femmes que de surface ; la plus innocente est prompte à se délurer. Alors le dépit vient, et les reproches, dont on se fait une provision d'excuses pour soi-même. A ce compte, les défauts s'accumulent vite sur le mari ; les prétextes vont du même train. Telle fillette qui, peut-être a eu les étonnements de celle qu'on vient d'entendre, parle maintenant d'un autre ton.

> Que peut faire une jeunesse, que fera une jeunesse,
> Que peut faire une jeunesse, avec un vieil homme ?
> Malheur aux écus qui ont poussé ma mère
> A vendre sa Jenny pour de l'argent et des terres ;
> Malheur aux écus qui ont poussé ma mère
> A vendre sa Jenny pour de l'argent et des terres.
>
> Il est toujours à se plaindre du matin au soir,
> Il tousse, et il boîte, toute la longue journée ;
> Il est caduc, il est engourdi, son sang est gelé ;
> Ah ! triste est la nuit avec un vieil homme vermoulu,
> Il est caduc, il est engourdi, son sang est gelé,
> Ah ! triste est la nuit avec un vieil homme vermoulu.
>
> Il gronde et il grogne, il s'agite et il bougonne,
> Il n'est jamais content, quoi que je fasse.
> Il est hargneux et jaloux de tous les jeunes gens.
> Ah ! malheur sur le jour où j'ai rencontré un vieil homme !
> Il est hargneux et jaloux de tous les jeunes gens,
> Ah ! malheur sur le jour où j'ai rencontré un vieil homme !
>
> Ma vieille tante Katie prend pitié de moi,
> Je vais essayer de suivre son plan.
> Je le tracasserai, je le harasserai, tant qu'il perde l'âme,
> Alors, son vieux cuivre me procurera une poêle neuve ;
> Je le tracasserai, je le harasserai tant qu'il perde l'âme,
> Alors son vieux cuivre me procurera une poêle neuve [2].

Mais il faut se garder de croire que toutes les filles d'Écosse aient été

---

[1] *O wat ye what my Minnie did.*
[2] *What can a young Lassie do wi' an auld Man.*

mariées par contrainte. Si on en pousse quelques-unes au mariage, les autres y vont bien d'elles-mêmes. Il n'en manque pas de fines et de futées, qui savent chercher et trouver un mari toutes seules. Ce sont alors de jolis jeux de coquetterie. Les demoiselles de la ville ne leur en remontreraient pas sur ce chapitre. Ce manège est heureusement exposé dans une chanson qui est une vraie petite comédie. Les refus prétendus du commencement, la niaiserie de l'amoureux qui les prend pour argent comptant et cherche à se consoler ailleurs, le dépit de la fillette, la confiance qu'elle a dans un de ses regards, sa façon si féminine d'achever sa rivale en demandant de ses nouvelles, la brusque volte-face de l'amoureux qui du coup perd la tête et se tuera si elle ne l'accepte. Elle le fait, mais à cause de lui et par grâce ; la rusée a l'air de faire un sacrifice.

> En mai dernier, un bel amoureux descendit le long du vallon
> Et me fatigua, m'obséda avec son amour,
> Je dis qu'il n'y avait rien que je haïsse comme les hommes.
> Le diable l'emporte de m'avoir crue, de m'avoir crue,
> Le diable l'emporte de m'avoir crue.
>
> Il parla des dards de mes jolis yeux noirs,
> Et jura qu'il se mourrait d'amour pour moi,
> Je dis qu'il pouvait mourir quand il lui plairait,
> Le Seigneur me pardonne d'avoir menti, d'avoir menti,
> Le Seigneur me pardonne d'avoir menti.

Et cependant, il offrait une ferme bien garnie et le mariage aussitôt. Elle pensait bien qu'elle pouvait avoir de pires offres. C'est alors que le benêt s'en va trouver la noire cousine Bess.

> Mais, la semaine suivante, tourmentée de soucis,
> J'allai à la foire de Dalgarnock.
> Et qui était là, sinon mon bel amoureux volage ?
> J'ouvris les yeux comme si je voyais un sorcier, un sorcier,
> J'ouvris les yeux comme si je voyais un sorcier.
>
> Mais, par-dessus mon épaule gauche, je lui lançai un regard,
> De peur que les voisins ne disent que j'étais hardie.
> Mon amoureux dansa comme s'il avait été gris,
> Et jura que j'étais sa chère fillette, sa chère fillette,
> Et jura que j'étais sa chère fillette.
>
> Je m'informai de ma cousine, tout doucement et tranquillement,
> Si elle avait recouvré l'ouïe,
> Et comment ses souliers neufs allaient à ses vieux pieds tortus.
> Mais, cieux, comme il se mit à jurer, à jurer,
> Mais, cieux, comme il se mit à jurer !
>
> Il me pria, pour l'amour de Dieu, d'être sa femme,
> Sinon, je le tuerais de chagrin ;
> Aussi, pour préserver la vie du pauvre garçon,

Je crois que je dois l'épouser demain, demain,
Je crois que je dois l'épouser demain [1].

C'est un sujet analogue dans la chanson de *Duncan Gray*. Mais, tandis que la précédente est toute faite d'observations, celle-ci est faite de grosse gaîté, le récit est interrompu par un grand éclat de rire qui éclate à chaque instant, se répercute de strophe en strophe, devient contagieux, et secoue toute la pièce d'une lourde et joviale hilarité.

Duncan Gray est venu ici faire sa cour,
Ha ! ha ! la jolie cour,
Une belle nuit de Noël, quand nous étions gris,
Ha ! ha ! la jolie cour.
Maggie rejeta la tête en l'air,
Le regarda de côté et de haut,
Et lui dit de se tenir coi,
Ha ! ha ! la jolie cour !

Duncan flatta, et Duncan pria,
Ha ! ha ! la jolie cour ;
May fut sourde comme Ailsa Craig [2],
Ha ! ha ! la jolie cour.
Duncan sortit et rentra de gros soupirs,
Pleura, eut les yeux rouges et troublés,
Parla de sauter dans une cascade,
Ha ! ha ! la jolie cour !

L'arrivée de ce pauvre amoureux transi, dans la bagarre joyeuse d'une nuit de Noël, son attitude gauche, et celle sottement dédaigneuse de Maggie sont bien amusantes. Mais, malgré son air contrit, Duncan Gray n'est pas une bête.

Le Temps et la Chance sont comme les flots,
Ha ! ha ! la jolie cour,
L'amour dédaigné est dur à supporter,
Ha ! ha ! la jolie cour.
Irai-je comme un sot, dit-il,
Pour une chipie hautaine, mourir ?
Elle peut aller... en France, je m'en moque !
Ha ! ha ! la jolie cour.

Comment cela se fit, que les docteurs le disent ;
Ha ! ha ! la jolie cour,
Meg dépérit à mesure qu'il guérissait,
Ha ! ha ! la jolie cour.
Elle sent une peine en sa poitrine,
Elle pousse des soupirs pour se soulager,
Et, oh ! ses yeux disent de telles choses ;
Ha ! ha ! la jolie cour.

---

[1] *The Braw Wooer.*
[2] C'est une petite île rocheuse non loin d'Ayr.

>Duncan était un gars de pitié,
> Ha ! ha ! la jolie cour,
> Maggie était en mauvais cas
> Ha ! ha ! la jolie cour !
> Duncan ne voulut pas causer sa mort,
> La pitié en lui étouffa la colère.
> Maintenant, ils sont contents et heureux,
> Ha ! ha ! la jolie cour ! [1]

Le jour des épousailles lui-même ne passe pas inaperçu. C'était souvent un jour de lourde joie et d'ivresse. On en a quelques aperçus.

> La dernière belle noce où je fus,
> C'était le jour de la Toussaint,
> Il y avait abondance de boire et de rire,
> Et beaucoup de joie et de jeu.
> Et les cloches sonnaient, et les vieilles femmes chantaient,
> Et les jeunes dansaient dans la salle,
> L'épouse alla au lit, avec son sot mari,
> Au milieu de toutes ses commères [2].

Il y a aussi le jour de noces de Meg du moulin, qui aimait bien une goutte de whiskey le matin. Tout le monde semble y avoir été gris. On remporta à bras le fiancé, on remporta le clerc dans une voiture.

> Oh ! savez-vous comment Meg du moulin fut mise au lit ?
> Et savez-vous comment Meg du moulin fut mise au lit ?
> Le futur était si gris qu'il tomba tout d'un tas à côté.
> Et voilà comment Meg du moulin fut mise au lit ! [3]

Comme il est à prévoir, la vie conjugale réunit tout un groupe de ces chansons. En général, elle n'est pas représentée en brillantes couleurs. Du côté attrayant, à peine une petite chanson, pleine de crânerie et de belle humeur, fredonne-t-elle la joie d'un homme tout fier d'avoir une femme à soi et décidée à défendre son bien. Elle est très enlevée et très jolie ; on a vu à quel propos elle a été composée [4].

> J'ai pris une femme pour moi seul,
> Je ne partagerai avec personne,
> Personne ne me fera cocu,
> Je ne ferai cocu personne.
> J'ai un penny à dépenser
> Qui ne doit rien à personne ;
> Je n'ai rien à pouvoir prêter,
> Je n'emprunterai de personne.

---

[1] *Duncan Gray.*
[2] *The last Braw Bridal.*
[3] *Meg o' the Mill.*
[4] Voir première partie, p. 898.

> De personne je ne suis le maître,
> Je ne serai esclave de personne.
> J'ai une brave épée écossaise,
> Je n'accepte de coups de personne.
> Je serai libre et joyeux,
> Je ne serai triste pour personne.
> Si personne n'a souci de moi,
> Je n'aurai souci de personne [1].

Pour le reste, c'est un concert de lamentations, toutes placées d'ailleurs, dans la bouche des hommes. Le titre d'une chanson *Je voudrais ne m'être jamais marié* [2], pourrait servir d'épigraphe à l'ensemble. Quels tracas de toutes parts ! Des inquiétudes, des soucis, des enfants qui demandent à manger. Et les femmes ! Une collection de commères, de maritornes, de viragos acariâtres, hargneuses et malfaisantes qui criaillent, disputaillent et braillent, au jour la journée. Elles font de leurs pauvres hommes de vrais martyrs [3]. Une d'elles boit et casse sa quenouille sur la tête de son mari [4]. Une autre reproche au sien, depuis sept longues années de n'être plus qu'un vieux sans sève. Et lui, doucement, répond qu'il a vu le jour, et elle aussi, où elle n'était pas si revêche. Cette querelle de vieux époux, tombés en sénilité, est comme la contre-partie et la caricature de la chanson de *John Anderson*. Les enfants arrivent en criant que le canard, en passant entre les jambes du vieux grand-père, l'a fait tomber.

> Les enfants sortirent avec de grands cris,
> « Le canard a fait tomber grand-père, O ! »
> « Le diable le ramasse, cria la grand'mère restue,
> Il n'a jamais été qu'un clampin, O !
> Il clampine en sortant, il clampine en entrant,
> Il clampine, matin et soir, O :
> Voilà sept longues années que je couche près de lui,
> Et ce n'est plus qu'un vieux sans sève, O. »
>
> « O veux-tu te taire, ma vieille femme restue,
> O veux-tu te taire, Nansie, O ·
> J'ai vu le jour et toi aussi,
> Où tu n'étais pas si fière, O ;
> J'ai vu le jour où tu mettais du beurre dans mon potage,
> Où tu me caressais, soir et matin, O ;
> Mais « je ne puis plus » est venu me trouver,
> Et ah ! je m'en ressens durement, O. » [5]

---

[1] *I hae a Wife o' my ain.*
[2] *Oh, that I had ne'er been married.*
[3] *Oh, aye my Wife she dang me; Shelah O' Neil; My spouse Nancy.*
[4] *The weary Pund o' Tow.*
[5] *The Deuk's dang o'er my Daddie, O.*

Il y a dans ces deux strophes l'histoire de bien des vieux ménages où le mari caduc et brisé répond aux railleries de la femme encore verte, par des rappels de souvenirs et semble insinuer qu'il y a quelque ingratitude de sa part à lui reprocher l'état où il est. Il ne fait pas toujours bon de tenir tête à ces gaillardes; plus d'un ne s'y fie pas. L'un des maris nous prend à moitié dans sa confidence, mais il a peur et s'arrête à mi-chemin. Il y a, dans cette chanson de deux strophes, toute une scène de comédie. Il faudrait l'analyser, mot à mot, dans l'original, pour voir ce qu'il y tient, dans un si court espace, de colère, de peur, de malice et de drôlerie. Il y a surtout à la fin une bouffée de fureur où l'homme s'oublie et va dire brutalement ce qu'il a sur le cœur. Mais avec quelle prestesse il rentre ses paroles et comme il se calme tout à coup! On le voit prendre l'air détaché de quelqu'un qui ne pense à rien et siffle pour se distraire.

> Quand Maggy commença à être mon souci,
> Le ciel, pensais-je, était dans son air,
> Maintenant, nous sommes mariés; n'en demandez pas plus :
> Sifflons sur le reste.
> Meg était douce et Meg était charmante,
> La jolie Meg était l'enfant de la nature ;
> De plus sages que moi ont été attrapés :
> Sifflons sur le reste.
>
> Comment nous vivons, Meg et moi,
> Comme nous nous aimons et nous entendons,
> Je me soucie peu que beaucoup le sachent :
> Sifflons sur le reste.
> Que je voudrais la voir viande à vers,
> Servie dans un plat de linceul,
> Je pourrais l'écrire, mais Meg le verrait :
> Sifflons sur le reste [1].

Ce sentiment se trouve exprimé d'une façon bien originale dans une sorte de chanson qui fait penser à certains morceaux où Shakspeare emprunte aux vieux refrains populaires. Elle a le charme presque inexplicable que donne aux ballades ou chansons populaires un vers, une image, un nom de plante qui semble n'avoir aucun rapport avec elles, et qui cependant fait leur attrait. Il est vrai qu'ici on peut trouver un faible lien de pensée entre la ritournelle et le thème, si on considère la rue comme une plante de malheur qui prospère, tandis que le gai et honnête thym dépérit.

> Un vieil homme vivait dans les coteaux de Kellyburn,
> Hey, et la rue croît bien avec le thym ;
> Et il avait une femme qui était la peste de sa vie ;
> Et le thym est flétri et la rue est en fleur.

---

[1] *Whistle o'er the Lave o't.*

Un jour que le vieil homme remontait la longue glen,
　　　Hey, et la rue croît bien avec le thym,
　　Il rencontra le diable, qui lui dit : « comment vas-tu ? »
　　　Et le thym est flétri et la rue est en fleur.

Je possède une méchante femme, Monsieur, et c'est là ma peine,
　　　Hey, et la rue croît bien avec le thym,
　　Car, sauf votre respect, près d'elle vous êtes un saint ;
　　　Et le thym est flétri et la rue est en fleur.

　　« Je ne te prendrai ni ton poulain ni ton veau,
　　　Hey, et la rue croît bien avec le thym,
　　Mais donne-moi ta femme, homme, car je veux l'avoir ;
　　　Et le thym est flétri et la rue est en fleur.

« Oh ! vous êtes bienvenu, volontiers » dit le vieil homme joyeux,
　　　Hey, et la rue croît bien avec le thym ;
Mais si vous faites la paire avec elle, vous êtes pire que votre nom,
　　　Et le thym est flétri et la rue est en fleur.

　　Le diable a pris la vieille femme sur son dos ;
　　　Hey, et la rue croît bien avec le thym ;
Et, comme un pauvre colporteur, il a emporté son paquet,
　　　Et le thym est flétri et la rue est en fleur.

　　Il l'a emportée chez lui, à la porte de son étable,
　　　Hey, et la rue croît bien avec le thym ;
　　Et il lui a dit d'entrer, comme chienne et catin ;
　　　Et le thym est flétri et la rue est en fleur.

　　Et soudainement il fit que cinquante diables choisis
　　　Hey, et la rue croît bien avec le thym,
　　Vinrent la garder, en un claquement de main ;
　　　Et le thym est flétri et la rue est en fleur.

　　La mégère se rua sur eux comme un ours sauvage,
　　　Hey, et la rue croît bien avec le thym,
　　Ceux qu'elle attrapait n'y revenaient plus ;
　　　Et le thym est flétri et la rue est en fleur.

　　Un petit démon enfumé passa la tête par-dessus le mur,
　　　Hey, et la rue croît bien avec le thym,
« Oh, au secours, maître, au secours ; ou elle va nous démolir tous »,
　　　Et le thym est flétri et la rue est en fleur.

　　Et le diable jura par le fil de son coutelas,
　　　Hey, et la rue croît bien avec le thym,
　　Qu'il plaignait l'homme qui était lié à une femme,
　　　Et le thym est flétri et la rue est en fleur.

　　Et le diable jura par l'église et la cloche,
　　　Hey, et la rue croît bien avec le thym,
　　Et remercia le ciel d'être en enfer et non en mariage,
　　　Et le thym est flétri et la rue est en fleur.

> Puis Satan s'est remis en route avec son paquet,
> Hey, et la rue croît bien avec le thym ;
> Et il l'a rapportée à son vieux mari,
> Et le thym est flétri et la rue est en fleur.
>
> « Je suis démon depuis déjà un bout de temps,
> Hey, et la rue croît bien avec le thym,
> Mais je n'ai jamais été en enfer avant d'avoir connu femme, »
> Et le thym est flétri et la rue est en fleur [1].

Aussi quel soupir de délivrance lorsque la mort, voulant donner à ces pauvres gens quelques années de tranquillité, vient leur enlever leur femme. Ils ressemblent tous au veuf de Béranger [2]. Ils ont des regrets pleins de satisfaction. L'un d'eux, modéré dans sa libération, dit avec douceur et un certain reste de crainte :

> J'épousai une femme acariâtre,
> Un quatorzième jour de novembre,
> Elle m'avait rendu las de la vie,
> Par sa langue déréglée.
> Longtemps j'ai porté le joug pesant,
> Et j'ai connu mainte angoisse ;
> Mais, cela soit dit à mon soulagement,
> Maintenant sa vie est finie [3].

Une belle tombe recouvre son corps, dit-il, mais sûrement, son âme n'est pas en enfer, car le diable ne pourrait la supporter. Un autre qui a un peu moins de décorum exprime les mêmes sentiments en termes plus pittoresques :

> Enfin ses pieds, je chantai de le voir,
> Partirent en avant, derrière la colline,
> Et avant que j'épouse une autre
> Je gigotterai au bout d'une corde [4].

Après cette allégresse unanime, il se fait une séparation entre ces époux libérés. Ils penchent vers l'un ou l'autre des deux raisonnements qui s'offrent aux veufs, quand ils commencent à se remettre de leur première joie : si on n'a pas été heureux, il faut essayer de l'être ; ou si on a été malheureux, il faut éviter de le redevenir. Les uns, les plus sages, ne démordent plus de cette seconde conclusion. Comme le mari de tout à l'heure, ils préfèrent avoir une corde au cou qu'une femme. On ne saurait les en blâmer. D'autres, hommes de beaucoup

---

[1] *The Carl of Kellyburn Braes.*
[2] Béranger. *De Profundis, à l'usage de deux ou trois maris.*
[3] *The Joyful Widower.*
[4] *The weary Pund o' Tow.*

d'audace et de peu de découragement, tentent un nouvel essai. Quelquefois, ils ne s'en trouvent pas mal, soit que leurs premiers déboires les aient rendus aisés à satisfaire, soit que la fortune malicieuse se serve d'eux comme des numéros gagnants qui, aux loteries, entraînent les autres.

> Oh ! j'ai pris plaisir à remettre des dents aux peignes à lin,
> Et j'ai pris plaisir à faire des cuillers ;
> Et j'ai pris plaisir à rétamer des chaudrons,
> Et à embrasser ma Katie quand tout était fini.
> Oh ! tout le long jour, je frappe avec mon marteau,
> Et tout le long jour, je siffle et je chante,
> Et toute la longue nuit, je caresse ma commère,
> Et toute la longue nuit, je suis heureux comme un roi.
>
> Amèrement, en chagrin, je goûtais mes gains,
> Quand j'épousai Bess pour lui donner un esclave.
> Heureuse l'heure où elle s'est refroidie dans ses linges ;
> Béni l'oiselet qui chante sur sa tombe.
> Viens dans mes bras, ma Katie, ma Katie,
> Viens dans mes bras et embrasse-moi encore,
> Gris ou sobre, toujours à ta santé, ma Katie,
> Et béni le jour où je me remariai [1].

Le tableau ne serait pas complet s'il y manquait l'adultère. Ce serait comme une forêt où il n'y aurait pas de lierre autour des arbres. La Réforme a bien essayé de faire le silence sur cette faute, et, à lire les littératures protestantes, on s'imaginerait qu'elle n'existe pas. Dans l'œuvre immense de Shakspeare, il n'y a guère qu'un adultère, celui des filles du roi Lear et d'Edmund, comme si ces créatures monstrueuses ne pouvaient aimer qu'entre elles. Dans le roman anglais contemporain, on découvre à peine quelques timides aspirations vers les amours illégitimes ; et si, dans la poésie, la belle reine Guinevra a trompé le bon roi Arthur pour le brave chevalier Lancelot [2], ce sont des personnages si immatériels et si distants que c'est un adultère tout idéal. Pour voir ce qui lui manque de chair, qu'on le compare à celui de Françoise de Rimini [3]. Mais il faut bien entendre que cette décence est une convention littéraire et une pure tenture. La vie est partout la même, et l'adultère est chose trop humaine pour faire défaut à une race bien constituée. Si les nations du midi en ont fait un des grands ressorts du drame et de la poésie, c'est qu'il est, en effet, un des maîtres actes de la vie, et qu'elles ont des littératures plus sincères. Aussi, dès qu'en Angleterre on rencontre des poètes sans préoccupation morale ou théologique, cet épisode

---

[1] *Oh, merry hae I been teethin' a Heckle.*
[2] Tennyson. *The Idylls of the King. Guinevere.*
[3] Dante. *L'Enfer.* Chant v.

reprend la place qui lui revient dans toute représentation fidèle de la comédie humaine. Burns était trop dégagé d'entraves de ce côté, pour ne pas avoir toute sa liberté. Il reprend, dans le vieux fonds de joyeuseté populaire, cet éternel sujet, et il le traite avec le sans-gêne, la franchise. et la gaîté des vieux fabliaux gaulois.

> Etait-ce ma faute ? — Etait-ce ma faute ?
> Etait-ce ma faute ? Elle me l'a demandé ;
> Elle me guettait sur le bord de la grand'route,
> Et elle m'a conduit par le petit sentier ;
> Et comme je ne voulais pas entrer,
> Elle m'a appelé poltron ;
> Quand même l'église et l'état auraient été sur le chemin,
> Je suis descendu de cheval quand elle me l'a dit.
>
> Si adroitement, elle m'a fait entrer,
> Et m'a recommandé de ne pas faire de bruit :
> « Car notre vieil homme rude et dur
> Est de l'autre côté de la rivière ».
> Celui qui dira que j'ai eu tort
> Quand je l'ai embrassée et caressée,
> Qu'on le plante à ma place,
> Et qu'il dise ensuite si j'étais le fauteur ?
>
> Pouvais-je honnêtement, pouvais-je honnêtement,
> Pouvais-je honnêtement la refuser ?
> J'aurais été un homme à blâmer
> De la traiter sans douceur.
> Il l'écorchait avec le peigne à chanvre,
> Il la meurtrissait rouge et bleu.
> Quand un tel mari n'était pas à la maison,
> Quelle est la femme qui ne l'aurait excusée ?
>
> J'essuyai longtemps ses yeux si bleus,
> Et je maudis le brutal chenapan ;
> Et je sais bien que sa bouche avenante
> Était comme du sucre candi.
> C'était vers le crépuscule, je crois,
> Que je m'arrêtai le lundi.
> Je ressortis dans la rosée du mardi,
> Pour aller boire du cognac chez le joyeux Willie [1].

Ce ne sont là que les situations saillantes et les hauts-reliefs de la vie. Dans les intervalles, dans les situations de détail, dans les recoins de sentiment, s'intercalent des chansons qui complètent cette scène déjà si variée. Ce sont parfois de simples riens, jetés en l'air, au hasard, tels que ceux qu'on fredonne sans penser, en suivant une route. Et cependant ils contiennent leur petit grain d'observation ou de gaîté. En

---

[1] *Had I the Wyte.*

voici un exemple dans quelques couplets qui semblent tout blancs de farine :

> Hey, le meunier poudreux,
> Et son habit poudreux,
> Il gagne un shelling,
> Avant de dépenser un liard.
> Poudreux était l'habit,
> Poudreuse était la couleur,
> Poudreux était le baiser
> Que me donna le meunier.
>
> Hey, le meunier poudreux,
> Et son sac poudreux,
> Béni soit le métier
> Qui remplit la bourse poudreuse,
> Amène l'argent poudreux ;
> Je donnerais ma robe
> Pour le meunier poudreux [1].

Il y en a de ces refrains, d'éparpillés de tous côtés. C'est la jolie Peg de Ramsay : la rafale du soir est froide sur la mare, l'aurore est morose quand les arbres sont nus à Noël, les collines et les vallons sont perdus dans la neige ; mais, la jolie Peg de Ramsay a toujours à moudre à son moulin [2]. C'est le joueur de cornemuse venu du Comté de Fife et qui a joué à la cousine Kate un air que personne ne lui demandait [3]. Ce sont les filles à qui on annonce qu'il vient d'arriver un bateau tout chargé de maris [4]. C'est une commère qui avoue ses fredaines.

> Comment ça va-t-il, commère ?
> Comment allez-vous ?
> Une pinte du meilleur
> Et deux pintes avec ?
>
> Comment ça va-t-il commère,
> Et comment vont les affaires ?
> Combien d'enfants avez-vous ?
> La commère dit : « J'en ai cinq ».
>
> « Et sont-ils tous de Johnny ? »
> « Oh ! pour ça, non, dit-elle,
> Deux d'entre eux ont été faits
> Quand Johnny n'était pas là.
>
> Les chats aiment bien le lait,
> Les chiens aiment le potage,

---

[1] *Hey, the dusty Miller.*
[2] *Bonny Peg-a-Ramsay.*
[3] *The Piper.*
[4] *There's News, Lasses, News.*

> Les gars aiment les fillettes,
> Et les fillettes, les gars.
> Nous étions tous endormis, endormis, endormis,
> Nous étions tous endormis à la maison [1].

Parfois, ce sont de légers épisodes d'une nuance un peu différente de ceux qu'on a déjà vus et qui se groupent autour d'une même situation. Ainsi, parmi les jeunes filles qui vont trouver les commères pour consulter leur expérience, il y en a une qui désire savoir de quelle couleur sont les hommes en qui on peut avoir confiance. Ce n'est rien : quatre strophes de quatre vers. Cependant la scène y est tout entière et fort jolie. On voit arriver la fillette tout occupée, comme il sied à son âge, de cette obscure question. Comme elle ignore encore que ce problème est du domaine de la méthode expérimentale, elle fait appel à l'autorité. Elle vient timidement consulter une vieille matrone qui a fait sur ce sujet des études comparées. Dans quelle incertitude d'esprit, dans quelle confusion de couleurs, la pauvrette doit s'en aller !

> « Dites-moi, dame, dites-moi, dame,
> Et nulle ne peut mieux le dire,
> De quelle couleur doit être l'homme,
> Pour aimer vraiment une femme ? »
>
> La vieille femme s'agita en tous sens,
> Se mit à rire et répondit :
> « J'ai appris une chanson dans Annandale :
> Pour ma lady, un homme noir ;
>
> Mais pour une fillette des champs comme toi,
> Ma petite, je te le dis sincèrement,
> Je me suis accommodée de cheveux blancs,
> Et les bruns font fort bien l'affaire.
>
> Il y a beaucoup d'amour dans les cheveux noir de corbeau,
> Les blonds ne deviennent jamais gris,
> Il y a « de l'embrasse et serre-moi » dans les bruns,
> Et de vraies merveilles dans les roux [2] ».

Ce n'est pas tout. Il y a, au fond des anciennes chansons écossaises, une veine de plaisanteries gaillardes et grivoises, parfois un peu grasses, mais pleines de gaîté et de bonhomie. Elles rappellent singulièrement notre gauloiserie. C'est le même rire goguenard, bon enfant et réjoui, sur les mêmes sujets qu'on devine. Ce sont de ces histoires ou ces plaisanteries salées qu'on se raconte avec un clin d'œil et un coup de coude. Elles sont plus drues et plus gaies dans les chansons écossaises que dans

---

[1]. *Guid E'en to You, Kimmer.*
[2] *Come rede me, Dame.*

celles des Anglais. Peut-être un fonds de joyeuseté celtique, peut-être l'influence française, en sont-elles la cause ? Même à ce filon extrême Burns a emprunté ; il en rapporte des modèles de grosse drôlerie populaire. Il a repris cette note de temps plus francs et de plaisanterie plus libre, et l'a rajeunie, tout en lui conservant, avec un bonheur parfait, sa verve, sa saveur, sa naïveté, son rire sans arrière-pensée, je ne sais quelle bonne jovialité contagieuse et rabelaisienne. Les critiques anglais ne paraissent pas beaucoup priser ce coin curieux de son génie. Pourtant, il est à noter et, pour qui ne fait pas carême en littérature, il est à goûter. Quoi de plus joli et de plus gai dans ce vieux genre que l'histoire du petit tailleur ?

> Le tailleur a passé à travers le lit, avec son dé et le reste ;
> Le tailleur a passé à travers le lit, avec son dé et le reste ;
> Les couvertures étaient minces, les draps étaient étroits,
> Le tailleur a passé à travers le lit, avec son dé et le reste.
>
> La fillette endormie ne craignait pas de mal,
> La fillette endormie ne craignait pas de mal,
> Le temps était froid, la fillette restait tranquille,
> Elle pensait qu'un tailleur ne pouvait pas lui faire de mal.
>
> « Donnez-moi encore un liard, rusé jeune homme,
> Donnez-moi encore un liard, rusé jeune homme,
> Le jour est court et la nuit est longue,
> C'est le plus cher argent que j'aie jamais gagné ».
>
> Il y a quelqu'un qui est triste de coucher seule,
> Il y a quelqu'un qui est triste de coucher seule,
> Il y a des gens qui sont tristes et voudraient, je gage,
> Voir le petit tailleur, revenir en trottinant [1].

Il y a encore ce gredin de tonnelier de Cuddie qui fait un joli travail dans le pays.

> Le tonnelier de Cuddie est venu ici,
> Il nous a mis des cercles à nous toutes ;
> Et notre ménagère a reçu un coup de maillet,
> Qui a mis en colère son sot mari O.
>
> Nous cacherons le tonnelier derrière la porte,
> Derrière la porte, derrière la porte,
> Nous cacherons le tonnelier derrière la porte,
> Et nous le couvrirons d'un panier O.
>
> Le mari les chercha dehors, il les chercha dedans,
> Criant : « Qu'il aille au diable, et qu'elle aille au diable ! »
> Mais le vieux sot était si stupide et si aveugle
> Qu'il ne savait pas où il allait lui-même O.

---

[1] *The Tailor.*

> Ils ont tonnelé le matin, ils ont tonnelé le soir,
> Si bien que notre maître fut un sujet de rire ;
> De chaque côté du front elle lui a planté une corne,
> Et jure qu'elles resteront là O.
>
> Nous cacherons le tonnelier derrière la porte,
> Derrière la porte, derrière la porte,
> Nous cacherons le tonnelier derrière la porte,
> Et nous le mettrons sous un panier O [1].

Rien ne manque, on le voit, à cette parodie de la plus sérieuse des passions. On y rencontre, dans toute leur diversité, toutes les situations risibles où, grâce à elle, les deux sexes se mettent vis-à-vis l'un de l'autre. On y entend tous les tons, depuis le rire très fin jusqu'au plus lourd. C'est une comédie multiple, tour à tour malicieuse, légère, bouffonne, parfois presque grossière, parfois presque émue, une suite inépuisable de caricatures, tantôt subtilement crayonnées comme pour des délicats, tantôt brutalement charbonnées comme pour mettre en branle de pesantes gaîtés villageoises. A elle seule, elle formerait une œuvre curieuse et rare, d'une étendue et d'une souplesse singulières. Elle semble plus surprenante encore, si on songe que ce même homme a reproduit, avec une variété et une puissance égales, le côté délicat, gracieux et poétique de l'amour.

Il est en cela remarquable et, on peut le dire, unique, entre les poètes de l'amour. Ceux qui en ont rendu le charme tout-puissant en parlent sur un ton qui ne souffre pas le sourire. L'ironie que quelques-uns y mettent parfois n'a rien de plaisant et n'est qu'une façon de colère. Ils croiraient profaner la passion dont ils ont vécu et dont ils souffrent, s'ils en discouraient autrement qu'avec éloquence et respect. Au contraire, les poètes qui en ont saisi les ridicules et les jeux comiques, en ont ignoré les beaux élans et les délicieuses mélancolies. De telle sorte qu'on n'a guère d'écrivain qui se soit trouvé capable d'en rendre les deux faces. Il faut aller aux grands poètes impersonnels, aux grands montreurs de la vie humaine, à Shakspeare ou à Molière, pour trouver des exemples de ce double coup d'œil. Burns l'a eu et, parmi les poètes personnels, il est le seul. Il a opposé à toute une série de pièces pleines des adorations de l'amour, toute une autre série pleine de ses dérisions. Il en a écrit pour ainsi dire la farce. C'est à nos yeux une autre preuve du fonds de poète dramatique qui existait en lui. Nous avons été surpris de trouver dans le remarquable essai de M. Stevenson que Burns n'avait donné d'indice de puissance dramatique que dans ses *Joyeux Mendiants* [2].

---

[1] *The Cooper of Cuddie.*
[2] R. Stevenson. *Familiar Studies of Men and Books.* Some aspects of Robert Burns.

Le seul fait de cette double représentation d'un sentiment qui n'est universellement perçu que d'un seul côté, sauf par les plus grands maîtres du drame, indique qu'il y avait en lui quelque chose de leurs dons. Et si on prenait une à une chacune de ces chansons, on y trouverait une action, des personnages dont le caractère est indiqué d'un trait, souvent un dialogue, une scène de comédie, étonnamment indiquée en quelques strophes. Dans chacun de ces riens, si mouvementés, si scéniques, il y a une étincelle d'un génie capable de saisir l'homme depuis le rire jusqu'aux larmes, et de retracer le tableau complet de la vie humaine.

III.

Assurément, l'amour tel qu'il a été chanté par Burns n'est, à tout prendre, ni très profond, ni très élevé. Ce n'est pas là un de ces amours qui ont illustré les cœurs qui les ont éprouvés, et allumé, pour les cœurs nés ensuite, un idéal nouveau de tendresse, très doux ou très éclatant. Il n'y faut chercher ni la chaste constance de Pétrarque, ni l'adoration symbolique de Dante, ni la passion brûlante et raffinée de Shakspeare. Et, pour emprunter d'autres noms à nos temps si préoccupés de la passion souveraine, ni l'admiration prosternée d'Elizabeth Barrett, ni la douloureuse élévation de Musset, ni les tortures ironiques et héroïques de Henri Heine. Ce sont là les plus hautes formes de l'amour dont le cœur humain ait jusqu'à présent donné l'exemple ; et les œuvres qui les conservent, qu'elles brillent d'une lueur d'opale comme les sonnets de Pétrarque, ou du feu des rubis comme ceux de Shakspeare, sont des clartés sur le chemin des cieux.

L'amour de Burns ne peut compter parmi eux. Pour être parmi les plus élevés, il lui manque un élément idéal, quelque chose de chaste, une aspiration vers le haut, l'effort pour devenir plus digne de la bien-aimée, le sentiment qu'elle est toute pureté et que le cœur qu'elle habite doit être purifié pour elle ; ou le sens plus moderne d'un progrès commun, la joie de gravir ensemble, et en s'aidant l'un l'autre, la colline du mieux. Il lui manque aussi, ce qui est le laurier au front de l'amour, le dévouement, l'oubli et le don de soi-même. Il demeure personnel, égoïste, un moi presque haïssable s'y trahit toujours. Il n'a pas connu la générosité sublime de l'amour, il n'a pas fait largesse de lui-même. Quelque valeur qu'ait une âme humaine, elle la dépasse encore par le fait de s'offrir, et un cœur n'a jamais atteint tout son prix tant qu'il ne s'est pas donné. Ce qui fait l'incomparable beauté des sonnets d'Elizabeth Barrett Browning, c'est sa façon de s'oublier devant celui qu'elle aime, de répandre sa vie à ses pieds comme un parfum. La personnalité toujours arrêtée de Burns est à l'autre extrémité ; cette munificence suprême lui a été refusée. D'autre part, pour être parmi les amours profonds, il manque de concentration et de continuité. Il est disséminé, éparpillé ; allant à tout le monde, il n'a appartenu à personne. Obligé de se recommencer à chaque fois, il a continuellement repris des départs, et n'a pas dépassé la période de nouveauté. Il a toute la vivacité, mais aussi l'agitation un peu superficielle des débuts. Il n'a pas été jusqu'au bout ; il n'a pas connu les états successifs : la calme possession, la sérénité, le mariage harmonieux de deux vies. Il n'a pas su même combien prend de force la passion qui se porte sur un seul point. « J'ai déjà vu, dit Pétrarque, une petite goutte d'eau user, par une incessante persévérance, le marbre et les pierres les plus dures [1] ». Et son doux amour finit par faire une impression plus profonde que d'autres plus violents. Celui de Burns, ainsi qu'une pluie secouée par le vent, a dispersé de tous côtés ses gouttelettes brillantes. Cet éparpillement de son amour en mille amours a ôté à chacun d'eux toute durée. Ils sont courts d'haleine. Ses pièces ne sont que des notations d'émotions, quelquefois violentes, mais passagères ; et cela entraîne un défaut d'ensemble. Le soutien, la force groupante de la constance manquant, toutes ces impressions restent détachées, étrangères les unes aux autres, éparses au hasard. Elles y perdent de la beauté, non pas celle des détails qu'elles possèdent achevée, mais une certaine beauté collective qui leur donne un intérêt général et une signification plus large qu'elles. Ce sont des fleurs tombées au pied de l'arbre. Elles sont délicates et ont de fraîches couleurs ; elles n'ont pas l'émotion commune, l'harmonie de celles qui se pressent sur une même branche et que le vent fait frémir ensemble. Certes, ce n'est pas là un de ces amours qui se terminent par le triomphe ou la défaite d'une âme, qui l'anoblissent ou la brisent, et lui donnent la beauté d'avoir vaincu la douleur ou le charme de la chérir. De tels amours, s'ils déchirent une vie, l'ouvrent de sillons qui ne restent pas stériles. Il en sort de hauts efforts ou une grande charité. Celui de Burns n'a pas eu d'action réelle en lui, n'a pas pénétré. Sa vie n'en a été affectée qu'extérieurement, par les résultats matériels et les fatalités de situations dans lesquelles l'entraînait la légèreté même de ses aventures.

Qu'était-ce donc que cet amour dans sa source invisible au fond de la poitrine ? C'était moins de l'amour qu'un grand besoin d'aimer. Il était tout intérieur, plutôt produit par une impérieuse aspiration que par aucun attrait du dehors. Une célèbre mystique prétendait qu'il y avait en elle une telle plénitude de grâce, qu'elle se comparait à un bassin d'où l'eau surabondante rejaillit et se répand [2]. Il en était un peu de même de Burns. Ce qui s'est manifesté de tendresse chez lui n'était que le surplus

---

[1] Petrarque. *Sonnets et Canzones pendant la vie de Madame Laure.* Sonnet CCV. (Traduction Francisque Reynard).

[2] Bossuet. *Relation sur le Quiétisme.* IIme section. Par 5.

d'une tendresse restée inconnue et sans emploi. Il a contenu beaucoup d'amour, sans jamais réellement aimer personne. Celles qu'il a célébrées étaient des femmes qui passaient par là avec des cruches ; elles ont recueilli ce qui débordait ; mais leurs bras n'ont pas plongé dans la fontaine elle-même. Il n'a rien reçu d'elles, et il leur a donné, à y bien regarder, peu de lui-même. Elles sont restées pour lui étrangères et lointaines. Il a continué, après le passage de chacune d'elles, à ressentir le même amour. Le mot de saint Augustin est resté vrai pour lui, jusqu'au bout : « Il a aimé à aimer. » Son cœur a été frustré dans toutes ses tentatives pour sortir de lui-même.

C'est une infériorité pour son œuvre de poète amoureux. Elle n'a rien de cette force prolongée qui, se développant de sonnets en sonnets, de pièces en pièces, forme un poème et un drame. Elle est fragmentaire, sans lien intérieur, sans intérêt dramatique. Si on excepte Jane Armour, qui a tenu dans sa vie la place qu'on a vue, la femme à laquelle il a dédié le plus de pièces est une de celles qu'il a aimées le plus légèrement, et il a écrit pour elle onze pièces. Pour les autres, jamais plus de cinq ou six. Ce ne sont que des étincelles qui, d'un cœur toujours ardent, volaient au premier choc dans toutes les directions. Cette poussière enflammée n'a pas l'unité, l'individualité d'une flamme. Aussi, qu'il y a loin de ces instants de passion à cette passion continue, à cette marche d'une destinée, à cette histoire entière d'une vie, qui se déroulent dans Pétrarque. Et même qu'il y a loin d'eux à la crise des *Sonnets* de Shakspeare ou des *Nuits* de Musset.

Involontairement, on se demande ce qu'il serait advenu de ce cœur, et s'il en serait sorti d'autres chants. Car il faut, à un certain tournant de la vie, que l'amour se transforme ou qu'il meure. Au fur et à mesure que la passion baisse chez l'homme et que la domination de la tête s'y accroît, il ne peut conserver ses émotions que reprises et gardées par l'intelligence. Elles passent alors lentement dans l'esprit, recevant quelque chose de sa hauteur et lui donnant un peu de leur flamme. Ainsi se font ces prolongements d'amour, qui colorent et embellissent les déclins de la vie. Il semble qu'il manquait à Burns ce qui transforme l'amour en pensée et en sérénité. Le sien était trop purement passionnel, trop dénué de l'élément idéal qui est le levain de cette métamorphose. La faculté d'aimer n'aurait pas su vieillir en lui, et déjà on percevait, dans ses dernières pièces, quelque chose de discordant entre leur ton et son âge, qui les rend presque pénibles. Danger plus grave, elle n'aurait pas pu rester ce qu'elle était. Après la flambée de la jeunesse, il faut que la passion s'affine, et se transforme en tendresse, sous peine de s'épaissir et de s'alourdir, parce que l'épuration même de la flamme de plus en plus se retire d'elle. Il est probable que Burns serait descendu vers plus de sensualité, vers des liaisons plus grossières. Il avait déjà commencé.

Il touchait à l'alternative à laquelle sont réduits les hommes qui ne savent pas dépasser la forme juvénile de l'amour : ou ils continuent à aimer et ils vont vers le ridicule, quelquefois l'odieux ; ou ils sont contraints de renoncer à l'amour entièrement. Mais que vaut alors l'existence qui, à leurs yeux, n'avait de prix que par lui ? Burns lui-même ne disait-il pas :

> Qu'est la vie s'il lui manque l'amour ?
> C'est la nuit sans matin.
> L'amour est le soleil d'été
> Qui orne gaiement la nature ?[1]

Que devient donc le monde quand ce soleil s'éteint brusquement, et qu'on ne s'est pas ménagé d'autres clartés ? Amours sans souvenirs, jours sans crépuscules, il leur manque l'heure la plus poétique et la plus attendrie, celle aussi qui, mariant les clartés et les ombres, les charmes aux tristesses, mène sereinement à la nuit. Sans elle, la vie se ferme tout à coup, ténébreuse et froide. On ne peut s'empêcher de penser que Burns n'était pas fait pour connaître cette graduelle et douce approche du soir.

Cependant, à cause de cette absence même de mélange intellectuel, cet amour est singulièrement curieux. Il a des qualités moins hautes, mais qui, peut-être, sont plus rarement rencontrées. Il est toujours sincère, parce que, dès qu'il va cesser de l'être, il a déjà changé. Passant continuellement d'un objet à un autre, il rajeunit la convoitise par la nouveauté. S'il est étranger au sentiment de bien-être et de stabilité que l'habitude donne aux affections, il n'en connaît pas non plus le relâchement et comme le sans-gêne. Il est toujours ardent, empressé et expansif. Il a connu l'émotion qui se recommence sans cesse, parce qu'elle se souvient peu d'elle-même, qui est toujours joyeuse de se reformer parce qu'elle se perd sans cesse. Pour la même raison, il est toujours direct et actuel, toujours dans le moment présent, et, pour ainsi dire, pris sur le fait. Il diffère en cela des amours de la plupart des poètes, chez lesquels on trouve beaucoup plus les traces que les explosions de la passion. Si on cherchait un contraste, on pourrait l'opposer à celui de Lamartine, qui ne se manifeste que sortant du passé, repris par un souvenir, reflété dans une mélancolie, comme en un poétique clair de lune. Ici, c'est le plein soleil avec ses rayons droits. Ils seront éteints ce soir, mais qu'importe ? Demain en ramènera d'aussi jeunes et d'aussi brûlants, insoucieux de ceux de la veille. N'est-ce pas aussi une rare qualité que ce quelque chose de gai et de sain qui frappe en lui ? L'intelligence

---

[1] *My lovely Nancy.*

introduit, dans les sentiments auxquels elle se mêle, les tristesses qu'elle a lentement acquises. Elle les touche de l'amoindrissement dont l'expérience frappe ce qui nous entoure. Mais lui, tout fait de désir, sans retour en arrière, sans pensée d'avenir, sans scrupules, échappe à cet attristement. Il reste entier, joyeux d'exister et insouciant. C'est pourquoi, parmi tant de notes variées, il y a une note qu'il n'a pas : c'est l'amertume. Des tristesses, des douleurs, des déceptions, des désespoirs, il en a éprouvé. C'est l'inévitable résultat des aventures du cœur. Mais il n'a pas connu le dédain, le doute, le dénigrement de ce qu'il a chéri. Il est toujours resté, pour le cœur où il renaissait sans trêve, quelque chose de cher et de précieux, l'embellissement, la joie et la fête de la vie.

Aussi, le trait qui le distingue par-dessus tous, c'est qu'il est l'amour le plus franc, le plus impersonnel, le plus général qui ait jamais existé. Il est fait d'émotion pure, de passion sans mélange. C'est par la pensée qu'ils contiennent que les amours sont particuliers et portent l'empreinte de tel ou tel esprit. Ici, la pensée n'apparaît pas. C'est l'amour simple, l'amour en soi, l'amour élémentaire, débarrassé de tout ; c'est le fonds commun de désir, ce qu'il y a de primordial, de primitif, d'essentiel dans tous les amours ; c'est de la pure passion, sans idée, sans nuage, nue comme un baiser. Jamais l'amour ne s'est manifesté sous une forme aussi dépouillée. C'est de l'amour terrestre sans doute, peu langoureux, mais fort, et substantiel. C'est l'amour de tout le monde, accessible à tous, et le plus universel qu'un poète ait encore exprimé.

Cela suffit pour faire de Burns un poète d'amour original et unique. Dans la littérature anglaise, il a rendu à cette passion son ardeur et sa violence. Depuis longtemps, depuis la Renaissance, elle vivait de finesses, d'élégances et d'esprit. Cowley, Herrick, Lovelace, Suckling, qui sont de vrais et charmants chanteurs, lui avaient apporté de gracieuses mignardises, de délicats détails de sentiment, de plaisants jeux d'imagination, et de jolies sensualités un peu minces, Burns a écarté d'un coup de main ces mièvreries et ces fadeurs ; il a aimé robustement, avec la fougue des sens et du cœur. Si, après lui, la sincérité de la passion s'est retrouvée dans la poésie contemporaine ; s'il y a dans Shelley, dans Wordsworth, dans Tennyson, des pièces d'amour touchantes et simples, elles sont loin de sa véhémence et de son emportement. Elles ont toutes passé par l'intelligence. La part de pensée, de réflexion, de souvenir, y est grande. Les larmes qu'ils ont versées étaient véritables, mais ils les ont conservées dans des gouttes d'ambre. Celles de Burns tombent sur nos mains et les brûlent. Byron seul a eu un élan comparable au sien, mais l'amertume, le scepticisme, le dédain l'ont arrêté, tandis que Burns a, jusqu'à la fin, aimé naïvement et de bonne foi. En sorte que, s'il l'emporte sur les autres poètes par la force de la passion, il l'emporte également sur le seul qui aurait pu lui être comparé, par sa confiance en elle. Pour trouver son pareil, il faudrait aller aux anciens, jusqu'à la simplicité concentrée de Catulle et de l'Anthologie. Il restera, par excellence, le poète de l'amour jeune, franc, frais, sincère, joyeux ou malheureux par lui-même, de l'amour qui n'est que de l'amour, de celui des vingt ans, celui dont le mois, selon le mot de Shakspeare, est toujours Mai [1].

---

[1] Shakspeare. *Love's Labour Lost*, Acte IV, Scene III.

CHAPITRE IV.

LE SENTIMENT DE LA NATURE DANS BURNS.

I.

CE QUE BURNS A VU DE LA NATURE.

Si jamais poète a vécu au sein de la nature ce fut Burns. On peut dire qu'il a été élevé par elle. Il a passé son existence, non seulement à la contempler mais à la travailler, à lui donner sa sueur et ses pensées, à recevoir d'elle des récompenses ou des angoisses. Il a été celui dont parle le poète,

exercetque frequens tellurem atque imperat arvis [1].

Il est curieux de rechercher comment il a su l'aimer. C'est une étude qui a d'autant plus d'intérêt que Burns peut être regardé comme le représentant des hommes de sa classe ; il a exprimé avec conscience et clarté ce que ressentent obscurément, confusément, depuis des siècles, une grande quantité d'hommes qui labourent et remuent la terre. Il se peut même qu'il exprime plus encore et que, par la singularité unique de son éducation, il nous ait rendu un mode de comprendre la nature, très primitif, depuis longtemps abandonné par la poésie, parce que la forme agricole de société ayant disparu, ou plutôt ayant été recouverte par d'autres formes : militaire, religieuse, industrielle, il y a longtemps que les poètes n'écrivent plus pour les paysans, et plus longtemps encore que les paysans ne sont plus poètes. Par un accident unique, Burns nous rendrait donc une façon très ancienne de sentir la nature. Ce n'est pas qu'on ne puisse trouver, dans des vers d'autres paysans, des traces d'un sentiment pareil, mais ce sont des ébauches grossières et gauches qui demeurent à l'état de bégaiement obscur. Lui seul a fait des sentiments d'un paysan des œuvres d'art. Essayons donc de déterminer ce qu'il a su voir de la nature que sa contrée lui a présentée, pendant ses voyages aussi bien que pendant ses années de résidence, et comment il l'a vue.

Burns n'a pas compris les paysages des Hautes-Terres d'Écosse, dans leur splendeur ou leur mélancolie puissantes. Il a pourtant vu, car il les

---

[1] Virgile. *Georgiques.*

a traversés à la floraison automnale des bruyères, ces horizons de montagnes cramoisies qui s'étendent, lorsque le soleil couchant ajoute sa pourpre à la leur, en un paysage d'une somptuosité souveraine. Rien n'égale le saisissant effet de ces gradins gigantesques qui se prolongent dans un vaste embrasement. Tout est immobile, sauf parfois, dans la rougeur du ciel, le coup d'aile bronzé d'un aigle. C'est un spectacle d'une calme magnificence, qui appartient bien au pays écossais. Burns avait également vu ces contrées, dans leurs heures d'indicible tristesse, quand la teinte grise des roches se répand sur les flancs des montagnes, quand les brouillards arrivent, que tout s'assombrit et se mêle. C'est alors le pays mélancolique d'Ossian, plein de voix et de plaintes. Les clameurs des vents et des torrents s'élèvent de toutes parts ; les vagues courent et mugissent sur le bord des lochs ; le pâle regard de la lune perce à travers les nuées ; tout est gémissant et fugitif ; on croirait que les ombres des morts traversent l'espace [1]. Ce charme de terreur, Macpherson l'avait déjà révélé avec une éloquence aujourd'hui trop peu comprise, et Macpherson avait été un des auteurs favoris de Burns. Cependant, Burns a traversé ces montagnes sans percevoir les deux grands aspects qu'elles revêtent, sans être frappé de leur pompe ou de leur tristesse, sans être troublé des secrets éternels qu'elles semblent garder. Les pièces qu'il a écrites pendant ses tours aux Hautes-Terres n'ont rien reçu de la grandeur des lieux. Ses vers sur Taymouth ne sont que la description d'un parc où la nature a conservé quelques-unes de ses grâces sauvages. C'est dans une de ses chansons que se trouve, à nos yeux, le paysage qui approche le plus de ceux des montagnes.

> Mon cœur est dans les Hautes-Terres, mon cœur n'est pas ici ;
> Mon cœur est dans les Hautes-Terres, à chasser le cerf,
> A chasser le cerf, à poursuivre le daim,
> Mon cœur est dans les Hautes-Terres, partout où je vais.
>
> Adieu aux Hautes-Terres, adieu au Nord,
> Le berceau de la valeur, le pays de la vertu ;
> Partout où j'erre, partout où je me perds,
> J'aime pour toujours les collines des Hautes-Terres.
>
> Adieu aux montagnes, couvertes de haute neige,
> Adieu aux straths [2], aux vallées vertes qui sont à leurs pieds,
> Adieu aux forêts, aux bois sauvages qui pendent,
> Adieu aux torrents, aux ruisseaux retentissants.
>
> Mon cœur est dans les Hautes-Terres, mon cœur n'est pas ici ;
> Mon cœur est dans les Hautes-Terres, à chasser le cerf,
> A chasser le cerf, à poursuivre le daim,
> Mon cœur est dans les Hautes-Terres partout où je vais [3].

---

[1] Voir les belles pages de John Wilson, dans ses *Remarks on the Scenery of Scotland*.
[2] Le strath est une vallée large, traversée par un cours d'eau.
[3] *My Heart's in the Highlands.*

Il y a dans ces vers un sentiment de liberté et quelque chose de la nostalgie des montagnes, qui fait penser à la fameuse pièce de Duncan Ban, sur Ben Dorain [1]. Mais, c'est une note isolée. Les montagnes d'Écosse ne devaient trouver que plus tard leur poète dans Walter Scott. Encore, n'est-ce qu'un poète souvent faux, trop technique et d'une pure fidélité extérieure, « un guide en rimes de l'Écosse », a dit sévèrement Emerson [2]. Malgré les révélations partielles, qui se trouvent peut-être plus dans les romans de Walter Scott que dans ses poèmes, ces montagnes attendent encore le poète qui les interrogera et leur fera dire leur secret. Si Byron avait vécu parmi elles, il les aurait peut-être chantées au lieu des Alpes ; il y avait dans son génie quelque chose de farouche et d'âpre qui leur aurait convenu. Le plus profond sentiment qu'elles aient inspiré se trouve peut-être dans les vers de Duncan Ban, ce garde-chasse illettré, dans l'âme ignorante duquel s'est débattu un grand poète.

Une autre beauté de la terre écossaise est la côte ouest, avec ses îles nombreuses, ses rochers, ses falaises, ses lochs découpés, et ses promontoires sur chacun desquels rêve une ruine. Merveilleux et magique paysage qui, dans ses aspects infinis et sa beauté toujours ondoyante, semble un paysage de vision et de mirage ! Dans les jours de calme, lorsque la mer est d'azur ou d'argent immobiles, les îles prochaines, se réflétant avec tous leurs détails, créent un double monde dont l'esprit est troublé, tandis que les plus lointaines, d'un vert tendre, impalpable, transparentes comme des émeraudes, complètent l'illusion d'une vision aérienne. Dans les jours sombres, la mer et le ciel déploient des gris infinis. Sur la première, glissent des courants d'un vert pâle, d'une douceur inexprimable ; dans les brouillards et les brumes, où éclosent des lueurs argentines et d'incessants arcs-en-ciel, des roches humides et des falaises tremblantes passent dans les couleurs du prisme. C'est la région des lumières fugitives, des étranges crépuscules verdâtres et lumineux, où les objets se fondent comme des rêves, hantée de légendes, habitée par une race solennelle et superstitieuse, où Staffa ouvre son portail, où Iona l'île mystique dressait ses centaines de croix dans d'innombrables iris [3]. C'est un paysage spiritualisé, plein d'une mystérieuse fascination. Wordsworth était assez délicat pour le percevoir, mais trop lent et solennel de mouvement pour saisir ses fugitifs sourires. Shelley seul avait une nature assez légère et féerique, assez immatérielle pour le poursuivre. Robert Buchanan en a

---

[1] Voir sur Duncan Ban, le livre vraiment épris de poésie de John Stuart Blackie : *The Language and Literature of the Scottish Highlands*, chap. III, p. 156-187. Le poème sur le mont Ben Dorain y est cité en entier. Ce Duncan Ban, après avoir été garde-chasse dans les Highlands, avait fini par obtenir une place dans la garde civique d'Edimbourg, principalement composée de Gaëls. Il était né en 1724 et mourut en 1812. — Voir aussi, sur Duncan Ban, quelques pages de Robert Buchanan : *The Hebrid Isles*, p. 42-53, où Buchanan cite quelques autres pièces de lui, et le compare à Burns.

[2] Emerson. *English Traits. XIV. Literature.*

[3] Voir, sur cette île, le livre du duc d'Argyle : *Iona*, en particulier le chapitre II.

rendu éloquemment quelques aspects. Il a fallu, pour fixer ces insaisissables nuances, la longue éducation du regard moderne, son sens des couleurs. Encore n'y arrive-t-on qu'imparfaitement [1]. Il est clair que Burns n'a pu rendre cette nature. Il l'avait du reste peu vue et seulement pendant son voyage fait avec le souvenir de Mary Campbell.

Mais il avait vécu, au bord de cette même mer, un peu plus bas, et si elle n'a pas, sur les côtes de l'Ayrshire, la poésie qu'elle prend sur les côtes de Skye, elle a cependant déjà sa grandeur. Avec ses vastes baies, ses falaises abruptes, le vieux château de Greenan, le roc d'Ailsa Craig, et la masse puissante de l'île d'Arran, derrière laquelle se couche le soleil, elle a un caractère de rude vigueur fait pour émouvoir un poète. Cette mer-là, Burns la connaissait. Il avait été élevé devant elle, il avait erré maintes fois sur ces rivages. La Muse, dans *La Vision*, lui dit:

> Je t'ai vu chercher la grève retentissante,
> Charmé par les mugissements des houles [2].

Cependant cette fréquentation de la mer n'a pas laissé beaucoup de traces en lui. A peine si on rencontre, épars dans son œuvre à de grandes distances, quelques traits de paysage maritime. Ils sont rapides et sommaires ; ils montrent l'Océan de loin et surtout vers le soir. On est tenté de les rapporter aux heures où, après la journée de travail, le jeune paysan songeait devant la porte de Mount-Oliphant ou de Mossgiel, avec la mer lointaine sous les yeux. C'est ainsi qu'il a vu le « sombre sentier de la tempête passer sur le sein des vagues [3] », « le soir dorer la houle de l'océan [4] », et « la pâle lune se coucher derrière la blanche vague [5] ». Quand Clarinda s'embarqua pour les Indes, il retourna sur le rivage.

> sur la grève solitaire,
> Tandis que les oiseaux de mer volent et crient autour de moi,

---

[1] Sur ce paysage des côtes ouest de l'Ecosse, voir les *Recollections of a Tour in Scotland* de Dorothy Wordsworth, Third Week.— On en trouvera quelques traits essentiels et choisis par Wordsworth, dans ses *Memorials of a Tour in Scotland*, 1803, *The Blind Highland Boy*, et dans son *Yarrow Revisited and Other Poems*, en particulier dans la pièce *Composed in the glen of loch Etive*. — Pour les renseignements géologiques, voir le livre de Archibald Geikie : *The Scenery of Scotland, viewed in connection with its Physical Geology*, le chapitre III : *The Sea and its work on the Scottish Coast Line*. — On trouvera de beaux paysages dans *A Summer in Skye* de Alexander Smith, et quelques jolies descriptions dans *A Princess of Thule* de William Black. — Mais le livre qui a rendu les aspects et l'âme de cette mystérieuse côte, est le livre de Robert Buchanan : *The Hebrid Isles*. Il y a des pages absolument admirables et écrites par un grand poète. C'est l'ouvrage qu'il faut lire là-bas. Nous lui devons d'avoir profondément ressenti cette contrée, et nous lui gardons la reconnaissance que nous devons aux esprits qui nous ont ainsi fait un présent.

[2] *The Vision.*
[3] *Lament written at a Time when the Poet was about to leave Scotland.*
[4] *Smiling Spring come's in rejoicing.*
[5] *Oh, open the Door.*

> Par-delà les flots roulants, écumants et mugissants,
> Vers l'ouest, je tournerai mon œil pensif [1].

Par ci, par là, un souvenir de son séjour à Irvine et de ses rapports avec les matelots ; encore est-ce plutôt une image d'activité humaine et une comparaison technique de métier qu'une impression de nature. Il dit quelque part :

> Avec bon vent et la marée en poupe,
> Vous filez tout droit au large,
> Mais faire voile contre l'un et l'autre,
> Cela fait étrangement louvoyer [2].

Et ailleurs :

> Mais, pourquoi commencer à parler de mort ?
> Maintenant, nous sommes vivants, solides et robustes,
> Allons ! hunier et grand hunier, hissons les voiles,
> Par-dessus bord l'Ennui,
> Au large, devant la brise du plaisir,
> Prenons la mer ! [3]

C'est là tout à peu près. Cette indifférence pour la mer a étonné Keats [4]. Il oubliait que Burns était un paysan, et que le paysan même des côtes appartient tout entier à la terre. Le campagnard et le matelot peuvent vivre dans le même hameau ; mais l'un tourne le front et l'autre le dos à la mer. Ce n'est pas la distance, ce sont leurs occupations qui les rendent dissemblables. La vie des matelots, avec ses loisirs et son spectacle uniforme, ouvre les âmes à quelques grandes impressions. Les paysans, courbés vers leur sillon, toujours réclamés par les exigences des saisons, tendant leur esprit à mille petits faits, ont le sens de l'activité minutieuse et peu de rêverie. Aussi près de la mer qu'ils habitent, elle leur reste une étrangère ; elle leur cause plutôt un malaise. Leur finesse et leur âpreté s'accommodent mal de ce qu'il y a d'impersonnel dans son influence. Ils ne l'aiment pas, lors même qu'ils vivent à un jet de pierre d'elle. D'ailleurs un labeur continuel ne leur laisse jamais de temps pour ces contemplations prolongées, pendant lesquelles elle nous envahit lentement.

Les paysages que Burns a compris ne sont pas si grandioses. Ce sont ceux des Lowlands, et, dans ceux-ci encore, il faut faire un choix. Il n'a pas touché aux Borders, à la chaîne des Cheviot, où le paysage, avec sa bordure de donjons délabrés, se redresse, devient plus farouche, et prend

---

[1] *Behold the Hour.*
[2] *Address to the Unco' Good.*
[3] *Epistle to James Smith.*
[4] Keats. *Letter to Thomas Keats*, 10-14 July 1818.

un intérêt historique. Ce qu'il a connu de plus élevé est la ligne des hauteurs moyennes qui relient les Cheviot aux Grampians, séparent les sources de la Clyde de celles de la Tweed, et, de chaque côté, viennent mourir en ondulations à une faible distance de la mer. Elles n'ont pas le caractère puissant des montagnes des Hautes-Terres, ni le rude aspect de celles des Borders. C'est une suite de hautes collines pastorales, avec leurs ruisseaux, leurs plaques de bruyère, leurs creux tout tremblants de fougères ; sur leurs flancs semés d'innombrables chardons se répandent des troupeaux, et parfois un berger se détache sur leur ciel. Elles ont à leurs pieds les landes réjouies par la chanson incessante de l'alouette. Elles sont sauvages encore, mais sans terreur et sans sublimité ; elles ont une tristesse et un abandon plus humains ; elles semblent regretter que l'homme leur manque, tandis que les autres solitudes semblent s'irriter qu'il les trouble. Elles sont plus accessibles ; elles ont des traits moins puissants et que l'esprit peut saisir sans s'oublier. C'est en même temps un paysage où le détail reparaît, reprend sa place, et non plus un spectacle fait d'une seule sensation gigantesque qui l'écrase.

Ce point est important, car c'est par le détail que les lieux saisissent les esprits nets, peu ouverts aux vagues impressions panthéistes. Burns a mieux compris ces collines moyennes ; elles reparaissent volontiers dans sa poésie. Le plus souvent, comme dans sa vie, elles sont aperçues de loin :

> Gaiement l'œil d'or du soleil
> Regardait par dessus les hautes montagnes [1].

Parfois ce sont quelques-uns des aspects sombres dont elles sont souvent revêtues. C'est l'hiver qui vient :

> Le brouillard paresseux pend au front de la colline,
> Il cache le cours assombri du ruisseau tortueux.
> Combien semblent languissantes les scènes naguère si vives,
> Quand l'automne passe à l'hiver l'année pâlie,
> Les forêts sont dépouillées, les prairies sont brunes,
> Et toute la brillante afféterie de l'été est envolée [2].

Ou quelque orage qui éclate :

> Abandonnés sur les collines sombres, les troupeaux errants
> Fuient le farouche ouragan et s'abritent parmi les rochers.
> Les ruisseaux écumants se précipitent, rougeâtres, cinglés par la pluie,
> Les pluies amassées crèvent au-dessus de la plaine lointaine ;
> Sous la rafale, les forêts dépouillées gémissent.

---

[1] *Philis the Fair.*
[2] *The Lazy Mist.*

Ou bien encore c'est un joli coin des vallons qui se trouvent au pied des derniers replis de ces hauteurs, comme dans ce charmant paysage de gorge pleine de verdure :

> Que les terres étrangères vantent leurs bosquets de myrtes suaves,
> Où les étés resplendissants répandent leurs parfums,
> Bien plus cher m'est ce ravin de fougères vertes
> Où le ruisseau glisse sous les longs genêts jaunes.
>
> Bien plus chers me sont ces humbles buissons de genêts,
> Où la jacinthe et la pâquerette se cachent invisibles ;
> Car là, marchant légèrement parmi les fleurs sauvages,
> Et écoutant le linot, souvent vient errer ma Jane [1].

La description la plus complète et la plus haute qu'il ait fait de ces régions de montagnes se trouve dans les strophes suivantes qu'on a déjà vues mais qu'on peut relire ici, au point de vue spécial qui nous occupe. C'est un joli tableau, et, pour la sincérité et la vérité des traits, bien supérieur à tous ceux de Walter Scott.

> Ces sauvages montagnes aux flancs moussus, si hautaines et si vastes,
> Qui nourrissent dans leur sein les jeunes sources de la Clyde,
> Où les grouse conduisent leurs couvées à travers la bruyère,
> Et le berger garde ses troupeaux en jouant sur son roseau.
> Où les grouse conduisent leurs couvées à travers la bruyère
> Et le berger garde ses troupeaux en jouant sur son roseau.
>
> Ni les riches vallées de Gowrie, ni les bords soleilleux du Forth,
> N'ont pour moi les charmes de ces moors sauvages et moussus ;
> Car là, près d'un clair ruisseau, solitaire et retiré,
> Vit une douce fillette, ma pensée et mon rêve.
>
> Parmi ces sauvages montagnes sera toujours mon sentier,
> Chaque ruisseau écume dans son ravin étroit et vert ;
> Car là, avec ma fillette, j'erre toute la journée,
> Tandis qu'au-dessus de nous, inaperçues, passent les rapides heures de l'amour ;
> Car là, avec ma fillette, j'erre toute la journée,
> Tandis qu'au-dessus de nous, inaperçues, passent les rapides heures de l'amour [2].

Ces plaques de mousse qui couvrent les flancs de ces montagnes, la bruyère traversée par les grouse, le berger solitaire, ces ruisseaux écumants qui ont chacun son petit ravin vert, sont des traits charmants et exacts. Mais ce tableau est unique dans Burns ; c'est, avec les autres traits que nous avons cités plus haut, presque tout ce qu'il a donné sur les montagnes. Toutefois il eût été injuste de les passer sous silence.

Le vrai pays de Burns, celui qu'il a connu, pratiqué, aimé, et chanté

---

[1] *Caledonia.*
[2] *Yon wild mossy Mountains.*

avec sa sincérité habituelle, est la partie agricole de l'Ayrshire. Pays de culture, fait de pentes labourées et de pâturages, parsemé de fermes, avec leurs meules et leurs amas de tourbes, vrai pays de paysans, où tout sent le travail de l'homme, la herse et la charrue ; d'ailleurs, très ordinaire. Seuls, les ruisseaux, plus rapides, plus bruyants sur leurs pierres, et bordés d'arbustes touffus, rappellent qu'on est près d'une contrée montagneuse et donnent du pittoresque au paysage. Ce sont eux qui en font toute la beauté. La partie du Dumfriesshire où Burns vécut plus tard n'est pas très différente. Le paysage y est un peu moins disséminé et indécis entre plusieurs cours d'eau ; une rivière plus forte le coordonne, lui imprime une direction unique, une allure plus large et plus simple. Il y a moins de variété dans le détail ; les lignes générales y ont un peu plus de sens et de repos. Des deux côtés cependant, c'est la campagne, gracieuse par endroits, mais vulgaire, dénuée de caractère, portant partout des traces humaines, sans avoir le sentiment intime, qui, selon la fine remarque de Washington Irving, fait le charme de la campagne anglaise [1]. Elle n'en possède non plus ni l'éclat de verdure, ni la richesse de végétation, ni les vaporeux horizons. Elle porte encore à présent un certain air d'âpreté, de rudesse, commun à toute l'Écosse, et que Dorothée Wordsworth avait bien noté [2]. Au temps de Burns, l'absence de haies et de clôtures, qui frappait tous les voyageurs anglais, la faisait plus abandonnée, tandis que des fondrières, des terres en friche, et des espaces aussi jaunes de séneçon que s'ils en avaient été semés [3], lui donnaient une apparence plus misérable et plus négligée. C'est en somme la campagne pauvre de maintes de nos régions. Parmi les divers genres de paysages que lui offrait la terre d'Écosse, et alors que la côte lui en présentait un bien plus vaste, voilà le seul que Burns ait réellement compris. Voilà sur quel terrain, dans quelles limites, s'est vraiment exercé son sentiment de la nature. Il nous reste à voir jusqu'à quelle profondeur il a pénétré.

Ce n'est pas qu'il en ait laissé, comme Wordsworth l'a fait pour son gracieux district des lacs, une suite de tableaux si nombreux, si minutieux, si particuliers, qu'on peut suivre ses promenades, rattacher chaque description au site qui l'a inspirée, reconnaître jusqu'à la barrière vermoulue et verdie de mousse [4], jusqu'au rocher où les vers luisants suspendaient leurs lampes [5], et extraire de ses œuvres une sorte de guide poétique du

---

[1] Washington Irving. *The Sketch Book*, *Rural Life in England*.

[2] *Recollections of a Tour in Scotland*, by Dorothy Wordsworth, August 22nd, et Friday, Sept. 2nd.

[3] La présence de cette plante frappait les voyageurs. Voir *Recollections of a Tour in Scotland* de Dorothy Wordsworth, August 17th, 20th, 1803.

[4] Wordsworth. *The Wishing Gate*.

[5] Id. *The Primrose of the Rock*.

pays qu'il a habité [1]. Il n'y a rien de semblable dans Burns. Autant sa représentation de la vie humaine abonde en mille détails écossais de costumes, de mœurs, de préjugés, autant sa représentation de la nature est dégagée des éléments purement locaux. A part les termes de terroir, qui trahissent le pays par le dialecte, à part les noms propres, qui désignent les localités, il serait difficile, par ses seules peintures, de préciser les sites qui les ont inspirées. Il choisit parfois, il est vrai, des traits propres à sa contrée et qui ne peuvent être bien compris que par ceux qui l'ont visitée. Il parlera des « moors d'un rouge brun, sous les clochettes de bruyères [2] » ; il représentera la teinte rougeâtre particulière que prennent les ruisseaux écossais lorsqu'ils sont gonflés par la pluie, les détours des petites rivières caillouteuses, bordées de noisetiers. Ce sont là des indices plutôt que des tableaux. Outre que ces traits sont communs à toute une région et pourraient s'appliquer à une grande partie de l'Écosse, ils sont rares et trop rapides. On chercherait vainement en lui une de ces descriptions particulières et détaillées, telles qu'on en rencontre dans Wordsworth et dans Cowper, et qui, lues à tel endroit, s'encadrent exactement dans l'horizon, s'appliquent à tous les points, et semblent le calque du paysage qu'on a sous les yeux. Il y a, au commencement du *Sofa*, une vue de Weston, si précise qu'on pourrait envoyer un voyageur à sa recherche, un Cowper à la main. Lorsqu'il arriverait au sommet de la colline de Weston-Park et qu'il découvrirait l'Ouse errant lentement dans une plaine unie, parsemée de troupeaux, le groupe d'ormeaux qui abritent la hutte solitaire du berger, la plaine coupée de haies qui va se perdre dans les nuages, la tour carrée de Clifton, le haut clocher d'Olney, les villages d'Emberton et Steventon qui fument au loin, par delà des bouquets d'arbres et des bruyères, il pourrait s'écrier : « C'est ici [3] ». Une pareille expérience serait impossible avec Burns. Ses descriptions, justes sans doute pour les endroits qu'elles désignent, pourraient s'appliquer aussi bien à beaucoup d'autres.

C'est qu'en effet il n'a pas laissé de ces importantes peintures de sites, de ces tableaux si complets, si poussés jusqu'au détail, si séparés du reste, et parfois si inutiles au reste, si faits en vue d'eux-mêmes, qu'on pourrait, pour ainsi dire, les détacher et les isoler dans un cadre où ils formeraient un tout. On ne trouverait pas, chez lui, un seul de ces passages qui rapprochent l'écrivain du peintre, et font de bien des poèmes modernes des galeries de paysages. Il y a telles descriptions poétiques qu'on transposerait facilement sur la toile ; il suffirait de les copier pour en avoir la transcription en couleurs et en lignes. Cela serait, avec lui,

---

[1] Ce travail a été fait. Voir *the English Lake District as interpreted in the Poems of Wordsworth*, by William Knight.

[2] *Epistle to William Simpson.*

[3] Cowper. *The Sofa*, vers 160-180.

impossible. Il indique plutôt qu'il ne peint, et il suggère plutôt qu'il ne représente. Ses moyens sont trop simples et l'effet obtenu trop vaste pour la peinture. Généralement, le paysage est très large et perçu d'ensemble. Il est évoqué nettement et vigoureusement, en deux ou trois traits, si courts, si rapides, si sobres, qu'il n'y aurait pas les éléments d'une étude; et en même temps si profonds, si larges, si réels, qu'il y aurait la matière de vingt tableaux.

Parfois, il n'y a qu'un seul trait, qui traverse le pays et le pénètre jusqu'au fond. On en a vu quelques exemples à propos de la mer et des montagnes. On en retrouverait un autre dans le refrain d'une chanson citée plus haut : « Savez-vous qui demeure dans cette ville là-bas, sur laquelle brille le soleil du soir ? [1] » ; on en recueillerait facilement ailleurs. L'impression que produit le soleil, errant solitaire au-dessus de la plaine illimitée des moors, est rendue en deux mots :

> Le soleil suspendu au-dessus des moors
> Qui s'étendent de toutes parts [2].

L'impression mélancolique d'un jour grisâtre qui s'achève à l'extrémité d'un paysage de moors et de ces marécages qu'on appelle en Écosse, des « mousses » apparaît en quelques vers :

> Derrière les collines là-bas où le Lugar coule,
> Parmi ces moors et ces marécages nombreux,
> Le soleil d'hiver a clos le jour [3].

Voici une nuit d'hiver et de tempête :

> Lorsque les orages bourrus frappaient sur la colline,
> Et que les nuits d'hiver étaient noires et pluvieuses.

De tous côtés, ce sont des descriptions en un seul vers : « La pâle lune se leva dans l'est livide [4] ». — « Les vents d'automne ondulent sur les blés jaunes [5] ». — « Adieu, cieux, maintenant brillants du large soleil couchant [6] ». — « Les nuages aux ailes rapides volaient sur le ciel constellé [7] ». — « Les ombres du soir se rencontrent en silence [8] ». — « Les averses bruissantes s'enlevaient sur la rafale, les ténèbres avalaient

---

[1] *Oh, Wat ye wha's in yon Town?*
[2] *Man was made to mourn.*
[3] *My Nannie, O.*
[4] *Elegy on the Death of Sir James Hunter Blair.*
[5] *Lament of Mary Queen of Scots.*
[6] *War Song.*
[7] *Elegy on the Death of Sir James Hunter Blair*
[8] *O Philly, happy be that Day.*

les brefs éclairs [1] ». — « Pas une étoile ne regarde à travers le grésil chassé [2] ». — « Sur ces montagnes éclate franchement le matin [3] ».

C'est une conséquence de cette méthode que souvent les paysages ont beaucoup d'espace, une large voûte de ciel. Quelques-uns ont été aperçus du flanc d'une colline ; la contrée s'étend à vol d'oiseau.

> La sombre nuit se ramasse rapidement,
> La sauvage et inconstante rafale rugit,
> Là-bas, ce nuage obscur est lourd de pluie,
> Je le vois passer au-dessus de la plaine,
> Le chasseur a maintenant quitté le moor,
> Les couvées dispersées se réunissent en sûreté [4].

Dans d'autres au contraire, la campagne s'étend, bornée au loin par les hauteurs, mais toujours très prolongée et très vaste. On est toujours en plein air. Voici la plaine en hiver, avec les monts qui commencent à blanchir au loin.

> Quand les vents se désolent dans les arbres nus,
> Ou que les frimas, sur les collines
> Sont d'un blanc grisâtre,
> Ou que les tourbillons de neige, aveuglants, sauvages, furieux, passent,
> Assombrissant le jour [5].

Et la voici par un jour de printemps. Quel joli tableau matinal, avec sa plaine tout entière en train de s'éveiller !

> Un dimanche d'été, le matin,
> Quand la face de la Nature est belle,
> Je sortis et marchai pour voir le blé,
> Et aspirer l'air plus frais.
> Le soleil qui se levait au-dessus des moors de Galston,
> Dans une glorieuse lumière étincelait,
> Les lièvres flânaient dans les sillons,
> Les alouettes, elles chantaient [6].

Ou encore cet autre paysage tout en ciel et en échos lointains.

> Les vents étaient tombés, l'air était calme,
> Les étoiles passaient le long du ciel,
> Le renard hurlait sur la colline,
> Et les échos distants des ravins lui répondaient [7].

---

[1] *Tam o' Shanter.*
[2] *O Lassie, art thou sleeping yet.*
[3] *Smiling Spring comes in rejoicing.*
[4] *The Bonny Banks of Ayr.*
[5] *Epistle to William Simpson.*
[6] *The Holy Fair.*
[7] *A Vision*

Lorsque la description s'allonge un peu, elle est formée non par le développement d'un seul trait, mais par un assemblement rapide de plusieurs traits, chacun d'eux extrêmement bref et solide. Les coups de pinceau tombent très serrés, très précis, chacun d'eux apportant quelque chose, sans une retouche. Voici une vue d'automne.

> Le vent soufflait rauquement venant des collines,
> Par accès, les rayons expirants du soleil
> Jetaient un regard sur les bois flétris et jaunes
> Qui ondulaient au-dessus du cours tortueux du Lugar [1].

Qu'on lise cette courte strophe dans l'original, on verra que chaque mot est chargé de sens. Tout y est : le vent, son bruit, sa direction, l'instant du jour, l'expression des rayons du soleil, la saison, l'aspect et la couleur des bois. Que dis-je ? Leur agitation du moment, leur disposition générale. Qu'on prenne un autre exemple, c'est un crépuscule d'hiver.

> Quand le mordant Borée, piquant et âpre,
> Frissonne aigrement dans les bois effeuillés,
> Quand Phébus jette une lueur vite morte,
> Bien loin, au sud du ciel,
> Assombri, à travers la neige qui descend en flocons,
> Ou est chassée en tourbillons [2].

Pas une épithète pour l'effet littéraire, tout est en renseignements : l'air si lointain du soleil derrière la neige, son court éclat, sa position exacte dans le ciel plus obscur par le contraste avec la neige; et quand il s'agit de celle-ci, la strophe n'est pas achevée par quelque détail littéraire; en quelques mots, il y a deux actes d'observation, les deux aspects de la neige : ou les lentes tombées de flocons, ou les trombes furibondes fouettées par le vent. Ce n'est plus de la composition littéraire, ce sont des faits entassés dans des mots. Veut-on un autre passage encore ?

> Le printemps souriant revient dans sa gaieté,
> Et le chagrin Hiver s'enfuit maussadement.
> Claires comme le cristal sont maintenant les chutes d'eau,
> Et d'un joli bleu est le ciel ensoleillé
> Avec fraîcheur, sur la montagne, éclate le matin,
> Et le soir dore le reflux de l'Océan [3] ».

Toute la journée s'y trouve des premières aux dernières clartés du jour. Il faut songer aux longs assombrissements des hivers de là-haut, pour comprendre ce qu'il y a de justesse dans cette joie rendue aux airs,

---

[1] *Lament for James Earl of Gloncairn.*
[2] *A Winter Night.*
[3] *Smiling Spring comes in rejoicing.*

et dans cet or revenu sur la mer qui depuis des mois n'a été qu'une grisaille uniforme. Qu'on prenne un dernier exemple :

> O toi, orbe pâli et silencieux, qui brilles,
> Tandis que les mortels dorment délivrés de leurs soucis,
> Sans plaisir, je vois tes rayons orner
> Les lointaines collines faiblement tracées ;
> Je vois, sans plaisir, ton croissant tremblant
> Réfléchi dans le ruisseau qui bruit [1].

Quelle profondeur dans ce tableau ! Et pourquoi ? C'est qu'il a saisi les deux sensations extrêmes entre lesquelles sont compris tous les paysages lunaires : au loin, les hauteurs vagues, indiquées à peine et baignées dans une lumière indécise ; à nos pieds, tous les ruisseaux peuplés de croissants d'or vacillants. Burns n'a pris que deux traits mais tels, qu'ils sont le fond et le premier plan de la nuit et qu'ils la contiennent tout entière.

On voit combien ces tableaux sont denses et compacts. Chaque partie étant à la fois très exacte et très généralisée, l'ensemble contient beaucoup dans un petit volume. Ces visions, comme toutes les choses très comprimées, ont une vertu d'expansion. Elles s'ouvrent et s'amplifient dans la mémoire. Au bout de quelque temps, on est surpris de la quantité d'impressions qu'elles renfermaient. On a dit de Milton que ses vers avaient une étrange puissance d'évocation, et qu'ils étaient pleins d'une poésie si condensée qu'avec quelques mots, ils éveillaient une suite prolongée d'images [2]. L'*Allegro* et le *Penseroso* surtout possèdent cette magie de suggestion ; maintes de leurs brèves descriptions contiennent de longues rêveries. Il en est un peu de même de Burns. Il y a, dans ses coups de pinceau rapides, cette vertu mystérieuse qui met l'esprit en route. Il est par cela même sur le vrai terrain de la poésie, qui est aussi près de la musique que de la peinture, et dont l'office est de faire imaginer au moins autant que de faire voir. Depuis Milton et en exceptant quelques vers de Thomson, personne n'a eu plus que Burns ce don des visions rapides qui parcourent d'un coup d'œil de vastes étendues de terrain et que la lecture n'épuise jamais.

Lorsqu'il s'agit du détail et non plus de l'ensemble d'un paysage, lorsqu'il veut rendre un coin au lieu d'une étendue de campagne, et un effet particulier au lieu d'un aspect général, il a les mêmes qualités, avec cette différence que la précision prend le pas sur la largeur du trait. C'est toujours net et court. Cette précision ne l'abandonne jamais, alors même que le sujet qu'il traite semble le plus éloigné de la vie réelle. S'il parle

---

[1] *Lament on the unfortunate Issue of a Friend's amour.*

[2] Macaulay. *Essay on Milton.*

des plantes, il donnera l'endroit précis où elles poussent ; s'il parle d'oiseaux, il indiquera la saison, l'heure du jour, où ils chantent, les tons de leurs voix, les endroits qu'ils préfèrent, en sorte que des strophes entières seront presque des passages d'un livre de botanique ou d'ornithologie, et avec cela de la poésie. Qu'on lise les vers suivants avec cette préoccupation, on verra que chacun d'eux est instructif.

> Maintenant le lis fleurit près de la rive,
> La primevère au pied des pentes,
> L'épine bourgeonne dans la glen,
> Et la prunelle est blanche comme le lait [1].

> Maintenant l'alouette éveille le matin joyeux,
> En l'air, sur ses ailes mouillées de rosée ;
> Le merle, à midi, dans son bosquet,
> Fait retentir les échos des bois ;
> Le mauvis sauvage, de ses notes nombreuses,
> Chante et endort le jour assoupi [2].

> La grise alouette, gazouillant éperdument,
> S'élèvera vers les cieux ;
> Le chardonneret, le plus gai fils de la musique,
> Se joindra doucement au chœur ;
> Le merle a la voix forte, le linot a la voix claire,
> Le mauvis doux et moelleux ;
> Le rouge-gorge réjouira le pensif automne
> Sous sa chevelure jaunie [3].

> La perdrix aime les collines fertiles,
> Le pluvier aime les montagnes,
> La bécasse hante les vallées solitaires ;
> Le héron au vol élevé les fontaines ;
> A travers les hautes futaies le ramier erre,
> Pour éviter les sentiers de l'homme ;
> Le buisson de noisetier abrite la grive,
> Et l'épine épandue le linot [4].

Il tenait à cette exactitude. Dans une de ses lettres à Thomson, parlant d'une chanson, *Les Rives de la Dee*, il écrit : « la chanson est assez bien, mais elle contient des images fausses, par exemple : « Et doucement le *rossignol* chanta sur *l'arbre* ». D'abord le rossignol chante dans un buisson bas, et jamais sur un arbre, et en second lieu, on n'a jamais vu ni entendu un rossignol sur les bords de la Dee, ni sur les bords d'aucune autre rivière d'Ecosse [5]. »

---

[1] *Lament of Mary Queen of Scots.*
[2] *Lament of Mary Queen of Scots.*
[3] *The Humble Petition of Bruar Water.*
[4] *Peggy.*
[5] *To Thomson*, 7th April 1793.

C'est dans ces observations minutieuses des faits intimes que se découvrent, sinon le sentiment, du moins la connaissance et la fréquentation assidue de la Nature. Pour rendre les grands espaces de terrain ou les grandes phases des jours et des saisons, il suffit d'un coup d'œil d'artiste et d'un maniement suffisant de la langue. La surprise de la campagne peut quelquefois en remplacer l'intimité, et l'enthousiasme des premières rencontres arracher des accents plus vifs que la calme douceur d'une longue amitié. Mais lorsqu'il s'agit de pénétrer dans le détail, de démêler les mille sons dont est faite l'harmonie des champs, de percevoir les symptômes légers qui précèdent les mouvements atmosphériques ou plutôt qui en font déjà partie et en sont comme la frange ; lorsqu'il s'agit de posséder les habitudes et les préférences des plantes, leurs heures, leurs endroits et leur saison, les coutumes et les habitats de tant d'oiseaux et d'animaux, on entre dans une étude immense. Une vie humaine y suffit à peine. Wordsworth y a consacré la sienne, avec l'assiduité d'un savant, pendant les trois quarts d'un siècle. Chaque jour il a examiné la nature ; il en a fait son occupation unique ; il est arrivé à en avoir une merveilleuse connaissance. C'est avec Burns le poète moderne qui l'a observée le plus directement et le plus intimement connue. Mais il l'a regardée, pour ainsi dire, en faisant un choix ; cherchant en artiste ses effets rares et nouveaux à interpréter en moraliste. Il la voyait à travers la double préoccupation du pittoresque et de la parabole, en extrayant de préférence ce qui était beau ou instructif. Aussi ses observations ont toujours quelque chose d'épuré. Elles semblent avoir été prises moins pour elles-mêmes que pour leur éclat ou la leçon qu'elles contiennent.

Il n'en est pas ainsi de celles de Burns. Il a, bien entendu, cette connaissance complète de la campagne, mais elle lui vient moins d'une observation voulue que d'une fréquentation constante. Il la possède parce qu'il a vécu avec elle, qu'il l'a travaillée de ses propres mains, arrosée de sa sueur, surprise à toutes ses heures. Il est familier avec ses mille aspects et ses mille voix, mais sans s'être donné la tâche de le devenir. Sa façon de la voir est plus simple et plus désintéressée. Il n'y recherche ni les tableaux brillants, ni les comparaisons éloquentes. Ce n'est pas un artiste qui l'étudie, c'est un paysan qui la cultive ; les faits le frappent, non parce qu'ils sont curieux, mais parce qu'ils sont ordinaires. Ce qui l'attire dans les choses, ce n'est pas leur pittoresque, mais leur réalité, leur importance au point de vue de la vie rurale, la place qu'ils y tiennent ; le pittoresque ne vient qu'à la suite et par surcroît. On comprend qu'il y a, dans cette façon de voir la campagne, quelque chose de moins éclatant et de moins subtil ; mais de plus solide, de plus ferme et de plus pratique. La plupart du temps, Burns fait des descriptions sans s'en douter ; il n'a été préoccupé que de relater des faits ; ses vers, pleins, écrits pour la chose qu'ils disent, sont en réalité des renseignements qui ont rencontré la couleur. Par exemple, lorsqu'il dit :

> En été, lorsque le foin était coupé,
> Que le blé vert ondulait dans tous les champs,
> Au moment où la luzerne fleurit blanche sur la plaine,
> Et où les roses s'ouvrent dans les coins abrités [1].

il s'occupe moins de l'aspect que de l'état réel de la campagne, dans les semaines qui suivent la fenaison. Si, vers la fin d'avril, il écrit à un de ses amis, ce ne sera pas un pittoresque un peu extérieur qui le frappera, ce sera le moment précis de vie rurale où il se trouve, le moment où l'on fait sortir les vaches qui ont vêlé, et où on travaille activement aux champs [2]. S'il souhaite au même ami un temps favorable pour ses moissons, il ne fera pas quelque phrase générale sur le soleil et la brise, il ira droit au détail technique.

> Puisse Borée ne jamais battre vos sillons,
> Et ne pas donner de croc-en-jambe à vos tas de gerbes,
> Dispersant la récolte à travers moors et marécages,
> Comme du chiendent arraché ;
> Mais puisse le grain qui branle tout au faîte de l'épi
> Tomber dans le sac [3].

Ce dernier trait qui note que les plus hauts grains, parce qu'ils sont les plus secoués et les plus mûrs, se perdent le plus facilement, est d'un coup d'œil de paysan.

Sa poésie est tellement claire, de proportions moyennes et à angles vifs, qu'elle s'écarte instinctivement de ce qui donne aux objets quelque chose d'obscur, de vague ou d'excessif. Les phénomènes de brumes ou de brouillard, si communs dans un pays humide comme l'Ayrshire, sur lequel traînent continuellement les longues files des nuages de l'Atlantique, et qui, dans un pays voisin, ont fourni à Wordsworth tant de tableaux d'une subtilité ou d'une splendeur merveilleuses, ne paraissent presque pas dans ses vers. Lorsque par hasard il les rencontre, il leur donne quelque chose d'arrêté et de précis qui leur enlève une partie de leur charme ou de leur terreur. Le côté vaporeux, flottant et perdu des choses, par lequel certains esprits aiment à les contempler, parce qu'elles sont par là plus transformables, et sur qui furent constamment fixés les beaux yeux rêveurs de Shelley, n'existe guère pour lui. De la nuit même, d'autres voient surtout les profondeurs ténébreuses ; les lumières

---

[1] *Countrie Lassie.*
[2] *Second Epistle to Lapraik.* Voir ce passage plus bas.
[3] *Third Epistle to Lapraik.*

ne servent qu'à les rendre plus reculées et plus insondables ; lui y voit surtout un fond pour ses lumières qui, sur cette noirceur, jouent plus vives, plus individuelles, plus nettes, que dans l'universelle clarté du jour. Aussi ses vers sont-ils pleins de ces effets de nuit, toujours rendus par rapport aux points lumineux, et jamais par rapport aux arrière-plans obscurs.

> Nous n'errerons plus sur le bord du ruisseau,
> Nous ne sourirons plus au visage ridé de la lune dans la vague [1].

> Le char de Cynthia d'argent massif
> Montait dans le ciel étoilé, homme ;
> Les rayons reflétés dorment dans les ruisseaux,
> Ou se cassent dans le courant [2].

> Nous irons le long du Cluden,
> A travers les noisetiers qui s'étendent largement
> Au-dessus des vagues qui glissent lentement,
> Si claires sous la lune [3].

> Donnez-moi la vallée solitaire,
> Le soir plein de rosée, la lune montante,
> Qui luit joliment et fait ruisseler
> Sa lumière d'argent dans les branches [4].

Tout est en points lumineux et scintillants. Cette même netteté d'expression, ce quelque chose de bref et d'un peu sec, de limpide, qui lui fait rendre si bien la clarté froide de la lune, lui fait aussi rendre admirablement les effets de gelée claire et sonore.

> Quand les feuilles jaunies jonchent la terre,
> Ou que, voltigeant comme des chauves-souris,
> Elles obscurcissent le souffle du froid Borée,
> Quand les grêlons chassent,
> Et que les jeunes froids commencent à mordre,
> Tout vêtus de gelée blanche [5].

Ou bien encore ces vers qui décrivent si bien une nuit d'hiver :

> Tout était endormi comme l'œil fermé de la nature,
> Silencieuse, la lune brillait très haut au dessus d'arbres et tours ;
> Le gel froid, sous son rayon d'argent,
> S'étendait, formant doucement sa croûte, sur la rivière scintillante [6].

---

[1] *Lament written at a time when the Poet was about to leave Scotland.*
[2] *The Fete Champetre.*
[3] *Ca' the Yowes.*
[4] *She says she lo'es me best of a'.*
[5] *The Jolly Beggars.*
[6] *The Brigs of Ayr.*

C'est là aussi ce qui le fait parler si heureusement du chant clair et du vol léger de l'alouette, de tout ce qui est vif, mobile, rapide.

On ne connaît pas la quantité de nature qui se trouve dans un poète quand on ne connaît que les descriptions directes qu'il en a faites. On peut même dire qu'on n'en a que la partie la moins intime, la moins personnelle, l'expression purement extérieure. A travers une œuvre poétique, surtout moderne, apparaissent, dans les comparaisons, dans les métaphores, une foule d'impressions de la Nature qui, ayant séjourné dans l'âme du poète, en remontent transformées et toutes chargées de sa pensée. Il y a bien des jours, bien des années qu'elles se sont déposées au fond de lui ; elles y sont restées ignorées et perdues dans les profondeurs où le souvenir cesse d'être volontaire ; elles y ont subi un lent et mystérieux travail ; un choc les ébranle, elles reparaissent parfois presque méconnaissables de ce long séjour dans une âme humaine. Une partie de l'infinie poésie de la Nature qui ornait l'âme de Shakspeare nous apparaît de cette façon, à propos de sentiments humains. Ces impressions sont forcément profondes, puisqu'elles ont duré longtemps ; elles sont aussi généralisées par le lent dépouillement des détails accidentels et les nécessités de fournir une comparaison applicable partout. C'est parmi elles qu'on trouve souvent les plus hautes et les plus subtiles manifestations de la Nature, dans un poète.

Ces réapparitions sont-elles nombreuses dans Burns ? Y a-t-il, dans ses métaphores, dans les unions de pensée et d'images naturelles, une assez grande proportion de ces dernières pour que, en les dégageant, on obtienne un aspect nouveau de son sentiment de la Nature ? A priori, on peut croire que non. D'abord, parce que ses métaphores sont brèves et rapides. Ce foisonnement d'images qui, dans certaines œuvres, décore l'idée jusqu'à la recouvrir, et étouffe le sens sous une luxuriante végétation parasitaire, est plutôt le propre des poètes d'imagination que des poètes de passion. Il y en a plus dans Shelley et dans Coleridge que dans Byron et dans Burns. Pour s'envelopper de ces ornements, la pensée a besoin de loisir qui lui permette un moment d'arrêt, et lui donne du répit pour cette toilette. Le sentiment violent est volontiers nu, parce qu'il est impétueux, sa fougue l'emporte à travers ces ajustements. Il s'en soucie peu. Il est pressé d'atteindre, de frapper, de sentir le choc de son but. C'est ce qui arrive à Burns, où l'éloquence est bien plus dans l'accent que dans l'image, et dans le mouvement que dans l'éclat. Il ne s'attarde jamais aux comparaisons, il les traverse rapidement, et nous pouvons prévoir que, par suite de la brusquerie de ses métaphores, les impressions de Nature qui y sont contenues ne seront pas très nombreuses. Il y a à cela encore une autre raison, c'est que la plus grande quantité peut-être de ses images est empruntée à des actions, des détails de vie humaine.

Il y a bien un assez grand nombre de ces réminiscences naturelles, dans ses chansons d'amour. Mais il y a si longtemps que la plupart d'entre elles ont été empruntées à la Nature qu'elles ont perdu leur parfum d'origine ; elles ont servi à tant de cœurs humains qu'il ne leur reste plus qu'une valeur de sentiment. Elles font partie de l'éternel vocabulaire des vers amoureux ; elles ne sortent pas du fonds d'images auquel il est permis à tous les poètes de puiser comme à un coffre commun. Ce sont des yeux comme des étoiles pendant la nuit ; des cheveux dorés comme des anneaux d'or, noirs comme l'aile du corbeau, ou blonds comme le lin ; ce sont des joues comme des lis tachés de vin ; des lèvres comme des cerises mûres protégées du vent froid par des murs ensoleillés ; des tailles comme les jeunes frênes qui montent au-dessus des buissons entre deux talus semés de primevères ; des innocences aussi pures que la pâquerette qui s'ouvre dans la rosée ou que l'épine dont les fleurs sont si blanches et les feuilles si vertes. Il se trouve, dans ces comparaisons, de jolis détails ; çà et là, un détail que Burns a rajeuni et auquel, pour employer l'expression de sa femme, il a donné un coup de brosse ; mais, en réalité, rien de bien nouveau, ni de bien profond.

Cependant, lorsque l'émotion moins tendue lance moins rapidement l'expression, il arrive que sa pensée prend le temps de se placer dans une de ces observations naturelles. Alors l'effet de nature qui en constitue l'enveloppe est plus subtil, plus nuancé que ceux qui se rencontrent généralement dans ses descriptions directes. L'observation est toujours brève et nette, mais elle s'applique à des phénomènes plus fugitifs, plus changeants, plus susceptibles de se perdre dans l'âme et de se confondre confusément avec elle. Les délicats phénomènes de lumière et d'atmosphère, dont Shelley devait plus tard composer sa poésie aérienne et irisée, sont très rares dans Burns. Ceux qu'on rencontre généralement chez lui se trouvent presque uniquement dans ses métaphores.

> Ses yeux sont plus brillants que les rayons radieux
> Qui dorent l'averse fuyante,
> Et étincellent sur le cristal des ruisseaux,
> Et réjouissent les fleurs rafraîchies [1].

Ou bien :

> Comme dans le sein du ruisseau
> Le rayon de lune séjourne au soir humide de rosée,
> Ainsi tremblant et pur était le jeune amour
> Dans le cœur de la jolie Jane [2].

Ou encore :

> Son front est comme l'arc-en-ciel,
> Quand de brillants rayons de soleil interviennent
> Et dorent le front de la montagne lointaine [3].

---

[1] *Young Peggy.*
[2] *There was a Lass and she was fair.*
[3] *On Cessnock Banks.*

Ou bien cette jolie énumération de choses fragiles et fugitives dans *Tam o' Shanter*, pour laquelle un poète disait qu'il aurait donné tout ce qu'il avait écrit :

> Les plaisirs sont comme des pavots épanouis,
> Vous prenez la fleur, ses pétales tombent ;
> Ou comme la neige qui tombe dans la rivière,
> Un instant blanche, puis fondue pour jamais ;
> Ou comme les éphémères boréales
> Qui fuient sans que vous puissiez en marquer la trace ;
> Ou comme la forme adorable de l'arc-en-ciel
> Qui s'évanouit dans l'orage [1].

Ces rayons de soleil dans une averse, ce reflet de lune dans un ruisseau, tous ces phénomènes de lumière, de nuances à peine perçues, sont des effets rares dans Burns. Ils manquaient pour lui de réalité. Sa main robuste et un peu rude voulait saisir quelque chose de plus matériel.

C'est là, chez lui, le point extrême en fait de transformation de la Nature. C'est dans ces passages qu'elle est le plus légère, le plus pénétrée de sentiment. On voit combien elle est encore sobre et solide, combien elle reste pratique en quelque sorte. Les faits demeurent toujours précis, nets, perdent à peine un peu de leurs contours. En sorte que cette étude plus profonde des sensations de la Nature nous fait seulement mieux sentir encore combien son regard sur elle était bref, et clair ; combien peu il s'occupait d'elle quand il n'était pas en commerce direct avec elle ; combien elle séjournait en lui sans le déformer, c'est-à-dire combien elle et lui restèrent distincts.

Un des caractères les plus frappants de la nature, telle qu'on la voit dans Burns, est qu'elle n'est presque jamais inanimée. Ce n'est pas une scène silencieuse et dépeuplée, où l'homme seul paraît, un décor de théâtre peint pour lui seul. Elle fourmille d'existences particulières ; elle est pleine de mouvements et de voix ; elle est sillonnée de mille animaux qui la peuplent et la font vivre. De tous côtés, on voit les lièvres courir le long des sillons, les volées criaillantes de perdrix partir, les couvées de grouse courir sous la bruyère, les aigles passer au-dessus des collines. Les oiseaux de toute espèce remplissent les taillis. Le renard glapit. Les phases de la journée ne sont pas notées simplement par les couleurs qu'elles étalent dans le ciel et que n'importe qui peut étaler dans ses vers ; elles sont accompagnées de quelque fin détail de vie animale que seul possède celui qui connaît bien la campagne.

> Oh ! plaisants sont les prés et les bois de Coila,
> Où les linots chantent parmi les bourgeons,

---

[1] *Tam o' Shanter.*

Et les lièvres coureurs, dans leurs jeux amoureux, goûtent leurs amours,
Tandis que par les coteaux le ramier roucoule d'un cri plaintif [1].

Le soleil était hors de vue,
Et le crépuscule plus sombre amenait la nuit,
Le hanneton bruissait avec un bourdonnement lent,
Et les vaches debout beuglaient à la place où on les trait [2].

Presque jamais, le paysage n'est sans bêtes, que les scènes soient riantes ou sauvages.

Combien aimables, ô Nith, sont tes vallées fertiles,
Où les aubépines éployées fleurissent gaîment,
Combien doucement sinuent tes vallons en pente,
Où les agneaux jouent à travers les genêts [3].

Solitaires sur les glaciales collines, les troupeaux errants
Evitent les cruels orages parmi les rochers abritants ;
Les ruisseaux se précipitent, écument, rougeâtres sous la pluie qui les bat,
Les déluges amassés crèvent au-dessus des plaines lointaines,
Sous la rafale les forêts effeuillées gémissent ;
Les cavernes creuses rendent une morne plainte [4].

Burns lui-même marquait la place que les animaux tiennent dans ses vers, lorsqu'il disait :

Tant que les églantiers et les chèvrefeuilles verdissants,
Et les perdrix qui piaillent haut le soir,
Et le lièvre matinal qu'on voit filer silencieusement,
Inspireront ma muse [5].

Cette présence des animaux est à noter, car, chez la plupart des poètes, si on tuait les oiseaux, la nature resterait dépeuplée.

Sur ces fonds déjà fourmillants de vie ressortent plus fortement les animaux domestiques. A chaque pas, ce sont des coins de collines, de prairies ou de champs, dans lesquels ils figurent avec une touche de sentiment humain qui les rapproche des premiers plans. Ils servent à indiquer les heures du jour :

Quand, sur la colline, l'étoile orientale
Annonce que le moment de parquer les brebis est venu,
Et que les bœufs, du champ au nombreux sillons,
Reviennent si tristes et si las [6].

---

[1] *Epistle to William Simpson.*
[2] *The twa Dogs.*
[3] *The Banks of Nith.*
[4] *Elegy on the Death of Robert Dundas.*
[5] *Epistle to John Lapraik.*
[6] *My own kind Dearie, O.*

Ou la saison de l'année, comme dans le passage déjà cité plus haut.

> Quand les vaches nouvellement vêlées beuglent à leur piquet,
> Et que les chevaux fument à la charrue ou à la herse,
> Je prends cette heure sur le bord du crépuscule,
> Pour reconnaître que je suis débiteur
> Du vieux Lapraik, au cœur honnête,
> Pour sa bonne lettre [1] ».

Avec eux apparaissent de tous côtés les occupations et les travaux des champs, les semailles, les moissons, les charrues, les meules. Qu'on lise cette belle description de l'automne, où le détail de tout le morceau est relevé par la lumière vaporeuse et le charme des derniers vers. Pour comprendre l'exactitude du début, il faut savoir que les paysans écossais, à cause des vents violents, maintiennent le sommet de leurs meules, par des cordes et une couche de chaume. Parfois même, ils les recouvrent de morceaux de toile. « Nous fûmes frappés, dit Dorothée Wordsworth, par la vue des meules de foin, retenues par des tabliers, des draps et des morceaux de toile à sacs, pour empêcher le vent de les emporter à ce que nous supposâmes. Nous trouvâmes dans la suite que cette pratique était très générale en Écosse [2] ». Burns n'a eu garde d'omettre ce trait des préparatifs pour l'hiver. Toute la plaine est active et au travail.

> C'était quand les meules mettent leur couverture d'hiver,
> Et que le chaume et les cordes assurent les récoltes durement gagnées;
> Les tas de pommes de terre sont mis hors des atteintes
> De l'haleine âpre et glacée de l'hiver qui approche;
> Les abeilles, au moment où elles se réjouissent de leurs travaux de l'été,
> Quand le délicieux butin de bourgeons et de fleurs
> Est scellé avec un soin frugal dans les massives piles de cire,
> Sont condamnées par l'homme, ce tyran des faibles,
> A la mort des démons et étouffées dans la fumée de soufre;
> Le tonnerre des fusils s'entend de tous côtés,
> Les couvées blessées, chancelantes, se dispersent au loin;
> Les familles emplumées unies par le lien de la nature,
> Pères, mères, enfants, gisent en un même carnage.
> (Quel cœur chaud et poétique peut se défendre de saigner intérieurement
> Et d'exécrer les actes sauvages et impitoyables de l'homme !)
> Les fleurs ne poussent plus dans les champs, ni dans les prairies,
> Les bocages ne résonnent plus de concerts aériens,
> Sauf peut-être le sifflement joyeux du roitelet,
> Tout fier d'être au haut d'un petit arbre écourté :
> Les matins blanchâtres précèdent les jours radieux;
> Doux, calme, serein et large s'épand l'éclat de midi,
> Tandis que de nombreux fils de la Vierge ondulent capricieusement dans les rayons
> [de soleil [3].

---

[1] *Second Epistle to John Lapraik.*
[2] *Recollections of a Tour made in Scotland,* by Dorothy Wordsworth, Friday, August 19th, 1808.
[3] *The Brigs of Ayr.*

Enfin, au premier plan, l'homme paraît, et les paysages de Burns sont souvent des scènes rustiques de labour ou de moisson.

> Quand les blés mûrs et les cieux azurés
> Font naître le bruit frémissant des faucheurs [1].

> Toi, alouette, qui t'élances des rosées du gazon,
> Pour avertir le berger que la grise aurore pointe [2].

Quoi de plus vrai et de plus vivant que cette description de moissonneurs dont le travail est interrompu par la pluie, qui se mettent à l'abri quand l'averse est trop forte, ou, quand elle diminue un peu, s'amusent à de rudes bousculades ?

> Tandis que les moissonneurs se blottissent derrière les gerbes,
> Pour éviter l'averse froide et piquante,
> Ou se bousculent en courant dans de rudes jeux,
> Pour passer le temps,
> Je vous consacre le moment,
> En rimes [3].

Une autre scène du même genre apparaît dans ces autres vers :

> Mais voici les gerbes renversées par la rafale,
> Et voici que le soleil clignote au couchant,
> Il faut que je coure rejoindre les autres,
> Et laisse ma chanson [4].

De tous côtés, ce sont des laboureurs, des semeurs, des bergers, des jardiniers, des moissonneurs, qui vont à leur travail ou en reviennent, des joueurs de curling qui se dirigent vers les lochs gelés, des gens qui parcourent la campagne en chantant et en sifflant. Toute cette animation s'ajoute à celle que tant d'animaux donnent déjà aux champs, et les remplit de mouvement et de bruits. Voici une pièce qui donne bien l'idée de cette superposition de mouvements.

> En vain pour moi, les primevères fleurissent,
> En vain pour moi, poussent les violettes,
> En vain pour moi, dans les glens ou les bois,
> Chantent le mauvis et le linot.
>
> Gaiement, le garçon de charrue anime son attelage,
> Avec joie le semeur attentif chemine,
> Mais la vie est pour moi un rêve fatigant,
> Le rêve de quelqu'un qui ne s'éveille jamais.

---

[1] *The Vision.*
[2] *My Nannie's awa'.*
[3] *Epistle to the Rev John Mac Math.*
[4] *Third Epistle to John Lapraik.*

> La foulque folâtre effleure l'eau,
> Parmi les roseaux les jeunes canards crient,
> Le cygne grave nage majestueusement,
> Et tout est heureux excepté moi.
>
> Le berger ferme la porte de son parc,
> Et à travers les moors siffle bruyamment,
> D'un pas farouche, inégal et errant,
> Je le rencontre sur la colline brillante de rosée.
>
> Et quand l'alouette, entre l'ombre et la lumière,
> Joyeuse s'éveille à côté de la pâquerette,
> Et monte et chante sur ses ailes palpitantes,
> Spectre miné de chagrin, je regagne ma demeure [1].

Les exemples sont à foison. Il n'y a qu'à plonger la main pour en retirer. Voici l'hiver : la description physique, brève et ferme comme toujours, est aussitôt appuyée par la présence de l'homme.

> Quand l'hiver s'enveloppe de son manteau,
> Et durcit la boue comme un roc,
> Quand vers les lochs, les curlers vont en foule,
> Joyeux et marchant vite [2].

Un ruisseau coule ; mais il ne suffit pas qu'il longe des rives couvertes d'arbustes, il faut que celles-ci soient garnies d'activité humaine.

> Dans les vallons émaillés de pâquerettes, ton ruisselet s'attarde,
> Là où les fraîches filles mettent leur linge blanchir,
> Ou bien il trotte le long de berges couvertes de noisetiers, et de talus
> Tout gris d'aubépines,
> Où les merles se joignent aux chansons du berger,
> A la chute du jour [3].

Qu'on décompose cette simple petite strophe, on sera surpris de ce qu'elle contient de vie et de paysages. Il y a le cours paresseux du flot dans les vallons ; il y a les filles qui étalent leur linge sur l'herbe ; il y a le cours plus rapide du ruisseau le long des rives plus abruptes, et il faut remarquer comment chacune de celles-ci est précisée, avec sa végétation favorite. Les détails sont accumulés les uns sur les autres. Ce n'est pas tout ; il y a du haut de ces rives des bergers qui chantent ; les merles les accompagnent, et tout ce mouvement aboutit à celui du jour qui se clôt. Chaque vers y a son action, et, dans chaque vers, chaque mot ; la petite strophe tremble tout entière de vie comme un arbuste qui frémit jusqu'aux feuilles.

---

[1] *Menie.*
[2] *Tam Samson's Elegy.*
[3] *Poem on Pastoral Poetry.*

Cette intervention de l'homme, venant s'ajouter à celle des animaux, fait parfois reculer la description de la nature elle-même jusqu'à ne lui laisser que très peu de place, comme dans la strophe suivante où elle l'a reléguée dans le premier vers. Le détail animé expulse presque complètement le détail inanimé :

> Le soleil avait clos le jour d'hiver,
> Les joueurs de curling avaient quitté leur jeu retentissant ;
> Et le lièvre affamé avait pris le chemin
> Des verts jardins de choux,
> Tandis que la neige perfide le décèle par ses traces
> Partout où il a passé [1].

Les matins surtout sont animés et joyeux. Les travailleurs de toute espèce vont allègrement à leur besogne et font retentir la campagne de leurs chansons. C'est un laboureur qui va retrouver sa charrue et chante joyeux dans la fraîcheur d'une aurore de mai toute ruisselante de notes d'alouettes ; leurs deux chansons se rencontrent et se mêlent :

> Comme j'errais un matin, au printemps,
> J'entendis un joyeux laboureur chanter doucement,
> Et comme il chantait, il disait ces paroles :
> « Il n'y a pas de vie comme celle du laboureur, dans le mois du doux mai ».
>
> L'alouette au matin s'élance de son nid,
> Et monte dans l'air, la rosée sur sa poitrine,
> Avec le joyeux laboureur, elle siffle et elle chante,
> Et à la nuit, elle redescendra vers son nid [2].

Un peu plus loin, c'est un jardinier qui s'en va, la bêche sur l'épaule. Et sa chanson est plus fraîche et plus jolie encore :

> Quand le rose mai arrive avec des fleurs,
> Pour parer ses bocages dont la verdure s'ouvre,
> Alors occupées, occupées sont ses heures,
> Au jardinier, avec sa bêche.
> Les eaux de cristal tombent doucement,
> Les oiseaux sont tous des amoureux,
> Les brises parfumées passent autour de lui,
> Le jardinier avec sa bêche.
>
> Quand le pourpre matin éveille le lièvre,
> Qui se glisse à chercher son repas matinal.
> Alors, à travers les rosées, il doit partir,
> Le jardinier, avec sa bêche.
> Quand le jour expirant dans l'ouest,
> Tire le rideau du repos de la nature,
> Il vole vers les bras qu'il aime le mieux,
> Le jardinier, avec sa bêche [3].

---

[1] *The Vision.*
[2] *Lines on a Merry Ploughman.*
[3] *When Rosy May comes in wi' Flowers.*

Ailleurs, le paysage prend plus de grandeur, de réalisme et de tristesse. On est en face de la véritable vie des champs, avec ses fatigues et la poésie qui, malgré tout, flotte autour d'elle. Un bel exemple est le retour du laboureur, le samedi soir, après la semaine de dur acharnement contre le sol, avec la perspective du repos du lendemain.

> Lorsque novembre souffle bruyamment avec un sifflement irrité,
> Le jour d'hiver décroissant est près de sa fin ;
> Les bêtes boueuses reviennent de la charrue ;
> Les bandes noircissantes de corneilles vont à leur repos ;
> Le laboureur, usé de fatigue, s'en va de son travail ;
> Ce soir, son labeur de la semaine est terminé ;
> Il rassemble ses bêches, ses pioches et ses houes,
> Espérant passer le lendemain dans l'aise et le repos,
> Et las, à travers le moor, il dirige ses pas vers la maison [1].

On dirait un de ces poignants dessins de Millet où des formes de paysans, anoblies par le crépuscule et toutefois traînant le poids du labeur, reviennent dans la mélancolie des soirs.

On voit donc que, parmi les spectacles que sa contrée a déroulés devant les yeux de Burns, il a passé, sans les apercevoir pour ainsi dire, devant les paysages puissants et étranges, devant ce qu'on appellerait les paysages de grand romantisme, les décors à grand effet, ceux que recherche le plus le goût moderne. Ce n'était pas par ignorance, car l'attention avait été appelée sur eux par Mac Pherson, et leur sublimité avait été rendue sinon avec une précision, du moins avec un sentiment qui n'a pas été surpassé. Burns n'a véritablement compris que le coin de terre où il a vécu, et il l'a dépeint de la façon la plus sommaire, la plus brève et la moins compliquée. Il a été très sensible aux impressions physiques de la nature, au retour du printemps, à la fraîcheur des matins, aux parfums du soir, aux douceurs des nuits claires, aux sensations agréables par lesquelles elle nous enveloppe dans ses grandes caresses, aux joies universelles auxquelles notre corps participe. En dehors de cela, il a rendu surtout les aspects familiers d'une campagne cultivée ; chez lui la nature est un arrière-plan à l'activité humaine. Il l'a vue comme un paysan, bien que le sentiment de la propriété n'apparaisse pas une fois chez lui, pas même le désir de posséder un bout de terre, ou de dire : « ce sont là mes arbres »... Cet amour du sol n'existait pas dans le cercle de pensée des fermiers de ce temps et de ce pays. Chez lui la nature ressemble au spectacle dont on jouit au mois d'Avril ou de Septembre, lorsqu'on se tient à mi-hauteur d'une colline et qu'on voit à ses pieds une plaine cultivée. Elle est animée et bruyante. De toutes parts on admire le travail humain dans son effort ou sa récompense, soit que les

---

[1] *The Cotter's Saturday Night.*

attelages de charrues se croisent enveloppés d'une buée légère, soit que les moissonneurs avancent en faisant reculer les blés devant eux ; jusqu'au fond de la plaine éclatent, çà et là, l'éclair des rocs ou des faux, tandis que s'élèvent au loin les fumées des fermes. Il y a, dans cette contemplation de l'activité humaine, quelque chose de rassurant et de noble. Ce n'est pas la nature menaçante et solitaire, c'est une nature à notre taille, qui porte un visage ami, conquise par l'homme et l'en remerciant.

II.

LA TENDRESSE POUR LES BÊTES.

Dans cette animation de travaux champêtres qui fait une partie du sentiment de la nature dans Burns, il y aurait à extraire tout un chapitre sur les animaux. Ce sont surtout ceux qui vivent avec l'homme : chiens, vaches, moutons, chevaux, les animaux qui peuplent une cour de ferme. Est-il besoin de dire qu'il les connaît admirablement ? En cela, il n'est comparable qu'à La Fontaine. C'est la même observation, la même bonhomie, la même familiarité, avec une pointe de raillerie. Il y a cependant quelques différences. La Fontaine a toujours une préoccupation humaine ; il donne à ses bêtes nos vices ou nos travers ; il les rend vicieuses ou ridicules à notre ressemblance ; il les complique à notre image. Il a pour elles une indulgence narquoise, mais c'est celle d'un vieil observateur qui connaît bien les défauts du monde et en sourit, sachant qu'on ne les guérira pas. Chez Burns, il y a plus de simplicité dans les bêtes et dans les sentiments qu'il a pour elles. Ce sont les animaux tels qu'ils sont, innocents à leur manière, sans rouerie tout au moins, et avec cette ignorance de leurs défauts qui les rend pardonnables comme les enfants. Leur âme ne sort pas d'un état d'enfance confuse. Burns les aime ainsi, tout franchement, non en moraliste curieux qui s'en amuse, mais en homme qui s'en sert et les pratique, qui apprécie leur obéissance, leur patience au labeur, leurs bonnes qualités, et qui leur sait gré de leur aide. Il n'y a pas, dans toute son œuvre, un seul passage où il en parle avec dureté et avec colère. L'amertume qu'il avait parfois à l'égard des hommes n'est jamais entrée dans ses relations avec les bêtes. Sa façon de leur parler est faite d'humour affectueux, et il n'a jamais mieux réussi ce mélange d'attendrissement et d'un peu de raillerie que lorsqu'il s'est adressé à elles. Il a sur elles tout un groupe de pièces qui sont parmi ses plus originales et ses meilleures. Il suffit d'en examiner quelques-unes, car il est impossible de négliger ce côté caractéristique de son génie.

Une de ses premières productions : *La Mort et les Dernières Paroles de la pauvre Mailie*, appartient à ce groupe de pièces. Toute sa bonhomie pour les bêtes y était déjà. Mailie sa brebis favorite paissait un jour, attachée à une longe, elle se prend le pied dans la corde et tombe dans un fossé. Hughoc, jeune gars stupide, arrive en flânant et l'aperçoit. Mais l'idée ne lui vient pas de l'en retirer. Il demeure ébahi. Les yeux grands ouverts et les mains levées, le pauvre Hughoc reste là, comme une statue. La pauvre Mailie, voyant la sympathie sur sa face, le charge de porter à son maître ses dernières paroles et ses dernières recommandations.

> O toi, dont la face lamentable
> Semble plaindre mon malheureux état,
> Ecoute attentif mes derniers mots,
> Et porte-les à mon cher maître.
> Dis-lui que, s'il a jamais
> Assez d'argent pour acheter une brebis,
> Oh ! dis-lui de ne plus attacher ses moutons
> Avec ces méchantes cordes de chanvre ou de crin !
> Mais de les mettre dans un parc ou sur une colline,
> Et de les laisser errer à leur gré.
> Ainsi ses troupeaux croîtront et donneront
> Des vingtaines d'agneaux et des amas de laine [1].

Mais Mailie est une bonne mère. Ses dernières pensées sont pour ses agneaux. Elle les recommande à son maître d'une façon à la fois touchante et comique. Rien n'est plus heureux que ce mélange de réelle anxiété maternelle et de détails particuliers et exacts, tels qu'ils peuvent s'offrir à une cervelle de brebis.

> Dis-lui qu'il fut un maître indulgent
> Et toujours bon pour moi et les miens ;
> Maintenant, je lui laisse mes derniers vœux,
> Je lui confie mes pauvres agneaux.
> Oh ! demande-lui de garder leurs pauvres vies,
> Des chiens, des renards, des couteaux de bouchers ;
> De leur donner du bon lait de vache en suffisance,
> Jusqu'à ce qu'ils puissent se pourvoir eux-mêmes ;
> Et de les nourrir exactement matin et soir
> D'une poignée de foin ou d'une pleine-paume de blé.
> Puissent-ils ne jamais apprendre les façons
> De moutons mal élevés et gênants,
> Passer par les clôtures, voler et grignoter
> Aux rames de pois ou aux tiges de choux.
> Puissent-ils ainsi, comme leurs grands-parents,
> Pendant maintes années passer sous les ciseaux.
> Ainsi les femmes leur donneront des morceaux de pain,
> Et les enfants pleureront quand ils mourront [1].

La sollicitude maternelle n'est pas satisfaite de ces conseils ; elle

---

[1] *The Death and Dying Words of Poor Mailie*

va plus loin. Un de ses agneaux est un jeune bélier, et quelle est la mère qui, sans le dire, ne prévoit pas les dangers auxquels son fils peut être exposé ? Dieu sait les tentations qui attendent la jeunesse ! Mailie, qui est une brebis d'expérience, les prévoit, hélas ! et elle en parle aussi clairement que la décence le lui permet.

> Mon pauvre petit bélier, mon fils et mon héritier,
> Oh ! dites au maître de l'élever avec soin,
> Et s'il vit pour devenir un mâle,
> De lui enseigner les bonnes façons,
> Et de l'avertir de ce que je ne saurais dire,
> D'être content des brebis de la maison,
> Et de ne pas courir et porter partout son tablier
> Comme les autres chenapans perdus et dévergondés [1].

Et sa pauvre fillette si tendre et si innocente, l'oubliera-t-elle ! N'est-elle pas plus frêle encore et plus difficile à protéger que le jeune garçon, qui, après tout, rapportera toujours ses cornes à l'étable.

> Et toi, ma pauvre petite agnette,
> Dieu te garde d'une longe et d'une corde !
> Oh ! puisses-tu ne jamais te mésallier
> Avec un de ces méchants béliers des moors ;
> Mais pense toujours à t'associer et à t'unir
> Avec un mouton respectable comme toi [1].

Elle expire en leur donnant sa bénédiction.

> Et maintenant, mes chéris, avec mon dernier soupir,
> Je vous laisse ma bénédiction à tous deux,
> Et quand vous penserez à votre mère,
> Rappelez-vous d'être bons l'un pour l'autre [1].

C'est un bon conseil. Des lèvres humaines ne le donneraient pas plus touchant ; mais, pour conserver l'accompagnement de raillerie qui fredonne au-dessous de cette émotion, la pauvre Mailie promet à Hughoc que, s'il rapporte tout au maître et lui dit de brûler cette longe maudite, elle lui lègue pour sa peine, sa vessie. Carlyle, avec raison, admirait beaucoup cette pièce [2]. L'attendrissement y joue avec une bonne humeur qui le ramène à ses proportions et lui permet d'être plus sincère. Il y a vis-à-vis de certaines choses des émotions qu'il faut envelopper d'un peu d'ironie, pour payer le droit de les avoir.

Comme si ce n'était pas assez de ce morceau pour immortaliser Mailie, Burns y avait ajouté une élégie, l'oraison funèbre de cette pauvre bête désormais plus glorieuse que bien des pasteurs de peuples. On reconnaîtra

---

[1] *The Death and Dying Words of Poor Mailie.*
[2] Carlyle. *Essay on Burns.*

facilement l'imitation de l'élégie de Hamilton de Gilbertfield sur *le brave Heck*.

Gémissez en vers, gémissez en prose,
Que les larmes salées coulent sur votre nez ;
Le destin de notre barde est achevé,
Passé tout remède ;
Voici le faîtage de tous ses malheurs,
Pauvre Mailie est morte.

Ce n'est pas la perte d'un peu d'argent,
Qui pourrait tirer une larme si amère,
Ou faire porter à notre sombre barde,
Une étoffe de deuil ;
Il a perdu une amie, une chère voisine,
Mailie morte.

Autour de la ferme, elle trottait près de lui ;
A un demi-mille, elle le reconnaissait ;
Avec un bêlement amical, quand elle le voyait,
Elle accourait rapidement ;
Jamais n'approcha de lui ami plus fidèle
Que Mailie morte.

Sûrement, c'était une brebis de sens,
Et qui savait se conduire décemment ;
Je puis le dire, jamais elle n'avait brisé une palissade,
Pour voler avidement.
Notre barde reste morose au coin de feu,
Depuis que Mailie est morte.

Ou s'il erre dans la vallée,
Son agnette, son image vivante,
Vient bêler près de lui sur la colline,
Demandant du pain ;
Et il laisse couler des perles amères,
Car Mailie est morte.

Elle n'était pas fille de ces béliers des moors,
Aux toisons feutrées, aux hanches velues ;
Ses ancêtres furent amenés par bateau,
D'au delà de la Tweed :
Meilleure chair ne passa jamais sous les ciseaux
Que Mailie morte.

Malheur à l'homme qui, le premier fabriqua
Cette vile et traîtresse chose — une corde !
C'est elle qui fait que de bons garçons grimacent, passent la langue
Dans un étranglement terrible ;
Par elle, le bonnet de Robin a un crêpe flottant,
Car Mailie est morte.

> O vous tous, bardes du joli Doon,
> Vous qui sur les flots de l'Ayr accordez vos chansons,
> Venez, joignez-vous à la triste lamentation,
> Du roseau de Robin !
> Son cœur n'en prendra jamais le dessus,
> Sa Mailie est morte [1].

Il y a la même connaissance des bêtes et la même bienveillance dans son poème des *Deux Chiens*. Le début est un modèle d'observation. Il y a là deux portraits de chiens qui sont parfaits. Même John Brown, l'ami des chiens, le fin connaisseur en physionomies canines, le peintre du brave petit Rab, bull-terrier blanc qui vainquit le grand chien de berger ; de Toby, un mâtin vulgaire noir et blanc, tout en jambes et gauche, mais qui avait de beaux yeux, de belles dents et un aboiement très riche ; de Wylie, « une exquise chienne de berger, rapide, svelte, délicate, belle comme un petit lévrier, gracieuse avec son poil ondulé et soyeux noir et feu, douce, bonne et pensive » ; même John Brown qui a dépeint Wasp « une chienne bull-terrier, noire tachetée, d'un sang pur, belle, colère, douce, avec une petite tête compacte, très bien formée, et une paire d'yeux merveilleux, aussi pleins de flamme et de douceur que ceux de la Grisi ; en vérité, elle avait un air de cette admirable femme, à la fois farouche et caressant », même John Brown l'inimitable peintre de Jock, de Toby, de Crab, de Rack, de Dick et de tant d'autres chiens de second plan n'a rien fait de plus amical [2]. La scène est jolie. Par un jour de juin, vers la fin de l'après-midi, les deux chiens, « qui n'ont pas grand'chose à faire à la maison », se retrouvent. L'un est un chien de condition ; il appartient à un lord, il s'appelle César et c'est un étranger, il vient de Terre-Neuve. Mais il connaît la condescendance.

> Son brillant collier de cuivre, avec cadenas et lettres,
> Le désignait comme un gentleman et un lettré ;
> Mais, bien qu'il fût de haut degré,
> Il n'avait pas d'orgueil, il n'était pas fier,
> Il passait volontiers une heure à échanger caresses,
> Même avec un mâtin de rétameur bohémien.
> A l'église, au marché, au moulin ou à la forge,
> Il ne rencontrait pas un barbet, aussi crotté fût-il,
> Avec qui il ne s'arrêtât, comme tout heureux de le voir ;
> Et il levait la patte, sur les pierres et les monts, avec lui [3].

L'autre est un chien commun, un chien de berger ; il a un nom du pays, il s'appelle Luath ; il appartient à un pauvre laboureur ; il est humble, il n'a pas de collier de cuivre, mais c'est une bonne et brave

---

[1] *Poor Mailie's Elegy.*

[2] John Brown. *Rab and his Friends.* — Voir aussi, dans ce genre, le livre de Léon Cladel, *Ma Kyrielle de Chiens.*

[3] *The Twa Dogs.*

bête, gaie, honnête, intelligente, bon enfant. Comme son maître, il est populaire partout où il va. Son portrait de prolétaire est joliment tracé.

> C'était un mâtin, mais finaud et fidèle,
> Autant que chien qui ait jamais sauté fossé ou talus ;
> Sa bonne figure honnête tachée de blanc
> Lui faisait des amis partout où il allait.
> Sa poitrine était blanche, son dos
> Bien vêtu d'une robe noire et luisante,
> Sa queue cossue, frisante en l'air,
> Se balançait au-dessus de son derrière en faisant des ronds [1].

Quelles parties ils font ensemble ! Les distinctions sociales disparaissent, le collier en cuivre est oublié. Ils s'en donnent à cœur joie. Rien n'est plus sérieusement comique, ni plus fidèle, que le tableau de leurs amusements de chiens, depuis les premières reconnaissances du nez et les bonjours en flairements, jusqu'aux courses éperdues et à la conversation qu'ils ont, gravement assis.

> Nul doute qu'ils s'aimaient beaucoup l'un l'autre,
> Et qu'ils faisaient une étroite paire d'intimes ;
> Car tantôt ils se sentaient et se flairaient d'un nez amical,
> Tantôt ils grattaient le sol pour trouver des souris ou des taupes ;
> Tantôt ils s'échappaient en longues excursions,
> Et s'exténuaient à tour de rôle pour se distraire ;
> Jusqu'à ce que, rendus de jouer,
> Ils s'assirent sur un monticule,
> Et entamèrent une longue digression
> A propos des lords de la création [1].

Et ils causent gravement et sagement de leurs maîtres, le premier, comme un valet qui profite mais n'est pas dupe de la somptueuse existence qu'on mène autour de lui ; le second, comme un humble serviteur qui prend intérêt à la modeste vie à laquelle il est associé.

Lorsqu'il s'agit d'animaux qui partagent sa vie, alors c'est une véritable camaraderie. Il leur parle d'une façon familière, amicale, touchante. Ce sont des compagnons qu'il a appris à apprécier, à estimer. Entre eux et lui, c'est de l'affection et de la causerie. Il se rappelle leurs services passés, et il les leur rappelle ; ils en causent ensemble. Ils ont partagé les bons et les mauvais jours. Il les traite en amis fidèles et éprouvés. Ce mot revient continuellement. Quand Mailie est morte, il a perdu « une amie et une chère voisine [2] ». Quand il parle de Luath, le chien de berger qu'on vient de voir, il dit « c'était le chien d'un laboureur qui l'avait pour

---

[1] *The Twa Dogs.*
[2] *The Death and Dying Words of Poor Mailie.*

son ami et camarade [1] ». Même dans les circonstances où un mouvement de brutalité peut échapper, il n'en a jamais avec eux. Son cheval, fourbu des longues courses de l'Excise, se laisse tomber, non sans danger pour lui, puisque, peu de temps après, une chute pareille lui cassa le bras. Il écrit à un de ses amis : « Le pauvre diable s'est jeté sur ses genoux une dizaine de fois dans ces vingt derniers milles, me disant à sa manière : « Vois, ne suis-je pas ta fidèle haridelle de cheval, sur qui tu chevauches depuis maintes années [2] ». On voit qu'au lieu de se fâcher, il a été sensible à cet étonnement douloureux et à ces reproches d'animal surmené, qui ne comprend pas, et silencieusement supplie son maître. Son *Salut du jour de l'an d'un Vieux Fermier à sa vieille jument Maggie* est un modèle achevé de cette bonne camaraderie et assurément un de ses chefs-d'œuvre d'humour et de bonté. C'est un morceau à lire doucement.

> Je te souhaite une bonne année, Maggie !
> Tiens ! voici une poignée de grains pour ton vieux sac :
> Bien que tu sois creuse des reins maintenant et noueuse,
> J'ai vu le jour
> Où tu pouvais courir comme un cerf,
> A travers une prairie.
>
> Bien que tu sois maintenant lente, raide et caduque,
> Et que ta vieille peau soit aussi blanche qu'une pâquerette,
> Je t'ai connue pommelée, lisse et luisante,
> Une jolie grise ;
> Il aurait fallu un gaillard pour oser t'agacer,
> Au temps jadis.
>
> Tu fus jadis au premier rang,
> Une jeune jument, forte, nerveuse et mince,
> Et tu posais bien une jambe aussi bien faite
> Que celles qui ont jamais foulé terre ;
> Et tu aurais pu voler par dessus une mare,
> Comme un oiseau.
>
> C'est maintenant la vingt-neuvième année,
> Depuis que tu étais la jument de mon brave père ;
> Il t'a donnée à moi, en dot bien claire,
> Avec cinquante marcs ;
> C'était peu, mais c'était de l'argent bien gagné,
> Et tu étais robuste.
>
> Quand la première fois j'allai faire ma cour à ma Jenny,
> Tu trottais alors à côté de ta mère,
> Bien que tu fusses friponne, maligne et joueuse,
> Tu ne fus jamais rétive,
> Mais familière, douce, tranquille et bonne,
> Et si jolie à voir !

---

[1] *The Twa Dogs.*
[2] *To Collector Mitchell*, Sept. 1790.

Tu piaffais toute fière, le jour
Où j'amenai à la maison ma jolie fiancée ;
Et elle, douce et gracieuse, se tenait sur toi,
Avec un air modeste !
J'aurais pu défier tout Kyle-Stewart de me montrer
Une paire comme vous deux.

Bien que tu clampines et que tu boites maintenant,
Et que tu vacilles, comme une lourde barque à saumon,
En ces temps-là, tu étais une trotteuse fameuse
Pour les sabots et le vent ;
Et tu les dépassais tous, si bien qu'ils se trainaient
Loin, loin derrière !

Quand toi et moi étions jeunes et fringants,
Et que le repos à l'étable t'avait paru long,
Comme tu piaffais, comme tu renaclais et hennissais,
Comme tu enfilais la route !
Les gens de la ville se sauvaient, s'écartaient,
Disaient que tu étais folle.

Quand tu avais eu ton avoine et que j'avais bu un coup,
Enfilions-nous la route comme une hirondelle !
Aux courses des mariages, tu n'avais pas ta pareille,
Pour le fond ou la vitesse,
Tu les battais d'autant de queues que tu voulais,
Partout où tu allais.

Les petits chevaux de chasse à croupe avalée
Auraient peut-être pu te battre à une petite course ;
Mais six milles écossais, alors tu essayais leur fond,
Et tu les faisais souffler ;
Pas de fouet, pas d'éperon, juste une baguette
De saule ou de noisetier.

Tu étais une aussi noble labourière,
Qui ait jamais été attelée de cuir ou de corde !
Souvent toi et moi, en une poussée de huit heures,
Par un bon temps de mars,
Nous avons tourné six quarts d'acre,
Pendant des journées à la file.

Tu ne tirais pas à coups, tu ne plongeais pas, tu ne te dressais pas,
Mais tu fouettais l'air de ta vieille queue,
Tu étalais bien large ton poitrail bien rempli,
Avec courage et force ;
Les mottes pleines de racines se brisaient et craquaient,
Puis versaient doucement.

Quand la gelée durait longtemps et que les neiges étaient épaisses
Et menaçaient de retarder le travail,
Je mettais à ta mesure un petit tas
Au-dessus du bord ;
Je savais que ma Maggie ne s'endormirait pas
Pour cela, avant l'été.

A la voiture ou au chariot, tu ne t'arrêtais jamais,
Tu aurais attaqué la montée la plus raide,
Tu ne regimbais pas, tu ne forçais pas, tu ne saccadais pas,
Pour ensuite t'arrêter à souffler ;
Tu pressais ton pas, juste une idée,
Et tu l'enlevais sans effort.

Mon attelage est maintenant fait de tes enfants,
Quatre bêtes aussi vaillantes que bêtes qui ont jamais tiré ;
Sans compter six autres que j'ai vendues,
Et que tu as nourries ;
Elles m'ont rapporté treize livres deux,
La moindre d'entre elles.

Mainte dure journée, nous avons peiné ensemble,
Et combattu dans ce monde fatiguant !
Et en mainte anxieuse journée, j'ai bien cru
Que nous aurions le dessous !
Cependant, nous voici arrivés tous deux à la vieillesse,
Avec quelque chose de côté.

Et ne crois pas, ma vieille et fidèle camarade,
Que maintenant peut-être tu as moins de mérite,
Et que tes vieux jours puissent finir dans la faim ;
Sur mon dernier boisseau,
Je réserverai le huitième d'un boisseau,
Mis de côté pour toi.

Usés et caducs nous voici arrivés ensemble à la vieillesse ;
Nous trottinerons çà et là, l'un avec l'autre ;
J'aurai bien soin de planter ton attache
Sur un beau morceau d'herbe,
Où tu puisses noblement étendre ton cuir,
Avec peu de fatigue [1].

Si l'on rapproche cette pièce du discours, si joli cependant et si bon à sa façon, que Sterne adresse un jour, à Lyon, à un âne qui mangeait une feuille de chou, on verra du premier coup combien elle lui est supérieure [2]. Elle est bien plus simple, plus franche, plus naturelle, plus pleine de vie et d'expérience humaine, incomparablement plus réelle et plus solide.

Il est impossible de quitter ce sujet des animaux dans Burns sans replacer une remarque qui revient à intervalles réguliers comme des traits de craie sur un mur. Nous notons ici — comme nous l'avons noté auparavant et comme nous aurons à la noter plus loin — sa merveilleuse puissance de personnification. Tandis que les animaux de La Fontaine

---

[1] *The Auld Farmer's New Year Morning Salutation to his auld Mare Maggie.*
[2] Sterne. *Tristram Shandy*, vol. VII, chap. XXXII.

et que l'âne de Sterne sont des animaux en général, ceux de Burns sont tous des personnalités. Sa pauvre Mailie, le chien Luath, la vieille et honnête Maggie sont désormais des connaissances. Qui, les ayant connus, pourrait les oublier? Il n'est pas jusqu'à la jument que Nicol lui avait donnée à soigner qui n'ait sa ressemblance tracée en quelques traits. On l'appelait Peg Nicholson. C'était une aussi bonne jument baie que toutes les juments qui ont jamais trotté sur du fer.

> Peg Nicholson était une bonne jument baie
> Et jadis elle avait porté un prêtre ;
> Mais maintenant elle flotte au fil de la Nith,
> Banquet pour les poissons de la Solway.
>
> Peg Nicholson était une bonne jument baie,
> Et un prêtre la montait durement ;
> Et très opprimée et meurtrie avait-elle été,
> Comme les bêtes conduites par les prêtres [1].

Il avait de la pitié pour tous les malheurs qui peuvent arriver aux bêtes.

Cette façon de traiter les animaux nous amène à ce qui, peut-être, est la véritable originalité de Burns dans le sentiment de la nature, nous voulons dire la richesse de tendresse, de pitié, de compassion, d'affection, qu'il a répandues sur toutes les choses animées. Il est en cela unique, bien au-delà des autres poètes. Wordsworth avait une âme trop sereine, trop au-dessus des phénomènes particuliers ; son élévation le faisait séjourner dans une sorte d'optimisme où les accidents n'arrivaient pas. Un flot de tendresse est sans doute sorti de l'âme de Shelley, mais elle était impersonnelle, vague, élémentaire, pour ainsi dire, s'adressant plutôt à des forces atmosphériques qu'à des êtres. Elle n'était pas pratique. C'était une aspiration naturaliste plutôt qu'un acte de sympathie humaine. Celui qui approche le plus de Burns est Cowper. Il a fallu une nature délicate, féminine, sensitive, pour avoir horreur de la souffrance des autres presque autant que ce cœur de paysan. Il est curieux de voir combien, après tout, la tendresse virile de celui-ci l'emporte sur la sensibilité exquise de l'autre.

La première manifestation de ce sentiment est la haine de la chasse qui se trouve dans Cowper et dans Burns. Il est curieux de suivre, dans les pages de la littérature anglaise, les progrès de cette sympathie pour les bêtes blessées. Au XVIe siècle, il y en eut quelques exemples, entre autres la touchante scène où le mélancolique Jacques, sous son

---

[1] *Elegy on Willie Nicol's Mare.*

chêne, au bord d'un ruisseau, voit arriver un cerf mourant [1]. L'animal gémit, « les grosses larmes rondes se poursuivent l'une l'autre sur son muffle innocent et tombent dans le courant rapide. » Jacques, ce cœur original et bon, peut-être le plus surprenant personnage de Shakspeare, s'afflige, moralise et s'emporte contre la cruauté des hommes.

> Jurant que nous sommes
> De purs usurpateurs, des tyrans, ce qu'il y a de pire,
> D'effrayer les animaux et de les tuer
> Dans leur demeure assignée et naturelle [2].

Mais cette pièce de la Forêt des Ardennes est, pour le sentiment, un inconcevable anachronisme, elle va presque jusqu'à Wordsworth ; cette compassion des bêtes souffrantes n'est qu'un des étonnements qu'elle renferme. Il n'en est plus question ensuite de cette pitié ; il est facile de voir combien elle avait complètement disparu. Pope, qui appartenait au « féroce spiritualisme cartésien [3] », et n'avait pas su lire le discours de La Fontaine à Madame de la Sablière, voit tuer des oiseaux dans la forêt de Windsor. Il y trouve matière à quelques descriptions brillantes et sèches. Le chasseur lève son fusil et vise ; un coup de tonnerre éclate et fait tressaillir le ciel glacé. Tandis que dans leurs cercles aériens, les vanneaux criards effleurent la bruyère, ils sentent le plomb mortel ; tandis que, en montant, les alouettes préparent leurs notes, elles tombent et laissent leurs petites vies en l'air. Pope voit tomber un faisan, et il le peint en jolis vers, aussi éclatants que le plumage de l'oiseau.

---

[1] La Renaissance, dans sa large sympathie pour toutes les formes de la vie, était plus capable de sentir cette pitié. Même dans un livre de chasseur on trouve un peu de la compassion de Jacques pour le malheureux cerf blessé. Dans *Le Plaisir des champs*, de Claude Gauchet, achevé d'imprimer en 1583, on trouve ces vers presque émus :

> Le cerf désespéré paravant qu'il endure
> La mort, tant de ses pieds que de sa teste dure
> Donne encor' à travers et, voulant se venger,
> De doux il se fait voir cruel en tel danger,
> Et aux chiens plus hardis en ceste part et ceste,
> Battant la terre aux pieds, il oppose sa teste...
>   Le cerf sentant le fer
> Luy traverser le flanc, pour, pauvret, se sauver,
> Du bras qui, relançant la sanglante allumelle,
> Veult le blesser encor' d'une playe nouvelle,
> Se remet à fuyr ; mais blessé et lassé,
> Il ne peut courir loin qu'il ne soit terrassé.
> Alors le pauvre cerf voyant sa dernière heure,
> Non sans faire pitié, à grosses larmes pleure ;
> Puis estant derechef de l'estoc transpercé
> Chancelle, quatre pas et tombe renversé.
>   (*L'Esté*, page 207 de l'édition Prosper Blanchemain).

Sur la tendresse de certains poètes de l'Antiquité, en particulier de Lucrèce et de Virgile pour les animaux et les plantes, voir *Histoire du Sentiment Poétique de la Nature dans l'Antiquité*, par Ém. Gebhart, p. 111-12 et 132-34.

[2] *As You Like it*, Acte II, scène I.

[3] Le mot exact de Mʳ Renan est « bien éloigné de la férocité du faux spiritualisme cartésien ». *Nouvelles études d'histoire religieuse*, p. 882.

> Voyez ! du fourré, le faisan s'envole avec un bruissement,
> Et monte joyeux sur ses ailes triomphantes,
> Courte est sa joie ; il sent la brûlante blessure,
> Volète dans le sang et palpitant bat le sol.
> Ah ! que lui servent ses teintes lustrées et chatoyantes,
> Sa crête de pourpre, ses yeux cerclés d'écarlate,
> Le vert si vif déployé sur ses plumes,
> Ses ailes peintes et sa poitrine flamboyante d'or ? [1]

Rien de plus, pas un mot de compassion. Tout d'un coup, la tendresse du mélancolique Jacques reparaît en même temps dans les deux poètes, à des degrés différents. Quel autre accent il y a déjà dans Cowper.

> Détestable jeu
> Qui doit ses plaisirs à la douleur d'un autre,
> Qui se nourrit des sanglots et des gémissements mortels
> D'innocentes créatures, muettes, et pourtant douées
> De l'éloquence que les agonies inspirent,
> Celle des larmes silencieuses et des soupirs qui déchirent l'âme [2].

Cette malédiction dans laquelle passe de la colère, phénomène rare dans cette âme bénigne, est reprise plus vigoureusement encore par Burns. Chez Cowper, cette aversion de la chasse est un peu la délicatesse et la timidité physiques ; chez lui, elle n'a pas cette faiblesse de nerfs. Elle est virile et toute en charité. Elle paraît de tous côtés, dans le passage des *Deux Ponts d'Ayr* cité plus haut, et dans maints endroits de ses chansons. Même quand il se promène avec Peggy, au moment où les vents d'ouest et les fusils meurtriers ramènent le plaisant temps d'automne, voyant les oiseaux se réjouir, il s'écrie :

> Aussi chaque espèce cherche son plaisir,
> Les sauvages et les tendres,
> Les uns se joignent en société et s'unissent en ligues,
> D'autres errent solitaires.
> Au loin, au loin, le cruel empire,
> La domination tyrannique de l'homme ;
> La joie du chasseur, le cri meurtrier,
> L'aile palpitante et sanglante [3].

Cette pensée lui gâte la beauté de la scène. Voir souffrir le jette hors de lui. Lorsque ses regards tombent sur les couvées blessées, pères, mères, petits, gisantes en un même carnage, il exècre « l'acte sauvage de l'homme [4] ».

C'est à un mouvement de colère de ce genre qu'est dû son poème sur

---

[1] Pope. *Windsor Forest*, vers 111-118.
[2] Cowper. *The Garden*, vers 326-331. Voir encore, dans *the Winter Walk at Noon*, un autre très beau passage sur la chasse, vers 386-96.
[3] *Peggy*.
[4] *The Brigs of Ayr*. Voir aussi les vers *On Scaring some Water-Fowl on Loch Turrit*.

Le Lièvre blessé. « Un de ces derniers matins, comme j'étais d'assez bonne heure dans les champs à semer du gazon, j'entendis un coup de fusil sortir d'une plantation voisine, et je vis presque aussitôt un pauvre petit lièvre blessé passer près de moi en boîtant. Vous devinez mon indignation contre l'individu inhumain capable de tirer sur un lièvre en cette saison, quand ils ont tous des jeunes. En vérité il y a, dans cette façon de tuer, pour notre amusement, des individus de la création animale qui ne nous font pas de tort sensible, quelque chose que je ne puis réconcilier avec mon idée de la vertu [1] ». Il écrivit sous le coup de cette impression, le petit poème qui suit :

> Homme inhumain ! maudite soit ton adresse barbare,
> Que ton œil qui vise au meurtre se dessèche !
> Puisse la pitié ne jamais te consoler d'un soupir !
> Les plaisirs ne jamais réjouir ton cœur méchant !
>
> Va vivre, pauvre coureur des bois et des champs,
> Ton petit reste amer de vie :
> Les fougères épaisses et les plaines verdissantes
> N'ont plus pour toi, ni refuge, ni nourriture, ni jeux.
>
> Va, malheureux meurtri, vers quelque endroit de repos habituel,
> Cherche, non plus le repos, mais un lit pour mourir !
> Les roseaux protecteurs bruiront au-dessus de toi,
> Et ta poitrine saignante pressera la terre froide.
>
> Peut-être l'angoisse d'une mère s'ajoute à ta souffrance,
> Tes deux petits jouent, se pressent avidement à ton flanc,
> Oh ! orphelins dénués, qui maintenant leur donnera
> Cette vie qu'une mère seule peut donner ?
>
> Souvent quand pensif près des détours de la Nith j'attends
> Le calme crépuscule ou que je salue la joyeuse aurore,
> Je regretterai tes jeux sur la rosée de la prairie,
> Je maudirai le bras de ce scélérat, je plaindrai ton infortune [2].

On sent la bouffée de colère et de pitié qui lui a brusquement passé dans l'âme. Son exaspération était si forte qu'il se mit à jurer après le pauvre diable de fermier qui avait tiré le coup de fusil, disant qu'il avait envie de le jeter à l'eau. « Et il était alors de taille à le faire, ajoutait celui-ci, bien que je fusse alors jeune et vigoureux. [3] »

Dans ces deux âmes de poètes, la sympathie, toujours en émoi, n'avait pas besoin d'être réveillée d'une secousse violente par l'aspect brutal de la chasse. Le sang répandu par des animaux familiers impressionne toujours. Il faut l'endurcissement de l'habitude pour voir achever

---

[1] *To Alex. Cunningham*, 4th May 1789.
[2] *Verses on Seeing a Wounded Hare limp by me which a Fellow had just shot.*
[3] Allan Cunningham. *Life of Burns*, p. 285.

un oiseau en lui frappant la tête sur une pierre, où entendre les plaintes d'un lièvre blessé, lamentables et pareilles aux cris d'un enfant. Mais il y a dans le monde animal tant de souffrances muettes que nous ignorons, tant d'êtres que leur exiguité, leur silence ou leur laideur écartent de nous ! Notre pitié ne va jamais les trouver. Combien de nous songent aux oiselets qui raidis par le froid tombent des branches, ou aux troupeaux assaillis par l'ouragan? Qui s'apitoie sur les souffrances des poissons ou des insectes? Mais Cowper, sortant pour sa promenade d'un matin d'hiver, se demande, devant la plaine ensevelie sous la neige, ce que deviennent les milliers de petits chanteurs, de petits ménestrels, pour employer son mot, qui réjouissent en été les collines et les vallées? Hélas ! la trop longue rigueur de l'année les tue. Ils vont se blottir dans des crevasses et des trous, s'ensevelissant eux-mêmes avant que de mourir. Il prend en pitié jusqu'aux corbeaux amaigris qui volètent sur les traces des voitures [1]. Et un peu plus loin, il écrivait ces beaux vers, comme un plaidoyer et une intercession pour les plus chétives des forces de la vie.

> Je ne voudrais pas inscrire sur la liste de mes amis,
> (Fût-il doué de façons polies, d'un sens délicat,
> Mais dépourvu de sensibilité), l'homme
> Qui, sans nécessité, met le pied sur un ver.
> Un pas inadvertent peut écraser le limaçon
> Qui rampe, le soir, sur le chemin public ;
> Mais celui qui a de l'humanité, s'il le voit,
> Marchera à côté et laissera le reptile vivre [2].

Burns, à la même époque, rendait les mêmes idées mais avec une autre puissance de pathétique et de réalité. Pendant les nuits d'hiver, quand l'orage mugissant fait osciller les clochers, il ne peut s'empêcher de penser aux bêtes exposées dehors, même aux plus méchantes d'entre elles, à celles qui rôdent en quête de meurtres.

> En écoutant les portes et les fenêtres battre,
> Je pensais aux bestiaux grelottants,
> Ou aux pauvres moutons qui supportent ces assauts
> De la guerre de l'hiver,
> Et sous les tourbillons de neige, enfoncés dans la boue, se pressent
> Contre un pan de montagne.
>
> Chaque oiseau sautillant, petite, pauvrette créature,
> Qui, dans les mois joyeux du printemps,
> Me donnais plaisir à t'entendre chanter,
> Que deviens-tu ?
> Où abriteras-tu ton aile frissonnante,
> Où fermeras-tu tes yeux ?

---

[1] Cowper. *The Winter Morning Walk*, vers 80-95.
[2] Cowper. *The Winter Walk at Noon*, vers 560-68.

> Même vous qui, fatigués à la recherche du meurtre,
> Rôdez solitaires, loin de vos farouches demeures !
> Le poulailler teint de sang, le parc à moutons dévasté,
> Mon cœur oublie tout,
> Quand, implacable, la tempête sauvage
> Cruellement vous bat ! [1]

Cette commisération pour les animaux s'offre à lui sous les formes les plus humbles et sous les moindres prétextes. On sent qu'elle est sans cesse auprès de son esprit. Quand il visite les cascades de Bruar, et qu'il les trouve presque desséchées, faute d'ombrage, il pense aussitôt aux poissons délaissés par l'eau baissante, sur ces pierres qui perdent peu à peu leur grise teinte mouillée, et, selon son expression, blanchissent au soleil.

> Les truites, aux bonds légers, étincelantes,
> Qui jouent dans mes flots.
> Si dans leurs jaillissements fous, imprudents,
> Elles vont près de la rive,
> Et si, par malheur, elles s'y attardent longtemps,
> Le soleil me dessèche si vite,
> Qu'elles sont laissées sur les pierres qui blanchissent,
> Se tordant haletantes, expirantes [2].

Et il feint que la cascade elle-même prie le duc d'Athole de faire planter des arbres sur ses bords, afin que les oiseaux trouvent un abri qui les protège des orages, « et que les lièvres peureux dorment rassurés dans leur gîte d'herbes. »

Si c'était alors, en 1782, dans la poésie moderne une telle nouveauté de s'occuper des humbles parmi les hommes que, soixante ans plus tard, en 1840, l'Université d'Oxford conférait à Wordsworth, le degré de docteur pour avoir été le poète des pauvres [3], c'était une nouveauté bien plus étrange que de s'intéresser aux misérables existences des plus infimes animaux. Il nous semble naturel aujourd'hui d'entendre un poète s'écrier :

> J'aime l'araignée et j'aime l'ortie
> Parce qu'on les hait,
> Et que rien n'exauce et que tout châtie
> Leur morne souhait. [4]

Mais de semblables déclarations étaient nouvelles à cette époque. Cowper et Burns étaient, en cela, des précurseurs. Est-il besoin cepen-

---

[1] *A Winter Night.*
[2] *The Humble Petition of Bruar Water.*
[3] Shairp. *Studies in Poetry.*
[4] Victor Hugo. *Les Contemplations*, livre I. *A ma fille.*

dant de faire remarquer combien la sympathie de Burns est la plus véhémente et la plus chaude des deux, et de quel plus fougueux élan de tendresse elle est poussée ? Les recommandations de Cowper ont quelque chose d'impersonnel et de toujours calme. Ce sont des réflexions générales, exprimées dans un style qui est un peu de sermon. Chez Burns, c'est presque toujours un fait individuel de sympathie s'adressant à l'être qu'il voit souffrir sous ses yeux plutôt qu'à des êtres perdus et confondus dans l'éloignement des généralités, sans s'étendre et se refroidir en une réflexion. Le sentiment jaillit, ardent, particulier, immédiat. L'émotion y bat toute vive. On sent que chacune de ses aventures de compassion a été pour son cœur un événement qui l'a remué. Aussi la forme est-elle toujours vivante et dramatique. Ce n'est plus une exhortation comme dans Cowper. C'est une scène à laquelle on assiste. Sa pièce *à une Souris* est un chef-d'œuvre, né d'une émotion de ce genre.

Un jour de Novembre, quand les vents sont déjà durs sur le plateau de Mossgiel et annoncent l'hiver, il labourait un champ qu'on montre aujourd'hui. Le labour se faisait alors avec des attelages de quatre chevaux, le sol étant plus revêche et les charrues plus lourdes ; ils étaient généralement conduits par un jeune garçon qui marchait auprès d'eux, comme en certain pays l'aiguillonneur à côté de ses bœufs. Le laboureur n'avait à s'occuper que de sa charrue. Burns menait son sillon quand le coutre coupa un nid de souris. La petite bête effrayée se sauva. Le garçon, qui se nommait John Blane, voulait courir après elle et la tuer avec le bâton qui sert à faire tomber la terre du soc [1]. Mais Burns l'arrêta en lui demandant quel mal elle lui avait fait. Une grande compassion lui vint pour cette pauvre bestiole privée de son refuge à la veille de l'hiver. Une humble scène d'un instant : les chevaux arrêtés sous un ciel noirâtre, et ce jeune paysan appuyé sur le manche de sa charrue, regardant tristement cette poignée de fétus de paille et de brindilles. Mais qui sait ce que de tels moments contiennent, où le cœur est inondé de bonté ? Ils portent leur indestructible récompense. Le plus souvent c'est un de ces souvenirs qui sont la parure de l'âme, et, en s'accumulant, finissent par la rendre belle. Celui-ci contenait plus encore. Burns reprit son sillon et travailla pensif pendant le reste de l'après-midi. Le soir, il réveilla John Blane, qui couchait dans le même grenier que lui, pour lui lire quelques vers. C'était un chef-d'œuvre, la récompense de ce moment d'infinie compassion.

> Pauvre petite bête lisse, craintive, tremblante,
> O, quelle panique il y a dans ta petite poitrine,
> Tu n'as pas besoin de te sauver si vite,
> Et de courir en trottinant.
> Je ne voudrais pour rien te poursuivre et te chasser,
> Avec le bâton meurtrier.

---

[1] R. Chambers. *Life of Burns*, tom I, p. 147.

En vérité, je suis triste que la domination de l'homme
Ait brisé l'union sociale de la nature,
Et justifie la mauvaise opinion
Qui te fait t'enfuir
De moi, ton pauvre compagnon, né de la terre
Et mortel comme toi.

Je sais bien que parfois il t'arrive de voler,
Mais quoi ? pauvre petite bête, il faut bien vivre ;
Un épi par hasard dans deux douzaines de gerbes,
C'est peu de chose.
J'aurai une bénédiction avec le reste,
Et je n'y perdrai rien.

Et ta mignonne maisonnette en ruines !
Ses pauvres murs dispersés aux vents !
Et rien maintenant pour en bâtir une autre,
Plus un brin d'herbe ;
Et les vents du glacial Décembre qui arrivent,
Durs et aigus !

Tu voyais les champs s'étendre nus et dépouillés,
Et le triste hiver arriver vitement ;
Et bien au chaud, ici, sous la rafale,
Tu pensais demeurer,
Lorsque soudain le coutre cruel a passé
A travers ta cellule.

Ce petit tas de feuilles et de fétus
T'a coûté maint grignotement fatiguant.
Te voici maintenant dehors, après tant de peine,
Sans maison ni abri ;
Pour supporter les brumes, les grésils d'hiver,
Et les froides gelées blanches.

Mais, petite souris, tu n'es pas la seule
A prouver que la prévoyance peut être vaine.
Les plans les mieux faits des souris et des hommes
Bien souvent gauchissent,
Et ne nous laissent que chagrins et souffrance
Au lieu de la joie promise.

Encore, es-tu heureuse, comparée à moi,
Le présent seul te touche
Moi hélas ! en arrière je jette les yeux
Sur de sombres perspectives,
Et, en avant, bien que je ne puisse discerner,
Je pressens et je redoute [1].

Il n'y a de comparable à une pareille pièce que l'anxiété et la tendresse avec laquelle Michelet suit, par delà les cimes neigeuses, à travers les

---

[1] *To a Mouse.*

nuits froides, au milieu des oiseaux de proie, les migrations du pauvre rossignol [1].

Chose bien plus étrange encore chez un paysan accoutumé à couper les épis, à les écraser sous le fléau, à maltraiter le grain de mille manières, les plantes elles-mêmes participaient à cette tendresse. Sans le moindre penchant au panthéisme, auquel sa nature compacte et nouée en robuste personnalité ne se prêtait pas, il y a pénétré aussi loin que des natures diffuses et vaporeuses comme Shelley, faites pour s'éprendre de modes d'existence vagues, flottants et pas encore solidifiés en conscience. Rien ne répugnait plus à son esprit clair et limité, mais sa sympathie le menait au fond des choses, jusqu'aux racines obscures communes à toute vie. Il sortait de tout ce qui vivait et pouvait souffrir, à quelque profondeur que ce fût, un appel qui montait jusqu'à lui. Plus tard, avec Wordsworth et surtout avec Shelley, les fleurs vivront, seront chéries, livreront leurs rêves, étudiés et devinés par ces purs poètes. Mais, à cette époque, c'était une chose inouïe véritablement. Cowper, lorsqu'il parle des plantes, ne dépasse pas les sentiments d'un jardinier ; ses vers font penser à ceux de l'abbé Delille. Darwin les décrivait en botaniste. Mais les aimer, les plaindre, sentir quelque chose qui ressemble à de l'émotion ou à de l'intérêt pour une fleur flétrie ou une branche brisée ! C'était une chose faite pour surprendre.

Cependant, là encore, sa bonté a mené Burns plus loin que son esprit. Un jour de printemps, le soc de sa charrue trancha une pâquerette qui fleurissait avec confiance. Il ne put voir, sans être touché, la petite fleur expirante. Il écrivit une pièce qui est le pendant exact de celle sur *la Souris*, et qu'il est curieux d'en rapprocher. Elle est d'une teinte un peu moins sombre, de nuance plus gaie et plus riante. Et ce détail suffirait seul à montrer quelle était l'impressionnabilité de Burns. Sur les mêmes sujets, la première pièce fut écrite un jour de novembre, et la seconde un jour de printemps. Instinctivement, elles se sont présentées à son esprit dans deux tonalités différentes. Sans qu'il y ait presque un mot de description, la première est assombrie, la seconde a la clarté printanière et l'écho d'un chant d'alouette. Les deux paysages ont passé dans l'émotion même et l'ont colorée différemment.

> Petite, modeste fleur, cerclée de cramoisi,
> Tu m'as rencontré dans une heure mauvaise
> Il a fallu que j'écrase dans la poussière
> Ta tige mince !
> T'épargner maintenant, n'est plus en mon pouvoir,
> Toi jolie perle.

---

[1] Michelet. *L'Oiseau, Les Migrations.*

Hélas ! ce n'est pas ta douce voisine,
La gentille alouette, compagne faite pour toi,
Qui te courbe dans les gouttes de rosée
Sous sa poitrine tachetée,
Quand elle jaillit au ciel joyeuse, pour saluer
L'Est qui s'empourpre.

Le Nord aux dures morsures souffla froidement
Quand naguères, tu naquis humblement ;
Malgré cela, tout heureuse, tu parus et brillas
Sous l'ouragan,
Dressant à peine au-dessus de ta mère, la terre
Ta tendre forme.

Les fleurs orgueilleuses que nos jardins produisent,
De hauts bois protecteurs et des murs les défendent ;
Mais toi, au hasard, sous l'abri
D'une motte ou d'une pierre,
Tu pares ce champ d'éteule aride,
Ignorée, solitaire.

Là, vêtue de ton étroit mantelet,
Tournant au soleil ta poitrine neigeuse,
Tu lèves ta tête modeste,
D'une humble façon
Mais soudain, le soc soulève, arrache ton lit ;
Te voici prosternée.

Telle est le sort de la jeune fille
Douce fleurette des ombres rustiques ;
Trompée par la simplicité de l'amour
Et une confiance naïve,
Comme toi, toute souillée, elle tombe,
Et gît dans la poussière.

Tel est le sort de l'humble barde,
Sur le rude Océan de la vie, sous une mauvaise étoile,
Il est inhabile à consulter la carte
Du savoir prudent,
Jusqu'à ce que les rafales soufflent, les vagues mugissent,
Et l'engloutissent.

Tel, le sort de la vertu malheureuse,
Qui longtemps a lutté avec les besoins et les chagrins,
Que l'orgueil et la malice humaine ont poussée
Au bord de la misère;
Arrachée de tous ses soutiens, sauf le ciel,
Ruinée, elle tombe.

Et toi-même qui, gémis sur le destin de la pâquerette,
Ce destin est le tien, à une date prochaine ;
Le soc de l'âpre ruine arrive droit
En plein sur ta jeunesse ;
Bientôt être écrasé sous le poids du sillon
Sera ta destinée ! [1]

---

[1] *To a Mountain Daisy.*

Reconnaissons tout de suite que cette pièce est inférieure dans son ensemble à celle sur le nid de souris. Elle est moins touchante et moins parfaite. Les strophes de la fin, qui ont un intérêt dans l'histoire de Burns, car elles désignent évidemment Jane Armour, le poète lui-même et son père, la surchargent. Elles la font trop tourner à l'allégorie et lui donnent à première vue l'air d'un cadre littéraire. Il y a aussi, à l'antépénultième strophe, une comparaison maritime, inopportune et hors de proportions avec l'image qui devait à elle seule constituer la pièce. Elle en dérange l'unité et l'harmonie.

Mais, ces réserves faites, on peut admirer. Rien de plus joli n'a été écrit sur la pâquerette, et surtout, ce qu'il faut toujours relever dans Burns, rien de plus précis. Sa petite toilette simple, sans prétentions, à peine relevée d'un liseré rose en février et rouge en avril, est indiquée en deux mots. Son amitié avec l'alouette, qui la réveille en lui trempant la tête dans la rosée et lui annonce le matin, est d'une grâce mignarde. Et qui a mieux rendu la petite personnalité de la pâquerette? La modestie, la gaîté calme, la sagesse pratique de la vaillante fleurette, toujours d'égale humeur, qui s'accommode du moindre abri, fleurit par tous les temps et, avec son contentement et son humilité, ressemble à un sourire tranquille. Wordsworth dont elle était la favorite, et dont il se disait le poète :

> Douce fleur qui, probablement auras un jour
> Ta place sur la tombe de ton poète [1],

a écrit sur elle une suite de pièces [2]. Elles sont d'une belle rêverie, mais trop vague. Elles manquent de quelque chose d'exact, de réalité familière. Les siennes sont des pâquerettes élégantes et idéales ; elles ont perdu leur ingénuité de petites paysannes. Les traits les plus précis semblent avoir été empruntés à Burns, comme lorsque la pâquerette est comparée à une jeune fille, dans sa simplicité, le jouet de toutes les tentations, ou lorsqu'elle est louée de trouver son abri sous tous les vents et d'être toujours « satisfaite, complaisante et douce [3] ». Seul, le vieux Chaucer en a parlé avec une fraîcheur égale. « Au delà de toutes les fleurs de la prairie, j'aime ces fleurs blanches et rouges [4] ». Il avait pour elle une si grande affection qu'il se levait pour aller la voir s'ouvrir au soleil.

> Cette vue heureuse adoucit tout mon chagrin ;
> Si joyeux suis-je quand suis en présence

---

[1] Wordsworth. *To the Daisy, Epitaphs and Elegiac Pieces.*
[2] Dans les *Poems of the Fancy : to the Daisy; to the Same Flower.* — Dans les *Poems of Sentiment and Reflection : to the Daisy.* — Dans les *Epitaphs and Elegiac Pieces : to the Daisy.*
[3] La pièce intitulée : *to the Same Flower*, dans les *Poems of the Fancy.*
[4] Chaucer. *Prologue to the Legend of Good Women.*

> D'elle, de lui faire toute révérence,
> Car elle est, de toutes les fleurs, la fleur
> Pleine de toute vertu et honneur,
> Et toujours également belle et de fraîches couleurs ;
> Et je l'aime et sans cesse, l'aimé-je de nouveau [1].

Et il ajoutait avec une charmante naïveté d'enthousiasme :

> Appuyé sur mon coude et mon côté,
> Tout le long jour suis-je résolu à rester étendu
> Pour rien autre, — et point ne mentirai-je —
> Sinon regarder la pâquerette,
> L'impératrice et la fleur de toutes les fleurs ;
> Et si prie-je Dieu que tout bien lui advienne,
> Et, à cause d'elle, à tous ceux qui aiment les fleurs [1].

Dans Burns, il y a en plus le drame, la souffrance, l'émotion, et une telle puissance d'individualité que, tandis que les autres poètes ont parlé de la pâquerette en général, il a fait de celle-ci une personne qui vit dans notre esprit, comme une petite amie qu'on ne saurait oublier. Si le vœu de Wordsworth a été exaucé ; si on a planté un saule sur la tombe de Musset ; si Keats, qui disait en mourant qu'il sentait déjà les violettes pousser au-dessus de lui, dort sous les violettes ; Burns devrait avoir un tertre vert parsemé de pâquerettes, où descendraient les rosées et d'où monteraient des alouettes.

Cette exquise sensibilité pour toutes les formes de la vie n'était pas un artifice littéraire. Il la portait avec lui partout ; elle faisait le charme de ses promenades solitaires et de ses rêveries. Dans une de ses plus belles lettres, il a admirablement rendu cette tendresse qui débordait de son âme et se déversait sur son chemin. C'est un passage qui, même après ses pièces sur *la Souris* et sur *la Pâquerette*, mérite d'être cité. Il respire peut-être mieux encore cette merveilleuse bonté.

« J'avais erré au hasard dans les lieux préférés de ma muse, sur les bords de l'Ayr, pour contempler la nature dans toute la gaîté de l'année à son printemps. Le soleil du soir flamboyait au-dessus des lointaines collines, à l'ouest ; pas une haleine ne remuait les fleurs cramoisies qui s'ouvraient, ou les feuilles vertes qui se déployaient. C'était un moment d'or pour un cœur poétique. J'écoutais les gazouilleurs emplumés qui répandaient leur harmonie de tous côtés, avec des égards de confrère, et je sortais fréquemment de mon sentier de peur de troubler leurs petites chansons ou de les faire s'envoler ailleurs en les effrayant. Sûrement, me disais-je, sûrement celui-là est un vrai misérable qui, insoucieux de vos efforts harmonieux pour lui plaire, peut suivre du regard vos détours, afin de découvrir vos retraites secrètes et vous dérober le seul trésor que la nature vous donne, votre plus cher bonheur, vos faibles petits. Même le blanc rameau d'aubépines qui s'avançait en travers du chemin, quel est le cœur qui, en un semblable moment, pourrait ne pas s'intéresser

---

[1] Chaucer. *Prologue to the Legend of Good Women.*

à son bien-être, et ne pas désirer qu'il soit préservé des troupeaux qui broutent rudement ou du souffle meurtrier de l'est ? [1]

N'est-ce pas adorable de bienfaisance ? Et la fin surtout n'est-elle pas exquise ? Pour trouver l'équivalent de ces lignes charmantes, il faut se rappeler le *Chant des Créatures* du séraphique saint François d'Assise, qui ramassait les vers du chemin pour les mettre à l'abri des passants, et évitait qu'une goutte d'eau pure ne fût trépignée et souillée. Un écrivain de nos jours, qui a lui aussi le sens de la vie des choses au point qu'il serait capable de s'adresser au ver de saint François d'Assise avec une polie et délicate ironie, lui en décerne pour ce fait un haut éloge [2]. Cette aménité pour les choses est peut-être moins surprenante chez un ascète mystique, dont la personnalité s'atténue dans l'uniformité et le rêve pacifique du cloître, que chez ce paysan pratique, foulé par la vie, réagissant contre ses chocs en tensions de volonté, et malmené par ses propres passions. Un passage comme celui de Burns n'a de supérieur que cette parole admirable de la Bible : « il ne brisera pas le roseau cassé et n'éteindra pas la mèche qui fume encore [3] ».

Du reste, avec son habituelle clairvoyance intérieure, il se rendait compte que cette bonté était une partie de son génie. Dans son premier journal, il se dépeint à lui-même comme un homme « d'une bienveillance illimitée, envers toutes les créatures douées ou dénuées de raison [4] ». Et dans la *Vision*, la Muse lui dit comme un des signes à quoi elle l'a reconnu poète :

> Quand la profonde terre au manteau vert
> Encourageait tendrement la naissance de chaque fleurette,
> Que la joie et la musique se répandaient
> Dans chaque bocage,
> Je t'ai vu contempler le bonheur général,
> Avec une infinie tendresse [5] ».

Une attraction croissante rapproche l'homme de la nature. Il n'apparaît plus à l'écart et au-dessus d'elle. Les sciences immergent de plus en plus sa personnalité dans un océan de forces, où elle est roulée par le flot des mêmes lois ; elles tendent à la confondre dans une vie collective et, pour ainsi parler, dans une pulsation universelle. Le fond d'existence commun à toutes les espèces prend plus d'importance, monte presque jusqu'à la surface, ne laisse plus qu'une mince enveloppe de diversité, sous laquelle se devinent une origine semblable et une obscure fraternité.

---

[1] *To Miss Wilhelmina Alexander*, 18th Nov. 1786.
[2] Renan. *Nouvelles études d'Histoire Religieuse. François d'Assise.*
[3] *Mathieu*, chap. XII.
[4] *Common-place Book.*
[5] *The Vision.*

Sans le savoir, la poésie a fait le même travail en sens inverse : elle a rapproché l'homme des choses, comme la science a rapproché les choses de l'homme. Elle l'a amené à elles, l'a penché sur elles, lui a enseigné à s'y intéresser, a engagé sa sympathie dans leurs vicissitudes muettes. Elle enrôle peu à peu « les recrues du genre humain » contre la brutalité et la souffrance. Quel est le petit enfant qui, ayant appris à l'école la pièce sur le *Nid de Souris* ou la *Pâquerette*, n'en emportera pas un germe de douceur ? [1] Dans ce beau mouvement de concorde, quelques poètes ont eu, au-delà de Burns, une vue plus large des ressemblances, un sens plus grandiose de notre parenté avec les énergies profondes du monde, un plus vaste aperçu de l'ensemble, et, pour ainsi parler, une sympathie plus cosmogonique. Mais il a éprouvé, bien au-delà de tous les autres, la tendresse pour les êtres individuels, une tendresse qui n'a pris ni la forme vague d'une aspiration panthéiste, ni la forme indifférente d'une adhésion intellectuelle, mais qui reste bien humaine, une vraie tendresse de cœur et qui n'allait pas loin des larmes. En cela Burns est unique. Wordsworth a dit qu'il faut ajouter à la nature :

> Le rayon
> La lumière qui n'a jamais existé sur la terre ni sur l'océan,
> La consécration et le rêve du poète [2].

Burns n'a pas revêtu les choses d'une teinte plus céleste, mais il a répandu sur elles une infinie bonté. Là est sa véritable originalité dans le sentiment de la nature, ce qui l'ennoblit, lui donne la « consécration et le rêve du poète. » C'est par là, nous le verrons, et par là seulement, qu'il prend place parmi les modernes. Ici comme ailleurs il restera glorieux pour avoir beaucoup aimé.

III.

QUE LE SENTIMENT DE LA NATURE DANS BURNS EST TRÈS ÉLOIGNÉ DU SENTIMENT DE LA NATURE DANS LA POÉSIE MODERNE.

La question qui se pose naturellement au bout de cette étude est celle-ci : Quels rapports y a-t-il entre cette façon de comprendre la Nature et le sentiment de la Nature dont est faite presque exclusivement

---

[1] Le bon Cowper avait eu conscience de cette influence adoucissante de la poésie et, après ses beaux plaidoyers pour les bêtes, il avait dit avec sa simplicité pénétrante :

> Je suis récompensé, et j'estime que les labeurs
> De la poésie ne sont pas perdus, si mes vers
> Peuvent s'interposer entre un animal et une souffrance,
> Et enseigner à un seul tyran la pitié pour son esclave.
>   *Winter Walk at Noon*, vers 725-29.

[2] Wordsworth. *Elegiac Stanzas, suggested by a Picture of Peele Castle, in a Storm, painted by Sir George Beaumont.*

la poésie moderne. Burns peut-il compter parmi les poètes qui, depuis un siècle, l'ont si minutieusement décrite et si richement, l'ont tellement explorée, qu'ils ont pénétré, par des sentiers non foulés, jusqu'à des sources nouvelles ?

On entend assez souvent dire qu'il a contribué au mouvement qui a ramené l'homme vers la nature ; on le voit cité à côté de Cowper et de Wordsworth. C'est, à nos yeux, une de ces erreurs qui se glissent dans les histoires littéraires, et finissent par s'y enraciner si fortement qu'on ne peut plus les en arracher. Rien n'est plus opposé au sentiment de la nature, tel qu'il a prévalu de nos temps, que celui de Burns. Toutefois la preuve en est plus faible à concevoir qu'à fournir, car elle suppose une étude du sentiment de la nature dans la poésie anglaise moderne. Ce sentiment est quelque chose de complexe et de difficile à déchiffrer. Il est formé de couches superposées, qui vont de l'écorce au cœur de la Nature, et de la plus délicate observation artistique à la plus grandiose généralisation philosophique. Il s'en faut que tous les poètes le possèdent en entier : quelques-uns plus peintres ne sont sensibles qu'aux phénomènes ; d'autres, plus penseurs ne songent qu'à la grande vie centrale et perdent les manifestations de la surface ; d'autres plus moralistes se placent entre les deux et cherchent dans les faits des rapports, des analogies avec l'âme humaine et parfois des leçons et des paraboles ; quelques-uns, les plus grands, réunissent tout cela[1]. Il est

---

[1] On peut négliger, dans une étude du sentiment moderne de la Nature, la parabole qui est plutôt morale, et, dans ses formes les plus hautes, religieuse. Elle est affectée par le développement du sentiment de la Nature, en ce que celui-ci, en étendant l'observation et la connaissance des phénomènes, lui fournit des points de comparaison et de méditation plus nombreux et plus variés. Elle peut l'affecter de son coté en ce qu'il lui arrive d'étudier la Nature pour trouver des objets nouveaux par quoi frapper les esprits. Elle se contente le plus souvent d'illustrations familières et connues. Mais elle ne s'occupe pas de la Nature elle-même. Bossuet l'a magistralement définie, et a bien indiqué la tendance d'interprétation morale qui la constitue. « Jésus-Christ nous apprend dans ce sermon admirable à considérer la nature, les fleurs, les oiseaux, les animaux, notre corps, notre âme, notre accroissement insensible, afin d'en prendre l'occasion de nous élever à Dieu. Il nous fait voir toute la nature d'une manière plus relevée, d'un œil plus perçant comme l'image de Dieu. Le ciel est son trône : la terre est l'escabeau de ses pieds : la capitale du royaume est le siège de son empire : son soleil se lève, la pluie se répand pour vous assurer de sa bonté. Tout vous en parle : il ne s'est pas laissé sans témoignage. » (*Méditations sur l'Evangile*, XXXIVe jour).

On peut voir dans Bossuet lui-même comment la Nature s'introduit dans cette manière d'interpréter le monde et l'enrichit. Il n'y a pas, dans la poésie moderne, de page plus admirable, plus précise, on dirait presque plus moderne, si ce mot avait un sens en face de la beauté éternelle, que ce passage qui éclate en plein XVIIe siècle. Il est bon de le lire, ne fût-ce que pour se garder des affirmations absolues : « *Le soleil s'avançait et son approche se faisait connaître par une céleste blancheur qui se répandait de tous côtés : les étoiles étaient disparues, et la lune s'était levée avec son croissant d'argent si beau et si vif* que les yeux en étaient charmés. Elle semblait vouloir honorer le soleil en *paraissant claire et illuminée par le côté qu'elle tournait vers lui : tout le reste était obscur et ténébreux ; et un petit demi-cercle recevait seulement dans cet endroit-là un ravissant éclat par les rayons du soleil, comme du père de la lumière*. Quand il la voit de ce côté, elle reçoit une teinte de lumière : plus elle la voit, plus sa lumière s'accroît : quand il la voit tout entière, elle est dans son plein, et plus elle a de lumière, plus elle fait honneur à celui d'où elle lui vient. Mais voici un nouvel hommage qu'elle rend à son *céleste illuminateur*. A mesure qu'il approchait, je la voyais disparaître ; *le faible*

peut-être possible de rétablir ces degrés dans leurs relations organiques, et de reconstituer ainsi un sentiment de la Nature dans tous ses éléments ; mais c'est un essai qu'on n'ose pas entreprendre sans quelque défiance, tant le sujet est vaste et compliqué [1]. Il y a pourtant intérêt à le tenter ; nous ne comprendrions pas entièrement la position de Burns dans la poésie moderne, si nous ne démêlions où il en est vis-à-vis d'une inspiration qui la constitue presque entièrement.

Ce qui frappe tout d'abord dans les poètes modernes c'est une recherche curieuse d'effets naturels, plus rares, plus délicats, plus locaux, que ceux qui ont été rendus jusqu'à présent. Les longs aspects universels et réguliers de la Nature semblent usés. Il en faut de nouveaux, de plus subtils ou de plus étranges ! L'œil s'ingénie à découvrir des nuances imperceptibles ou des contrastes violents ; il saisit les phénomènes sur les bords de la disparition ou dans leur explosion brutale. Des centaines de poètes ont noté des milliers d'effets inobservés. La poésie contemporaine est devenue un musée immense, inépuisable, où s'entassent des observations d'une délicatesse ou d'une grandeur jusque-là inconnues. Il suffit d'y jeter un coup d'œil pour en comprendre la richesse. Wordsworth observe la teinte bronzée que les feuilles des haies prennent sur la clarté du soir [2] ; il remarque que le crépuscule retire du gazon les multitudes de pâquerettes [3] et fait disparaître les fleurs dans la haie assombrie [4] ; il suit la mince ligne bleue qui entoure le bord tranquille du lac [5]. Shelley

---

croissant diminuait peu à peu, et quand le soleil se fut montré tout à fait, sa pâle et débile lumière s'évanouissant, se perdit dans celle du grand astre qui paraissait, dans laquelle elle fut comme absorbée : on voyait bien qu'elle ne pouvait avoir perdu sa lumière par l'approche du soleil qui l'éclairait, mais un petit astre cédait au grand, une petite lumière se confondait avec la grande ; et *la place du croissant ne parut plus dans le ciel, où il tenait auparavant un si beau rang, parmi les étoiles* (*Traité sur la Concupiscence*, chap. XXXII). Il n'y a pas dans Rousseau, ni dans Bernardin de Saint-Pierre, ni dans Chateaubriand, ni dans Victor Hugo, une description d'aurore comparable à celle-là. C'est aussi beau que les plus belles pages de ciel de Wordsworth. Il ne se rencontre probablement pas, parmi les descriptifs de ce siècle-ci, un tableau d'une lumière pareille, sans parler de la majesté et de la grâce. On trouve un grand nombre d'exemples charmants du mélange de nature et de morale dans saint François de Sales. Si l'on veut voir ce que peut donner ce système, lorsqu'il lui manque l'élément vivifiant et rajeunissant de l'observation naturelle, on n'a qu'à parcourir le livre de Mgr de la Bouillerie : *Le Symbolisme de la Nature.*

[1] Nous avons été aidé dans l'ensemble de cette étude par deux livres de haute et noble pensée : *Theology in the English Poets* par le Rev. Stopford Brooke — et *On the Poetic Interpretation of Nature* par le Principal Shairp. — Chez nous les livres de M. de Laprade, avec toute leur éloquence, sont vagues et sans étreinte. — On lira avec fruit le grand ouvrage de Ruskin : *Modern Painters*, qui porte presque uniquement sur la manière de rendre la nature, et qui est une œuvre d'ordre très haut.

[2] Wordsworth.

[3] Id. *Evening Voluntaries VI.*

[4] Id. *Excursion*, Book I.

[5] Id. *Poems written in Youth : an Evening Walk.*

voit passer les averses frangées d'arcs-en-ciel [1], et les frissons noirs que le vent fait courir sur les vagues [2] ; ailleurs, la lune répand son lustre, et le brouillard jaune qui remplit l'atmosphère boit sa lumière jusqu'à s'en remplir [3] ; s'il regarde un coucher de soleil, il remarque que les lignes d'or suspendues aux nuages couleur de cendres descendent jusqu'aux pointes lointaines du gazon et jusqu'aux têtes blanchâtres des pissenlits [4]. Coleridge note les épis retenus par les haies des sentiers étroits [5] ; le petit cône de sable qui danse silencieusement au fond d'une source [6] ; les glaçons qui, au bord des toits, brillent paisiblement sous la lune paisible [7] ; le double bruit de la pluie : le bruit net, tout auprès et le murmure confus, autour [8]; ou bien, appliquant la même pénétration de regard à des objets plus vastes, il observe combien, tout derrière le mont Blanc, un peu avant l'aube, l'air semble compact, noir, une masse d'ébène où la montagne pénètre comme un coin d'argent [9]. Keats saisit le reflet dont les nageoires satinées et les écailles d'or des poissons allument l'eau [10]; Tennyson, le luisant des bourgeons de marronniers ou l'iris plus vif que le printemps met au col bronzé des tourterelles [11]. Tous ces effets, jamais l'œil humain ne les avait discernés, détachés du fonds commun des crépuscules, des aurores, des printemps antérieurs. On a tout exploré, jusqu'aux volcans, jusqu'aux galeries souterraines des mines, jusqu'aux profondeurs des mers [12]. A cet exercice, la poésie est devenue merveilleusement habile. Elle s'est enrichie et renouvelée. Mais ces qualités nouvelles n'ont pas été sans quelques défauts. C'est quelquefois l'excès de richesse, la luxuriance de détails, un fouillis qui étouffe le paysage ; et partant, la confusion ; le lierre cache l'arbre. C'est souvent le cas dans Keats et dans Shelley. Pour les poètes plus sobres, comme Tennyson, le danger est de peindre la nature avec quelques traits exceptionnels ou trop particuliers, et d'omettre les traits essentiels sur lesquels, dans la réalité, les premiers reposent comme les fleurs sur leur rameau. Il en

---

[1] Shelley. *Prometheus*, Acte III.
[2] Id. *Alastor*.
[3] Id. *Alastor*.
[4] Id. *The Sunset*.
[5] Coleridge. *The Three Graves*.
[6] Id. *Inscription for a Fountain on a Heath*.
[7] Id. *Frost at Midnight*.
[8] Id. *An ode to the Rain*.
[9] Id. *Hymn before Sunrise in the vale of Chamouni*.
[10] Keats. *Imitation of Spenser*.
[11] Tennyson. *Locksley Hall*.
[12] On trouvera des exemples de ces descriptions souterraines dans l'*Alastor* de Shelley; et de merveilleuses descriptions sous-marines dans l'acte IV du *Prometheus Unbound* et dans maints autres passages de Shelley, et aussi dans le livre III de l'*Endymion* de Keats. Ils avaient, du reste, été précédés par Shakspeare dans sa puissante vision de Clarence (*Richard III*, Acte I, scene 4).

résulte un défaut de vérité, de solidité : des paysages en l'air et sans soutien, auxquels manquent la substance et le fond, semblables à des vêtements dont on ne peindrait que les broderies et les perles. Le seul Wordsworth est resté dans l'exacte mesure. Ces qualités et ces défauts, Burns ne les a pas; il n'a pas la façon moderne de peindre la nature. Il se contente, on l'a vu, des effets les plus ordinaires ; il les prend simplement par où ils se présentent à tous ; il les rend d'un trait rapide et simple. Pour toute la partie pittoresque, il n'appartient en rien, pas même de très loin, à l'école moderne.

Au-delà de cette observation raffinée et aiguë des faits naturels, il y a une communication, un échange entre l'homme et les choses. L'homme donne à la Nature une interprétation humaine. Il lui prête des sentiments, un caractère. Il la peint, comme l'a dit un écrivain de nos jours, avec des épithètes morales [1]. Cette façon de l'animer peut être faite dans deux sens différents.

Certains poètes se contentent de jeter sur la Nature leur émotion du moment. Elle s'assombrit ou s'égaie, selon qu'il sont eux-mêmes tristes ou joyeux ; elle prend la teinte de leur âme. Elle ne détient rien de son propre fonds, ni signification, ni caractère. Elle attend, pour savoir ce qu'elle ressentira, que nous le lui disions. Un site n'est ni mélancolique ni riant par lui-même ; il devient l'un ou l'autre selon l'homme qui y apparaît. Le même site, visité par deux hommes dont l'âme est agitée d'émotions opposées, aura des aspects opposés. La Nature n'a pas d'expression ; elle n'est qu'un écho qui répète les choses qu'on lui dit, pleure ou se réjouit selon les paroles qu'on lui jette ; elle attend de nous son mot d'ordre.

Puisqu'elle est si docile à leurs modifications, ces poètes prennent la Nature pour confidente. Ils lui racontent leurs secrets ; ils lui révèlent leurs chagrins, en lui demandant d'y prendre part. Ils la chargent de commissions dont les ruisseaux, les vents et les fleurs s'acquittent [2]. Ils lui recommandent de garder le souvenir de leurs amours.

> O lac, rochers muets, grottes, forêt obscure,
> Vous, que le temps épargne ou qu'il peut rajeunir
> Gardez de cette nuit, gardez, belle Nature,
> Au moins le souvenir [3].

Comme si le seul souvenir que garde la Nature de nos amours, n'était pas celui que, depuis Virgile, les amoureux gravent dans l'écorce des

---

[1] Renan. *Souvenirs de Jeunesse. Issy.*

[2] Voir un exemple de ces demandes dans *Maud* de Tennyson, et dans un poème, qui est d'ailleurs une imitation de *Maud*, dans *Gwen* de Lewis Morris.

[3] Lamartine. *Le Lac.*

arbres[1] ; comme si elle n'était pas indifférente et ignorante de nos passions et de nos petits drames intérieurs ; comme si son impassibilité dans la *Tristesse d'Olympio*

Nature au front serein, comme vous oubliez ![2]

n'était pas plus conforme à la réalité que les supplications du *Lac* Non ! la Nature n'épouse pas notre âme. Elle a son propre rêve que le nôtre ne trouble pas. Elle vit à l'écart, nous permettant d'aller à elle, dédaigneuse de venir à nous. On peut toucher du doigt l'excès de cette manière, dans Tennyson, qui a une tendance à substituer des préoccupations humaines, précises et particulières, au rêve ignoré et vaste des choses. Ainsi, dans *Maud*, les oiseaux ne chantent plus pour eux-mêmes, ils n'ont plus, selon l'expression de Wordsworth, leurs pensées que nous ne pouvons mesurer [3], ils disent tous : « Où est Maud, Maud, Maud ? » [4] Un peu plus loin, dans un passage d'ailleurs exquis, lorsque le héros attend la jeune fille à la nuit tombée, les fleurs du jardin ne s'enivrent pas de brises tièdes, elles ne s'endorment pas dans des rayons de lune, ne se rafraîchissent pas dans leur songe de rosée nocturne. Leurs propres délices sont oubliées. Toutes les roses et tous les lis ne rêvent qu'à cette entrevue humaine.

Une larme splendide est tombée
De la grenadille de la porte,
Elle arrive, ma colombe, ma chérie,
Elle arrive, ma vie, ma destinée.
La rose rouge crie : « Elle est près, elle est près ! »
Et la rose blanche pleure : « Elle tarde ! »
Le pied-d'alouette écoute : « Je l'entends, je l'entends ! »
Et le lis soupire : « Je l'attends ! » [4]

Cette façon d'imposer à la Nature notre nuance du moment et de soumettre le monde à la mobilité de nos impressions est, à coup sûr, scientifiquement inexacte. Elle a été durement désignée par Ruskin sous le nom de « pathetic fallacy » ; et on s'explique que cette condamnation du grand esthéticien soit absolue pour la peinture, qui prend comme moyen d'expression la reproduction même des choses, qui n'est pas chargée de rendre certains états d'âme, mais de les éveiller, et a pour langage la reproduction de la réalité. En ce qui concerne la poésie, cet arrêt est excessif; M. Shairp et M. Stopford Brook ont, ce nous semble, tort de l'accueillir sans réserves [5]. Car, si cette humanisa-

---

[1] Virgile. *Egloga X*, v. 53.
[2] V. Hugo. *Tristesse d'Olympio*.
[3] Wordsworth. *Poems of Sentiment and Reflexion. Lines Written in Early Spring*.
[4] Tennyson. *Maud*. Part. I. XII.
[5] Voir M. Stopford Brook dans sa *Theology in the English Poets*, Lecture VI, et M. Shairp dans *On the Poetic Interpretation of Nature*, Chap. VIII. Cependant M. Shairp fait quelques objections et réserve les droits du poète dramatique ou épique.

tion est fausse en tant que conception de la Nature en soi, elle peut être une disposition, ou si l'on veut une superstition naturelle du cœur humain. Sans doute, la Nature ne perd pas son temps à nous écouter ; mais nous ne pouvons parfois nous empêcher de lui parler. Notre instinct de monologue se fait jour par là. Le fait est vrai psychologiquement. Il y a, dans une passion qui déforme ou supprime la réalité extérieure, une plus grande réalité passionnelle ; son erreur même démontre sa violence ; et il est naturel qu'un cœur qui déborde s'épanche sur les choses [1]. Toutefois, il faut noter qu'il ne s'agit plus alors de la Nature, mais de l'âme humaine. Aussi cette attitude ne suppose-t-elle aucun sentiment profond ou exact de la Nature. Elle n'en implique aucunement l'étude. Elle est très simple, très primitive, à la portée de tous. Elle a été commune parmi les anciens [2]. Dans ce système, la Nature n'a pas d'existence morale. C'est une confidente qui écoute tout et ne dit rien. On n'y trouve jamais que des effusions humaines qui ne nous apprennent rien sur elle. Il n'en peut sortir ni joie, ni consolation, ni conseils, aucune influence, aucun baume.

On pourrait deviner presque à coup sûr, que Burns, à cause de sa faible préoccupation de la Nature et de sa débordante personnalité, a pratiqué cette première méthode d'humanisation. C'est en effet ce qui lui arrive constamment, il tombe dans la « pathetic fallacy », comme lorsqu'il recommande à la rivière Afton de couler doucement pour ne pas réveiller Mary [3], ou lorsqu'il dit :

> Vous, rives et talus du joli Doon,
> Comment pouvez-vous fleurir si fraîchement ?
> Comment pouvez-vous chanter, petits oiseaux
> Quand je suis si plein de souci ? [4]

---

[1] Il est curieux de voir Wordsworth revendiquer pour le cœur humain le droit de se projeter en dehors et de s'emparer de ce qui l'entoure.

> Les Poètes, dans leurs élégies et leurs chants
> Où ils pleurent les disparus, demandent aux bosquets,
> Demandent aux collines, aux ruisseaux de partager leur deuil,
> Et aux insensibles rochers ; cela n'est pas vain, car ils parlent
> Dans ces invocations avec une voix
> Qui obéit à la puissante force créatrice de la passion humaine. Il y a des sympathies
> Plus paisibles, et cependant de même race,
> Qui pénètrent dans les esprits méditatifs
> Et grandissent avec la réflexion. J'étais debout près de cette source
> Et je regardai son onde, tant que nous parûmes ressentir
> Une même tristesse, elle et moi..., etc.
>   *The Excursion*, Book I.

Il parle d'une fontaine abandonnée, que des mains humaines activaient et faisaient courir, maintenant abandonnée et croupissante.

[2] Voir les Elégies de Bion, et de Moschus, et celle de Virgile.

[3] Voir la pièce, page 270.

[4] *The Banks of Doon.*

Un des exemples les plus complets et les plus brillants de cette manière se trouve dans son *Elégie sur le Capitaine Matthew Anderson*. On y saisit ce qu'elle a de faux ; même lorsqu'elle est mise en œuvre au moyen de touches justes et fermes, l'ensemble ne donne qu'une impression douteuse. Presque chacune des strophes qui suivent est un petit tableau éxact et solide ; on y peut même reconnaître aussi bien qu'en n'importe quel autre passage de ses œuvres sa fidélité d'observation, et cependant la pièce a quelque chose de factice et de forcé.

> Il est mort ! il est mort ! il nous a été arraché !
> Le meilleur des hommes qui fut jamais !
> O Matthew, la nature elle-même te pleurera,
> Par bois et par landes,
> Où peut-être erre la Pitié solitaire,
> Exilée de parmi les hommes !
>
> Vous collines ! proches voisines des étoiles,
> Qui dressez fièrement sur vos crêtes les cairns[1],
> Vous falaises, asiles des aigles qui planent,
> Où l'Écho sommeille,
> Venez vous joindre, ô les plus rudes enfants de la Nature,
> A mes chants qui gémissent !
>
> Pleurez, vous, bosquets que connaît le ramier,
> Bois pleins de noisetiers, et vallons pleins d'épines !
> Vous ruisselets tortueux qui descendez vos glens,
> En trébuchant bruyamment,
> Ou en écumant fort, en bondissant vite,
> De cascade en cascade.
>
> Pleurez, petites campanules dans les prés,
> Vous fastueuses digitales belles à voir,
> Vous chèvrefeuilles qui pendez joliment
> En bosquets embaumés,
> Vous roses sur vos épineuses tiges,
> Les premières d'entre les fleurs.
>
> A l'aurore, quand chaque brin d'herbe
> Plie avec un diamant à son faîte,
> Le soir, quand les fèves répandent leur senteur
> Dans la brise bruissante,
> Vous lièvres qui courez dans la clairière,
> Venez, joignez-vous à mes plaintes.
>
> Pleurez, vous chanteurs des bois,
> Vous grouse qui vous nourrissez des bourgeons de bruyère,
> Vous courlis qui faites vos appels dans les nuages,
> Vous pluviers siffleurs ;
> Et pleurez aussi, couvées bruyantes de perdrix,
> Il est parti pour jamais.

---

[1] Amas de pierres.

Pleurez, foulques brunes, et sarcelles tachetées,
Vous hérons pêcheurs qui guettez les anguilles,
Vous canards et malarts qui, dans vos cercles aériens,
Enveloppez le lac ;
Et vous butors, jusqu'à ce que les fondrières résonnent,
Criez à cause de lui.

Pleurez, rales de genets qui piaillez à la chute du jour,
Parmi les champs brillant de trèfle en fleur,
Quand vous vous envolerez pour votre voyage annuel,
Loin de nos froids rivages,
Dites à ces terres lointaines qui gît dans l'argile
Qui nous pleurons.

Vous, hiboux, de votre chambre de lierre,
Dans quelque vieil arbre ou quelque tour hantée,
A l'heure où la lune, avec un regard silencieux,
Montre sa corne,
Pleurez à l'heure morne de minuit,
Jusqu'à l'éveil du matin.

O rivières, forêts, collines et plaines !
Vous avez souvent entendu mes chants joyeux ;
Mais maintenant que me reste-t-il
Sinon des histoires de tristesse ?
Et de mes yeux ces gouttes qui tombent
Couleront toujours.

Pleure, Printemps, mignon de l'année !
Chaque corolle de primevère contiendra une larme ;
Toi, Eté, tandis que les épis des blés
Dressent leur tête,
Déchire tes tresses brillantes, vertes, fleuries,
Pour celui qui est mort.

Toi, Automne, en chevelure dorée,
Déchire de douleur ton manteau jaunâtre !
Toi, Hiver, qui lances à travers les airs
La rafale hurlante,
Annoncé à travers le monde dénudé
Le mérite que nous avons perdu.

Pleure-le, toi Soleil, grande source de lumière,
Pleure, impératrice de la nuit silencieuse !
Et vous, brillantes, scintillantes petites étoiles,
Pleurez mon Matthew !
Car à travers vos orbes il a pris son vol,
Pour ne revenir jamais.

O Henderson ! ô homme, ô frère !
Es-tu parti et parti pour toujours ?
Et as-tu traversé cette rivière inconnue,
Limite sombre de la vie ?
Le pareil à toi, où le trouverons-nous,
A travers le monde entier ?

> Allez à vos tombes sculptées, ô grands,
> Dans tout le vain clinquant de votre pompe!
> Près de ton honnête gazon je resterai,
> O honnête homme !
> Et je pleurerai le destin du meilleur garçon
> Qui jamais fut couché en terre.

Il convient de dire que ce morceau n'est pas dans la véritable veine de Burns. Il est de la seconde période de sa vie, il sent l'exercice littéraire. Il est probable qu'il en avait emprunté le modèle à quelque imitation des élégies classiques. C'est la charpente des élégies de Bion et de Moschus, qui s'est propagée dans la littérature à travers mille copies. Si l'on y regarde de près, on verra que c'est au fond presque la même construction que celle de l'*Adonaïs* de Shelley. Tel qu'il est, c'est un parfait spécimen de l'envahissement de la nature par les sentiments humains. C'est une tendance absolument opposée à l'école moderne de Poésie ; et si l'on veut comprendre combien celle-ci a essayé de réagir contre elle, on n'a qu'à relire les vers de Coleridge.

> Ecoutez ! le Rossignol commence sa chanson
> Oiseau « très musical, très mélancolique ! »
> Un oiseau mélancolique ! Oh ! frivole pensée !
> Dans la nature il n'y a rien de mélancolique.
> Mais une nuit, un homme a erré, dont le cœur était percé,
> Du souvenir de quelque douloureuse injustice,
> D'une lente maladie ou d'un amour dédaigné,
> Et le malheureux ! il a rempli toutes choses de lui-même,
> Et fait dire par tous les bruits charmants l'histoire
> De sa propre peine. C'est lui, ou un semblable à lui,
> Qui a le premier appelé ces notes un chant mélancolique.
> Puis plus d'un poète a répété cettte imagination...
> ... Nous avons appris
> Une science différente : nous n'avons pas le droit de profaner ainsi
> Les douces voix de la nature, toujours pleines d'amour et de joie ! [1]

C'est une véritable protestation contre cette soumission de la Nature à nos passions, et une revendication de son indépendance vis-à-vis de nous. Ici encore, on voit combien Burns était, sur ce point, en dehors du courant de la poésie moderne.

Mais il y a une méthode toute moderne et toute différente de peindre la Nature avec des épithètes morales. Pour Wordsworth, pour Shelley, ses vrais poètes, et pour les autres poètes dans leurs vrais moments, un caractère appartient bien aux choses. Elles le possèdent, même lorsqu'aucun esprit humain n'est là pour le leur communiquer. La Nature

---

[1] Coleridge. *The Nightingale.*

n'est pas à notre disposition. Une expression permanente réside en elle. Elle a des heures et des humeurs différentes. L'Automne, où tout meurt, a une mélancolie réelle ; le Printemps, une réelle gaîté. Lorsque Shelley rend en des vers navrants la désolation d'un jardin jonché de dépouilles de fleurs et saisi tout entier par la décomposition automnale [1] ; lorsque Wordsworth, à la première douce journée de mars, voyant tout renaître, s'écrie :

> Il y a une bénédiction dans l'air,
> Qui semble communiquer un sentiment de joie
> Aux arbres, aux montagnes nues,
> Et à l'herbe, dans les champs verts [2].

ils ne font que rendre strictement un fait extérieur. Ils ne prêtent pas à la Nature leurs propres sentiments ; ils la trouvent dans des heures d'abattement ou de renaissance. Elle a une expression qu'ils ne lui apportent pas et qu'ils constatent. Il en est de même pour les sites. Le sourire appartient bien à certains lieux, l'horreur à d'autres, et à d'autres la sérénité. Un paysage où toutes les plantes périssent et pourrissent, où les arbres souffrent, où toute vie est chétive, exténuée et malingre, est triste en soi, sans qu'il soit besoin qu'un homme vienne y gémir. Un autre où tout est robuste et exubérant de sève, est un centre d'existences heureuses ; il est gai comme une maison où tous se portent bien. D'autres, où les vents se rencontrent, sont des lieux de combat, dans lesquels les arbres ont quelque chose de ramassé, de convulsif, de nerveux, et des efforts de lutteurs. Ainsi les endroits ont des visages différents, selon la façon même dont ils accueillent d'autres existences que la nôtre ; certains terrains sont moroses ; d'autres, pleins de cordialité. Cela est encore plus clair pour les arbres et les plantes. Nous ne parlons pas des expressions générales et composées des types. C'est un sujet encore peu exploré. Mais chacun de ces êtres a une contenance particulière, une façon d'être, une attitude, où se révèlent, sinon des consciences différentes, du moins des habitudes vitales diversement contractées. Ils ont aussi des sensations. « C'est ma croyance, disait Wordsworth, par un jour de printemps, que les fleurs jouissent de l'air qu'elles respirent [3] ». Et cette croyance du poète ne sera pas contredite par les botanistes, de plus en plus portés à animer les végétaux [4]. Les minéraux eux-mêmes recèlent peut-être un obscur effort vers l'existence et, par suite, ils parcourent des moments différents et ont des expressions différentes, selon que ces

---

[1] Shelley. *The Sensitive Plant.*

[2] Wordsworth. *Poems of Sentiment and Reflection. To my Sister.*

[3] Wordsworth. *Poems of Sentiment and Reflection. Lines written in Early Spring.*

[4] Notre ami le Professeur Bertrand nous a permis de soumettre nos opinions sur ce point au contrôle de sa profonde connaissance de la vie des plantes. Nous l'en remercions sincèrement.

moments sont plus ou moins éloignés de leur idéal d'existence [1]. Ainsi, la Nature est pleine d'expressions individuelles ou collectives. Et celles-ci se modifient avec les saisons, les heures et les températures. Une nuit de gel cause bien d'autres angoisses que parmi les hommes attardés. Il y a des coups de vent qui, balayant un paysage et affligeant les arbres, les fleurs, les oiseaux, le transforment en une véritable scène de souffrance, et y éveillent un chœur douloureux, où chacun, à sa façon, les uns en poussant des cris, les autres en contractant leurs feuilles, se plaint de sa souffrance. Il y a partout dans la Nature un élément moral et dramatique, indépendant de nous.

Nous trouvons donc quelque chose en face de nous. Il peut y avoir de véritables rapports, un véritable commerce entre l'homme et la Nature. Il y a une réalité qui les soutient et en fait autre chose qu'un vain mirage de nous-mêmes. L'expression des choses n'est pas le simple reflet des émotions que nous apportons devant elles. Il y a là une vaste sensibilité à connaître, à étudier, à pénétrer. La Nature ne fait pas que répéter ce que nous disons; elle a quelque chose à nous enseigner; elle sait nous contredire et, si nous allons à elle découragés et las, elle nous répond quelquefois qu'il faut être patient et de bon espoir. C'est par ce caractère indépendant de nous qu'elle a prise sur nous, qu'elle agit sur nous. De là découlent ses vertus salutaires et guérissantes.

Il est hors de doute que cet élément moral donne aux représentations de la Nature un sens, une portée que la description purement pittoresque ne saurait fournir. Il suffit, pour comprendre toute la différence, de comparer deux paysages, l'un décrit avec des épithètes matérielles, l'autre, avec des épithètes morales, et de comparer, par exemple, une page de Théophile Gautier à une page de Michelet. Quand elle s'appuie sur un fond solide et exact de traits matériels, cette touche intellectuelle donne aux scènes de la Nature une profondeur, un charme, et une éloquence qui font paraître insignifiantes et inertes les représentations auxquelles manque cette lueur intime.

Pour discerner le caractère habituel et les émotions accidentelles des choses, il faut une pénétration singulière : une longue étude morale de la Nature, et un don pareil à celui qu'ont les peintres de discerner l'expression d'un visage. Ce don, Wordsworth et Shelley l'ont possédé à un haut degré. Wordsworth surtout a étudié avec une admirable délicatesse, sensible

> Aux humeurs
> De l'heure et de la saison, au pouvoir moral,
> Aux affections et à l'esprit des endroits [2].

---

[1] Voir les articles de M. Thoulet sur la vie des minéraux, dans la *Revue Scientifique*.
[2] Wordsworth. *The Prelude*, Book XII.

Personne n'a su comme lui dégager le génie des lieux. Depuis, les poètes s'y sont appliqués, et le monde a été presque aussi minutieusement interprété que décrit. Il en est résulté, dans la poésie moderne, les éléments d'une sorte de psychologie de la Nature. Elle est probablement destinée à rester vague comme les existences dont elle s'occupe. Pour les animaux toutefois elle est plus facile, et pour quelques-uns, comme dans l'alouette de Shelley [1] et le rossignol de Keats [2], elle semble presque achevée. Il est à peine utile d'ajouter que cette tendance, comme tant d'autres, existait vaguement, et que les poètes, entre autres ceux de la Renaissance, avaient déjà saisi bien des traits moraux de la Nature. Mais, sauf Milton dont la familiarité avec elle est exquise, ils le faisaient tous avec moins de soin et d'exactitude. Cowper avait bien le sentiment de cette influence morale, mais il ne l'a jamais appliqué. Ses descriptions ne sont individuelles que pour la partie pittoresque ; il ne sait pas la signification particulière des sites. C'est la gloire de la poésie moderne d'avoir étendu, approfondi, précisé dans tous les sens cette interprétation, et d'avoir animé le monde de joies, de tristesses, de luttes, d'efforts, d'amours, de rêves, d'innombrables ressemblances ou tout au moins d'innombrables analogies avec l'âme humaine.

A la vérité, il y a bien encore quelque chose d'humain dans cette humanisation de la Nature. Nous n'y pouvons échapper, et c'est une des formes de notre limitation. Nous sommes bien obligés de juger des modes inconnus d'existence par le seul que nous connaissons, et de tout comprendre à travers des désignations humaines. Nous faisons ici acte d'anthropomorphisme, non plus en prêtant notre vie à la Nature, mais en essayant de traduire pour notre esprit sa façon d'exister. C'est l'anthropomorphisme inévitable, la catégorie par laquelle il faut que passent toutes nos notions. Nous n'y pouvons échapper. Et, en tout cas, si nous sommes impuissants à exprimer par notre langage des conditions d'être différentes des nôtres, nous sommes autorisés à l'employer pour traduire les relations des choses avec nous. Quelle différence avec le système précédent ! [3]

Ici donc, quelque chose existe en dehors de nous et d'une façon permanente agit sur nous. L'école historique des milieux, dont les solutions sont encore si enfantines par leur simplicité et leur naïve assurance, ne repose-t-elle pas presque entièrement sur cette idée d'une expression et d'une influence morale des lieux ? Mais elle semble ignorer tout le travail de la

---

[1] *To a Skylark.*
[2] *Ode to a Nightingale.*
[3] Les pages de Ruskin sur la « Pathetic fallacy » ont, ce nous semble, le tort de ne pas assez marquer la différence très grande entre les deux modes d'humanisation de la Nature que nous essayons d'exposer. Elles les confondent presque. On se demande comment Ruskin peut éviter que ce qui est, selon lui, « la plus haute puissance intellectuelle de l'homme », l'« Imagination pénétrative » qui « voit le cœur et la nature intime des choses », qui « veut tenir les choses par leur cœur », ne tombe sous le coup de la « pathetic

poésie moderne. Elle ne pourra obtenir de résultats que lorsque l'analyse, infiniment complexe, longue et délicate des caractères des sites, et en même temps l'étude aussi difficile de leur mystérieuse domination, auront été poussées assez loin pour permettre de discerner l'autorité ou la séduction d'un site particulier, et la façon dont il a parlé à tel esprit. Il y a là un travail immense que la poésie a commencé à peine, et dont la science ne semble pas se douter. Lorsqu'il sera achevé, alors seulement la théorie des milieux qui, par suite de la variété des sites et des esprits, ne peut être qu'une série d'applications très complexes et tout à fait individuelles, et qui se complaît jusqu'à présent dans des solutions générales, des simplifications, qui sont sa négation même, donnera des résultats. La seule tentative qui ait été faite dans cette direction est le *Prélude* de Wordsworth, cette merveilleuse autobiographie, cette histoire de la formation d'un esprit poétique, où sont notés les

---

fallacy ». Quelques-uns des exemples qu'il donne d' « Imagination pénétrative » pourraient être cités comme exemples de « pathetic fallacy », et inversement. Il donne comme de très beaux spécimens de la première le vers de Milton :

Avec des pâles primevères qui penchent leur tête pensive.

et les vers de Shakspeare dans :

Les asphodèles
Qui viennent avant les hirondelles, et séduisent
Les vents de mars par leur beauté. Les violettes sombres,
Mais plus douces que les paupières des yeux de Junon,
Ou l'haleine de Cythérée ; les pâles primevères
Qui meurent sans être mariées, avant qu'elles puissent voir
Le brillant Phœbus, dans sa force, maladie
Très propre aux jeunes filles.

Et il ajoute : « Observez comme, dans ces derniers vers, l'imagination pénètre au fond de l'âme de chaque fleur » (*Modern Painters*, Part. III. Section II. Chapter III. *Of Imagination Penetrative*). Mais cette pénétration ne peut se faire que parce que l'esprit humain entre dans les choses et y dépose un peu de lui-même. Il fait des conjectures sur elles au moyen de ses passions et en son propre langage. Si l'on veut éviter cela, il n'y a que le silence. On est étonné, d'autre part, lorsqu'on lit les pages sur le « pathetic fallacy », de trouver comme exemples de ce défaut, des images du genre de celles qu'on vient d'admirer comme exemples d' « imagination pénétrative ». Ainsi ces vers de Kingsley :

Ils l'emportèrent, ramant, à travers l'écume roulante,
La cruelle, la rampante écume.

Ou ceux de Tennyson :

Le vent, comme un mondain déchu, gémissait,
Et l'or volant des bois ruinés était emporté à travers l'air.

(*Modern Painters*, Part. IV. Chap. XII).

L'écart n'est pas très grand entre ces personnifications. D'ailleurs, il est impossible de faire dix pas dans l'œuvre de Ruskin lui-même sans rencontrer des cas de « pathetic fallacy ». Décrivant la vieille tour de l'église de Calais, il parle de son « insouciance de ce qu'on pense ou de ce qu'on ressent sur elle », « elle ne demande pas pitié » ; elle continue son travail quotidien et se tient debout sans se plaindre de sa jeunesse passée ». La vraie différence entre ces deux modes d'humanisation est donc que dans le premier, la « pathetic fallacy », les choses s'occupent de l'homme ; et que, dans le second, l'homme s'occupe des choses et essaye de pénétrer leur vie ; dans le premier, la sympathie vient à lui, dans le second elle sort de lui. Une seule remarque fera sentir ce qu'il y a d'humain dans l'imagination pénétrative. M. Ruskin, qui est si strict pour la vérité scientifique et qui lui est si souvent fidèle, aurait dû se souvenir que les « têtes pensives » que penchent si gracieusement les pâles primevères de Milton ne sont en réalité autre chose que des organes de reproduction.

influences morales, et par suite les aspects moraux des lieux, où pour la première fois on a attentivement écouté et compris ce verbe de la Nature.

Dans cette dernière catégorie si moderne du sentiment de la Nature, Burns n'a pour ainsi dire pas pénétré. Il n'a jamais songé à discerner l'expression morale d'un site. Quand il humanise la Nature, c'est presque toujours, plutôt par une comparaison trop humaine, une simple métaphore, une rencontre de mots, que à dessein et après une étude de la physionomie particulière des endroits. Encore ces essais sont-ils chez lui très rares et indécis. Il faut fouiller toute son œuvre pour découvrir quelques expressions comme celles-ci : « Le joyeux matin lève son œil rosé, et les larmes du soir sont des larmes de joie »[1], « quand le doux soir pleure au-dessus des prés »[2], « le matin rose lève son œil, comptant tous les bourgeons que la nature arrose de larmes de joie »[3]. Le plus souvent, ce ne sont que des comparaisons sans aucune intention. « Quand le jour, expirant dans l'ouest, tire le rideau du repos de la nature »[4] « Je cueillerai l'aubépine avec sa chevelure d'un gris argenté, là où, comme un homme âgé, elle se tient à la pointe du jour »[5]. Ce qu'il y a de plus avancé dans cette direction se trouve dans une strophe écrite pendant le voyage des Hautes-Terres.

> Sauvagement, ici, sans contrôle,
> La nature règne seule et gouverne tout,
> Dans cette humeur calme et pensive,
> La plus chère aux âmes qui ressentent ;
> Elle plante la forêt, répand les eaux.
> Pendant la petite journée de la vie, je rêverai,
> Et, à la nuit, je trouverai pour abri une caverne,
> Où les eaux coulent et les bois sauvages rugissent,
> Près du beau château de Gordon [6].

Il faut, pour trouver ces quelques indications si douteuses, passer au crible tout ce qu'il a écrit. C'est insignifiant. Cela ne dépasse pas les idées qu'on atteint parfois involontairement par la seule force des mots et des images.

C'est qu'il est toujours sur le terrain des sentiments et qu'il ne sort jamais de sa passion pour s'occuper de la Nature en dehors de lui-même. Il est en cela fidèle à la tradition humaine, mais il est hors de l'étude attentive et psychologique des choses, et il n'est pas dans les préoccupations de la poésie moderne.

---

[1] *Logan Braes.*
[2] *Afton water.*
[3] *Sleepest thou or wakest thou.*
[4] *Dainty Davie.*
[5] *Oh, Luve will venture in.*
[6] *Stream that Glide.*

Enfin, au-delà et au sommet des degrés que nous avons parcourus, se trouve une conception générale de la Nature considérée comme un tout, et de nos rapports avec elle, une métaphysique de la Nature, avec son influence sur notre destinée. On peut dire que cette conception a envahi la poésie moderne. Dans la littérature anglaise, comme dans les autres, elle remplace presque entièrement l'élément religieux. Celui-ci ne se trouve plus à l'état pur que dans des poètes secondaires, comme Montgomery, Pollock ou Keble ; ou, s'il se rencontre chez des poètes principaux comme Cowper, il n'y occupe qu'une place secondaire et ce n'est pas par lui qu'ils sont grands. Si Cowper ne possédait pas l'élément humain il ne serait pas beaucoup au-dessus de Young. Le sens religieux qui persiste dans Wordsworth s'est ranimé et rajeuni en se combinant avec une conception de l'univers ; et pour certains poètes comme Shelley, cette conception a été toute une religion. Pour tous, bien qu'à des degrés divers, la vie humaine n'apparaît qu'à travers un système du monde, et pour quelques-uns elle y disparaît. Ce qui reste de mysticisme, de vénération et d'attente confiante, dans la poésie moderne, n'existe que mélangé à une philosophie de la Nature. C'est là seulement que les poètes de notre temps puisent leurs plus hautes inspirations ; là seulement qu'ils ont trouvé les paroles d'enseignement supérieur et sacré qui semble indispensable à toute grande poésie. C'est là que les espérances de *In Memoriam* ou des *Contemplations* se suspendent. Pour quelques-uns, il y a la Nature sans religion ; pour personne, il n'y a plus de Religion sans l'aide de la Nature.

Ces divers systèmes ont trouvé leur expression dans la poésie moderne. La plus répandue peut-être et, dans notre poésie occidentale, la plus ancienne, est la conception théologique. Elle consiste à considérer le jeu en quelque sorte mathématique des lois naturelles, à admirer la succession des saisons et le cours régulier des astres. Les mondes lointains, dont les orbites d'or pareils à des ressorts célestes se meuvent avec une immortelle précision, y tiennent une place importante. L'Univers apparaît comme un mécanisme qui décèle un ouvrier d'une puissance et d'une sagesse infinies. L'idée du Créateur et principalement du Régulateur efface celle de la Création ; la pensée de la Divinité se substitue à celle de la Nature, et presque toujours la description poétique se termine par un hymne à l'Invisible. C'est la conception chrétienne, celle des esprits religieux, comme Fénelon ou Lamartine [1], le lieu commun d'une innombrable quantité de prédicateurs. Dans le domaine plus restreint de la poésie anglaise, c'est la conception de Thomson et celle de Cowper [2].

---

[1] *La fin de l'Homme* ; *La Prière* ; *Dieu*.
[2] Voir l'*Hymne* qui termine les *Saisons* de Thomson. Lire, dans Cowper, les 170 derniers vers de *The Winter Morning Walk*.

Mais ce n'est pas là un bien profond système de la Nature. En réalité, cette conception tend à supprimer la Nature, à n'en faire qu'un moyen de raisonnement, par lequel se démontre l'existence d'un Dieu personnel. L'esprit ne s'attache pas à elle, il ne la considère pas en elle-même, il ne l'étudie que pour la personne qu'elle lui révèle. L'Univers s'efface pour laisser voir derrière lui une Providence abstraite. Il en est de lui comme du triangle découvert sur une plage déserte, qu'on n'examine pas en soi, mais uniquement pour la main dont il est le signe. L'homme ne reste pas en contact avec la Nature ; il n'en perçoit que la régularité abstraite, pour arriver à l'idée d'un législateur. C'est une conception inorganique et presque inanimée du monde, une conception astronomique, et, pour employer l'expression de George Eliot, télescopique [1]. Les lois qui le régissent apparaissent plus que les faits qui le constituent. Aussi est-elle froide, et si elle prête parfois à l'éloquence, elle manque presque toujours d'accent. C'est la conception vers laquelle Coleridge, impuissant à se soutenir dans le système supérieur de Wordsworth, est retombé dans son *Hymne au Mont-Blanc.*

Dans un autre système poétique, la Nature absorbe la vie humaine. Celle-ci n'existe pas, ne subsiste pas en dehors d'elle, elle se confond avec elle, y disparaît. Mais il y a deux façons bien différentes d'accepter cette même conviction, et qui ont donné naissance à deux lignées bien différentes de poètes.

Pour les uns, la Nature est la dévoratrice insatiable, le gouffre ouvert toujours où tombent d'interminables multitudes, le néant effroyable ou souhaité dans lequel disparaissent les bonheurs ou les lassitudes de la vie. Ils la regardent avec terreur et avec haine, soit qu'ils se soient haussés à un mépris stoïque comme de Vigny, ou qu'ils soient torturés par une impuissante révolte comme Mme Ackermann. Cette vue toute négative de la Nature, cette façon de n'apercevoir en elle que la destruction indifférente et implacable a produit quelques-unes des plus puissantes inspirations de la poésie moderne. Nous empruntons, par exception, nos citations à notre littérature, parce que nous ne connaissons pas, dans la littérature anglaise, de passage où ce sentiment soit exprimé avec autant de force. Lorsque de Vigny dit :

> Ne me laisse jamais seul avec la Nature,
> Car, je la connais trop pour n'en avoir pas peur ;
>
> Elle me dit : « Je suis l'impassible théâtre
> Que ne peut remuer le pied de ses acteurs ;
> Mes marches d'émeraude et mes parvis d'albâtre,
> Mes colonnes de marbre ont les dieux pour sculpteurs.

---

[1] George Eliot. *Essay on Young.*

> Je n'entends ni vos cris, ni vos soupirs, à peine
> Je sens passer sur moi la comédie humaine
> Qui cherche en vain au ciel ses muets spectateurs.
>
> Je roule avec dédain, sans voir et sans entendre,
> A côté des fourmis, les populations ;
> Je ne distingue pas leur terrier de leur cendre,
> J'ignore en les portant les noms des nations.
>
> On me dit une mère, et je suis une tombe,
> Mon hiver prend vos morts comme son hécatombe,
> Mon printemps ne sent pas vos adorations. »
>
> C'est là ce que me dit sa voix triste et superbe,
> Et dans mon cœur alors, je la hais, et je vois
> Notre sang dans son onde et nos morts sous son herbe,
> Nourrissant de leurs sucs la racine des bois.[1]

Lorsque Mme Ackermann, que de Vigny, ce grand précurseur envers lequel on est ingrat, avait devancée, pousse avant de sombrer le cri déchirant et l'anathème qui fait frissonner l'oiseau et épouvante les vents, lorsqu'elle lance à la Nature son imprécation :

> Sois maudite, ô marâtre, en tes œuvres immenses,
> Oui, maudite à ta source et dans tes éléments,
> Pour tous tes abandons, tes oublis, tes démences
> » Aussi pour tes avortements !
>
> Qu'envahissant les cieux, l'Immobilité morne
> Sous un voile funèbre éteigne tout flambeau,
> Puisque d'un univers magnifique et sans borne
> Tu n'as su faire qu'un tombeau.[2]

Tous deux ils traduisent, avec une tristesse hautaine ou un emportement farouche, la sombre poésie qu'il y a dans cette conception. A la vérité, c'est peut-être moins regarder la Nature en soi que la vie humaine par rapport à elle. Car, en admettant que nos vies sont des bulles éclatant à la surface des forces, il se peut que des âmes plus résolues ou plus résignées soient heureuses de participer à ce renouvellement de l'être et de se sentir emportées par cette onde immense d'existences qui déferle à travers les temps.

C'est ce qui arrive à d'autres esprits. Pour eux aussi la vie humaine n'est pas plus que le moindre des bourgeons ; elle s'ouvre un instant et périt pour jamais. C'est encore le matérialisme avec l'engloutissement irréparable de l'homme. Mais ils envisagent les choses par la face de la reproduction plutôt que de la destruction ; ils consi-

---

[1] De Vigny. *La Maison du Berger.*
[2] Mme Ackermann. *L'Homme à la nature.*

dèrent le rajeunissement éternel plutôt que la décrépitude. Dans le cercle alternativement noir et blanc de naissance et de mort qui forme le travail de l'Univers, ils disent que la seconde n'est que la condition de la première, et pour eux les nuits ne sont pas les tombeaux des jours, mais des berceaux d'aurores. Ils ne sont pas sensibles à la terreur que leur existence sera un jour supprimée, mais à la joie qu'elle ait été produite. Ils sont heureux de prendre part un moment à la vie universelle, dont ils sentent en eux le tressaillement profond ; et, reconnaissants d'avoir existé, ils retombent sans regrets dans le courant des métamorphoses. Cette façon de voir dans la Nature une évocation infatigable de l'être, une profusion, un épanouissement, une floraison de forces suffit pour remplacer une révolte inutile par une satisfaction tranquille. La plupart des âmes humaines sont, il est vrai, trop encastrées dans leur personnalité pour faire autre chose que de comprendre cette idée. Elles sont impuissantes à la ressentir : trop captives pour se perdre en elle, et trop étroites pour la recevoir en soi. Elles se contentent de l'exprimer dans une forme intellectuelle qui déjà ne manque pas de grandeur. Elles en tirent une fermeté tout humaine, semblable à celle que put éprouver une âme comme Littré, quelque chose comme la gratitude du convive rassasié dont parle noblement le poète latin.

Mais, lorsque cette idée tombe dans une âme comme celle de Shelley, capable de toutes les métamorphoses, les plus ténues et les plus puissantes, fluide, mobile, légère, impressionnable, incirconscrite et universelle comme l'air, susceptible comme lui d'être une brise ou un orage, recevant toutes les teintes, s'embrasant avec les soleils et plus rêveuse que les pâles étoiles, une des plus étonnantes âmes humaines qui aient existé et la plus éperdue de nature qui fut jamais, alors on a un exemple unique de la poésie que peut contenir ce sentiment de la vie universelle. Shelley a eu, vis-à-vis des forces de la Nature, la même flexibilité que Shakspeare vis-à-vis des âmes humaines. C'est le poète des existences élémentaires. Son affinité avec elles est un phénomène psychologique. Pour la première fois, du moins en occident, on a vu une âme humaine, perdant ses contours, sa conscience, se plonger passionnément dans la Nature. Elle est descendue plus bas que les existences déjà individualisées des plantes ou des animaux ; la folie aérienne de l'alouette ou la tristesse pensive de la plante sensitive sont encore trop concrètes [1]. Elle a pénétré jusqu'aux existences plus vagues, plus diffuses, plus rudimentaires. Elle est redevenue primitive, antérieure à toute forme, elle s'est faite semblable aux éléments, aux flottants phénomènes de l'atmosphère. Elle a été le crépuscule, la nuit, l'éclair, la neige, que les rayons des étoiles bleuissent

---

[1] Shelley. *To a Skylark*. *The Sensitive Plant*.

sur les sommets silencieux des monts [1], l'automne pensif [2], elle a crié au vent d'ouest, au sauvage vent d'ouest, alors que sa large haleine passait sur la terre :

> « Sois, ô esprit farouche,
> Mon propre esprit, sois moi-même, ô impétueux ! [3] ».

Elle a été la nue, puisant aux ruisseaux et à la mer de fraîches averses pour les fleurs altérées, la fille de la terre et de l'eau, qui change et ne peut mourir, la nue aux mille métamorphoses [4]. Elle s'est perdue dans toutes les manifestations les plus indécises, les plus originaires, les plus profondes de la force inconnue.

Shelley a eu un instinct si puissant de la vie générale qu'il ne s'arrêtait pas aux attributs de forme ou de couleur des phénomènes. Il a pénétré jusqu'à leur vie intime, leur âme obscure, leurs aspirations inconscientes, le sens épars de leur fonction et la vague allégresse de leur course, car peut-être le mouvement est la joie des choses. Aussi jamais la matière n'a été plus immatérialisée. La force inchoative, la vie centrale, y perce partout, en sorte que, derrière la mince matérialité des attributs, on rencontre l'immatériel. La profondeur même de ce matérialisme conduit à quelque chose qui ressemble à du spiritualisme. La matière disparaît presque, se pénètre de vie et de mouvement, perd sa pesanteur qui, en réalité, n'est qu'une idée humaine, prend sa vraie légèreté, son bondissement, son allégresse cosmiques. Alors, tous les phénomènes allégés, spiritualisés, vus par leur face intérieure et impalpable, passent, se croisent, comme s'ils étaient purement lumineux et des jeux rapides de forces. A cet enivrement de mouvements infinis, s'ajoute l'idée qu'ils sont eux-mêmes dans un autre mouvement plus vaste, qui les soulève vers le progrès ; l'idée d'une transformation, d'un déroulement du Monde vers la perfection. On a non-seulement l'exultation d'appartenir à la grande vie, mais l'enthousiasme d'être emporté par l'immense roue de l'Univers courant au mieux. C'est pourquoi, lorsqu'il parle de la Nature, Shelley ne trouve d'autre moyen d'expression que le lyrisme violent et tendu. Des hymnes seuls peuvent rendre cette ivresse de panthéisme. Il a ainsi donné la poésie de la Nature la plus vraie, la plus centrale, la plus organique, la plus riche, qui ait jamais paru. Il chante au cœur même de la Nature. La chétive vie humaine disparaît entièrement, ne devient plus qu'une des voix qui célèbrent la vie immense.

Enfin, il y a un troisième système qui, bien que dérivé des philoso-

---

[1] Shelley. *To a Skylark. The Sensitive Plant.*
[2] Id. *Autumn a Dirge.*
[3] Id. *Ode to the West Wind.*
[4] Id. *The Cloud.*

phies, est, en poésie, la création et le glorieux domaine de Wordsworth. Dans cette conception nouvelle l'homme et la Nature existent également; il ne la supprime pas au profit de la Divinité; elle ne l'absorbe pas. Tous deux vivent : la Nature dans sa richesse ; lui, dans son indépendance vis-à-vis d'elle. Mais il est toujours en contact avec elle ; il y a entre eux une sorte d'harmonie préétablie ; il est créé pour la percevoir ; elle, pour être perçue par lui.

> Avec quelle délicatesse l'Esprit individuel
> (Et peut-être tout autant les facultés progressives
> De l'espèce entière) au Monde extérieur
> S'adapte ; avec quelle délicatesse aussi,
> (Et ceci est un thème que les Hommes ont pu entendre)
> Le monde extérieur s'adapte à l'esprit [1].

Il y a donc une sorte d'ajustement, de fiançailles, d'union, entre l'esprit humain et la Nature. Il la perçoit dans sa vie innombrable et splendide ; mais cette vie n'est pas tout : la raison d'être de l'Univers n'est pas comprise en lui-même, ni sa signification ; il n'est que la révélation de quelque chose de plus grand. Cette manifestation est tout ce qu'il nous est donné de saisir. Nous ne pouvons connaître que la Nature ; mais elle nous parle de quelque chose d'au-delà d'elle. Dans son langage mystérieux et immense, elle nous révèle l'existence d'une force supérieure, de modes d'être inconnus, d'une puissance lointaine et invisible. Dès lors, la Nature n'est pas seulement un fait, elle est un signe ; il ne suffit pas de la regarder, il faut l'interpréter ; un élément idéal se mêle par là à son étude.

Il est aisé de voir que cette doctrine diffère des autres. Avec le système de Cowper, il n'y a ni étude de la Nature pour elle-même, ni interprétation donnée à ses millions de formes. On ne s'arrête pas à elle. Il n'y a pas de relation continue ; dès qu'on a trouvé, par l'idée de loi, l'idée d'un Régulateur, on a tout découvert ; il n'y a plus qu'à chanter ses louanges. Ici, au contraire, la Nature reste au premier plan. Elle est l'objet d'une lecture constante, comme un texte qu'on ne se lasse pas de relire et de commenter, pour en pénétrer le sens. Le système qu'on a appelé « Wordsworthien » conserve l'homme, conserve la Nature, et ne ferme pas toute ouverture sur l'inconnu. On comprend qu'il offre au point de vue poétique plus de ressources, qu'il est en quelque sorte plus large et plus hospitalier. Il est réaliste, car il s'attache à la Nature, il tire d'elle tout ce qu'il sait, vit de sa vie, s'élargit en la connaissant plus, a besoin d'être constamment nourri par son observation. Il est idéaliste, car, prenant la Nature comme une révélation et un signe,

---

[1] Wordsworth. *Introduction à l'Excursion.*

il met derrière ses faits des pensées ; il la spiritualise constamment, et, en laissant subsister sa réalité sur quoi tout s'appuie, il en tire des enseignements et de l'espérance. En même temps, il reste en quelque sorte dans le rayon scientifique des faits, car il ne tire de la Nature que ce que celle-ci peut donner : quelque chose de confus, de vague, de lointain, de mystérieux, l'idée de cet Inconnaissable redoutable qui est de l'autre côté des murs flamboyants du monde. Rien de défini, de précis, d'humain comme le Dieu de Cowper, qui est plutôt fourni par la révélation ; mais la présence devinée d'une impérissable puissance dont la Nature n'est que le voile de notre côté. C'est, après tout, l'idée de plus d'un philosophe scientifique ; Wordsworth l'a exprimée dans une image qui en rend à la fois le grandiose et l'obscur.

> J'ai vu
> Un enfant curieux, qui vivait dans une plaine
> A l'intérieur des terres, appliquer à son oreille
> Les spirales d'un coquillage aux lèvres lisses ;
> Silencieux, suspendu, avec son âme même,
> Il écoutait intensement ; et bientôt son visage
> S'éclaira de joie, car il entendait sortir du dedans
> Des murmures, par quoi le coquillage exprimait
> Une union mystérieuse avec sa mer natale.
> Pareil à ce coquillage est l'univers lui-même
> A l'oreille de la Foi ; et il y a des moments,
> Je n'en doute pas, où il vous communique
> D'authentiques nouvelles de choses invisibles,
> De flux et de reflux, d'une puissance éternelle
> Et d'une paix centrale, subsistant au cœur
> D'une agitation sans fin. Alors vous restez debout,
> Vous révérez, vous adorez, sans le savoir,
> Pieux au-delà de l'intention de votre Pensée,
> Religieux au-dessus du dessein de votre Volonté [1].

Pour mesurer l'importance de la Nature aux yeux de Wordsworth, il faut ajouter qu'il en a tiré toute une psychologie et toute une éducation morale. Pour lui, la Nature est faite de sérénité, de mystère, de grandeur, de majesté ; et l'âme humaine est, selon son expression, bâtie par les impressions de la Nature [2]. Elles entrent en elle, s'y déposent comme une lente alluvion de beauté, de calme et de douceur. La splendeur des couchers de soleil, la pensivité des soirs, la fraîcheur des matins, les diverses qualités des paysages y pénètrent, s'y perdent, et, par superpositions successives, l'édifient sans qu'elle s'en doute. Ce qu'il y a de meilleur dans l'homme, ce qui le soutient et l'anoblit, n'est que l'accumulation de ces rêveries devant la Nature, et la somme de ces moments

---

[1] *The Excursion*, Book IV.
[2] Wordsworth. *The Prelude*, Book I.

rares et bénis. Ces instants grandioses, il faut aller au-devant d'eux, mais non pas délibérément, avec le parti pris de les rencontrer à telle heure ou à tel endroit. Ils se manifestent quand il leur plaît. Il faut aller s'offrir à eux, s'exposer sur une éminence, sur la rive d'un lac, quand les premières étoiles commencent à se mouvoir le long des collines [1]. Il faut mener son âme devant la Nature, et là, l'ouvrir toute grande, se mettre en état de sage passivité. Alors, sans que nous le sachions, des influences secrètes agissent sur nous ; mille voix, mille spectacles, le silence même, entrent en nous et secrètement y déposent des germes de sagesse et de patience.

> L'œil ne peut s'empêcher de voir,
> Nous ne pouvons commander à l'oreille de cesser d'agir,
> Nos corps sentent partout où ils se trouvent,
> Contre ou avec notre volonté.
>
> Je pense de même qu'il y a des pouvoirs
> Qui d'eux-mêmes font impression sur nos esprits,
> Et que nous pouvons nourrir notre esprit
> Dans une sage passivité.
>
> Pensez-vous, dans cette puissante somme
> Des choses qui parlent sans cesse,
> Que rien ne viendra de soi-même,
> Et qu'il nous faut toujours courir après ?
>
> Ne demandez donc plus pourquoi ici,
> Conversant comme je le peux,
> Je reste assis sur cette vieille pierre grise,
> Et perds mon temps à rêver [2].

Cette manière inconsciente d'apprendre est supérieure à la science et à son travail analytique. Celle-ci n'est qu'une façon de voir les objets « dans une disconnection morte et inerte » ; divisant toujours de plus en plus, elle brise toute vie et toute grandeur, jamais satisfaite tant que la dernière petitesse peut encore devenir plus petite [3]. Elle est impuissante à rendre la complexité et la beauté des choses, qui sont la réalité et la seule vérité. Les laisser entrer en soi, telles qu'elles sont dans leur ensemble et dans leurs rapports, c'est étudier mieux que dans tous les livres.

> Et écoutez ! comme joyeusement la grive chante !
> Elle aussi est un bon prédicateur,
> Venez, venez à la lumière des choses,
> Que la Nature soit votre préceptrice.

---

[1] Wordsworth. *Poems of the Imagination. There was a Boy.*
[2] Wordsworth. *Poems of Sentiment and Reflection. Expostulation and Reply.*
[3] Wordsworth. *The Excursion*, Book IV.

> Elle a tout un monde de trésors préparés
> Pour enrichir les cœurs et les esprits :
> Une sagesse spontanée, exhalée par la santé,
> La vérité exhalée par la gaîté.
>
> Une impression venant d'un bois printanier
> Peut vous enseigner plus sur l'homme,
> Plus sur le bien et le mal moraux,
> Que tous les sages ensemble.
>
> Douce est la science que donne la Nature ;
> Notre intelligence affairée
> Déforme la beauté des choses,
> Et tue afin de disséquer.
>
> Assez de Science et d'Art,
> Fermez ces froids feuillets,
> Venez, sortons, et apportez avec vous
> Un cœur qui veille et qui sache recevoir [1].

On pourrait croire qu'il est à peine possible de saisir cette insensible pénétration de l'homme par la Nature, ces moments où elle s'épand en nous en noyant notre conscience, ces minutes trop profondes pour des mots. Wordsworth les a pourtant aperçus, avec une délicatesse et une subtilité qui font de lui un psychologue presque aussi pénétrant qu'il est grand peintre de la Nature. Avec quelle finesse il note ce petit choc imperceptible et cette surprise, par lesquels une âme perdue se réveille tout à coup et s'aperçoit qu'elle déborde de nature.

> Alors quelquefois, dans ce silence, lorsqu'il était suspendu
> A écouter, un faible choc de douce surprise
> A transporté loin dans son cœur la voix
> Des torrents montagneux ; ou bien la scène visible
> Entrait, sans qu'il le sût, dans son esprit,
> Avec son décor solennel, ses rochers,
> Ses bois, et ce ciel mouvant, reflété
> Dans le sein de l'immobile lac [2].

Ces heures de divine réceptivité, ces moments mémorables et consacrés, Wordsworth les a décrits avec de merveilleuses ressources de langage. Il a su exprimer des états d'âme presque inexprimables et qui n'avaient jamais été révélés. C'est une contemplation qui, peu à peu, se spiritualise ; la scène extérieure, tout en persistant avec sa netteté et ses détails, s'affine, devient immatérielle, se change en rêve ; elle passe du dehors dans l'âme qui la contemple, avec une ineffable douceur, entrant en elle, se transformant en elle. Sensations intraduisibles et désespérantes

---

[1] Wordsworth. *The Tables turned.*
[2] Id. *Poems of the Imagination. There was a Boy.*

pour les lourds termes humains, et que Wordsworth a su rendre dans une transparente immatérialité et avec précision.

> Oh alors, l'eau calme
> Et sans un soupir s'étendit sur mon âme
> Avec une pesanteur de plaisir, et le ciel
> Qui n'avait jamais été si beau descendit
> Dans mon cœur et me tint comme un rêve [1].

Et ailleurs parlant « d'un de ces jours célestes qui ne peuvent pas mourir [2] ».

> Souvent, dans ces moments, un calme si profond et si saint
> Se répandait sur mon âme, que les yeux du corps
> Étaient entièrement oubliés, et que ce que je voyais
> M'apparaissait comme quelque chose en moi-même, un songe,
> Une perspective dans l'esprit [3].

En accumulant ainsi de nobles impressions et de beaux spectacles, l'âme s'enrichit, se fait des provisions de calme, de santé et de haute jouissance. Elle en est profondément pénétrée comme d'une fraîcheur. Dans chacun de ces moments, il y a de la vie et de la nourriture pour les années futures. Et cette influence, qui sait jusqu'où elle peut s'étendre ? Jusqu'aux moindres actes de la vie quotidienne. Elle affecte la continuité même de l'âme.

> Ces beaux spectacles,
> Pendant une longue absence, n'ont pas été pour moi
> Comme un paysage pour l'œil d'un homme aveugle ;
> Mais souvent, dans les chambres solitaires, parmi le fracas
> Des villes et des cités, je leur ai dû,
> Dans les heures de lassitude, des sensations douces,
> Ressenties dans le sang, ressenties jusqu'au fond du cœur,
> Qui passaient jusque dans la partie la plus pure de mon esprit,
> Me réconfortant tranquillement. Je leur ai dû ainsi des sentiments
> De plaisir non remémoré, de ceux qui, peut-être,
> N'ont une influence ni légère, ni triviale,
> Sur cette meilleure portion de la vie d'un honnête homme,
> Ses petits actes, ignorés, oubliés,
> De bonté et d'amour [4].

Peu à peu, ces extases mûrissent en un plaisir plus calme ; l'esprit devient une demeure pour toutes les formes aimables ; la mémoire est l'habitation de sons et d'harmonies pleines de douceur. L'âme, remplie de ces belles choses, devient belle à son tour. Elle en est pour ainsi dire

---

[1] Wordsworth. *The Prelude*, Book II.
[2] Id. *Poems of the Imagination. Nutting.*
[3] Id. *The Prelude.*
[4] Id. *Lines composed a few miles above Tintern Abbey.*

construite et chaque nouvelle impression la rend plus complète et plus noble. Elle prend les habitudes mêmes de la Nature. Elle devient sereine, calme, pleine de bonté, de pardon, d'indifférence aux petites choses, pleine de sérieux, de gravité, et d'un sentiment de respect religieux.

La Nature fait encore davantage. Elle enseigne également à l'homme ses devoirs envers ses semblables, ou plutôt elle le façonne également envers eux. C'est une des originalités de Wordsworth que d'avoir suspendu à l'étude de l'Univers sa sympathie pour l'homme. L'esprit, fait à ces contemplations sublimes, est rendu incapable de sentiments inférieurs et plus étroits. Il s'y sent mal à l'aise, dans une atmosphère moins haute. Il est, au milieu de l'envie et de la haine, ainsi qu'un exilé. Le poète a marqué le lien qui rattache la bonté pour les autres à l'amour de la Nature dans le magnifique passage qui clôt le quatrième livre de l'*Excursion*, et peut-être que quelque chose de son éloquence peut se faire sentir même à travers notre prose. Pour lui, l'homme qui est en communion avec les formes de la Nature, qui ne connaît et n'aime que des objets qui n'excitent ni les passions morbides, ni l'inquiétude, ni la vengeance, ni la haine, cet homme doit forcément ressentir si profondément la joie de ce pur principe d'amour que rien de moins pur et de moins exquis ne saurait désormais le satisfaire. Malgré lui, il cherchera dans ses semblables les objets d'un amour et d'une joie pareils. Le résultat est que, par degrés, il s'aperçoit que ses sentiments d'aversion s'amoindrissent et s'adoucissent ; une tendresse sacrée envahit et habite son être. Il regarde autour de lui, cherchant le bien, et il trouve le bien qu'il cherche, jusqu'à ce que la haine et le mépris deviennent des choses qu'il ne connaît que de nom ; s'il entend sur d'autres bouches le langage qu'ils parlent, il est plein de compassion. Il n'a pas une pensée, pas un sentiment qui puisse subjuguer son amour. La Nature ne l'éloigne jamais de l'homme. Au milieu d'elle, il ne cesse pas d'entendre « la tranquille et triste musique de l'humanité [1] ». Quand il assiste au riant travail un jour de printemps, il ne peut se défendre d'avoir des pensers mélancoliques. Au milieu de la joie de tous les êtres, il ne cesse jamais de songer que l'homme seul, par ses souffrances, désobéit au dessein de bonheur universel.

> Sur des touffes de primevères, dans ce petit bois,
> La petite pervenche traînait ses guirlandes,
> Et c'est ma croyance que chaque fleur
> Jouit de l'air qu'elle respire.
>
> Les oiseaux autour de moi sautillaient et jouaient,
> Je ne puis mesurer leurs pensers,
> Mais le moindre mouvement qu'ils faisaient
> Semblait un frisson de plaisir.

---

[1] Wordsworth. *Lines written a few miles above Tintern Abbey.*

> Les rameaux bourgeonnants ouvraient leurs éventails
> Pour saisir la brise légère ;
> Et je ne pouvais m'empêcher de penser
> Qu'il y avait du bonheur autour de moi.
>
> Si cette croyance est envoyée du ciel,
> Si tel est le plan de la Nature,
> N'ai-je pas raison de me lamenter
> De ce que l'homme a fait de l'homme [1].

C'est ainsi que la Nature est l'éducatrice de l'homme. Elle le forme et le compose, à la lettre. Elle lui donne non-seulement la Piété naturelle, l'Humilité, le Calme, l'Indifférence pour les biens passagers, la Sérénité et la Joie ; elle lui verse encore, comme une mère intarissable, ce qu'on a appelé le lait de la bonté humaine. C'est ainsi que le noble poète a pu dire qu'un instant avec elle peut donner plus que des années de raison travaillante [2] ; c'est ainsi qu'il a pu dire que son école favorite avait été les champs, les routes, les sentiers agrestes [3], et qu'il a pu lui rendre un hommage de reconnaissance presque filiale,

> Heureux de reconnaître
> Dans la Nature et le langage des sens
> L'ancre de mes plus pures pensées, la nourrice,
> La conductrice, la gardienne de mon cœur, l'âme
> De tout mon être moral [4].

Avec ces éléments, Wordsworth a créé la poésie de la Nature la plus complète, la mieux enchaînée et la plus profonde que l'esprit humain ait encore produite. Comme l'univers est un livre qu'il faut étudier et lentement comprendre, sa poésie devait être méditative, de même que celle de Shelley a été lyrique. Le mouvement, l'élan, la passion sûrement y sont moindres. C'est qu'en effet, elle est, par un côté, inférieure à celle de Shelley. L'idée du progrès que fera l'esprit humain dans l'intelligence du monde y est bien ; le progrès du monde lui-même n'y saurait trouver place. La Nature n'est pas une improvisation continuelle, un discours qui se déroule, profitant à chaque instant de sa clarté et de son éloquence acquises ; c'est un livre écrit pour jamais. Le sens en est arrêté. Il n'y aura d'avancement que dans l'explication de son texte mystérieux.

De quelque côté pourtant qu'entraînent les préférences, eux deux sont de beaucoup les deux plus grands poètes de la Nature, on pourrait presque dire les deux seuls. Chez tous les autres, chez Cowper, chez Byron, chez Keats, chez Coleridge, chez Tennyson, il y a des fragments exquis ou puissants ; mais combien l'ensemble est inférieur en richesse et en

---

[1] Wordsworth. *Poems of Sentiment and Reflection. Lines written in Early Spring.*
[2] Id. *Poems of Sentiment and Reflection. To my Sister.*
[3] Id. *The Excursion*, Book II.
[4] Id. *Lines composed a few miles above Tintern Abbey.*

fidélité, moins substantiel, souvent même composé d'éléments contradictoires. Les deux noms de Shelley et de Wordsworth se dressent au-dessus de tous. Le sentiment moderne de la Nature réside en eux, comme le soleil sur deux pics, les seuls assez hauts pour voir l'aurore et le crépuscule, et connaître le cercle entier du jour.

Pour compléter cette esquisse du sentiment moderne de la Nature, il faudrait étudier le retentissement que ces systèmes ont sur les autres sentiments. Ceux-ci en sont affectés diversement, et toute la vie prend une teinte différente selon le ciel qu'on met au-dessus d'elle. Pour ceux qui, comme Cowper, voient surtout dans l'Univers la main et l'intervention d'un Être supérieur, c'est la pensée religieuse mêlée à tout, les moindres actes surveillés par des scrupules, parfois dans l'expression des sentiments les plus sincères, une sorte de contrainte comme de quelqu'un qui se sait observé. Pour ceux qui y voient le néant, c'est toute la vie pétrie d'un levain de désespoir ; l'angoisse que donne à toutes les joies le savoir qu'elles sont condamnées ; la détresse affreuse de songer que ces étreintes qui se jurent d'être éternelles, vont crouler en poussière ; l'amertume de sentir, dans l'amour même, l'arrière-goût de la mort. Ceux qui se réjouissent de participer à la grande vitalité communiquent à leurs passions quelque chose de leur enthousiasme panthéiste. Ils leur prêtent un caractère général, ils les font dépendre d'un instinct immense ; leur amour n'est plus qu'une parcelle de l'universel désir, la partie personnelle se perd dans quelque chose de plus vaste. L'amour ainsi compris est peut-être ramené aux vraies proportions des choses ; il est dépouillé de son caractère impérieux, absolu ; il cesse d'être tout, la passion infranchissable dans laquelle un cœur est enfermé et se débat. Chez ceux enfin que la Nature pénètre de respect et de méditation, les passions humaines s'affaiblissent et s'épurent. Sa sérénité n'accepte pas leurs orages ; les âmes qu'elle forme à son image n'acceptent les émotions que tranquilles et raisonnables. Leurs chagrins aussi sont moindres, presque aussitôt sanctifiés par la même influence. Ainsi, de toutes parts, par des voies tumultueuses ou paisibles, ces systèmes aboutissent à la petitesse de la vie humaine. Dès qu'elle se met à considérer la Nature, l'âme humaine a beau faire, elle perd de son importance, elle se néglige et s'oublie. Dans cette contemplation prodigieuse, elle sent son infime existence disparaître, goutte d'eau noyée dans l'immense balancement des mers. Pénétrée d'universel, emportée hors des réalités et loin des mesures humaines, troublée, éperdue, ivre d'enthousiasme, d'épouvante ou d'espérance, elle perd conscience d'elle-même dans son effort pour rejoindre la conscience diffuse et obscure du monde. Le battement de nos petites forces disparaît dans les larges et uniformes pulsations de l'existence infinie. « Des centaines et des centaines de pics sauvages, dans la dernière lumière du jour ; tous brillants d'or et d'améthyste comme les esprits géants du désert ; là, dans leur silence et dans leur solitude, comme la nuit où le déluge de Noé se desséchait pour la première fois. Admirable, bien plus, solennel était ce spectacle au voyageur. Il contemplait ces masses prodigieuses avec émerveillement, presque avec un élan de désir. Jusqu'à cette heure, il n'avait jamais connu la Nature, et qu'elle était une, et qu'elle était sa mère, et qu'elle était divine. Et comme la lumière pourpre s'évanouissait en clarté dans le ciel et que le soleil était maintenant parti, un murmure d'éternité et d'immensité, de mort et de vie passa à travers son âme ; et il ressentit comme si la mort et la vie étaient une, comme si la Terre n'était pas inanimée, comme si l'Esprit de la Terre avait son trône dans cette splendeur, et que son propre esprit avait communion avec lui » [1]. Où sommes-nous donc ? Dans quelles sphères nouvelles de pensée ? Dans quel éther et quelles froides sublimités où les passions expirent ?

On voit par quels larges degrés nous nous sommes éloignés de plus en plus des régions moyennes qu'occupe le travail des hommes. Nous n'apercevons plus que de bien loin, comme du haut des sommets alpestres, cette plaine animée au bruit des semailles ou des moissons dans laquelle naguère nous vivions avec Burns. Il est demeuré là-bas, à nos pieds, ignorant ces vertiges et ces ivresses, occupé à la besogne humaine, travaillant, labourant, aimant, souffrant, et trouvant que son travail, son amour et sa souffrance sont toute sa vie. Des distances immenses, des abîmes et des monts, sont entre lui et ceux qui méditent sur les cimes. Si l'on voulait mesurer, d'une façon frappante, quelle étendue le sépare du sentiment de la Nature moderne, on n'aurait qu'à imaginer deux promenades, l'une faite par Wordsworth, et l'autre par lui. Il n'y aurait pas de contraste plus frappant. On verrait le premier sortant de son jardin de Ridal-Mount, sérieux, avec une sorte de recueillement et l'attente de rencontrer dans sa promenade des leçons morales. Il va puiser à la grande sérénité, pour entretenir celle de son âme. Il marche dans la Nature, comme dans une cathédrale, où se déroulent des cérémonies religieuses dont il ne peut pénétrer le sens, mais dont le caractère solennel le remue. Le soir, il revient dans un état d'âme grave et respectueux, comme après une communion sacrée. S'il avait pu emporter quelques troubles, ils seraient apaisés ; même les douleurs les plus saintes, celle que cause la mort d'un frère, se calment, s'élèvent, et prennent leur place dans la haute harmonie de l'âme. Combien la promenade de Burns est différente ! Il sort de Mossgiel, le cœur agité de passions, ne cherchant qu'à songer plus librement à son angoisse. Il emporte avec lui des sentiments auxquels il appartient tout

---

[1] Carlyle. *Sartor Resartus.*

entier ; il souhaite seulement un endroit où rien ne les vienne distraire. Chemin faisant, il jette un rapide regard sur les champs de blés verts, mais c'est son œil seul qui perçoit la scène ; son esprit ne s'en mêle pas. La préoccupation intérieure continue, se plaçant machinalement dans ce cadre. Il rentre rapportant les mêmes peines, plus violentes et plus orageuses, de cette promenade où rien ne les a gênées. La Nature n'a eu pour lui aucune vertu, aucun baume calmant. Elle reste indifférente à ses douleurs; lui, l'a à peine aperçue.

Et si l'on reprenait un à un tous les traits du sentiment de la Nature tel que nous avons essayé de le dégager de la poésie moderne, on verrait qu'il ne s'en trouve pas un seul dans Burns. La peinture minutieuse, la recherche d'effets neufs et rares ne se rencontre pas chez lui; il se contente des effets ordinaires et il les peint sommairement d'un seul trait. Le mélange d'âme humaine et de Nature, ce commerce nouveau, cette humanisation des sites et des objets, n'apparaît guère chez lui, qu'en quelques passages et si rapidement qu'on ne sait si ce n'est pas un hasard de métaphore. Quant aux méditations sur la vie universelle et à leur influence sur les sentiments, il les a absolument et toute sa vie ignorées. En réalité, il ne s'est jamais occupé de la Nature pour elle-même, ce qui est le trait caractéristique de la poésie moderne. Il n'a été en contact avec elle que par le travail champêtre ou pendant quelques promenades de paysan désœuvré. Sa personnalité était trop vigoureuse, trop active et trop exigeante pour faire les moindres concessions à un sentiment vague et épars. Il est resté vis-à-vis de la Nature sur le véritable terrain humain, ne la prenant que comme un cadre étroit à ses passions et à son travail. Par là, il est presque unique dans la littérature contemporaine. On peut dire que, seul parmi les modernes, il a aimé la Nature à la façon antique.

Pour trouver son analogue il faut remonter, par delà les Latins, jusqu'aux Grecs. Un critique pénétrant a bien montré que chez les premiers le sentiment de la nature était, en partie, le désir d'échapper à l'existence des cités. « Les écrivains romains, pour se soustraire aux fatigues, aux dégoûts, aux périls de la vie publique, cherchant partout la paix au milieu des agitations civiles, se tournent vers la Nature... Le poète, le philosophe, l'homme de méditation inquiet de l'avenir et se tournant plus volontiers du côté du passé, frappé des maux de la société, blessé de ses injustices, affligé de ses vices, désireux d'échapper en quelque sorte à la civilisation et de remplir le vide de son âme d'affections nouvelles, s'achemine vers la solitude et se donne à la Nature [1]. » Peut-être faudrait-il faire un coin d'exception pour Virgile, encore que sa vie des

---

[1] E. Gebhart. *Histoire du Sentiment Poétique de la Nature dans l'Antiquité Grecque et Romaine*, p. 292-93.

paysans, vraie par bien des côtés, soit trop représentée comme un reste de l'âge d'or. Il y avait déjà dans ce besoin de solitude quelque chose de notre sentiment moderne, la soif de ceux qui vivent enfermés dans les immenses cités. Les Grecs seuls ont aimé la Nature avec la simplicité, la naïveté que nous trouvons dans Burns. Ils vivaient en elle, car même les habitants des petites capitales provinciales n'étaient pas soustraits à son spectacle. Eux seuls l'ont dépeinte comme toujours subordonnée à l'homme et recouverte par ses travaux. Et si parmi les écrivains grecs nous devions choisir celui qu'il conviendrait le plus de rapprocher de Burns, ce ne serait pas Hésiode que nous prendrions ; il est trop didactique ; son commerce avec la Nature est, il est vrai, utilitaire et pratique, mais trop en préceptes, trop dégagé de la vie et de ses passions. Ce ne serait pas non plus Théocrite, malgré sa précision d'observation et son sens de la vie réelle. C'est un artiste achevé, mais qui représente plus qu'il ne ressent, qui décrit les paysans et n'est pas l'un d'entre eux. D'ailleurs le vers presque épique de son récit communique à ses représentations les plus familières de la lenteur et de la gravité ; le poème par lequel Burns se rapprocherait le plus de lui serait *Le Samedi soir du Villageois*, justement à cause de cette forme solennelle. Ce qui fournirait peut-être le mieux le sentiment de nature tel qu'il est exprimé par Burns est celui qui est rendu par les paysans des merveilleux chœurs d'Aristophane [1]. Là on trouve le campagnard parlant pour lui-même, aimant la terre sans philosophie, pour les bienfaits qu'elle lui accorde, et pour le travail qu'il lui donne. Il y a la même manière naïve, bornée, la même connaissance des détails, le même patriotisme local, le même réalisme parfois brutal. Il n'est pas jusqu'à l'allure lyrique et rapide, jusqu'à la sobriété et la brièveté de la forme, qui ne soient encore des points de ressemblance. Il y a dans Burns un peu plus de tristesse, qui tient à ce qu'il cultivait un sol plus ingrat, sous un ciel moins lumineux. Et aussi il faut noter que ses descriptions de nature n'ont pas la disposition au bas-relief, à l'ornementation claire et sur un seul plan, qu'ont souvent celles des anciens, qui prennent aisément un tour de décoration artistique. Mais on voit assez qu'il a ressuscité un état poétique disparu et qui est bien lointain de nos âges.

---

[1] Voir *la Paix*.

CHAPITRE V.

CONCLUSION.

Lorsqu'on étudie un objet longuement, en le décomposant, on s'expose à quelque danger de perdre de vue ses proportions. Non seulement on l'a soumis au grossissement de la loupe, mais surtout on l'a isolé et, durant cet isolement, tous rapports disparaissent. Tandis qu'une fleur est sous le microscope, elle n'est plus ni grande ni petite, elle existe seule. Mais, toutes ses parties démontées et explorées, sans quoi il n'y a pas d'examen complet, il convient de les réunir, de la reconstituer, de reprendre la notion de sa physionomie et de ses dimensions. Ainsi, après avoir minutieusement pénétré dans les diverses parties du génie de Burns, voudrions-nous essayer d'en rétablir l'ensemble et d'en saisir l'importance.

Ceci est un travail plus incertain et plus flottant que le premier, parce que, dans les questions de relations, les chances d'erreur se multiplient par le double de tous les points de contact, et que ces questions ont en outre toujours quelque chose de factice. Constater les qualités d'un homme est déjà malaisé ; les comparer avec les qualités d'autres hommes, alors que celles-ci sont dissemblables ou parfois opposées, et les mesurer ensemble est une tentative presque vaine. Toutefois il faut convenir que la critique littéraire vit en partie de ces comparaisons. Il est utile alors de les maintenir autant que possible en d'étroites limites, de les faire porter seulement sur des choses assez proches. Développer les différences entre des objets qui n'ont pas de rapport entre eux, c'est juxtaposer deux définitions prises au hasard ; c'est confronter l'hysope et le cèdre, l'alouette et l'aigle ; cet amusement n'est pas toujours absent des histoires littéraires. C'est pourquoi on ne trouvera pas ici de ces laborieux parallèles avec Béranger, ou Jasmin, ou Pierre Dupont, ou Byron, ou Moore, ou d'autres [1]. Les rapprochements dont nous nous servirons ne portent guère que sur des ressemblances, des rencontres particulières. De plus

---

[1] Si l'on veut voir, pour se guérir d'en commettre de pareils, un exemple de ces parallèles, on n'a qu'à lire le passage suivant. Il est extrait d'un article intitulé *Burns*

ils n'ont nullement l'intention d'être des comparaisons et d'établir des jugements. Ils ont simplement pour objet, en évoquant une impression

et Béranger, publié dans la *Nineteenth Century*, N° 37, March 1880. Nous tairons le nom de l'auteur, dont les travaux sont utiles et dignes d'estime.

« Burns et Béranger furent tous deux grands et populaires, et tous deux exercèrent une grande influence sur les esprits de leurs compatriotes. Burns trouva la littérature lyrique de l'Ecosse corrompue et licencieuse, et la laissa pure. Béranger trouva la littérature lyrique de la France tout ensemble impure et frivole, et la laissa encore plus impure et plus frivole. Tous deux ont chanté l'amour ; mais l'amour qui trouva faveur auprès de Burns était naturel, sincère et sortait franchement du cœur. Celui qui fut célébré par Béranger était impudique et théâtral et dépendait entièrement d'un prurit de l'imagination. Il était impossible à l'Ecosse de produire un Béranger ; il était également impossible à la France de produire un Burns. Tous deux étaient patriotes et empruntèrent leur inspiration au souvenir des gloires passées de leurs pays. Burns entretint dans l'esprit de ses compatriotes un amour intense de l'Ecosse, sans haine d'un autre pays ; tandis que Béranger, bien qu'il ait inculqué l'amour de la France, a inculqué encore plus fortement l'amour de la gloire militaire qui ne peut s'acquérir que par un état de guerre avec les autres nations. Plus de trois quarts de siècle se sont écoulés depuis la mort de Burns et sa renommée, petite à cette époque et à peine parvenue en Angleterre, a augmenté graduellement jusqu'à faire le tour du globe. Chaque année, le 25 janvier, l'anniversaire de sa naissance est célébré comme s'il était le saint et le patron de l'Ecosse. Un quart de siècle s'est à peine écoulé depuis les funérailles publiques de Béranger, sa renommée qui alors ombrageait la terre a été en diminuant graduellement. De nos jours elle est presque entièrement confinée en France et à une petite portion de ses concitoyens ».

Est-il nécessaire de faire remarquer au moyen de quelles violations de la vérité, de quelle ignorance des faits, de quel oubli des circonstances, de quelles affirmations stupéfiantes, on élabore de pareils rapprochements. Que l'auteur de cet article connaisse mal Béranger ; qu'il oublie que lorsqu'un peuple est envahi et meurtri par l'étranger il n'y a pas de patriotisme sans haine de l'étranger et que le *Vieux Drapeau*, le *Cinq Mai*, le *Violon Brisé*, le *Vieux Sergent*, les *Souvenirs du Peuple* sont des poèmes de sentiment national aussi légitimes et plus poignants que l'*Ode de Bruce* ou *les Volontaires de Dumfries* ; qu'il ignore qu'à côté de cela Béranger a chanté le patriotisme pur dans le *Retour dans la Patrie* et les *Hirondelles*, la liberté des autres nations dans le *Pigeon Messager*, et la paix du monde dans la *Sainte Alliance des Peuples* ; qu'il ignore la belle pitié qui a inspiré le *Vieux Vagabond* ; qu'il n'ait pas compris la sincérité de sentiment qui vit dans *Le Grenier*, et dans cette charmante pièce de la *Bonne Vieille* ; qu'il ne sache pas que les pièces anticléricales de Béranger ne sont pas si loin des satires de Burns ; qu'il n'ait pas aperçu qu'une des causes de la popularité de Béranger a été précisément d'avoir mis de hauts et nobles sentiments à la portée du peuple, et d'avoir donné un des rares exemples de poésie populaire ; qu'il ne se doute pas de mille autres nuances ; cela n'a rien d'étonnant. Il a seulement eu le tort de parler d'un sujet qu'il avait insuffisamment étudié. Mais on croirait qu'il ne connaît pas beaucoup plus Burns, si l'on ne se rappelait ses autres travaux et sa compétence dans les choses d'Ecosse. Où a-t-il pu prendre cette singulière affirmation que la littérature lyrique de l'Ecosse était, avant Burns, corrompue et licencieuse ? Il s'y trouvait des chansons grossières, comme dans toutes les littératures populaires, mais ni la collection des ballades, ni celle des chansons, avec leurs pièces pures et exquises, ni celle des petits poèmes, ni les morceaux de Ramsay ou de Fergusson ne constituent rien de corrompu ni de licencieux. Où a-t-il vu que Burns avait laissé pure cette même littérature ? Il a retouché quelques chansons, il leur a enlevé des mots trop grossiers, il a fait leur toilette pour qu'elles pussent entrer dans les salons et être chantées par les dames au piano-forte, mais il en a laissé pour son compte qui valent bien celles de Béranger. La pièce à Anna Park vaut bien les pièces à Lisette ; ni la *Bonne Fille*, ni *Madame Grégoire*, ni la *Double Chasse* n'ont rien qui n'ait plus que leur équivalent dans Burns, sans parler des *Merry Muses of Caledonia*. Rien ne reste debout de ces étranges affirmations quand on les examine de près. Et voilà comment un homme judicieux, pour vouloir accoler deux sujets qui ne vont pas ensemble, essaye de les faire gauchir et ne rapproche en réalité que des faussetés, des erreurs, et des niaiseries. Il ferait croire qu'il ne connaît ni l'un ni l'autre des poètes dont il parle, si ses travaux d'autre part ne nous persuadaient qu'il doit en connaître un.

nette, bien établie et acquise, de suggérer ou d'éclairer une impression neuve ou vague, soit par contraste, soit par nuance. Nous les employons comme des moyens de préciser, et non comme des instruments d'évaluation. C'est avec toutes ces réserves que nous voudrions marquer la place de Burns dans l'histoire littéraire.

L'œuvre de Burns n'est ni très élevée, ni très complexe, ni très profonde. Il n'était pas de ces âmes prophétiques, comme ce siècle en a connu, qui gravissent les plus hauts sommets du présent, pour entrevoir l'avenir et annoncer des terres nouvelles ; ni de ces âmes subtiles qui découvrent dans le cœur humain de nouvelles couches de souffrance, de joie, de scrupule, ou de rêverie ; ni de ces âmes tourmentées des problèmes de la destinée qui se meurtrissent contre le mur d'Inconnu qui enferme le monde. C'était un esprit qui habitait les régions moyennes. Il s'est contenté de la réalité courante. Il a reproduit la vie humaine la plus commune, et il l'a plutôt peinte que pénétrée. Cette représentation est courte et décousue ; elle consiste en une suite d'esquisses, de croquis détachés. Dans ce qu'elle exprime le mieux, elle ne découvre rien, et même n'entre pas très avant. Les sentiments et les personnages sont ordinaires ; on dirait presque qu'ils tiennent du lieu commun, s'ils n'étaient si précis et si serrés. Ils sont admirablement saisis, mais ils sont un peu superficiels par suite de la rapidité du trait ; ils sont même un peu diminutifs, de petite stature. Cependant quelle vérité, quelle intensité, quel mouvement, quelle action incessante et, quand il le faut, quelle énergie ! Il prend la réalité d'un tel poignet qu'il en fait sortir le comique ou l'éloquence rien qu'en la pressant. Et aussi quelle variété, non seulement dans les sentiments, mais dans les situations et dans la forme même ! Oui, il est vrai, sa représentation de la vie est réduite et sommaire ; il n'en connaît ni les grandeurs, ni les héroïsmes, ni les sacrifices, ni les subtilités, ni les dépravations, ni les fruits rares, ni les fleurs délicates ; il n'en offre que le pain bis. Mais on peut dire que, à l'échelle où il prend l'existence, il la reproduit tout entière. Il ressemble à ces montreurs qui ont un petit théâtre, et cependant mettent tout un monde dans leur boîte. Dans maint grand théâtre pompeux, prétentieux et riche, il n'y a pas le quart de la vitalité, de l'observation et de la vérité qui s'agitent dans cette baraque populaire.

Avec cela, il a des côtés plus aériens. Il possède un don de lyrisme qui, par le seul essor des strophes, s'empare de ce réalisme et l'enlève presque hors de la réalité. Ce don, qui paraît dans presque toutes ses pièces, éclate dans ses chansons. Elles atteignent à cette hauteur où le sens des mots se fond en émotion musicale, où les paroles chantent comme des notes. Mais là encore, toutes légères et ailées qu'elles soient, elles sont réelles, elles restent terrestres. Les seules chansons modernes qu'on puisse leur comparer, pour la qualité musicale, sont celles de Shelley. Celles-ci n'ont pour ainsi dire plus de corps, sont choses purement éthérées. La chanson de Burns est l'alouette, quand on la voit encore voleter au-dessus des blés.

> L'alouette éveillée, gazouillante, s'élance
> Et monte dans le ciel matinal,
> Secouant joyeuse ses ailes emperlées,
> Dans le regard rose du matin. [1]

Celle de Shelley est l'alouette devenue invisible, alors qu'il n'existe plus d'elle que des notes tombant du ciel.

> Le soir d'une pourpre pâle
> Se fond autour de ta fuite ;
> Comme une étoile du ciel
> Dans la pleine lumière du jour,
> Tu es invisible, mais j'entends ta voix perçante. [2]

Ce qu'elle chante est sûrement ce que le langage humain a produit de plus immatériel, de plus purement musical ; ce sont des vibrations de cristal, sœurs des nuances irisées de l'arc-en-ciel. Mais la chanson de Shelley tient en quelques notes ; celle de Burns a autrement de variété, et, dans cette variété, de passion ; elle voltige au-dessus de tous les sentiments humains. Quant aux chansons des autres poètes modernes, elles sont très loin de celles-là ; celles de Moore n'ont qu'un gazouillement charmant, un ramage élégant, parfois un soupir mélancolique ; les quelques-unes de Coleridge ont plus d'éclat de mots que de musique ; celles de Tennyson manquent de vol, elles n'ont qu'une modulation monotone et lente, c'est un mauvis qui chante perché, et redit une note de flûte douce et moelleuse. Il n'y a, dans la littérature anglaise, pour tenir tête aux chansons de Burns, que le recueil de celles qu'on a extraites des grands dramaturges du XVIe siècle : les merveilles de Shakspeare et, presque au même degré, celles de Beaumont et Fletcher [3]. Ces chansons de la Renaissance ont peut-être plus de caprice, de fantaisie inattendue ; elles ont le reflet d'une pensée plus haute, plus riche, plus souple et plus subtile aussi ; elles sont faites d'images plus raffinées et plus rares ; elles ont quelque chose de plus désintéressé ; mais elles n'ont pas la solidité d'observation et la rougeur de passion de celles de Burns. A tout prendre il est difficile de choisir entre sa seule production et l'anthologie de ces riches génies. Cela seul est une gloire.

Sa forme est admirable ; elle est parfaite. Il est peut-être l'écrivain le

---

[1] *Now Spring has clad the Grove in Green.*
[2] Shelley. *To a Skylark.*
[3] *Songs from the Dramatists*, edited by Robert Bell.

plus classique qu'il y ait dans la littérature anglaise, j'entends à la façon des Grecs, et non des Latins, qui ont manqué de spontanéité et de mouvement. Il l'est par la clarté et la solidité de la construction, la proportion exacte entre l'expression et la pensée, le dédain des ornements, la sobriété des mots, la vigueur simple, le muscle net et maigre de la phrase, quelque chose de ramassé, de compact et de nu. Il l'est aussi par un langage moyen qui ne vise jamais au haut ni au profond, toujours concret, qui revêt les vérités même élevées d'une forme solide et terrestre, comme les anciens. Et il est impossible de ne pas remarquer aussi, bien que ce ne soit pas uniquement une question de forme, qu'il possède encore cet inimitable privilège des anciens d'élargir le précis, et de donner à un fait particulier un aspect général et un intérêt humain. Il est bien plus près des modèles grecs que les pseudo-classiques du xviiie siècle, qui avaient un certain goût des ordonnances classiques, surtout oratoires, mais chez qui la prétention verbale, l'apprêt de la phrase, la symétrie des mots, ont raidi la forme et l'ont détachée de la pensée. D'ailleurs ils n'ont visé au classique que dans l'abstrait, au classique noble. La seule œuvre poétique anglaise qui nous donne l'impression d'une mesure aussi parfaite est ce chef-d'œuvre, *Enoch Arden*, où pas un mot ne dépasse son rôle. Mais c'est le classique d'un alexandrin, un mélange riche de métaux, ouvré par un art inimitable, comme par la main d'un Théocrite moins réel et plus touchant. Tout au plus pourrait-on dire que Burns est trop véhément ; il a un entassement et une bousculade de sens, un mouvement trop pressé : il n'a pas le loisir antique.

Ces dons s'exercent avec une aisance telle qu'on n'en trouverait d'exemple que chez les improvisateurs dont les productions ne s'élèvent pas à l'art. Tout cela sourd à bouillons vifs et limpides, comme d'une de ces sources de collines, intarissables. Aucun poète n'a écrit avec plus de facilité et en même temps de condensation, et c'est en quoi il est surprenant. Ses œuvres furent le simple exercice d'un esprit tellement surabondant et vigoureux qu'elles sont fortes sans effort. Une sincérité incomparable enveloppe tout ce qu'il a produit, comme une atmosphère. « L'excellence de Burns, dit Carlyle, est, à la vérité, parmi les plus rares, soit en poésie, soit en prose, mais en même temps elle est claire et facilement reconnaissable : sa *sincérité*, son indiscutable air de vérité [1] ».

Burns est absolument en dehors, à l'écart, de la littérature anglaise moderne. Il ne s'y rattache point par ses origines, qui sont celles que nous avons vues, toutes locales et écossaises. Il n'y tient point par sa manière et son inspiration, qui sont aussi différentes de celles de la poésie moderne qu'il est possible de l'imaginer. Il suffirait de reprendre

---

[1] Carlyle. *Essay on Burns.*

les points que nous avons étudiés en lui pour voir qu'ils s'opposent exactement, un à un, aux points analogues chez les poètes récents. Il est inutile de revenir sur le sentiment de la Nature. La différence dans la façon de comprendre l'amour n'est pas moindre. Ici la démonstration ne peut se faire par un exposé de doctrines, mais par une notation de sentiments. Qu'on songe que de notre temps cette passion est surtout rêveuse, et, quand elle le peut, gracieuse ; parfois elle a une certaine ferveur morale, le plus souvent de la tristesse, presque jamais de vraie flamme, jamais d'ardeur physique, ou, si cette dernière apparaît chez quelques poètes plus récents, elle n'est qu'une surexcitation raffinée, douloureuse, et souvent vicieuse. Nous avons vu combien chez Burns la passion est directe, franche, matérielle, toujours gaie et saine. Chez lui, l'amour est vraiment ce qu'il doit être, le coq clair, joyeux, ivre de lumière, qui, selon l'expression de Milton :

> Scatters the rear of darkness thin,
> And to the stack or the barn door
> Stoutly struts his dames before [1].

Dans l'école moderne, c'est un héron qui rêve au bord d'une source, près d'un saule, au crépuscule. Il est fort triste ! Pour la peinture de la vie humaine, l'opposition n'est-elle pas plus accusée encore ? La poésie contemporaine tout entière est méditative, elle est occupée des aspects généraux et des problèmes de la destinée humaine ; elle essaie des études psychologiques qui ont de la subtilité, parfois de la profondeur, et pas de vie, elle a su rendre des états d'âmes et jamais des êtres ; elle est toujours noble, grave ; même quand elle s'applique à des sujets familiers, elle reste digne. La véritable vie, l'action, le don de créer des êtres qui se détachent d'elle et vivent ensuite de leur vie propre, lui fait irrémédiablement défaut. Or ce sont là précisément les qualités maîtresses de Burns. Il est, dans la poésie moderne, le seul qui ait vraiment reproduit la vie, dans une forme familière et animée. Que d'autres différences encore ! Il est le seul, absolument le seul, qui ait connu le rire, le rire vrai, franc, sans arrière-pensée. Tous les poèmes modernes, avec leurs nuances d'enjoûment, ou de sarcasme, sont sérieux ; à peine y trouve-t-on quelques éclairs de gaîté mince et superficielle. Encore est-elle souvent pénible. Il semble que la Joie ait cessé de vivre parmi les Muses. Depuis les livres de Fielding et de Smollett, il n'y a vraiment, dans la haute littérature anglaise, que deux œuvres où l'on rencontre le rire, ce sont les drôleries de Burns et l'immense bouffonnerie de Pickwick. Enfin quelle différence dans l'allure générale, dans la manière d'être ! La poésie moderne est toujours lente. Celle de Burns seule est agile, pressée

---

[1] Milton. *L'Allegro*.

d'arriver, bondissante ; elle court d'un pied rapide, d'un pas gymnastique, à cent lieues des méditations prolongées et de la démarche péripatéticienne des autres. De quelque façon qu'on les rapproche, on voit qu'il n'a rien eu de commun avec ses rivaux modernes. Il a été ému par les mêmes faits parce qu'il vivait dans les mêmes temps, mais, là encore, son émotion est différente de la leur. On a pu le voir à propos de la Révolution française. C'est avec raison que Shairp a dit que Burns, « par rapport à ses contemporains, peut être regardé comme un accident : il a grandi si entièrement à part et en dehors des influences littéraires de son temps. Sa poésie était un ruisseau qui coulait à l'écart sans être atteint par le grand courant de la littérature [1] ».

Chose singulière — et c'est une idée qui nous est revenue à plusieurs reprises au cours de cette étude — il semblerait bien plutôt fait pour prendre sa place dans la littérature française. Invinciblement il fait penser à Régnier, à Villon, parfois à St-Amant, à Olivier Basselin. Ce quelque chose de dru et de dégagé, de vert, de net et de court dans la forme, de sensé et de moyen dans la pensée, ce mouvement leste, cette franchise à tout dire, cette bonne humeur, cette jovialité, cette gauloiserie, cette clarté, font qu'il serait moins une anomalie dans notre littérature que dans la littérature anglaise. En même temps, ce caractère passionné, ce décousu et ce débraillé de la vie, ce tempérament bohème, insouciant et révolté, et aussi cette manière d'être envers les femmes, entrent plutôt dans l'idée qu'on se fait ordinairement de notre race. Il aurait chez nous des frères, des gens de même sang et de même existence, des compagnons et, pour dire le mot, des camarades. En Angleterre, il n'en a pas, ou en a de moins frappants. Il reste isolé au milieu de la surprise de tous, comme un phénomène qui ne se rattache à personne. Le *Perfervidum ingenium Scotorum*, par lequel on l'explique, a lui-même quelque chose de français, de celtique tout au moins. Un illustre géologue écossais, et passionné pour la poésie de son pays, nous disait récemment qu'en effet Burns ressemblait plutôt à un Français qu'à un Anglais. Est-il nécessaire d'ajouter très vite que nous ne revendiquons pas Burns ? Nous désirons seulement nous servir des idées admises sur les deux littératures pour préciser les qualités d'un écrivain ; et c'est une preuve de plus combien ces gros jugements généraux sur les races sont défectueux, puisqu'ils ne s'obtiennent qu'en ignorant des transpositions comme celles-ci.

Quant à l'influence de Burns sur la littérature anglaise, on peut dire qu'elle a été nulle. Nous avons été surpris de trouver, chez un critique aussi perspicace que M. Shairp, « que s'il avait été peu affecté par ses contemporains, il avait eu beaucoup de pouvoir sur ceux qui sont venus

---

[1] Shairp. *Studies on Poetry*, p. 8.

après lui. Wordsworth avoue que ce fut de Burns qu'il apprit le pouvoir de chants fondés sur l'humble vérité [1] ». M. Shairp, qui ne cite que le seul Wordsworth, appuie ce jugment sur une unique strophe du poème intitulé *Sur la tombe de Burns*. La voici :

> Je pleurai avec des milliers, mais comme un
> De ceux qui furent le plus affligés, car il était disparu
> Celui dont j'avais salué la lumière quand elle brilla d'abord,
> Et montra à ma jeunesse
> Comment la Poésie peut bâtir un trône princier
> Sur l'humble vérité [2].

Il semble que le sens précis de ces derniers vers soit que Wordsworth avait vu, par l'exemple de Burns, comment on peut atteindre à la renommée en traitant des sujets vulgaires. Mais il n'y a là aucune influence littéraire par la raison qu'il n'y a aucune ressemblance. Les poèmes familiers de Wordsworth, réfléchis, moraux, péniblement simples, jusqu'à être parfois enfantins, très lents d'allure, n'ont aucun rapport, ni de sujet, ni de manière, avec les robustes tableaux de Burns. Ils dérivent bien plutôt, pour le ton, des curieux et tendres passages sur les Humbles, épars dans la *Tâche* de Cowper. Qu'on lise les épisodes de Kate la folle [3], des Gypsies [4], du Conducteur de chariot dans la neige [5], et surtout du Ménage des Pauvres paysans [6], on aura la nuance des poèmes de Wordsworth. D'ailleurs Crabbe avait plus nettement encore donné la poésie des Pauvres. Les grandes descriptions de vie campagnarde et les portraits de bergers et de paysans, semés dans l'*Excursion*, relèvent bien plutôt de ce dernier genre, traité par un peintre harmonieux et élevé, au lieu de l'être par un maître réaliste et morne. Quant au reste de l'école anglaise, Byron, Shelley, Coleridge, Keats, Tennyson, Browning, Swinburne et même Tom Hood, il suffit d'évoquer, par leurs noms, la poésie qu'ils ont créée, pour voir qu'ils ne tiennent rien de Burns [7]. On a dit que Burns avait contribué à rendre à la poésie anglaise, le sens de la Nature. Nous avons vu combien cela est faux. On a dit aussi qu'il lui avait rendu la passion. Si l'on veut dire qu'il l'a enrichie d'un livre où il y a de la passion, oui ; si l'on veut dire qu'il a communiqué cette passion à d'autres, non ! C'est un don qui ne se transmet pas, qui meurt avec celui qui en a souffert et en reste immortel. Bien plus, dans la poésie écossaise elle-même, son influence n'est pas beaucoup plus

---

[1] Shairp. *Studies in Poetry and Philosophy*, p. 3.
[2] Wordsworth. *At the grave of Burns*.
[3] Cowper. *The Sofa*, vers 534-56.
[4] Id. *Id.*, vers 556-90.
[5] Id. *Winter Evennig*, v. 340-370.
[6] Id. *Id.*, p. 378-430.
[7] C'est l'avis de M. Boucher. Voir *William Cowper*, chap. XVII.

sensible. Celui qui est après lui le plus grand poète écossais, Hogg, est un disciple des vieilles ballades et de Walter Scott. Les chansonniers qui continuent la tradition écossaise, comme Tannahill, la baronne Nairn, Robert Nicoll, ont simplement imité les vieilles chansons, ainsi que Burns l'avait fait lui-même. Charles Kingsley remarque avec justesse que les chansons « écrites avant lui sont évidemment d'une valeur très supérieure, à celles écrites après lui [1] ». On n'a rien fait qui ait continué son *Tam de Shanter*, ou ses *Joyeux Mendiants*, ou ses *Petits Poèmes*, ou ses *Épîtres*. Les formes elles-mêmes semblent abandonnées et paraissent appartenir au vieux temps. C'est qu'en réalité Burns a été le point culminant d'une littérature indigène qui semble close maintenant. Il a été le plus brillant, le plus savoureux, le dernier fruit, sur le plus haut rameau du vieil arbre écossais.

Ce n'est pas à dire qu'il n'ait pas d'influence. Il en a, au contraire, une considérable. S'il n'a pas une influence étroite de manière littéraire, il a une influence littéraire générale, comme les grands écrivains qui sont des modèles, et chez qui les hommes de tous temps vont prendre des leçons pour le maniement de la pensée. Là, son influence est toute de nerf, de marche directe et prompte. Il est impossible de vivre avec lui pendant quelque temps sans prendre goût à la simplicité, sans s'éloigner de ce qui sent le développement, la longueur et l'afféterie. Son commerce est ferme et mâle. Il n'est point de poète qui puisse mieux remplacer les anciens. Il a, avec celle-là, une influence plus grande encore, et, à ce qu'il semble, constamment grandissante. Sa poésie a une vertu d'action. Elle est pratique et efficace. Elle parle de gaîté, de bonté, de vaillance, avec un accent qui convainc. Elle est faite, non pour les hauts dilettantes de rêverie, mais pour les travailleurs de la vie, ceux qui ont besoin d'un mot viril pour se remettre le cœur, de chanter un vers allègre pour se redonner de l'espoir. Elle circule dans le peuple. C'est une source de proverbes, de refrains, de préceptes brefs et portatifs. Il est peut-être à cette heure le poète moderne le plus cité dans le monde. Ses chansons résonnent en Amérique, en Australie, aux Indes, partout où est la langue anglaise, et ses vers — à lui qui aimait si peu les prêtres — sont cités jusque dans la chaire par les voix les plus graves et les plus pures [2]. Il a augmenté le nombre de ces livres bienfaisants où les hommes cherchent des moments de tendresse, de gaîté, d'enthousiasme, supérieurs à la vie qu'ils mènent. Et par là encore il est devenu tout d'un coup un classique, sans passer par cette épreuve d'influence et de mode littéraires, dans laquelle les plus grands subissent des critiques, souffrent des

---

[1] Charles Kingsley. *Burns and his School*, dans ses *Literary and General Lectures and Essays*.

[2] Dean Stanley le cite plusieurs fois dans ses *Lectures on the History of the Church of Scotland*.

élaguements, connaissent la discussion, les vicissitudes et les dénigrements, pour prendre ensuite leur rang définitif.

Il est assuré de chances singulières de durée. Son langage est si simple qu'il ne vieillira pas. Il n'est pas jusqu'à l'emploi d'un dialecte séparé, soustrait désormais aux fluctuations de la langue littéraire, qui ne le place d'abord dans un langage clos et définitif. Et il est, par un autre côté, préservé d'autres causes de ruine ou de délabrement. La part de considérations générales est importante chez les poètes modernes. Les plus grands : Wordsworth, Shelley, Byron, Tennyson, en sont chargés. Leur poésie est philosophique. Une portion de leur influence est due ou a été due — car il faut déjà parler ainsi — à cet élément de pensée abstraite. La force, la hauteur, la portée de leur esprit s'y manifestent. Mais que c'est là une grandeur périlleuse ! Ce qui fait leur puissance sur leur génération est peut-être ce qui la détruira auprès des générations futures. Les solutions, bien plus, les aspirations philosophiques se transforment ; rien n'est plus susceptible de vieillir que ces conceptions ; la part de vérité qu'elles renferment les abandonne, se combine autrement avec les besoins et les clartés de nouvelles époques. Les systèmes sont délaissés, comme des temples où la divinité ne réside plus : la poésie, souvent magnifique, qui s'y trouvait comprise, en souffre ; les arceaux et les voûtes s'écroulent, le plan de l'édifice disparaît ; il ne demeure plus que des fragments disjoints. Combien un cri de passion ou la simple représentation de la vie sont plus indestructibles ! Et cette dévastation se fait rapidement. Où en est la philosophie des *Méditations* ? Où s'en vont les élucubrations philosophiques de Hugo ? La richesse d'images et de tableaux qui y est versée n'eût-elle pas fourni une œuvre plus solide, si elle eût été appliquée à des sujets concrets, comme les *Pauvres gens* ou *Eviradnus*. Qui sait si, dans un siècle, la profondeur de *In Memoriam* ne sera pas comblée ? Peut-être l'avenir tient-il en réserve un peu de la destinée de du Bartas pour quelques-uns de nos poètes. Or toute cette partie conjecturale et caduque n'existe pas dans Burns. Sa poésie est faite d'action et de passion ; on n'y rencontre de philosophie que ce que la réalité en contient. Et cela suffit bien. Car, à y regarder de près, où est la philosophie des grands peintres humains ? En dehors des aphorismes sur la brièveté du présent, sur l'incertitude de l'avenir, qui sont des lieux communs, il n'y a pas pour deux oboles de philosophie dans Shakspeare ou dans Molière. Ils appliquent l'énergie de leur esprit et leur puissance de sentir aux conceptions ordinaires de leur temps. Leur mérite n'est pas de trouver que les hommes sont égaux, sont frères, qu'il faut travailler, pardonner, tous préceptes acquis à l'humanité, mais de les exprimer avec nouveauté ; de même qu'ils rajeunissent l'expression de l'amour. C'est pure manie que de vouloir tirer de la philosophie des poètes ; la critique allemande, qui s'est appliquée sérieusement à cette besogne, en extrait des banalités et des niaiseries, quelque chose comme le résidu d'un mauvais sermon de pasteur. Il faut, en tous cas, reprendre les œuvres de ces poètes avec des cerveaux critiques ou systématiques, appeler toute une théorie sur une pointe de mots, pour leur trouver des vues sur l'existence qui dépassent les aphorismes qu'on dit couramment sur elle. Ce n'est pas à dire que leur peinture ne contienne pas de réflexions, et que celles-ci ne puissent avoir de la profondeur. La vie charrie de la philosophie. Les problèmes qu'elle rencontre sont éternels. Un paysan qui dit : « On ne sait pas où on va quand on est mort » a dit le dernier mot des philosophies humaines. Il arrive parfois que les plus subtiles questions soient posées par les êtres les plus simples, et que les réponses des plus grands penseurs soient trouvées par des ignorants.

A ces raisons pour qu'il soit épargné dans le bris de renommées que fait le temps, s'ajoute la curiosité de sa situation exceptionnelle. Il est l'unique poète des paysans et des misérables. D'autres ont essayé de raconter leurs misères et leurs joies ; ils ont chanté les pauvres. Ici ce sont les pauvres qui chantent. Ils parlent pour leur propre compte ; ils relèvent le front ; ils se déclarent aussi fiers et plus joyeux que les autres ; ils revendiquent l'honneur d'être pleinement des hommes, souvent meilleurs que ceux au-dessus d'eux. Wordsworth a parlé d'eux comme un pasteur vertueux et optimiste, Crabbe comme un médecin pénétrant et attristé. Quelque sympathie sereine ou sévère qu'ils aient éprouvée, il y a en eux un peu de conseil et de pitié, qui sent la supériorité. Burns est un paysan. S'il a dit, en accents poignants, leurs détresses, il a été aussi le poète de leur fierté, de leurs efforts, et de leurs amours. Il a rendu l'existence des campagnards d'une façon définitive, très exacte et très humaine à la fois ; la force de son génie, par un phénomène qui ne se renouvellera peut-être plus, l'a fait sortir de sa sphère de poète local pour se mettre au rang des poètes universels. Il restera un cas unique en littérature, « un homme représentatif », selon l'expression d'Emerson ; le type glorieux de tant de pauvres poètes rustiques, qui ne purent jamais s'élever au-dessus de la glèbe.

En arrivant à son terme, cette étude, quelque longue et minutieuse qu'elle ait été, a la conscience de n'avoir point tout dit. Nous n'épuisons jamais une œuvre d'art ; nous en prenons ce que nous pouvons pour notre consommation, pour notre nourriture personnelle, et nous en assimilons des parties différentes selon nos tempéraments et nos besoins. C'est pourquoi la critique varie et se renouvelle avec les individus, avec les époques ; elle n'est jamais achevée, jamais fermée. Une œuvre d'art est comme une source éternelle ; des hommes de cieux et de siècles divers y viennent en longs pèlerinages. Chacun y puise avec le vase qu'il y apporte, l'un avec un gobelet d'argent, l'autre avec une coupe de cristal, l'autre avec une jarre de grès, l'autre avec un riche calice d'émail, l'autre avec une pauvre écuelle d'argile. Chacun en boit une quantité différente et la goûte diversement ; mais elle les rafraîchit tous et met sa douceur sur leurs lèvres. A travers les temps, par milliers, ils se succèdent ; et jamais deux d'entre eux n'en prendront la même quantité et n'y trouveront la même saveur. Cette pensée donne à tout travail de critique une amertume, la connaissance qu'il est incomplet, provisoire, éphémère. Même à cette petite fontaine retirée, qui a été pour nous un lieu de prédilection, dont nous avons goûté la fraîcheur longuement, trop longuement peut-être, et dont nous avons essayé de dire le charme, d'autres hommes viendront à qui notre façon de sentir paraîtra insuffisante, qui trouveront que nous l'avons mal comprise. Mais, après tout, nous y aurons bu une eau saine et claire ; et peut-être aussi en aurons-nous montré le sentier à ceux dont les pas recouvriront les nôtres.

BIBLIOGRAPHIE.

Nous n'avons pas l'intention de donner ici la bibliographie de Burns. C'est un travail qui n'incombe pas à la critique littéraire. D'ailleurs ce travail a été fait par des hommes qui y ont consacré presque une existence et par des maîtres de la bibliographie. Les curieux de ce genre de renseignements pourront les trouver dans les ouvrages suivants :

Bibliotheca Burnsiana. Life and Works of Burns : title pages and imprints of the various editions in the Private Library of James Mac Kie, Kilmarnock, prior to date 1866. Kilmarnock, James Mac Kie, printer 1866.

Sauf les reproductions de titres, on trouvera le contenu de ce premier ouvrage, épuisé, dans le

Catalogue of the Mac Kie Burnsiana Library. Kilmarnock. Printed by James Mac Kie, August 1883.

Enfin, on trouvera la bibliographie complète de Burns, dans le livre qui est né de la ferveur et de la longue patience avec lesquelles Mac Kie a réuni tous les renseignements sur Burns, durant de nombreuses années.

The Bibliography of Robert Burns, with Biographical and Bibliographical notes and Sketches of Burns Clubs, Monuments and Statues. Kilmarnock, Printed by James Mac Kie, 1881, 340 pages.

On trouve d'intéressantes notes bibliographiques sur Burns et une liste des éditions clairement disposées par années, dans :

The Burns Calendar. Kilmarnock, Printed and Published by James Mac Kie, 1874.

A ces bibliographies, il faut ajouter celle que M. J.-A. Anderson du British Museum a jointe à la vie de Burns par J.-S. Blackie, dans la collection des *Great Writers*. Elle fait partie de cette remarquable suite de travaux dans laquelle M. Anderson aura, pour ainsi dire, écrit l'histoire littéraire bibliographique de l'Angleterre. Ce sont des modèles de clarté et de conscience. Nous sommes heureux de remercier ici M. J.-A. Anderson de la courtoisie et de l'infatigable obligeance avec lesquelles il nous a permis de recourir à son savoir.

Il était inutile et, on peut le dire, impossible de refaire des choses si bien faites. Nous ne donnons donc ici que la bibliographie de notre livre, les ouvrages qui nous ont servi. La plupart d'entre eux correspondent à des renvois ; quelques-uns, sans offrir de renseignement précis, ont fourni certaines impressions et comme l'atmosphère de quelques coins de vie écossaise.

Nous avons présenté cette bibliographie par sujets. C'est un système qui a quelque inconvénient, en ce que les recherches y sont moins promptes. Il a l'avantage de présenter une vue moins dispersée et de donner une bibliographie organisée. Il est plus instructif. D'ailleurs comme peu d'ouvrages et seulement les plus généraux et les plus faciles à retrouver servent en plusieurs endroits, ce désavantage sera peu considérable et sera compensé par la commodité d'avoir la bibliographie de chaque chapitre ramassée au fur et à mesure de la lecture.

PREMIÈRE PARTIE.

BIBLIOGRAPHIE DE BURNS.

I.

OUVRAGES SUR LE DIALECTE ÉCOSSAIS DES BASSES-TERRES ET LA LANGUE DE BURNS.

An Etymological Dictionary of the Scottish Language, to which is prefixed a Dissertation on the origin of the Scottish Language, by JOHN JAMIESON. A new edition carefully revised and collected, with the entire supplement incorporated, by John Longmuir and David Donaldson. 4 vols. Paisley, Alexander Gardner, 1879.

Jamieson's Dictionary of the Scottish Language, abridged by John Johnston, a new edition revised and enlarged, by John Longmuir. Edinburgh, William P. Nimmo, 1867.

The Poetry and Humour of the Scottish Language by CHARLES MACKAY. Alexander Gardner, Paisley, 1882.

A Dictionary of Lowland Scotch by CHARLES MACKAY. London, Whittaker and C°, 1888.

Est en partie fondé sur le précédent ouvrage.

The Dialect of the Southern Counties of Scotland, its Pronounciation, Grammar and Historical Relations. With an Appendix on the present limits of the Gaelic and Lowland Scotch, and the Dialectical Divisions of the Lowland Tongue, by J. A. H MURRAY. London, Published for the Philological Society, by Asher, 1873.

The Scottish Language, in the EDINBURGH REVIEW n° 324, October 1883.

A Critical Inquiry into the Scottish Language, with the view of illustrating the Rise and Progress of Civilisation in Scotland by FRANCISQUE MICHEL. William Blackwood and Sons, Edinburgh, 1882.

A Complete Word and Phrase Concordance to the Poems and Songs of Robert Burns, incorporating a Glossary of Scotch Words, with Notes, Index and Appendix of Readings, compiled and edited by J. B. REID. Glasgow, Kerr and Richardson, 1889.

Complete Glossary to the Poetry and Prose of Robert Burns, by JOHN CUTHBERTSON Paisley, Alexander Gardner, 1886.

Editorial Remarks on Scottish Language. Part. I. Scottish Language. Part. II. Language of Burns by HATELY WADDELL.

Dans son édition de Burns citée plus bas.

II.

PRINCIPALES ÉDITIONS DE BURNS, ET PRINCIPALES BIOGRAPHIES.

Les éditions de Burns sont très nombreuses. Dans son *Burns Calendar*, Mac Kie en donne une liste, jusqu'à 1874, qui en comprend 403. Il faudrait sans doute en ajouter une cinquantaine pour compléter le chiffre jusqu'aujourd'hui. Il ne saurait être question de reproduire ces nomenclatures. Nous nous contenterons d'indiquer les principales éditions de Burns, celles qui ont un intérêt particulier, parce qu'elles contiennent quelques renseignements nouveaux sur lui.

Poems chiefly in the Scottish Dialect, by ROBERT BURNS.
> The simple Bard, unbroke by rules of Art,
> He pours the wild effusions of the heart ;
> And if inspir'd 'tis Nature's pow'rs inspire ;
> Her's all the melting thrill, and her's the kindling fire.
> ANONYMOUS.

Kilmarnock, Printed by John Wilson, M,DCC,LXXXVI.

C'est la première édition de Burns. L'exemplaire du British Museum porte les noms propres, qui étaient indiqués par des astériques dans l'impression, écrits de la grande écriture droite et ferme de Burns. Il contient aussi le poème *Reflections on a Sick-bed*, qui semble aussi être de sa main. Mais un autre poème, *Verses written on the Hermitage at Taymouth by M' Burns*, est d'une main différente.

Poems chiefly in the Scottish Dialect, by ROBERT BURNS. Edinburgh, printed for the author and sold by William Creech, M, DCC, LXXXVII.

Cette édition est curieuse à cause de la liste des souscripteurs, et surtout à cause du petit portrait de Burns, gravé par Beugo, d'après le portrait à l'huile par Nasmyth, avec de légères modifications. La gravure est peut-être plus réelle que le portrait, certains traits de physionomie paysanne y sont plus indiqués.

Poems chiefly in the Scottish Dialect, by ROBERT BURNS, 2 vols. Edinburgh, Printed for T. Cadell, 1793.

Cette édition est connue sous le nom de Seconde Edition d'Edimbourg. Elle comprend de nouveaux poèmes, entre autres *Tam o' Shanter, Lament for James Earl of Glencairn, Lament of Mary Queen of Scots, the Wounded Hare*, etc.

The Scots Musical Museum, Humbly dedicated to the Catch Club. Instituted at Edinburgh, June 1771. By JAMES JOHNSON, 6 vols. Edinburgh, Printed and sold by James Johnson (1787-1803).

Thomson's Collection of the Songs of Burns, Sir Walter Scott, Bart., and other eminent Lyric Poets, ancient and modern, united to the select melodies of Scotland, and of Ireland and Wales, with symphonies and accompaniments for the Piano-forte, by Pleyel, Haydn, Beethoven, etc. The whole composed for and collected by GEORGE THOMPSON F. A. S., Edinburgh. In six volumes (quarto). London, Printed and sold by Preston, 1822.

C'est le fameux recueil de Thomson auquel on doit une partie des chansons de Burns et une portion considérable de sa correspondance.

Outre ces éditions, il a été publié, pendant la vie de Burns, neuf autres éditions, les unes qui étaient des réimpressions des éditions d'Édimbourg, faites à Londres; d'autres qui étaient des contrefaçons. Ainsi il a été publié deux éditions à Belfast, deux à Dublin, une à New-York, une à Philadelphie. Ces éditions n'ont d'autre intérêt que de montrer la rapide et étendue popularité de l'œuvre de Burns. Les principales éditions publiées depuis sa mort sont les suivantes :

The Life of Robert Burns with a Criticism on his Writings, by JAMES CURRIE, M. D. originally published in connection with the works of Burns in 1800, — here considerably extended by additional remarks, many of which were never before made public. Edinburgh. Published by William and Robert Chambers, 1838.

Cette édition est la réimpression de la fameuse édition de Currie, avec des notes par R. Chambers. L'exemplaire que nous possédons et qui a appartenu à William Scott Douglas porte des notes manuscrites de cet excellent éditeur de Burns.

Poems ascribed to Robert Burns, the Ayrshire Bard, not contained in any Edition of his works hitherto published (a thin octavo). Glasgow, Thomas Stewart, 1801.

Cette édition contient un certain nombre de pièces imprimées pour la première fois : *The Kirk's Alarm, The Twa Herds, Holy Willie's Prayer*, et surtout les immortels *Jolly Beggars*.

The Poetical Works of Robert Burns. A new edition. To which is prefixed a Sketch of his Life. 3 vols. London, Cadell and Davies, 1804

La vie de Burns contenue dans cette édition est par ALEXANDER CHALMERS.

Reliques of Robert Burns, consisting Chiefly of original letters, poems and critical observations on Scottish Songs. Collected and Published by R. H. CROMEK, fourth edition. London, Cadell and Davies, 1817.

Cette publication (dont la première édition est de 1808) augmenta beaucoup les documents sur Burns. Elle donnait 62 lettres nouvelles, les Common-place Books, et des anecdotes dont quelques-unes sont utiles.

Poems by Robert Burns with an Account of his Life and Miscellaneous Remarks on his Writings. Edinburgh, Printed for the Trustees of the late James Morison, 1811.

C'est dans cette édition que se trouve la biographie de Burns par JOSIAH WALKER. Celui-ci, on l'a vu dans la biographie, avait beaucoup connu et admiré Burns ; ses souvenirs, à tout prendre, très exacts et très justes, restent un des documents les plus précieux sur le poète.

The Life and Works of Robert Burns, as originally edited by James Currie, to which is prefixed a Review of the Life of Burns and of various criticisms on his character and writings, by ALEXANDER PETERKIN. Edinburgh, Macredie, Skelly, etc., 1815, 4 vols.

Cette édition, outre la vie de Burns par Peterkin, comprend comme documents nouveaux des lettres de Gilbert Burns, de James Gray, d'Alexandre Findlater et de George Thomson, à l'éditeur.

The Poems and Songs of Robert Burns with a Life of the Author, by the Rev HAMILTON PAUL. Ayr. Wilson, Mac Cormick and Carnie, 1819.

La vie de Burns, qui est en tête de l'édition et qui est une défense intrépide du poète, déchaîna contre le Rev. Hamilton Paul des colères cléricales. Il manqua être traduit devant le presbytère.

The Works of Robert Burns, with an account of his Life and criticism on his writings. To which are prefixed some observations on the character and condition of the Scottish Peasantry. By James Currie M D. — To which are now added some further particulars of the Author's Life, new notes, illustrative of his Poems, and Letters, and many other Additions, by GILBERT BURNS. London, T. Cadell and W. Davies, 1820.

Cette édition fut demandée à Gilbert Burns par les éditeurs. Gilbert devait recevoir 500 livres si la publication atteignait une seconde édition. Ce fut un échec, car elle ne contenait qu'une portion insignifiante de matériaux nouveaux. Gilbert reçut donc seulement 250 livres. C'est avec cette somme qu'il put rembourser à Jane Armour les 180 livres que Robert lui avait prêtées trente-trois ans auparavant, sur les bénéfices de la première édition d'Edimbourg.

The Poetical Works of Robert Burns. London, William Pickering, 1830.

Cette édition faisait partie de l'*Aldine Collection* des Poètes anglais. Elle mérite d'être signalée à cause de l'intéressante biographie de Burns par Sir HARRIS NICOLAS. On trouvera cette biographie dans l'édition actuelle des *Aldine Poets*.

The Works of Robert Burns, with Life, by ALLAN CUNNINGHAM. Edinburgh, Ingles and Jack. n. d. La première édition de A. Cunningham en 2 vol. a paru en 1834.

Celle-ci est une réimpression de l'édition de 1840. Allan Cunningham a laissé, sur le séjour de Burns à Ellisland et à Dumfries, des souvenirs précieux, encore que parfois un peu dramatisés. Son père, qui était fermier, avait connu Burns lorsque celui-ci était venu s'établir sur les bords de la Nith.

The Works of Robert Burns, edited by THE ETTRICK SHEPHERD and WILLIAM MOTHERWELL, 5 vols. Glasgow. Archibald Fullarton, 1836.

Cette édition contient la vie de Burns par JAMES HOGG. C'était ce jeune berger qui grandissait dans la vallée d'Ettrick, au moment où Burns faisait son voyage des Borders. Il était devenu maintenant célèbre. Le chapitre II du *Memoir* sur Burns, intitulé *On the Peasantry of Scotland*, donne bien l'idée de la poésie qui vivait dans le peuple. La fin comprend une discussion de l'Essai de Carlyle (que Hogg écrit Carlisle) ; il défend *Tam o'Shanter* contre le singulier jugement de Carlyle. Motherwell est surtout connu pour avoir publié une collection de ballades : *Minstrelsy Ancient and Modern*.

The Correspondence between Burns and Clarinda, with a Memoir of Mrs Mac Lehose (Clarinda), arranged and edited by her Grandson, W. C. MAC LEHOSE. Edinburgh, William Tait, 1843.

Ce volume contient les lettres de Clarinda à Burns et la vie de Clarinda où nous avons trouvé les renseignements qui nous ont permis d'essayer de reconstituer son caractère.

The Works of Robert Burns, with a complete Life of the Poet and an Essay on his Genius and Character, by Professor WILSON, 2 vols. Blackie and Son, 1858.

C'est l'édition connue sous le nom de l'édition de BLACKIE, intéressante à cause du grand nombre de gravures, de paysages, et de portraits. Cette édition contient l'essai très surfait de John Wilson sur Burns. C'est une déclamation pompeuse et verbeuse, presque constamment hors de tout contact avec le vrai, sans critique et sans réelle pénétration. La première date de cette édition est de 1846.

The Life and Works of Robert Burns, edited by ROBERT CHAMBERS. Library Edition, 4 vols. W. and R. Chambers. Edinburgh, 1856.

Cette édition est indispensable pour la lecture de Burns ; elle mélange le récit de la vie et les œuvres de la façon la plus instructive, la plus juste en somme, et la plus consciencieuse. C'est un modèle de travail honnête et modeste.

The Complete Works of Robert Burns, with a memoir by WILLIAM GUNYON. Edinburgh, William Nimmo, 1866.

Sans grande nouveauté, cette édition est compacte et commode pour le travail. Le mémoire de Gunyon est d'un homme qui connaît bien Burns et en parle avec franchise.

The Poetical Works of Robert Burns, edited by the Rev ROBERT AIRIS WILMOTT. London, Routledge, 1858.

L'introduction par le Rev. Wilmott contient des passages intéressants sur Burns et sort des biographies ordinaires.

Poems Songs and Letters, being the Complete Works of Robert Burns, by ALEXANDER SMITH (THE GLOBE EDITION). London, Macmillan, 1879.

La biographie par A. Smith est faite par un poète. Toute la partie qui touche aux sentiments de Burns pendant son séjour à Edimbourg est pénétrante. On croirait que quelques passages de la vie d'Alex. Smith l'ont aidé à comprendre la situation de Burns au milieu de cette société élégante. L'apparition de l'édition Smith date de 1865.

Life and Works of Robert Burns, by P. HATELY WADDELL. Glasgow, Printed and published by David Wilson, 1867

C'est une édition consciencieuse qui a apporté quelques détails nouveaux et donné les derniers portraits de Burns. Il y a aussi, dans les *Memoranda*, des anecdotes qui n'avaient point paru auparavant. Dans sa notice biographique Hately Waddell veut trop obstinément excuser Burns de toute erreur. Il ferme les yeux à l'évidence.

The Complete Works of Robert Burns, edited by WILLIAM SCOTT DOUGLAS, 6 vols. Edinburgh, William Paterson, 1833.

Cette belle édition critique est la plus complète et la plus soignée; elle donne les variantes des poèmes. Le nom de William Scott Douglas restera attaché à celui de Burns, comme ceux de Chambers, de Lockhart, de Currie. Il est inutile de rappeler que c'est lui qui a élucidé l'histoire de Mary Campbell et dissipé l'obscurité dans laquelle Burns avait espéré la laisser.

The National Burns, edited by Rev. GEORGE GILFILLAN, including all the Airs of all the Songs, and an original Life of Burns by the editor. Edinburgh, William Mackenzie, 1879-80.

La vie que Gilfillan a écrite pour cette édition est une des plus courageuses et des plus sincères qui aient été écrites en ces derniers temps sur Burns.

Burns selected Poems, edited with introduction and notes, and a glossary, by J. LOGIE ROBERTSON. Clarendon Press Series, Oxford, 1889.

Nous citons cette édition pour indiquer l'entrée pour ainsi dire officielle de Burns dans l'éducation des jeunes Anglais. Il est consacré, par la plus haute autorité en matière d'enseignement, comme un des classiques avec lesquels on forme la jeunesse d'une nation.

Outre les biographies contenues dans les éditions que nous venons de citer, dont quelques-unes comme celles de Currie, de Allan de Cunningham, de Chambers, sont des plus précieuses, un certain nombre d'autres ont été publiées à part, qui sont également nécessaires pour la connaissance de Burns.

A Memoir of the Life of the late Robert Burns, written by R. HERON. Edinburgh, Printed for T. Brown, 1797.

C'est la première des vies de Burns qui ait été publiée. Elle avait paru dans *The Monthly Magazine and British Register*, for 1797, from January to June inclusive. Robert Héron avait connu Burns. Il mena lui même une vie misérable de besogne littéraire et de débauche, et finit par mourir de misère à l'hôpital en 1807, après avoir passé dans la prison de Newgate les dernières années de sa vie. Nous avons trouvé ce mémoire reproduit intégralement dans le *Scottish Biographical Dictionary* de R. Chambers.

The Lives of the Scottish Poets, with Preliminary Dissertation on the Literary History of Scotland, etc., by DAVID IRVING, 2 vols. Edinburgh, Alex. Lawrie, 1804.

La vie de Burns se trouve dans le second volume. David Irving, l'historien de la Poésie écossaise, était entré en 1796 à l'Université d'Edimbourg. Il avait donc connu beaucoup de personnes qui avaient connu Burns. Après une vie de travail d'archéologie littéraire, il mourut à Edimbourg en 1860.

The Life of Robert Burns, by J. C. LOCKHART, enlarged edition, revised and corrected from the latest text of the Author, with new annotations and appendices, by William Scott Douglas. London, George Bell and Sons, 1882.

C'est la célèbre biographie de Lockhart, revue par le dernier des éditeurs de Burns. C'est un excellent livre, très bien fait, sobre, plein de renseignements, d'équité, d'indulgence, et de tous points digne de sa réputation. Il reste, malgré des endroits arriérés, une des plus intéressantes lectures sur Burns.

Essay on Burns, by THOMAS CARLYLE.

C'est le fameux Essai qui parut dans le N° 96 de l'*Edinburgh Review* (1828) à propos de la publication de la vie de Burns par Lockhart. C'est un morceau admirable de pénétration et d'éloquence et ce qui a été écrit de plus fort sur Burns.

Carlyle s'est encore occupé de Burns dans ses lectures *On Heroes, Hero-Worship and the Heroic in History* (1840). Dans la sixième Lecture : *The Hero as Man of Letters. Johnson, Rousseau, Burns*. Il y a là aussi de remarquables pages sur le poète.

Robert Burns as a Poet and as a Man, by SAMUEL TYLER (note manuscrite de Scott Douglas : *Of the Maryland Bar*). Dublin, published by James Mac Glashan, 1849. (au-dessous de la date se trouve cette seconde note, également de la main de Scott Douglas: This is a reprint of the author's edition, published in New-York by Baker and Scribner 1848.

Robert Burns by PRINCIPAL SHAIRP, In the collection of *English Men of Letters* Macmillan. London, 1879.

Une vie sagement écrite, à laquelle il manque, par suite de l'austérité de la vie et de l'esprit de l'auteur, non seulement un peu de sympathie, mais même un peu d'intelligence des côtés faibles et répréhensibles de Burns.

Robert Burns, a Summary of his Career and Genius, by JOHN NICHOL. Edinburgh, William Paterson, 1882.

Life of Robert Burns, by JOHN STUART BLACKIE. London, Walter Scott, 1888.

Ce travail qui fait partie de la série des *Great Writers*, éditée par le Professeur Eric S. Robertson, est, comme tout ce qui sort de la plume de John Stuart Blackie, jeune et vivant. Il y a bien un peu de ce que Burns appelait lui-même « l'honnête préjugé de ses concitoyens ».

III.

RENSEIGNEMENTS SUR LA FAMILLE DE BURNS, SUR DES PÉRIODES PARTICULIÈRES DE SA VIE, SES CONTEMPORAINS. DOCUMENTS DIVERS.

Genealogical Memoirs of the Family of Robert Burns, and of the Scottish House of Burnes, by the REV CHARLES ROGERS. Edinburgh, W. Paterson, 1877.

A Manual of Religious Belief, composed by WILLIAM BURNES, for the instruction of his Children. Kilmarnock. M' Kie, 1875.

C'est une sorte de résumé de catéchisme, par questions et réponses, qui avait été écrit par le père de Burns. Il est intéressant comme une preuve du soin que cet homme apportait à l'éducation de ses enfants.

The Book of Robert Burns, Genealogical and Historical Memoirs of the Poet, his Associates, and those celebrated in his writings, by the REV CHARLES ROGERS, 3 vols. Edinburgh, printed for the Grampian Club.

Burns and his Kilmarnock Friends, by ARCHIBALD MAC KAY. Kilmarnock, Archibald Mac Kay, 1874.

The Contemporaries of Burns and the more recent Poets of Ayrshire, with selections from their writings. Hugh Paton, Edinburgh, 1840.

Robert Burns at Mossgiel, with reminiscences of the Poet by His Herd-Boy, by WILLIAM JOLLY. Paisley, Alexander Gardner, 1881.

A Winter with Robert Burns, being annals of his Patrons and Associates in Edinburgh, during the year 1786-87. Edinburgh, Printed by Peter Brown, 1846.

Burns in Dumfriesshire, a Sketch of the last eight Years of the Poet's Life, by WILLIAM MAC DOWALL. Edinburgh, Adam and Charles Black, 1870.

Some Account of the Glenriddell Mss of Burns's Poems, with several poems never before published, edited by Henry A. Bright (printed for private distribution) Liverpool. Gilbert G. Walmsley, 1874.

Nous avons l'exemplaire offert à Robert Carruthers d'Inverness, par William Scott Douglas.

CHAMBERS. *Edinburgh Journal*, n° 340, New Series. Saturday July 6, 1850. *A Heroine of Burns.*

Cet article est le compte-rendu de la communication faite par Scott Douglas à propos de Mary Campbell. Il a été relié, avec quelques notes manuscrites de Scott Douglas, dans notre copie de l'édition de Currie revue par Chambers, qui était celle de Scott Douglas.

Phrenological Development of Robert Burns, from a cast of his skull moulded at Dumfries, the 31st. day of March 1834, with remarks by GEORGE COMBE, Author of « A system of Phrenology », etc. Edinburgh, W. et A. K. Johnson, 1859.

The Burns Calendar, a Manual of Burnsiana, relating events in the Poets's History, etc. Kilmarnock, James Mac Kie, 1874.

Burnsiana : a collection of Literary Odds and Ends relating to Robert Burns, compiled by JOHN D. ROSS. Paisley, Alexander Gardner, 1892.

IV.

LA CONTRÉE DE BURNS.

A Pilgrimage to the Land of Burns, containing anecdotes of the Bard and of the characters he immortalized. (By HUGH AINSLIE) Deptford, 1822.

The Land of Burns, a series of Landscapes and Portraits, illustrative of the Life and Writings of the Scottish Poet, by JOHN WILSON and ROBERT CHAMBERS. The landscapes from paintings made expressly for the work by D. O. Hill. 2 vols. Glasgow. Blackie and Son, 1840.

Ward and Lock's Illustrated Guide to and Popular History of the Land of Burns. London. Ward, Lock and C°. n. d.

Paterson's Guide to Glasgow, the Clyde, and Land of Burns. Edinburgh, William Paterson, n. d.

Guide to Ayr and the Land of Burns, Ayr, Printed and Published by H. Henry, n. d.

A Ramble Among the Scenery of Burns (from the Highland Note-Book by R. CARRUTHERS. Inverness).

Se trouve réimprimé dans l'édition de Blackie.

Rambles through the Land of Burns, by ARCHIBALD R. ADAMSON. Kilmarnock. Dunlop and Drennan, 1879.

Ceci est un gentil livre, assez bien fait, aimable, et celui qu'il convient le mieux d'emporter avec soi quand on va visiter le pays de Burns.

In Ayrshire. A Descriptive Picture of the County of Ayr, by WILLIAM SCOTT DOUGLAS Kilmarnock. Mac Kie and Diennan, 1874.

Auld Ayr. At the office of *the Ayr Observer*, n. d.

The History of Kilmarnock, by ARCHIBALD MAC KAY, fourth edition. Kilmarnock, Archibald Mac Kay, 1880.

Rambles Round Kilmarnock, with a sketch of the Town, by ARCHIBALD R. ADAMSON Kilmarnock, Dunlop and Drennan, n. d. (second edition).

Views of in North Britain, illustrative of the Works of Robert Burns, by JAMES STORER and JOHN GREIG. London. Vernor and Hood, 1805.

Memorials of St Michaels, the old Parish Churchyard of Dumfries, by WILLIAM MAC DONWALL. Edinburgh, William and Charles Black, 1876.

The Visitor's Guide to Dumfries and Vicinity, by WILLIAM MAC DOWALL. Dumfries, Currie and C°, 1871.

History of the Burgh of Dumfries, by WILLIAM MAC DOWALL. Second Edition. Edinburgh, Adam and Charles Black, n. d.

Troon and Dundonald with their Surroundings, Local and Historical, by the REV J. KIRK WOOD. Kilmarnock, James Mac Kie, 1881.

Ardrossan, Saltcoast, and Neighbourhood, by ARTHUR GUTHRIE. Ardrossan. Arthur Guthrie.

Rambles in Galloway, Topographical, Historical, Traditional, and Biographical, by MALCOLM MAC LACHLAN HARPER. Edinburgh, Edmonston and Douglas, 1876.

Il faut ajouter à ces ouvrages locaux les portions des ouvrages sur l'Écosse cités plus loin, qui touchent aux endroits où a vécu Burns.

V.

PRINCIPAUX ARTICLES
DE CRITIQUE MORALE OU LITTÉRAIRE SUR BURNS.
DISCOURS. — VERS.

WALTER SCOTT. Review of *Reliques of Robert Burns by R. H. Cromek*, in the Quarterly Review, February and May, 1809.

Cet article est reproduit dans les Œuvres complètes de sir Walter Scott. Nous l'avons trouvé dans les *Prose Works* publiés par Baudry.

FRANCIS JEFFREY. Review of « *Reliques Robert Burns* » in *The Edinburgh Review* October 1808, January 1809.

Nous avons trouvé cet article dans le choix d'articles de la *Revue d'Edimbourg* publié par Baudry.

A Critique on the Poems of Robert Burns, illustrated by engravings. Edinburgh, John Brown, 1812.

WILLIAM WORDSWORTH. *A Letter to a Friend of Robert Burns*, occasioned by an intended republication of the account of the Life of Burns by D' Currie and of the selection made by him from his letters (octavo pamphlet). London, Longman, 1816.

L'ami auquel cette lettre était adressée était le Rev. James Gray, maître de la Grammar School de Dumfries, qui avait été fort lié avec Burns. Cette lettre se trouve dans les *Prose Works* de Wordsworth édités par Grosart.

Lives of Scottish Poets (by the Society of Ancient Scots), 6 vols. London, Printed for Thomas Boys, 1822.

An Essay on English Poetry with notices of the British Poets, by THOMAS CAMPBELL. London, John Murray, 1848.

Lectures on the English Poets, delivered at the Surrey Institution, by WILLIAM HAZLITT. Lecture VII. *On Burns and the old English Ballads.*

Satire and Satirits, by JAMES HANNAY. Lecture V : *Political Satire and Squibs*, *Burns*. London, David Bogue, 1854.

BOBERT CARRUTHERS (of Inverness). *Life of Burns*, dans la *Cyclopœdia of English Literature* de Chambers.

ROBERT BURNS, a memoir by the Rev. JAMES WHITE, author of « The Land Marks of English History ». London, Routledge, Warnes, 1859.

Genius, and Morality of Robert Burns. A Lecture, a Eulogy, by HATELY WADDELL. Ayr, Published at Ayrshire Express Office, 1859.

Burns the Ploughman-Poet, a Memorial Tribute by WILLIAM BALLINGALL. Peckham, S. E., n. d.

Burns in Drama, together with saved Leaves, edited by JAMES HUTCHISON STIRLING. Edinburgh, Edmonston and C°, 1878.

The Loves of Burns, by G. D. MAC KELLAR. Glasgow, A. F. Sharp and C°, n. d.

Lives of Famous Poets by WILLIAM MICHAEL ROSSETTI. London, E. Moxon, Son and C°, 1878.

Literary and General Lectures and Essays, by CHARLES KINGSLEY. *Burns and his School.* London, Macmillan, 1880.

Essays on English Writers, by the author of *The Gentle Life*. London, Sampson Low, Marston, etc., 1880.

Wrecked Lives ; or Men who have Failed, by W. H. DAVENPORT ADAMS. Second series. Published under the direction of the committee of general Literature and Education, appointed by the Society for Promoting Christian Knowledge. London, Society for Promoting Christian Knowledge, 1880.

Familiar Studies of Men and Books, by ROBERT-LOUIS STEVENSON. *Some aspects of Robert Burns.* London, Chatto and Winders, 1882.

Memorials of Robert Burns, by THE GRANDSON OF ROBERT AIKEN. London, Sampson Low, Marston, 1886.

Robert Burns, three lectures, by Rev. DAVID MACRAE. Dundee, J. P. Mathew and C°, 1886.

Bobert Burns, an inquiry into certain aspects of His Life and Character, and the moral influence of his Poetry, by a Scotchwoman (Miss M. S. GAIRDNER). London, Elliot Stock, 1887.

Chronicle of the Hundredth Birthday of Robert Burns, collected and edited, by JAMES BALLANTINE. A. Fullarton, Edinburgh, 1859.

Ce gros volume comprend les comptes-rendus de tous les meetings qui ont eu lieu dans le monde entier à l'occasion du centième anniversaire de la naissance de Burns, avec un résumé des discours, toasts, récitations, banquets, etc. On prend à le manier une idée de la popularité universelle de Burns. Il n'y a pas eu moins de 872 de ces réunions enthousiastes et respectueuses.

Round Burns' Grave, the Pœans and Dirges of many Bards, gathered together by JOHN D. ROSS. Paisley, Alexander Gardner, 1892.

Ce volume est une collection des nombreuses pièces de vers écrites sur Burns. On pense bien qu'il y en a beaucoup d'insignifiantes. Il a l'avantage de les réunir. Il nous tombe sous les yeux au moment où nous achevons cette Bibliographie.

VI.

QUELQUES OUVRAGES FRANÇAIS SUR BURNS

Il existe en français quelques travaux sur Burns et quelques traductions ou fragments de traductions de ses œuvres. Nous en citons ceux que nous avons rencontrés, sans avoir aucunement la prétention de tout donner.

Morceaux choisis de Burns, Poète Ecossais. Traduits par MM. James Aytoun et J.-B. Mesnard. Paris. Ferra Jeune, 1826.

Poésies imitées de R. Burns par L. Demouceaux. Paris, 1865.

Burns, traduit de l'Ecossais, avec préface par Richard de la Madeleine, 1874. Imprimé à Rouen par E. Cagniard.

Poètes Anglais contemporains, Robert Burns, etc. Traduction inédite par A. Buisson du Berger. (Nouvelle Bibliothèque Populaire). Henri Gautier, 1890.

M. Taine a consacré à Burns un chapitre dans son *Histoire de la Littérature anglaise.*

M. André Theuriet a publié dans le *Parlement* un joli article sur Robert Burns et Brizeux, plein du sentiment de la poésie rustique. Il a bien voulu nous en communiquer le manuscrit augmenté, nous l'en remercions ici, en regrettant qu'il n'ait pas reproduit ce travail dans son volume de *Sous Bois.*

Dans la *Nouvelle Revue* (tome 56. Janvier-Février 1889) Mlle Marie-Anne de Bovet a publié un article sur Burns : *Un Barde moderne. Robert Burns.*

Nous voudrions dire notre estime et notre respect pour la traduction des poésies de Burns par M. Léon de Wailly. C'est un travail sérieux et fait dans une excellente méthode de traduction. Il se trouve bien çà et là quelques erreurs, dues à une connaissance incomplète de quelques usages locaux écossais, à des allusions imparfaitement saisies. Ce sont de petites taches, presque inévitables dans une entreprise plus difficile lorsqu'elle fut faite (1843) qu'aujourd'hui, car les bonnes éditions de Burns sont récentes. Le véritable défaut de la traduction de M. de Wailly est peut-être dans un certain manque de couleur et de saveur. Les mots qui font saillie et brillent ne sont pas assez saisis et rendus ; la traduction très fidèle est parfois un peu terne. Nous nous sommes imposé de ne pas ouvrir le livre de M. de Wailly pendant notre travail. Cependant son système de traduction est si exact qu'il arrive que sa traduction et la nôtre se juxtaposent. Nous désirons que le mérite de ces passages — où cette similitude nous rassure — revienne tout entier à notre prédécesseur. — La traduction de M. de Wailly, publiée par Charpentier en 1843, a été républiée par Delahays en 1857, dans la *Bibliothèque d'un Homme de goût.*

SECONDE PARTIE.

BIBLIOGRAPHIE DES POINTS D'HISTOIRE, DE VIE SOCIALE OU RELIGIEUSE, DE DESCRIPTION GÉOGRAPHIQUE OU PITTORESQUE, D'HISTOIRE LITTÉRAIRE DE L'ÉCOSSE, QUI SERVENT A L'ÉTUDE DE LA VIE OU DES ŒUVRES DE BURNS.

I.

HISTOIRES GÉNÉRALES

The History of Scotland, in the Works of WILLIAM ROBERTSON D. D. Principal of the University of Edinburgh, 1 vol. London, Frederick Westley, 1836.

Tales of a Grand Father, by Sir WALTER SCOTT. Edinburgh, Adam and Charles Black, 1861.

The History of Scotland, from the Accession of Alexander III to the Union, by PATRICK FRASER TYTLER, 4 vols. Edinburgh, William P. Nimmo, 1882

The History of Scotland, from Agricola's Invasion to the Extinction of the Last Jacobite Insurrection, by JOHN HILL BURTON, 8 vols. William Blackwood and Sons. Edinburgh, 1876.

The History of Civilisation in Scotland, by JOHN MACKINTOSH. Aberdeen, A. Brown and Cº, 1878-88, 4 vols.

Celtic Scotland, a History of Ancient Alban, by WILLIAM F. SKENE, 3 vols. Edinburgh, David Douglas, 1877.

The Scottish Gael or Celtic Manners, by JAMES LOGAN, edited with Memoir and Notes by the Rev. Alex. Stewart, 2 vols. Inverness, Hugh Mackenzie, 1876.

A Biographical Dictionary of Eminent Scotsmen, 3 vols. Blackie and Son. Edinburgh, n. d.

The Book of Scotsmen, Eminent for Achievements in Arms and Arts, Church, etc., compiled and arranged by JOSEPH IRVING. Paisley, Alexander Gardner, 1881.

Caledonia, or an Account historical and topographic of North Britain, from the most Ancient to the Present Times, by GEORGES CHALMERS. London, Printed for T. Cadell, 1810 et 1824.

Les comtés qui intéressent surtout l'histoire de Burns, l'Ayrshire et le Dumfriesshire, se trouvent dans le troisième volume. Edimbourg est dans le second.

The Statistical Account of Scotland, drawn up from the communications of the Ministers of the Different Parishes. By Sir JOHN SINCLAIR Bart. 21 vols, Edinburgh, Printed and sold by William Creech, 1791-99.

Le rapport sur Air, qui se trouve dans le 1ᵉʳ volume est fait, par le Rev. Dʳ Dalrymple et le Rev. Dʳ Mac Gill, dont on a vu les noms mêlés à l'histoire de Burns.

Domestic Annals of Scotland, by ROBERT CHAMBERS, 3 vols. W. and R. Chambers, Edimburgh, 1874.

Magnæ Britanniæ Notitia, or the Present state of Great-Britain, with Diverse Remarks upon the Ancient State thereof, by JOHN CHAMBERLAYNE Esq (The Thirty-eighth Edition of the South Part, called England ; and the Seventeenth of the North Part, called Scotland). London, Printed for S. Birt, A. Millar, etc., 1755.

History of Civilization in England, by HENRY THOMAS BUCKLE, 3 vols. London, Longmans, Green and C°, 1872.

A History of England in the Eighteenth Century, by WILLIAM EDWARD HARTPOLE LECKY. London, Longmans, Green and C°, 1887, 8 vols.

Les Écossais en France, les Français en Écosse, par FRANCISQUE MICHEL, 2 vols Londres, 1862.

II.

LA VIE RELIGIEUSE, LA RÉFORME, LE PRESBYTÉRIANISME. L'ORGANISATION DU CLERGÉ, LA DISCIPLINE, LE MOUVEMENT D'ÉMANCIPATION.

The Confession of Faith, the Larger and Shorter Catechisms. Printed by authority, Edinburgh, Johnstone, Hunter and C°, 1877.

On trouve dans ce recueil la réimpression de toutes les grandes pièces officielles de la Réforme en Ecosse :
The Confession of Faith, agreed upon by the Assembly of Divines at Westminster, with the assistance of the Commissioners from the Church of Scotland ;
The Larger Catechism, agreed upon, etc.;
The Shorter Catechism, agreed upon, etc.
The Sum of Saving Knowledge, or a Brief Sum of Christian Doctrine, etc.;
The Confession of Faith of the Kirk of Scotland, or the National Covenant ;
The Solemn League and Covenant for Reformation and Defence of Religion, etc., taken and subscribed several times by king Charles II ;
A Solemn Acknowledgement of Publick Sins and Breaches of the Covenant ;
The Directory for the Publick Worship of God ;
The Form of Presbyterial Government and of Ordination of Ministers ;
Directory for Family-worship.

The History of the Reformation of Religion in Scotland, by JOHN KNOX, to which are appended several other pieces of his writing, including the First Book of Discipline complete, by William Mac Gavin. Glasgow, Published by Blackie and Son, 1832.

Life of John Knox, containing illustrations of the History of the Reformation in Scotland, by THOMAS MAC CRIE (a new edition edited by his Son). William Blackwood and Sons. Edinburgh, n. d.

Histoire de la Réformation en Europe au temps de Calvin, par J. H. MERLE D'AUBIGNÉ. Paris, Michel Lévy, 1875.

The Protestant Reformation in all Countries, by the Rev. JOHN MORISON. Fisher, Son and C°. London, 1843.

The Scottish Reformation, a Historical Sketch, by PETER LORIMER. Richard, Griffin and C°, London, 1860.

Lectures on the History of the Church of Scotland, delivered in Edinburgh, in 1872, by ARTHUR PENRHYN STANLEY. D. D. Dean of Westminster. London, John Murray, 1879.

A Discourse on Scottish Church History from the Reformation to the Present Time, by CHARLES WORDSWORTH D. C. L. Bishop of S. Andrews. William Blackwood and Sons. Edinburgh, 1881.

The Scottish Church from the Earliest Times to 1881 (*St Giles' Lectures*, First series) W. and R. Chambers, Edinburgh, 1881.

Historical Sketch of the Originof the Secession Church, by the Rev. ANDREW THOMSON. A. Fullarton and C°. Edinburgh, 1848.

Memories of Disruption Times, by ALEX. BEITH. Blackie and Son. Edinburgh, 1877.

A Comparative View of the Presbyterian, Congregational and Independent Forms of Church Government, by JOSEPH TURNBULL. London, T. Hamilton, 1821.

Manual of Presbytery, by the Rev. JOHN G. LORIMER. Edinburgh, John Johnstone, 1843.

A Short Vindication of Presbytery, by the late Rev. GEORGE WHYTOCK, edited by the Rev. Thomas Mac Crie. Edinburgh, W. P. Kennedy, 1859.

A Scottish Communion, by Rev. WILLIAM MILROY. Paisley, Alex. Gardner, 1882.

The Sabbath, viewed in the light of Reason, Revelation and History, with Sketches, of Its Literature, by the Rev. JAMES GILFILLAN. Third edition. Edinburgh, Andrew Elliot, 1863.

The Sabbath, Report of Speeches on the Permanent Obligation of the Sabbath delivered by Ministers of various Evangelical Denominations. Glascow, Thomas Murray and Son, 1866.

The Worship of the Presbyterian Church, by Rev. D. D. BANNERMAN. Edinburgh, Andrew Elliot, 1884.

The Worship and Offices of the Church of Scotland, being lectures delivered at the Universities of Aberdeen, Glasgow, St-Andrews, and Edinburgh, by GEORGE W. SPROTT. William Blackwood and Sons, Edinburgh, 1882.

Human nature in its Fourfold State of Primitive Integrity, entire Depravation, begun Recovery, and consummate Happiness or Misery, subsisting in the Parents of Mankind in Paradise, the Unregenerate, the Regenerate, and all Mankind in the Future State, in Seven Practical Discourses, by the late Rev. THOMAS BOSTON, minister of the Gospel at Etterick. London, W. Baynes, 1810.

Old Church Life in Scotland, lectures on Kirk-Session and Presbytery Records by ANDREW EDGAR, Minister at Mauchline, 2 vols. Alexander Gardner, Paisley, 1885-86.

Philosophiæ Moralis Institutio compendiaria, Libris III Ethices et Jurisprudentiæ-naturalis Elementa Continens, auctore FRANCISCO HUTCHESON, in Academia Glasguensi P. P. Editio Tertia. Glasguæ : in Ædibus Academicis excudebant Robertus et Andreas Foulis, M D CC LV.

Sermons, by WILLIAM LEECHMANN D. D. Late principal of the College of Glasgow, to which is prefixed some account of the Author's Life and of his Lectures, by James Wodrow. 2 vols. W. Creech, Edinburgh, 1816.

Autobiography of the Rev. Dr ALEXANDER CARLYLE, minister of Inveresk, containing Memorials of The Men and Events of his Time. Third edition. William Blackwood and Sons. Edinburgh, 1861.

La Philosophie en Écosse au XVIIIe siècle, par A. ESPINAS. *Revue philosophique*, Février 1881.

III.

ÉDIMBOURG ET LA SOCIÉTÉ ÉCOSSAISE A LA FIN DU XVIII° SIÈCLE.

§ 1. — ÉDIMBOURG. — HISTOIRE ET DESCRIPTION DE LA VILLE.

The History of Edinburgh from its Foundation to the Present Time, by WILLIAM MAITLAND. Edinburgh, Printed by Hamilton, Balfour and Neill, 1753.

The History of Edinburgh, from the earliest accounts to the year 1780, by HUGO ARNOT, advocate. To which is added a sketch of the Improvements of the City from 1780 to 1816. Edinburgh, Printed by Thomas Turnbull, 1816.

A Graphic and Historical Description of the City of Edinburgh, 2 vols. J and H. Storer, London, 1822.

A History of Edinburgh, from the Earliest Period, with brief notices of Eminent or Remarkable Individuals, by JOHN ANDERSON. A. Fullarton and C°, Edinburgh, 1856.

Edinburgh Past and Present, its Associations and Surroundings. Drawn with Pen and Pencil, William Ballingal, 1877.

Cassell's Old and New Edinburgh, its History, its People and its Places, by JAMES GRANT, 3 vols. Cassell, Pelter, Galpin and C°. London, n. d.

Modern Edinburgh. London, The Religious Tract Society, n. d.

Mysterious Legends of Edinburgh, by ALEXANDER LEIGHTON. Edinburgh, William Nimmo, 1864.

Edinburgh and its Neighbourhood, Geological and Historical, by HUGH MILLER. Edinburgh, William Nimmo, 1879.

Traditions of Edinburgh, by ROBERT CHAMBERS, New Edition (1868). W. and R Chambers, Edinburgh.

Reminiscences of Old Edinburgh, by DANIEL WILSON, 2 vols. Edinburgh, David Douglas, 1878.

Story of St-Giles Church. Edinburgh, by W. CHAMBERS. Edinburgh, W and R. Chambers, 1879.

Historical Sketches of John Knox's House. Edinburgh, Murray and Gibb, n. d.

History of the Abbey and Palace of Holyrood-House, by JOHN PARKER LAWSON. Edinburgh, Henry Courtoy, 1848.

History of the Abbey and Palace of Holyrood, published by DUNCAN ANDERSON, Keeper of the Chapel-Royal, n. d.

The History of the High School of Edinburgh, by WILLIAM STEVEN. Edinburgh, Maclachlan and Stewart, 1849.

History of the Cross of Edinburgh, by THOMAS ARNOLD. W. Paterson, London.

Old Edinburgh Beaux and Belles, faithfully presented to the reader in coloured prints with the Story of How They Walked, Dressed and Behaved Themselves, told in the letterpress, which is adorned with quaint cuts. W. Paterson, London.

Old Edinburgh Pedlars, Beggars and Criminals with some other odd characters; their effigies in colour and their characters in type, etc. W. Paterson, London.

Catalogue Descriptive and Historical of the National Gallery of Scotland, 1879.

§ 2. — SOCIÉTÉ D'ÉDIMBOURG. — ACTIVITÉ SCIENTIFIQUE ET LITTÉRAIRE DE L'ÉCOSSE.

The University of Edinburgh, from its Foundation in 1583 to the year 1839. A Historical Sketch, by the late JOHN LEE, DD. LL. D. Principal of the University. Edinburgh, David Douglas, 1884.

The Story of the University of Edinburgh during its first three hundred years, by Sir ALEXANDER GRANT, 2 vols. London, Longmans, Green and C° 1884.

Viri Illustres Acad. Jacob. Sext. Scot. Reg. Anno CCC^{mo}. Edinburgii apud Y. J. Pentland MDCCCLXXX IV.

Edinburgh University. A Sketch of its Life for 300 years. Edinburgh. James Gemmell, 1884.

The Universities of Scotland, Past, Present, and Possible, by JAMES LORIMER, Jun. Esq. advocate. Edinburgh, W. P. Kennedy, 1854.

Essays and Observations, Physical and Literary, read before a Society in Edinburgh, and published by them. Edinburgh. Printed by G. Hamilton and J. Balfour, printers to the University.

Le premier volume est de 1754. La préface est intéressante et dans la liste des articles on trouve presque tous les grands noms d'Edinburgh. Nous n'avons entre les mains que les premiers volumes.

The Mirror a periodical paper, published at Edinburgh, in the years 1779 and 1780, 3 vols. Edinburgh, Creech, 1781.

The Lounger. In the British Essayists, of Alex. Chalmers. London, Johnson, etc., etc 1808.

A Complete Collection of the Portraits and Caricatures, drawn and engraved by JOHN KAY. Edinburgh, From the Year, 1784 to 1813.

Sermons, by HUGH BLAIR, etc., 4 vols. Printed for W. Creech. Edinburgh, 1798.

Cette édition est la vingt et unième, ce qui peut donner une idée de la popularité de Blair.

Lectures on Rhetoric and Belles Lettres, by HUGH BLAIR, one of the Ministers of the High Church, and Professor of Rhetoric and Belles Lettres in the University of Edinburgh, 3 vols. W. Creech. Edinburgh, 1803.

Sermons chiefly on Particular Occasions, by ARCHIBALD ALISON, Minister of the Episcopal Chapel, Cowgate, Edinburgh, Archibald Constable. Edinburgh, 1820, 2 vols.

The Collected Works of Dugald Stewart, edited by Sir WILLIAM HAMILTON. Edinburgh, T. Clark, 1877, 10 vols.

Le tome X contient les vies d'Adam Smith, de Robertson et de Reid par Dugald Stewart, et une vie de Dugald Stewart lui-même par John Veitch.

Histoire des Progrès et de la Chute de la République Romaine, par ADAM FERGUSON, Professeur de Philosophie morale à l'Université d'Edimbourg. Ouvrage traduit de l'anglais et orné de cartes. A Paris, chez Nyon aîné et fils, 1791, 7 vol.

Essays on the Intellectual Powers, Moral sentiments, Happiness and National Felicity, by ADAM FERGUSON. Paris, Published by Parsons and Galignani, 1805.

Elements of Criticism (LORD KAMES), the Sixth Edition, 3 vols. Edinburgh, Printed for John Bell and William Creech, 1785.

The Works of HENRY MACKENZIE, with a Critical Dissertation on the Tales of the Author, by John Galt. Edinburgh, Oliver and Boyd, 1824.

Zeluco. Various Views of Human Nature taken from Life and Manners. The second edition, 2 vols. Dublin, Printed for Messrs L. White, etc., 1789.
C'est l'ouvrage du Dr MOORE, le correspondant de Burns.

Voyage en Sicile et à Malthe, traduit de l'anglais de M. BRYDONE, par M. Demeurrier, 2 vols. à Amsterdam et se trouve à Paris chez Pinot, 1775.

An Account of the Life and Writings of James Beattie, by Sir WILLIAM FORBES. Second edition, 3 vols. Edinburgh, Arch. Constable and C°, 1807.

The Honourable Henry Erskine, lord advocate for Scotland, with notes of certain of his Kinsfold and his Time, by Lieut-Colonel ALEX. FERGUSSON. William Blackwood and Sons. Edinburgh, 1882.

Memoirs of the Life of Sir Walter Scott, by J. G. LOCKHART, his son-in-law and literary executor. 4 vols. Paris, Baudry's, European Library, 1838.

The Miscellaneous Prose Works of Sir WALTER SCOTT. Paris, Baudry's, European Library, 1837. 7 vols.

Memorials of His Time, by lord COCKBURN. Edinburgh, Adam and Charles Black, 1874.

Life of Francis Jeffrey, one of the judges of the Court of Session in Scotland, by lord COCKBURN. New edition. Edinburgh, William and Charles Black, 1874.

Sketches of Old Times and Distant Places, by JOHN SINCLAIR. London, John Murray, 1875.

A Memoir of Patrick Fraser Tytler, by his Friend, the Rev. JOHN W. BURGON Second edition. London, John Murray, 1859.

Lives of Men of Letters and Science, who flourished in the Time of George III, by HENRY LORD BROUGHAM, 2 vols. Paris, Published by A. and W. Galignani, 1846.

The Autobiography of JOHN GALT, 2 vols. London, Cochrane and Mac Crone, 1833.

Sir Charles Bell. Histoire de sa vie et de ses travaux, par AMÉDÉE PICHOT. Paris, Michel Lévy, 1858.

Letters of Sir CHARLES BELL, selected from his correspondence with his brother George Joseph Bell. London, John Murray, 1870.

The Life and Times of Henry Lord Brougham, written by himself, 3 vols. William Blackwood and Sons. Edinburgh, 1871.

Christopher North, a memoir of John Wilson, compiled from Family Papers and other sources by his Daughter Mrs GORDON. Edinburgh, Thomas C. Jack, 1879

Memoir of William Edmondstoune Aytoun, by THÉODORE MARTIN. William Blackwood and Sons. Edinburgh, 1867.

Lays of the Scottish Cavaliers and other Poems, by WILLIAM EDMONSTOUNE AYTOUN. New-York, 1852.

* *The Early Life of Thomas Carlyle,* by J. A. FROUDE. *The Nineteenth Century.* July, 1881.

§ 3. — ÉTAT DE LA SOCIÉTÉ AU MOMENT DE LA RÉVOLUTION FRANÇAISE.

Autobiography of M*rs* FLETCHER, with Letters and other Family Memorials, edited by The Survivor of Her Family. Edinburgh, Edmonston and Douglas, 1875.

Reminiscences of a Scottish Gentleman, commencing in 1787, by PHILO SCOTUS. London, Arthur Hall Virtue and C°, 1861.

The Story of the English Jacobins, being an account of the Persons Implicated in the charges of High Treason, 1794, by EDWARD SMITH. Cassell, Petter, Galpin and C°, n. d.

The Constitutional History England, Since the Accession of George the Third (1760-1860), by the Righ. Hon. SIR THOMAS ERSKINE MAY. 3 vols. London, Longmans Green, 1887.

Reponse de L. N. M. Carnot, citoyen français, l'un des Fondateurs de la République et membre constitutionnel du Directoire Exécutif, au rapport fait sur la conspiration du 18 fructidor au Conseil des Cinq-Cents par J. Ch. Bailleul, au nom d'une commission spéciale, 6 Floréal an VI de la République.

Lord Erskine, étude sur le Barreau anglais à la fin du XVIIIe siècle, par HENRI DUMÉRIL. Paris, Thorin, 1883.

IV.

DESCRIPTION DU PAYS ÉCOSSAIS.
LES BORDERS. — LA COTE OUEST. — LES HAUTES-TERRES.
SITES ET SOUVENIRS HISTORIQUES.

First Sketch of a New Geological Map of Scotland, with explanatory notes, by Sir RODERICK. I MURCHISON and ARCHIBALD GEIKIE. Edinburgh, W and A. K. Johnston, 1862.

The Scenery of Scotland, viewed in connection with its Physical Geology by ARCHIBALD GEIKIE. London, Macmillan and C°, 1887.

Nouvelle Geographie Universelle par ÉLISÉE RECLUS. Tome IV. *L'Europe du Nord-Ouest.* Paris, Hachette, 1879.

A Tour through the Island of Great Britain. Originally begun by the celebrated DANIEL DE FOE, continued by the late Mr RICHARDSON, author of Clarissa, etc., and brought down to the present time by Gentlemen of Eminence in the Literary wold, 4 vols. London, Printed for Strahan, etc., 1778.

The British Tourists, or Traveller's Pocket Companion through England, Wales, Scotland and Ireland, comprehending the most celebrated Tours in the British Islands, by WILLIAM MAVOR. London. Printed for E. Newberry, 1798, 5 vols.

A Tour in Scotland MDCCLXIX (by K. PENNANT) fifth edition. London, printed for Benj. White, MCCXC.

A Tour in Scotland and Voyage to the Hebrides MDCDLXXII (by K. PENNANT) London, printed by Benj. White, MCCXC.

Recollections of a Tour made in Scotland A. D. 1803, by DOROTHY WORDSWORTH, edited by J. C. Shairp. (second edition). Edinburgh, Edmonston and Douglas, 1874.

The Picture of Scotland, by ROBERT CHAMBERS, 2 vols. Edinburgh, William Tait, 1827.

Scotland illustrated in a series of views taken expressly for this work by Messrs T. Allom, W. H. Barlett, and H. Mac Culloch, by WILLIAM BEATTIE, M. D., Grad. of the Univ. of Edin. M. R. C. P. London, etc., 2 vols. London, George Virtue, 1837.

Remarks on the Scenery of Scotland, by JOHN WILSON, prefixed to *A History of the Scottish Highlands*, edited by John S. Keltie, 2 vols. Edinburgh, Fullarton, 1875.

Oliver and Boyd's Scottish Tourist. Edinburgh, 1852.

Black's Picturesque Tourist Guide of Scotland. Edinburgh, Adam and Charles Black, 1879.

Travels in Scotland, by J. G. KÖHL. London. Darling, 1851.

Paysages historiques et Illustrations de l'Ecosse et des Romans de Walter Scott, d'après les dessins de J. M. W. Turner, Balmer, Bentley, etc, 2 vols. Fisher, Fils et C°. A Londres, à Paris et en Amérique, n. d.

Waverley Anecdotes, illustrating some of the Popular Characters, Scenes and Incidents in the Scottish Novels. 2 vols. London, James Cochrane, 1833. — A new edition Revised and Improved. 1 vol. London, Charles Daly, 1841.

Passages from the English Note-Books of NATHANIEL HAWTHORNE. 2 vols. Tauchnitz, 1871.

L'Ecosse, jadis et aujourd'hui, par le comte L. LAFOND. Paris, Calmann-Lévy, 1887.

Scenes in Scotland with Sketches and Illustrations, by JAMES HARRIS BROWN. Glasgow, printed for Richard Griffin, 1838.

Maxwell's Guide Book to the Stewartry of Kirkcudbright, from the Nith to the Cree. Kirkcudbright, M. E. Maxwell, 1878.

The Enterkin, by JOHN BROWN. Edinburgh, Edmonston and Douglas, 1865.

Dryburgh Abbey, its Monks, and its Lords, fifth edition. Printed for the Proprietor, 1878.

Melrose and its Environs, containing a short History and Description of the Abbeys of Melrose and Dryburgh, and of Abbotsford, by WILLIAMS DEANS. Edinburgh, J.-B. Mould. n. d.

The History and Antiquities of Melrose, Old Melrose, and Dryburgh Abbeys, with a description of Abbotsford, Eildon Hills, etc. Melrose, Misses S. and C. Cameron, 1869.

Quiggin's Guide to the Isle of Man. Quiggin, Douglas. Isle of Man, n. d.

A Journey to the Western Islands of Scotland (by D' JOHNSON). London, Printed for W. Strahan and T Cadell, 1775.

The Journal of a Tour to the Hebrides with Samuel Johnson, by JAMES BOSWELL. London, Cadell and W. Davies, 1812.

Iona, by the DUKE OF ARGYLL, second edition. London, Daldy, Isbister and C°, 1878.

A Summer in Skye, by ALEXANDER SMITH. Edinburgh, N. R. Mitchell and C°, 1880.

The Hebrid Isles, wanderings in the Land of Lorne and the outer Hebrides, by ROBERT BUCHANAN, a new edition. London, Chatto and Windus, 1883.

The Historical Geography of the Clans of Scotland, by T. B. JOHNSTON and colonel JAMES A. ROBERTSON. W and A. K. Johnston, Edinburgh, 1873.

The Highlands and Highlanders of Scotland. Papers historical, descriptive, biographical, legendary, and anecdotal, by JAMES CROMB. Dundee, John Leng and C°, 1883.

Two Months in the Highlands, Orcadia, and Skye, by CHARLES RICHARD WELD. London, Longman Green etc., 1860.

A Descriptive Tour in Scotland, by the Rev. CHAUNCY HARE TOWNSHEND. London, Chapman and Hull, 1846.

Ardenmohr, Among the Hills, a record of Scenery and Sports in the Highlands of Scotland, by SAMUEL ABBOT. London, Chapman and Hall, 1876.

Eldmuir, an Art-Story of Scottish Home-Life Scenery and Incident, by JACOB THOMPSON. London, Samson Low, Marston, etc. 1879.

A Princess of Thule, by WILLIAM BLACK. 2 vols. Leipzig, Tauchnitz, 1874.

A Daughter of Heth, by WILLIAM BLACK. 2 vols. Leipzig, Tauchnitz, 1871.

White Heather, by WILLIAM BLACK. 2 vols. Leipzig, Tauchnitz, 1886.

The Language and Literature of the Scottish Highlands, by JOHN STUART BLACKIE, Edinburgh, Edmonston and Douglas, 1876.

Altavona, fact and fiction from my Life in the Highlands, by JOHN STUART BLACKIE, Edinburgh, David Douglas, 1882.

Crieff. Its Traditions and Characters with anecdotes of Strathearn. Edinburgh, D. Macara, 1881.

Field and Fern or Scottish Flocks and Herds, by H. H. DIXON. Rogerson and Tuxford, London, 1865.

Tourist's Guide to the Athole and Breadalbane Highlands of Perthshire. Edinburgh, John Menzies and C°, 1883.

Shearer's Guide to Stirling and Neighbourhood. Stirling. R. S. Shearer, n. d.

Guide to Culloden Moor and Story of the Battle, by PETER ANDERSON. Edinburgh, John Menzies, 1874.

Wallace, the hero of Scotland, by JAMES PATERSON. Edinburgh, William P. Nimmo, n. d.

Histoire de Charles-Édouard, par AMÉDÉE PICHOT, 2 vol. Paris, Ladvocat, 1830.

V.

OUVRAGES SUR LES MŒURS, LES HABITUDES, RECUEILS D'ANECDOTES, ROMANS QUI SERVENT A SE FORMER UNE IDÉE DE LA CONDITION ET DE LA VIE DU PEUPLE.

Reminiscences of Scottish Life and Character, by E. B. RAMSAY, Dean of Edinburgh. Edinburgh, Edmonston and Douglas, 1876.

Scotland Social and Domestic, memorials of Life and Manners in North Britain by the Rev. CHARLES ROGERS. London, Charles Griffin, 1869.

Social Life in Scotland from Early to Recent Times, by the REV. CHARLES ROGERS, 3 vols. Edinburgh. W. Paterson, 1884-86.

Notes and Sketches illustrative of Northern Rural Life in the Eighteenth Century, by the author of Johnny Gibb of Gushetneuk. Edinburgh, David Douglas, 1877.

Scottish Characteristics, by PAXTON HOOD. London, Hodder and Stoughton, 1883.

Traits and Stories of the Scottish People, by the Rev. CHARLES ROGERS. London, Houlston and Wright, 1877.

Social Life in Former Days, illustrated by Letters and Family Papers, by E. DUNBAR, 2 vols. Edinburgh. Edmonston and Douglas, 1865.

Scotch Folk. Third Edition, Enlarged. Edinburgh, David Douglas, 1881.

Scottish Proverbs, collected and arranged by ANDREW HENDERSON, new edition with explanatory Notes and a Glossary by James Donald London, William Tegg, 1876.

The Proverbs of Scotland, with explanatory and illustrative Notes and a Glossary, by ALEXANDER HISLOP, third edition. E. and S. Livingstone. Edinburgh, n. d.

The Laird of Logan, or Anecdotes and Tales illustrative of the Wit and Humour of Scotland. Glasgow, Robert Forrester, 1878.

The Book of Scottish Anecdote, humorous, social, legendary and historical, edited by ALEXANDER HISLOP. Glasgow, Thomas D. Morison, 1881.

The Book of Scottish Story, historical, humorous, legendary and imaginative. Edinburgh. The Edinburgh Publishing Company, 1877.

The Book of Scottish Readings in Prose and Verse, edited by JAMES ALLAN MAIR. Glasgow and London, Cameron and Ferguson, 1880.

The Gaberlunzie's Wallet, by JAMES BALLANTINE. Edinburgh. The Edinburgh Publishing Company, n. d.

Wilson's Tales of the Borders and of Scotland, Historical, Traditionary and Imaginative, revised by ALEXANDER LEIGTON. Edinburgh; William Nimmo and Cº, n. d.

Lights and Shadows of Scottish Life, by the authors of the *Trials of Margaret Lyndsay*. William Blackwood and Sons, Edinburgh, 1845.

Humphry Clinker, by SMOLLETT.

The Annals of the Parish and the Ayrshire Legatees, by JOHN GALT. With Memoir of the Author, a new edition. William Blackwood and Sons, Edinburgh, 1841.

The Life of Mansie Wauch, tailor in Dalkeith, written by Himself. Stereotype Edition. William Blackwood and Sons, Edinburgh.

L'Ermite en Ecosse, par M. DE JOUY, 2 vols. Paris, Pillet aîné, 1826.

My Schools and Schoolmasters, by HUGH MILLER. Edinburgh, William Nimmo, 1881.

The Cottagers of Glenburnie. A Scottish Tale, by ELIZABETH HAMILTON, a new edition. Edinburgh, Johnstone, Hunter and C°, n. d.

Sketches of Life among my Ain Folk, by WILLIAM ALEXANDER. Second edition. Edinburgh, David Douglas, 1882.

Peasant Life being Sketches of the Villagers and Field Labourers in Glenaldie. Edinburgh, Edmonston and Douglas, 1869.

Chronicles of Stratheden, a Highland Parish of to Day, by a Resident. William Blackwood and Sons, 1881.

Peasant Life in the North. Sketches of the Villagers and Field-Labourers in Glenaldie Second edition. Strahan and C°, London, 1870.

Robert Dick, baker, of Thurso, geologist and botanist, by SAMUEL SMILES. London, John Murray, 1878.

A Treatise on Agriculture and Rural Affairs, by ROBERT BROWN, farmer at Markle, county of Haddington, 2 vols. Edinburgh, Printed for Oliphant, Waugh and Junes, 1811.

Report on the Present State of the Agriculture of Scotland, arranged under the auspices of the Highland and Agricultural Society. Edinburgh, William Blackwood and Sons, 1878.

Essai sur l'Économie rurale de l'Angleterre, de l'Écosse et de l'Irlande, par LÉONCE DE LAVERGNE. Deuxième édition. Paris, Guillaumin et C°, 1855.

The Industries of Scotland, their Rise, Progress and Present Condition, by DAVID BREMNER. Edinburgh, Adam and Charles Black, 1869.

Gymnastics, Golf, Curling. W. and R. Chambers. Edinburgh, 1877.

The Scottish Cookery Book. Edinburgh, John Menzies, n. d.

VI.

HISTOIRE LITTÉRAIRE DE L'ÉCOSSE.
CHANSONS, BALLADES, PETITS POÈMES.
SUCCESSEURS DE BURNS.

The History of Scotish Poetry, by DAVID IRVING, edited by John Aitken Carlyle. Edinburgh, Edmonston and Douglas, 1861.

The Ballads and Songs of Scotland, in View of their Influence on the Character of the People, by J. CLARK MURRAY. London, Macmillan and C°, 1874.

Illustrations of Scottish History, Life, and Superstition, from Song and Ballad, by WILLIAM GUNNYON. Glasgow, Robert Forester, 1879.

The History and Poetry of the Scottish Borders: their main Features and Relations, JOHN VEITCH. Glasgow, James Maclehose, 1878.

The Feeling for Nature in Scottish Poetry, by JOHN VEITCH. 2 vols. William Blackwood and Sons, 1887.

The Songstresses of Scotland, by SARAH TYTLER and J. L. WATSON, 2 vols. Edinburg, H. B. Higgins, n. d.

The Ever Green, being a collection of Scots Poems, wrote before 1600 (by ALLAN RAMSAY.) Edinburgh, 1724. — *The Tea Table Miscellany*, or a collection of Scots sangs, by ALLAN RAMSAY, 4 vols. London, 1740.
Les deux ouvrages furent publiés par Ramsay presque en même temps.

Ancient and Modern Scottish Songs, Heroïc Ballads, etc., collected by DAVID HERD, reprinted from the edition of 1776, 2 vols. Kerr et Richardson, Glascow, 1869.

Scottish Songs and Ballads, collected and edited by JOSEPH RITSON. London, William Tegg, 1866.

Scotish Songs. In Two volumes. (by J. RITSON). Glascow, Hugh Hopkins, 1869.

Minstrelsy of the Scottish Border, by Sir WALTER SCOTT, 2 vols. Paris, Baudry's European Library, 1888.

Scotish Ballads and Songs, Historical and Traditionary, edited by JAMES MAIDMENT. Edinburgh, William Paterson, 1868.

Remains of Nithsdale and Galloway Song, by R. H. CROMEK. Paisley, Alexander Gardner, 1880.

Ancient Ballads and Songs of the North of Scotland, by PETER BUCHAN, reprinted from the original edition of 1828, 2 vols. Edinburgh, William Paterson, 1875.

Popular Rhymes of Scotland, by ROBERT CHAMBERS, new edition. W. and R. Chambers. Edinburgh.

The Songs of Scotland, prior to Burns, edited by ROBERT CHAMBERS. W and. R. Chambers. Edinburgh, 1880.

A Pedlar's Pack of Ballads and Songs, by W. H. LOGAN. Edinburgh, William Paterson, 1869.

Two Hundred and Twenty Two Popular Scottish Songs, with music. Glasgow, John S. Marr and Sons, n. d.

The Book of Scottish Songs, from the sixteenth to the nineteenth century edited by CHARLES MACKAY. London, Houlston and Wright, n. d.

Miller's New British Song. Edinburgh, J. M. Miller, 1858.

Whistle-Binkie, a Collection of Songs for the Social Circle, 4 vols. Glasgow, David Robertson, 1853.

The Book of Scottish Ballads, a comprehensive collection of the most approved ballads of Scotland, Ancient and Modern, by ALEXANDER WHITELAW. London, Blackie and Son.

The Book of Scottish Song, a comprehensive collection of the most approved Songs of Scotland, Ancient and Modern, by ALEXANDER WHITELAW. London, Blackie and Son, n. d.

The Ballad Minstrelsy of Scotland, romantic and historical. Glasgow, Maurice Ogle and Company, 1871.

The Songs of Scotland, chronologically arranged with introduction and notes. Second edition, Cassell, Petter and Galpin, London, n. d.

Illustrations of the Lyric Poetry and Music of Scotland, by WILLIAM STENHOUSE William Blackwood and Sons. Edinburgh and London, 1853.

The Thistle, a Miscellany of Scottish Song, the melodies arranged in their natural modes, with an introduction to Scottish music, and notes critical and historical, by COLIN BROWN. London and Glasgow, William Collins, Sons and Company, n. d.

The Life and Times of The Rev John Skinner of Linshart, Longside, Dean of Aberdeen, by the Rev. WILLIAM WALKER. Second edition. London, Skeffington and Son, 1883.

The Works of Michael Bruce, edited with memoir and notes, by the Rev. ALEXANDER B. GROSART. Edinburgh, William Oliphant, 1865.

The Book of Scottish Poems, ancient and modern, edited with memoirs of the authors, by J. ROSS, 2 vols Paisley, Alexander Gardner, 1882.

The Poets and Poetry of Scotland, from the Earliest to the Present Time, by JAMES GRANT WILSON. London, Blackie and Son, 1876.

Miscellany of Popular Scottish Poems, chiefly of a Humorous and Descriptive Character. W and R. Chambers, Edinburgh, 1874.

Early English and Scottish Poetry (1250-1600), selected and edited with a critical introduction and notes, by H. MACAULAY FITZGIBBON. London, Walter Scott, 1888.

The Poets and Poetry of Scotland, from James I to the Present Time, with biographical Sketches and critical Remarks, by the Rev ANDREW R. BONAR. Edinburgh, Maclachan and Stewart, 1866.

The Poems of ALLAN RAMSAY, *with Glossary, Life of the Author, and Remarks on his Poems*, a new edition. Paisley, Alex. Gardner, 1877.

The Poetical Works of ROBERT FERGUSSON, *with a memoir of the Author.* W. and R. Chambers, 1878.

The Poems of ROBERT FERGUSSON, *with a Life of the Author and Remarks on his Genius and Writings*, by James Gray Edinburgh, John Fairbairn, 1821.

The Scottish Minstrel, the Songs of Scotland subsequent to Burns, with memoirs of the Poets, by the Rev. CHARLES ROGERS. William P. Nimmo. Edinburgh, 1876.

Recent and Living Scottish Poets, by G. MURDOCH. Glasgow. Porteous brothers. Alex.

The Peasant Poets of Scotland, by HENRY SHANKS. Bathgate, Laurence Gilbertson, 1881.

Poetical Works of Sir WALTER SCOTT with a biographical and critical memoir, by Francis Turner Palgrave (*Globe Edition*). London, Macmillan and C°, 1872.

The Poems of JAMES HOGG, *the Ettrick Shepherd*. London, Walter Scott, 1886.

The Poems and Songs and Correspondence of ROBERT TANNAHILL, with Life and notes, by David Semple. Paisley, Alex. Gardner, 1876.

Life and Songs of the BARONESS NAIRNE, with a memoir and Poems of Caroline Oliphant the Younger, edited by the Rev. Charles Rogers. Third Edition. London, Charles Griffin, 1872.

Rhymes and Recollections of a Hand-loom Weaver, by WILLIAM THOM, edited with a biographical Sketch by W. Skinner. Paisley, Alexander Gardner, 1880.

Poems and Lyrics, by ROBERT NICOLL, with a memoir of the author. Fifth edition. Paisley, Alex. Gardner, 1877.

TROISIÈME PARTIE.

OUVRAGES DIVERS.

Nous donnons ici les ouvrages cités qui n'appartiennent à aucun des sujets particuliers dont nous venons de fournir la bibliographie ; comme il ne peut y avoir aucun classement, nous les plaçons par ordre alphabétique.

Matthew ARNOLD. — *On the Study of Celtic Literature by Matthew Arnold.* London, Smith, Elder and C°, 1867.

Ed. ARNOULD. — *Sonnets et Poèmes, par Edmond Arnould.*

F. BACON (lord). — *Bacon's, Essays,* with Introduction, Notes and Index by Edwin A. Abbott. 2 vols. London, Longmans, Green and C°, 1878.

A. BAIN. — *English Composition and Rhetoric, a manual, by Alexander Bain.* London, Longmans, Green and C°, 1866.

P. BAYNE. — *Two great Englishwomen, with an Essay on Poetry, illustrated from Wordsworth, Burns and Byron, by Peter Bayne.* London, James Clarke, 1881.

L BOUCHER. — *William Cowper, sa correspondance et ses poésies, par Léon Boucher.* Paris, Sandoz et Fischbacher, 1874.

DE LA BOUILLERIE (Mgr). — *Le Symbolisme de la Nature, par Mgr de la Bouillerie.* 2 vols. Victor Palmé, Paris, 1879.

BRANTOME. — *Œuvres complètes de Pierre de Bourdeille, abbé séculier de Brantome,* par J. A. C. Buchon. 2 vols. Paris, au Bureau du Panthéon Littéraire, 1853.

Alois BRANDL. — *Samuel Taylor Coleridge and the English Romantic School by Alois Brandl.* (English Edition by Lady Eastlake). London, John Murray, 1887.

BRITISH CONTROVERSIALIST. — *The British Controversialist and Impartial Inquirer,* established for the purpose of forming a suitable medium for the Delibereate Discussion of Important Questions in Religion, Philosophy, History, Politics, Social Economy, etc. 6 vols., 5ᵉ édition. London, Houlston and Stoneman, 1850-56.

Le volume IV renferme (page 321-361) un excellent article sur l'Humour.

Stopford A. BROOK. — *Theology in the English Poets, by the Rev. Stopford A. Brooke.* Fifth edition. London, C. Kegan Paul, 1880.

John BROWN. — *Rab and His Friends and Other Papers, by John Brown.* Leipzig, Tauchnitz, 1862.

Robert BROWNING. — *The Poetical Works of Robert Browning.* 4 vols. Leipzig. Tauchnitz.

G. CAMPBELL. — *The Philosophy of Rhetoric, by George Campbell.* New-York. Harper and Brothers, 1844.

CERVANTES. — *Théâtre de Cervantes*, traduit par Alphonse Royer. Paris, Michel Levy, 1862.

CHAMBERS. — *Chambers's Encyclopædia, a Dictionary of Universal Knowledge for the People*. 10 vols. Edinburgh, W. and R. Chambers, 1883.

R. CHAMBERS. — *Cyclopædia of English Literature, a history Critical and Biographical of British Authors, from the Earliest to the Present Times*, edited by Robert Chambers. 2 vols. Edinburgh, W. and R. Chambers, s. d.

R. CHAMBERS. — *The Book of Days, a miscellany of Popular Antiquities in connection with the Calendar*, etc., edited by R. Chambers. 2 vols. Edinburgh, W. and R. Chambers, 1863.

CHAMBERS. — *Chambers's Miscellany of Useful and Entertaining Tracts*. — Edinburgh, William and Robert Chambers, n. d.

CHAMFORT. — *Œuvres complètes de Chamfort*, recueillies et publiées avec une notice historique sur la vie et les écrits de l'auteur, par P. R. Auguis. 5 vols. Paris, chez Chaumerot jeune, 1824.

CHAUCER. — *Poetical Works*, édited. by Richard Morris. London, Bell and Daldy.

CRAIK. — *A manual of English Literature and of the History of the English Language from the Norman Conquest*, by George L. Craik. 2 vols. Leipzig, Bernhard Tauchnitz, 1874.

COLERIDGE. — *The Poetical Works of Samuel Coleridge*, edited with a critical memoir, by William Michael Rossetti. London, E. Moscou, s. d.

Specimens of the Table Talk of the late Samuel Taylor Coleridge. London, George Routledge and Sons.

COWPER. — *The Poetical Works of William Cowper*, edited with notes and biographical. Introduction by William Benham. London, Macmillan and C°, 1870

CRABBE. — *The Life and Poetical Works of the Rev. George Crabbe*, edited by His Son. London, John Murray, 1860.

Mac CRIE. — *The Religion of Our Literature*, by George Mac Crie. London, Hodder and Stoughton, 1875.

GEORGE ELIOT. — *The Works of George Eliot. Essays and Leaves from a Note Book*. William Blackwood and Sons, London, 1885.

ELTON. — *Origins of English History*, by C. I. Elton. London, Quaritch, 1890.

EMERSON. — *The complete Works of Ralph Waldo Emerson*, comprising his Essays, Lectures, Poems and Orations. 2 vols. London, Bell and Daldy, 1873.

Letters and Social Aims by Ralph Waldo Emerson. Chatto and Windics, 1877.

Mme D'EPINAY. — *Mémoires de Mme d'Epinay*, édition nouvelle et complète, etc., par Paul Boiteau. 2 vols. Paris, G. Charpentier, 1884.

FÉTIS. — *La Musique mise à la portée de tout le monde*, par F. J. Fétis. Troisième édition. Paris, Brandus, 1847.

John FORSTER. — *The Life and Times of Oliver Goldsmith*, by John Forster. London, Chapman and Hall, 1876.

Claude GAUCHET. — *Le Plaisir des champs, avec la Venerie, Volerie et Pescherie, Poème en quatre parties*, par Claude Gauchet. Edition revue et annotée par Prosper Blanchemain. Paris, Librairie A. Franck, 1868.

E. Gebhart. — *Histoire du sentiment poétique de la Nature dans l'Antiquité Grecque et Romaine, par Emile Gebhart.* Paris, A. Durand, 1860.

Gilfillan. — *A Galery of Literary Portraits, by George Gilfillan.* William Tait. Edinburgh, 1845.

Goldsmith. — *The Works of Oliver Goldsmith.* Edinburgh, W. P. Nimmo, n. d.

E. Guest. — *Origines Celticæ (a fragment), and other contributions to the History of Britain, by Edwin Guest.* 2 vols. London, Macmillan, 1883.

Washington Irving. — *The Sketch Book, by Washington Irving.* London, Bell and Daldy, 1873.

Victor Hugo. — *Le Rhin, par Victor Hugo.* Hachette, Paris.

Les Contemplations, par V. Hugo. Hachette, Paris.

Huxley. — *Hume, by Professor Huxley (English Men of Letters).* London. Macmillan.

On some Fixed Points in British Ethnology, by Huxley. Contemporary Review 1871; or *Critiques and Addresses.* London, Macmillan, 1873.

Keats. — *The Poetical Works and other Writings of John Keats,* now first brought together, etc., edited with notes and appendices by Harry Buxton Forman. 4 vols London, Reeves and Turner, 1883.

W. Knight. — *The English Lake District,* as interpreted in the Poems of Wordsworth, by William Knight.

Laconics. — *Laconics or the Best Words of the Best Authors.* Sixth Edition. 3 vols. London, Charles Tilt, 1835.

Charles Lamb. — *The Essays of Elia and Eliana, by Charles Lamb.* Tauchnitz.

V. de Laprade. — *Histoire du Sentiment de la Nature, par Victor de Laprade.* Prolegomènes. Didier, Paris, s. d.

Le Sentiment de la Nature avant le Christianisme, par Victor de Laprade. Didier, Paris, 1866.

Le Sentiment de la Nature chez les modernes, par Victor de Laprade. Didier, Paris, 1870.

L'Estrange (Rev). — *History of English Humour,* with an Introduction upon ancient Humour, by the Rev. A. G. L'Estrange. 2 vols. London, Hurst and Blackett, 1878.

Macaulay. — *Critical and Historical Essays; contributed to the Edinburgh Review, by Lord Macaulay.* London, Longmans, Green, etc., 1869.

Mahon (lord). — *History of England, by lord Mahon.* Tauchnitz, 7 vols.

Mantegazza. — *La Physionomie et l'Expression des sentiments, par P. Mantegazza,* 1885.

David Masson. — *Drummond of Hawthornden. The Story of his Life and Writings, by David Masson.* London, Macmillan, 1873.

Essays Biographical and Critical, chiefly on English Poets. Cambridge, Macmillan et C°, 1856.

A. Mézières. — *Shakspeare, ses œuvres et ses critiques, par A. Mézières.* Paris, Charpentier, 1865.

Mignet. — *Histoire de Marie Stuart, par Mignet.* 2 vols., sixième édition. Emile Perrin, 1885.

Hugh Miller. — *Essays, historical and biographical,* etc. by Hugh Miller. Edinburgh, William Nimmo, 1882.

Moir. — *Sketches of the Poetical Literature of the Past Half-Century, by D. M. Moir.* William Blackwood and Sons, Edinburgh, 1856.

E. Montégut. — *Essais sur la Litterature Anglaise, par Emile Montégut.* Hachette, Paris, 1883.

H. Morley. — *A First Sketch of English Literature, by Henry Morley.* Cassell, Petter and Galpin. London, n. d.

Myers. — *Wordsworth, by F. W. H. Myers.* (Of the collection of *English Men of Letters*). Macmillan, London, 1882.

Petrarque. — *Les Rimes de François Petrarque.* traduction nouvelle par Francisque Reynard. Paris, G. Charpentier, 1883.

Prescott. — *Essais de Biographie et de Critique, par W. H. Prescott.* 2 vols. Paris, Firmin Didot, 1864.

E. A. Poe. — *Poems and Essays by Edgar Allan Poe,* edited by John H. Ingram. Leipzig, Tauchnitz, 1884.

Rabelais. — *Œuvres de Rabelais,* collationnées pour la première fois sur les éditions originales, accompagnées d'un commentaire nouveau, par MM. Burgaud des Maretz et Rathery. 2 vols. Paris, Firmin Didot, 1870.

H. Reed. — *Introduction to English Literature from Chaucer to Tennyson, by Henry Reed.* London, John F. Shaw, n. d.

Regnier. — *Œuvres de Mathurin Regnier,* texte original, avec notice, variantes et glossaire, par E. Courbet. Paris, A. Lemerre, 1869.

C. de Remusat. — *L'Angleterre au XVIIIe siècle, par Ch. de Remusat.* 2 vols. Paris, Didier, 1865.

J. Rhys. — *Celtic Britain. (Early Britain), by J. Rhys.* London. Society for Promoting Christian Knowledge, 1882.

Jean-Paul Richter. — *Poétique ou Introduction à l'Esthétique, par Jean-Paul Richter,* traduite de l'allemand, precédée d'un Essai sur Jean-Paul et sa Poétique, suivie de notes et de commentaires, par Alexandre Büchner et Léon Dumont. 2 vols. Paris, Auguste Durand, 1862.

Ronsard. — *Œuvres complètes de P. de Ronsard.* Nouvelle édition avec les variantes et des notes par Prosper Blanchemain. 8 vols. A Paris, chez P. Januet, 1857.

Ruskin. — *Modern Painters, by John Ruskin.* George Allen. — Sunnyside. Orpington Kent, 1888, 5 vols.

Lectures on Architecture and Painting, by J. Ruskin.

E. Scherer. — *Études sur la Litterature contemporaine, par Edmond Scherer.* 9 vols. Paris, Calmann-Levy, 1885.

Shaftesbury (Earl of). — *Characteristics of Men, Manners, Opinions, Times, with a collection of Letters, by the Right Honorable Antony Earl of Shaftesbury.* Basil. Printed for J. J. Tourneisien and J. L. Legrand, 1790.

C. SHAIRP. — *Studies in Poetry and Philosophy, by J. C. Shairp.* Third Edition Edinburgh, Edmonston and Douglas, 1876.

Aspects of Poetry, being Lectures delivered at Oxford, by John Campbell Shairp. Oxford, at the Clarendon Press, 1881.

On Poetic Interpretation of Nature, by J. C. Shairp. Edinburgh, David Douglas, 1877.

SHAKSPEARE. — *The Works of William Shakspeare,* edited by William George Clark and William Aldis Wrigt (*The Globe Edition*). London, Macmillan and C°, 1864.

SHAW. — *A History of English Literature, by Thomas B. Shaw.* London, John Murray, 1872.

SHELLEY. — *The Poetical Works of Shelley,* reprinted from the Early Editions. (*The Chandos classics*). London, Frederick Warne and C°, n. d.

Sidney SMITH. — *Elementary Sketches of Moral Philosophy, delivered at the Royal Institution in the years 1804, 1805 and 1806, by the late Rev. Sidney Smith* New-York, Harper and Brothers, 1850.

The SPECTATOR. — A new edition with Introduction, Notes, and Index by Henry Morley. London, George Routledge and Sons, n. d.

SPENSER. — *Complete Works of Edmund Spenser,* edited from the original editions and manuscripts by R. Morris (*The Globe Edition*). London, Macmillan and C°, 1873.

P. STAPFER. — *Molière et Shakspeare, par Paul Stapfer.* Paris, Hachette. 1887.

Laurence Sterne, étude biographique et littéraire, précédée d'un fragment inédit de Sterne, par Paul Stapfer. Paris, 1870.

STERNE. — *The Works of Laurence Sterne,* etc. London, George Routledge and Son, n. d.

J. A. SYMONDS. — *Shelley by John Addington Symonds* (of the collection of *English Men of Letters*). London, Macmillan, 1884.

TAINE. — *Histoire de la Litterature anglaise, par H. Taine.* 5 vols. Paris, Hachette, 1873.

Notes sur l'Angleterre, par H. Taine. Paris, Hachette, 1874.

TENNYSON. — *The Poetical Works of Tennyson.* 12 vols. Leipzig, Tauchnitz.

THACKERAY. — *The English Humourists, by William Makepeace Thackeray.* London, Smith, Elder and C°, 1873.

VILLON. — *Œuvres complètes de François Villon.* Édition préparée par La Monnoye, mise au jour, avec Notes et Glossaire, par Pierre Jannet. Paris, A. Lemerre, 1873.

WARTON. — *The History of English Poetry, from the Eleventh to the Seventeenth Century, by Thomas Warton.* London, Ward, Lock and Tyler, n. d.

WORDSWORTH. — *The Poetical Works of William Wordsworth.* London, Ward, Lock and C°, n. d.

FIN.

TABLE DES MATIÈRES.

SECONDE PARTIE.

LES ŒUVRES.

	PAGES
INTRODUCTION...	I

CHAPITRE I.

LES ORIGINES LITTÉRAIRES DE BURNS. — LA POÉSIE POPULAIRE EN ÉCOSSE.

I. Les vieilles ballades...	7
II. Les vieilles chansons...	25
III. Les petits poèmes populaires : Le roi Jacques I, les Semple de Beltree, Hamilton de Gilbertfield, Allan Ramsay, Robert Fergusson...	44
IV. Résumé...	80

CHAPITRE II.

LA VIE HUMAINE DANS BURNS.

I. L'observation directe et le mouvement...	91
II. L'humour de Burns...	108
III. Que le génie de Burns aboutissait au théâtre...	143
IV. Les aspects nobles de la vie. — L'écho de la Révolution française. — Burns poète de la Liberté et de l'égalité. — La poésie des humbles...	180
V. Le jugement de la vie...	228

Chapitre III.

BURNS COMME POÈTE DE L'AMOUR.

  I. La poésie de l'amour 238
 II. La comédie de l'amour.. 285
III. Résumé 308

Chapitre IV.

LE SENTIMENT DE LA NATURE DANS BURNS.

  I. Ce que Burns a vu de la Nature................................... 314
 II. La tendresse pour les bêtes 340
III. Que le sentiment de la Nature dans Burns est très éloigné du sentiment de la Nature dans la poésie moderne................ 362

Chapitre V.

CONCLUSION.. 393

BIBLIOGRAPHIE.

Bibliographie de Burns 405
    —   de l'Écosse 415
    —   générale.. 428

www.ingramcontent.com/pod-product-compliance
Lightning Source LLC
Chambersburg PA
CBHW060926230426
43665CB00015B/1855